Engel · Origami

HOMO
LUDENS

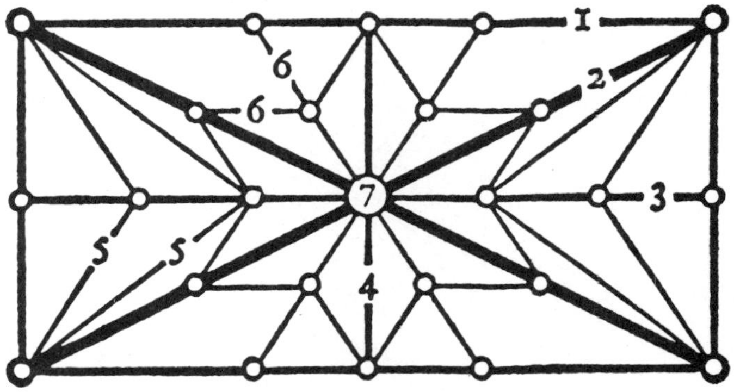
1
2
3
4
5
5
6
6
7

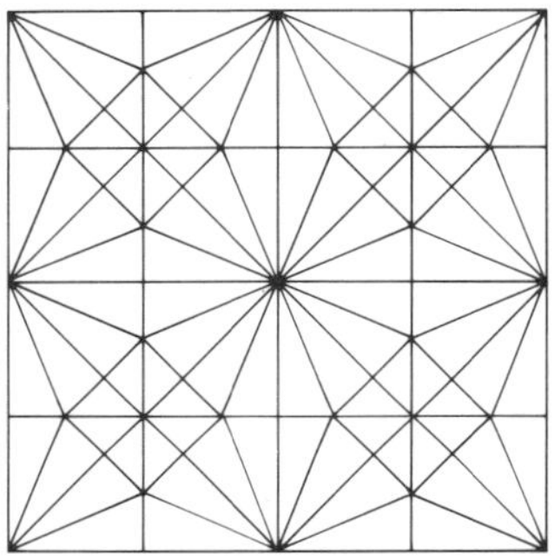

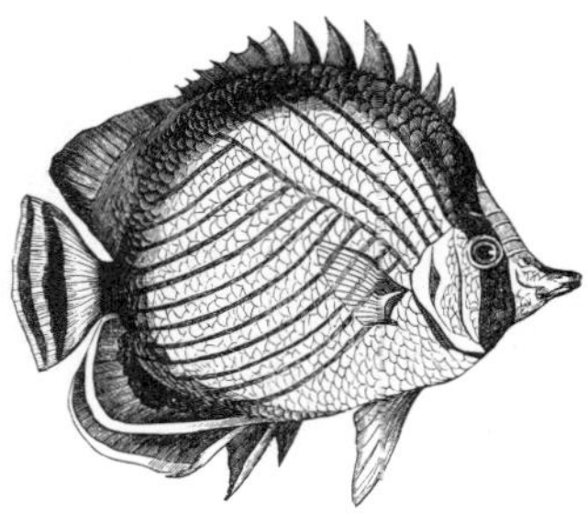

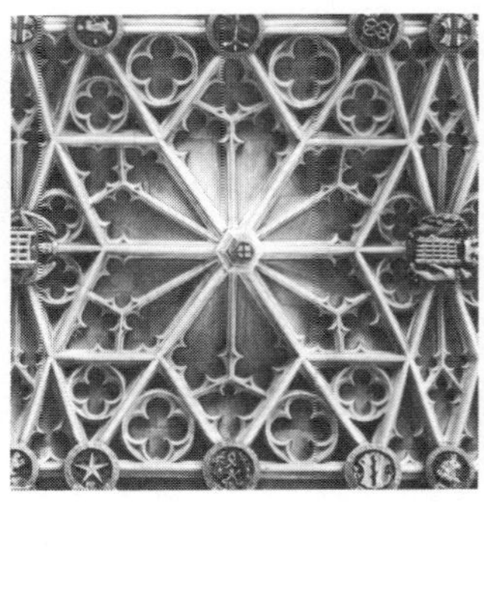

Peter Engel

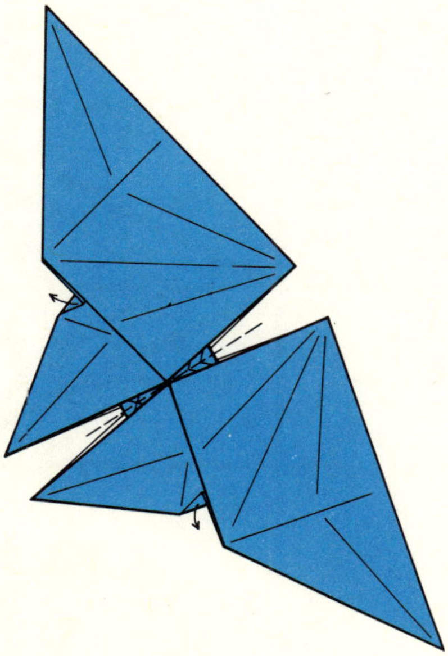

Origami von Alligator bis Zen

Aus dem Amerikanischen
von Claudia Stendel

Hugendubel

Die Originalausgabe erschien unter dem Titel
Folding the Universe
bei Random House, New York

CIP-Titelaufnahme der Deutschen Bibliothek
Engel, Peter:
Origami : von Alligator bis Zen / Peter Engel. - München :
Hugendubel, 1991
(Homo ludens)
ISBN 3-88034-510-4
NE: HST

Umschlag: Johann Rüttinger, Uehlfeld
Produktion: Tillmann Roeder, München
Gesamtherstellung: Bosch Druck, Landshut/Ergolding

ISBN 3-88034-510-4

Printed in Germany

Inhalt

Danksagung 7
Vorwort 9

I. Überschreitung der Grenze 11

Das Quadrat kennenlernen 13
Material und Werkzeug 15
Symbole und Vorgehensweisen 16
Vier leichte Stücke 18
Geschichte des Faltens: eine Zusammenfassung 27
Begegnung mit dem Meister 38
Eine Zen-Philosophie 44

II. Das schwebende Quadrat 51

Von der Natur lernen 53
X und X′ 58
Musikunterricht 65
Erfindungspsychologie 73
Der Fall des entwendeten Schweins 83
Das Universum der Form 85

III. Die Modelle 97

Weitere Falttechniken 98
Engelfisch 100
Korallenfisch 104
Diskusfisch 108
Kolibri 112
Pinguin 118
Giraffe 126
Känguruh 132
Ein-Dollar-Yacht 138
Ein-Dollar-Frackschleife 142
Ein-Dollar-Krebs 146
Achtzackiger Stern 152
Valentinsherz 156
Krebs 164
Tausendfüßler 172
Polyp 186
Tintenfisch 196
Skorpion 208
Klapperschlange 224
Alligator 234
Tiger 246
Rentier 260
Elefant 276
Ritter zu Pferde 292
Schmetterling 306

Anhang

Anmerkungen und Quellen 326
Bildnachweis 327
Verzeichnis der Fachausdrücke 328

Danksagung

Dieses Buch ist die Liebesmühe eines halben Lebens. Fünfzehn Jahre lang habe ich Origami-Figuren erfunden, von denen jede einzelne aus einem einzigen unzerschnittenen Stück Papier konstruiert werden kann. Papierfalter nennen diese Figuren »Modelle«. Einige meiner Modelle, wie die einfachen Fische und Vögel in diesem Buch, setzen traditionelle Falttechniken ein und sind leicht nachzufalten. Andere, wie die Insekten und Säugetiere gegen Ende des Buches, benutzen Originaltechniken und sind eine Herausforderung. Beim Erfinden der komplizierteren Modelle habe ich mich auf die alten japanischen Grundlagen bezogen und nach und nach Schwierigkeiten hinzugefügt, ohne dafür die einfachen Regeln zu opfern, die dem Origami seine strenge und zeitlose Schönheit geben.

Über die Jahre haben viele Menschen meine Forschungsarbeiten über Mathematik und Kunst ermutigt, und ich möchte mich bei ihnen bedanken. Martin Gardners Kolumne in **Scientific American** war eine frühe Inspirationsquelle, und er antwortete jedesmal auf meine in krakeliger Kinderschrift geschriebenen Briefe. Viele Jahre später, als meine Schreibkunst sich gebessert hatte, antwortete Douglas Hofstadter, sein Nachfolger, mit der gleichen Begeisterung.

Das *Origami Center of America* in New York ist ein Paradies für alte und junge Papierfalter. Drei seiner Mitglieder, Alice Gray, Lillian Oppenheimer und Michael Shall, beobachteten und förderten meine Entwicklung als Papierfalter. Die Faltkollegen Robert Lang, John Montroll und Stephen Weiss haben immer konstruktive Kritik an meinen Modellen und Zeichnungen geübt.

Während meines Besuches in Japan haben mir viele Papierfalter ihre Türen geöffnet und aufrichtig über ihr Leben und ihre Arbeit gesprochen. Ich bedanke mich bei Kunihiko Kasahara, Saburo Kase, Toyoaki Kawai, Jun Maekawa, Eiji Nakamura, Dokuotei Nakano, Toshie Takahama und Akira Yoshizawa. Für ihre Doppelrolle als unschätzbare Führerin und Dolmetscherin danke ich Frau Takahama.

In unermeßlicher, sowohl intellektueller als auch persönlicher Schuld stehe ich bei Albert Alcalay, Gunther Gerzso, Owen Gingerich, Stephen Jay Gould, Walter Gruen, Erwin Hiebert, Shinya Inoue, Stanislaw Lem, Masahiro Mori, Cyril Stanley Smith und Peter Stevens. Besonders zu Dank verpflichtet bin ich Arthur Loeb und den Mitgliedern des *Design Science Studios* der Universität Harvard. Durch die Jahre haben diese Künstler, Architekten, Mathematiker, Wissenschaftler und Schriftsteller mit mir ihre Neugier über die Natur und den kreativen Prozeß geteilt. Sie alle sind meine Mentoren.

Von Amy Anderson und Ann Kalla habe ich gelernt, daß Leidenschaft beim Entwerfen und Zeichnen zugleich großes Vergnügen bedeutet. Vielleicht ist das die wichtigste Lektion, die ich einem zukünftigen Entwerfer mitgeben kann.

Dieses Buch profitiert von den Beiträgen vieler Menschen. Scott Kim und Xu Yunshu führten die ursprüngliche Kalligraphie aus. James Crutchfield, Fereydoon Family, Benoit Mandelbrot, Douglas McKenna und Allan Wilks entwickelten die Computergrafiken. Wasma Chorbachi teilte mit mir ihr Wissen um islamische Geometrie. Carmen Quesada und Christopher Burke von Quesada/Burke in New York fotografierten mit Geschick und Einfühlungsvermögen die Origami-Modelle. Meine Freunde Sarah Boxer, David Brittan, Ted Conover, Jeanne Heifetz, Walter Jacob, Allen Kurzweil und Peter Stein haben frühe Manuskript-Entwürfe gelesen und wertvolle Vorschläge gemacht. Margaret Lem half mit scharfem ästhetischen Sinn bei den Zeichenarbeiten. Zwischen ihrer Karriere als Trickfilmzeichnerin und Landschaftsarchitektin fand Kathleen Bakewell Zeit zum sorgfältigen Ausfärben der Reinzeichnungen. In der nächsten Runde übernahm Suenn Ho und rettete die Sache.

Das Manuskript war noch in einem Entwicklungszustand, als der Verlag Random House es bekam. Unter den scharfen Augen der Lektorinnen Becky Saletan und Miranda Sherwin und den feinen Händen der Zeichnerinnen Cathy Aison, Jennifer Dossin, Tasha Hall und Susan Mitchell nahm es Gestalt an. Victoria Mathews, Quinn O'Neill, Linda Rosenberg und Harold Vaughn sorgten für gleichbleibend hohe Maßstäbe während der Produktion eines komplizierten Buchs – keine geringe Leistung.

Cheryl Schofner tauchte aus Florida auf, um in der Zielrunde für Inspiration und Humor zu sorgen. Sie war eine kluge und geduldige Zuhörerin und eine liebevolle Freundin. Ohne Übertreibung kann ich sagen, daß dieses Buch ohne sie keinen Alligator hätte.

Meine Eltern und mein Bruder haben meine Leidenschaft für das Papierfalten länger als sonst jemand ermutigt. Für ihre Liebe und Unterstützung widme ich ihnen dieses Buch – Marjorie, Stephen und John.

Vorwort

Wenn es stimmt, daß Spielen zum Einüben von Fähigkeiten und Strategien dient, die möglicherweise irgendwann einmal nützlich fürs Überleben sind, sollte man statt auf Erholung mehr Wert auf Kreativität legen. Wenn Studenten auf der Suche nach einem Thema für ihre Abschlußarbeit zu mir kommen, frage ich oft, was ihnen als Kind Spaß gemacht hat: Meistens bringt die Rückkehr zu diesen Grundfähigkeiten ein geeignetes Thema ans Licht.

Peter Engel gehörte nie zu den Studenten, die nicht wissen, was sie tun sollen. Wie dieses Buch, das angeblich vom Papierfalten handelt, zeigt, sind sein Wissen und seine Interessen vielfältig und breitgefächert und die Beziehungen zwischen Origami, Beethovens Siebter Symphonie und »Alice im Wunderland« sind kristallklar für ihn. Peter findet Erholung in seiner Arbeit und Arbeit in der Erholung. Schwer zu sagen, ob ihm die Vorstellung, die er beim Falten entwirft oder vielmehr das Muster, das durch das Falten entsteht und das sich durch das Auffalten ins ursprüngliche Quadrat wieder offenbart, größere Befriedigung verschafft.

Der Prozeß, ein komplexes Muster zu erschaffen, und die vielen verschiedenen Möglichkeiten, die sich aus einer Folge einfacher Handlungen ergeben, sind der spirituellen und molekularen Basis unseres Lebens sehr nah. Deswegen wundert es keinen, daß die Kunst des Origami Leonardo da Vinci wie auch Lewis Carroll angeregt hat, um nur zwei Vorgänger zu nennen, auf die Peter sich bezieht.

Peter fragt, ob das Ergebnis einer linearen Folge von grundsätzlich binären Entscheidungen, die deswegen absolut voraussagbar und ein Muster aus einer finiten zählbaren Menge ist, als Kunst betrachtet werden kann. Er beantwortet diese Frage zum Teil selbst, wenn er uns sagt, daß eine Origami-Figur, die aus einem Blatt Papier gefaltet wird, für den Erfinder größere Freude und Herausforderung bedeutet als ein aus mehreren Blättern zusammengesetztes Modell. Die Tatsache, daß eine Folge von Ereignissen festlegbar sein muß und somit nicht völlig improvisierbar sein kann, bürdet dem Künstler, sei es nun Papierfalter, Choreograph oder Komponist, eine beträchtliche Beschränkung auf. Die Art der Festlegung und die Feinheiten im Detail, die sie zuläßt, bestimmen den Stil des Werks und werden durch ihn bestimmt. Die Erfindungsgabe, mit der der Schöpfer des Werks auf die stilistischen Beschränkungen reagiert, macht den künstlerischen Wert der Schöpfung aus.

Der Leser wird auf vielen verschiedenen Ebenen an diesem Buch Gefallen finden. Das Thema ist erholsam und schöpferisch zugleich. Fähigkeiten, die durch das Papierfalten entwickelt werden, können sich beim Computerprogrammieren und in der Molekularbiologie als nützlich erweisen. Abgesehen von solchen höheren Zielen, wie sie unserer leistungsorientierten Gesellschaft entspringen, wird der Leser in Peter Engels Mustern, seinen Grübeleien und Erkenntnissen vor allem auch Frieden und Vergnügen finden.

Arthur L. Loeb
Harvard Universität

M.C. Escher, *Wandmosaik in der Alhambra.*

I. Überschreitung der Grenze

Im Jahr 1936 besuchte der holländische Künstler M.C. Escher die Alhambra in Südspanien, eine maurische Burg aus dem 14. Jahrhundert, und erlebte dort eine Offenbarung. Bis zu diesem Zeitpunkt hatte Escher, der von 1898 bis 1972 lebte, seinen Blick auf die Welt der Natur gerichtet. Sein Werk hatte aus Portraits, Pflanzen- und Figurenstudien, hügeligen italienischen Städten und mediterranen Küstenansichten bestanden. Als handwerklich außerordentlich begabter Künstler hatte Escher, der hauptsächlich als Holzschnitzer und Lithograph arbeitete, gewissenhaft die Natur studiert und Techniken ausprobiert, um dreidimensionale Objekte in zweidimensionale Zeichnungen umzusetzen. Damals hatte er die Kachelmuster, geometrischen Körper, unmöglich scheinenden Strukturen und optischen Täuschungen, für die er berühmt werden sollte, noch nicht erdacht.

Eschers Reise zur Alhambra gab seiner Arbeit eine neue Richtung. Die Wände und Böden der Burg sind mit farbenfreudigen komplizierten Mosaiken ausgestattet, Kachelmuster, die lückenlos eine ganze Oberfläche überziehen können. Escher füllte einen Skizzenblock nach dem anderen mit Bleistiftzeichnungen der Muster und analysierte ihre Geometrie. Angeregt durch seine Entdeckung schrieb er Jahre später:

> »Schade, daß es der Islam verboten hat, Bilder zu machen. In ihren Mosaiken beschränkten sie sich auf abstrakte geometrische Formen. Kein maurischer Künstler hat es, soweit ich weiß, jemals gewagt (oder sollte ihm niemals die Idee gekommen sein?), konkrete, erkennbare Figuren, zum Beispiel Vögel, Fische, Reptilien und Menschen als Elemente unserer Mosaiken zu verwenden. Die Beschränkung ist für mich desto unannehmbarer, weil ... es gerade jene *Überschreitung der Grenze* zwischen abstrakten und konkreten Vorstellungen, zwischen ›stummen‹ und ›sprechenden‹ Figuren ist, die zum Kern dessen führt, was mich vor allem in der regelmäßigen Flächenaufteilung fasziniert.«[1] (Hervorhebung durch den Autor)

Als sich Escher 1941 in Holland niederließ, blieb ihm die Erfahrung der Alhambra. Nach einem Jahrzehnt der Reisen und Aufenthalte in Südeuropa löste seine Rückkehr in die kalte sparsame Landschaft seiner Heimat eine Abwendung von der Natur aus – hin zu einer persönlicheren inneren Welt der geometrischen Formen. 1937 begann Escher mit seiner Kunst, beide Welten zu verbinden. Er kämpfte mit der Unvereinbarkeit zwischen Objekt und Abbild und schuf Werke, die die Illusion der Darstellung offenbaren – das Gebäude, das räumlich zu sein scheint, aber unmöglich zu konstruieren ist, die Hand, die sich selbst zu zeichnen scheint, Wasser, das in immerwährender Bewegung hinaufzulaufen scheint. Das Thema, zu dem er immer wieder zurückkam – er selbst nannte es »meine reichste Quelle der Inspiration«[2] – war die Darstellung dreidimensionaler Objekte, die aus einem Verwandlungsprozeß zweidimensionaler Ornamente entstehen. Unzufrieden mit der Verweigerung der Mauren, die Natur darzustellen, widmete er den Rest seines Lebens der Aufgabe, die Grenze zu überschreiten.

Eschers Offenbarung in der Alhambra hat mir geholfen, meine eigene Faszination für Origami zu verstehen. Die Freude, jene Grenze zu überschreiten, ist so einfach und kindlich, daß sie ein wichtiger Bestandteil menschlicher Erfahrung sein muß. Es gefällt uns, Strukturen mit Bedeutung zu versehen, Gesichter in den Wolken und Gestalten in Bäumen zu finden. Beim Betrachten des Nachthimmels können wir nicht anders, als Konstellationen Bedeutung zu verleihen, die doch nicht mehr sind als zufällige Anordnungen von Sternen im Raum.

Ein Objekt aus einem Stück Papier zu falten bedeutet, eine stumme geometrische Form in eine erkennbare Figur zu verwandeln. Aus dem leeren Quadrat entsteht ein chaotisches Muster aus Winkeln und Kanten, ein Muster, dem wir Ordnung und Bedeutung geben – diese Faltung ähnelt einem Kopf, jene einem Körper – bis allmählich, langsam und mühevoll das lebende Wesen entsteht. Den Augenblick der Metamorphose zu bestimmen ist unmöglich, denn die Verwandlung findet in unserem Kopf statt.

Jene Überschreitung der Grenze ist eine spirituelle Handlung. Ganz abstrakt gedacht, wiederholt das Falten eines Origami-Tieres das Wachstum vom befruchteten Ei zum erwachsenen Tier (dabei entsprechen die frühen symmetrischen Falten dem mechanischen Prozeß der Zellteilung) und den Ursprung des Lebens an sich. Im Papier weicht – wie in der kosmischen Ur-Suppe – das Chaos der Ordnung, Formlosigkeit der Form und das Dunkel dem Licht. Als Escher sich Gedanken über seine Ornamente machte, fühlte er Transzendenz:

> »So betrachte ich dann die unbestimmte, neblige graue Fläche als ein Mittel zur Wiedergabe statischer Ruhe, um das Zeitlose, das Dimensionslose zu gestalten, das es schon gab, bevor das Leben einen Anfang

nahm und das zurückkehren wird, wenn das Leben wieder aufhört. Als ein formloses Element, in dem die Kontraste sich dann ›nach dem Tode‹ wieder auflösen …«[3]

Fangen wir also wie Escher mit dem formlosen Element an, in dem sich alle Kontraste auflösen – dem leeren Quadrat.

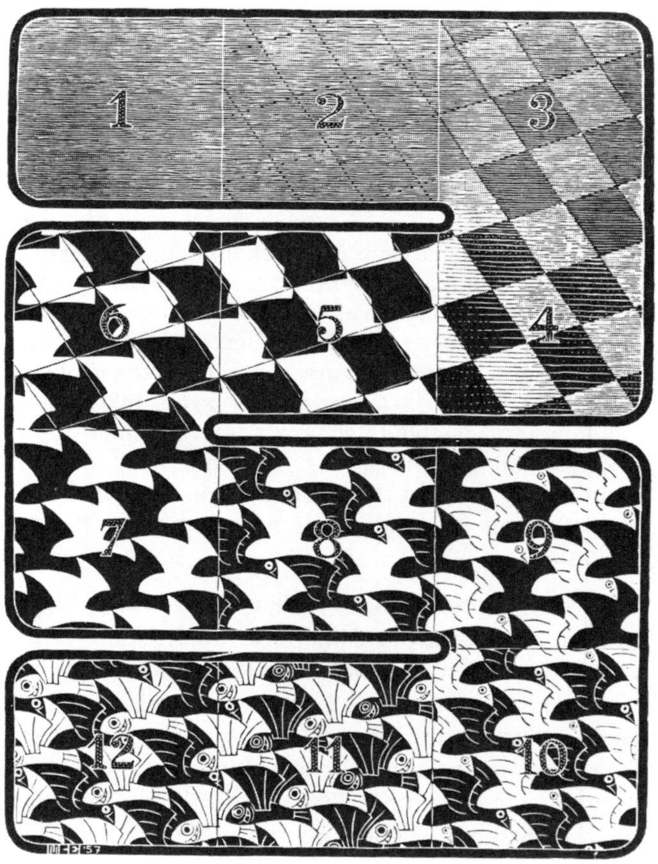

M.C. Escher, ***Regelmäßige Flächenaufteilung II,*** **Tafel aus** ***Regelmäßige Flächenaufteilung,*** **1958. Die Tafeln A und C hat Escher von Ornamenten in der Alhambra kopiert, Tafel B von einem japanischen Holzschnitt. Die Tafel 1, 2 und 3 sind seine Erfindung.**

M.C. Escher, ***Regelmäßige Flächenaufteilung I,*** **Tafel aus** ***Regelmäßige Flächenaufteilung,*** **1958.**

Das Quadrat kennenlernen

Am Anfang war das Quadrat.

Für den Papierfalter ist das Quadrat der Ursprung aller Form. Geometrische Formen, Tiere, Objekte und Menschen entstehen aus dem Quadrat und lösen sich, wieder aufgefaltet, wieder darin auf. Das leere Quadrat ist Alpha, Ursprung, Hauptantriebskraft im Origami. In der Philosophie des Tao bedeutet das Quadrat die Erste Form, die undifferenzierte Leere, aus der die gegensätzlichen Kräfte Yin und Yang entstehen. Wo andere nur den leeren Raum – trübe, blank und bedeutungslos – sehen, sieht der Papierfalter eine Welt, die mit Möglichkeiten überfließt. Seine Aufgabe besteht darin, diese Möglichkeiten zu entdecken und das Quadrat zum Leben zu erwecken.

Weil das Papier für den Faltenden das einzige Medium ist und damit Leinwand, Pinsel und Farbe zugleich, muß es ihm ganz vertraut werden. Welche Farbe hat es? Wie ist es beschaffen? Wenn man es zur Hälfte faltet und wieder glättet, hält es den Knick oder springt es auf? Wie weit kann man es dehnen, bevor es reißt? Wie fühlt es sich an, wenn man es zwischen den Fingern reibt?

Mit einem gewöhnlichen Blatt Papier läßt sich einiges machen. Man kann es zusammenknüllen und wegwerfen. Man kann es fest an einer Linealkante entlangziehen, so daß es sich aufrollt. Man kann darauf schreiben und es wird zu einem Brief. Wenn man es dann in ein anderes Stück Papier steckt (einen Umschlag) und ein kleineres Stück Papier darauf befestigt (eine Briefmarke), kann man es einem Freund schicken. »Lieber Falt-Kollege ...«

Einiges aber kann man nur mit einem *quadratischen* Blatt Papier machen. Das Quadrat hat bestimmte geometrische Eigenschaften, die sich fürs Falten ausnützen lassen. Zunächst einmal ist es regelmäßig. Es hat vier Ecken, alle mit dem gleichen 90-Grad-Winkel. Es hat vier Seiten mit der gleichen Länge. Und es hat – bis jetzt noch – eine weite undifferenzierte Mitte. Die Ecke hat 90 Grad, die Kante 180 Grad und die Mitte 360 Grad.

Unser Werkzeug ist die Geometrie, unser Ziel, ein Tier, ein Objekt oder einen Menschen darzustellen. Dafür müssen wir das Quadrat in eine neue Gestalt verwandeln und aus den Ecken, Kanten und der Mitte jeweils eine Klappe herstellen für jeden Teil der Gestalt, die wir schaffen wollen: Kopf, Hals, Arme, Beine, Flügel, Hörner, Fühler, Schwanz. Wenn diese Anhängsel lang und dünn werden, wird der Körper des Tieres konzentriert und dick, und Papier ohne Funktion muß so gefaltet werden, daß es dem Blick entzogen ist.

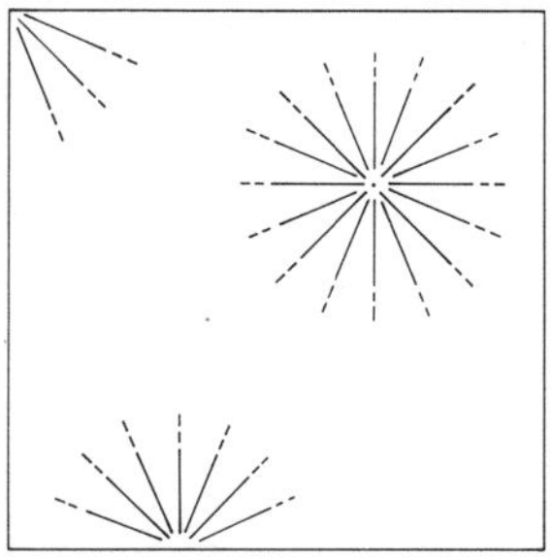

Die drei Quadratteile: Ecke, Kante, Mitte

Aus diesem Grund muß das fertige Modell effizient und kompakt sein. Wenn die Winkel und Kanten zusammenkommen, gibt es wenig überflüssiges Papier, das versteckt werden muß. Die Regelmäßigkeit und Symmetrie des Quadrats bedeutet, daß beim Falten Winkel und Kanten oft eine Linie bilden. Es ist die einzige Form, die zugleich Rechteck (vier identische Winkel) und Rhombus (vier identische Seiten) ist.

Rechteck und Rhombus weisen beide eine Art Symmetrie auf, die Links-rechts- oder Spiegel-Symmetrie genannt wird. Rechtecke sind spiegelsymmetrisch bezüglich ihrer Orthogonale: Wenn ihre *benachbarten* Ecken zusammengefaltet werden, treffen die Seiten aufeinander. Rhomben sind spiegelsymmetrisch bezüglich ihrer Diagonalen: Wenn man die *gegenüberliegenden* Ecken zusammenfaltet, treffen die Seiten aufeinander. Das Quadrat hat beide Eigenschaften, das bedeutet, daß es viele verschiedene Arten gibt, es so zu falten, daß Winkel und Kanten aufeinanderkommen.

Jetzt haben wir die Geometrie des Quadrats abgedeckt und können mit dem Falten beginnen. Aber zuerst müssen wir uns mit Material, Werkzeug und Sprache des Origami vertraut machen.

Familienportrait: Die Klasse aller Rechtecke. Das Quadrat ist Drittes von links.

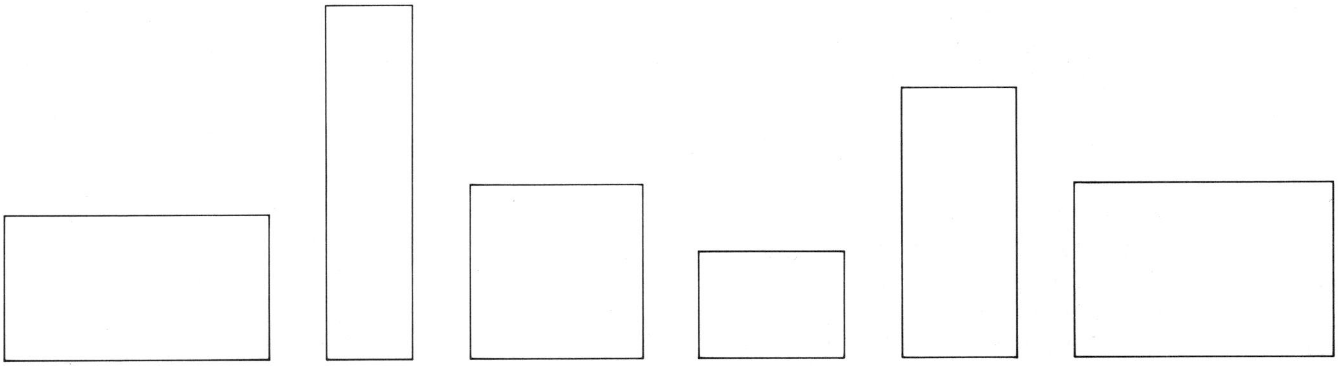

Familienportrait: Die Klasse aller Rhomben. Das Quadrat ist Viertes von links.

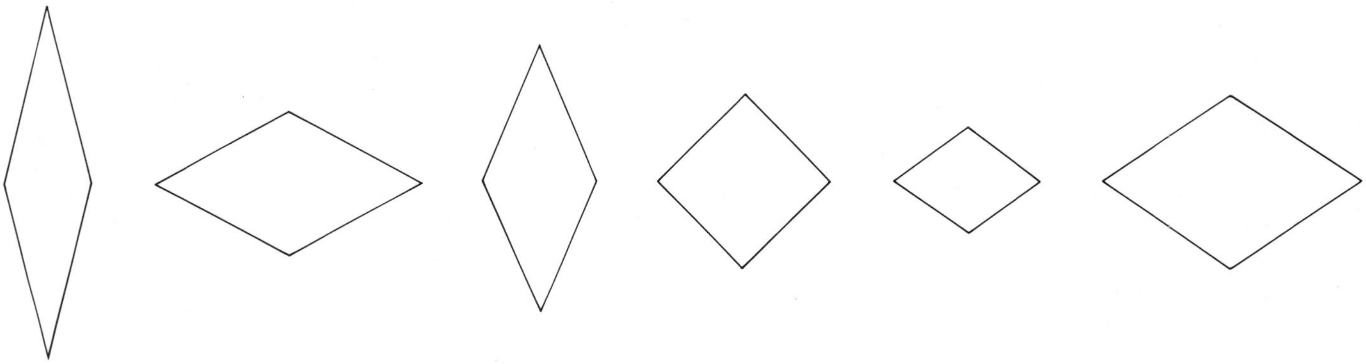

Symmetrie des Quadrates.

Symmetrie des Rechtecks.

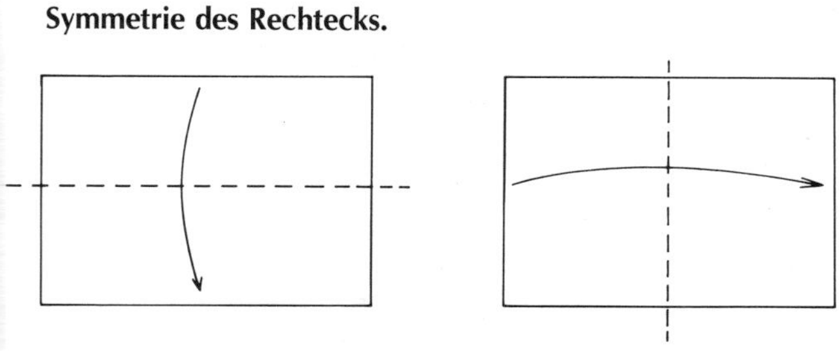

Symmetrie des Rhombus.

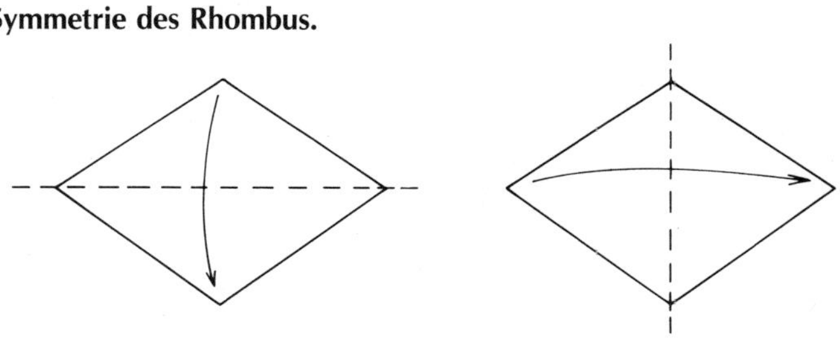

Material und Werkzeug

Um anzufangen, brauchen wir Papier. Das beste ist dünn und steif und absolut quadratisch. Für einfachere Modelle kann man es mit dem japanischen Origami-Papier versuchen, das es in den meisten Geschäften für Zeichenbedarf gibt. Beim ersten Versuch an schwierigeren Modellen sollte das Papier mindestens 45 cm pro Seitenlänge betragen. Für den Anfang gut geeignet ist einseitig beschichtetes Geschenkpapier, das es in Rollen bis zu einer Breite von 75 cm gibt.

Es ist aber auch möglich, sein eigenes Papier herzustellen. Bei der Methode, die mir von dem Falt-Kollegen Robert Lang weitergegeben wurde, macht man ein »Sandwich« aus Aluminiumfolie und zwei Lagen Seidenpapier. Für die Modelle in diesem Buch habe ich handgeschöpftes japanisches Reispapier statt Seidenpapier verwendet. Besprühen Sie eine Seite eines Stücks Aluminiumfolie mit einem Sprühkleber, legen Sie es auf ein großes Stück Seidenpapier und glätten Sie die Falten mit einer kleinen Papierwalze oder einer Linealkante. Das wiederholen Sie auf der anderen Seite. Wenn das »Sandwich« fertig ist, markieren Sie mit Bleistift vorsichtig ein Quadrat und schneiden es mit einem Papiermesser genau aus. Dieses zusammengesetzte Blatt hat die Fügsamkeit der Folie und die Haltbarkeit von Papier (Folie allein reißt zu leicht). Experimentieren Sie und erfinden Sie Ihre eigenen Techniken!

Nützliches Werkzeug, das zur Hand sein sollte: ein Brieföffner oder Polierer, um Brüche steif zu machen und eine Pinzette für winzige Falten. Eine glatte horizontale Arbeitsfläche hilft auch, obwohl die meisten Japaner in der Luft falten.

Spiegelsymmetrische Darstellung des Wortes Origami.

Symbole und Vorgehensweisen

Origami-Zeichnungen sind wie Noten oder Baupläne: Sie sind der Schlüssel zum Verständnis, das Mittel, durch das der Musiker oder Baumeister die Intentionen des Künstlers realisiert. Faltanleitungen lesen zu lernen bedarf der Übung, ebenso wie bei Musiknoten. Hier ein paar Tips zum Falten, die Ihr Ergebnis verbessern werden:

- Studieren Sie jede Zeichnung und den Begleittext sorgfältig, bevor Sie mit dem Falten beginnen. Werfen Sie einen Blick auf die nächste Zeichnung, um das Ergebnis zu kontrollieren.
- Machen Sie die Brüche steif. Eine schlampige Faltung am Anfang wird mit der Zeit immer schlampiger.
- Denken Sie daran, daß Papier dick ist. Papierlagen können bei einem schwierigen Modell bis zu ca. 1 Zentimeter dick werden. Oft ist es am besten, zwischen zwei benachbarten Kanten Raum zu lassen, so daß sie sich bei den folgenden Faltungen nicht überlappen und stauen.
- Haben Sie Geduld! Eine achtlose Bewegung in der Endphase eines Modells kann das Papier zerreißen und das Ergebnis verderben. Wenn sich ein Modell als zu schwierig erweist, versuchen Sie ein anderes und machen später mit dem ersten weiter. Der erste Versuch wird selten ein Meisterwerk, aber wiederholte Versuche werden das Endergebnis fast immer verbessern.

Die Symbole und Ausdrücke in diesem Buch gehen auf ein System zurück, das von Akira Yoshizawa im Osten und Samuel Randlett und Robert Harbin im Westen bekannt gemacht wurde. Jetzt ist es international anerkannt; wenn Sie also die Symbole hier beherrschen, können Sie den Anleitungen in praktisch jedem Origami-Buch folgen. Natürlich unterscheiden sich Bücher jedoch leicht voneinander, je nach Laune des Verfassers (jeder will das System perfektionieren). In einigen Fällen habe ich meine eigenen Varianten dazugefügt und Zeichen oder Ausdrücke, die ich für überflüssig halte, weggelassen. Viele Faltvorgänge haben Namen aus der Umgangssprache, die ich beibehalten habe.

Symbole bestehen aus zwei Arten: Pfeile und Linien. Es gibt viele verschiedene Pfeile, deren Form jeweils die Bewegung des Papiers andeutet.

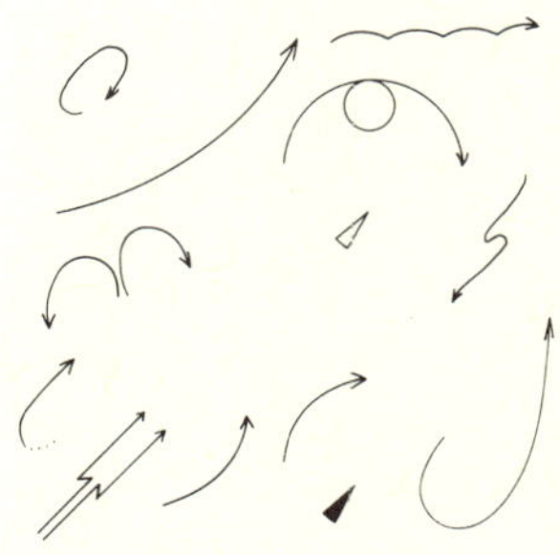

Pfeile

Dieser Pfeil bedeutet »das Papier wenden«.

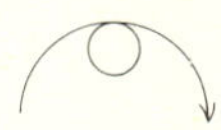

Es gibt 5 verschiedene Linien:

Eine *fette* Linie bezeichnet eine Papierkante, entweder die ursprüngliche oder eine beim Falten entstandene.

Eine *magere* Linie bezeichnet einen Knick im Papier, der bei einem früheren Schritt entstanden ist.

Eine *gestrichelte* Linie bezeichnet eine Talfalte.

Eine *Strichpunktlinie* bezeichnet eine Bergfalte.

Eine *punktierte* Linie bezeichnet eine verborgene Falte oder eine, die gerade entsteht.

Ein Blatt Papier hat zwei Seiten. Deshalb kann es nach zwei Richtungen gefaltet werden, jede hat einen Namen. Das ist eine *Talfalte:*

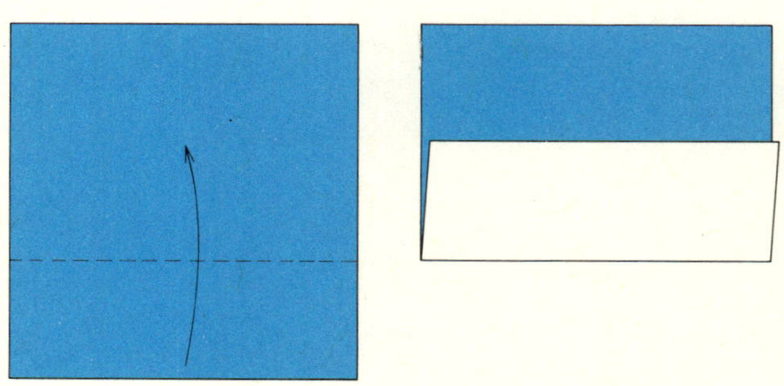

Die untere Kante nach oben biegen.

Die fertige Talfalte.

Das ist eine *Bergfalte:*

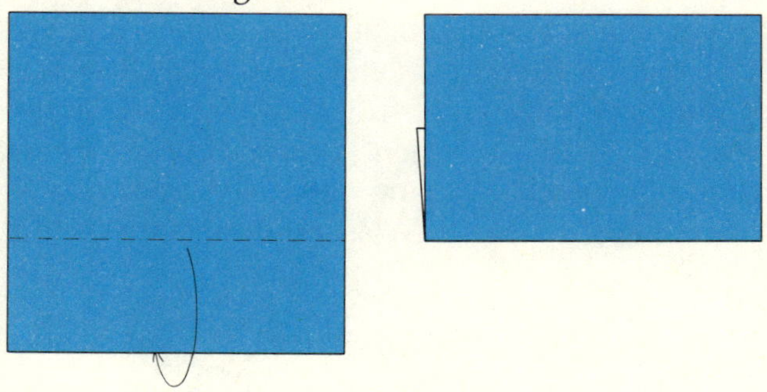

Die untere Kante nach unten biegen.

Die fertige Bergfalte.

Jeder Faltvorgang ist eine Talfalte, eine Bergfalte oder eine Kombination der beiden. Bei einem *Gegenknick* werden zwei Lagen Papier symmetrisch entlang eines Knicks zusammengefaltet. Den Gegenknick gibt es in zwei Arten. Das ist ein *Gegenknick nach innen:*

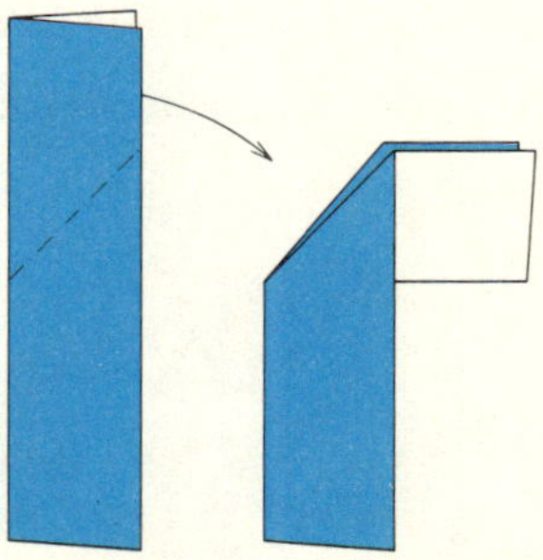

Fest knicken, um die Linie für den Gegenknick anzuzeigen. Die offenen Kanten ausbreiten und das obere Stück von innen nach außen wenden. Flachpressen.

Der fertige Gegenknick nach innen.

Das ist ein *Gegenknick nach außen:*

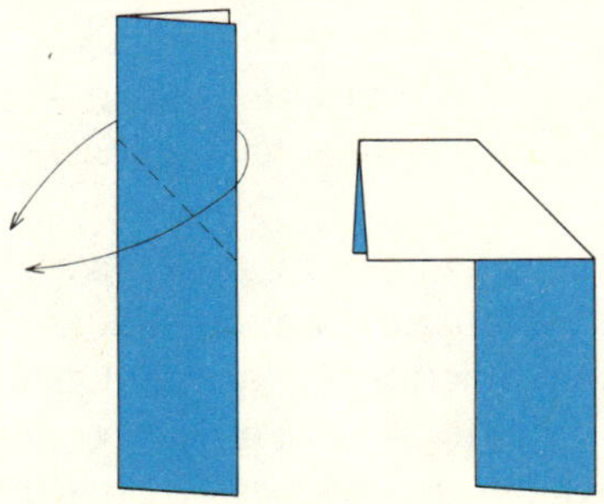

Fest knicken, um die Linie für den Gegenknick anzuzeigen. Die offenen Kanten ausbreiten und das obere Stück von außen nach innen wenden. Flachpressen.

Der fertige Gegenknick nach außen.

Alles in allem gibt es nur etwa zwei Dutzend Faltvorgänge, wobei Talfalte, Bergfalte, Innenknick und Außenknick bei weitem die häufigsten sind. Das sind auch die einzigen, die Sie im Moment kennen müssen. Weitere Faltvorgänge werden im Buch erklärt, wenn sie auftauchen. Wenn ein Ausdruck zum ersten Mal auftaucht, erscheint er *kursiv* mit vollständiger Erklärung. Ab da wird der Name benutzt, aber ohne Erklärung. Um die Erklärungen der jeweiligen Faltvorgänge zu finden, schauen Sie bitte im *Verzeichnis der Fachausdrücke* nach.

Vier leichte Stücke

Jetzt können wir mit einem einfachen Tier beginnen. Unser Ziel ist es ja, einen kompakten Körper mit langen, biegsamen Anhängseln zu schaffen. Der erste logische Schritt: Wir fangen damit an, den Teil des Quadrats, der der schmalste ist, noch zu verengen – die Ecke.

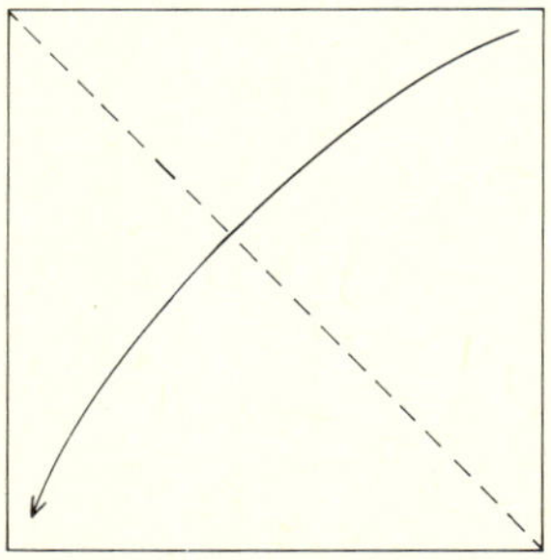

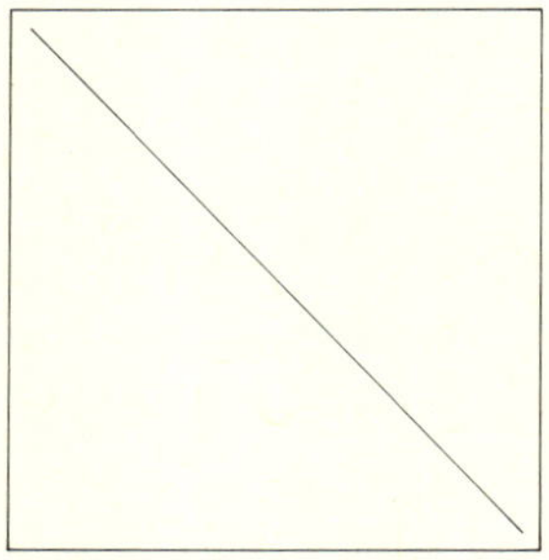

Talfalte entlang der Diagonalen und öffnen.

Die fertige Talfalte.

Wir haben die gegenüberliegenden Ecken in 45-Grad-Winkel geteilt. Eng, aber nicht eng genug. Teilen wir sie noch einmal.

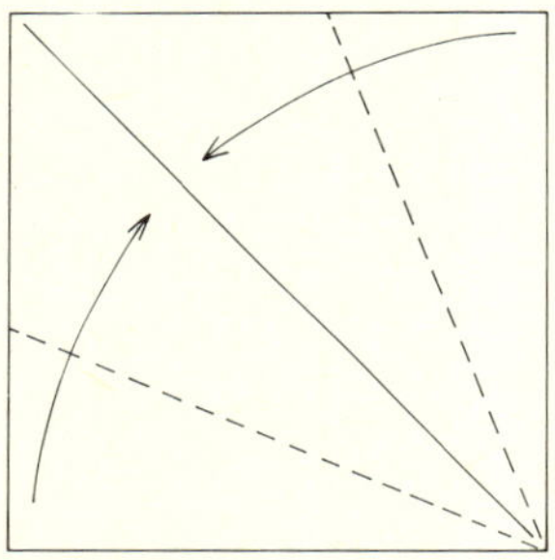

Talfalten in den gestrichelten Linien.

Wir knicken, um anzuzeigen, wo die Klappen liegen.

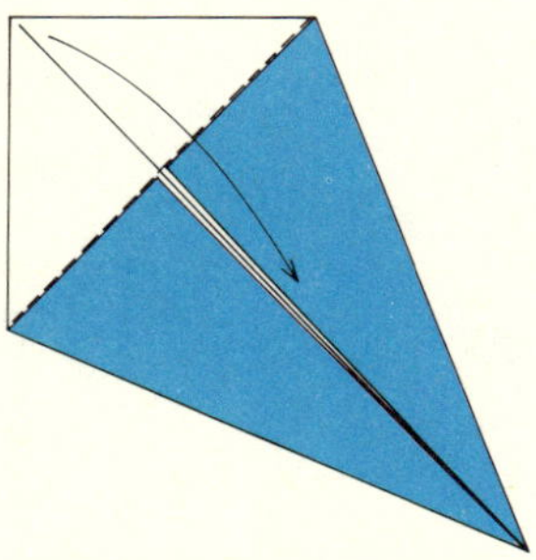

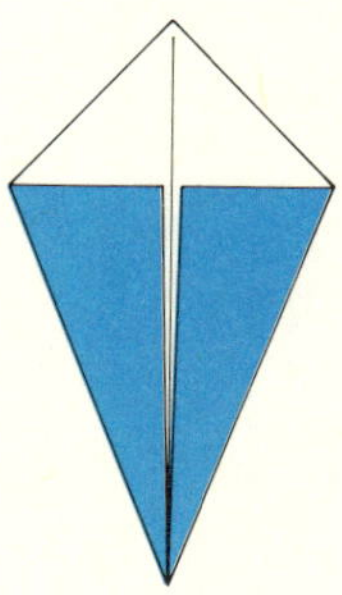

Das Eckdreieck talfalten und öffnen.

Die fertige Drachen-Grundform.

Diese Form sieht verheißungsvoll aus. Weil sie wie ein Drachen geformt ist, wird sie meist *Drachen-Grundform* genannt. *Grundform* ist ein Ausdruck, der locker für eine Form aus dem ursprünglichen Origami-Quadrat gebraucht wird, aus der eine Vielzahl von Modellen entstehen kann. Die Drachen-Grundform ist die einfachste der Origami-Grundformen und wurde von den Japanern vor hunderten von Jahren entdeckt. Eine der vielen traditionellen Figuren aus der Drachen-Grundform ist diese Ente.

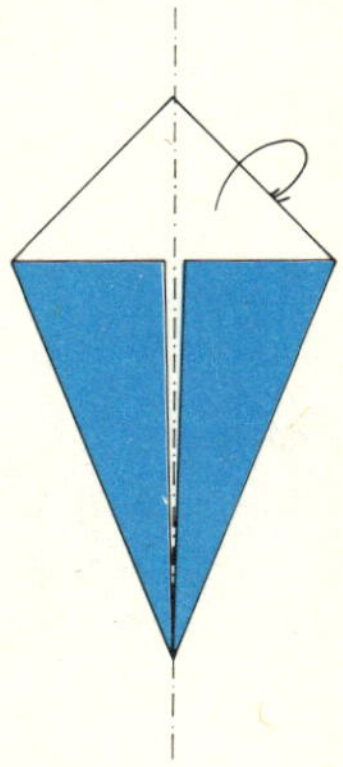

Die Drachen-Grundform zur Hälfte bergfalten.

Die linke Hälfte nach oben gegenknicken nach innen, um den Hals zu bilden.

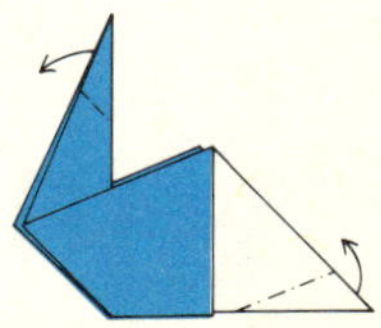

Den Hals gegenknicken nach innen, um den Kopf zu bilden. Die rechte Seite gegenknicken nach innen, um den Schwanz zu bilden.

Die fertige Ente.

Jetzt haben wir unser erstes Origamimodell gemacht, und es war wirklich einfach. Wenn wir es analysieren, finden wir heraus, daß die Ente trotz ihrer Einfachheit interessante Eigenschaften aufweist.

Die beste Art, ein Origamimodell zu verstehen, ist, es zu öffnen, d.h. aufzufalten, das Papier flach hinzulegen und eine Zeichnung der wichtigsten Brüche anzufertigen – nicht alle Einzelheiten, sondern die Faltungen, die die grundlegende Geometrie des Modells beinhalten. Diese Art von Zeichnungen nenne ich *Faltmuster*. Jedes Origamimodell hat sein typisches Faltmuster. Für jedes Modell in diesem Buch ist ein Faltmuster abgebildet.

Notwendigerweise ist das Faltmuster eine Abstraktion, die Reduktion einer komplizierten Form auf das zugrundeliegende Muster. Um zu verstehen, daß sowohl Menschen als auch Kühe Säugetiere sind, muß man hinter ihren äußeren Unterschieden die gemeinsame Form erkennen. Das gleiche gilt für zwei

Faltmuster für das Rentier.

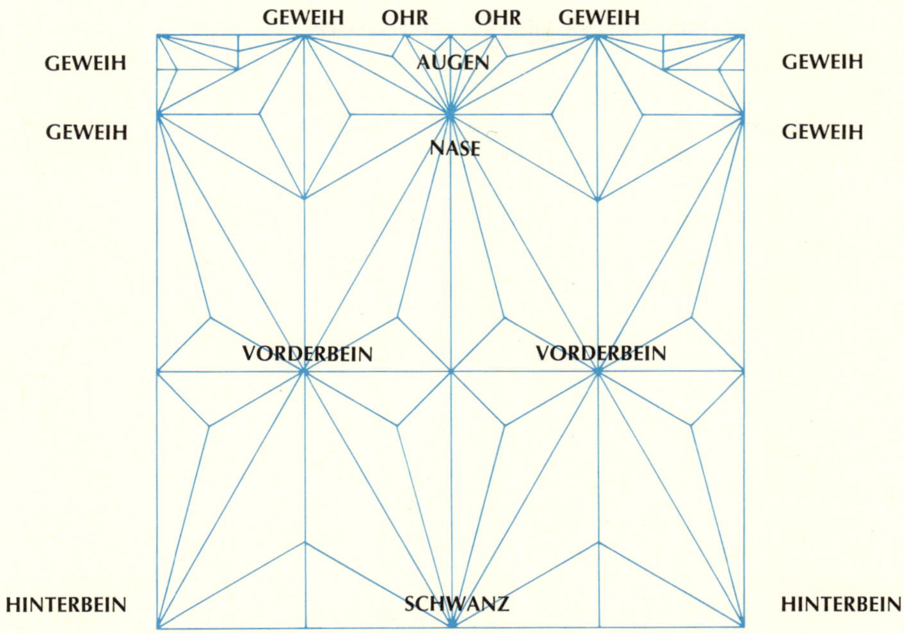

Faltmuster für den Schmetterling

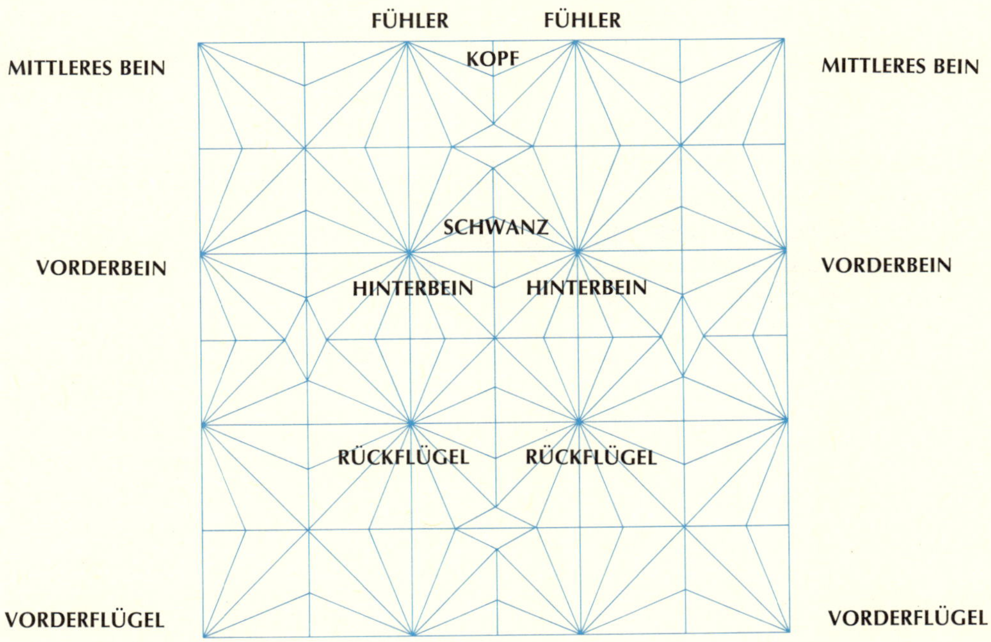

Origamimodelle. Das Faltmuster ist ein Werkzeug, das dem Faltenden ermöglicht, Modelle ihren grundlegenden Unterschieden und Ähnlichkeiten entsprechend zu gruppieren und zu verstehen. Mit diesem Wissen kann er wiederum neue Modelle schaffen.

In jedem glatten Stück Papier gibt es latente geometrische Muster und Winkel-Proportionen aufzudecken, durch die das Papier interessante und symmetrische Formen gewinnt: gleichseitige und gleichschenklige Dreiecke in verdrehten Zusammenstellungen, perfekte Sechs- und Achtecke, Quadrate innerhalb von Quadraten, Rechtecke mit den ausgewogenen Proportionen $1 \times \sqrt{2}$ und $1 \times \sqrt{3}$. Ungewöhnliche Figuren, die auf den ersten Blick keine mathematische Grundlage zu haben scheinen, erweisen sich als Summen von einfacheren Formen. Die Geometrie eines einzigen Origamimodells hätte Pythagoras wochenlang beschäftigt.

Bei der Ente ist das Faltmuster durch die Drachen-Grundform gegeben. Beim Öffnen der Ente werden Sie folgende Anordnung sehen:

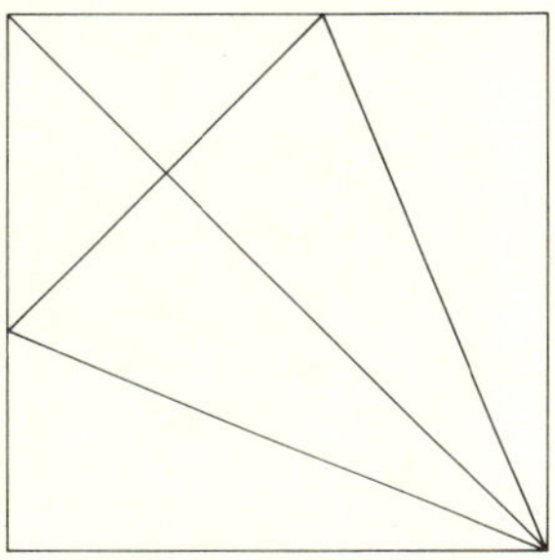

Faltmuster für die Ente.

Selbst eine so einfache Form birgt Wiederholung. Das Muster enthält zwei verschiedene Elemente, zwei Dreiecke eines Typs und vier eines anderen. Ein kleines und zwei große Dreiecke bilden zusammen ein sich wiederholendes *Modul*:

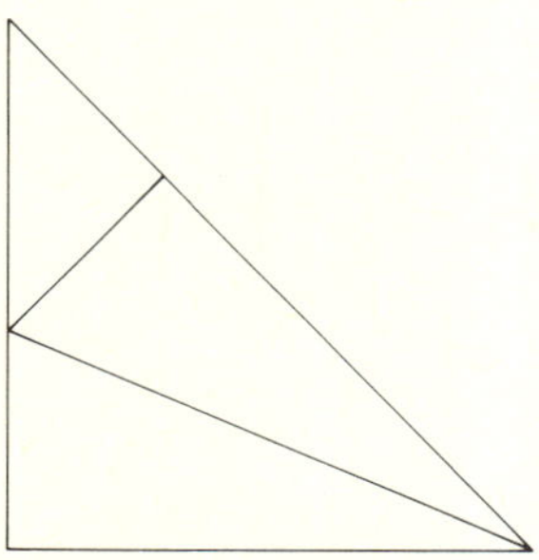

Das Modul.

Setzen Sie zwei Module zusammen, und Sie haben die Drachen-Grundform. So merkwürdig es scheinen mag: Fast alle Modelle in diesem Buch entstehen aus Vielfachen dieses einfachen Moduls!

Jetzt wollen wir uns an ein etwas schwierigeres Tier wagen. Die Ente hat Kopf, Körper und Schwanz. Wie würden wir ein Tier mit einem Kopf, einem Körper, einem Schwanz und zwei Flossen machen? Eine Möglichkeit wäre, nicht eine, sondern zwei Ecken unseres Quadrats enger zu machen, wie etwa zwei Drachen-Grundformen in gegenüberliegenden Ecken unseres Quadrats.

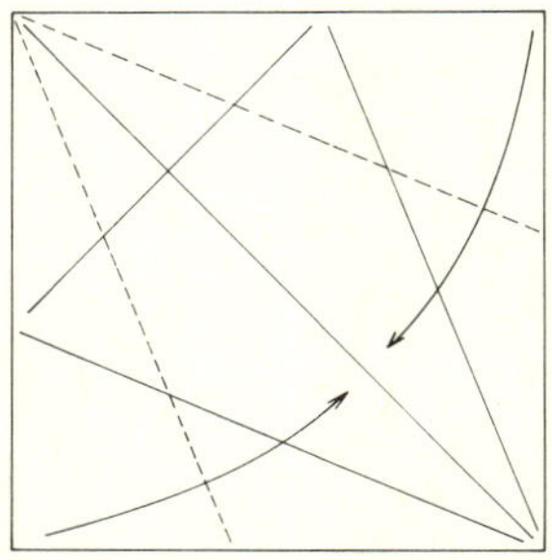

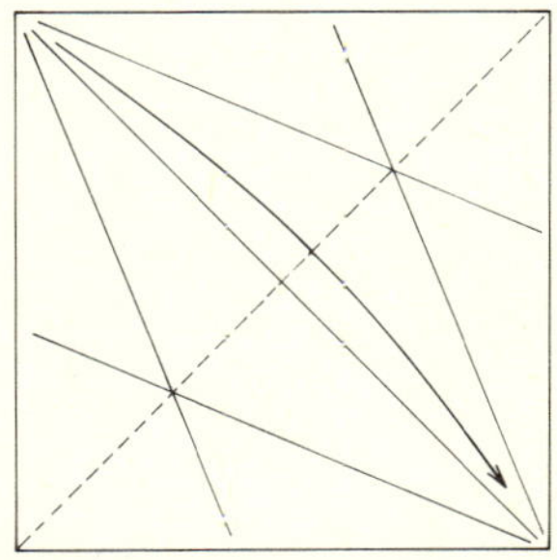

Mit der Drachen-Grundform anfangen. Die gestrichelten Linien talfalten und öffnen.

Diagonal talfalten und öffnen.

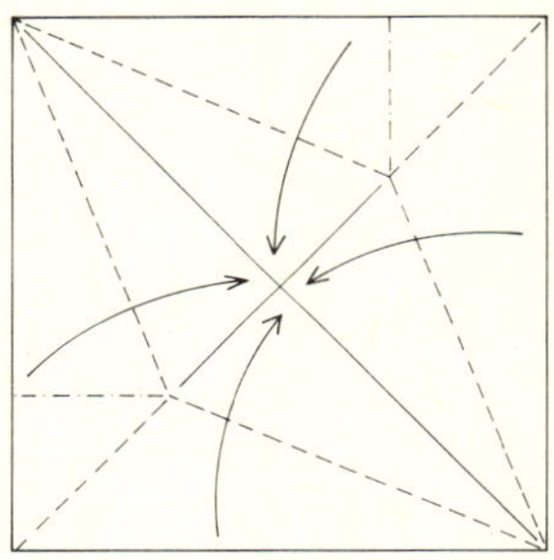

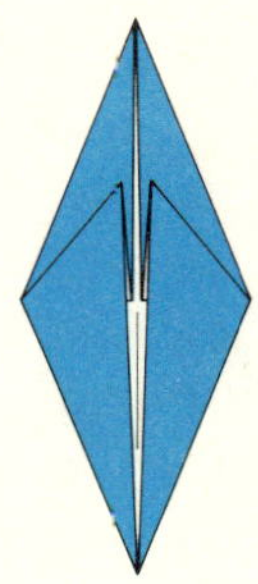

Alle vier Kanten zur Mittellinie falten.

Die fertige Fisch-Grundform.

Diese Form wird *Fisch-Grundform* genannt. Daraus entsteht der Walfisch, ein anderes traditionelles japanisches Modell.

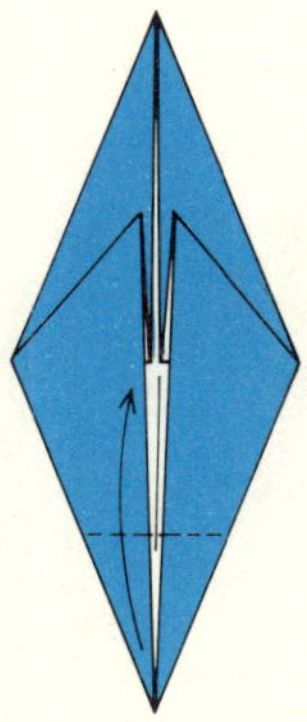

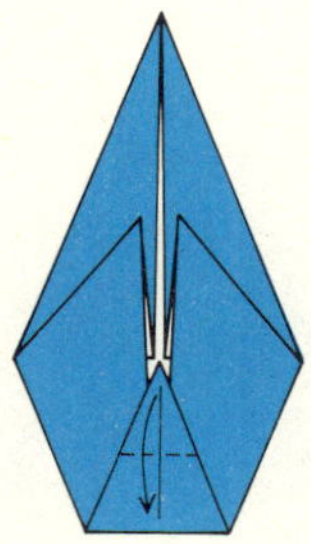

Mit der Fisch-Grundform anfangen. Die untere Spitze zur Quadrat-Mitte talfalten.

Die Spitze zur Hälfte in die andere Richtung talfalten.

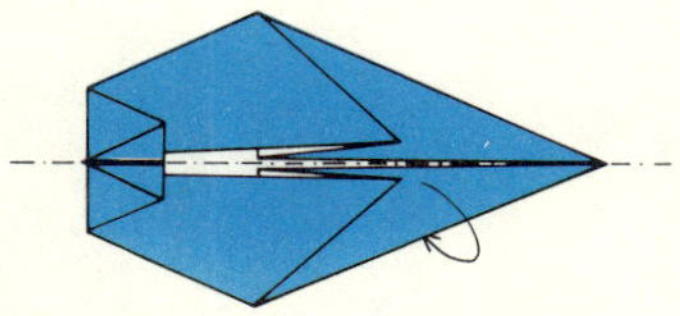

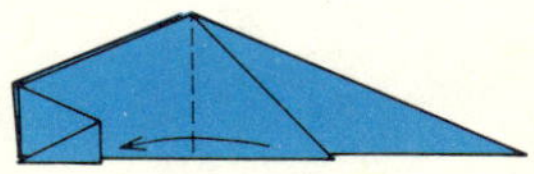

Das Modell zur Hälfte bergfalten.

Die dreieckige Klappe zur anderen Seite bringen. Bei der identischen Klappe hinten wiederholen.

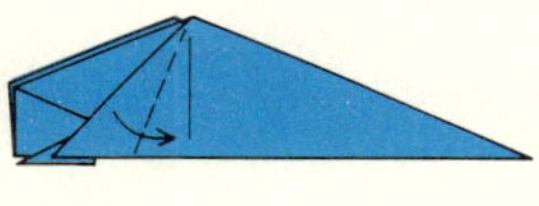

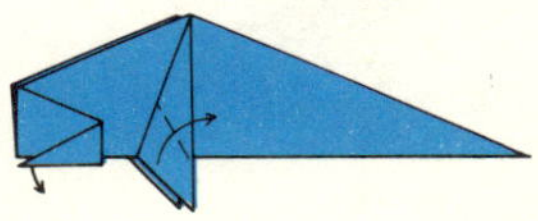

Die dreieckige Klappe mit einer Talfalte verengen. Hinten wiederholen.

Die dreieckige Klappe nach rechts talfalten, um eine Flosse zu bilden. Hinten wiederholen. Das Maul herunterziehen.

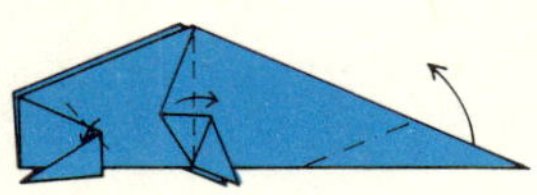

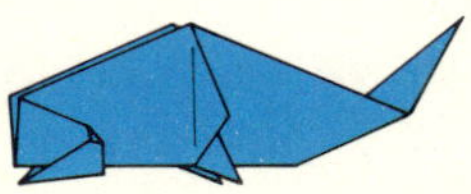

Die Flosse nach rechts talfalten. Die Maulspitze talfalten, um ein Auge zu bilden. Beide Schritte hinten wiederholen. Den Schwanz gegenknicken nach innen.

Der fertige Walfisch.

Jetzt öffnen wir den Walfisch wieder und schauen uns das Faltmuster an:

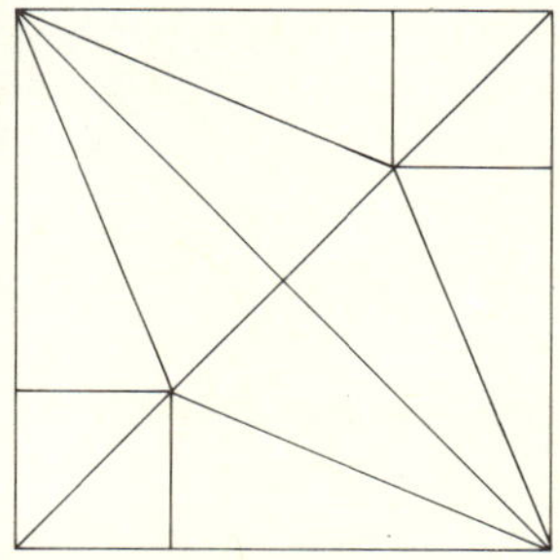

Faltmuster für den Walfisch.

Das Muster zeigt uns im ganzen vier kleine und acht große Dreiecke, alle von dem Typ, den wir schon kennen. Alles in allem enthält es vier Module.

Jetzt wird es eine Stufe schwieriger. Was passiert, wenn wir versuchen, alle vier Ecken zu vierteln? Das wäre wie vier Drachen-Grundformen, eine in jeder Ecke. Irgendwie müssen wir die Anordnung dann in der Mitte lösen, wo sich alle treffen. Die einfachste Art dafür ist eine sogenannte *Vorfalte*.

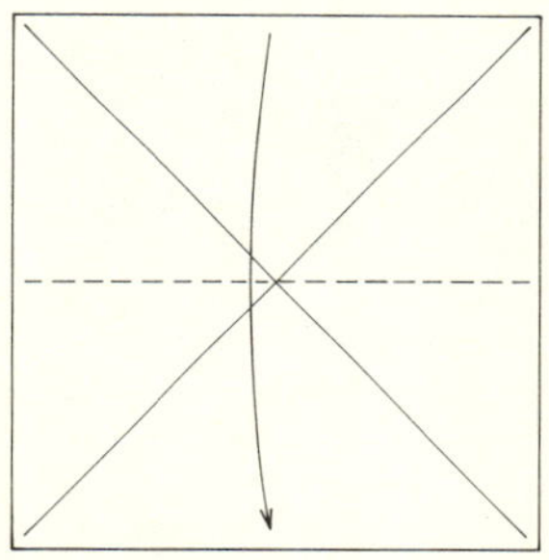

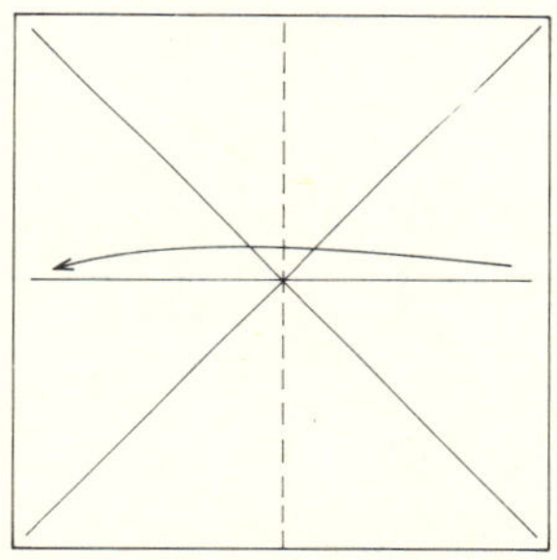

Mit einem Quadrat entlang der Diagonalen beginnen. Zur Hälfte talfalten und öffnen.

Die andere Hälfte talfalten und öffnen.

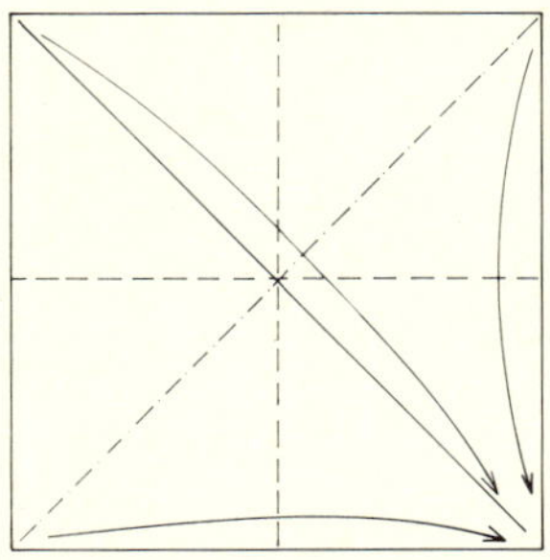

Alle vier Seiten auf einmal zusammenlegen.

Die fertige Vorfalte.

Jetzt können wir die vier Seiten verengen. Dazu benutzen wir eine *Blütenblattfalte.* Dabei wird eine Klappe aus dem flachen Papier herausgehoben und gestreckt. Durch das Strecken kommen die zwei Seiten der Klappe zusammen. Wenn sie sich soweit wie möglich gestreckt hat, berühren sich die Seiten und die Klappe liegt flach. Die Blütenblattfalte kann viele Formen annehmen. Die häufigste ist folgende:

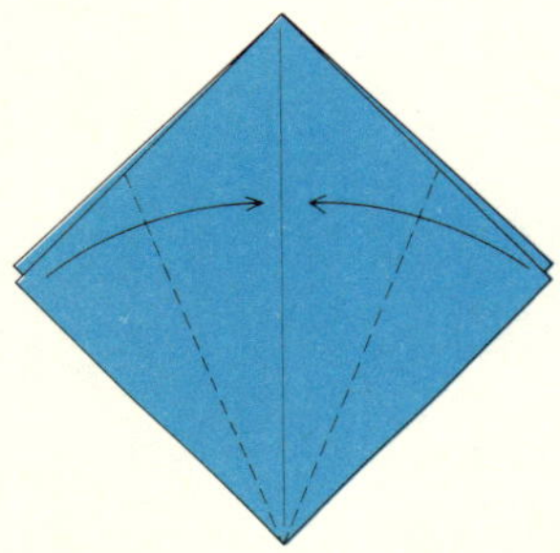

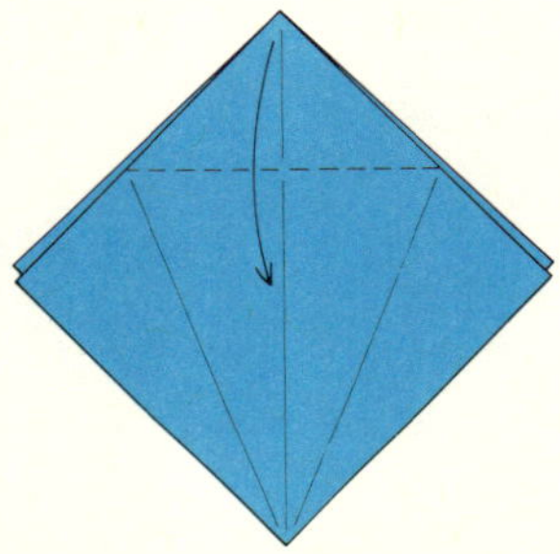

Mit der Vorfalte beginnen. Die Ecken zur Mittellinie talfalten. Öffnen.

Das obere Dreieck nach unten talfalten und fest drücken. Öffnen.

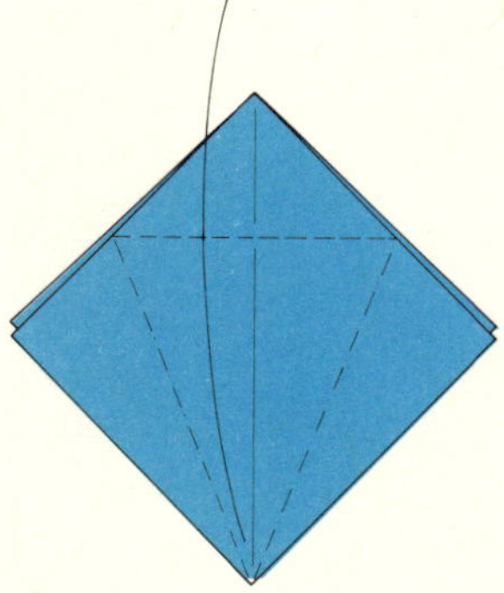

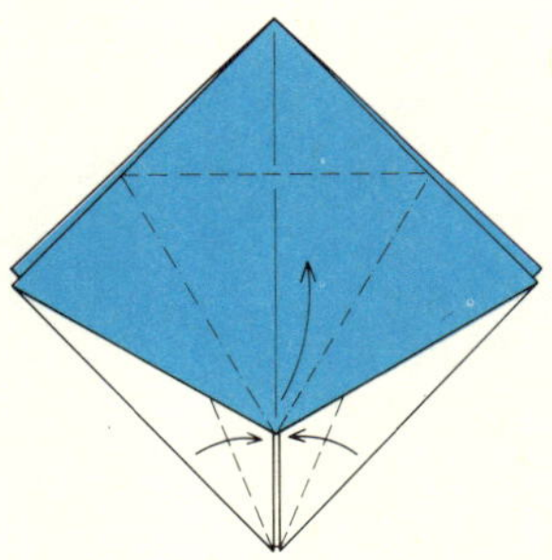

Die untere Ecke hochziehen.

Die Ecke soweit wie möglich nach oben strecken.

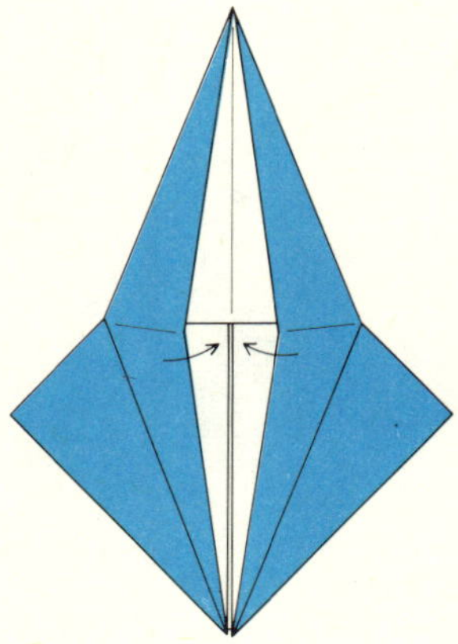

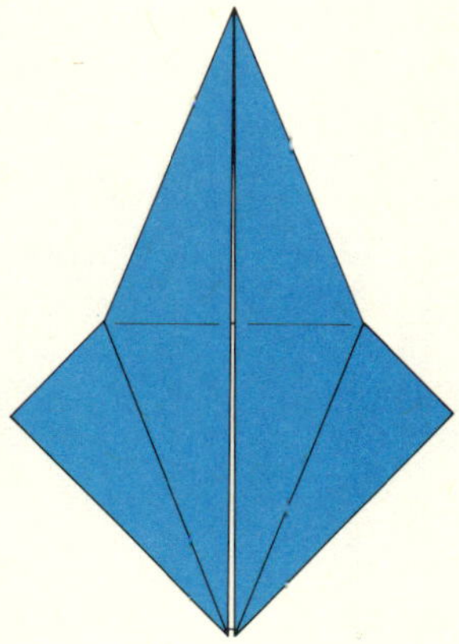

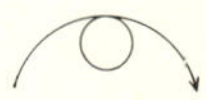

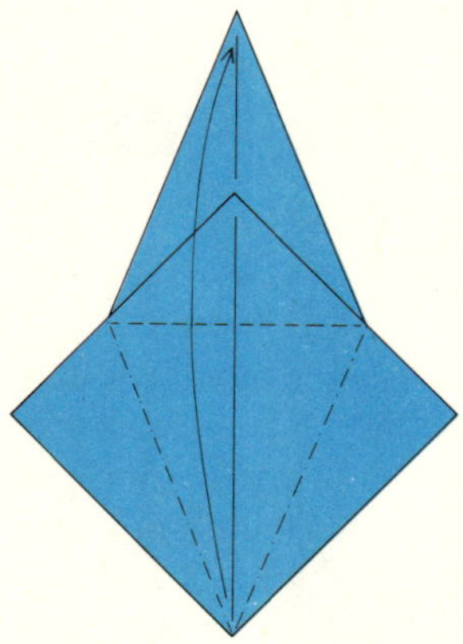

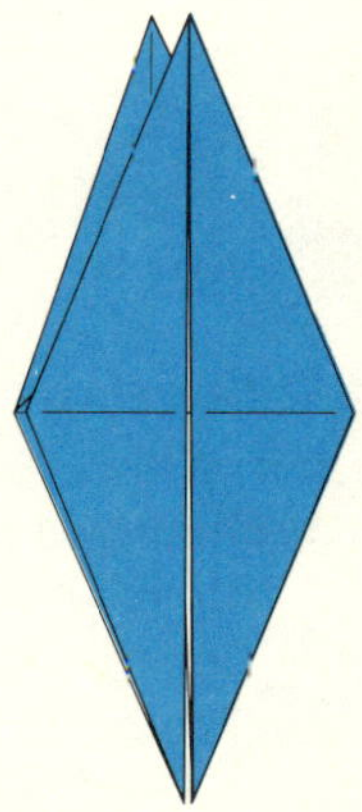

Flachpressen.

Die fertige Blütenblattfalte. Das Papier wenden.

Die vorigen Schritte wiederholen.

Die fertige Vogel-Grundform.

Das ist die *Vogel-Grundform*, aus der der berühmte japanische Fliegende Vogel entsteht. Er ist einfach zu machen:

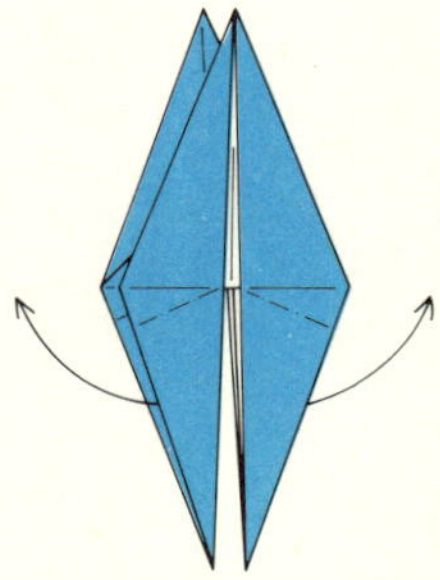

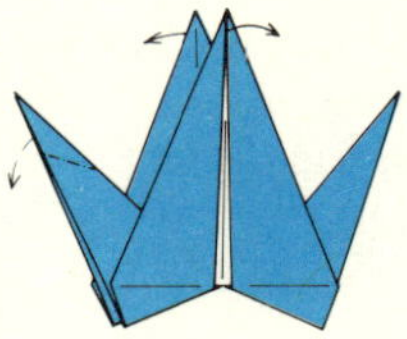

Mit der Vogel-Grundform beginnen. Zwei Klappen nach oben gegenknicken nach innen, um Hals und Kopf zu bilden.

Den Hals gegenknicken nach innen, um den Kopf zu formen. Die Flügel ausbreiten.

Den Schwanz mit einer Hand und den Hals unten mit der anderen Hand fassen. Auseinanderziehen, um die Flügel zum Fliegen zu bringen.

Wenn wir den Fliegenden Vogel öffnen, sehen wir ein komplizierteres Faltmuster als bei den vorigen Modellen:

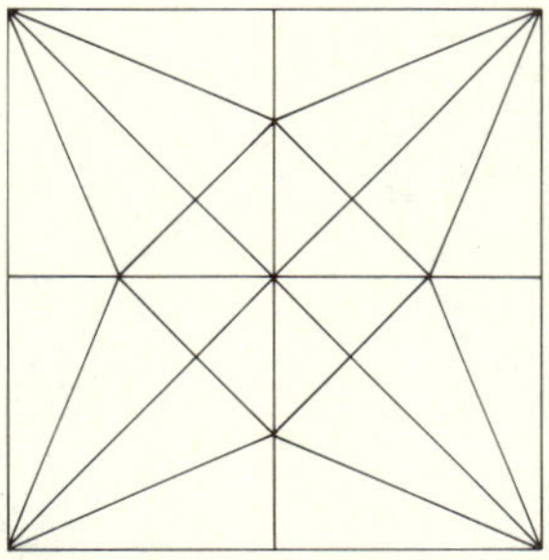

Faltmuster für den Fliegenden Vogel.

Trotzdem erkennen wir eine vertraute Form – das Modul, jetzt achtmal wiederholt. Kann das ein Zufall sein?

In der Mathematik gibt es keinen Zufall! Wenn ein Muster, eine Formel oder eine Figur wiederauftaucht, kann man darauf wetten, daß es einen Grund dafür gibt.

Jetzt haben wir der Reihe nach erst eine, dann zwei und schließlich alle vier Ecken enger gemacht und haben keine mehr übrig. Der nächste Schritt ist nicht so offensichtlich. Um eine Form mit mehr als vier Klappen zu finden, müssen wir uns zur Mitte des Papiers wenden, so weit weg von den vier Ecken, wie es das Quadrat erlaubt. Um die Mitte zu verengen, zusammen mit den vier Ecken, gehen wir zur Vorfalte zurück. Auf dem Weg begegnet uns ein neuer Faltvorgang, die *Preßfalte,* und eine neue Version der Blütenblattfalte.

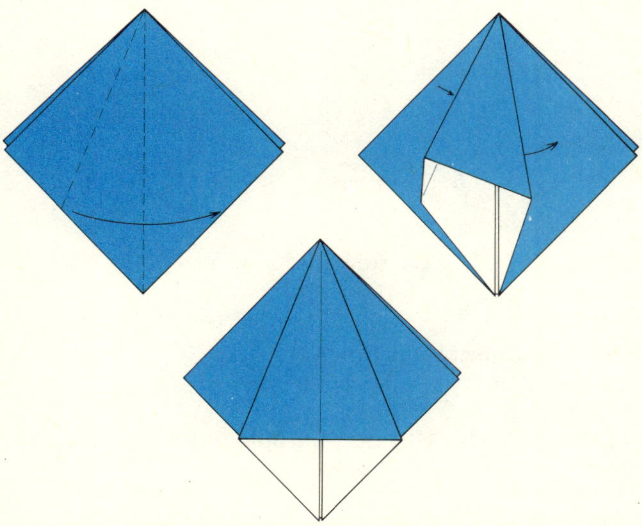

Mit der Vorfalte beginnen. Die linke Klappe hochheben und nach rechts bringen.

Die Klappe so auseinanderpressen und falten, daß sie symmetrisch landet. Flachpressen.

Die fertige Preßfalte.

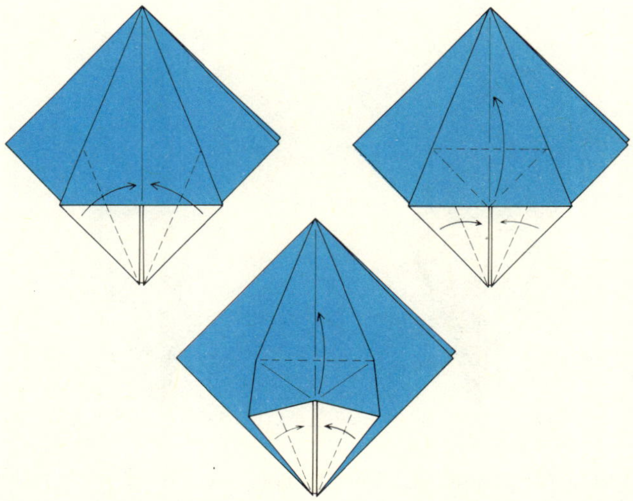

Das ist eine Vorfalte mit einer gepreßten Klappe. Die Kanten der Klappe zur Mittellinie talfalten und öffnen.

Die Mitte der Querkante heben und nach oben strecken.

Weiterstrecken, bis sich die Seiten treffen und die Klappe sich so weit wie möglich gestreckt hat. Flachpressen.

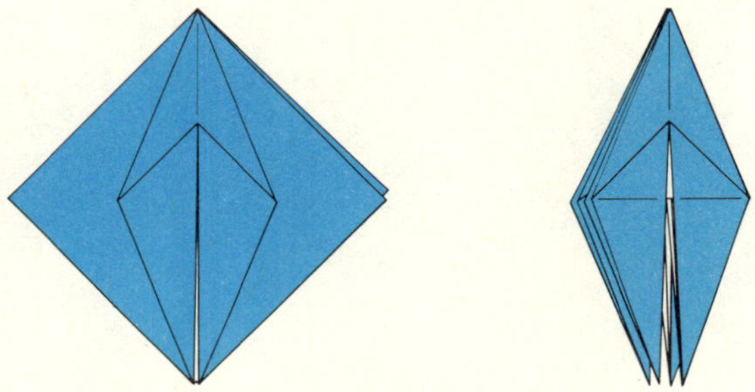

Die fertige Blütenblattfalte. Diesen Faltvorgang an den restlichen drei Seiten wiederholen.

Die fertige Frosch-Grundform.

Diese Figur wird *Frosch-Grundform* genannt, weil sie die Ausgangsform für den traditionellen japanischen Springfrosch ist:

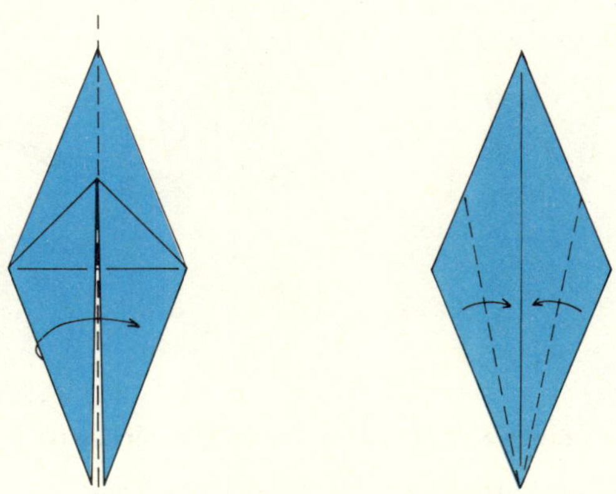

Mit der Frosch-Grundform beginnen. Die linke Klappe nach rechts hinüber bringen.

Die beiden Seiten zur Mittellinie talfalten.

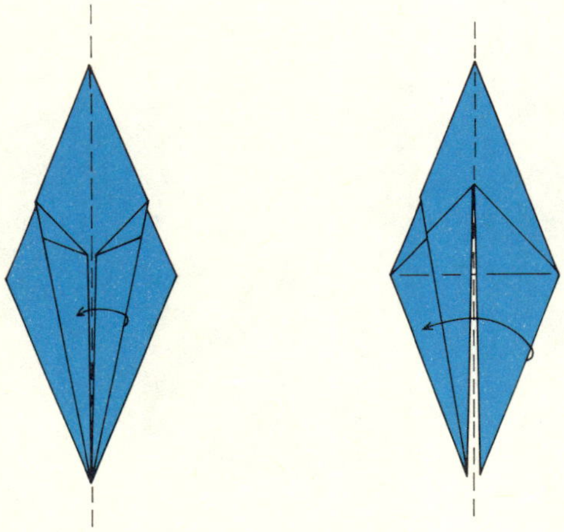

Die rechte Klappe nach links hinüber bringen.

Die vorigen Schritte bei den restlichen drei Klappenpaaren wiederholen.

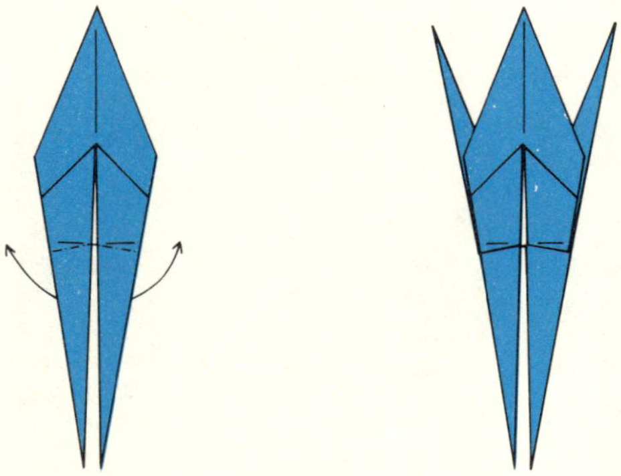

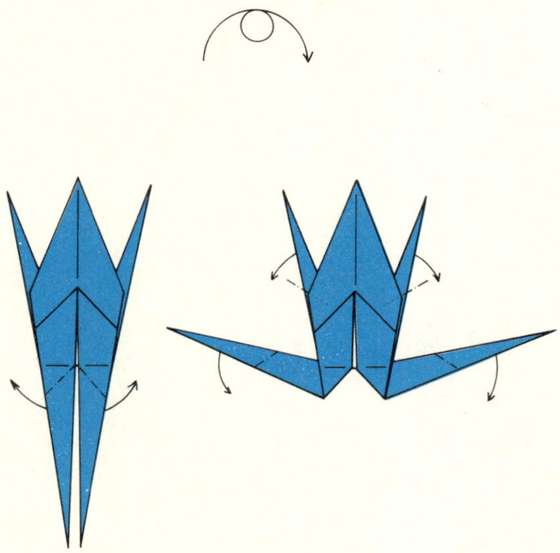

Die zwei oberen Klappen nach oben gegenknicken nach innen.

Das sind die Vorderbeine. Das Modell wenden.

Die beiden oberen Klappen zur Seite nach außen gegenknicken nach innen. Das sind die Hinterbeine.

Beide Beinpaare gegenknicken nach innen.

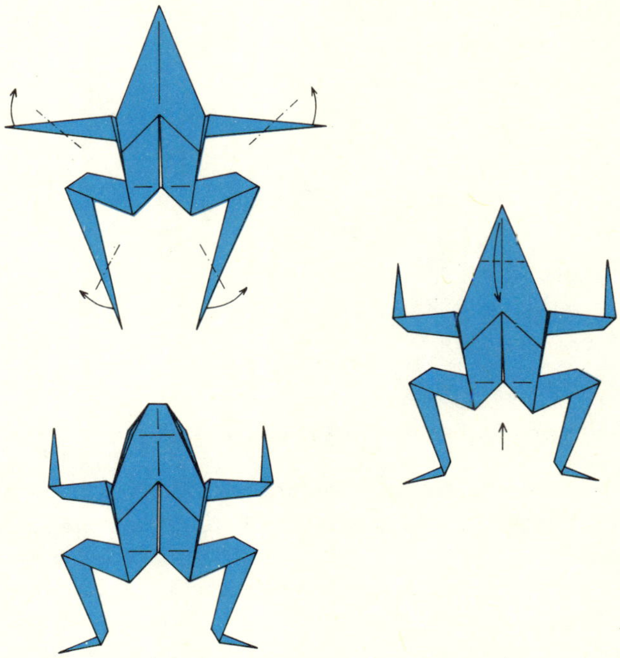

Nochmals beide Beinpaare gegenknicken nach innen.

Die Spitze des Kopfes zur Spitze des losen Dreiecks talfalten.

Fest pressen und öffnen. Den Frosch aufblasen, indem man vorsichtig durch das Loch bläst.

Der fertige Springfrosch. Klopfen Sie ihm leicht auf den Rücken, um ihn zum Springen zu bringen.

Wenn man den Frosch öffnet, liefert das Faltmuster den nächsten Schritt in der Entwicklung der Grundformen:

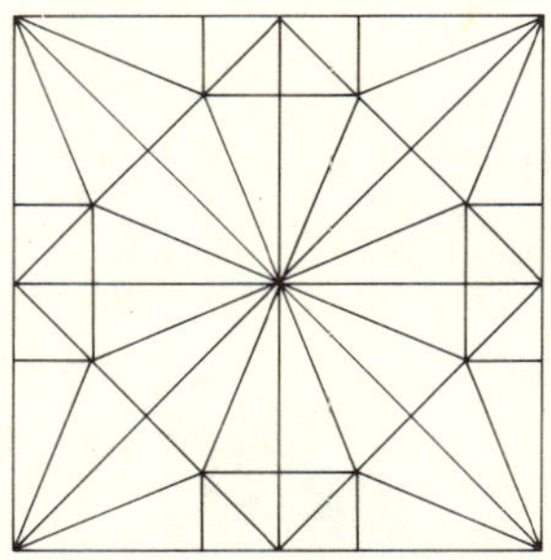

Faltmuster für den Springfrosch.

Dieses Muster ist noch komplizierter: Wenn man zählt, findet man sechzehn Module.

Grundform	Anzahl der Module
Drachen	2
Fisch	4
Vogel	8
Frosch	16

DIE VIER GRUNDFORMEN UND IHRE FALTMUSTER

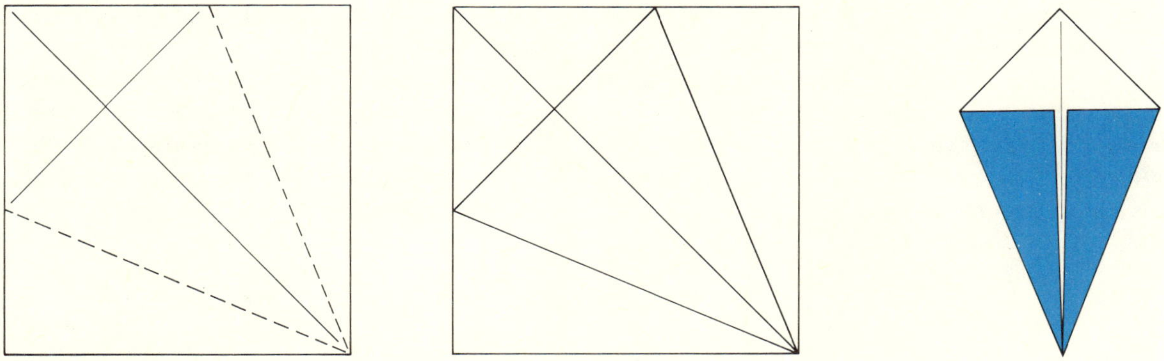

Vogel-Grundform.

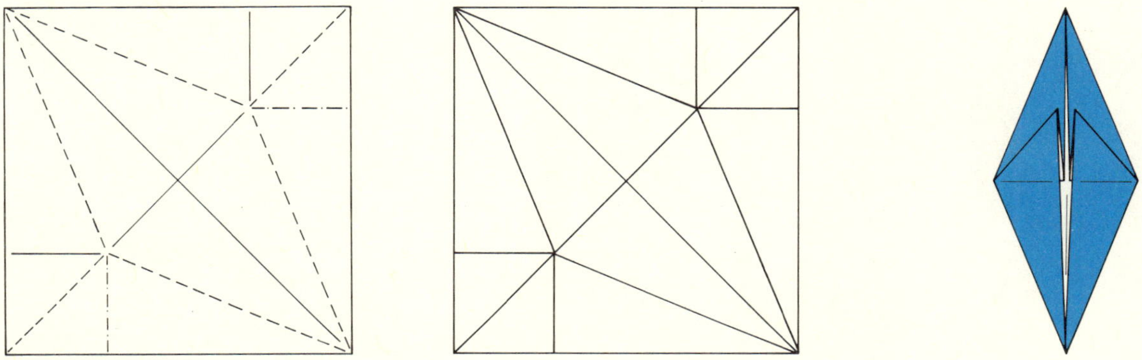

Fisch-Grundform.

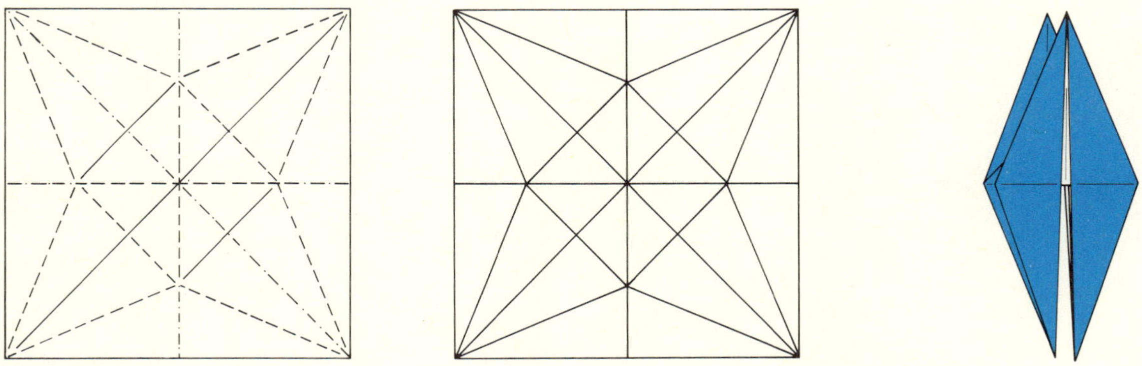

Drachen-Grundform.

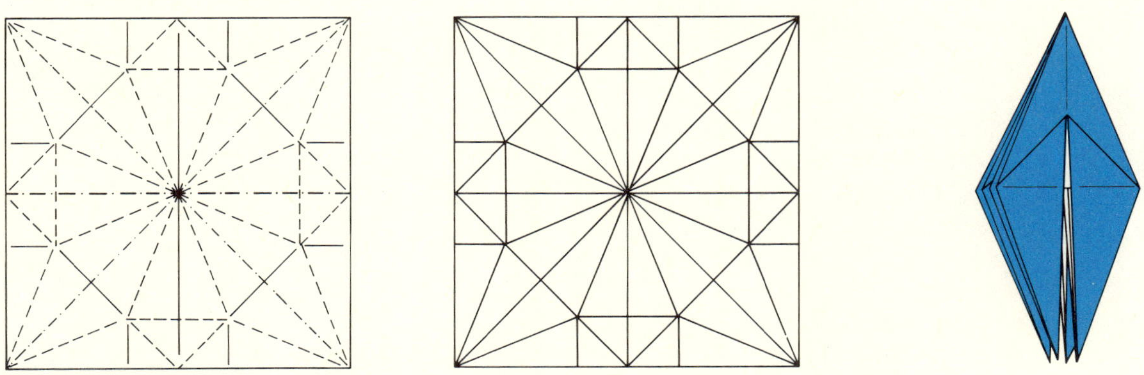

Frosch-Grundform.

Zwei, vier, acht, sechzehn ... Irgendetwas geht hier vor! Wir haben eine einzigartige Ordnung entdeckt, die Wiederholung einfacher Elemente, um komplexe Papiermuster zu schaffen. Der Schlüssel ist das Modul, eine Form, die so einfach und doch so grundsätzlich ist, daß wir erst allmählich ihre Bedeutung erkennen.

Die Frosch-Grundform ist die letzte der einfachen Grundformen, die ich die *vier fundamentalen Grundformen* nenne. Diese vier haben Geometrie und Geschichte gemeinsam: Sie wurden von den alten Japanern entdeckt und dienten tausend Jahre lang als Quelle für viele japanische Origamimodelle. Doch sind die Japaner merkwürdigerweise durch Zufall auf sie gestoßen. Sie achteten wenig auf die Geometrie des Quadrats, und es gibt keine Anzeichen dafür, daß sie Muster im Papier erkannten. Meines Wissens taucht die geometrische Beziehung zwischen den vier Grundformen hier zum ersten Mal gedruckt auf.

Geschichte des Faltens: eine Zusammenfassung

Papierfalten entstand im ersten oder zweiten nachchristlichen Jahrhundert in China und erreichte Japan im sechsten Jahrhundert. Die Japaner nannten diese neue Kunstform *Origami* (geprägt aus *ori* »falten« und *gami* »Papier«) und kultivierten sie als Kunst des *understatements.* Origami schlägt vor, es deutet an, ohne lauthals zu verkünden, legt nahe, ohne aufdringlich zu sein. Am besten kommt es zur Geltung in einem Licht, das die Japaner *ke* nennen, ein weiches, sanftes Licht für vertraute Anlässe. Warum helles Licht, wenn man auch in einem schwachen Licht sehen kann? Warum schreien, wenn man auch flüstern kann? Warum den ganzen Bambus zeichnen, wenn ein paar Pinselstriche genügen. Ebenso wie ein Haiku mit drei Zeilen eine Stimmung oder Jahreszeit weckt, spiegeln ein Fels und ein Teich in einem japanischen Garten das Universum wider. Es ist nur ein kurzer Sprung der Imagination vom Fels zum Berg, vom Teich zum Meer.

Origami ist eine sparsame Kunst. Ein paar einfache Knicke lassen ein Tier auftauchen; wenn man die Folge ein wenig ändert, erscheint ein völlig anderes. Der Erfolg einer fertigen Origamifigur hängt für das japanische Empfinden vom Auge ihres Schöpfers für Form, Struktur und Proportion ab. Fängt sie die wahre Gestalt des Wesens ein, Haltung des Kopfes und Glieder, Form der Schultern und Hüften? Gibt sie eine Idee wieder von der Bewegung des Tieres, seinem Schreiten, Gleiten oder Galoppieren? Und schließlich, ist die Figur ein bloßes Abbild des Originals oder ergründet sie seinen wahren Charakter?

Über viele Generationen hinweg haben die Japaner ein kleines Repertoire von Modellen entwickelt und verfeinert, die stilisiert und abstrakt sind und oft Schneiden, Farbe oder Druck beinhalten. Eine Weile lang haben die Chinesen ihre ganz eigenen Modelle produziert, z.B. die berühmte Chinesische Dschunke, aber ihre Arbeiten gingen bald in die japanische Tradition ein. In der Heian-Periode (794 bis 1185) war Origami zu einem bestimmenden Teil im zeremoniellen Leben des japanischen Adels geworden. Da Papier immer noch ein seltener und kostbarer Artikel war, konnten sich nur die Reichen das Papierfalten als Unterhaltung leisten. Samurai-Krieger tauschten Geschenke aus, die mit *noshi* geschmückt waren, Glücksbringer aus gefaltetem Papier und Streifen aus Abalone oder getrocknetem Fleisch. Bei Hochzeiten des Shinto-Adels feierte man mit Sake-Gläsern, die mit gefalteten männlichen und weiblichen Papier-Schmetterlingen als Symbole für Braut und Bräutigam geschmückt waren. Die Urkun-

Katsushika Hokusai, *Ein Zauberer verwandelt Papierblätter in Vögel,* Holzdruck, 1819.

Ein japanisches Wort ist ein aus einfachen Elementen zusammengesetztes kompliziertes Muster. Dieses Wort besteht aus zwei Zeichen, die, wie viele Elemente der japanischen Schrift, von chinesischen Zeichen abstammen. Das linke Zeichenelement ist ein Radikal oder eine Wurzel, die den ethymologischen Ursprung des Wortes andeutet. Das Radikal oben links entwickelte sich aus dem Bild einer Hand; das Zeichen bedeutet »falten«. Das Radikal unten links entstammt dem Bild für Seide; das Zeichen bedeutet »Papier«. Zusammen bilden die beiden Zeichen das Wort »Papierfalten« – Origami.

den, die Meister der Teezeremonie erhielten, waren auf besondere Art gefaltet, um Mißbrauch zu verhindern, falls sie in die falschen Hände gerieten. Wenn das Papier einmal geöffnet war, konnte es ohne zusätzliche Brüche nicht mehr versiegelt werden. Bis heute bedeutet der Ausdruck *origami tsuki* »beglaubigt« oder »garantiert«.

Als Papier für jeden erschwinglich wurde, erhielt es eine neue zeremonielle Rolle als Mittel zur gesellschaftlichen Klassifizierung. Während der Muromachi-Periode, einer Zeit der Militärherrschaft von 1338 bis 1573, dienten Origami-Stile dazu, die aristokratischen Samurai – die in der sogenannten Ise-Manier falteten – von Bauern zu unterscheiden, die der Schule Ogasawaras folgten. Die Menschen kannten ihren gesellschaftlichen Platz und falteten entsprechend.

Die Demokratisierung des Origami erfolgte erst in der Tokugawa-Periode, 1603 bis 1867, der großen Blütezeit japanischer Kultur, die oft mit der Elisabethanischen Zeit in England verglichen wird. In der Tokugawa-Periode tauchte die Vogel-Grundform auf, dokumentiert in der ältesten Veröffentlichung über Origami, dem *Senbazuru Orikata* (»Wie man Eintausend Kraniche faltet«) von 1797. In der Tokugawa-Periode erschien auch 1845 das *Kan no mado* (»Fenster auf Mittwinter«), die erste umfassende Sammlung von Origamifiguren, die auch zum ersten Mal die Frosch-Grundform enthält.

Mit der Entwicklung der Frosch-Grundform erhielt Origami noch eine andere zeremonielle Bedeutung. »Frosch« und »zurückkehren« werden im Japanischen gleich ausgesprochen, und so wurde es für Geishas Brauch, einen Papierfrosch an einer Säule zu befestigen, nachdem sie einen wohlwollenden Gönner unterhalten hatten, um ihn zur Rückkehr zu bewegen. Mit der Verbindung dieser beiden Grundvergnügen war das Origami zur demokratischen Kunstform geworden. Aber es gab auch einige andere Entwicklungen, und bis zum Wiederaufleben des Origami in unserem Jahrhundert blieben nur etwa 150 einfache Modelle, die von Generation zu Generation weitergegeben wurden, um von einem Jahrtausend japanischer Faltkunst zu zeugen.

Die Japaner waren jedoch nicht die einzigen, die das Papierfalten kultivierten. Es entwickelte sich gleichzeitig bei den Mauren, Muslims, die in Nordafrika lebten und das Papierfalten bei der Invasion im achten Jahrhundert nach Spanien brachten. Die Mauren waren Experten in Mathematik und Astronomie, sie gaben uns die arabischen Zahlen und den Ausdruck »Algebra« und brachten geometrische Prinzipien ins Papierfalten ein. Was für ein Jammer, daß sie die Darstellung aus der Natur verboten! Das

Traditionelle japanische Modelle sind das Vermächtnis eines Jahrtausends des Faltens. Die Schmetterlinge *ocho* und *mecho* aus der Heian-Periode sind dem *Kan no mado* entnommen. Frühe Modelle aus der Heian-Periode sind drei Glücksbringer, *noshi* genannt. Sie sind dem Buch *Hanatsu tsumi* (»Blumen-Umhüllungen«) von K. Ashida, 1990 veröffentlicht, entnommen.

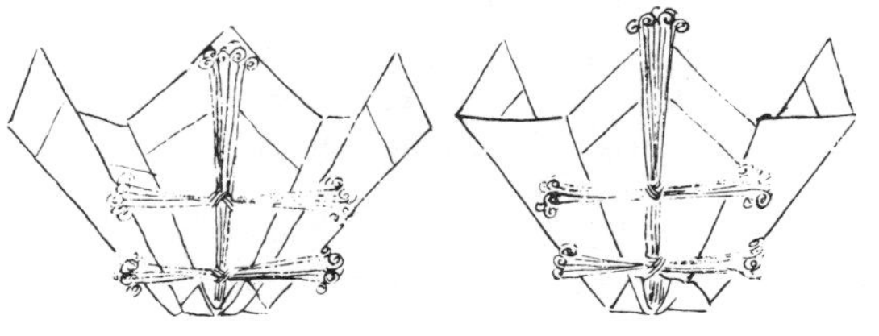

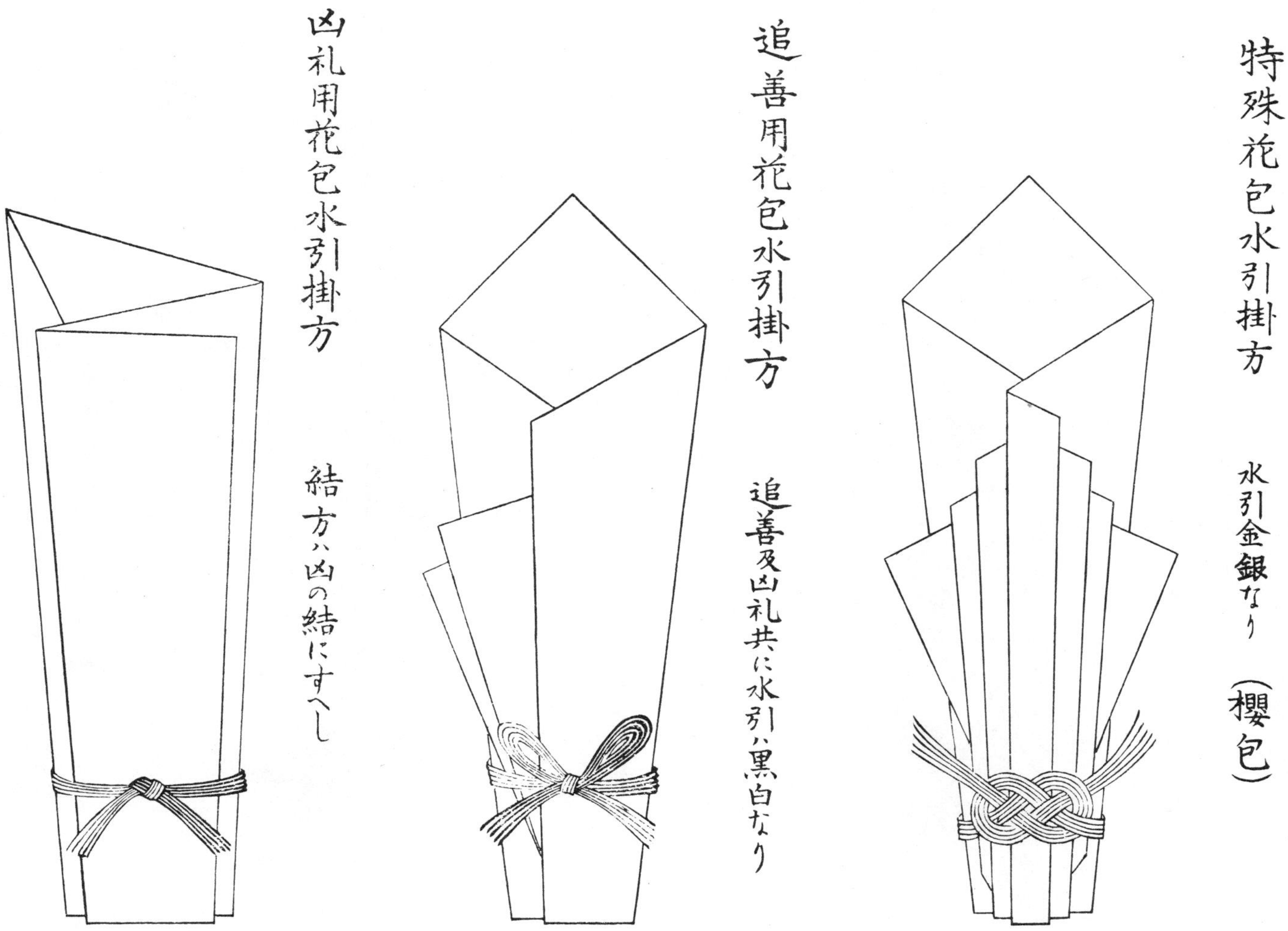

Das *Senbazuru Orikata* stammt aus der Tokugawa-Periode und enthält Falt-Anleitungen für 49 verschiedene Kranich-Familien aus eingeschnittenen Papierblättern. Die stehende Frau rechts im Holzschnitt hält eine Familie aus acht Kranichen; eine Familie mit 18 und mit 97 Kranichen wird ebenfalls mit dem jeweiligen Schnittmuster gezeigt. Der Kranich ist ein japanisches Symbol für langes Leben; eintausend Kraniche zu falten soll eine Garantie für ein langes und friedliches Leben sein.

Der Kranich ähnelt dem Fliegenden Vogel, und man kann eine Familie von Fliegenden Vögeln aus demselben Schnittmuster konstruieren. Für die Familie links das Papier wie abgebildet einschneiden. Das Quadrat links unten mit dem rechts oben zusammenbringen und sie zu einem einzigen Kranich oder Fliegenden Vogel zusammenfalten. Die Zeichnung des fertigen Modells gründlich anschauen, um die Position von Kopf, Schwanz und Flügel zu finden. Gegen den Uhrzeigersinn an den Ecken beginnend, mit den sechs freien Quadraten oben und unten wiederholen. Die übrigen Quadrate in einzelne Vögel falten.

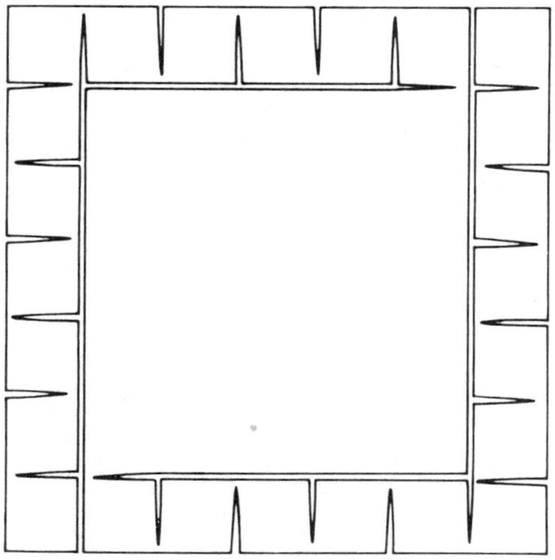

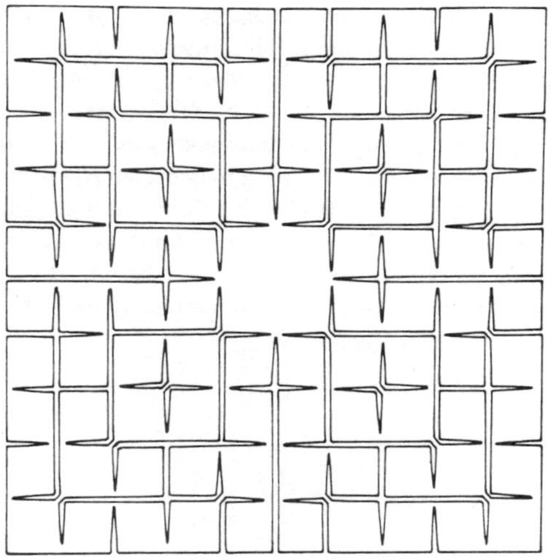

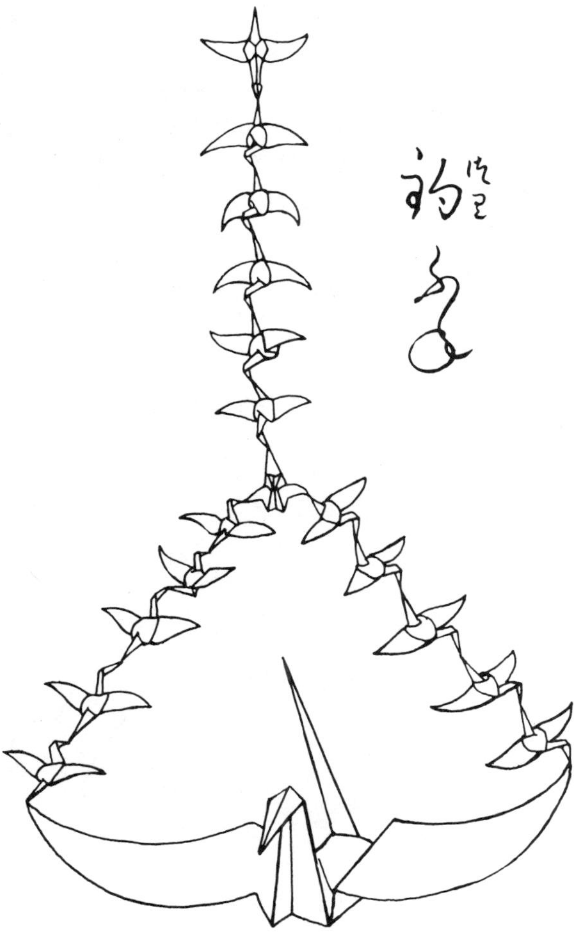

百鶴

Das *Kan no mado* stammt auch aus der Togugawa-Periode und enthält Faltanleitungen für achtundvierzig beliebte Figuren, Menschen und Tiere. Im Uhrzeigersinn von oben links zeigt die Abbildung Ariwara no Narihira (einen der sechs Dichter), eine Garnele, eine Schnecke, einen Ringkämpfer und eine Spinne. Die Abbildung gegenüber zeigt im Uhrzeigersinn von oben links Ono no Komachi (eine Dichterin), einen Krebs, einen Hummer, einen komischen Tänzer, einen Tintenfisch und eine Libelle. Von den abgebildeten Modellen erfordert nur die Schnecke kein Schneiden.

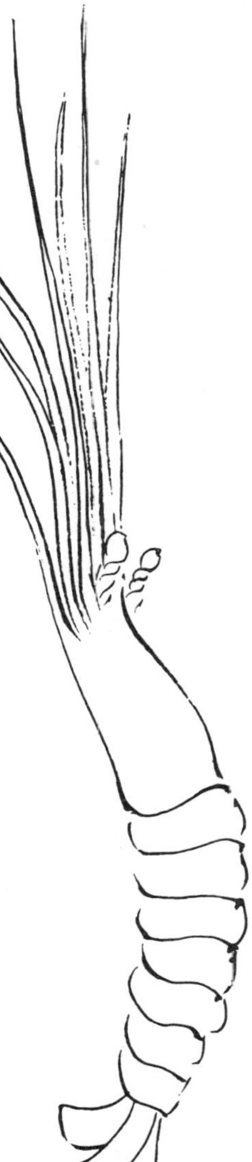

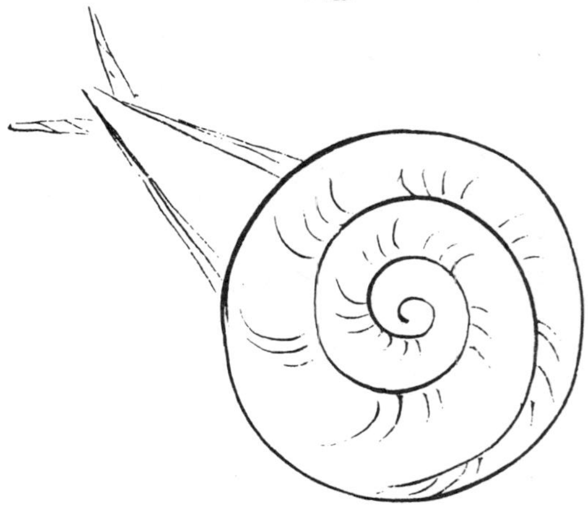

Ein Helm mit Schildkröte und Kranich ist eine jüngere japanische Schöpfung aus der Meiji-Restauration (1868 bis 1912).

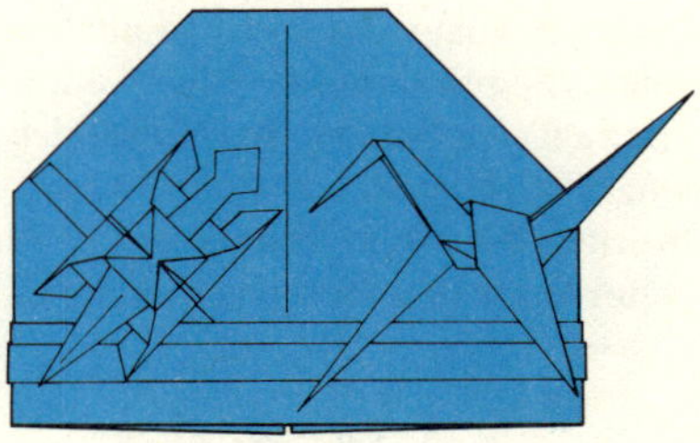

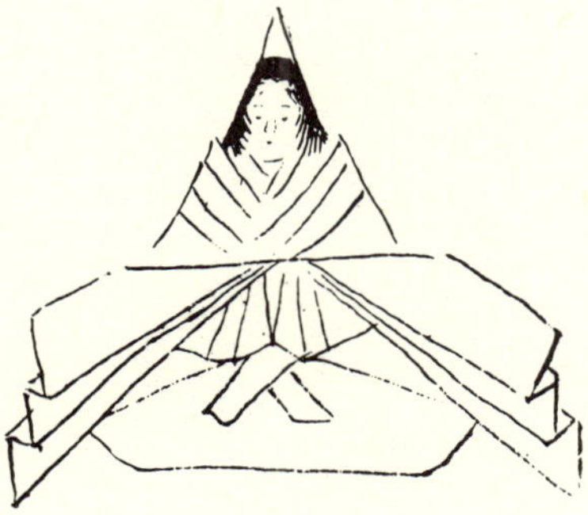

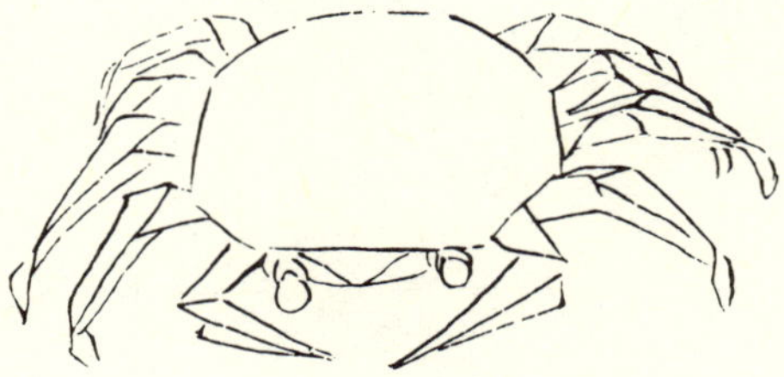

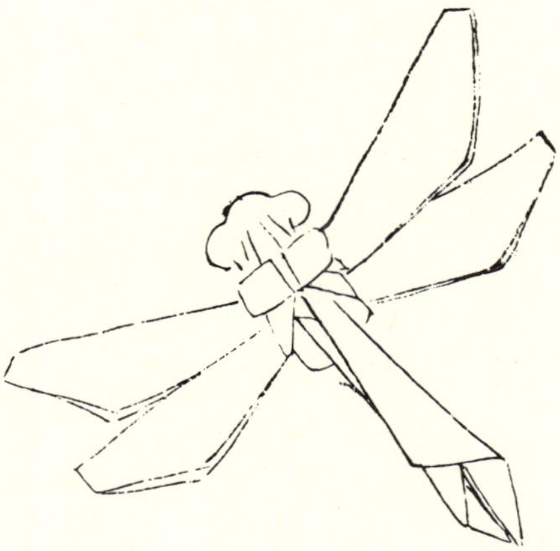

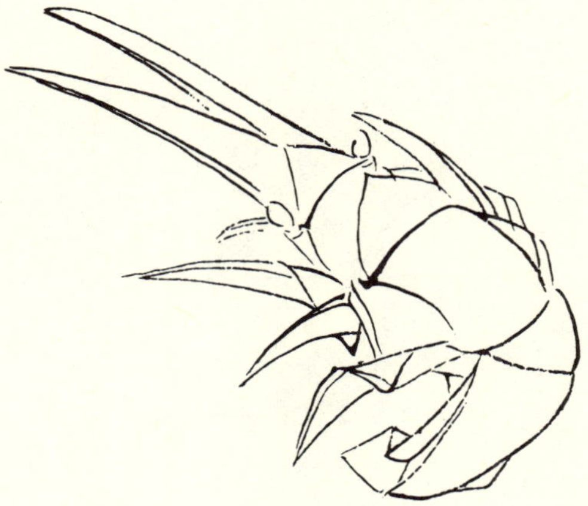

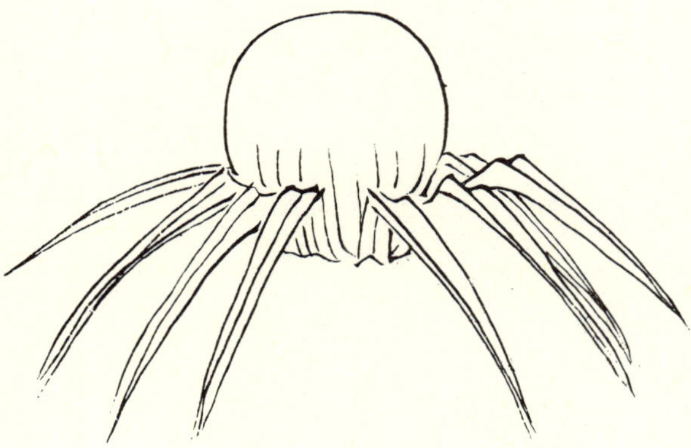

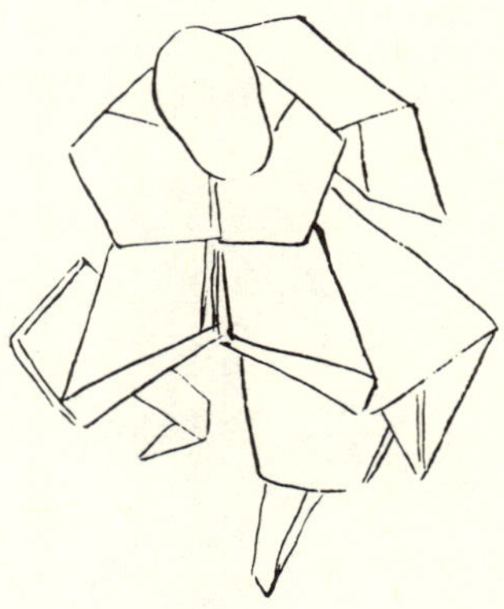

Die Papierfaltstudien der Mauren ähnelten wahrscheinlich islamischer Quadratornamentik, hier in einem persischen Manuskript aus dem 17. Jahrhundert, einer Kopie eines früheren arabischen Textes. Die quadratische Kachel unten rechts ist aus einer Folge von sechs geometrischen Vorgängen entstanden, die mit dem Falten verwandt sind. Im vierten Schritt beträgt der Winkel, den die beiden gestrichelten Linien bilden, 60 Grad; wenn er auf 45 Grad verkleinert wird, entsprechen die Proportionen dem Faltmuster für den Alligator. Neun Kacheln bilden das Ornament rechts.

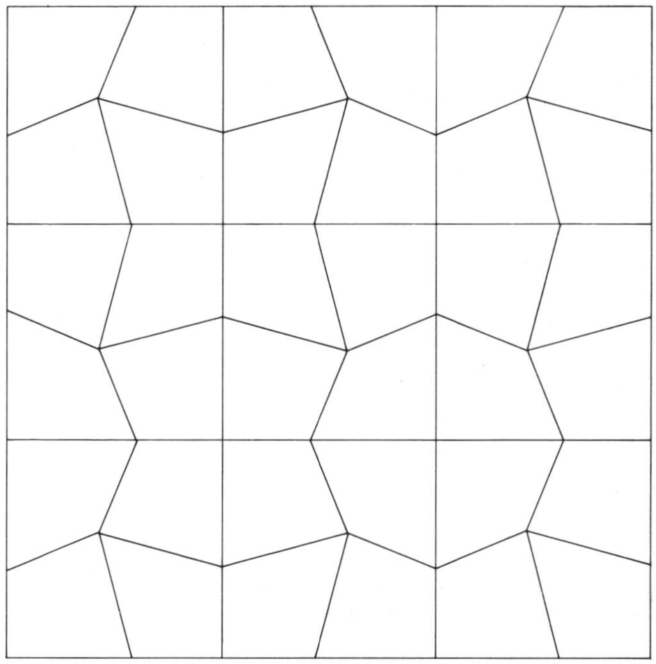

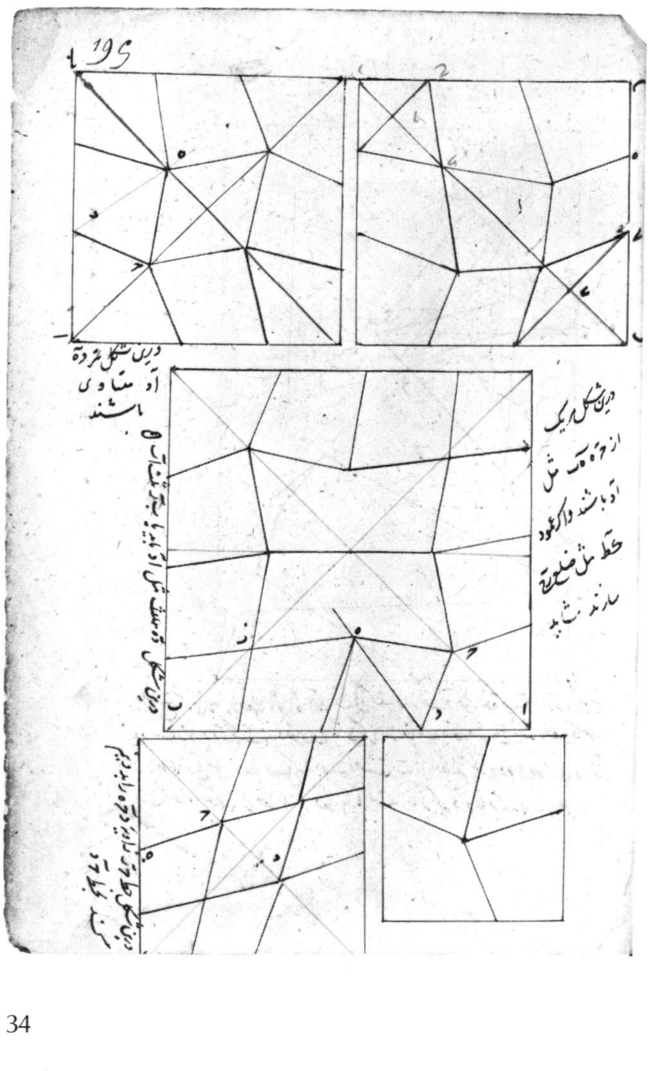

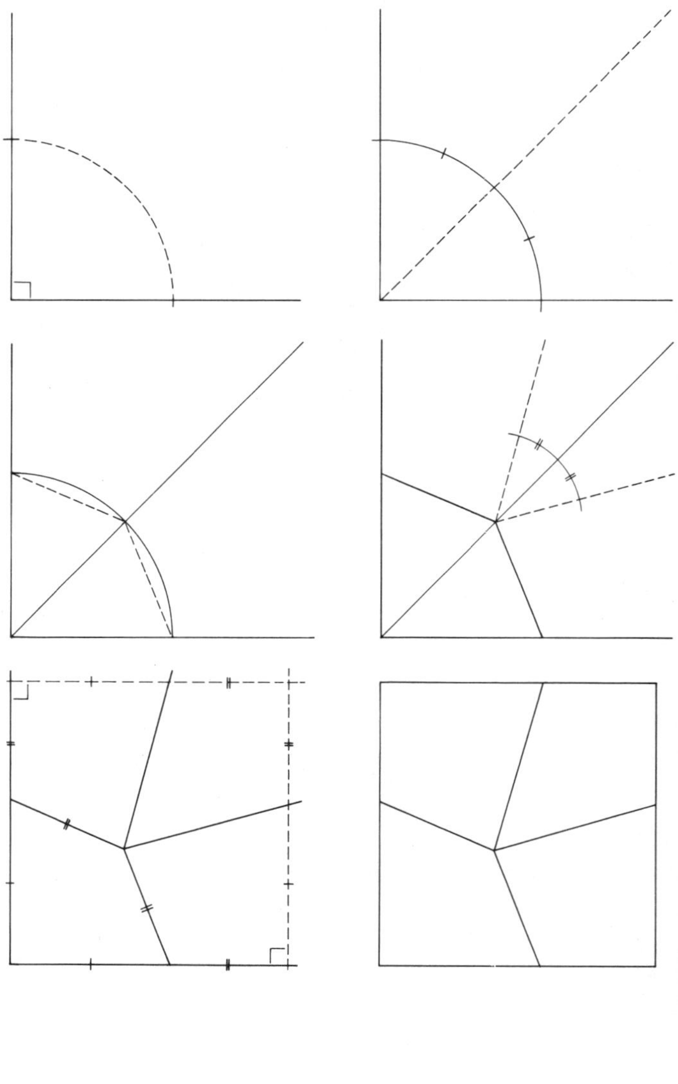

hätte (um Escher zu wiederholen) dem Islam widersprochen. Statt dessen untersuchten sie viele Falt-Eigenschaften des Quadrats, ähnlich wie sie auch in der Alhambra Möglichkeiten der Wandmosaike erforschten und ihr fortgeschrittenes Wissen der Trigonometrie für Himmelskarten anwandten.

Das Hochmittelalter war die Blütezeit der Mauren, und wenn sie nicht während der Spanischen Inquisition vertrieben worden wären, wäre das Falten heute vielleicht ein typisch spanischer Zeitvertreib. Trotzdem überlebte eine einheimische Falttradition in Spanien bis ins frühe zwanzigste Jahrhundert unter der Schutzherrschaft des Philosophen und Dichters Miguel de Unamuno (1864 bis 1936). Unamuno schrieb zwei Abhandlungen über das Papierfalten und war eine bekannte Gestalt in Salamanca, wo man ihn oft im Café sitzend Papierfiguren falten sehen konnte, während er seinen Mittagskaffee schlürfte. Zu diesem Zeitpunkt war die Beschränkung des figürlichen Origami bereits aufgehoben. Viele Schöpfungen Unamunos und seiner Anhänger sind noch im Repertoire, und es existiert bis heute in Spanien und Südamerika eine Unamuno-Schule.

An den Papierfaltenden des zwanzigsten Jahrhunderts war es, diese beiden Stränge zu verknüpfen. Die Nachkommen der japanischen und der maurischen Tradition kommunizieren nun frei durch Bücher, Magazine und Konferenzen miteinander, als Ergebnis von Bewegungen, die plötzlich überall auf der Welt entstanden. Die Verbreitung japanischer Ästhetik in Europa und Amerika einerseits und westlicher Wissenschaft in Japan andererseits hat eine neue Generation von Faltkünstlern entstehen lassen, die in beiden Traditionen daheim ist. Es hat eine bemerkenswerte wechselseitige Befruchtung stattgefunden.

Im Westen wird Origami überwiegend von Kindern praktiziert und hat nie den Status einer Kunst erreicht. Generationen hindurch haben Schulkinder in Europa und Amerika Wasserbomben und Wahrsager, Fliegende Vögel und Springfrösche hergestellt. Durch den hochgradig geordneten Prozeß des Faltens verstehen sie die Natur auf systematische Weise: Er legt eine strenge Ordnung auf die Strömung der äußeren Welt und gibt ihnen Herrschaft über ihre Umgebung. Ich glaube, daß in diesem kindlichen Impuls ein Schlüssel zur Kreativität liegt. Das Ur-Bestreben, Ordnung in einer unbestimmten Welt zu entdecken – oder sie dieser Welt aufzuerlegen – bleibt uns, wenn wir älter werden, und ist ein Fundament für Kunst und Wissenschaft. Es überrascht kaum, daß Pädagogen, von Friedrich Fröbel, dem Begründer der Kindergarten-Bewegung im 19. Jahrhundert, bis zu Laszlo Moholy-Nagy, einem

Traditionelle spanische Modelle sind das Vermächtnis der maurischen Experimente mit der Geometrie des Faltens. Hier sind der traditionelle betende Mönch und sechs Modelle von Miguel de Unamuno zu sehen. Im Uhrzeigersinn von oben links sind das ein Adler, eine Teekanne, ein Gorilla, ein Tisch, ein Bär und ein Geier.

Westliche Papierfalter waren unter anderen Leonardo da Vinci, Lewis Carroll, Miguel de Unamuno und Harry Houdini.
Leonardo da Vinci nahm in seinen *Codex Atlanticus* zusammen mit Geschwindigkeits- und Bewegungsstudien von Papierfliegern einige geometrische Papierfaltübungen auf. Rechts einige seiner Studien.
Der Reverend Charles Lutwidge Dodgson unterrichtete in Oxford Mathematik und veröffentlichte mathematische Rätsel, humoristische Verse sowie zwei Fantasiegeschichten für Kinder unter dem Pseudonym Lewis Carroll. In seinem Haus auf dem Land unterhielt er adelige Kinder mit aus Papier gefaltetem Spielgzeug und beschrieb die Ereignisse in seinem Tagebuch mit Entzücken. Hier sind zwei Szenen aus John Tenniels Illustrationen für Carrolls *Alice hinter den Spiegeln* (1871) abgebildet. In der Szene im Zugabteil ist Alices Mitreisender ganz in weißes Papier gekleidet. In der Szene mit dem Walroß und dem Zimmermann trägt der Zimmermann einen Origami-Hut. Der Hut wurde später von Druckern übernommen, um ihr Haar vor Druckerschwärze zu schützen.
Miguel de Unamuno schrieb zwei Abhandlungen über das Papierfalten und erfand Dutzende Modelle, die immer noch im Origami-Repertoire sind. Rechts unten auf der nächsten Seite ein Portrait Unamunos von Ignacio Zuloaga y Zamora von 1925. Auf dem Tisch rechts von Unamuno stehen zwei seiner Origami-Vögel.
Harry Houdini, besser bekannt als Entfesselungskünstler und Autor von *Handcuff Secrets,* veröffentlichte 1922 auch eins der ersten englischen Origami-Bücher, *Houdinis Paper Magic,* hier abgebildet.

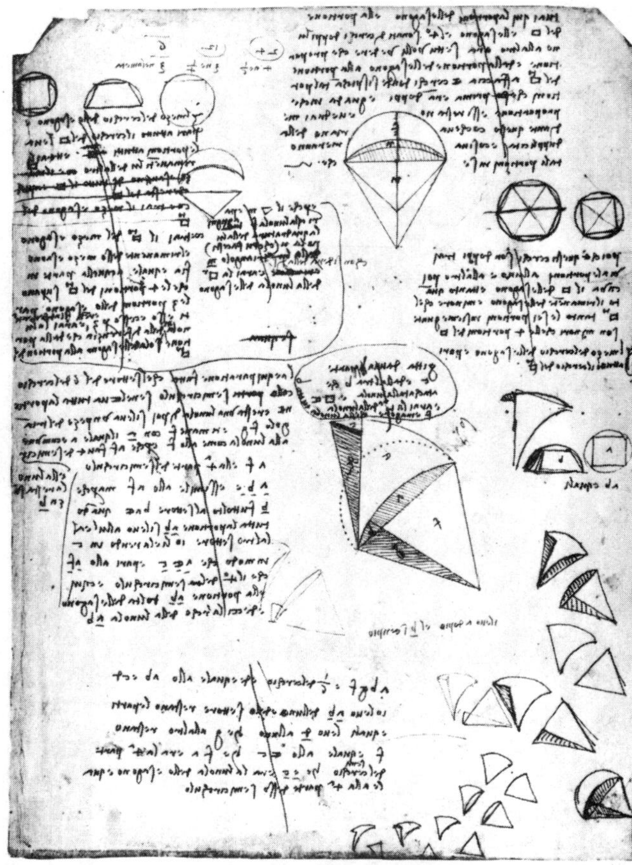

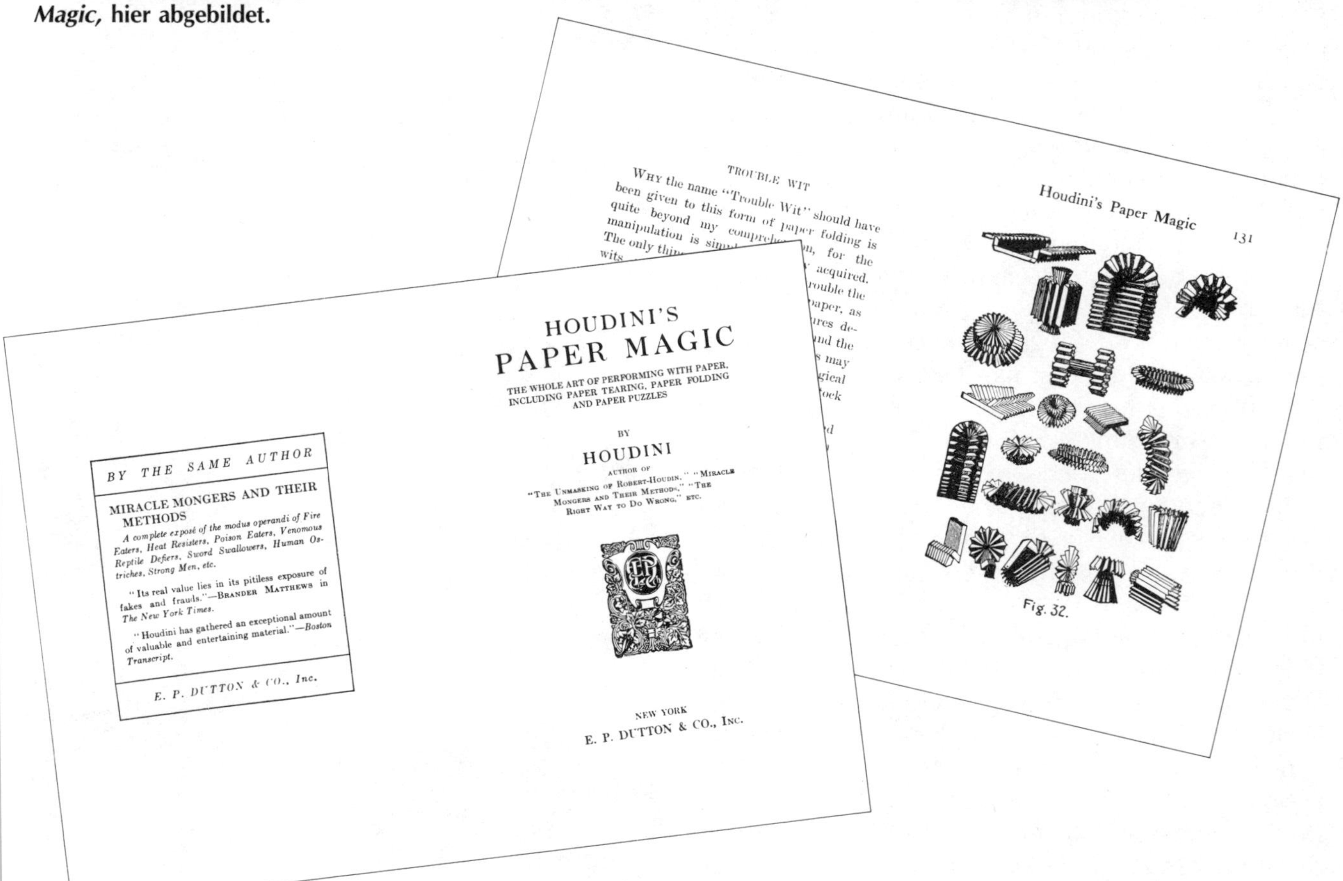

TROUBLE WIT

WHY the name "Trouble Wit" should have been given to this form of paper folding is quite beyond my comprehen[...]n, for the manipulation is sim[...] The only thin[...] acquired. wits [...]

Houdini's Paper Magic 131

Fig. 32.

BY THE SAME AUTHOR

MIRACLE MONGERS AND THEIR METHODS

A complete exposé of the modus operandi of Fire Eaters, Heat Resisters, Poison Eaters, Venomous Reptile Defiers, Sword Swallowers, Human Ostriches, Strong Men, etc.

"Its real value lies in its pitiless exposure of fakes and frauds."—BRANDER MATTHEWS in *The New York Times.*

"Houdini has gathered an exceptional amount of valuable and entertaining material."—*Boston Transcript.*

E. P. DUTTON & CO., Inc.

HOUDINI'S
PAPER MAGIC

THE WHOLE ART OF PERFORMING WITH PAPER, INCLUDING PAPER TEARING, PAPER FOLDING AND PAPER PUZZLES

BY

HOUDINI

AUTHOR OF "THE UNMASKING OF ROBERT-HOUDIN," "MIRACLE MONGERS AND THEIR METHODS," "THE RIGHT WAY TO DO WRONG," ETC.

NEW YORK
E. P. DUTTON & CO., INC.

Lehrer am Bauhaus, Papierfaltübungen in ihren Unterricht einbauten. Aber die Tätigkeit von Kindern – besonders bei einem vergänglichen Medium wie Papier – ist eine verdächtige Kunst mit wenig Eigencharakter und noch weniger Marktwert. In Amerika wird Papier zum Wegwerfen hergestellt: Es gibt ja immer noch mehr Bäume. In Japan ist das anders, da zählt die Verpackung oft mehr als das eigentliche Geschenk.

In Amerika wurde Origami nicht von Künstlern, sondern von Mathematikern aufgenommen. Seine Anhänger sind Wissenschaftler, Ingenieure, Architekten, Erben der maurischen Tradition des Papierfaltens. Neue ästhetische Werte, die der Geometrie, kommen dazu. Die Schönheitsideale der Mathematiker erhalten ihre Inspiration aus einer Welt der Regeln, Formeln und der Ordnung. Schönheit wird bestimmt durch Einfachheit und Schlichtheit: die Kürze eines Beweises, die Dichte eines Kristalls, die Symmetrie der maurischen Mosaike in der Alhambra. Die Grundsätze des Euklid, der Lehrsatz des Pythagoras, harmonische Bewegung, das Vier-Farben-Theorem erreichen größtmögliche Ergebnisse mit dem geringsten Aufwand. Warum mehr Farben benützen, wenn vier ausreichen?

Für den Mathematiker liegt die Schönheit des Origami in der einfachen Geometrie. Er fragt: Macht das fertige Design den besten Gebrauch von der existierenden Geometrie? Ist der Faltvorgang elegant und echt, mit klaren Linien, dichten Falten, einfachen und regelmäßigen Proportionen? Kein überflüssiges Papier, ungeschickte Dicke, willkürliche Faltung? Ist jeder Schritt notwendig?

Heute muß eine Origamifigur die Schönheitsideale des Künstlers *und* des Mathematikers verkörpern. Sie muß anatomisch genau sein – eine amerikanische, keine japanische Forderung – und doch mehr andeuten, als sie zeigt. Es dürfen Falttechniken benutzt werden, die unerwartet sind, aber niemals beliebig, deren Logik vielleicht erst klar wird, wenn die Figur fertiggestellt ist. Für den Faltkünstler, der sich mit diesen Anforderungen auseinandersetzt, sind die Zwänge des Mediums keine Beschränkung, sondern Anreiz zu größerer Vorstellungskraft.

EINE GALERIE ALTER (UND JUNGER) MEISTER

Dukuotei Nakano war sein ganzes Leben lang von Kranichen fasziniert. Unter seinen hunderten von Variationen dieses zweihundert Jahre alten Modells finden sich stehende, schwimmende, sitzende, gleitende, stürzende und schreiende Kraniche. Sein Fernkurs über den Kranich ist weltweit bekannt geworden, und er hat ein Video fertiggestellt, um noch mehr Menschen zu erreichen. Jetzt teilt Nakano seine Zeit zwischen Origami und Fadenspielen auf. Er hat über dreißig Fadenmuster erfunden, darunter eine Giraffe, die wackelt, wenn sie von Hand zu Hand wandert. Unten abgebildet eine seiner Kranich-Variationen.

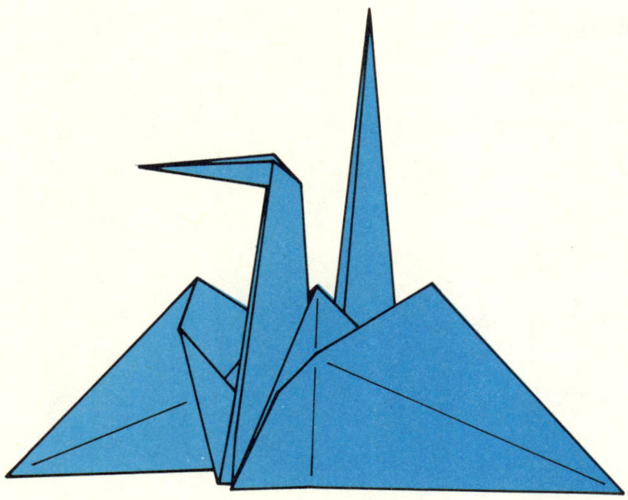

Begegnung mit dem Meister

Wenn man von einer Person sagen kann, sie habe die heutige Renaissance des Origami zustandegebracht, so ist es Akira Yoshizawa aus Japan. Yoshizawa, der *sensei,* Meister, genannt wird, ist vielleicht der produktivste Faltkünstler in der Geschichte des Origami. In seinen jungen Jahren (er wurde 1911 geboren) dachte er sich mit Hingabe neue Modelle aus, arbeitete zwanzig Stunden am Stück und schuf in schneller Folge außergewöhnlich lebensechte Darstellungen von Säugetieren, Pflanzen, Vögeln, Fischen, Reptilien, Masken, Gleitern, Kreiseln und geometrischen Figuren, die sich mit einer schnellen Bewegung aus dem Handgelenk entfalten und dann wieder zusammenfallen. Yoshizawa, der Linné des Papierfaltens, produzierte sechs, acht, zehn Versionen eines Modells, verbesserte und rationalisierte, kategorisierte und klassifizierte alles, was da schwimmt, läuft und fliegt.

Während sich andere Papierfalter mit Hüten und Tassen, Wasserbomben und Wahrsagern beschäftigten, produzierte Yoshizawa Schmetterlinge, Nachtfalter, Marienkäfer, Bienen, Libellen und den allgegenwärtigen japanischen Käfer. Ein anderer wäre mit der Erfindung einer Hirschkuh zufrieden gewesen, aber für Yoshizawa war das nicht spezifisch genug – ist es eine Antilope, ein Springbock, ein Dik-Dik oder ein Wapiti? Seine Modelle waren mit Proportionen ausgedacht, mit Einfühlungskraft geschaffen, mit Leben gefüllt; alles, was sich bewegt, fing er mitten in der Bewegung ein, springend, kauernd, lauernd, tauchend, schwebend. Mit der Zeit häuften sich die Modelle und füllten sich Schränke und Regale, Keller und Speicher mit einem Durchschnitt von drei neuen Modellen pro Tag, zwanzig pro Woche, tausend pro Jahr: 50000 in einem Leben des Papierfaltens.

Da sich Yoshizawa dem Gipfel seiner Karriere nähert, überkommt ihn ein neues Gefühl der Dringlichkeit. Obwohl er immer noch neue Modelle in ungeheurem Ausmaß produziert, bereitet er sich auf die Nachwelt vor. Ein Origamimodell ist eine zarte Angelegenheit: Feuer, Regen, Wind, menschliche Nachlässigkeit sind sein Untergang. Mit einem besonders langlebigen Papier, das nur von einer einzigen Firma in Japan hergestellt wird, faltet Yoshizawa jedes seiner wichtigsten Modelle für die kommenden Jahrhunderte nach. Wenn es fertig ist, wird jedes in Gaze gehüllt und in mehreren ineinandergeschachtelten Holzkisten in einem Regal in einem feuchtigkeitsregulierten Raum seines Hauses aufbewahrt.

Selbst unter perfekten Bedingungen hält jedoch

kein Origamimodell für immer. Papier knittert, Farben verblassen, Knicke brechen. Deshalb sichert Yoshizawa sein Vermächtnis auf eine andere Art, die der Zeit widerstehen wird. Vor einigen Jahren hat er begonnen, die Faltanleitungen seiner Modelle Schritt für Schritt nachzuzeichnen. Bis jetzt hat er jedoch erst ein Dutzend Bücher illustriert, nur 300 Modelle, wenig mehr als ein halbes Prozent seines gesamten Schaffens. Und immer noch erfindet er neue Modelle schneller als er sie illustrieren kann. Nur ein Verrückter würde angesichts dieser Sisyphus-Aufgabe allein weitermachen, aber Yoshizawa weigert sich, eine solch wichtige Arbeit seinen Schülern anzuvertrauen. Seine anstrengende Lebensführung mit Erfinden, Unterrichten, Zeichnen erlaubt ihm nur drei bis vier Stunden Schlaf pro Nacht. Wenn Yoshizawa heute mit dem Erfinden aufhören und seine ganze Anstrengung in ein Buch pro Jahr legen würde, bräuchte er immer noch zweitausend Jahre, um seine Aufgabe zu vollenden. Die Welt wartet auf Akira Yoshizawa.

Nur in Japan kann eine solche Hingabe an eine hoffnungslose Aufgabe als selbstverständlich gesehen werden. Als Origami-Sensei wird er genauso respektiert wie jeder große Handwerker und Künstler, sei es nun ein Kalligraph, Koch, Dichter, Maler oder buddhistischer Mönch. Heute wie in früheren Jahrhunderten muß sich der Schüler eines großen Meisters einer langen Lehrzeit unterziehen, bevor er eigene Werke produzieren darf. Wenn er der Lehrling eines Malers ist, wäscht er Pinsel, kümmert sich um die Werkstatt, die Mahlzeiten und die Gäste, und übernimmt langsam durch Beobachtung Geschicklichkeit und Stil seines Meisters. Ein Sushi-Koch erklärte mir, daß er als Lehrling eines Meisterkochs fünfzehn Jahre mit Spülen und Bodenkehren verbracht hat, bevor er die Reisbälle für das Sushi machen durfte. Jetzt, nach fünfzehn Jahren, in denen er Reisbälle gemacht hat, hält er sich für kaum erfahren. »Vielleicht bin ich in zehn Jahren gut«, sagte er.

Heute gilt dies weniger, aber in der Vergangenheit bestand die unterwürfige Haltung selbst nach dem Tod des Meisters weiter. Nach dem Tod eines Holzdruck-Meisters machte sein Lieblingsschüler weiter Drucke im Stil des Meisters und nahm gelegentlich auch dessen Namen an – daher die Häufung von Toyokunis, Hiroshiges, Kunisadas in den Kunstbüchern. Ein Schüler des Holzdruckers Harunobu, der nach dessen Tod den Namen des Meisters angenommen hatte, mußte später wieder den eigenen annehmen: Die Öffentlichkeit hatte angefangen, ihn für Harunobu zu halten.

Yoshizawas Rolle als Origami-Meister wäre unum-

***Suburo Kase,* blind seit seiner Kindheit, begann im Alter von Dreißig mit dem Falten und ist seitdem zu einem der beliebtesten Origamimeister Japans geworden. Er faltet ganz nach Gefühl und erfindet einfache, bezaubernde, oft seltsame Figuren, wie zum Beispiel einen fliehenden Krebs, einen kauernden Frosch, eine Bergziege, einen Ring aus Schmetterlingen, einen aufrechtstehenden Valentinsgruß und einen »Doppel-Pinguin«, zwei miteinander verbundene Pinguine aus einem einzigen Stück Papier. Kase reist durch die Welt, hält Vorträge und unterrichtet Origami für Blinden-Organisationen. Eins seiner kostbarsten Besitztümer ist eine schmale Krawatte, ein Souvenir von einem Besuch in Texas. Abgebildet ist sein Modell eines Schwertfisches.**

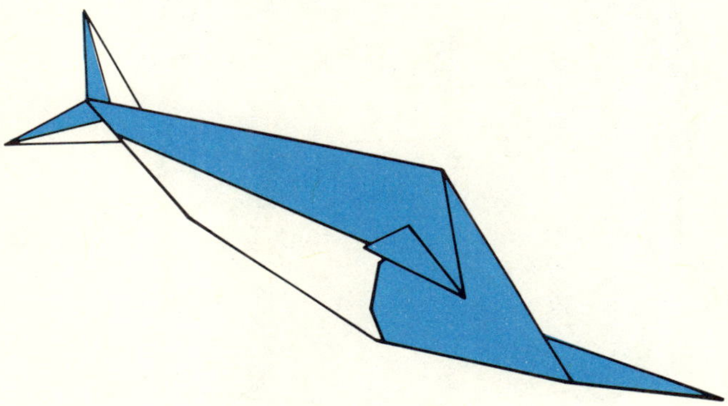

Toyoaki Kawai macht Masken. Sein Geschmack bewegt sich zwischen dem Sakralen und dem Profanen; unter seinen tausenden von Schöpfungen gibt es Masken von Buddha, Priestern, Menschen, Tieren, Masken aus der chinesischen Oper, mit zwei Gesichtern, in vielen Farben, von Geistern, Kobolden und Teufeln. Kawai bevorzugt das Esoterische und Bizarre. Außer den Masken gibt es noch eine Galerie von Käfern (Mistkäfer, Laufkäfer, Nashornkäfer, Herkuleskäfer, Japankäfer, Hirschkäfer), einen lebensgroßen Pandabären, eine elektrische Schlange (die mit Hilfe eines Motors angreift und sich aufrollt) und eine Serie erotischer Themen, über die man am besten Schweigen bewahrt. Abgebildet ist sein Modell einer Daruma-Priester-Maske.

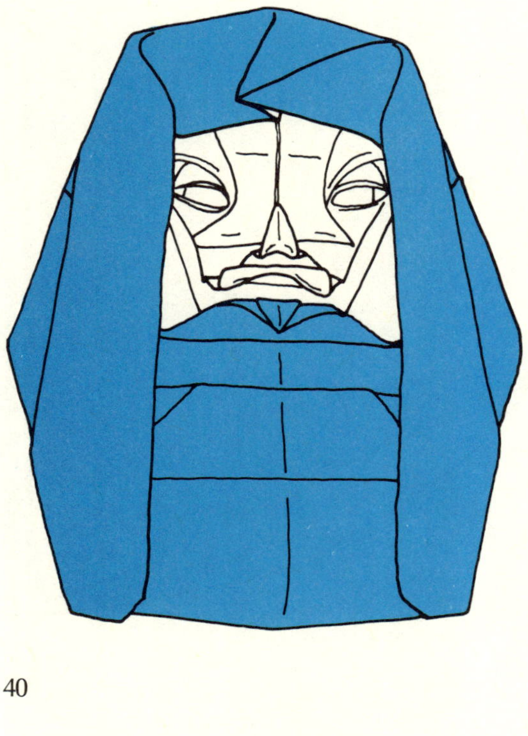

stritten, wenn er der einzige wäre, aber es gibt viele in Japan. Sie sind untereinander tief gespalten. Einige weigern sich, Modelle, bei denen geschnitten oder geklebt wurde, anzuerkennen. Andere erlauben Kleben und Schneiden, aber keine Metallfolie. Eine andere Gruppe wiederum bevorzugt Folie, man darf aber nur ein Blatt Papier benutzen. Wieder eine andere Gruppe besteht darauf, einige Modelle aus mehr als einem Stück zu falten, aber es dürfen nur Quadrate verwendet werden. Ein dickköpfiger Individualist weigert sich, aus einem Quadrat zu falten; er faltet nur aus dem »wahren« Rechteck mit den Maßen $1 \times \sqrt{2}$, eine Form die in den frühen Schöpfungstagen entstand, wie er mir erklärte, kurz nach dem Kreis, aber *vor* dem Quadrat. Für sich betrachtet, ist ein jeder dieser Faltmeister ein Muster japanischer Höflichkeit und Würde. Brächte man sie alle in einem Raum zusammen, gäbe es eine häßliche Szene.

Um sein Werk vor Fälschern zu schützen, hat sich Yoshizawa ein Regelsystem von byzantinischer Komplexität ausgedacht. Mit Ausnahme von engen Freunden und ausgewählten Schülern darf kein japanischer Faltkünstler sein Haus betreten. Obwohl er, wie andere Meister, sein Werk in Museen und Kaufhäusern ausstellt, wählt er nur bereits veröffentlichte Modelle aus und kontrolliert die Besucher am Eingang. Yoshizawa hat sich zu einer politischen Größe entwickelt. Als Präsident des Internationalen Origami-Centers wird er in ganz Japan verehrt. Zusätzlich zu seinem 4-Tage-Intensiv-Kurs im Sommer in den Bergen unterrichtet er zweimal in der Woche Gruppen und gewährt einigen Auserwählten Einzelstunden.

Versuche anderer Meister, mit Yoshizawa Kontakt aufzunehmen, wurden grob zurückgewiesen. Vor einigen Jahren kam Saburo Kase, ein Faltmeister, der seit seiner Kindheit blind ist, an Yoshizawas Tür und bat darum, als Schüler aufgenommen zu werden. Nach Kases Bericht wies Yoshizawa die Bitte zurück und verbot ihm sein Haus mit den Worten »Origami ist nichts für Blinde«. Solche Geschichten, ob nun zweifelhaft oder wahr, dienen kaum als Voraussetzung für gute Beziehungen. Wenn Yoshizawa unter den Papierfaltenden allein steht, ist die Erklärung einfach: Niemand will sich ihm nähern.

Ich hatte schon immer davon geträumt, Yoshizawa zu treffen, und vor einigen Jahren nahm ich meinen Mut zusammen und bat ihn um eine Audienz. Meinem demütigen Brief fügte ich ein Rentier bei, ein bescheidenes Beispiel meiner Arbeit. Sechs Wochen später erhielt ich Antwort. »Ich glaube an Ihr tiefes Verständnis für Origami«, schrieb Yoshizawa in höflichem, wenn auch nicht ganz korrektem Englisch,

»lassen Sie uns über meine Gedanken zu Origami und Ihre Arbeit sprechen, wenn wir uns treffen.« Er war damit einverstanden, mich zu sehen! Ich fühlte mich wie ein Bauer, der zum Shogun befohlen wird.

Es war mein erstes Treffen mit einem japanischen Meister, und ich wollte einen guten Eindruck machen. An einem Juli-Nachmittag während der Regenzeit in Japan (Faltkünstler sind gegen Feuchtigkeit besonders empfindlich) fuhr ich mit der Bahn von Tokio nach Ogikubo, dem wohlhabenden Vorort, in dem Yoshizawa wohnt. Im Zug hatte ich eineinhalb Stunden Gelegenheit, die paar japanischen Sätze zu üben, die ich für die Gelegenheit gelernt hatte: »Guten Nachmittag«, »Guten Abend«, »Wo ist der Waschraum?« und »Meister, ich werfe mich Ihnen zu Füßen«. Ich kämpfte mit den Regeln der Etikette. Ist es eine Beleidigung, sich tiefer als der Gastgeber zu verbeugen, oder nicht tief genug? Tauche ich das Sushi zuerst in den Senf und dann in die Soyasauce oder andersherum? Ich war sicher, einige schwerwiegende Fehler zu begehen. Wenn ich Tee auf sein Lieblingsmodell verschütten würde, würde ich sicher nie mehr eingeladen.

An der Haltestelle in Ogikubo begrüßte mich Hiromi Nakamura, eine Papierfaltfreundin von Yoshizawa, die dolmetschen wollte. Sie führte uns zu seinem Haus, und bald standen wir an der Schwelle eines modernen zweigeschossigen Hauses, die so wenige überschritten hatten. Die Tür ging nach innen auf, und da stand Yoshizawa: klein, drahtig, bescheiden. Grinsend und mit ausgestreckter Hand bat er uns herein.

Wie es sich gehörte, zogen wir unsere Schuhe aus und schlüpften in Pantoffeln. Wir schlurften über Tatami-Strohmatten zu einem Zimmer, das einer Höhle glich, ein großes Studio mit einem langen Holztisch und Stühlen, verschiedenen Beleuchtungskörpern und besonderer Feuchtigkeitskontrolle. An den vier Wänden zogen sich Regale mit großen Pappkartons hin. Nicht schwer zu erraten, was sie enthielten!

Yoshizawa hüpfte auf den Tisch und angelte eine Schachtel aus dem Regal. Er nahm den Deckel ab, zog eine große Holzschachtel heraus, nahm den Deckel ab und zog eine weitere Schachtel heraus, jede geschliffen, eingelassen und poliert. Schachtel in Schachtel in Schachtel, als plötzlich aus der kleinsten, verhüllt und geschützt durch dünnes Reispapier, fast verloren in der Verpackung, ein winziges, kunstvoll ausgeführtes Mammut zum Vorschein kam. Yoshizawa holte es liebevoll heraus und stellte es auf den Tisch, wobei er es hin- und herdrehte. Ich hatte es kaum gesehen, als er es schnell wieder an sich nahm, in der Schachtel verstaute und wieder

Eiji Nakamura war von Beruf Kameramann und ein Amateurflieger, bevor er sich dem Origami zuwandte. Als Fotojournalist und Dokumentarfilmer (er hatte die Leitung beim Filmen der Olympischen Spiele 1964 in Tokio) gab er die Fotografie 1967 auf, um sich seinen Traum von der Erfindung einer von Menschen angetriebenen Flugmaschine zu erfüllen. Hochgestimmt durch den Erfolg seines heißluftbetriebenen lenkbaren Luftschiffs begann er an einem handgebauten fahrradgetriebenen Flugzeug zu arbeiten, als er auf dem Weg zum Übungsgelände einen Autounfall hatte. »Obwohl das zum damaligen Zeitpunkt wie ein großes Unglück schien«, so ist auf einem seiner Bucheinbände zu lesen, »hatte es auch eine gute Seite, weil es ihm Gelegenheit gab, Origami-Flugkörper zu erforschen.« Noch in Schienen begann Nakamura, der nur Rechtecke benutzt, fliegende Störche, Kraniche, Gleiter, Kampfflugzeuge, Bomber, Segler und Doppeldecker herzustellen, die ihn zum herausragenden Schöpfer des fliegenden Origami machten. Sein fahrradgetriebenes Flugzeug hob niemals ab. Abgebildet ist sein Modell eines Düsenkampfflugzeugs.

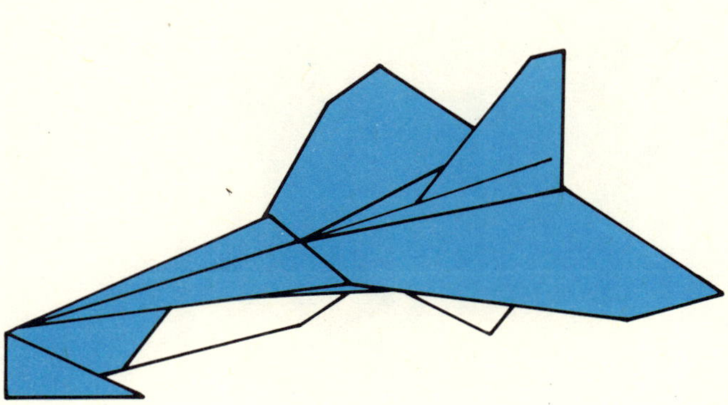

Toshie Takahama ist ein führendes Mitglied der *Nippon Origami Association* und in Japan eine Origami-Fernsehpersönlichkeit. Erfinderin vieler einfacher und eleganter Modelle – u.a. Vögel, Blumen, Hüte, geometrische Ornamente und Theatergruppen – ist sie auch eine ausgezeichnete Malerin und Kalligraphin, die ihre eigenen Kimonos und Origami-Geschenkkarten dekoriert. Abgebildet ist ihr Modell einer Blumenvase.

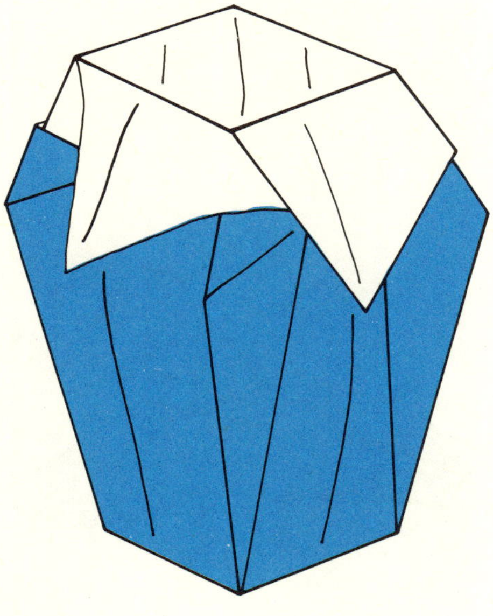

einem langen einsamen Winterschlaf überließ. Der Vorgang des Auspackens wiederholte sich in umgekehrter Folge: Reispapier, kleine Schachtel, große Schachtel, Pappschachtel, Yoshizawa auf dem Tisch, um ein neues Modell zu holen. Diese Prozedur ging stundenlang weiter, während die außergewöhnlichsten Origamifiguren, die ich je gesehen hatte, jeweils für quälend kurze Sekunden vor meinen Augen vorbeizogen. Yoshizawas Hände glitten dabei wie winzige Spatzen mit flinken, flatternden Bewegungen über die Modelle. Während ich verzaubert zuschaute, erzählte er mir die Geschichte eines mit Papierfalten verbrachten Lebens.

»Ich habe nie von einem Lehrer gelernt«, begann er. »Meine Lehrerin ist die Natur, die Tiere, Vögel, Blumen. Beim Origami höre ich auf die Natur, nicht mit diesen Ohren, sondern mit den Ohren des Herzens. Ich schaue die Tiere in der Wirklichkeit an und lerne. Ich lese ständig – Physiologie, Zoologie, Anatomie, Neurobiologie, Embriologie. Es ist wichtig, die Struktur eines Objektes zu kennen. Wenn ich nach der Natur falte, denke ich über die strukturellen Linien nach, wie das Objekt wächst und sich aus seinem Ursprung entwickelt.

Wenn ich beispielsweise einen Tintenfisch falte, mache ich das nicht auf Ihre Art, von einem achtzackigen Stern ausgehend. Ein echter Tintenfisch durchläuft niemals eine Sternform. Er beginnt als Ei und entwickelt sich allmählich, auf dem einfachsten und kürzesten Weg, zu einem Tintenfisch. Ich versuche, diesen Prozeß nachzuvollziehen. Genauso wichtig ist es auch, die Evolution einer ganzen Spezies zu verstehen. Darum studiere ich die verschiedenen Klassifizierungen der Knochenstruktur bei Dinosauriern, Vogel- und Eidechsgelenken. Wenn man die Grundform gelernt hat, ist es einfach, zu anderen Spezies überzugehen.«

Ich fragte ihn, ob er viele Dinosaurier gefaltet hätte.

»Alle! Tyrannosaurus rex, Iguanodon, Triceratops, Brontosaurus, Stegosaurus. Ich würde sie Ihnen zeigen, aber sie sind auf dem Speicher.«

Yoshizawas Anspruch, beim Falten seiner Modelle die Ontogenese nachzuvollziehen, war erstaunlich; einigermaßen skeptisch fragte ich ihn, ob sich das auch auf Insekten beziehe. Schmetterlinge, erinnerte ich ihn, verbringen ihr Larvenstadium als Raupen, eine völlig andere Form.

Ohne zu antworten, langte Yoshizawa in die Schachtel und holte ein kleines Insekt hervor, das er sich auf die Handfläche setzte: eine lebensgroße Grille. Sechs Beine, Flügel, Kopf, Brustkorb, Unterleib, Fühler – makellos ausgeführt, ein Meisterstück.

»Ich habe dreißig Jahre gebraucht, um sie zu erfinden«, sagte er, das Schweigen brechend. »Ich habe mit dem frühesten Stadium begonnen, habe sie weiterentwickelt, und langsam wurde sie besser. Sie scheinen erstaunt, daß das Erfinden so lange gedauert hat, aber in der Natur braucht ein Insekt, um so zu werden, Jahrtausende. Natürlich ist es einfacher, Dinge, die die Natur bereits geschaffen hat, nachzubilden, deswegen dauert es nicht so lange. Aber selbst das Nachbilden dauert dreißig Jahre!«

»Ich habe auch eine Menge Fische, angefangen mit dem Coelacanth. Auch Säugetiere. Hier sind ein paar Hunde. Bernhardiner, Eskimohund, Greyhound, Barsoi, Dänische Dogge. Diese Blätter, Gräser und Blüten werden Sie in keinem Buch finden – zu schwierig zum Aufschreiben. Die Regale da drüben sind nur für Masken. Diese zwei Schachteln enthalten Kreisel. Ich füge keinen hinzu, der sich weniger als fünf Sekunden dreht. Der Papiermittelpunkt ist nicht notwendigerweise auch der Kreiselmittelpunkt. Um das zu verstehen, müßten Sie länger als drei Monate bei mir studieren, denn ich habe das studiert, lange bevor ich meine eigene Kreiseltheorie entwickelte. Ich mußte mir Gyroskopie und Stabilitätslehre aneignen. Für die Gleiter habe ich Aerodynamik gelernt. Sie sind mit den Kreiseln eng verwandt. Ich habe mehr als hundert Arten, und nehme es damit sehr genau. Nehmen Sie ein Stück Papier, 50 cm im Quadrat, machen Sie es naß, formen es zu einem Ball, binden diesen mit einem Faden zusammen, drücken fest. Wenn er getrocknet ist, wird er so hart wie ein Holzball. Wenn Sie ihn jetzt werfen, wird er ziemlich weit fliegen. Aber meine Gleiter müssen weiter fliegen, sonst zählen sie nicht als Gleiter.«

Kunihiko Kasahara **ist Japans produktivster Origamiautor. Er hat über 100 Bücher mit Origamimodellen geschrieben und illustriert, das jüngste über geometrische Körper, die aus miteinander verschachtelten Papierstücken zusammengesetzt sind. Seine Polyeder zeigen kühne Farbkombinationen und verwandeln sich oft zu ganz anderen Körpern, wenn sie von innen nach außen gedreht werden. Ein völlig harmlos scheinender Würfel öffnet sich, um ein ganzes japanisches Dorf zu enthüllen. Abgebildet ist sein Modell eines Panda.**

Eine Zen-Philosophie

Yoshizawa fuhr fort:

»Ich war ursprünglich Schmied. Deshalb weiß ich eine Menge über Werkstoffe. Aber hauptsächlich habe ich von der Natur gelernt. Die Natur ist klüger als wir. Für unsere Augen scheint der Grund eben zu sein, aber wenn man eine kleine Einbuchtung macht und ein wenig Wasser hineingibt, fließt es immer vom höchsten zum niedrigsten Punkt. Egal, wie klug der Mensch ist, er weiß nicht, wohin sich der Boden neigt – aber das Wasser kennt den Weg. Wie das Wasser, findet auch der Gleiter seinen Weg durch die Luft. Er weiß, wie er naturgemäß gleiten, wie er seine Flügel dem Auftrieb anpassen kann, wie lange er fliegt, bevor er fällt. Sehen kann man das nicht, aber die Struktur ist da. Ich arbeite gerade an einer neuen Art, Origami mit Schatten zu studieren. Ich benutze diesen Scheinwerfer, um Schatten zu werfen, so daß ich Aspekte von Modellen, wie z.B. beim Segelflug, studieren kann, die sonst nicht zu sehen sind.

Ich denke, daß niemand beim Origami so weit gegangen ist wie ich; das muß wohl heißen, daß ich dabei der Klügste bin. Aber andererseits heißt es auch, daß ich der Dümmste bin, der Verrückteste. Schauen Sie hier diesen Kranich an, aus einem Drei-Millimeter-Quadrat gefaltet.«

Er hielt mir eine Plastikschachtel hin, die leer schien, aber auf den zweiten Blick die kleinsten Modelle enthüllte, die ich jemals gesehen hatte: einen Miniaturkrebs mit allen acht Beinen und Scheren, einen winzigen Springfrosch und einen nahezu mikroskopischen Kranich.

»Den Kranich habe ich gemacht, ohne ein Vergrößerungsglas zu benutzen. Er ist aus dem Papier einer Lotusblüte gefaltet. Und der Frosch ist aus dem Inneren eines Bambusrohrs gemacht. Um sie anzufertigen, habe ich sehr schwaches Licht benutzt. Ich habe eine Birne in einem schwarzen Lampenschirm mit einem vier Millimeter großen Loch abgedeckt. Auf diese Art wird es viel genauer. Das hat mit der Augenstruktur zu tun. Es gibt zigtausend Nervenzellen in Form von Stäbchen und Kegeln hinter jedem Auge. Es würden so viele davon auf eine Briefmarke passen, wie es in den Vereinigten Staaten Einwohner gibt. Das Auge paßt sich auch dem geringsten Reiz an.

Die Japaner sind an schwaches Licht gewöhnt. Lange Zeit benutzten wir Papierlaternen, die die Augen nicht ermüden. Wenn man sich einmal an schwaches Licht gewöhnt hat, kann man sehr gut damit sehen. Heutzutage benutzen wir natürlich Leuchtstofflampen, aber es gibt immer noch einige Orte, wie z.B. das Imperial Hotel in Tokio, wo man das Licht des alten Katsura-Palastes imitiert. Wenn man dieses Hotel betritt, fühlt man sich wohl, nicht nervös oder unbehaglich.

Es gibt bei uns in Japan zwei Arten zu sehen, die eine wird *hare* genannt, die andere *ke*. *Hare* bedeutet glänzend und äußerlich. Es ist die Art, wie man Dinge im Sonnenschein genießt, an hellen Orten, bei feierlichen und besonderen Anlässen. *Ke* ist die Art, wie man Dinge bei gewöhnlichem Licht wahrnimmt, in ruhiger und gemütlicher Atmosphäre, wie zu Hause. Für Kunstausstellungen oder Vorträge benutzen wir immer schwaches Licht, und bei religiösen Zeremonien löschen wir es ganz. Wenn ich andererseits eine Skulptur für einen großen Saal mache, entspricht weiches Material nicht der Saalgröße. Darum nehme ich Metall, Marmor oder ein hartes Holz. In meinen Origamiausstellungen nehme ich einen Scheinwerfer für manche Modelle und schwaches Licht für andere. Das hängt vom Thema des Modells und vom Standort ab.

Das ist ein Grund, warum ich keine Metallfolie benutze. Folie glänzt wie Metall und reflektiert wie ein Spiegel. Wenn die Leute ein Tier sehen, das aus Metallfolie gemacht ist, fühlen sie Metall und nicht die natürliche Struktur des Tieres. Sie sehen *hare*, wo sie *ke* sehen sollten. Aber wenn man feines, altes japanisches Papier benutzt, muß man sich anstrengen, um es in eine schöne Form zu bringen, die nicht auseinanderfällt. Im Laufe dieser Anstrengung erreicht man eine Ebene, auf der man von seinen Fingern lernt. Und manchmal will das Papier nicht so, wie man es erwartet. Deshalb muß man dem Papier gegenüber demütig sein, man muß sich mit ihm unterhalten. Darum finden alle, daß sich meine Modelle von den anderen unterscheiden – wegen der Wärme in meinem Papier. Mit Folie könnte man das niemals spüren.

Wenn man Origami mit einem Gemälde vergleicht, so ist es Leinwand, Pinsel und Farbe, alles in einem. Deshalb muß man für jedes Modell sehr sorgfältig das richtige Papier aussuchen. Wenn man ein Pferd machen will, muß man Papier nehmen, das dem Pferd entspricht. Wenn ich das Gefühl habe, daß das Papier zu dünn ist, füge ich mit Kleister zwei Stück zusammen und bürste es in die Stärke, die ich brauche. Alle Werkzeuge, die Sie hier sehen – Bürsten, Pinzetten, Kleister – wurden zu diesem Zweck angeschafft.«

Yoshizawa erzählte mir, daß er vor vierzig Jahren sein Papier selbst färbte, und er zeigte mir zum Beweis ein mit Persimone (einer speziellen Pflaumenart) gefärbtes Papier.

»Sie sehen, wie perfekt es noch erhalten ist. Wegen des hohen Säuregehaltes hält heute hergestelltes Papier nicht sehr lange, und in Bibliotheken überall auf der Welt zerfallen die Bücher. Einer meiner Träume ist es, in die Berge zu gehen und Papier aus Bäumen zu machen auf die Art, wie man es früher getan hat. Ich möchte mit den jungen Leuten gehen und mein eigenes Origami-Dorf aufbauen, wo wir Papier herstellen und färben, so daß es wirklich lange Zeit hält.

***Jun Maekawa* wird wohl Japans jüngster Origamimeister. Vor kurzem als Physiker von der Universität Tokio graduiert, erarbeitet sich Maekawa die Geometrie eines Modells in seinem Kopf und zeichnet es vor dem Falten auf. Seine neuen Figuren, die zu den kompliziertesten des Repertoires gehören, umfassen einen Tyrannosaurus, einen Hirsch mit Geweih, einen Frosch mit Schwimmfüßen und Persönlichkeiten wie den Nikolaus, Frankensteins Ungeheuer und E.T. Abgebildet ist sein bekanntestes Modell, ein gehörnter japanischer Teufel mit Flügeln.**

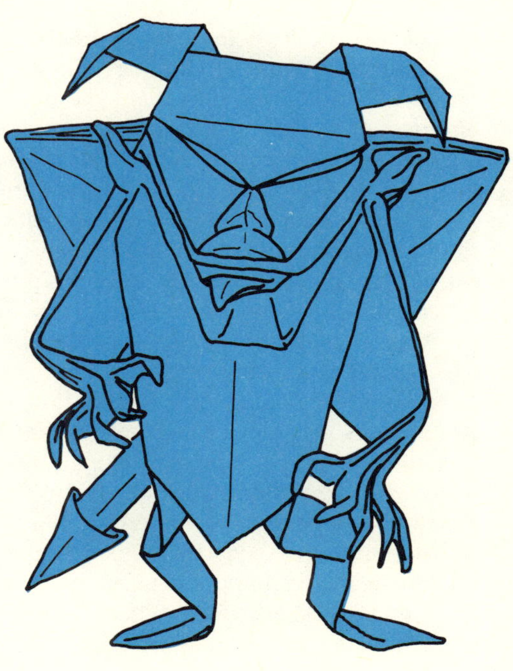

Aber das ist nicht nur ein Problem Japans. Ich möchte diese Origami-Dörfer überall auf der Welt, und jedes wird das Papier herstellen, das dem jeweiligen Land entspricht.«

Ich fragte Yoshizawa, warum er auch nicht-quadratisches Papier zum Falten benutzt, denn einige der Modelle in seinen Büchern bestehen aus gleichseitigen oder rechtwinkligen Dreiecken, Fünfecken oder Achtecken.

»Es muß nicht quadratisch sein, solange die Ecken nach außen und nicht nach innen wie bei der Sternform zeigen. Ein Stern geht nicht, denn um ihn aus einem quadratischen Stück Papier zu machen, muß man es schneiden und die Ecken einfalten. Wenn ich anfinge, so eine Form zu benutzen, gäbe es keine Grenze mehr zwischen Falten und Schneiden und ich könnte unendliche Formen benutzen. Auch eine ungewöhnliche Form wie ein Dreieck benutze ich nur, wenn ich daraus eine gute Struktur machen kann. Ich sehe, daß Ihr Ritter zu Pferde aus einem Stück Papier gemacht ist, aber ich habe das Gefühl, daß in diesem Fall zwei Stücke besser wären. Gott hat Mensch und Pferd als getrennte Wesen erschaffen, nicht verbunden wie in Ihrem Modell. Das gilt auch für Ihr Modell eines Känguruhs mit einem Kleinen im Beutel – das kleine Känguruh sollte separat gefertigt werden. Anders ist es beim Steinmeißeln, Holzschnitzen oder Metallgießen – da ist es möglich, aus einem Stück heraus zu entwickeln.«

Wir wurden durch ein Klopfen an der Tür unterbrochen, ein Zeichen seiner Frau, daß es Zeit fürs Abendessen sei. Es war mir schon vorher aufgefallen, daß Yoshizawa, wie sehr wenige Japaner, Innovation über Imitation stellte, und ich fragte ihn danach.

»Ich weiß, was Sie meinen. In der Kalligraphie und in der Oper zum Beispiel imitieren die Menschen einfach das Schöne. Sie hören auf die großen Sänger, ahmen ihren Stil nach und entwickeln keinen eigenen. In den frühen Tagen war es mit Origami genauso. Jeder legte Ecke auf Ecke und Kante auf Kante, und sie alle hatten am Ende dieselbe Form. Die traditionellen Modelle zu lernen ist genauso wie Musik zu spielen, die von anderen Komponisten geschrieben wurde; Origamibücher sind immer noch so. Aber es ist auch sehr schwer, von diesem Stil zu freiem und kreativem Origami zu wechseln. Leute, die nicht kreativ sind, werden es nun mal nicht, und wenn sie es ihr ganzes Leben versuchen.

Natürlich hilft es, jung anzufangen. Um beispielsweise ein Komponist zu werden, muß man als Kind viel Musik in sich aufnehmen, obwohl man nicht selbst ein guter Klavierspieler sein muß. Ich habe mein erstes Origamimodell gesehen, als ich vier war. Eine junge Frau aus der Nachbarschaft machte mir ein Schiff aus Zeitungspapier, und das hat mich sehr beeindruckt. Weil meine Familie arm war, mußte ich arbeiten und hatte keine Zeit für Origami. Aber ich hatte es immer im Kopf, und das war wichtig. Ich begann mit dem Falten, während ich als Ingenieur in einer Eisenfabrik arbeitete. Viele Arbeiter konnten keine Pläne lesen, deshalb begann ich Origami zu benutzen, um es ihnen beizubringen. Der Besitzer war beeindruckt und erlaubte mir, Origami zu lernen. So fing ich an.«

Ich erzählte Yoshizawa von meiner Verwunderung darüber, daß er Zeit gefunden hatte, 50000 Modelle zu erfinden, da nach meiner eigenen Erfahrung dieser Prozeß extrem mühselig sein kann. Manchmal entwickeln sich Modelle jedoch auch sofort, als ob sie sich selbst falten würden. Ich fragte ihn, ob er diese Erfahrung auch gemacht hätte.

»Ja, manche falten sich schnell, während andere, wie die Grille, eine lange Zeit brauchen. Wenn es leicht geht, ist das kein Zufall. Ich denke immer darüber nach, wie ich das spezielle Problem, das ich habe, lösen könnte, selbst wenn ich schlafe. Wenn ich beim Erfinden eines Modells in Schwierigkeiten komme, schlafe ich nicht in meinem Bett. Ich ruhe mich dann an meinem Schreibtisch aus und döse eine Weile, und beim Träumen versuche ich meine persönlichen Gefühle und Wünsche beiseite zu lassen. Ich bitte Gott um Konzentration. Als Buddhist glaube ich daran, daß Gott mir helfen wird, wenn ich mit dem Falten kämpfe. Also ich schlafe und träume und bete zu Gott – und wenn ich aufwache, kann ich das Problem lösen.«

»Ich habe immer geglaubt, daß Wissenschaftler und Künstler auf ähnlichere Weise erfinden, als es die meisten Leute vermuten«, sagte ich. »Und so, wie Sie über Struktur, über Gyroskopie oder darüber reden, wie das Auge arbeitet, klingen Sie wie ein Wissenschaftler und Künstler. Betrachten Sie sich als ein wenig von beiden?«

»Ich möchte in meinem Leben zwei Seiten haben. Eine ist natürlich die wissenschaftliche, eine genaue Art des Denkens und sich Wissen anzueignen. Aber ich fühle auch sehr stark die Weisheit, die aus alten japanischen Mythen und Legenden kommt, und das möchte ich auch in meinem Leben haben, um mir beim Origami zu helfen. Wissen ist wie etwas, das man in einem Faß aufbewahrt – man spart, und wenn man alles aufbraucht, hat man nichts mehr. Aber Weisheit kommt wie eine Quelle, die niemals versiegt. Heutzutage machen sich die Menschen Gedanken, wie sie Wissen sammeln können, aber um Weisheit kümmern sie sich nicht.

Japanische Legenden enthalten oft eine Menge Unsinn, wie die Geschichte, daß Babies aus dem Kopf des Gottes oder der Göttin kommen, oder die über den Berg, der den See heiratet. Natürlich glauben wir nicht, daß der Berg wirklich den See heiratet, aber diese Legenden sind Tradition und als solche akzeptieren wir sie. Symbolisch gesprochen steht der Berg für den Mann und der See für die Frau. Der Symbolgehalt hat mit den Formen zu tun – ich denke, Sie können den Bezug sehen. Also hat die Geschichte eine Bedeutung, die wir tief in uns haben.

Die Art der Alten und der Legenden war es, alles so zu akzeptieren, wie es ist – Sonne und Regen und Wind und die Gedanken anderer, und dies alles ins eigene Leben zu bringen. So steht es in den alten Büchern. Es gibt zwei Arten des Zen-Lebensstils. Die eine bedeutet, den Raum, die Welt um dich zu kennen und sie zu akzeptieren. Wir alle atmen nun mal dieselbe Luft, teilen die Natur miteinander. Die andere Art ist, dich selbst zu kennen, dein Inneres, deine Gefühle. Stell dir vor, du hättest eine Weltkarte und ein Vehikel, mit dem du überall hinkommst, in der Luft, zu Land und zu Wasser. Wenn du kein Ziel im Kopf hast, hilft dir das nichts. Deshalb muß ich mein Ziel und die Welt um mich kennen. Wenn man sich selbst kennt und gleichzeitig die Natur und die Menschen um sich liebt, sind die zwei Wege des Zen vereint.«

Es dämmerte. Die letzten Lichtstrahlen drangen durch die mit Reispapier bespannten Fenster und warfen kaleidoskopartige Muster auf den Boden. Ein weicher Regen klopfte auf das Dach. Zwischen dem rhythmischen Prasseln rief das Zupfen einer Koto aus einem Haus in der Straße. Das Verblassen des Lichts, das leise Trommeln des Regens, der Ruf der Koto schufen eine Atmosphäre zeitloser Ruhe. Wahrscheinlich hatte auch der Sake seine Wirkung getan. Ich hätte für immer zuhören können, aber ich wußte, daß es Zeit zum Gehen war. Als Yoshizawa und ich uns zum Abschied bereitmachten, konnte ich einer letzten Frage nicht widerstehen. Nach 50000 Modellen und fünzig Jahren des Faltens – gab es da etwas, was er nicht hatte falten können?

»Eine Menge! Einen meditierenden Zen-Priester zum Beispiel. Natürlich ist es einfach, die Gestalt eines meditierenden Priesters zu machen, aber das ist nur die Oberfläche. Ich möchte ein Modell machen, bei dem jeder nicht nur den meditierenden Priester sieht, sondern sein Meditieren fühlen kann, seine inneren Gefühle dabei empfindet. Diese abstrakten Gefühle – ich warte darauf, die darzustellen. Wie das Gefühl vor dem eigenen Tod. Jeder muß sterben, selbst gesunde, reiche, erfolgreiche Menschen. Und jeder muß dieses Gefühl haben. Ich möchte auch gern Lebensfreude im Origami darstellen. Im Buddhismus nennen wir das ›den Körper auf den Boden werfen, um Gott zu danken‹. Das ist vielleicht schwer zu verstehen, aber nach diesem Gefühl habe ich mein Leben lang gesucht und habe versucht, es im Origami auszudrücken.«

DER MEISTER IM KLASSENZIMMER

Zusätzlich zu meinem privaten Besuch erlaubte mir Yoshizawa, an seinem wöchentlichen Unterricht teilzunehmen. Als ich das Klassenzimmer betrat, hatten die meisten der etwa zwanzig Schüler schon ihre Plätze hinter Reihen von langen schmalen Tischen eingenommen und warteten auf die Ankunft des Lehrers. Ich setzte mich hinten hin und versuchte, nicht aufzufallen, eine schwierige Angelegenheit für einen vierundzwanzigjährigen Amerikaner in einem Raum voll von älteren Japanerinnen. Plötzlich waren alle still. Der Meister trat ein und kontrollierte die Anwesenheitsliste. Der Unterricht begann. Yoshizawa zeigte die verschiedenen Struktureigenschaften eines Stücks Papier. Er war geschäftsmäßig und spielerisch zugleich, als er es systematisch zerknüllte, zerknitterte, an einer Linealkante entlang zum Kräuseln brachte. Als nächstes besprach er die Vogel-Grundform und zeigte, wie die traditionelle Form aus einem Quadrat nur ein Sonderfall der allgemeinen asymmetrischen Vogel-Grundform ist, die aus jeder Form mit vier Seiten gefaltet werden kann.

Schnell wurde die Vogel-Grundform zum Fliegenden Vogel, stehenden Kranich und zu einem Strauß; bei jeder Figur blieb er gerade lange genug, um die Gemeinsamkeiten in der Struktur der jeweiligen Spezies aufzuzeigen. Dann wurde es Zeit für eine kleine Demonstration. Yoshizawa holte aus einer Pappschachtel einen Zoo heraus, zu dem ein lebhaftes Känguruh, ein einhöckriges Kamel und ein sich schlängelnder Tintenfisch gehörten, den er als Unterrichtsstoff für diesmal ankündigte.

Die Schüler machten sich an die Arbeit und fast hypnotisiert schaute ich fasziniert zu, wie sie aus ihren identischen Mappen identische 25 cm große rote Papierquadrate holten und völlig gleichzeitig Schritt für Schritt akkurat zu falten begannen. Ich beugte mich über den Tisch und hatte gerade mit meinen ersten Falten angefangen, als mich eine Schülerin anstieß und nach vorn deutete. Ich stellte fest, daß ich der einzige war, der den Tisch zum Abstützen benutzte. Alle anderen, der Lehrer eingeschlossen, falteten in der Luft. Zu meinem weiteren Kummer sah ich, daß alle das Papier umgedreht hatten. Verlegen, aber willig folgte ich den anderen.

Unter Yoshizawas Anleitung hatten wir bald einen reizenden roten Tintenfisch gefaltet, und jetzt verstand ich auch, warum wir das Papier umgedreht hatten: die rotgesprenkelte Haut des Tintenfisches war durch die Farbflecken, die durch die Papierrückseite durchgesickert waren, perfekt wiedergegeben. Ich machte einen heimlichen Versuch, die Beine meines Tintenfisches realistischer hinzubiegen, aber Yoshizawa erwischte mich. Er griff sich mein Modell und bog die Beine wieder in die korrekte Position – seine eigene.

Jetzt wurde die Zeit knapp, und Yoshizawa gab uns eine kurze Lektion über die Anatomie des Tintenfisches mit Hilfe von Zeichnungen aus einem Zoologiebuch, um uns zu zeigen, wie das eben gelernte Modell die Schönheit und Eleganz der natürlichen Struktur des Tintenfisches, wenn auch vergröbert, einfing. Die Unterrichtsstunde endete mit einer ausgelassenen Pantomime eines Tintenfisches, der sich durch einen Flaschenhals kämpft, vorgeführt vom Meister höchstpersönlich. Das war ein merkwürdiger, wenn auch passender Abschluß einer Stunde, in der sich Akira Yoshizawa als Lehrer – wie auch als Erfinder – als leidenschaftlicher, inspirierter, dogmatischer und leicht verrückter Mann gezeigt hatte – der demütigste vor Gott und Natur, der stolzeste unter den Menschen.

Origami-Selbstportrait von Akira Yoshizawa.

DAS SCHWEBENDE QUADRAT: SECHS ENTWICKLUNGS-PHASEN DER KLAPPERSCHLANGE

Null Sekunden

So sehen fast alle Origami-Schlangen aus.

0,5 Sekunden

Mein erstes Gedankenbild: ein freischwebendes querliniertes Quadrat.

1,0 Sekunden

Mein zweites Gedankenbild: Das Quadrat zu einer Röhre gerollt mit einer Folge von parallelen Ringen.

1,5 Sekunden

Mein drittes Gedankenbild: Um eine Zeile verschoben bildet die Röhre eine Spirale.

2,5 Sekunden. Stop!

Mein viertes Gedankenbild: Die Spirale wird zu einer zusammengerollten Schlange, aus der Kopf und Schwanz herauswachsen.

– Zwei Monate später –

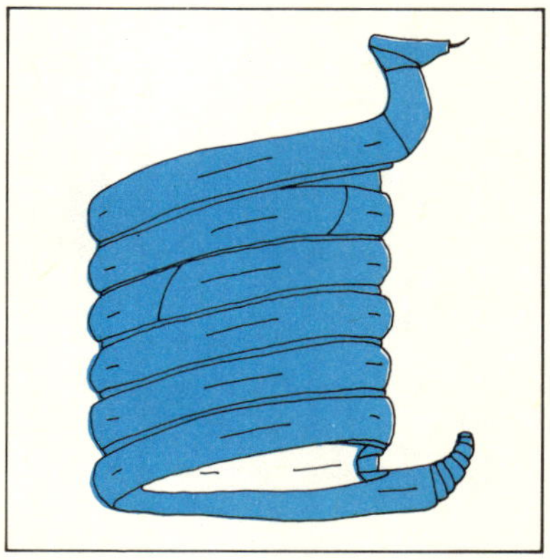

Die Klapperschlange, endlich fertig.

II. Das schwebende Quadrat

Ich sah ein Papierquadrat durch den Raum schweben.

Eines Tages entschloß ich mich, eine Origami-Schlange zu erfinden. Ich kannte Dutzende Schlangen aus dem Repertoire – Pythons und alle möglichen Klapperschlangen und Boas – aber sie waren sich alle ziemlich ähnlich. Um die längstmögliche Schlange aus einem Quadrat zu machen, waren die Faltenden alle von der Diagonalen ausgegangen und hatten die beiden anderen Ecken im Harmonika-Stil gefaltet, um den Körper zu verengen. Das war alles. Kleine Veränderungen in der Kopf- oder Schwanzhaltung waren die einzigen Anhaltspunkte, um ein Modell vom anderen zu unterscheiden. Die Übung schien einfach.

Als ich eine zuviel von diesen Pythonklapperschlangenboas gesehen hatte, wußte ich, daß es Zeit war, meine eigene Schlange zu erfinden. Ich konnte mir die Idee nicht aus dem Kopf schlagen: *Meine* Schlange würde anders sein. Ich beschwor Bilder von Schlangen, die ich in Büchern oder im Zoo gesehen hatte und suchte nach den hervorstechenden Zügen. Was ist typisch für Schlangen? Welche Aspekte ihrer Anatomie, Evolution, Bewegung definieren »Schlangesein«? Kurz, was macht eine Schlange zur Schlange? Schlangen gleiten, überlegte ich mir, sie bewegen sich wellenförmig, sie hängen von Bäumen herunter, sie greifen an – und sie rollen sich auf.

Ich konnte mir kein anderes Tier vorstellen, das sich aufrollt. Ich entschloß mich also, eine aufgerollte Schlange zu erfinden.

In diesem Augenblick blitzten Vorstellungen in meinem Kopf auf, als er sich bemühte, eine Lösung zu finden. Ich sah ein Papierquadrat durch den Raum schweben. Auf dem Quadrat war ein Muster aus waagerechten Linien. Ich stellte mir das Quadrat zu einer Röhre zusammengerollt vor. Die waagerechten Linien verwandelten sich in parallele Ringe, die die Röhre entlangliefen. Wieder stellte ich mir das Quadrat zu einer Röhre zusammengerollt vor, aber diesmal waren die Kanten um eine Linie verschoben. Statt der Ringe war es jetzt eine Spirale – eine lange Windung, die ganz um die Röhre herumlief. Das Muster wandelte sich, die Kanten verschmolzen ineinander und ein Kopf und ein Schwanz wuchsen aus den beiden Enden der Spirale. Ich hatte meine Schlange. Der schöpferische Teil des Prozesses war erledigt. Zwei, vielleicht drei Sekunden waren vergangen. Der Rest der Aufgabe, die Ausführung, dauerte zwei Monate.

Wie viele amerikanische Papierfalter bin ich über die Mathematik zum Origami gekommen. Bevor ich mit dem Falten begann, war ich ein begeisterter Leser von Martin Gardners beliebter Kolumne »Mathematische Spiele« in der Zeitschrift *Scientific American*. Ich begann eine Korrespondenz mit ihm und versorgte ihn mit Erfindungen wie einem Tetraeder-Puzzle, einem vierseitigen geometrischen Körper, der teuflisch schwierig zusammenzufügen war; der angenäherten Dreiteilung eines Winkels, meiner eigenen Lösung eines uralten mathematischen Problems; und mit Puzzles aus achteckigen Elementen, die verschieden zusammengesetzt werden konnten.

Gardners Antworten waren warm und höflich, aber ihr Inhalt war klar: Das Tetraeder, das ich eingeschickt hatte, war bereits erfunden und vor fünf Jahren in seiner Kolumne besprochen worden. Meine mathematische Ableitung war seit drei Jahrhunderten bekannt und ein Team von Ingenieuren hatte bereits alle möglichen Anordnungen meiner Puzzle-Elemente auf einem Hochgeschwindigkeitscomputer in zirka sieben Minuten ausgerechnet. Gardner schloß seine Briefe immer mit der Bemerkung, daß er meine Beiträge zu schätzen wisse und glücklich sei, sie »in den Akten« zu haben.

Ich war verzweifelt. Egal, wieviel Zeit und Anstrengung ich in die Erfindung oder Lösung eines Puzzles oder Problems steckte, irgendein Mathematiker oder Computerwissenschaftler oder Hobby-Rätsler hatte es schon in einem Bruchteil der Zeit erfunden oder gelöst. Würde ich denn nie etwas ganz Eigenes erfinden?

Meine Bitte wurde erhört, als ich Origami entdeckte. In kurzer Zeit hatte ich alle Origamibücher, die ich finden konnte, gelesen – es gibt nicht sehr viele. Ich erlernte das Falten traditioneller Modelle wie die Ente, den Walfisch, den Fliegenden Vogel und den Springfrosch, ebenso die Wasserbombe, den Wahrsager, die Chinesische Dschunke und den Druckerhut. Beim zweiten Durchgang improvisierte ich und verbesserte die Modelle. Ich meisterte die Drachen-, Fisch-, Vogel- und Frosch-Grundform, obwohl ich ihre geometrische Verwandtschaft noch nicht erkannt hatte. Diese war in den Büchern auch nicht erwähnt worden. Als ich die traditionellen Modelle perfekt beherrschte, begann ich, mir Figuren auszudenken, die ich noch nirgendwo gesehen hatte.

Meine ersten Versuche waren plump und nicht besonders einfallsreich. Wie die traditionellen Modelle entwickelte ich sie aus den vier Grundformen. Mit der Zeit verbesserten sich meine Bemühungen, und ich produzierte Dutzende Variationen, von denen einige in diesem Buch zu finden sind: die drei tropischen Fische, Kolibri, Pinguin, Giraffe und die Modelle aus den Dollarscheinen. Die meisten anderen habe ich seitdem vernichtet. Ich hatte Schachteln voll mit *fast* gelungenen Modellen (ein Elefant mit drei Beinen, ein Rhinozeros ohne Horn) und einen Stapel Abfallpapier, der einigen Bäumen entsprach. Ich machte meine eigenen Sachen, die einzigartig waren! Ich spürte Freude in mir – die Freude, jene Grenze zu überschreiten.

Aber die Kreativität ist eine flatterhafte Muse. Wenn wir sie haben, wissen wir nicht, wie wir sie halten können. Sie macht uns verrückt durch ihren sonderbaren Rhythmus, kommt in An- und Überfällen: Eben noch hier, hast du sie schon wieder verloren. Oder sie kann langsam, methodisch, mühsam sein: Möglichkeiten ausarbeiten, andere ausschließen.

Und so geschah es, daß inmitten der kreativen Fülle meine Vorstellungskraft vertrocknete. Variationen vertrauter Faltungen interessierten mich nicht mehr. Das Vermächtnis jahrtausendjähriger japanischer Faltkunst wurde reizlos und regte mich nicht mehr an. Auf die vier Grundformen beschränkt, erstickte meine Kreativität. Die Drachen-Form bot eine Klappe, die Fisch-Form zwei, die Vogel-Form vier und die Frosch-Form fünf. Kompliziertere Tiere, die sechs, acht, zwölf Klappen erforderten, schienen unerreichbar. War es möglich, daß vier einfache Grundformen das Potential des Quadrats erschöpften? War das alles, was Origami zu bieten hatte? Weil ich nicht in der Lage war, neue Formen zu schaffen, wurde es mir langweilig. Ich hörte auf, Listen von Tieren anzufertigen, die ich erfinden könnte. Mit Fünfzehn schien die Vorstellungskraft verraten und ich mit meinem Origami-Latein am Ende zu sein.

Jedenfalls dachte ich das. Jetzt weiß ich, daß dieser frühe Verlust der Kreativität kein Ende, sondern ein Anfang war. Er markierte den Zeitpunkt, an dem ich mich zum ersten Mal fragte, wie man kreativ ist, weil ich es zum ersten Mal nicht mehr war. Diese Frage löste eine lange Untersuchung des kreativen Prozesses aus, die sich bis zu meinem Studium der Wissenschaftsgeschichte und der Architektur ausdehnte. Ich weiß jetzt, daß die Ausfälle der Kreativität niemals aufhören, sie werden nur jedesmal von neuem überwunden. Diese Origami-Flaute war eben meine erste, und der darauffolgende Durchbruch ermöglichte mir die Erfindung meiner besten und schwierigsten Modelle.

Von der Natur lernen

Mit der Frage nach der Kreativität begann meine Suche nach neuen Formen. Ich wußte, daß alle Künstler durch Zeiten des Unbehagens und der Stagnation gehen. Die größten überleben und schaffen den Durchbruch auf ihrem Gebiet. War ich denn, so wie sie, ein Künstler auf der Suche nach Inspiration? War ich überhaupt ein Künstler? War Origami denn Kunst? In den Büchern war das Papierfalten stets als »die alte japanische *Kunst* des Origami« bezeichnet worden, aber ich fühlte mich als Mathematiker oder Wissenschaftler, als Entdecker, nicht als Schöpfer. Die Modelle fühlten sich niemals an, als kämen sie tief aus meinem Inneren, so wie ich dachte, daß es einem Künstler gehen müßte. Mein Ziel war nicht, neue künstlerische Formen zu erfinden. Ich hatte nur Ecke auf Ecke und Kante auf Kante gelegt, um eine bestimmte Tiergestalt einzufangen. Wenn ich dann eine ganze Weile mit dem Papier gearbeitet hatte und ein Fisch oder Vogel oder eine Giraffe auftauchten, war mir, als wäre ich auf Formen gestoßen, die seit Jahren passiv dagewesen waren. Ich war nur der glückliche Forscher, der sie ausgebuddelt hatte.

Dieses Gefühl paßte auch zu einer bestimmten Beobachtung, die ich während meiner früheren produktiven Zeit gemacht hatte. Ich hatte Muster im Papier bemerkt. Wenn ich die Handvoll meiner fertigen Modelle mit dem reichlichen Abfallstapel verglich, stellte ich fest, daß die Modelle, die etwas geworden waren, unweigerlich regelmäßige Winkel und einfache Proportionen enthielten. Die Muster, die sie bildeten, waren eindeutiger, klarer und schöner als die Linien der weggeworfenen Modelle. Das Papier hatte dem Fingerdruck nachgegeben und war entweder in eine dichtere Anordnung zusammengefallen oder ein verkrumpelter Haufen geworden, der keine Möglichkeiten für Anhängsel oder einen kompakten Körper bot. Trotz meiner großen Anstrengungen, Modelle auf Zufallsfaltungen aufzubauen, hatte die Geometrie zurückgeschlagen und mir meinen Platz gezeigt. Es war klar, daß es die Modelle »da draußen« gab, irgendwie eher im Papier vorhanden als in meinem Kopf. Ich fühlte mich wie das Medium eines unbezwingbaren Naturgesetzes.

Allmählich wurde mir durch Überlegungen der Grund für dieses Gefühl klar. Wie Molières *Der Bürger als Edelmann*, der sein ganzes Leben Prosa sprach, ohne es zu merken, hatte ich »Mathematik gesprochen«, die Sprache der Formen. Die Welt um uns ist geometrisch. Die Haarrisse im Porzellan überschneiden sich fast immer in einem 90-Grad-Winkel. Seifenblasen treffen sich zu dritt immer an einer Stelle und bilden 120-Grad-Winkel. Die Blütenblätter der Sonnenblume, die Hörner der Bergziege und die Nautilus-Muschel wachsen in logarithmischen Spiralen. Das gleiche Prinzip gilt für kompliziertere Prozesse. Mathematik bestimmt Wolkenformationen (Veränderungen des atmosphärischen Drucks), Flußverzweigungen (die Wucht des Stromes, der Widerstand des Geländes), Brechungsmuster in einem Eisblock (die kristalline Struktur gefrorenen Wassers, die Wucht des Schlags). Egal, welches Objekt oder welcher Prozeß, geometrische Gesetze bestimmen Geburt, Wachstum, Bewegung, Gestalt, Größe, Tod und Vergehen.

Warum ist das so? »Raum ist kein passives Vakuum, sondern hat Eigenschaften, die jeder seiner Strukturen gewaltige Einschränkungen auferlegen«[1] schreibt der Kristallograph Arthur Loeb in seinem Nachwort zu R. Buckminster Fullers *Synergetics.* Von den starken Kräften der Natur herumgestoßen, gefangen zwischen Energie und Entropie, nehmen Phänomene die Form und Größe an, die es ihnen ermöglicht, diese Kräfte unter Kontrolle zu halten. Einfache mathematische Gesetze diktieren diese Anordnungen. Geometrie ist ein kluger Verhandlungspartner, der Kompromisse ausarbeitet, um Energie und Entropie miteinander zu vereinbaren.

Mein Vertrauen wurde durch die Entdeckung der Geometrie in der Natur gestärkt. Wie wäre es, wenn ich nicht in mir, sondern in der Welt um mich herum nach Inspiration suchen würde? Als ich die Natur untersuchte, entdeckte ich Muster, komplexe Strukturen, gewissermaßen Straßenkarten für miteinander in Konflikt stehende Kräfte. Selbst ohne die Lenkung durch ein bewußtes Gehirn ist die Natur eine erstaunliche Erfinderin, die Strukturen für jeden Zweck entwickeln kann – und zwar wunderschöne Strukturen! Oft schien es ihnen auf den ersten Blick an Sinn und Harmonie zu fehlen, aber bei genauerem Hinsehen entdeckte ich ihre entwaffnende Einfachheit. Jede Anordnung setzte sich aus nur wenigen einfachen Elementen zusammen. Diese Elemente erschienen in unterschiedlicher Größenordnung, anders kombiniert, verschoben, aber immer identisch. Sie erschienen in ganzer, halber, Viertel-, Achtelgröße, aber auch verdoppelt, vervierfacht, verachtfacht. Weil diese Erscheinung unabhängig vom Maßstab ist, ist diese Struktureigenschaft als *Selbstähnlichkeit* oder *scaling* bekannt geworden. Die Schönheit solcher Strukturen basiert auf der Effizienz und Sparsamkeit der Natur, nicht auf ihrer gelegentlichen Verschwendung und Vergeudung.

Das Merkwürdige ist die Selbstähnlichkeit so vieler Objekte und Prozesse. Galaxien bilden Haufen, Superhaufen, vielleicht sogar Haufen-Komplexe, »Superduperhaufen«. Flüsse verzweigen in Neben-

EINFACHE ELEMENTE ERGEBEN KOMPLEXE MUSTER

Die Natur erzeugt komplexe Muster durch die Wiederholung einfacher Prozesse in unterschiedlichen Maßstäben. Muster können durch verschiedene Mechanismen erzeugt werden, die folgenden eingeschlossen.

Haarrisse:

Haarrisse in einer glasierten Keramikoberfläche.

Teilen:

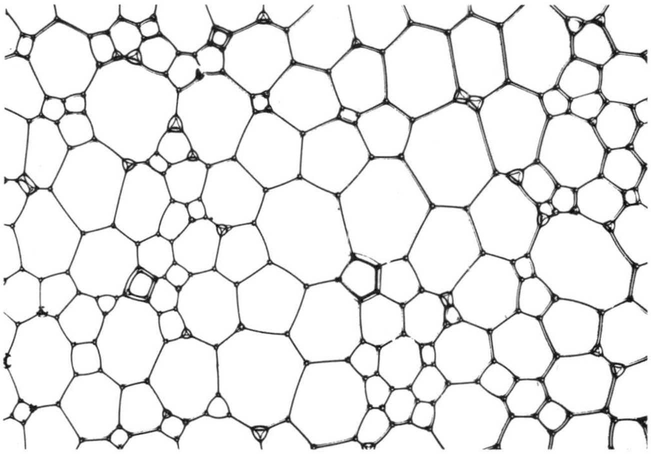

Seifenfilm zwischen zwei zusammengepreßten Glasplatten.

Ausdehnen und Schrumpfen:

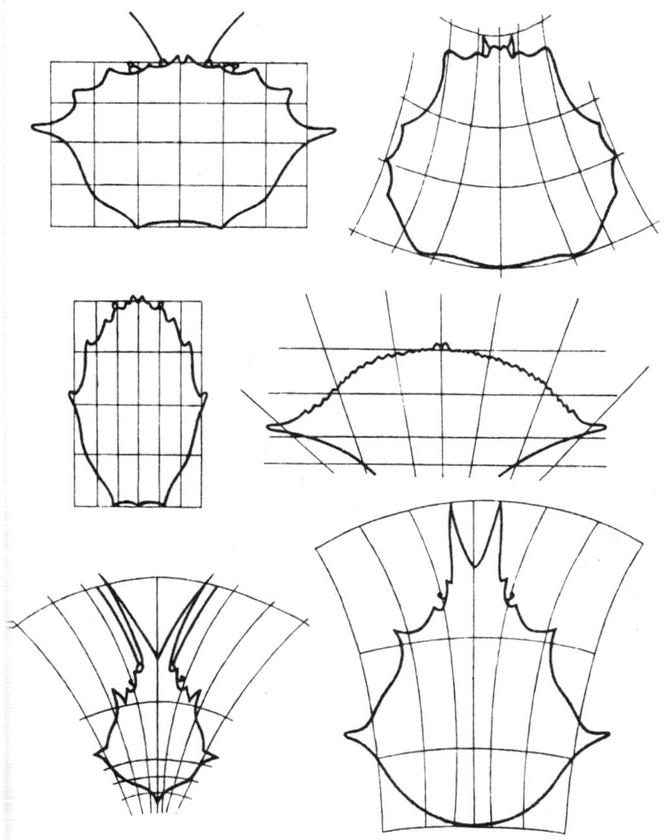

Vergleichende Studie der Rückenschilde von sechs Krebsen vom Biologen D'Arcy Thompson.

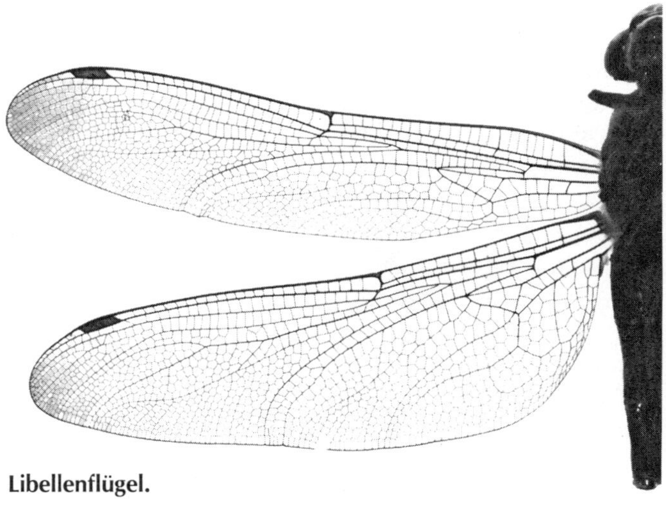

Libellenflügel.

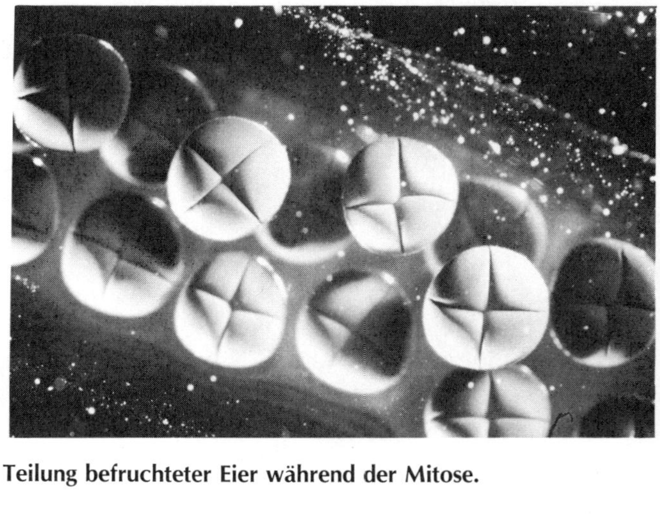

Teilung befruchteter Eier während der Mitose.

Aggregatbildung:

Kammern der Nautilus-Muschel.

Aluminiumkristalle.

Verzweigung:

Furchen auf der gesplitterten Oberfläche einer unbeständigen Magnesium-Kupfer-Verbindung.

Farnblätter.

Das Delta des Colorado im Kalifornischen Golf.

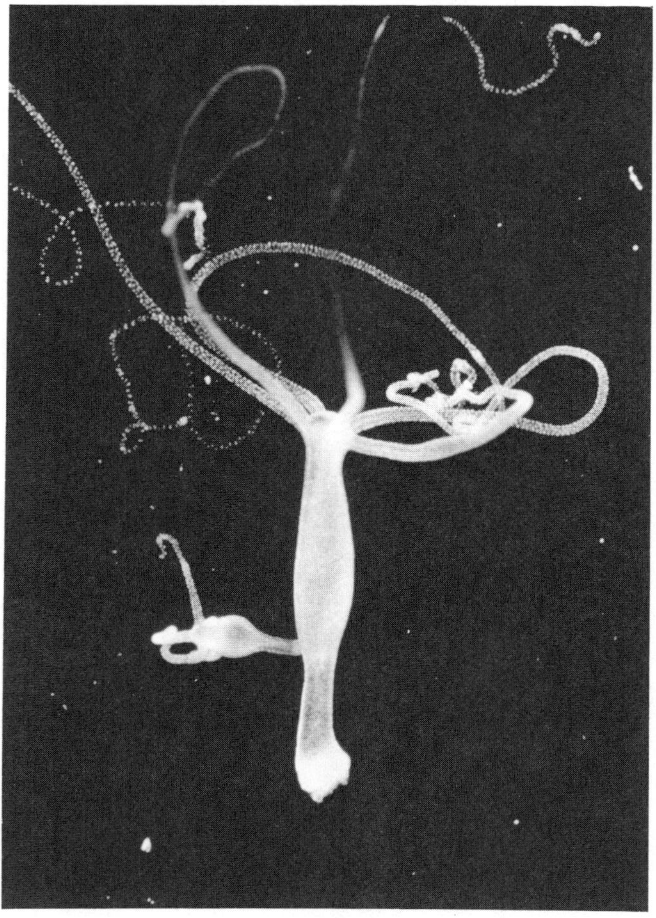

Knospen einer *Hydra oligactis* (Süßwasserpolyp).

Die Oberfläche eines Antimon-Barrens, der die gewachsene Interferenz gezahnter Kristalle zeigt.

Die Unterseite eines Blattes der *Victoria amazonica* (Wasserlilie).

flüsse, Bäche, und schließlich Rinnsale. Es ist bekannt, daß Entfernungen entlang einer Gebirgskette schwierig zu schätzen sind, weil alles gleich aussieht, auch sie ist selbstähnlich. Meteore treffen den Mond zufällig, aber ihre Größe und Verteilung sind selbstähnlich; Fotos vom Mond, ob aus einem oder hundert Kilometer Höhe aufgenommen, lassen durch nichts auf die wirkliche Größe eines Kraters schließen. In den Lungen gehen Blutgefäße durch zirka fünfzehn selbstähnliche Bifurkationen, bevor sie Kapillargröße erreichen und die Selbstähnlichkeit zu Ende ist.

Turbulenzen sind selbstähnlich: Im Ozean erzeugen größere Wirbel kleinere, in der Atmosphäre größere Windböen kleinere. Die komplexe Erscheinung dieser Formen verbirgt nur die ihnen eigene Einfachheit.

Als ich damals vor Jahren mit meiner jugendlichen Kreativitätsflaute kämpfte, verstand ich wenig vom Prozeß hinter diesen Formen. Aber ich begriff diese Grundlektion des Erfindens in der Natur: Einfache Elemente schaffen komplexe Muster. Zwar gibt es keine Definition, die jede Handlung des Erfindens einschließt, doch die grundlegende Ähnlichkeit des Prozesses in allen Bereichen deutet auf das Großartige in der Natur. Ich dachte über all das nach, was ich aus meiner Naturerforschung gelernt hatte und kam zu dem Schluß, daß die Natur neue Formen dadurch erfindet, daß sie unbewußt mit einfachen Elementen spielt, sie zur Musterbildung neu ordnet und die effizientensten Strukturen auswählt.

Einfache Elemente bilden komplexe Muster. Könnte man die Art der Natur, neue Formen zu bilden, auf Origami anwenden?

X und X′

Um neue Formen zu schaffen, macht die Natur von einem Prozeß Gebrauch, der *Iteration* genannt wird. Der iterative Prozeß (auch rekursiver Prozeß oder *feedback loop,* Rückkoppelungsschleife, genannt) ist ein effektiver Mechanismus zur Herstellung von Formen, zur Erschaffung komplizierter Strukturen mit einem Minimalaufwand an Energie und Information. Die Ergebnisse sind – nicht überraschend – selbstähnliche Strukturen.

In einem typischen iterativen Prozeß wird eine Operation durchgeführt, die ein Ergebnis x ergibt. Dieses Ergebnis wird dem Prozeß wieder zugeführt und ergibt x′. x′ wird wieder dem Prozeß zugeführt und ergibt x″ usw. (Eine andere Schreibweise dafür: x_n, x_{n+1}, x_{n+2} usw.) Jede Phase wird Iteration genannt. In den letzten Jahren haben sich Informationstheoretiker, Kristallographen, Zellbiologen, Genetiker und Forscher auf dem Gebiet der künstlichen Intelligenz genauer mit iterativen Prozessen und deren Mustern beschäftigt. Neue Beispiele sind zutage getreten, die ohne die Hilfe technischen Fortschritts bei Beobachtungsgeräten und Computern kaum vorstellbar waren. Wolkenkammerstrukturen subatomarer Partikel bei der Fission, *scanning* elektronischer Zellmikrographen, Luftaufnahmen der Erde und Satellitenbilder von der Oberfläche anderer Planeten haben unsere Wahrnehmung der Welt verändert. Die Phänomene, die sie uns offenbaren, existierten lange vor der Menschheit, aber wir haben bis jetzt gebraucht, um das mitzubekommen. Es ist inzwischen klar, daß iterative Prozesse am Ursprung des Lebens selbst liegen.

Einige der schönsten Formen, die ich je gesehen habe, sind das Ergebnis mathematischer Entdeckungen der letzten zwanzig Jahre. Es sind merkwürdige und rätselhafte Formen, die *Fraktale* genannt werden: Koch-Schneeflocken, Mandelbrot-Mengen, Bifurkationsdiagramme, Hénon-Attraktoren. Bis vor kurzem haben selbst die komplexesten mathematischen Naturbeschreibungen die Subtilität einer Gebirgskette oder eines Wasserfalls nicht einfangen können. Aber durch den Gebrauch der Prinzipien der fraktalen Geometrie, einem Forschungszweig, der als Chaostheorie bekannt wurde, können wir endlich die Formen der Natur einfangen.

Eine der am leichtesten darzustellenden Formen ist die Schneeflocke. Wie andere Formen der Natur ist sie mehr oder weniger selbstähnlich, darum können wir sie mit Hilfe des iterativen Prozesses erzeugen. Natürlich sind keine zwei Schneeflocken genau gleich und unsere künstliche ist nur eine grobe Annäherung an die echte. Während eine echte Schneeflocke aus einer dreidimensionalen Struktur aus Eiskristallen besteht, ist die Form, die wir konstruieren wollen, flach und aus gleichseitigen Dreiecken. Sie wurde von Helge von Koch, einem schwedischen Mathematiker, 1904 entdeckt und würde heute als Fraktal bezeichnet werden.

Allgemein ausgedrückt ist ein Fraktal jene Form, die bei genauerer Untersuchung immer mehr Einzelheiten zeigt. Die meisten Naturphänomene sind, wie sich herausstellt, Fraktale: Je genauer man die selbst-

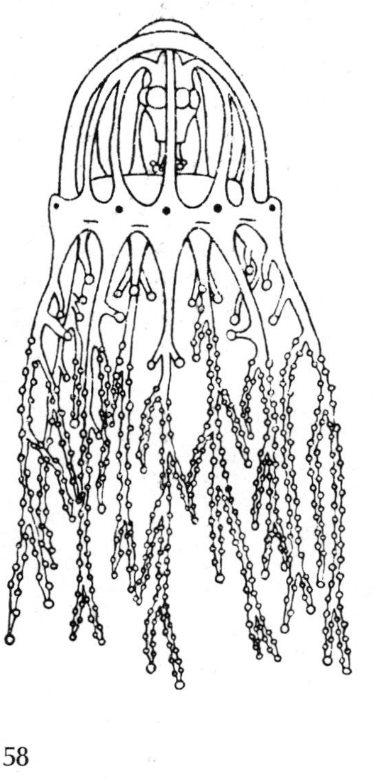

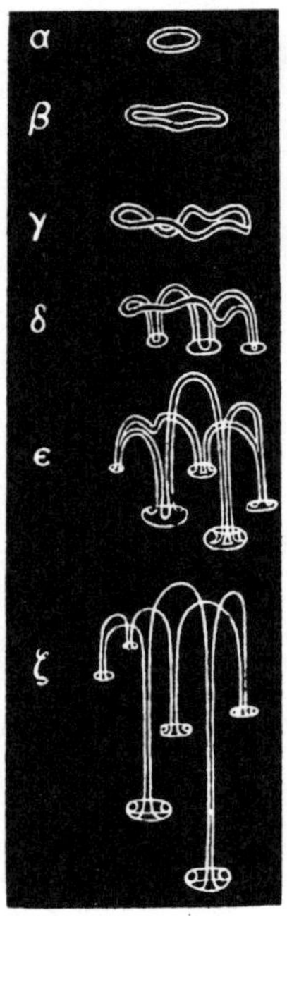

DAS WACHSTUM EINER TIERKOLONIE IM VERGLEICH MIT EINEM TINTENTROPFEN

Links: die Quallenart *Cordylophora,* ein kolonienbildender Organismus (ein Tier, das gleichzeitig ein einziger großer Organismus und eine Kolonie kleiner Organismen ist). Rechts: ein fallender Tintentropfen im Wasser. Die Ähnlichkeit wurde von D'Arcy Thompson notiert.

DAS WACHSTUM EINER MENSCHLICHEN KOLONIE IM VERGLEICH MIT EINEM ÖLTROPFEN

Oben: ein Luftbild einer islamischen Siedlung, der Stadt Hamadan, Iran. Unten: Fissuren in einer Gelatine-Zinnöl-Mischung.

ähnliche Form einer Bergkette oder Küstenlinie betrachtet, desto mehr Verästelungen findet man. Es gibt auch eine technische Definition des Fraktals: Es ist ein Objekt, das eine gebrochene Anzahl von Dimensionen besitzt, wie 1,26 (etwas mehr als eine Linie und weniger als eine Fläche) oder 2,67 (etwas mehr als eine Fläche und weniger als ein Körper). Die fraktale Dimension ist ein seltsames und faszinierendes Konzept.

Um die Koch-Schneeflocke zu konstruieren, werden wir uns ein Hauptwerkzeug der fraktalen Geometrie zunutze machen: den Computer. Iteration ist Idiotenarbeit – dieselbe Operation immer wieder zu wiederholen benötigt einen nichtdenkenden, unermüdlichen Sklaven der Iteration. Wer ist dafür geeigneter als ein Computer? Der Ausgangspunkt, auch Initiator genannt, für eine Koch-Schneeflocke ist ein einfaches gleichseitiges Dreieck.

Mit Hilfe des Computers fügen wir an die Mitte jeder Seite ein anderes einfaches Element, ein kleineres gleichseitiges Dreieck, dessen Seitenlänge ein Drittel des größeren beträgt. Das Ergebnis ist ein sechszackiger Stern.

Bis jetzt ist die Schneeflocke nichts Besonderes. Aber nun fangen wir mit dem iterativen Teil des Prozesses an. Der sechszackige Stern wird als Iteration 0 bezeichnet. An die Mitte jeder neuen Seite fügen wir wiederum ein Dreieck mit der Seitenlänge eines Drittels der vorhandenen Seite an. Für die zweite Iteration wiederholen wir den Prozeß.

Ab jetzt bis in alle Ewigkeit ist jede Phase die gleiche. Der Vorgang der Erzeugung ist simpel, aber das Ergebnis ist wirklich wunderschön. Natürlich kann die allerletzte Figur nicht dargestellt werden, aber bei der fünften Iteration ähnelt sie einer echten Schneeflocke.

Wenn wir unsere Methode, eine künstliche Schneeflocke herzustellen, mit der echten vergleichen, stoßen wir auf gewisse Ähnlichkeiten.

	Natur	Mathematik
Element	Eiskristall	gleichseitiges Dreieck
Struktur	achteckige Packung	Einfügen eines neuen Elements im Mittelsegment
Schöpfung	Schneeflocke	Koch-Schneeflocke

Es ist eine Sache, ein System zur Erfindung mathematischer Formen zu benutzen, eine andere, zu behaupten, daß ein rein mechanischer Prozeß ein Origamimodell oder irgendein anderes Kunstwerk schaffen könnte. Warum sich die Mühe machen und Naturformen mit Hilfe der Mathematik einfangen, wenn Künstler das doch seit Jahrhunderten getan haben? Ich glaube, deswegen, weil die systematische Herstellung neuer Formen der menschlichen Kreativität näher ist, als es die meisten vermuten. Unter der schimmernden Oberfläche einer Landschaft von Monet und der harten molekularen Struktur eines echten Heuhaufens sind ähnliche Kräfte am Werk.

Ich glaube, daß Menschen in allen kreativen Bereichen, ob es sich nun um Maler, Dichter, Komponisten, Mathematiker oder Wissenschaftler handelt,

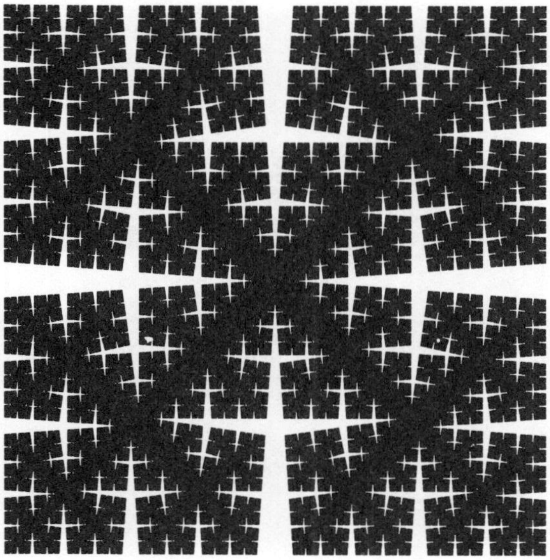

Quadratisches fraktales Muster.

EINFACHE ELEMENTE BILDEN KOMPLEXE MUSTER

Der Computer erzeugt komplexe Muster durch Wiederholung einfacher Regeln in einer Rückkoppelungsschleife. Die entstehenden fraktalen Muster können zur Nachbildung von Naturphänomenen oder zur Musikproduktion benutzt werden; vgl. mit Mustern in der Natur.

Kompliziertere Schneeflocken als die von Koch gründen auf der Thermodynamik von Kristallformationen und auf unterschiedliche atmosphärische Temperaturen, Druck und Feuchtigkeit beim Fallen.

Pfeilköpfig geformtes fraktales Muster.

Baumförmiges fraktales Muster.

demselben Problem gegenüberstehen, sobald sie sich an die Arbeit machen: Wie schafft man etwas aus nichts? Etwas aus nichts zu machen – ich nenne das »Erfinden« – wird im Origami praktiziert. Die Aufgabe des Faltenden ist es, ein Tier oder Objekt oder einen Menschen aus einem leeren Blatt Papier zu schaffen – aus nichts. So wie die Natur Eiskristalle benutzt, um Schneeflocken zu schaffen, wie der Mathematiker gleichseitige Dreiecke zusammenfügt, um ein Fraktal zu bilden, manipuliert der Origamikünstler Papier, um ein Kunstwerk herzustellen.

Leider verstehen die Menschen, die mit Kreativität am meisten zu tun haben, sie manchmal am wenigsten. Künstler und Wissenschaftler haben den Ruf, den kreativen Prozeß manchmal zu verdunkeln. Affektiertes Gehabe schützt Künstler vor genauerer Überprüfung, die exzentrischeren (wenn auch nicht unbedingt die besseren) werden gepriesen und in Ruhe gelassen. Wissenschaftliche Veröffentlichungen erklären das Arbeitsergebnis, niemals den Vorgang; den Weg zum Erfolg zu beschreiben würde die Umwege und Sackgassen offenbaren. Eine selbstzufriedene Öffentlichkeit, der das Erstaunen auch ohne tieferes Verständnis genügt, verleiht dann ehrfürchtig den Titel »Genie«.

Auch wenn man meine Origamiarbeiten zum ersten Mal sieht, ist man erstaunt. Man erwartet ein einfaches Schiff oder einen Hut und sieht stattdessen ein so kompliziertes Modell, daß seine Konstruktion unmöglich scheint. Ein Schmetterling mit vier Flügeln, sechs Beinen, zwei Fühlern, einem Kopf und einem Schwanz – ohne Schneiden und Kleben? Man zweifelt. Ein weißer Ritter auf einem schwarzen Pferd aus einem einzigen Stück Papier? Unwahrscheinlich. Eine ein Meter lange Klapperschlange aus einem 25 cm großen Papierquadrat? Unmöglich! Doch ich weiß, daß diese ungeheuren Schöpfungen nicht fertig aus meinem Gehirn gesprudelt sind. Sie sind Produkte von Wochen, Monaten oder Jahren hingebungsvoller Arbeit, weitergetrieben durch Inspirationsschübe zur rechten Zeit. Um so komplexe Modelle wie die drei obengenannten zu schaffen, mußte ich sehr viel, schnell und routiniert arbeiten. Ich benutzte eine Anzahl Abkürzungen, die ich über die Jahre entwickelt habe, um Möglichkeiten auszusieben, die unerfahrene Papierfalter erst nacheinander prüfen müßten. Aber ist das »Genie«? Man zweifelt. Unwahrscheinlich. Unmöglich!

Die Erfahrung hat mich anderes gelehrt: Daß Kreativität bei weitem keine Gabe weniger Menschen, sondern ein erlernbarer Vorgang ist, wie man eine gute Idee ausbaut und zur Erfüllung bringt. Um die Differenziertheit meiner letzten Modelle zu errei-

Fraktale Strukturen zeigen sich in computererzeugten Mustern, die mit der Chaostheorie verwandt sind. Sie zeigen bei jeder Vergrößerung ähnliche Strukturen.
Unten: Mandelbrot-Menge (auch »Apfelmännchen« genannt, Anm. d. Ü.), und links: drei aufeinanderfolgende Vergrößerungen. Ihre Gleichung lautet $x_{n+1} = x_n^2 + c$, wobei x eine komplexe Variable und c eine komplexe Konstante ist.

chen, arbeitete ich mich methodisch die Leiter der Kompliziertheit empor und fügte einfache Elemente Schicht auf Schicht, um zu einem wirklich anspruchsvollen Produkt zu gelangen. Wie die Muster in der Natur ist das Origamimodell eine geschickte Ansammlung einfacher Elemente. Das gleiche gilt für jedes Kunstwerk oder wissenschaftliche Theorem. Für jemanden, der niemals selbst komponiert hat, scheint Brahms' Vierte Symphonie unmöglich komplex zu sein. Doch ihre Schönheit liegt in ihrer Einfachheit: Ein einziges Motiv, verändert und ausgeführt, ergibt das Material für praktisch den ganzen ersten Satz. Er beginnt ruhig, sammelt Kraft, entfaltet sich unerbittlich und stürzt in einem tragischen, Ehrfurcht gebietenden Ende herab. Ich glaube, das gilt für jeden kreativen Akt: Mächtige Gedanken, einfach ausgedrückt, sind wunderschön.

Der Hénon-Attraktor und drei aufeinanderfolgende Vergrößerungen (im Uhrzeigersinn). Seine Gleichungen sind $x_{n+1} = y_{n+1} - ax_n^2$ und $y_{n+1} = bx_n$, wobei x und y echte Variable, a = 1,4 und b = 0,3 sind.

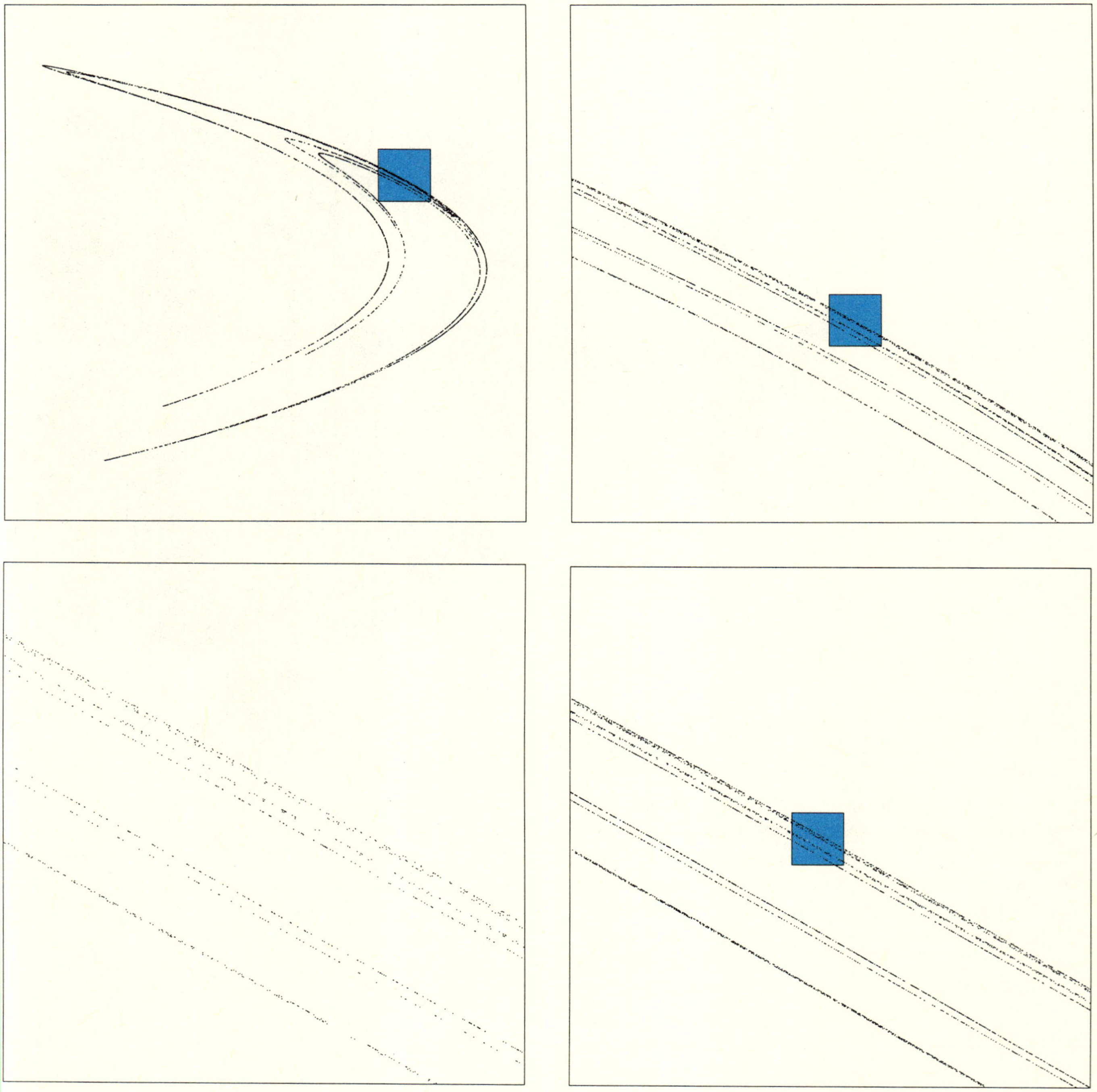

Musikunterricht

Wenn es die Aufgabe des Schaffenden ist, einzelne Komponenten in ein bedeutsames und in sich geschlossenes Ganzes zu verweben, liegt sein persönlicher Ausdruck in dem Material seiner Schöpfung, der Rangfolge und dem Beziehungsgeflecht der einzelnen Teile. Nicht nur das fertige Origamimodell ist das Kunstwerk, sondern auch, wie der Erfinder dahin gelangt – sein einmaliger Prozeß des Faltens. Anders ausgedrückt, liegt die Signatur des Künstlers darin, wie er die Grenze vom Reduktionismus zum Holismus überschreitet.

Origami vom mathematischen Ende des Fernrohrs aus zu betrachten entspricht einem Gesichtspunkt, der *Reduktionismus* genannt wird. Er richtet sein Augenmerk auf die Einzelheiten, auf die hochgradig geordnete Faltfolge einer Komposition. Das Gegenteil davon entspricht einer Ansichtsweise, die *Holismus* genannt wird. Das bedeutet, einen Schritt zurückzutreten, um das Ganze in sich aufzunehmen, und schließt ein, daß man kurzzeitig die Einzelheiten übersieht und sich auf das Ganze konzentriert: den Wald, nicht die Bäume. Aus holistischer Sicht ist ein Origamimodell nicht reduzierbar, sondern eine »Gestalt«, ein vollendetes Kunstwerk.

Wir nehmen oft den einen oder den anderen Standpunkt ein, wenn wir ein Kunstwerk kritisieren. Verfechter des reduktionistischen Standpunktes würden beispielsweise dazu neigen, die einzelnen physikalischen Komponenten eines Musikstücks zu untersuchen. Das *Harvard Concise Dictionary of Music* definiert Rhythmus als »den Aspekt der Musik, der ... durch regelmäßig wiederkehrende Taktschläge die Organisation der Zeit regelt.« Ein holistisches Extrembeispiel ist Fats Wallers berühmte Antwort auf die Frage einer Zuhörerin, die ihn um eine Erklärung für Rhythmus bat: »Lady, wenn Sie fragen müssen, haben Sie keinen!«

Ich habe einmal beim Durchsehen meiner Klassik-Schallplatten im Beiheft folgende reduktionistische Beschreibung des zweiten Satzes von Beethovens Siebter Symphonie gefunden:

> »Durch das subtile, einfache und unerhörte Mittel, die fünfte Note des Eröffnungsakkords in die Bässe zu nehmen, erreicht Beethoven einen einzigartigen Effekt ... 90 Takte lang steigt die Spannung, um dann mit einer herrlichen Triolenfolge in A-Dur nachzulassen. Aber selbst während dieser Atempause bestehen Celli, Kontrabässe und Holzbläser pizzicato auf ihrem ursprünglichen Doppelrhythmus.«

Abgesehen von gelegentlichen Ausrutschern in die Subjektivität, wie etwa von einer »herrlichen« Triolenfolge zu sprechen, beschränkt sich der Kritiker völlig auf die meßbaren physikalischen Eigenschaften wie Tonhöhe (Wellenfrequenz), Intensität (Amplitude), Klangfarbe und Dauer. Aber irgendwie ist diese Erklärung unvollständig. Trotz solcher Beobachtungen wie der »Einzigartigkeit« des Eröffnungsakkords kann die Beschreibung nicht vermitteln, warum diese Musik so überwältigend ist.

Zum Glück habe ich *zwei* Aufnahmen von Beethovens Siebter in meiner Sammlung. Der Verfasser des zweiten Beihefts beschreibt denselben Satz auf holistische Weise. Er zitiert Kritiker, bei denen die Musik Eindrücke hervorgerufen hat wie »ein Fackelzug in den Katakomben«, »das Schreiten eines Priesters zum Tempel inmitten heiliger Tänze« und »unschuldiges Weinen ... mitfühlende Stimmen von Witwen und Waisen mischen sich in die Klagen«. Und der Komponist Richard Wagner, fügt er hinzu, betrachtete die ganze Symphonie als »Apotheose des Tanzes in seinem höchsten Aspekt, als wäre er die erhabenste Handlung körperlicher Bewegung, eingebettet in eine ideale Tonform.«

Ich könnte zwei ähnliche Kritiken über meine Klapperschlange heranziehen. Ein fiktiver Kritiker der reduktionistischen Schule würde sie leidenschaftslos und aufs genaueste so beschreiben:

> »Engels Reptil ist eine spiral- oder schraubenförmige Progression paralleler Falten ... die in einer verlängerten Rüsselform kulminiert.«

Sein holistischer Kollege hingegen könnte seinem Gefühl etwa so Ausdruck verleihen:

> »Diese sich sinnlich schlängelnde Schlange ist der Inbegriff der Natur, Versucherin der Menschheit, wie sie zu Beginn von Adam und Eva erblickt wurde – ein Meisterwerk!«

Die holistischen Beschreibungen Beethovens Siebter vermitteln in erkennbaren Bildern die Emotionen, die sie ausdrückt, aber sie schaffen es nicht zu erklären, wie der Komponist sie hervorbringt. So sehr ich es auch versuchen würde: Durch das Lesen holistischer Beihefte werde ich niemals lernen, Musik zu komponieren. Genauso wird es keinem Leser dieses Buches gelingen, durch das Aufzählen der ästhetischen Verdienste meiner Schlange ein vergleichbares Origamimodell zu schaffen. Auch Holismus ist nur die halbe Sache.

Jetzt wollen wir die Erfindungsprinzipien auf Origami anwenden. Wie bei der Koch-Schneeflocke benutzen wir einen Computer, um den Prozeß zu beschleunigen. Wir rufen uns die Definition wieder ins Gedächtnis, daß die Natur neue Formen durch unbewußtes Spielen mit einfachen Elementen erfindet,

Das Bifurkationsdiagramm und zwei aufeinanderfolgende Vergrößerungen. Seine Gleichung lautet $x_{n+1} = rx_n (1 - x_n)$, wobei x von 0 bis 1 und r von 0 bis 4 gilt. Meiner Ansicht nach eine der schönsten aller Fraktalformen.

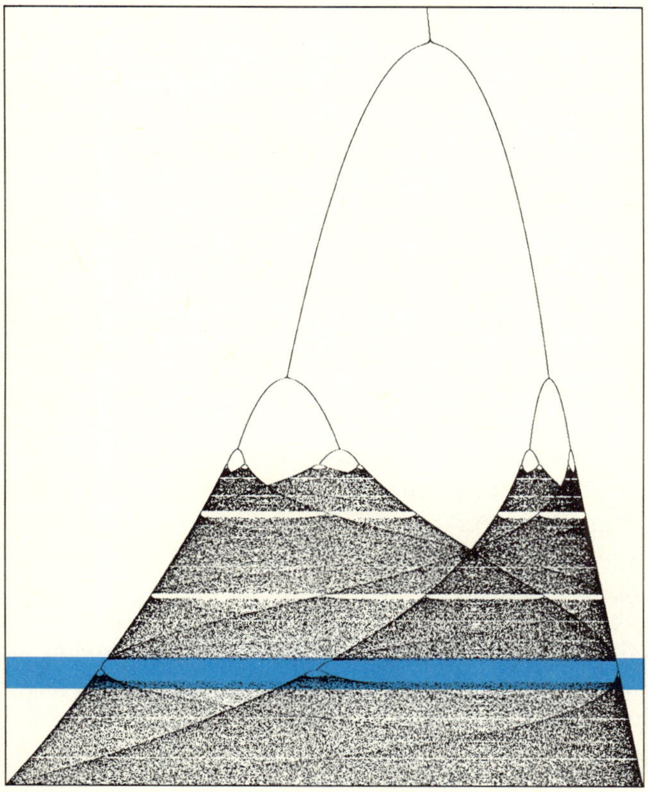

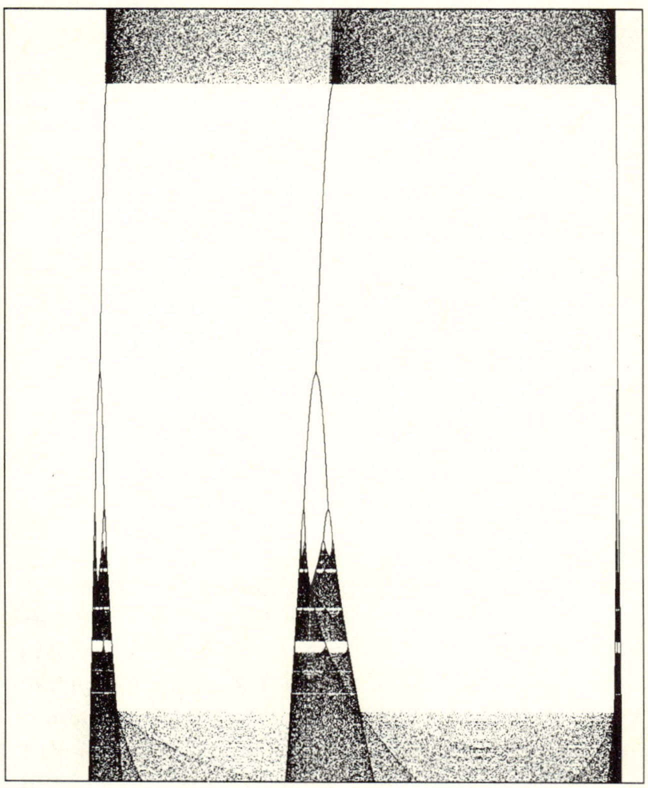

sie zu Mustern formt und das wirksamste auswählt. Der erste Schritt ist die Identifizierung der einfachen Elemente.

Die einzelnen reduktionistischen Komponenten eines Origamimodells sind Falten: individuelle Berg- und Talfalten. Beim Falten der vier traditionellen japanischen Modelle – Ente, Walfisch, Fliegender Vogel und Springfrosch – haben wir gesehen, wie Kombinationen von Berg- und Talfalten kompliziertere Falten wie Gegenknicke, Preßfalten und Blütenblattfalten erzeugten. Diese zusammenzufügen hat wiederum kompliziertere Anordnungen wie die Vogel- und die Frosch-Grundform produziert. In unserem zweiten Schritt fügen wir dieselben einfachen Komponenten zu brandneuen Anordnungen mit brandneuen Faltmustern zusammen. Einige davon werden sich als fruchtbar erweisen, andere nicht. Doch irgendwie müssen wir in unserem dritten Schritt einen Weg finden, genau die richtigen auszuwählen: Diejenigen, die sich als Grundformen für neue und schöne Origamimodelle erweisen. Wie wir die Grenze vom Reduktionismus zum Holismus überschreiten, werden wir noch sehen.

Für den ersten Schritt zum Erfinden müssen wir uns ein Bezeichnungssystem überlegen. Wie Mathematiker, wenn sie fraktale Formen wie die Koch-Schneeflocke finden, wollen wir die einfachen Elemente des Origami in Begriffe übersetzen, die ein Computer versteht. Das bedeutet, daß wir jeder Falte eine strikte Definition zuweisen müssen, um sie von geometrischen (räumlichen) in arithmetische (numerische) Begriffe übersetzen zu können. Die geometrischen Definitionen sind in diesem Buch die Schritt-für-Schritt-Zeichnungen. In Worten ausgedrückt, würde eine geometrische Definition etwa so lauten: »Die vier Ecken des Papiers zum Mittelpunkt falten.« (Das ist ein Vorgang, der als Blintz-Falte bekannt ist und den ich später genauer erklären werde.) In einen numerischen Code übertragen, könnte jede Falte auf eine Folge von Einern und Nullen reduziert werden, die sich in einem Computer speichern läßt. Die Reihen könnten aneinandergefügt eine einzige binäre Zahl ergeben, die dann den ganzen Faltvorgang eines Modells beschreiben würde.

Nun gibt es bereits ein System, das Faltzeichnungen in ein numerisches Bezeichnungssystem umsetzt: John Smiths *Origami Instruction Language* (OIL). Smith, ein britischer Statistiker und Computerprogrammierer, benutzt ein Kartesisches Koordinatensystem, um Punkte auf dem Quadrat zu lokalisieren, und identifiziert eine Falte durch ihre beiden Endpunkte. Der Erfolg seines Systems hat gezeigt, daß eine rein numerische Darstellung für jedes Modell möglich ist. So weit, so gut.

John Smiths *Origami Instruction Language* (OIL) formt Origami-Zeichnungen in Zahlen um. Die Folge unten zeigt das Falten eines Segelboots, das Symbol des Origami Centers in Amerika.

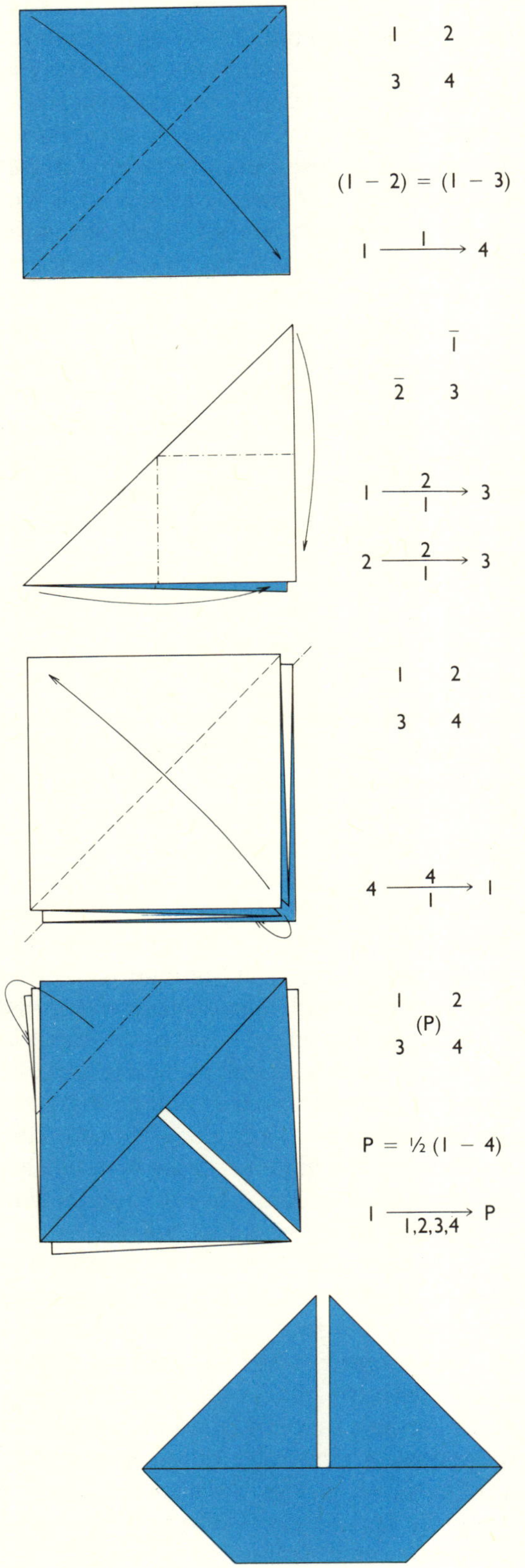

Für den zweiten Schritt setzen wir die einfachen Elemente zu Mustern zusammen. Ein Algorithmus, um Muster zu erfinden, könnte dem Computer erlauben, aus dem Speicher Codenummern verschiedener Falttypen abzurufen und sie in unterschiedlicher Reihenfolge zusammenzusetzen, um zu neuen Modellen zu kommen. Einige Kombinationen könnten gut zusammenpassen, während andere das Papier zu unmöglichen räumlichen Anordnungen zwingen würde. Wenn ein Modell nur vier oder fünf Klappen brauchen würde, wären die möglichen Kombinationen wenige einfache, und es wäre leicht, eine Formel für die optimale Anordnung der Falten als Funktion der Klappen zu finden. Am wahrscheinlichsten sind als Ergebnis die Drachen-, Fisch-, Vogel- und Frosch-Grundform. Mit jeder zusätzlichen Klappe würde die Komplexität der Geometrie anwachsen, aber mit genügend Zeit und einer gelegentlichen Dosis Zufälligkeit, um neue Faltsequenzen anzuregen, würde der Computer eine fortschreitende Kombinationsreihe erzeugen. Nur jene Kombinationen, die dem Papier sparsames Falten erlauben und auf diese Weise lange Klappen für die Anhängsel und einen kompakten Kern für den Körper liefern, würden diese Phase bestehen. Sie würden den Faltmustern in diesem Buch ähneln.

Der dritte Schritt ist bei weitem der schwierigste. Man braucht einen Algorithmus, um erfolgreiche Faltmuster von erfolglosen zu unterscheiden. Der Algorithmus würde wie ein Sieb wirken, das Sequenzen zurückhält, die die folgenden Tests nicht bestehen: Hat das Modell die gleiche Anzahl Anhängsel wie das entsprechende Tier? Ist die Anordnung dieser Anhängsel anatomisch korrekt? Entsprechen die Proportionen denen des Tieres? Sind die Falten effizient, nicht ungeschickt, dick oder überflüssig? Zeigt schließlich das Modell die Eigenschaften und den Charakter des Geschöpfes? Genügend Faltsequenzen vorausgesetzt, hätte ein bestimmter Prozentsatz unvermeidlich Ähnlichkeiten mit natürlichen Formen, und von dieser Untergruppe könnte eine Handvoll die Wahrhaftigkeit und den Reiz der vom Menschen erdachten Modelle besitzen.

Nun bin ich aber leider kein Computerprogrammierer. Unser Origami-Erfindungskurs in drei Schritten bleibt somit nur ein Gedankenexperiment. Ich weiß aber von einem Versuch, einen Computer zur Herstellung von Origamimodellen zu programmieren. 1971 ließ Arthur Appel auf der IBM 360 Modell 91 geometrische Muster mit einer Geschwindigkeit von über hundert Modellen pro Minute ausdrucken. Wie bei unserem Gedankenexperiment vorausgesagt, erwies sich ein kleiner Prozentsatz (zirka 10%) als erfolgreich, die Muster wurden nachgefaltet und in der IBM-Zentrale in New York ausgestellt. Während Appels Programm eine peinigende Fülle von Mustern produzierte, konnte es doch kein Origamimodell herstellen. Um ein Computerprogramm zu finden, daß ein fertiges Kunstwerk erzeugt, müssen wir uns eine parallele Disziplin mit einer langen Geschichte mechanisierter Erfindungen anschauen: die Musik.

Der Vergleich erweist sich als höchst interessant. Wie bei unserem Gedankenexperiment war die erste Aufgabe des Programmierers, das Kunstwerk auf seine grundlegenden Einheiten zu reduzieren und ein Bezeichnungssystem zu finden. Ebenso wie ein Origamimodell auf eine genau definierte Folge geometrischer Faltungen zurückgeführt werden kann, kann eine Musikkomposition in Noten zerlegt werden. Mit einer mathematischen Technik namens Fourier-Analyse kann eine ganze Komposition als einzelne Kurve auf einem riesigen Oszilloskop dargestellt werden. »Die Kurve ist die Symphonie«, schreibt der Physiker James Jean in *Science and Music,* »nicht mehr und nicht weniger, und die Symphonie kann erhaben oder geschmacklos klingen, musikalisch oder mißtönend, kultiviert oder vulgär, je nach der Qualität der Kurve.« Heute können wir mit der digitalen Aufnahmetechnik diese Kurve in einer Reihe Einer und Nullen verwandeln, die elektronisch decodiert wieder als Musik gehört werden kann.

Auch den zweiten Schritt, Muster zusammenzusetzen, haben die Programmierer mit Leichtigkeit gelöst. Melodie, Harmonie und Rhythmus, die Bausteine musikalischer Komposition, können durch das Arrangieren von Noten in verschiedenen Folgen, gleichzeitigen Kombinationen und unterschiedlicher Dauer manipuliert werden. Diese Veränderungen von Noten entsprechen denen der Falten bei meinem eigenen zweiten Schritt.

Beim dritten Schritt, Muster auszuwählen, hatten die Programmierer allerdings Probleme. Im Gegensatz zur breiten Anerkennung der beiden ersten Schritte traf der dritte auf einen Mißklang an Meinungen. Schon in der Renaissance haben Menschen versucht, Kompositionen zu mechanisieren; sie würfelten oder zogen Karten und schauten die Ergebnisse in komplexen Musiklisten nach. Ein fähiger Musiker konnte Hunderte von populären Tänzen auf Verlangen liefern, von denen viele sich nach bestimmten Komponisten anhörten.

Neuere Anstrengungen haben sich als anspruchsvoller herausgestellt. Ein früher Versuch mit Computern war Wilhelm Fucks' Untersuchung von musikalischen Intervallen in den sechziger Jahren unseres Jahrhunderts. Mit Hilfe eines grafischen Gerätes, das er *Korrelogramm* nannte, zählte er die Häufigkeit des Auftauchens bestimmter Intervalle in einer Komposition und entdeckte charakteristische Muster für jeden Komponisten. Einige Jahre später, Mitte der siebziger, stellte einer seiner Kollegen namens Denys Parsons im *Directory of Tunes and Musical Themes* eine der umfassendsten Untersuchungen über Kompositionsmuster zusammen. Parsons führte über 7000 Melodien von dreißig Komponisten von Bach bis Strawinsky auf und klassifizierte sie entsprechend der Tonhöhe der einzelnen Note im Verhältnis zur vorangegangenen. Er fand heraus, daß das zugrundeliegende Muster einer Melodie, oft nicht wahrnehmbar für den Zuhörer, für ihren Gesamteffekt bedeutsam ist. So beginnen etwa drei so unterschiedliche Stücke wie das Finale von Strawinskys Ballett *Der Feuervogel,* das Eröffnungsthema zu Mendelssohns Ouvertüre *Die Hebriden* und das zweite Thema im ersten Satz von Beethovens *Eroica* folgendermaßen: Parsons benutzte die Symbole D, U und R für *down, up* und *repeated* (nach unten, nach oben und wiederholt), mit einem Stern für die erste Note des Themas:

Feuervogel	*DDUDD	UDDUD	DURDR
Die Hebriden	*DDUDD	UDDUD	DUDDU
Eroica	*DDUDD	UDDUD	DUDDU

Parsons entdeckte, daß Komponisten unbewußt Melodien auf der Basis ihrer unterschwelligen Muster komponieren, eine Einsicht, die Programmierer weiter veranlaßt hat, den Strukturgedanken in computererzeugte Noten zu integrieren. Benoit B. Mandelbrot und Richard F. Voss haben am *Thomas J. Watson Forschungsinstitut* in New York die Prinzipien der fraktalen Geometrie benutzt, um sowohl die Tiefen- als auch die Oberflächen-Strukturen computererzeugter Kompositionen zu spezifizieren. Mandelbrot hatte festgestellt, daß viele Musikstücke in großem Maßstab statistisch selbstähnlich sind; die Melodieform hat viel mit der Form längerer Passagen und ganzer Sätze gemeinsam. Bei der Analyse einzelner Melodien fanden Mandelbrot und Voss heraus, daß die Melodien unangenehm sind, wenn das statistische Verhältnis einzelner aufeinanderfolgender Noten entweder zu chaotisch (dann gleicht es zufälligem weißen Rauschen) oder zu geregelt ist (dann gleicht es der Bewegung von Partikeln in einer Flüssigkeit, Brownsche Bewegung genannt). Wenn das Verhältnis jedoch irgendwo dazwischen liegt, sind die Melodieergebnisse, wenn sie auch sehr mittelmäßig sind, mit menschlichen Kompositionen vergleichbar.

Was haben über 500 Jahre währende Versuche, Kompositionen zu mechanisieren, bewirkt? Mit Hilfe

Computerkomponierte Musik benutzt fraktale Geometrie zur Produktion von Melodien, die den von Menschen erzeugten gleichen.

Typische Muster für weißes, Brownsches und 1/f-Rauschen.

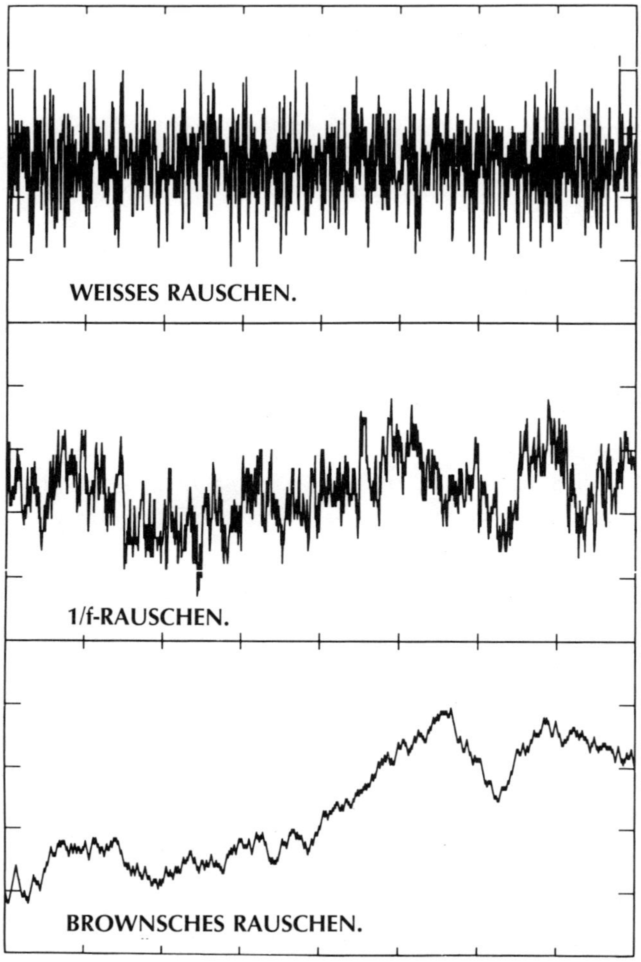

Weiße Musik ist zu zufällig.

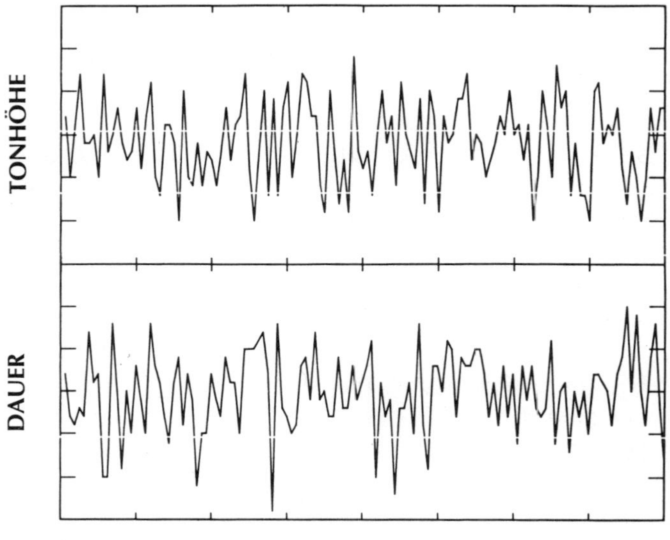

Brownsche Musik ist zu geordnet.

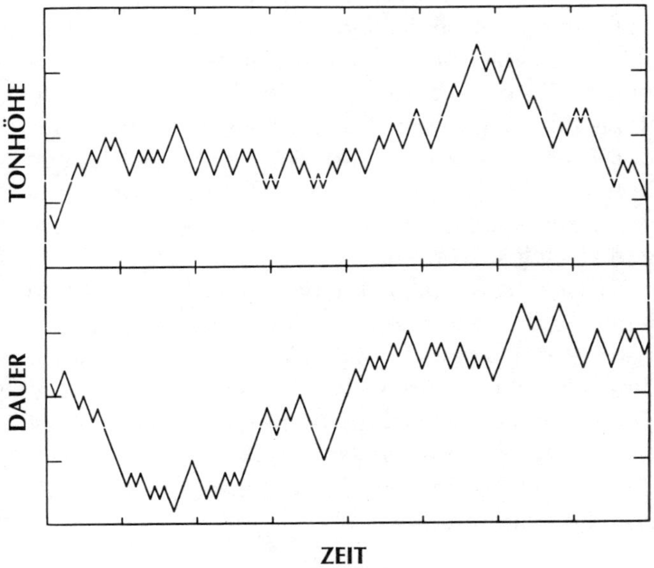

1/f Musik ist weder zu zufällig noch zu geordnet – aber immer noch ohne Eigencharakter.

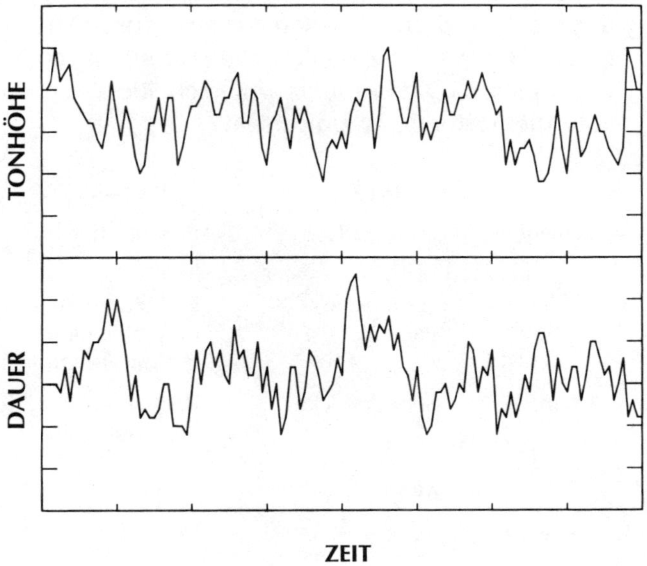

von Computern haben wir einzelne Noten zu Mustern kombiniert, so wie Faltkünstler Faltungen kombinieren, um Modelle zu machen und wie Mathematiker geometrische Formen zusammensetzen, um fraktale Kurven herzustellen, die Formen in der Natur kopieren. Die Produkte unterscheiden sich alle, aber die Methode ist universal:

	Natur	**Mathematik**
Element	Eiskristall	gleichseitiges Dreieck
Muster	achteckige Packung	Einfügen eines neuen Elements im Mittelsegment
Schöpfung	Schneeflocke	Koch-Schneeflocke

	Musik	**Origami**
Element	Note	Knick
Muster	Melodie, Harmonie, Rhythmus usw.	Gegenknick, Blütenblattfalte, Vogel-Grundform usw.
Schöpfung	Komposition	Modell

Und doch ist es in den 500 Jahren nicht gelungen, den Prozeß des Komponierens zu entmystifizieren. Obwohl die Musikproduktion mit mechanischen Mitteln möglich ist, sind die Melodien blaß und kalt, keine ist so erhaben wie eine Mozart-Melodie oder geht so ins Ohr wie ein populärer Song. Ein Computer kann nicht zwischen einer erfolglosen und einer erfolgreichen Melodie unterscheiden. Das bleibt den Menschen überlassen, die die gleichen Kriterien wie im Konzertsaal anwenden. Der Computer legt nur das Rohmaterial vor, der Mensch muß es verfeinern und zum Kunstwerk machen. Das gleiche gilt für ein computererzeugtes Origamimodell. Vielleicht würde es einem Rentier oder einer Schlange in den mathematischen Einzelheiten ähneln, aber die grundlegende Qualität des Lebendigen einer menschlichen Komposition wäre nicht vorhanden. Die Kluft zwischen Reduktionismus und Holismus wäre nicht zu überbrücken, jene Grenze nicht überschritten.

Kein geringerer als der Denker Hermann von Helmholtz, der Begründer der modernen Akustik, kämpfte mit genau dieser Frage und gab schließlich auf. Hauptsächlich als Physiker in Erinnerung geblieben, hielt Helmholtz Vorträge in Physiologie, sezierte medizinische Präparate, versuchte sich in der Optik und lieferte wichtige Beiträge zur Thermodynamik. Alle seine Erfahrungen flossen in seine Untersuchung über das Problem musikalischer Ästhetik: *Die Lehre von den Tonempfindungen als Grundlage für die Theorie der Musik* (1862). Helmholtz teilte Erfindung in der Musik in drei Komponenten: physikalische, physiologische und psychologische Komponente. Die erste besteht aus der Transmission und Rezeption der reinen Klangwellen; die zweite aus der Anregung von Neuronen, die Empfindungen hervorruft; und die dritte aus geistigen Vorstellungen oder Assoziationen, die durch die Empfindungen ausgelöst werden.

Physikalische Akustik könne die Wellenemanation einer gestrichenen Saite ausreichend erklären, behauptete er, ebenso Anatomie und Neurobiologie ihre Rezeption durch das Trommelfell und ihre Transformation in elektrochemische Impulse. Aber bei der Psychologie gab Helmholtz sich geschlagen, das Erfinden bleibt jenseits wissenschaftlicher Analyse. Er schrieb:

> »Und doch verlangen wir von jedem Kunstwerk Vernunftmäßigkeit, die wir dadurch zeigen, daß wir es einer kritischen Betrachtung unterwerfen, daß wir unseren Genuß und unser Interesse daran zu erhöhen suchen durch Aufspürung der Zweckmäßigkeit, des Zusammenhanges und Gleichgewichtes aller seiner einzelner Teile ... In allen diesen Beziehungen aber ist es eine wesentliche Bedingung, *daß der ganze Umfang der Gesetzmäßigkeit und Zweckmäßigkeit eines Kunstwerkes nicht durch bewußtes Verständnis gefaßt werden könnte.* Eben durch den Teil seiner Vernunftmäßigkeit, welcher nicht Gegenstand bewußten Verständnisses wird, behält das Kunstwerk für uns das Erhabene und Befriedigende, von ihm hängen die höchsten Wirkungen künstlerischer Schönheit ab, nicht von dem Teil, welchen wir vollständig analysieren können.«[1] (Hervorhebung d. Autors)

Bei der Computerprogrammierung zur Herstellung von Origamimodellen oder musikalischen Kompositionen haben wir gesehen, daß der erste Schritt im Sammeln und Bezeichnen des Rohmaterials besteht, der zweite im Kombinieren der Bestandteile, der entscheidende dritte im Auswählen eines oder mehrerer Muster aus den unzähligen Möglichkeiten. Nur der letzte Schritt liegt außerhalb der Reichweite des Computers. Die echte Quelle des Erfindens – die ästhetische Fähigkeit, die Muster zu Grundsätzen, Melodien oder Modellen umbildet – bleibt unzugänglich für wissenschaftliche Forschung. Es reicht nicht, die *effizientesten* Muster auszuwählen. Welcher Teil des Erfindungsprozesses fehlt?

Erfindungspsychologie

Vor einem halben Jahrhundert hat der französische Mathematiker Jacques Hadamard die Arbeitsmethoden seiner Kollegen untersucht und eine ungeheure Frage gestellt: Wie erschaffen Sie? Hadamard war ein sehr kreativer Denker und kannte viele Mathematiker, Wissenschaftler, Maler und Dichter seiner Tage – es waren viele Tage, er lebte von 1865 bis 1963. Er schickte einen detaillierten Fragebogen herum und teilte 1937 auf einem Symposium am passend benannten *Centre de Synthèse* in Paris die Ergebnisse mit. Seine veröffentlichte Zusammenfassung, ein kleiner Band namens *The Psychology of Invention in the Mathematical Field* [1], ist eines der spannendsten Bücher, die ich je gelesen habe.

Wie Hadamard erwartet hatte, arbeiten keine zwei Erfinder auf die gleiche Weise. Manche Mathematiker, wie auch Komponisten, Schriftsteller und Architekten, sind sehr produktiv, während andere, die genauso begabt sind, intensiv arbeiten und wenig produzieren. Einige arbeiten tagsüber, andere nachts; ein strenger Zeitplan hilft manchen und hält andere ab. Als Hadamard aber die oberflächlichen Unterschiede beiseite gefegt hatte, entdeckte er, daß der Akt des Erfindens für alle Gebiete identisch ist. Aus seinen Schlüssen und meinen eigenen Recherchen habe ich einige allgemeine Folgerungen über Kreativität gezogen.

Hadamard begann mit dem Zerlegen des kreativen Prozesses in Phasen: Vorbereitung, Inkubation, Erleuchtung und Verifikation. Während der Vorbereitungsphase geht der Erfinder das Problem mit Überlegung an. Wenn es leicht ist, kommt die Lösung ohne Anstrengung. Meistens betrachtet der Erfinder eine Reihe möglicher Lösungen und legt das Problem zur Seite. Dann folgt eine Inkubationsperiode: Während die Aufmerksamkeit auf andere Dinge gerichtet ist, wälzt der Kopf das Problem herum und setzt die Angriffsrichtung der ersten Phase fort. Die versunkene Lösung kämpft sich an die Oberfläche und schnappt nach Luft. Heureka! Der Erfinder hat eine Erleuchtung. Die Lösung taucht vollständig und unbestreitbar auf. Obwohl sie noch überprüft und geduldig und genau bei Tageslicht durchleuchtet werden muß, ist die harte Arbeit getan; jetzt kommt nur noch das »Aufwischen«.

Die erste und die letzte Phase sind leicht zu verstehen, aber Hadamards Befragte kämpften mit der Beschreibung des Denkens, das die Inkubation und Erleuchtung zur Folge hat. Manche nannten es »das Unbewußte«, andere »unterbewußt«. William James, einer der vielen Mentoren Hadamards, sprach von »Rand-Bewußtsein«, der Bevölkerungsbiologe Francis Galton vom »Vorzimmer« des Bewußtseins. Welcher Name auch immer, sie alle glaubten, daß ein wichtiger Teil des kreativen Prozesses *jenseits der bewußten Gedanken* stattfindet. Helmholtz hätte zugestimmt. Wenn sie sich über Tage oder Wochen in ein Problem vertieft hatten, kam die Lösung dann plötzlich von selbst. Ein Chemiker namens John Edgar Teeple schrieb, daß er einmal, ohne es zu wissen, eine halbe Stunde an einem Problem gearbeitet hatte. Er merkte es erst, als er aus der Badewanne stieg – nachdem er zweimal hintereinander gebadet hatte. Ein anderer, Henri Poincaré, machte seine wichtige Entdeckung der Fuchs-Funktion bei geologischen Untersuchungen im Urlaub. Er hatte wochenlang an dem Problem gearbeitet, dann aber aufgegeben, bevor ihm die Lösung zufiel. »Am auffallendsten scheint am Anfang die plötzliche Erleuchtung, ein deutliches Zeichen von langer unbewußter Vorarbeit,« schrieb Poincaré. »Die Rolle dieser unbewußten Arbeit beim mathematischen Erfinden scheint mir unbestreitbar.« Nachdem er wieder zu Hause war, verifizierte er die Lösung eindeutig.

Ein Komponist hatte ein nützliches Bild für die zwei letzten Phasen. Er sagte, Erfinden sei, als sehe man in einer finsteren Nacht kurz vor einem Gewitter aus dem Fenster. Plötzlich erleuchtet ein Blitzstrahl die ganze Umgebung. Erleuchtung! Im Bruchteil dieser Sekunde hat man alles – und nichts – gesehen. Der Akt der Überprüfung ist die geduldige Wiedererschaffung dieser Umgebung, Stein für Stein und Baum für Baum.

Hadamard fand heraus, daß unbewußte Arbeit oft beim Träumen geschieht. Viele Befragte schrieben, daß sie nach dem Aufwachen Lösungen gefunden hatten, manche mehr als einmal. Auch Hadamard selbst war es so gegangen. Ein amerikanischer Mathematiker, Leonard Eugene Dickson, berichtete über seine Mutter und deren Schwester, die in der Schule Rivalinnen im Fach Geometrie waren. Eines Nachts, nachdem sie den ganzen Abend mit einem Problem gekämpft hatten, träumte Dicksons Mutter die Lösung und fing an, sie lauthals zu sagen. Ihre Schwester wachte auf und machte sich Notizen. Am nächsten Morgen in der Klasse kannte die Schwester die richtigen Lösungen, während Dicksons Mutter sich an nichts erinnerte. Ich zweifle nicht daran, daß Lösungen im Traum häufig vorkommen. Ein Freund von mir berichtet ähnliches über seinen Zimmerkollegen in Yale:

> »Er war angehender Chemie-Ingenieur und pflegte während des Schlafs an Problemen zu arbeiten. Marco war schon etwas Besonderes. Er pflegte für sechsunddreißig Stunden auf Traumreise zu gehen und redete dann im Schlaf. Eine Menge davon ging über

EINFACHE ELEMENTE BILDEN KOMPLEXE MUSTER

Künstler erzeugen komplexe Muster durch die Wiederholung von Zeichen- und Pinselstrichen in unterschiedlichen Skalenvarianten. Abgebildet sind Werke westlicher und japanischer Künstler, die die iterative Form von natürlichen Turbulenzen darstellen.

Die Sintflut, **Zeichnung von Leonardo da Vinci.**

Bemalter Wandschirm mit Wellenzeichnung von Ogata Korin, ca. 1704 – 1710.

Farbholzschnitt von Katsushika Hokusai, *Blick auf den Berg Fuji durch hohe Wogen vor Kanagawa,* aus der Serie *Sechsunddreißig Blicke auf den Berg Fuji,* 1823 – 1829.

Ein computererzeugtes Kunstwerk von Douglas McKenna, *Hepdragon*, 1985.

Chemie, aber nicht alles. Die besten Sprüche haben wir immer an die Tür geheftet. Nachdem er einmal einen ganzen Tag geschlafen hatte, wollten wir ihn zum Abendessen aufwecken. Das übliche Schütteln, mit dem Kissen Schlagen half nichts. Plötzlich setzte er sich aufrecht und begann zu schreien. ›Wie sind wir zum Nullpunkt gekommen? Wie sind wir zum Nullpunkt gekommen?‹ Seine Augen waren weit offen, und er schlug mit den Armen um sich. Ich wollte ihn festhalten, aber er stieß mich weg. Dann starrte er mich an und sagte: ›Du gehörst nicht zum System!‹, fiel zurück auf die Kissen und schlief weiter. Wir waren schon ziemlich hungrig, und so gaben wir auf und gingen zum Essen.«

Als ich Architektur studierte und einen Zwanzig-Stunden-Tag hatte, träumte ich oft die Lösungen zu Entwurfsproblemen. Einmal sollten wir als Aufgabe eine Fußgängerbrücke mit einer Spannweite von 18 m zwischen zwei Ufern entwerfen, von denen eins 3 m höher als das andere war. Zu jener Zeit hatte ich auch die Origami-Klapperschlange im Kopf, und im Traum wurde die Brücke zu einer Riesenschlange, die sich über den Fluß wand. Bemerkenswerterweise wurden die Klappern am Schwanzende, die von oben parallel aussahen, zu einer dreidimensionalen Treppe, die die 3 Meter zum niedrigeren Ufer hinunterführte. Für mein überarbeitetes Gehirn ergab das alles viel Sinn, und ich kann mich noch genau daran erinnern, wie traurig ich war, als ich nach dem Aufwachen merkte, daß ich die Lösung doch nicht hatte.

Lösungen scheinen spontan zu kommen wie in meinem Klapperschlangentraum, aber gewöhnlich sind sie das Produkt eines Kopfes, der Tag und Nacht, beim Wachen und Schlafen, Überstunden macht. Erfindungen tauchen nicht aus der Luft auf, sondern sie sind die Verwandlung des Bekannten ins Unbekannte, spielerisches Zusammensetzen vertrauter Elemente auf neue Art. Von den Hunderten und Tausenden Mustern, die aus diesen einfachen Elementen gebildet werden können, sind nur ein paar fruchtbar, und die Aufgabe des Unbewußten ist es, diese zu finden. »Erschaffen«, schrieb Poincaré, »besteht genau darin, nutzlose Kombinationen zu meiden und nützliche, die nur eine kleine Minderheit ausmachen, zu bilden. Erfinden bedeutet Entscheidung und Auswahl.« Der Symbolist Paul Valéry, der zu den Sprechern am *Centre de Synthèse* gehörte, stimmte dem zu. »Zum Erfinden gehören zwei,« bestätigte Valéry.

»Der eine erfindet Kombinationen, der andere wählt aus der Masse der Dinge, die ihm ersterer mitgeteilt hat, aus, erkennt, was er will und was ihm wichtig ist. Unsere Bezeichnung ›Genie‹ trifft viel weniger auf die Arbeit des ersten als auf die Fertigkeit des zweiten zu, den Wert des ihm Vorgelegten zu erkennen und zu wählen.«

Die Vorstellung, daß das Erfinden eine disziplinierte Suche nach Mustern ist, hilft, die Arbeitsmethode von Künstlern zu verstehen, deren Fähigkeiten sonst einfach ihrem Genie zugeschrieben würden. Studien von Beethovens Skizzenbuch belegen, daß er über einen Zeitraum von acht Jahren nicht weniger als vierzehn verschiedene Melodien ausprobierte, bevor er sich zum so einfachen ersten Motiv des langsamen Satzes seiner Fünften Symphonie entschloß. Selbst spontane Akte des Erfindens wie Johann Sebastian Bachs improvisierte sechsteilige Fugen passen in dieses Muster. Es könnte sein, daß bei dem Vorgang, den wir spontanes Erfinden nennen, Erschaffung und Auswahl der Kombinationen sehr dicht und blitzschnell aufeinanderfolgen.

Was sind die Komponenten dieser Kombinationen? Das wahrscheinlichste ist die Zugehörigkeit zum Bereich des Erfinders: Noten für Komponisten, Worte für Dichter, algebraische Symbole für den Mathematiker. Aber das ist nicht immer der Fall. Die Komponenten können Ersatz für das fertige Produkt sein, abstrakte Größen wie Form oder Rhythmus. Ein Wissenschaftler arbeitet vielleicht mit Bildern, ein Maler mit Lauten, ein Mathematiker mit Lichtimpulsen. Claude Lévi-Strauss, der Ethnograph, erfand, indem er dreidimensionale Bilder in seinem Kopf drehte. Der Biologe Francis Galton dachte mit Hilfe von Wörtern, Silben und Tönen ohne Sinn, die seine Ideen wie die Noten eines Liedes begleiteten. Ein Psychologe namens Theodule Armand Ribot weigerte sich, seine Gedanken dem Papier anzuvertrauen, bis man die Veröffentlichung verlangte; er hielt Wörter für so überflüssig und gefährlich wie Falschgeld. Hadamard stimmte mit ihm überein; er nannte Wörter ein Ärgernis und dachte nur in visuellen Bildern, Punktansammlungen im Raum. In seinem inzwischen berühmten Brief an Hadamard schrieb Albert Einstein über die Benutzung von »Zeichen« und »Bildern« in seinem Werk:

»Worte oder Sprache, wie sie gesprochen oder geschrieben werden, scheinen in meinem Denkmechanismus keine Rolle zu spielen. Die geistigen Entitäten, die anscheinend als Denkelemente dienen, sind bestimmte Zeichen und mehr oder weniger klare Bilder, die ›freiwillig‹ reproduziert und kombiniert werden können.

Natürlich gibt es zwischen jenen Elementen und relevanten logischen Konzepten eine bestimmte Verbindung. Genauso klar ist, daß der Wunsch, schließlich zu logisch verbundenen Konzepten zu gelangen, die emotionale Grundlage für dieses eher vage Spiel

In den Holzschnitten M.C. Eschers wird das Ausmaß der Wiederholung nur durch den Holzlauf und die sichere Hand des Künstlers eingeschränkt.

Regelmäßige Flächenaufteilung VI, Tafel aus *Regelmäßige Flächenaufteilung* (1958) und zeichnerische Erklärung. Vgl. mit dem Faltmuster für den Elefanten, S. 277.

Quadratlimit, 1964, und Vorstudie eines Quadranten. Vgl. mit dem Faltmuster für den Schmetterling, S. 307.

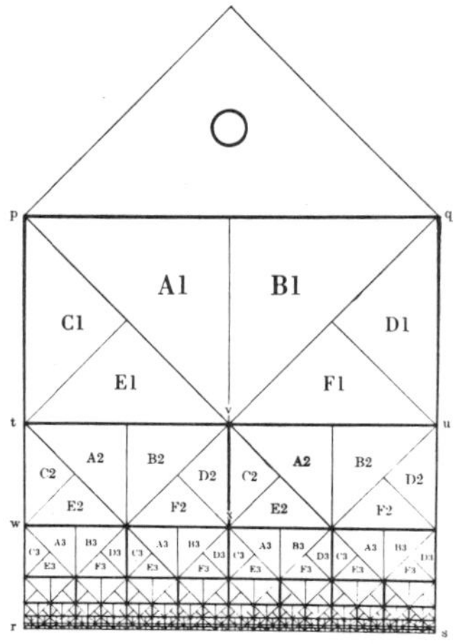

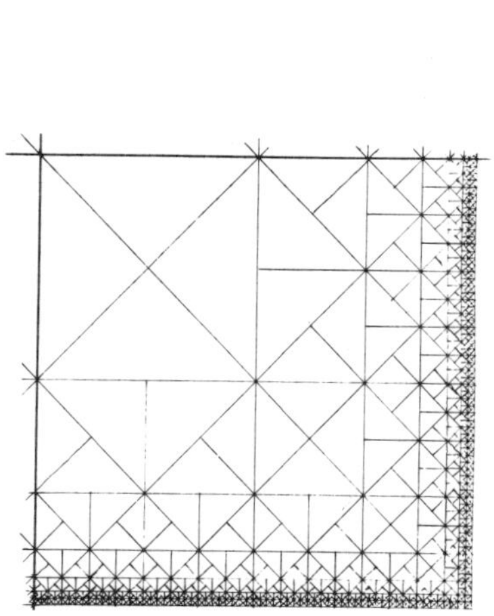

> mit obengenannten Elementen ist. Von einem psychologischen Blickwinkel aus gesehen, *scheint das kombinatorische Spiel das Hauptmerkmal für produktive Gedanken zu sein* – noch bevor es irgendeine Verbindung mit logischer Konstruktion in Worten oder anderen Kommunikationszeichen gibt.« (Hervorhebung d. Autors)

Ein weiteres Beispiel gibt es beim Schach. Weltklasse-Spieler sind bekannt für ihre blitzschnellen Entscheidungen. Ihre Fähigkeit, vierzig und mehr Gegner gleichzeitig zu schlagen, grenzt an Wunder. Neue Fortschritte in der Technologie der Schachcomputer legen einen Grund für ihren Erfolg nahe. Es scheint, daß sich menschliche Schachspieler, wie Künstler und Wissenschaftler, auf Muster verlassen. Wenn sie auf das Brett schauen, ignorieren sie einzelne Züge und sehen statt dessen Zugkombinationen; dabei benutzen sie, was ein Autor über Computerschach einen »Wortschatz der Muster« genannt hat, um nutzlose Kombinationen auszufiltern. Dagegen fehlt den besten Computerprogrammen ein Speicher für erfolgreiche Muster und die Fähigkeit, neue Kombinationen zu entdecken. Was ihnen jedoch an Vorstellungsgabe fehlt, machen sie mit der Geschwindigkeit wieder wett, mit der sie unermüdlich jede Figur in durchschnittlich 175000 Positionen pro Sekunde in jedes beliebige Feld ziehen. Sie lauern auf die menschliche Fehlbarkeit, am Schluß vertut sich ihr Gegner, und sie düsen zum Sieg.

Woher weiß der Erfinder, wann er die Lösung hat, wenn er mit den verschiedenen Komponenten eines Problems herumgespielt hat? Hadamard fand heraus, daß die Ästhetik der entscheidende Faktor für alle Gebiete ist. Vers, Melodie oder Gleichung, die als die besten ausgewählt wurden, sind unweigerlich am gefälligsten. Schönheit über alles! »Mein Werk hat immer versucht, das Wahre mit dem Schönen zu verbinden«, schrieb der Physiker Hermann Weyl, »wenn ich zwischen beiden wählen mußte, wählte ich gewöhnlich das Schöne«.[2] »Ein Mathematiker ist, wie ein Maler oder Dichter, ein Schöpfer von Mustern,« erzählt der britische Mathematiker G.H. Hardy in seinen Erinnerungen. »Die Muster des Mathematikers halten länger, weil sie aus *Gedanken* gemacht sind ... Seine Muster müssen, wie die des Malers oder Dichters, *schön* sein ... Schönheit ist der erste Test: Es gibt auf der Welt keinen dauerhaften Platz für häßliche Mathematik.«

Erfinden ist universell. Wissenschaftler tun es, Mathematiker, Maler, Dichter und Komponisten tun es und Papierfalter auch. Sie manipulieren einfache Elemente so, daß sie Strukturen bilden. Diese können aus physischen Kräften bestehen, geometrischen Abstraktionen, Worten oder Farben, Noten oder Falten, aber die Handlung des Mustermachens ist dieselbe. Zwar kann keine Definition jeden Akt des Erfindens einschließen, doch die grundlegende Ähnlichkeit des Prozesses in jedem Bereich deutet auf etwas Großes für die Menschheit.

Als ich über all das nachdachte, was ich bei meiner Untersuchung herausgefunden habe, kam ich zu dem Schluß, daß wir neue Formen erfinden, indem wir unbewußt mit einfachen Elementen spielen, sie zur Musterbildung neu ordnen und dann die *schönsten* Muster auswählen. Wenn das so klingt, wie die Natur erfindet, ist das kein Zufall!

Von dem Erfolg, den Hadamards Untersuchungen hatte, ermutigt, beschloß ich, eine eigene durchzuführen. Ich wollte erfahren, ob die Arbeitsgewohnheiten von Papierfaltern denen anderer Erfinder gleichen. Ich begann mit der Zusammenstellung einer Frageliste. »Wollen Sie ein bestimmtes Modell erfinden?«, fragte ich, »oder arbeiten Sie nach der Methode Versuch-und-Irrtum? Benutzen Sie bewußt Geometrie bei Ihren Modellen? Wie lange dauert die Erfindung eines Modells? Haben Sie jemals eins spontan erfunden? Erschaffen Sie es in Ihrem Kopf oder fangen Sie immer mit dem Papier an? Wenn Sie an einem Problem hängenbleiben, was tun Sie dann? Schließlich: Gibt es Modelle, die Sie bis jetzt nicht machen konnten?«

Ich lud zehn hervorragende amerikanische Papierfalter zu einem Symposium am Amerikanischen Museum für Naturgeschichte in New York ein und schickte ihnen die Fragen. Vieles in der Diskussion war rein technisch und auf Origami bezogen (»Für den Schließmechnismus habe ich die ganze Dicke harmonikagefaltet ...«), aber einige Kommentare führten tiefer. Die gefielen mir besonders, denn viele davon ähnelten auf unheimliche Weise den Antworten, die Hadamard erhalten hatte. »Wenn ich keine Lösung finden kann,« schrieb Faltkollege Stephen Weiss, »lasse ich das Modell und komme einen Tag oder eine Woche später darauf zurück. Oft hat mein Unterbewußtes die ganze Zeit daran gearbeitet, und wenn ich wieder dabei bin, kann ich die Lösung finden.« Er fuhr fort:

> »Der Komponist Richard Strauss sagte einmal, daß er sich vor dem Komponieren eines Liedes immer Gedichte suchte, die ein bestimmtes Gefühl ausdrückten. Wenn er das richtige Gedicht fand, war das Komponieren des Liedes relativ einfach und dauerte nicht lange. Wenn er aber kein geeignetes fand, dauerte das Komponieren lange, und er benötigte alle seine technischen Fähigkeiten und mußte auf seine Kunstfertigkeit ausweichen, um etwas zu schaffen, was seinen Ansprüchen genügte. Ich habe dieselben Erfahrungen mit den Modellen gemacht. Manchmal

Architekten erzeugen komplexe Muster durch Wiederholung einfacher Strukturen in unterschiedlichen Maßstäben. Abgebildet sind einige Beispiele für Deckengewölbe. Die Gewölbestruktur verteilt Gewicht (nach unten gerichtete Kraft) und Druck (nach außen gerichtete Kraft) auf die Träger.

Rechts: Gotisches Deckengewölbe, Achsenmaße und Pläne von Kreuzrippen- und Fächergewölbe. Vgl. mit dem Faltmuster für den Fliegenden Vogel, S. 23, und die Frackschleife, S. 143.

Unten: Schloß Windsor, Deckengewölbe in der St. Georg Kapelle, 1473 – 1516. Vgl. mit dem Faltmuster für den Krebs, S. 165.

Nächste Seite oben: Westminster Abbey, Grundriß, ca. 1245. Die gepunkteten Linien reflektieren die Deckengewölbe. Überall sind Faltmuster!

Nächste Seite unten: Islamisches Deckengewölbe, Kuppelaufsatz von Hakim II, Große Moschee in Córdoba, 962 – 966 (links); Mittelgewölbe, Bib-Mardun-Moschee, Toledo, ca. 999 (rechts). Vgl. mit dem Faltmuster für den Krebs, S. 165 und den Skorpion, S. 209.

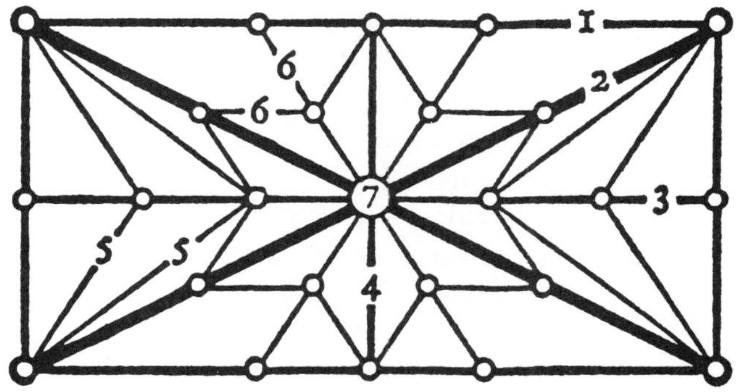

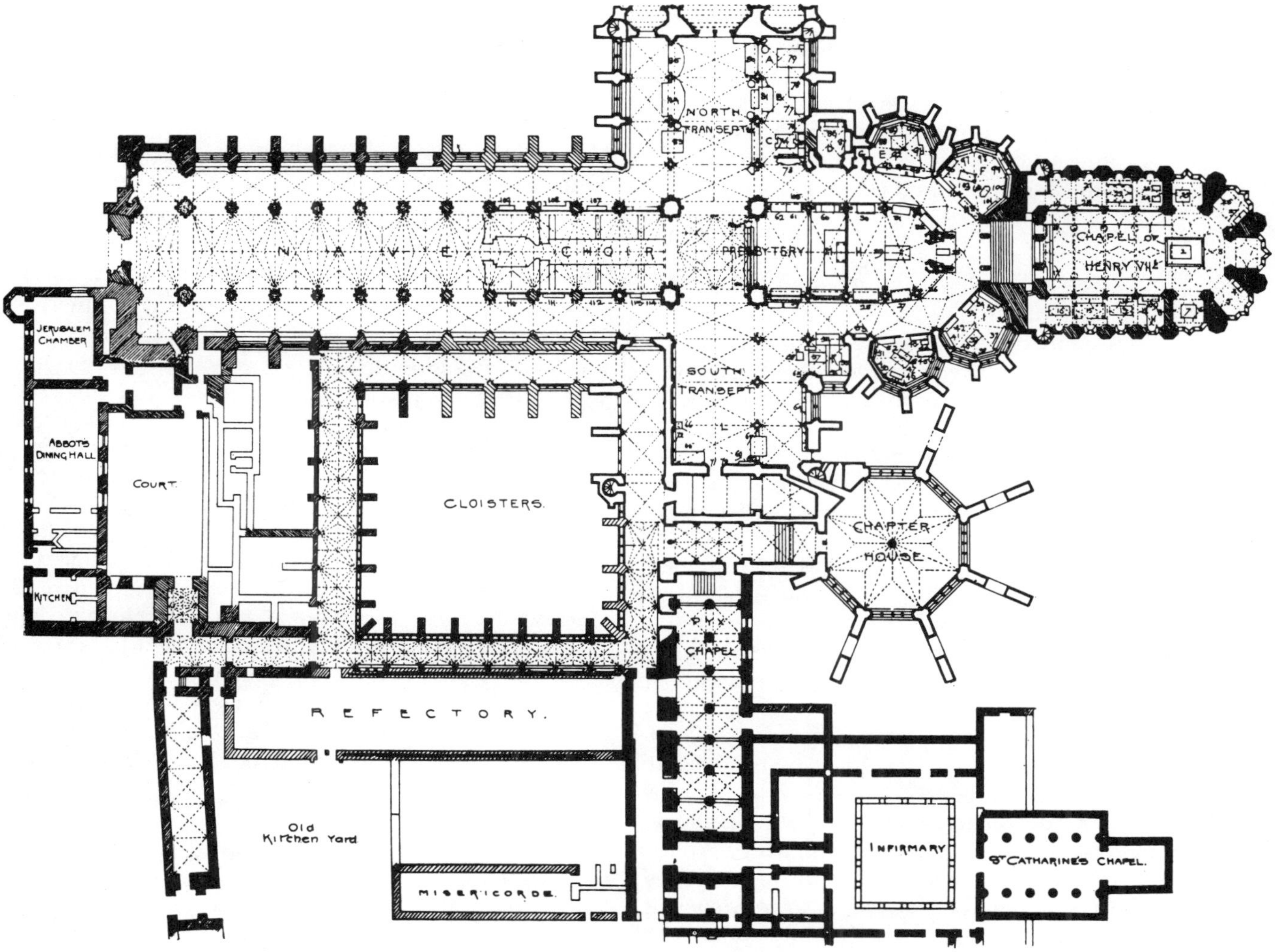
N A V E
C H O I R
PRESBYTERY
NORTH TRANSEPT
SOUTH TRANSEPT
CHAPEL OF HENRY VII
JERUSALEM CHAMBER
ABBOT'S DINING HALL
COURT
KITCHEN
CLOISTERS
CHAPTER HOUSE
PYX CHAPEL
R E F E C T O R Y
Old Kitchen Yard
MISERICORDE
INFIRMARY
St CATHARINE'S CHAPEL

scheint sich eine Faltkombination einem Thema fast automatisch anzubieten, und ich brauche nur noch kleine Korrekturen zu machen. Aber wenn das Muster nicht stimmt, kann ich keine Lösung finden, und dann vergesse ich das Problem einfach. Und ein Jahr später entdecke ich es vielleicht wieder und vollende es mit neuen Techniken und Erkenntnissen.«

Sein Kommentar war typisch. Hier eine Auswahl der anderen:

»Manchmal finde ich eine Lösung im Traum oder in einem Zustand des Halbwachseins, und wenn ich dann nicht gleich aufstehe und es notiere, ist es verloren. Das ist nicht ungewöhnlich. Patricia Crawford, eine Faltkollegin, erzählte mir, daß sie ihre Einfälle auch im Traum hat, aber sie notiert sie nicht, weil sie sicher ist, daß sie zu einem späteren Zeitpunkt wieder im Bewußtsein auftauchen, wenn die Lösung die richtige war.

Sie erzählte mir, daß sie niemals länger als drei Tage an etwas arbeite. Wenn sie es bis dahin nicht hatte, legte sie es beiseite. Sie sagte: ›Es ist dort drin und wird mithelfen, wenn es soweit ist.‹ Sehr oft machte sie nach so einer Periode der unbewußten Untersuchung beim ersten Mal dann ein perfektes Modell.« (Alice Gray)

»Ich habe niemals bis zur Lösung ununterbrochen an einem Modell gearbeitet. Manchmal hatte ich Glück, und das Ergebnis kam spontan. Wenn ich aber nach einer gewissen Zeit keinen Erfolg hatte, legte ich das Modell beiseite. Tage, Monate, Jahre später vielleicht nahm ich es wieder auf und arbeitete daran, bis es fertig war.« (Neil Elias)

»Ein Großteil meines Erfindungsprozesses besteht darin, meine Anstrengungen auf ein festes Ziel zu richten, aber eine Menge davon ist auch Glück und Intuition. Ich versuche, aufmerksam zu sein für zufällige Ähnlichkeiten zu Dingen aus anderen Bereichen.« (Robert Lang)

Die Vorstellung, daß der Erfinder aktiv nach zufälligen Ähnlichkeiten suchen solle, war auch Teil der Arbeitsmethode Eschers. Er zitierte immer gern den folgenden Ratschlag von Leonardo da Vinci:

»Wenn man irgendwelche Phantasiegebilde darstellen muß, so schaue man sich einige mit Flechten und Moos beschmutzte oder aus verschiedenartigen Steinen zusammengesetzte Mauern an. Man kann in ihnen eine Ähnlichkeit mit der Vielseitigkeit von bergigen Landschaften, Flüssen, Felsen, Bäumen, großen Ebenen und Hügeln entdecken. Auch kann man in ihnen Feldschlachten und menschliche Figuren sehen, merkwürdige Gesichtsausdrücke, Kleidungsstücke und eine ungeheure Menge von anderen Dingen, deren Formen man noch richtigstellen und verbessern kann. Es ist mit derartigen bröckligen Mauern wie mit dem Klang von Kirchenglocken, aus dem man jeden beliebigen Namen und jedes beliebige Wort heraushören kann.«[3]

Während der Maler oder Papierfalter im Papier oder in der Natur nach Mustern sucht, erlaubt er seinem Unterbewußten, sich auf Risse, Spalten, Ritzen, Brüche, Kanten und Winkel zu konzentrieren, die das Rohmaterial für seine Konstruktion sind. Die Erfahrung als Erfinder führt ihn zum anziehenden Muster und zur zufälligen Ähnlichkeit. Wenn die Gelegenheit kommt, ist er bereit, sie zu packen. »Ich glaube an die Idee des Entdeckens«, eröffnet David Shall, ein anderer Faltkollege:

»Ich glaube, daß Origamimodelle im Papier sind und nur darauf warten, herausgeholt zu werden – und das kann jederzeit und überall geschehen. Manchmal denke ich vor dem Einschlafen über ein bestimmtes Problem nach, und während ich daran arbeite, schlafe ich ein. Ich kann nicht behaupten, daß ich jemals Modelle geträumt hätte, aber ich habe die Erfahrung gemacht, daß ich einige Male Modelle erfunden habe, während ich krank war. Aber ich weiß nicht, ob das durch das Herumliegen zu Hause geschah – sich einige Tage nur auf Origami konzentrieren zu können – oder ob es mit dem Fieberzustand zu tun hatte.«

Die Papierfalter wiederholten Worte, die bereits vor fünfzig Jahren gefallen waren. Wie Hadamards Befragte taten sie einen Großteil ihrer Arbeit unbewußt, oft beim Träumen, und suchten nach zufälligen Ähnlichkeiten zu Objekten in der Natur. Sie erkannten die Bedeutung der Inkubationszeit: Wenn eine Lösung nicht gleich kam, wenn das Muster nicht stimmte, legten sie das Problem auf die Seite und arbeiteten an einem anderen. Sie erfuhren Erleuchtung: plötzlicher Sieg. Und sie bestätigten meine Vorstellung, ein Entdecker zu sein, der im Papier bereits enthaltene Formen herausholt.

Oft hatte ich darüber nachgedacht, daß der Papierfalter sowohl Entdecker wie auch Schöpfer ist, daß diese beiden Rollen sich nicht ausschließen. In den ersten Phasen des Erfindens, wenn ich geometrische Elemente manipuliere, um die Struktur eines Tieres einzufangen, fühle ich mich wie ein Wissenschaftler, der Muster im Papier *entdeckt*. Beim Weiterentwickeln des Modells richte ich mich für die genaue Gestalt des Tieres nach ästhetischen Kriterien und fühle mich wie ein Künstler, der Muster im Papier *erschafft*. Es ist offensichtlich, daß ich mit diesen Gefühlen nicht allein bin, da Akira Yoshizawa und die Sprecher beim Origami-Symposium ähnliches berichteten. Hier lauert ein Paradoxon. Es heißt, daß Kunst die innere Welt der Gedanken erforscht, während Mathematik und Wissenschaft die äußere Welt der Erfahrung erforschen. Wie kann Origami beides?

Ein Schöpfungsakt ist einmalig, die subjektive Vision eines Menschen. Ob es sich um eine leere Leinwand, ein leeres Notizbuch oder leeres Notenpapier handelt, das Medium des Künstlers ist eine leere Fläche, die aus dem Inneren mit Inspiration gefüllt wird. Daraus folgt, daß ein bestimmtes Schöpfungsprodukt nicht ohne die Vorstellungskraft eines bestimmten Schöpfers entstehen kann. Hätte es *Moby Dick* ohne Melville gegeben? Beethovens Fünfte ohne Beethoven? Es scheint unbegreiflich, daß ein anderer Autor oder Komponist das gleiche hätte erfinden können. Diesem Argument folgend ist ein Origamimodell ein stilisiertes Kunstwerk, das die unverwechselbare Handschrift des Schöpfers trägt. Soviel stimmt: Ein erfahrener Faltkollege kann ein Originalmodell von Fred Rohm oder Patricia Crawford oder John Montroll genauso leicht erkennen wie ein Museumsbesucher einen Rembrandt von einem Renoir oder von einem Rothko unterscheiden kann.

Dagegen stellt ein Akt der Entdeckung ein Objekt oder einen Gedanken dar, die unabhängig von ihrem Entdecker existieren. Während der Wissenschaftler oder Mathematiker auf erfinderische Weise an seine Arbeit herangehen mag, gibt er dem Produkt seiner Entdeckung nichts von seiner eigenen Persönlichkeit. Kolumbus entdeckte Amerika, aber es wäre auch für jemand anderen da gewesen, wenn er statt dessen sein ursprüngliches Ziel, Asien, erreicht hätte. Hätte Einstein sich auf seine Tätigkeit als Angestellter beim Patentamt beschränkt, wäre die Relativität irgendwann von jemand anderem entdeckt worden. Ein Akt der Entdeckung ist kein einmaliger Vorgang: Ein Objekt oder eine Idee kann von verschiedenen Menschen entdeckt werden.

Es gibt tatsächlich viele Beispiele für unabhängige Entdeckungen in der Geschichte der Wissenschaft und der Mathematik. Die bekannteste ist vielleicht die Entdeckung der natürlichen Selektion durch Charles Darwin und Alfred Russel Wallace unabhängig voneinander, aber es gibt Beispiele auf fast allen Gebieten. Um 1680 erfanden Isaac Newton und Gottfried Wilhelm Leibniz unabhängig voneinander die Integral- und Differentialrechnung. Um 1800 sagten John Couch Adams und Urbain Jean Joseph Leverrier unabhängig voneinander die Existenz des Planeten Neptun voraus. Die Wirksamkeit eines Pockenimpfstoffs wurde Ende 1870 von Edward Jenner und George Pearson nachgewiesen. Im achtzehnten Jahrhundert fanden unabhängig voneinander Henry Cavendish, James Watt und Antoine Lavoisier die Zusammensetzung des Wassers heraus. Dies sind keine Ausnahmen. Der Soziologe Robert K. Merton identifizierte 264 mehrfache wissenschaftliche Entdeckungen, von denen 179 unabhängig voneinander von zwei, 51 von drei, 17 von vier, 6 von fünf, 8 von sechs, eine von sieben und 2 von neun Personen gemacht wurden. Und das ist laut Merton bei weitem nicht das vollständige Ergebnis.

Wenn ein Origamimodell – oder ein Teil davon – entdeckt wird, müßte es Beispiele für Modelle geben, die unabhängig davon von anderen Papierfaltern ausgedacht wurden. Obwohl ich nicht mit Mertons erschöpfender Untersuchung mithalten kann, kenne ich verschiedene Fälle von gleichzeitigen Entdeckungen durch Faltende, die Tausende von Meilen entfernt waren. Einige davon wurden von Kollegen während des Symposions angeführt.

»Wenn Sie mich nach meiner Meinung zu unabhängigen Schöpfungen fragen,« sagte Fred Rohm, »kann ich aus meiner persönlichen Erfahrung sagen, daß zwei Menschen gleichzeitig in verschiedenen Teilen des Landes mit demselben Ergebnis falten können. Neil Elias und ich arbeiteten beide an einem Seehund, der einen Ball auf seiner Nase balanciert. Als ich mein Modell fertig hatte, steckte ich es in einen Briefumschlag und schickte es ihm. In derselben Post fand ich einen Seehund von Neal, der mit meinem identisch war. Die Falttechniken waren ganz unterschiedlich, aber beim Ergebnis konnte niemand den Unterschied sehen. Ich weiß ganz sicher, daß das unabhängig voneinander geschah.«

»Es ist auf jeden Fall für zwei oder mehr Papierfalter möglich, dasselbe Modell unabhängig voneinander zu erschaffen. Mein Frosch hat mit dem von Kosho Uchiyama die kastenförmige Grundform gemeinsam, obwohl sie verschieden zu Ende geführt wurden. Erst als mein Modell im Magazin der britischen Origami-Gesellschaft veröffentlicht worden war, bekam ich Uchiyamas neuestes Buch in die Hände und sah dieselbe Grundform.« (Stephen Weiss)

»Von den von mir erfundenen ist ein Weihnachtsschmuck, den ich Zitrone nenne, mein Lieblingsmodell. Technisch muß man dabei zwei ähnliche Stücke zu einem geometrischen Körper zusammenfügen. Ich hatte die größte Aufregung meines Lebens, als ich genau so einen auf einem Regal in Philip Shens Haus in Hongkong liegen sah.« (Alice Gray)

»Ich habe einen achtzackigen Stern, der fast genauso aussieht wie der Stern, der von Peter Engel erfunden wurde. Wenn man sie herumdreht, kann man einen kleinen Unterschied sehen, aber sie sind wirklich fast identisch. Einige Monate, nachdem ich meinen Stern erfunden hatte, suchte ich für einen Workshop nach einigen Modellen. Zufällig erwischte ich Vicente Palacios Buch *Papirogami,* und da war mein Stern auf dem Titelbild!« (David Shall)

Meine eigene Erfahrung bestätigt diese Behauptungen. Vor einigen Jahren trat ich »hinter den Spiegel« und traf mein Ebenbild im Osten, den japanischen Falter Jun Maekawa. Wir sind gleich alt. Seine Interessen und sein akademischer Hintergrund laufen parallel mit meinem. Er hat Physik an der Universität Tokio studiert. Er hat traditionelle japanische Falttechniken überprüft und etwas erfunden, das er »Faltmuster« nannte. Klingt vertraut? Und er hat Modelle hergestellt, die meinen in ihrer Konstruktionsmethode so ähnlich sind, daß sie von mir sein könnten. Wir haben unterschiedliche Themen gewählt, deswegen ähneln seine fertigen Modelle meinen nicht. Aber die Technik ist die gleiche.

Weil weder Maekawa meine Arbeiten noch ich seine je gesehen hatte, kam geistiger Diebstahl oder unbewußte Beeinflussung für uns nicht in Frage. Es gab keinen Weg drumherum. Unabhängig voneinander waren wir, einen halben Erdball auseinander, den gleichen Entdeckungsweg gegangen.

Der Fall des entwendeten Schweins

Maekawa und ich hatten Glück: Wir begrüßten die Arbeit des anderen. Aber solche Freundlichkeit ist in Fällen von unabhängigen Entdeckungen eher rar. Die infamste Kontroverse in der Geschichte des Origami ist ein Fall mit Gewicht. Die Gegner waren niemand anders als Akira Yoshizawa und Ismael Adolfo Cerceda, die hervorragenden Papierfalter der westlichen und östlichen Hemisphäre. Yoshizawa, mit fünf Falt-Jahrzehnten Veteran, war der Fahnenträger des traditionellen japanischen Origami. Der Argentinier Cerceda, gerühmt für seine Modellsammlung mit nationalen und volkstümlichen Themen, war der Erbe der maurischen Tradition. Man könnte meinen, daß der Übergang von zwei unähnlichen Disziplinen in ein Feld glatt und schmerzlos verlaufen würde. Das war nicht der Fall.

In den späten sechziger Jahren tauchten in Origamikreisen Behauptungen auf, daß Cerceda einige seiner schönsten Modelle von Yoshizawa gestohlen habe. Es war schwierig, die Quelle dieses Gerüchts aufzuspüren. Anschuldigungen ohne Namensnennung flogen von Kontinent zu Kontinent, und bald stand Cercedas Ruf auf dem Spiel. Als er schließlich antwortete, war es mehr als eine Verteidigung. Er hatte die Quelle der Anschuldigungen entdeckt: Es war Yoshizawa selbst! Was Yoshizawa nicht wußte, war, daß der scheue, national eingestellte Cerceda gleichzeitig der wilde Carlos Corda war, der außergewöhnliche Messerwerfer, der durch drei Kontinente tourte und mit Messern und einer argentinischen Bullenpeitsche die unwahrscheinlichsten Tricks zeigte. Die Arena war bereit zum Kampf.

Cerceda schickte seine Funde dem amerikanischen Infoblatt *The Origamian:*

> »Ich weiß, daß ich die Modelle, die mir zugeschrieben werden, selbst erfunden habe, aber ich leugne nicht, daß auch Mr. Yoshizawa das getan hat. Mr. Y. veröffentlichte sein Schwein 1945, aber ich habe es ihm nicht gestohlen, falls er das meint; und falls doch, hätte ich es sicher nicht allen Leuten geschickt und behauptet, daß es von mir sei. Noch bin ich nicht verrückt. Ebensowenig stimme ich mit Yoshizawa darin überein, daß es nicht möglich sein soll, daß zwei Menschen unabhängig voneinander dasselbe Modell erfinden. Es passiert, und zwar häufiger als er denkt.«

Er schloß, bitter:

> »Wegen solcher Vorkommnisse haben viele meiner späteren Modelle nie die Hände eines anderen gesehen, und sie werden es auch niemals, außer ich veröffentliche sie.«

Ich kann Cercedas Behauptung weder leugnen noch bestätigen. Damals war ich zu jung; Cerceda ist inzwischen tot, die Wahrheit ist mit ihm begraben – wie auch die argentinische Bullenpeitsche. Als ich Yoshizawa nach dem Vorfall fragte, wechselte er das Thema; als ich ihn fragte, welche Falter im Westen er bewundere, antwortete er nur: »Sie kopieren mich alle.«

Zuerst stand ich natürlich auf Cercedas Seite. Ich wußte, daß Origami ein Entdeckungsvorgang ist. Wie der Mathematiker oder Wissenschaftler Naturgesetze entdeckt – Gesetze, die unabhängig vom Entdecker sind – deckt der Papierfalter die innenliegenden Muster des Quadrats auf. Und so entsteht Duplizität. Aber ich konnte auch Yoshizawas Seite sehen. Die Einzigartigkeit der Arbeit eines Faltkünstlers liegt nicht nur im Papier, sondern auch im Faltenden selbst, seine Handschrift in den Mustern, die er dem Papier gibt, seinem ausgeprägten persönlichen Impuls. Wie kreative Künstler jeder Epoche greift der Papierfalter nach einfachen zeitlosen Formen und manipuliert sie so, daß sie wie niemals zuvor auftauchen. Existieren solche Muster, bevor wir sie erkennen? Wenn ja, haben wir sie entdeckt. Wenn nicht, sind die Muster Konstrukte unserer Vorstellung, und wir haben sie erschaffen.

Die Unterscheidung zwischen Entdeckung und Erschaffung ist subtil und illusorisch. Muster, die aus Noten, Falten, Wolken oder Sternen gebildet werden, sind nicht nur das Produkt eines einzelnen Kopfes (wie in der Vorstellung eines *erschaffenen* Objektes), noch existieren sie außerhalb aller anderen (wie in der Vorstellung des *entdeckten* Objektes). Sie werden vom menschlichen Geist, der auf seine Umwelt reagiert, erfunden und ins Dasein gerufen. Erfinden ist Suchen nach Bedeutung. Der Entdecker und der Erfinder suchen Bedeutung in Zusammenhängen, der Wissenschaftler in den Strukturen der Natur, der Künstler in der Verkettung von Noten, Melodien, Bewegungen oder Worten, Sätzen und Abschnitten, die eine Komposition ausmachen. So wie eine Welt ohne Muster unverständlich ist, so kann ein Kunstwerk ohne Form nichts mitteilen. Die Vernetzung der einzelnen Teile, das subtile Zusammenspiel zwischen Ordnung und Unordnung, gibt dem Ganzen Sinn und Bedeutung.

Heute sind wir vielleicht näher daran als jemals zuvor, die Kluft zwischen Kunst und Wissenschaft zu überwinden. Gert Eilenberger, ein deutscher Physiker, der sich auf dynamische Systeme und Chaostheorie spezialisiert hat, kommentierte eine Ausstellung computererzeugter fraktaler Muster mit folgenden Worten:

»Die Bilder dieser Ausstellung haben noch einen ganz anderen Aspekt – sie sind einfach wunderschön. Die chaotische Komponente, die in den ganz feinen Strukturen zu sehen ist, überwältigt nicht das Ganze, es gibt auch große Bereiche der Ordnung, die von Regelmäßigkeit getragen werden: Chaos und Ordnung scheinen in harmonischem Gleichgewicht vereint. Genau diese *Mischung* aus Ordnung und Unordnung ist faszinierend und, was für diese neuen Erkenntnisse relevant ist, *typisch* für natürliche Prozesse. Hier liefert die Wissenschaft der dynamischen Systeme Antwort auf eine zweite, emotionale Frage: Wieso erscheinen die Produkte unserer Technologie, der gesamten technischen Welt, so unnatürlich, wo sie doch Produkte der Naturwissenschaft sind?

Wieso wird die Silhouette eines sturmgebeugten blattlosen Baumes gegen einen winterlichen Abendhimmel als schön empfunden, nicht aber die entsprechende Silhouette eines multifunktionalen Universitätsgebäudes, trotz aller Anstrengung der Architekten?

Die Antwort scheint sich für mich, wenn auch spekulativ, aus den neuen Erkenntnissen der dynamischen Systeme zu ergeben. Unser Schönheitsempfinden wird durch die harmonische Anordnung von Ordnung und Unordnung inspiriert, wie sie in natürlichen Gegenständen wie Wolken, Bäumen, Gebirgsketten oder Schneekristallen vorkommt. Alle diese Formen sind dynamische Prozesse in verdichteter physikalischer Gestalt, und besonders Kombinationen aus Ordnung und Unordnung sind für sie typisch.«[4]

Die Mathematik und die Kunst des Origami bilden, wie in der fraktalen Geometrie, der Natur oder der Musik, ein Kontinuum, und es gibt keine Möglichkeit, festzustellen, wo Entdeckung endet und Erschaffung beginnt. Irgendwo in der Ansammlung von Faltungen weicht die Strenge der Schönheit und mathematische Entdeckung gibt künstlerischer Schöpfung nach.

Das Universum der Form

Wir haben gelernt, daß Erfinden vieles bedeuten kann. Es ist unbewußtes Spielen mit einfachen Elementen, um sie zu neuen Mustern zu formen und die effizientesten und schönsten auszuwählen. Es bedeutet auch Vorbereitung, Inkubation, Erleuchtung und Überprüfung. Es ist nicht ein Vorgang, sondern es sind viele, eine unendliche Rückkehr sich wiederholender iterativer Prozesse, eine Rückkopelungsschleife, die aus einfachen Kräften komplexe Formen erzeugt. Was die Natur macht, macht das Erfinden mit menschlichen Händen. Es ist künstlerisches Schaffen und wissenschaftliche Entdeckung und was dazwischen passiert. Es ist Reduktionismus und Holismus, nah herangehen und einen Schritt zurücktreten. Es bedeutet, nach der zufälligen Ähnlichkeit Ausschau zu halten, die die Inspiration auslöst. Es ist Erwachsenenarbeit und Kinderspiel, und manchmal ist das Spiel das schwierigste dabei. Und vor allem bedeutet es, Muster zu schaffen, wunderschöne Strukturen.

Diese Gedanken sind mir jetzt klarer, als sie es vor Jahren während meiner kreativen Flaute waren, als ich nicht weiter wußte. Aber selbst damals waren die Prinzipien des Erfindens aktiv am Werk. Sie drangen in mein Unbewußtes und führten mich, als ich Stapel von zerknülltem Papier nach Mustern durchforschte. Sie sagten mir: Wo es Muster gibt, muß es auch Kräfte geben, die sie geschaffen haben. Der Rest war meine Entscheidung. Wenn ich die Prinzipien des Erfindens auf Origami anwenden konnte, konnte ich mir auch die Kräfte im Papier zunutze machen und neue Muster herstellen. Formen, die kein Mensch je zuvor gesehen hatte, würden zum ersten Mal und in meinen Händen auftauchen! Die Lösung für meine Flaute lag in Reichweite. Ich kehrte, auf diese Weise inspiriert, zu der vertrauten Drachen-, Fisch-, Vogel- und Frosch-Grundform zurück, um die Muster des Origami aufzudecken.

Als ich die Faltmuster für die vier Grundformen zeichnete, kam mir eine überraschende Erkenntnis. Während ich Modell für Modell auffaltete und die inneliegende Geometrie zu entziffern versuchte, erkannte ich die gleichen einfachen Elemente überall wieder. Sie formten eine bemerkenswerte Entwicklungsreihe: Zwei Module bildeten eine Drachen-Grundform, vier eine Fisch-Grundform, acht eine Vogel-Grundform, sechzehn eine Frosch-Grundform. Wie eine Kernfamilie war ihre Ähnlichkeit unbestreitbar. Das Wiederholen des Moduls in immer kleinerem Maßstab führt unerbittlich vom Drachen zum Fisch, Fisch zum Vogel, Vogel zum Frosch. So weit hatten es die Japaner geführt. Ich sah keinen Grund, warum das Muster aufhören sollte.

EINFACHE ELEMENTE BILDEN KOMPLEXE MUSTER

Der Papierfalter erzeugt komplexe Muster durch die Wiederholung einfacher Brüche in unterschiedlichen Maßstäben. Die ersten vier Phasen bei der Modul-Iteration ergeben vier Grundformen: Drachen-, Fisch-, Vogel- und Frosch-Grundform. Dahinter liegen neue und unerforschte Formen.

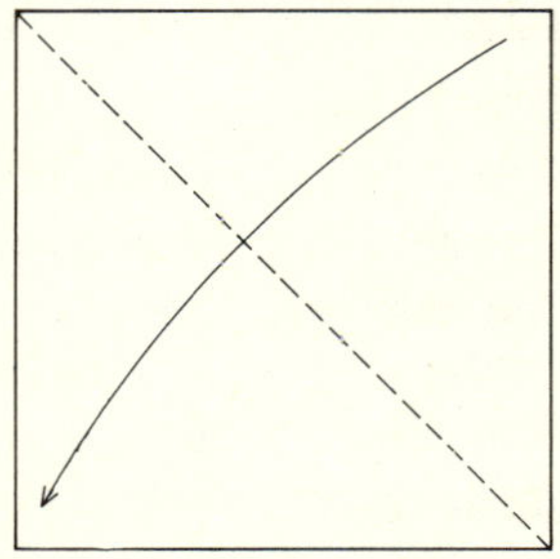

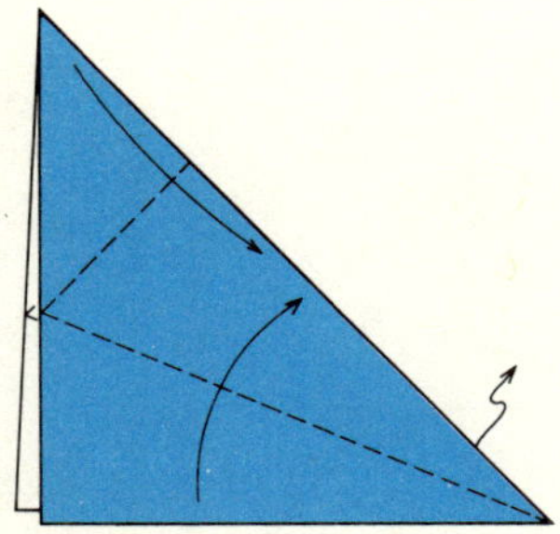
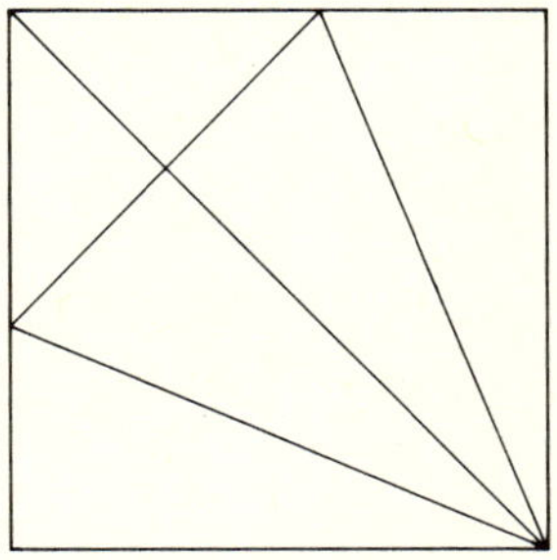
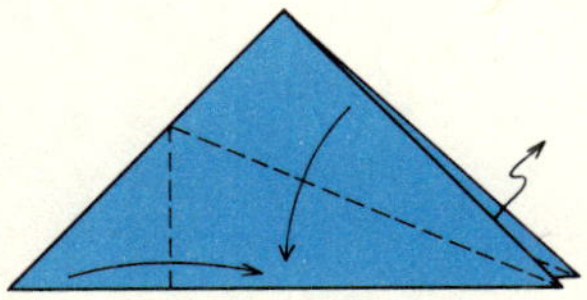
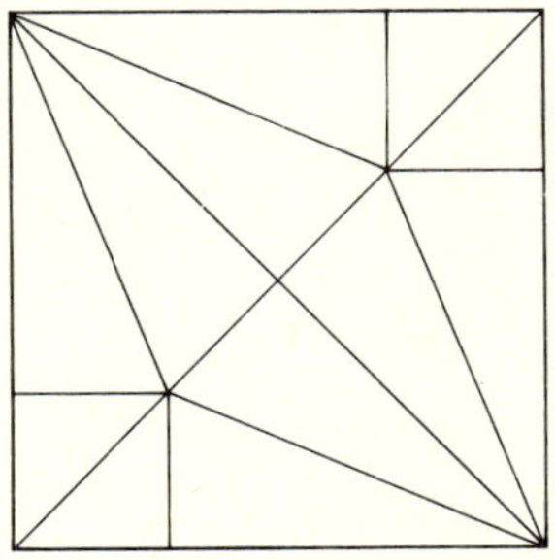
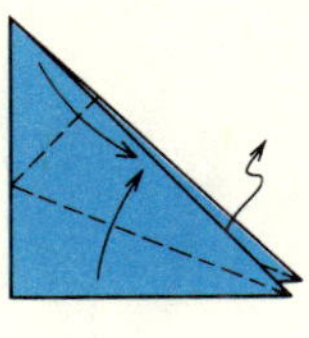
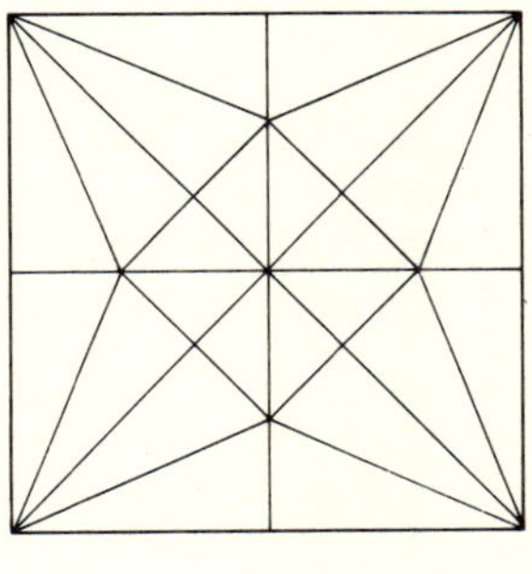
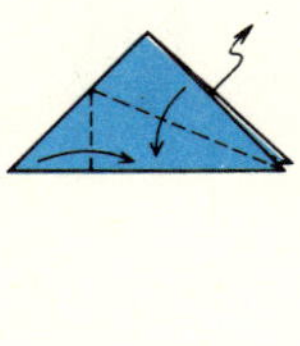
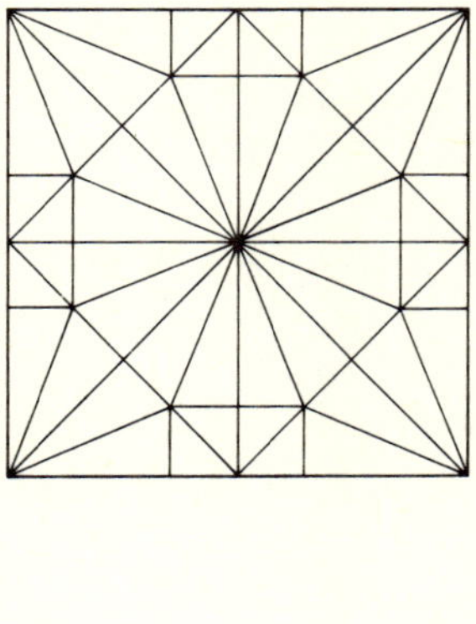

DIE VIER GEBLINTZTEN GRUNDFORMEN UND IHRE FALTMUSTER

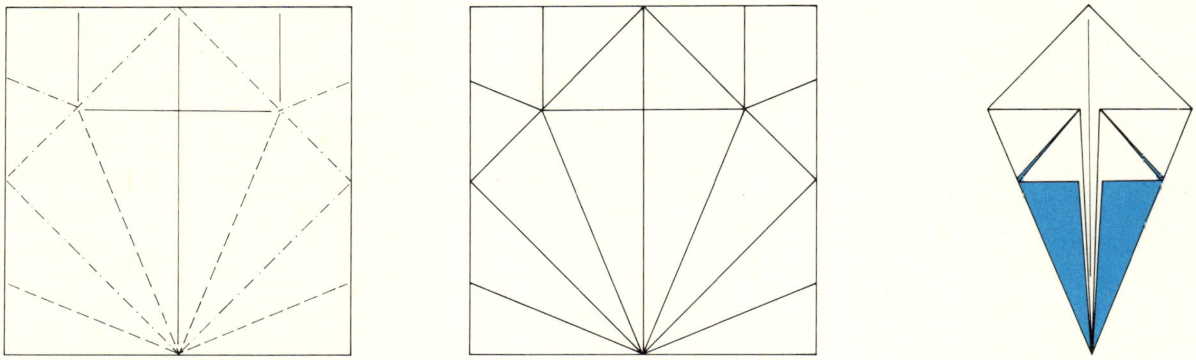

Geblintzte Drachen-Grundform.

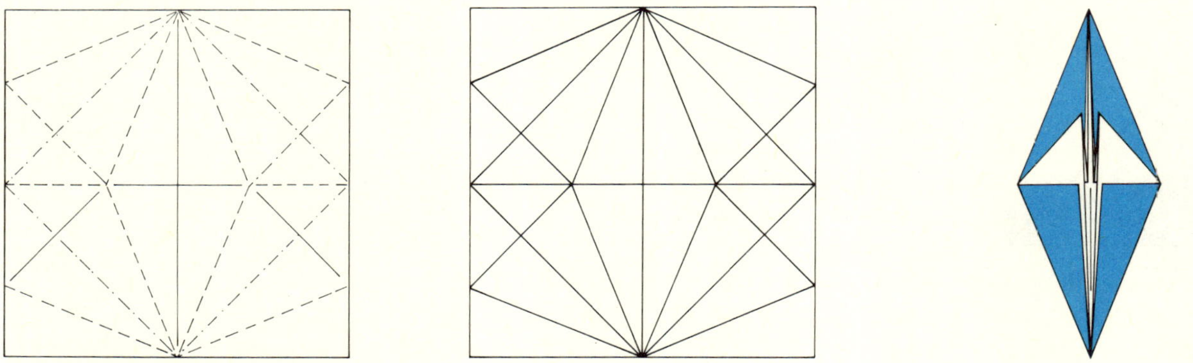

Geblintzte Fisch-Grundform.

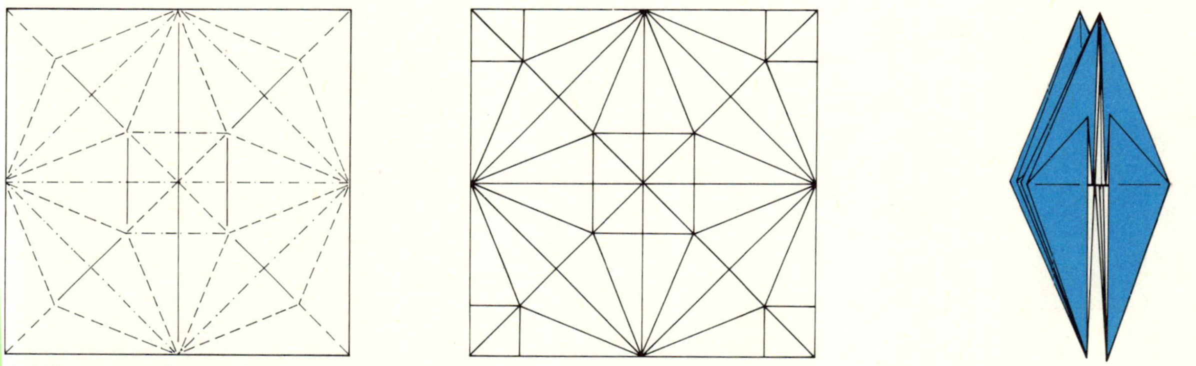

Geblintzte Vogel-Grundform.

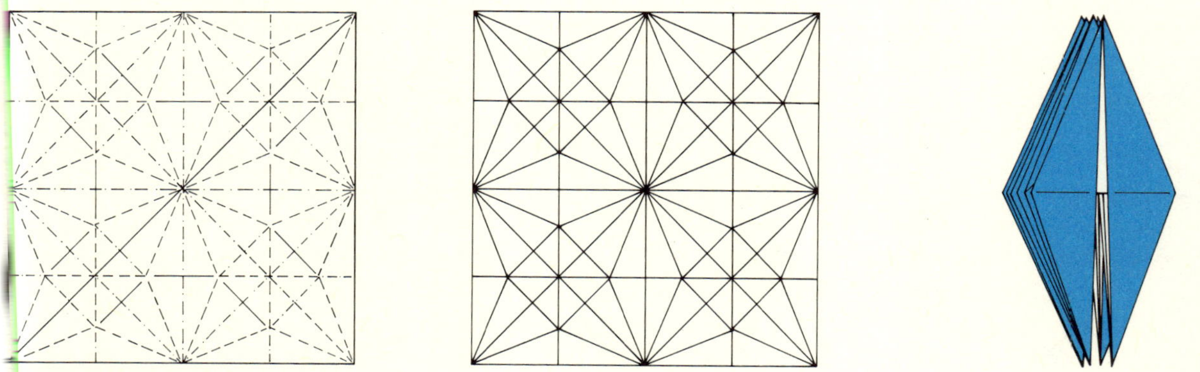

Geblintzte Frosch-Grundform.

Der Vorgang bei der Herstellung neuer Grundformen stellte sich als Rückkoppelungsschleife heraus. Nimm ein Quadrat, falte es zur Hälfte, mach ein rechtes Dreieck und bilde das Modul. Das Ergebnis ist die Drachen-Grundform. Nimm ein Quadrat, falte es zweimal zur Hälfte und bilde das Modul. Das Ergebnis ist die Fisch-Grundform. Nimm ein Quadrat, falte es dreimal zur Hälfte und bilde ein Modul. Das Ergebnis ist die Vogel-Grundform. Nimm ein Quadrat, falte es viermal zur Hälfte und bilde das Modul. Das Ergebnis ist die Frosch-Grundform. Nimm ein Quadrat ...

Als ich dieses Muster über die Frosch-Grundform hinaus fortsetzte, begegneten mir unvorhergesehene komplexe Reihen. Eine Stufe nach der Frosch-Grundform ergab 32 Module, zwei Stufen nach der Frosch-Grundform erzeugten 64 Module. Die Operation könnte bis ins Unendliche fortgesetzt werden und würde immer höhere Komplexitätsebenen erzeugen. Wie die Muster in der Natur, computererzeugte fraktale Muster und die Kombinationen einfacher Elemente, wie sie Komponisten, Künstler und Architekten zusammensetzen, so waren meine neuen Faltmuster Meisterwerke im einfachen Design. Aber eine entscheidende Frage blieb: Würden diese Muster dreidimensionalen Origami-Grundformen entsprechen, der Papieranordnung, die tatsächlich Modelle erzeugen würde? Unglaublicherweise taten sie es!

Jede neue Iteration entspricht einem Faltvorgang, der *Blintzen* genannt wird. Um ein Papierquadrat zu blintzen, bringt man die vier Ecken mit Talfalten zum Mittelpunkt, wie folgt:

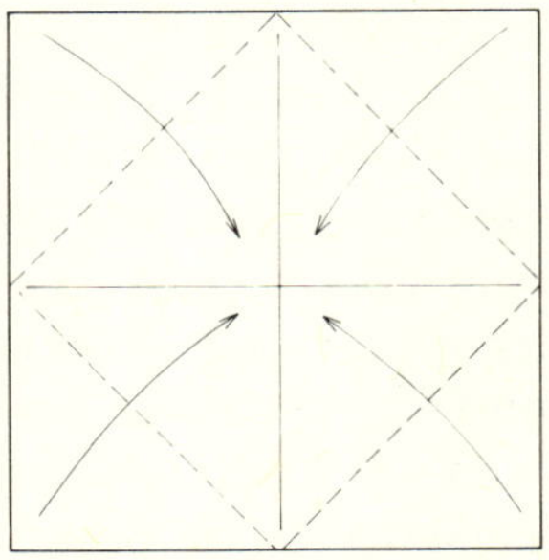

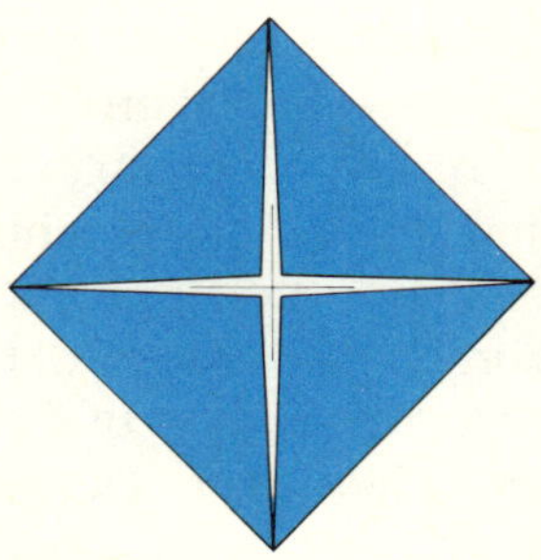

Talfalten der vier Ecken zum Mittelpunkt.

Die fertige Blintzfalte.

Das Ergebnis, ein um 45 Grad gedrehtes kleineres Quadrat, ist bis auf die vier zusätzlichen dreieckigen Klappen mit dem ursprünglichen Quadrat identisch. Die Blintz-Falte, eine Erfindung des zwanzigsten Jahrhunderts, ist nach einer Art gefüllter Pfannkuchen benannt, ähnlich wie russische *Blinis*. (Sie wird manchmal auch als Rhombus-Falte bezeichnet. Anm. d. Ü.) Sie ist seit der Erfindung der Frosch-Grundform die einzige weitverbreitete Neuerung im Origami. Ich weiß weder, wer sie erfunden, noch wer den Namen geprägt hat. Vor meiner Zeit hatten sie manche Falter auf die Vogel- oder Frosch-Grundform angewendet, aber es hatte niemand, soweit ich weiß, ihre weiteren Möglichkeiten erforscht. Ich erkannte, daß das Blintzfalten ein iterativer Prozeß ist: Es beginnt mit einer gegebenen geometrischen Figur, dem Quadrat, teilt diese in zwei (die Dreiecke in den vier Ecken machen die Hälfte des Quadrats aus) und erzeugt ein Abbild des Originals. Natürlich ist die entstehende Figur selbstähnlich.

Die Blintzfalte kann bei jeder Grundform ausgeführt werden, um die Anzahl der möglichen Klappen zu verdoppeln:

Grundform	**Zahl der Module**	**Grundform**	**Zahl der Module**
Drachen	2	geblintzter Drachen	4
Fisch	4	geblintzter Fisch	8
Vogel	8	geblintzter Vogel	16
Frosch	16	geblintzter Frosch	32

Die Progression muß hier nicht aufhören. Eine Blintzfalte an einer Grundform auszuführen, die bereits geblintzt ist, ergibt eine Folge von ineinandergeschachtelten Quadraten, jedes um 45 Grad gedreht. In kurzer Zeit führt dieser Vorgang zu astronomischen Modulzahlen, 64 für die *doppeltgeblintzte* Frosch-Grundform, 128 für die *dreifachgeblintzte* – mehr, als ein Papierfalter je benötigen würde.

In der idealen Welt der Mathematik können solche Progressionen für immer weitergehen. Aber in der echten Welt umfassen sie nur einige Größenbereiche und werden durch solche festen Größen begrenzt wie die Mindestöffnung eines Blutgefäßes, die Größe eines einzelnen Gens oder die kleinste Ansammlung von Atomen bei der Kristallbildung. Im Origami wird sie durch die Dicke des Papiers beschränkt. Wenn ein Modell nur zwei oder vier Anhängsel hat, wie der traditionelle Walfisch oder der Fliegende Vogel, können die Klappen aus den Ecken des Quadrats gefaltet werden. Die Ecken ergeben natürlich die engsten Punkte. Ein Anhängsel, das aus einer Kante gebildet wird, ist zweimal so dick, aus der Mitte ist es viermal so dick. Bei jeder weiteren Stufe kommen mehr und mehr der Klappen aus den Kanten und der Mitte des Papiers. Es gilt hier das gleiche Prinzip wie bei einem Puzzlespiel. Je höher die Gesamtzahl der Teile, desto mehr Mittelteile gibt es im Verhältnis zu den Randteilen, während die Zahl der Eckteile mit vier immer gleich bleibt. Mit je-

Das Wort *Origami* als Kalligraphie, vgl. mit den Schriftzeichen auf S. 28.

der Iteration kommen auch die Klappen enger zusammen. Sie werden gleichzeitig dicker und kürzer, und das Papier kann nicht mehr kompakt zusammenfallen. Zu viele Iterationen und das Modell ist am Ende.

Natürlich war das Erfinden neuer Muster erst der Anfang. Ein Faltmuster ist nur eine stumme Anordnung von Linien in einem Quadrat, eine von Hunderten oder Tausenden, die viel versprechen, aber vielleicht nichts halten. Wie ein Klecks beim Rorschach-Test oder eine computererzeugte Notenfolge ist das Muster das Rohmaterial, das umgeformt, manipuliert und verwandelt werden muß. Als ich immer wieder an dem Papier in meinen Händen arbeitete, bildete und selektierte mein Kopf Muster.

Während ich fühlte und sah, raste er durch Faltkombinationen, umrundete einzelne Berg- und Talfalten und manipulierte statt dessen ganze Ansammlungen von Gegenbrüchen, Preßfalten, Blütenblattfalten und Vogel-Grundformen. Wie der Schachspieler, der mit einem Blick auf das Brett sofort die passende Zugkombination findet, ließ ich das Papier zu Anordnungen zusammenfallen, die sofort Tierformen andeuteten: Elefantenrüssel, Schlangenwindungen, Schmetterlingsflügel. Aber eine Anordnung von Falten macht noch keinen Schmetterling. Sie muß in eine räumliche Form gebracht, der Körper gebildet, die Flügel gebogen werden; die vielen Feinheiten, die einen Schmetterling ausmachen, müssen mit Liebe und Geschick ausgeführt werden. Es kann Wochen, Monate oder Jahre dauern, bis das fertige Modell auftaucht.

Die Blintzfalte öffnete die Schleusen zu neuen Techniken. Ich blintzte eine Frosch-Grundform und bekam einen Skorpion und einen kleinen Tintenfisch. Ich doppelblintzte eine Frosch-Grundform und machte einen achtzackigen Stern, einen Ritter zu Pferde und einen Krebs. Ich erfand eine neue Vorgehensweise für den Krebs – eine *offene, doppelte Senkfalte* – und erkannte, daß eine Folge dieser Falten den Segmenten eines Tausendfüßlers glich. Ermutigt schaute ich nach anderen und neuen Modulen. Ich fand heraus, daß ein Rechteck mit den Proportionen $1 \times \sqrt{2}$ sich selbst repliziert: Auf halber Länge geteilt, wird es zu zwei kleineren Rechtecken mit genau den gleichen Proportionen. Wenn man das Papier immer wieder zur Hälfte faltet, erhält man eine unendliche Folge kleinerer Rechtecke (s. S. 91).

Das $1 \times \sqrt{2}$ Rechteck erwies sich als Grundform für einen Elefanten und einen Tiger. Andere iterative Figuren folgten. Ein Dreieck mit den Proportionen $1 \times \sqrt{3}$ repliziert sich selbst auf zwei verschiedene Arten. Teile es auf eine Art, und *drei* kleinere

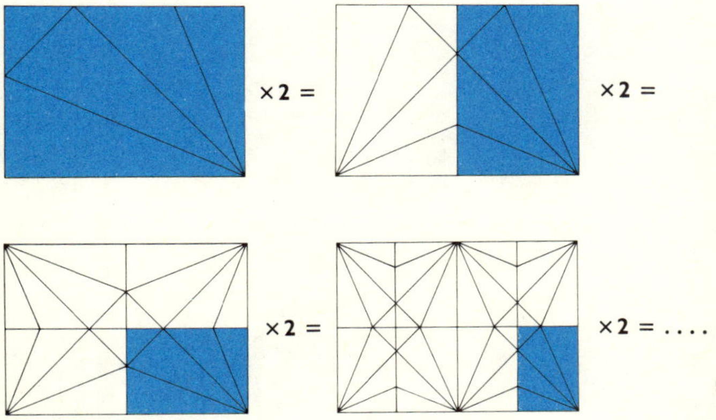

Replikation des 1 × $\sqrt{2}$ Moduls in zwei Kopien.

Dreiecke replizieren das ursprüngliche. Teile es auf eine andere Art, und *vier* kleinere Dreiecke replizieren das ursprüngliche. Das 1 × $\sqrt{3}$ Dreieck erzeugte das Rentier und den Ein-Dollar-Krebs. Wie andere iterative Prozesse wiederholt sich das bis ins Unendliche.

Die Verbindung verschiedener Module erzeugte weitere neue Formen. In einem Prozeß, den ich *Pfropfen* nenne (er erinnert mich an die Biologie) fügte ich eine Frosch-Grundform in die Mitte einer Vogelform für mein Känguruhbaby. Das wiederholte ich in größerem Maßstab mit vier Frosch-Grundformen in eine geblintzte Frosch-Grundform für die Augen und Trichter des Tintenfisches.

Nach dem Pfropfen kamen die *hybriden Module*: Modulhaufen setzten sich zu Superhaufen zusammen, immer größere und komplexere Formen entstanden. Ein Hybrid bestand aus einem großen Quadrat, einem kleinen Quadrat, und zwei 1 × $\sqrt{2}$ Rechtecken, eine Art Superquadrat. Selbst dieses hybride Modul konnte wiederholt werden. Die erste Stufe ist die einfache Vogel-Grundform. Die zweite mit zwei Rechtecken und zwei Quadraten wurde ein Alligator. Und die dritte, mit einem neuen Rechteck mit den Proportionen 1 × $(1+\sqrt{2})/2$, wurde mein bis jetzt anspruchsvollstes Modell, der Schmetterling.

Als ich weiter um neue Formen kämpfte, rückten die Tage der Verzweiflung in immer weitere Ferne. Ich kommunizierte mit anderen Faltkollegen und erfuhr, daß viele dieselbe Flaute gefühlt hatten und manche hatten wie ich einen Ausweg gefunden. Meine Modelle wurden besser und komplexer: Der Tintenfisch mit acht Fangarmen und einem Kopf benötigte neun Klappen, der Ritter zu Pferd elf, das Rentier zwölf und der Schmetterling sechzehn. Jetzt wußte ich, daß Origami niemals das Quadrat erschöpfen kann. Mit den unendlichen Variationsmöglichkeiten des Lebens als Inspirationsquelle liegt die einzige Grenze in meiner eigenen Vorstellungskraft.

Je tiefer ich in die Papiermuster eindrang, desto mehr erkannte ich die Schöpfung eines Origamimodells als Analogie für das Leben. Jedes neue Modul trägt den Entwurf für seine folgende Teilung und Reproduktion in sich; jede neue Grundform trägt ihre ganze Lebensgeschichte in sich. Es ist nicht schwierig, in der Selbstreplikation eine Schar biologischer Prozesse zu erkennen: die Duplikation der DNS durch die RNS, die Teilung des befruchteten Eis während der Mitose, die Zweiteilung der Amöbe, das Knospen eines Südwasserpolypen, die Weitergabe der Chromosomen von Generation zu Generation.

M.C. Escher hatte jene Überschreitung der Grenze eine spirituelle Handlung genannt. Auch er hätte sich gefragt, ob das Modell immanent im Papier vorhanden ist oder ob das Quadrat für den Schöpfer ein unbeschriebenes Blatt ist. Besitzt jedes Modell einen phylogenetischen Regelsatz, der seine Gestalt und Struktur bestimmt? Wie treffen sich in der Morphogenese eines Modells lokale (zellulare) und globale (organismische) Strukturen? Gibt der Papierfalter wie die natürliche Selektion – oder wie Gott – einem blinden mechanischen Vorgang eine Teleologie? Die Antworten sind fern und nicht zu fassen – so wenig wie der Ursprung des Lebens.

Nachdem ich das Papierquadrat im Raum hatte schweben sehen, trug ich das Bild zwei Monate lang in meinem Kopf herum. Es flatterte hinten in meinem Unterbewußtsein herum, faltete sich auf und wieder zusammen in einem Schauspiel von komplexen Mustern und lenkte meine Aufmerksamkeit auf sich. Aber das Leben hält nicht an wegen eines Stücks Papier, besonders nicht für ein schwebendes Quadrat. Und so ging ich meinen Aktivitäten nach und gab dem Bild eine Inkubationszeit. Von Zeit zu Zeit holte ich es aus meinem Unterbewußten und ging das Problem von neuem an. Ohne Papier zu berühren, begann ich, die einzelnen Hürden zu nehmen.

Zuerst würde ich die Erscheinung des Schlangenkörpers einfangen müssen. Einfach Linien auf das Papier zu zeichnen wäre unbefriedigend; ich müßte eine Reihe von winzigen parallelen Falten bilden, um dem Körper Struktur und die Illusion der Dreidimensionalität zu geben. Ich müßte einen Weg finden, für den Kopf und den Schwanz zwei Klappen aus der Spirale wachsen zu lassen. Weil die Spirale eine natürliche Neigung zum Aufspringen haben würde, müßte ich mir einen Schließmechanismus einfallen lassen. Schließlich müßten die Proportio-

REPLIZIERENDE MODULE

Replikation des 1 × 1 Moduls in zwei Kopien.

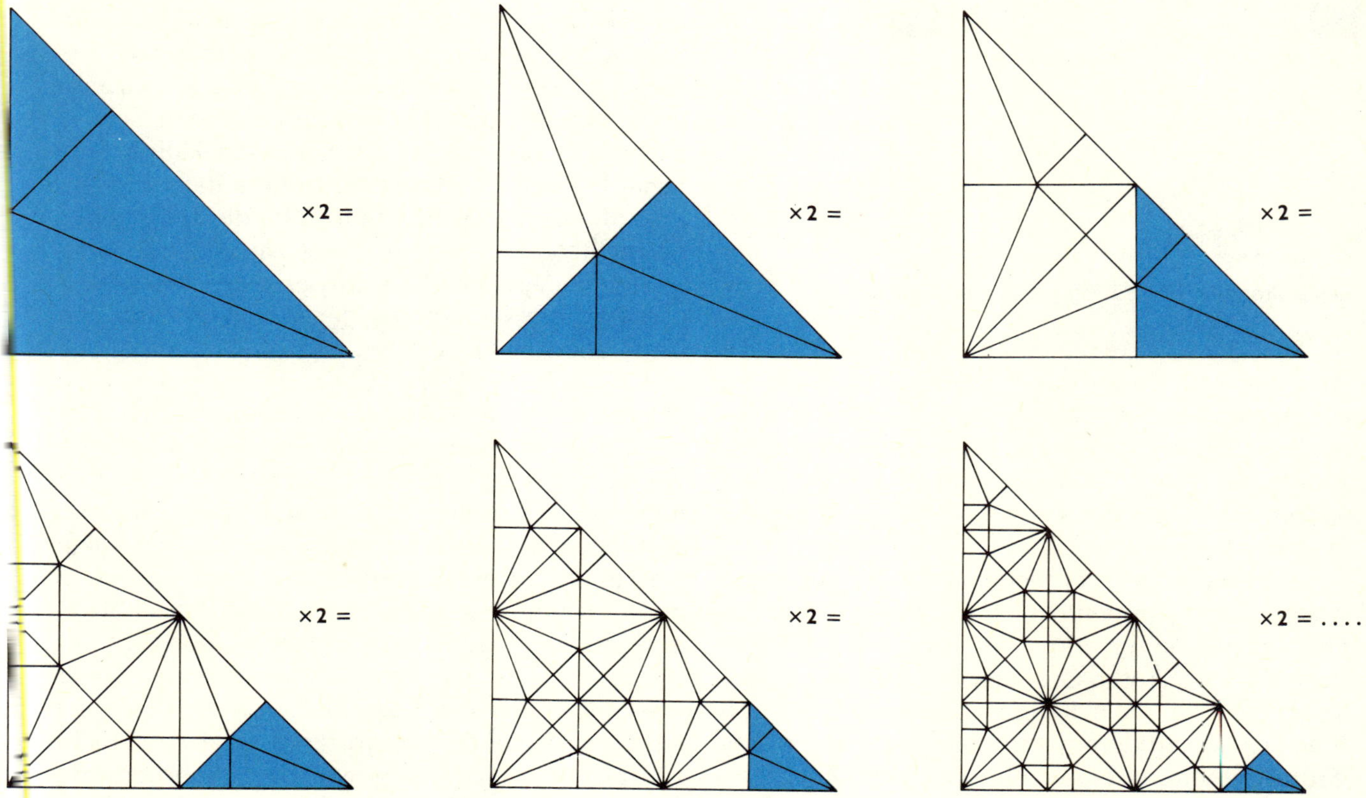

Replikation des 1 × $\sqrt{3}$ Moduls in drei Kopien.

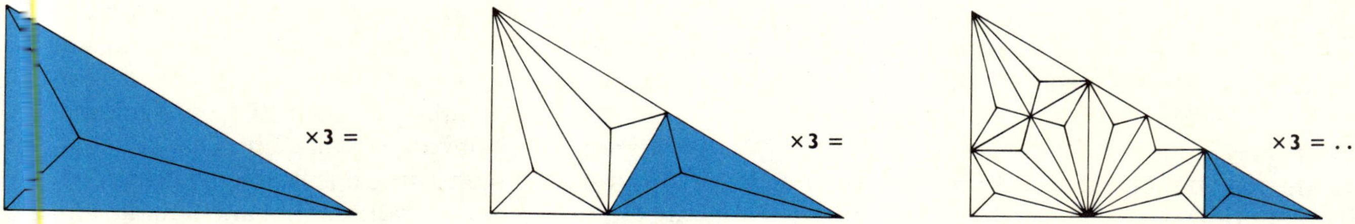

Replikation des 1 × $\sqrt{3}$ Moduls in vier Kopien.

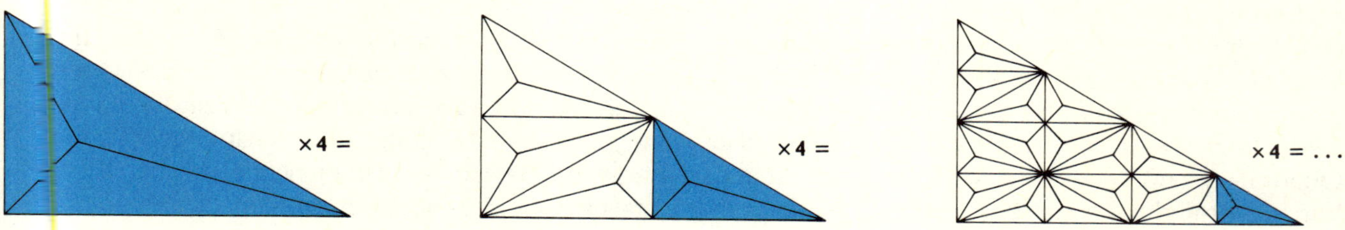

EINFACHE WINKEL UND PROPORTIONEN STEUERN

DREI MODULE

Fast alle Modelle in diesem Buch bestehen aus zwei Dreiecken. Die Dreiecke werden auf verschiedene Art kombiniert, um drei Module zu bilden.

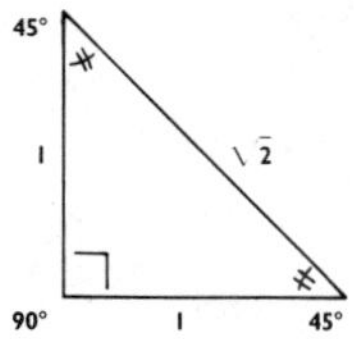

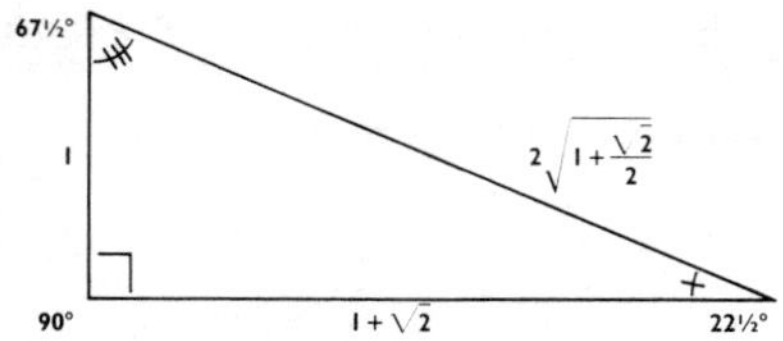

1 × 1 Modul

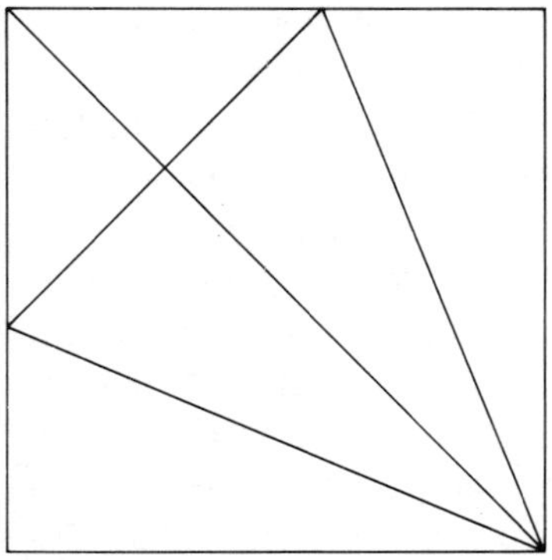

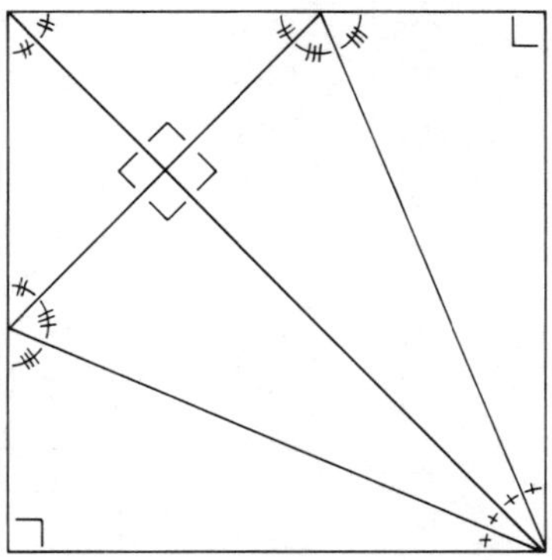

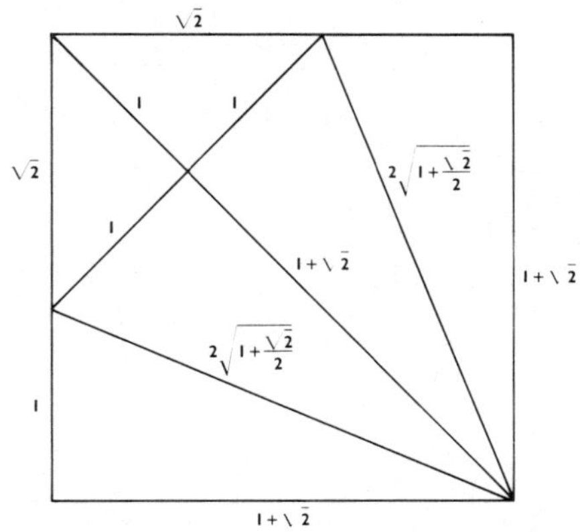

1 × $\sqrt{2}$ Modul

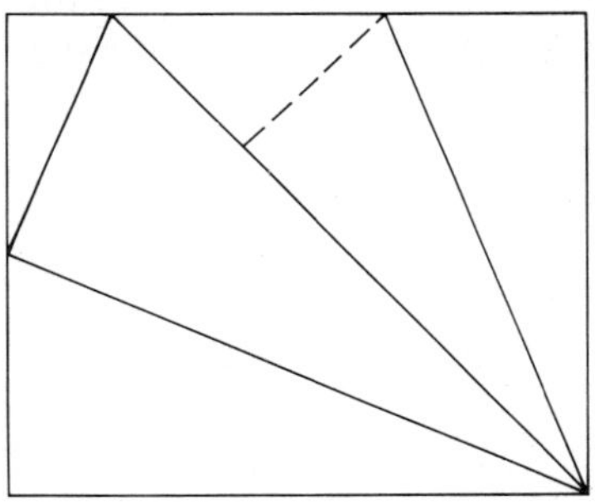

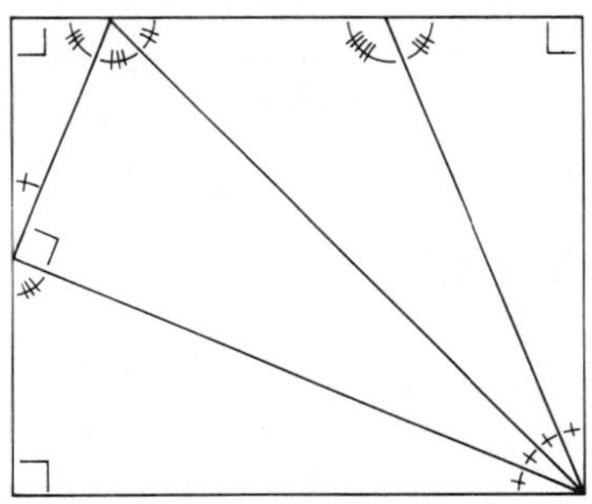

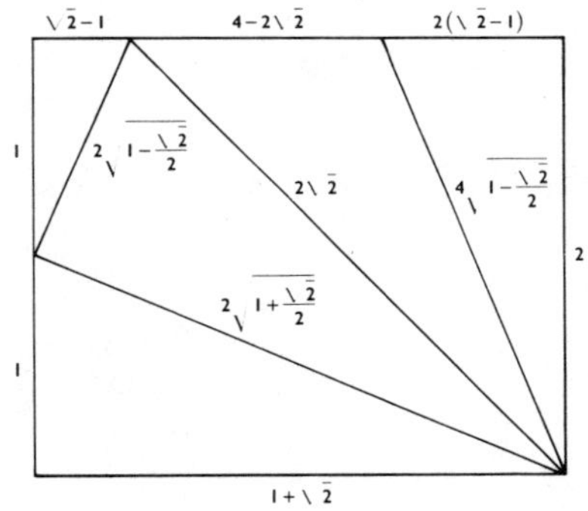

1 × $(1+\sqrt{2})/2$ Modul

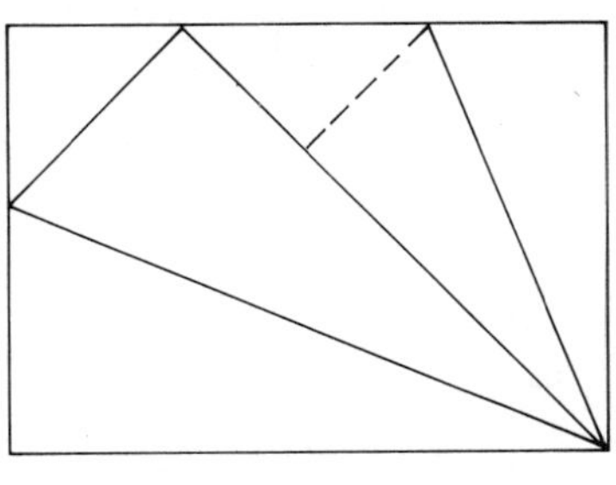

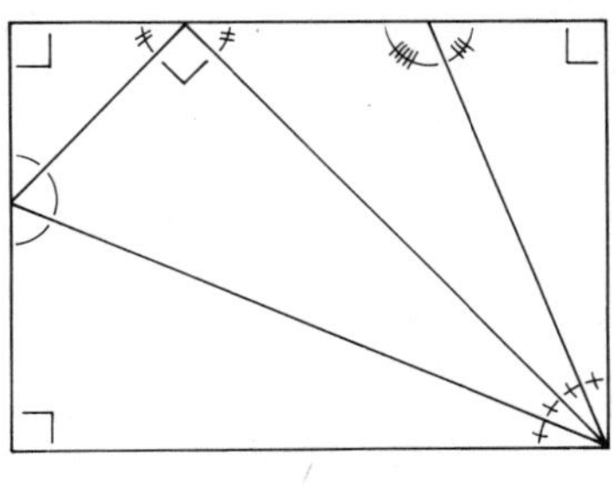

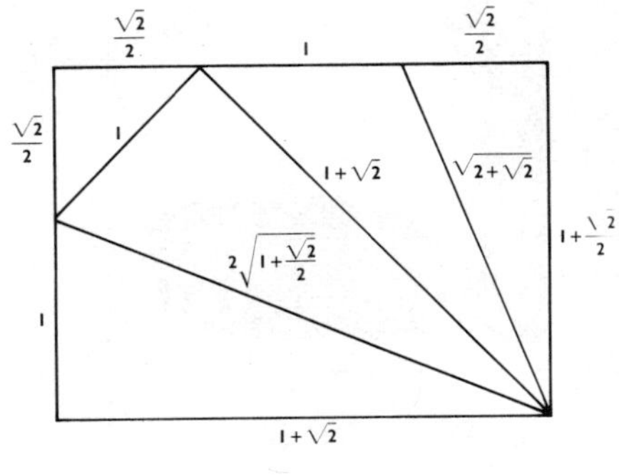

FERTIGSTELLUNG DER KLAPPERSCHLANGE

Versuch, die Körperproportionen richtig hinzukriegen.

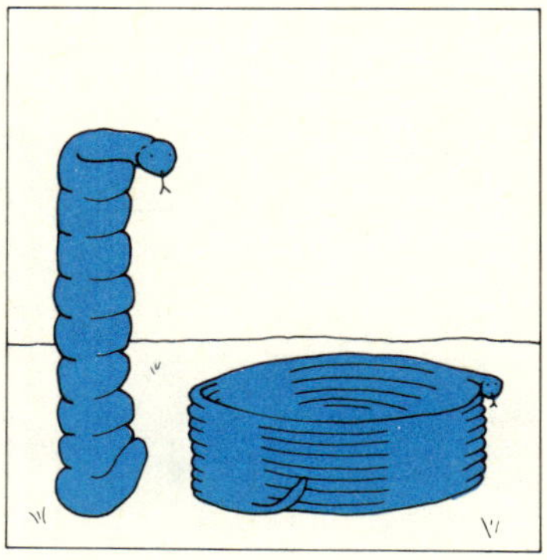

Zu dünn. **Zu dick.**

nen des Tieres anatomisch ungefähr stimmen. Das Entscheidende wäre die Dicke des Körpers im Verhältnis zum Durchmesser der Spirale. Hinter dieser letzten Hürde lauerten vage Größen wie Charakter und ästhetische Erscheinung des fertigen Modells, aber die lagen noch weit weg. Diese Probleme mit dem Papier auszuarbeiten, nahm im Laufe der nächsten Wochen viele Stunden des Wachens und auch einige des Schlafens in Anspruch. Der Prozeß des Erfindens war oft mühsam und langweilig, mit ausgedehnten Produktivitätskrisen und Phasen, in denen jeder Zug ein Fehlstart oder eine Sackgasse war.

Ich glaube jedoch, daß der Zufall dem, der vorbereitet ist, weiterhilft, und daß die vielen Stunden, die ich mit dem Aussortieren von nutzlosen Kombinationen verbrachte, bei weitem nicht wertlos waren. Am Ende war ich erfolgreich, und die Schlange nahm die Form an, die Sie jetzt hier im Buch sehen. Oft verwirrt sich das Problem jedoch und muß ungelöst im Kopf des Erfinders verschwinden, um dann Wochen, Monate oder Jahre später erneut aufzutauchen und nach einer Lösung zu verlangen. Erst dann, nach einer scheinbar endlosen Kette von Umwegen, findet der langerwartete Augenblick der Erleuchtung statt: Wenn aus einem bedeutungslosen Haufen von Winkeln und Kanten das Muster auftaucht, ist die Grenze überschritten, und da steht das Modell, der Grundsatz, der Schachzug, die Melodie, das Gemälde, das Gedicht. Das ist der aufregende Augenblick, wenn das Stumme zu sprechen beginnt. Und das tut es mit einem freudigen kindlichen Schrei, der die Sprache aller Erfindung ist.

Pfropfen einer Frosch-Grundform auf eine Vogel-Grundform.

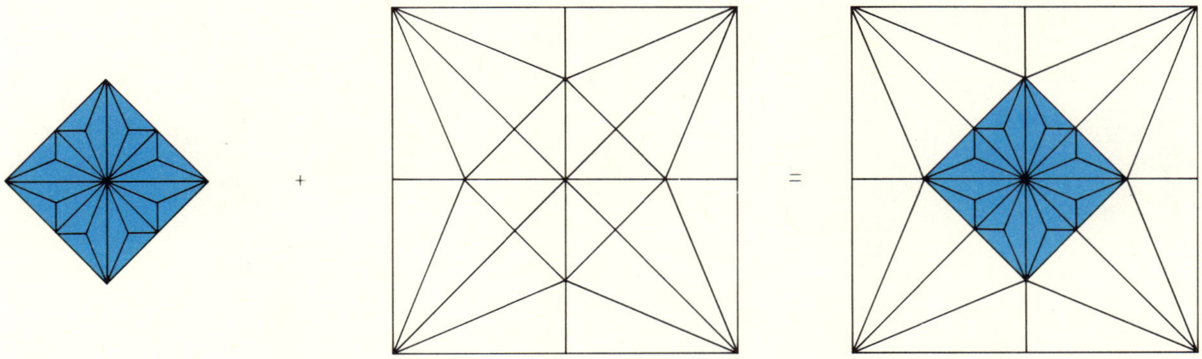

Pfropfen von vier Frosch-Grundformen auf eine geblintzte Frosch-Grundform.

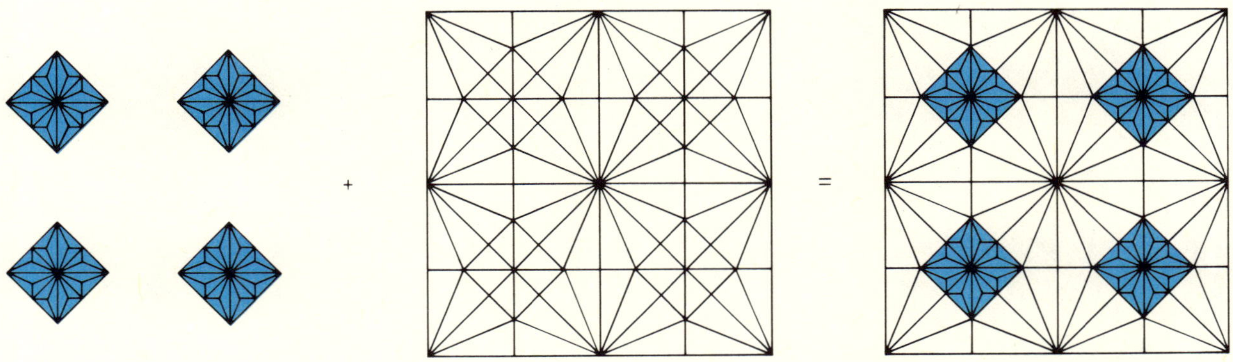

Replikation eines hybriden Moduls.

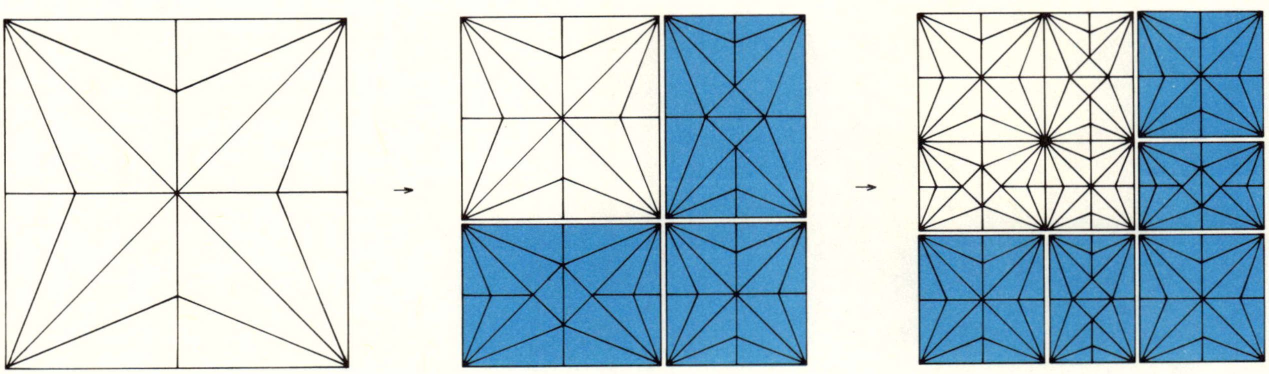

III. Die Modelle

Weitere Falttechniken

Bevor man sich ans Falten der Modelle machen kann, muß man noch folgende Faltvorgänge kennen:

Bei einer *Knitterfalte* laufen Talfalten mit Bergfalten in einem Punkt zusammen. Die Brüche auf Vorder- und Rückschicht sind spiegelbildlich.

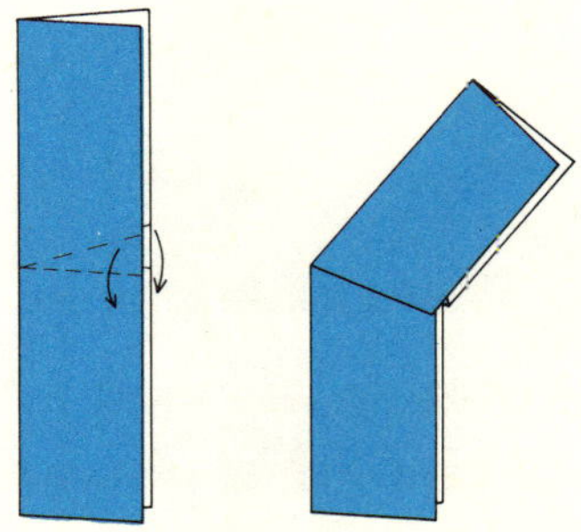

Vorder- und Rückseite tal- und bergfalten.

Die fertige Knitterfalte.

Bei einer *Harmonikafalte* laufen eine Berg- und eine Talfalte parallel. Sie kann mit beliebig vielen Schichten ausgeführt werden, die wie eine gefaltet werden.

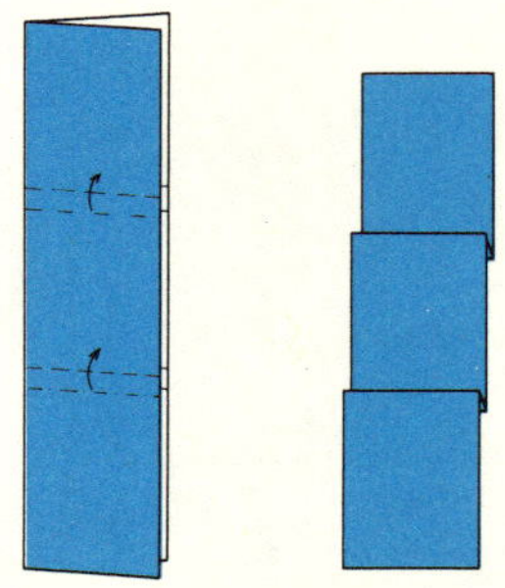

Tal- und Bergfalten der Vorder- und Rückseite.

Die fertige Harmonikafalte.

Bei einer *Hasenohrfalte* werden die drei Winkel einer dreieckigen Klappe durch Talfalten halbiert. Das Dreieck kann jede Form haben. Das Beispiel hier benutzt die Vogel-Grundform.

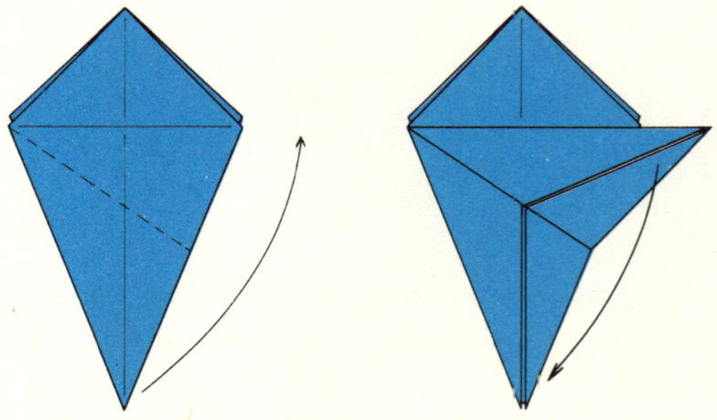

Einen Winkel mit einer Talfalte halbieren.

Öffnen.

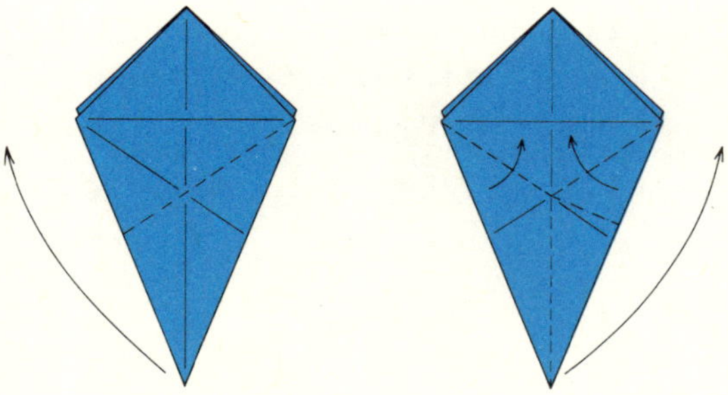

Einen Winkel mit einer Talfalte halbieren. Öffnen.

Den anderen Winkel mit einer Talfalte halbieren. Öffnen.

In einer einzigen Bewegung die zwei vorangegangenen Schritte wieder falten und den losen dritten Winkel halbieren und ihn zu einer Seite bringen. Automatisch entsteht eine kleine Bergfalte. Flachpressen.

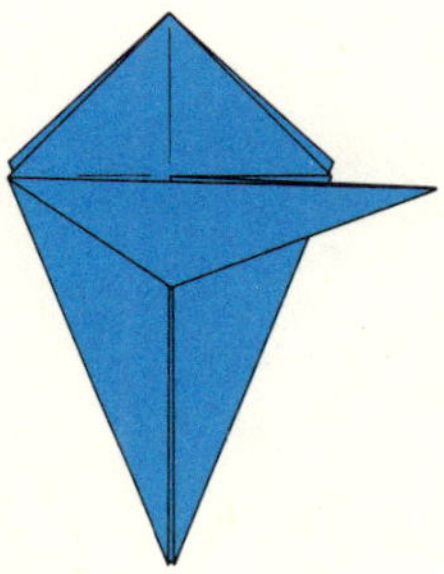

Die fertige Hasenohrfalte.

Die *Senkfalte* ist der letzte und schwierigste der Faltvorgänge. Dabei wird ein konvexes (d.h. nach außen gewölbtes) Stück Papier konkav (nach innen gewölbt). Es gibt zwei Sorten. Bei einer *offenen Senkfalte* durchläuft das versenkte Stück eine Phase, wo es ganz offen und flach ist. Der Vorgang wird durch einen weißen Pfeil dargestellt.

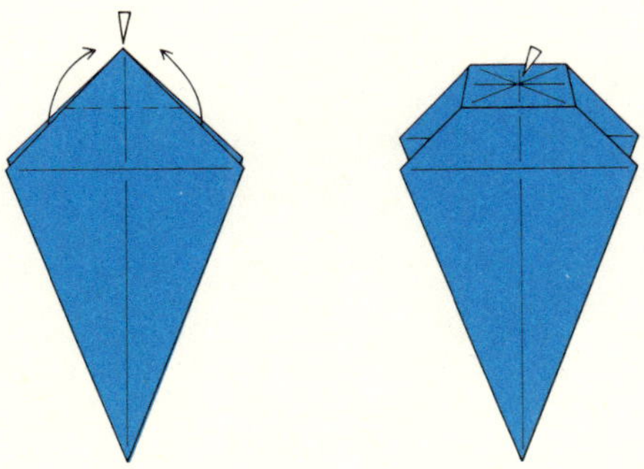

Fest knicken, um die Kante für die Senkfalte zu bilden. Die beiden linken Klappen zusammenkneifen, die rechten ausbreiten.

Das versenkte Stück bildet eine dreieckige Pyramide, die nicht flach liegt. Von oben hineindrücken, bis die Pyramide nach innen zusammenfällt.

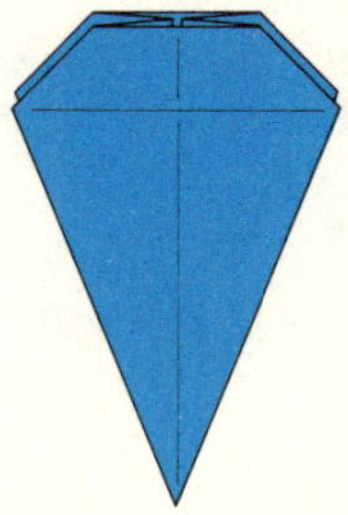

Die fertige offene Senkfalte.

Bei einer *geschlossenen Senkfalte* bleibt das Stück, das nach innen gehen soll, geschlossen und liegt nie flach, sondern springt sofort aus seiner konkaven in die konvexe Form. Der Vorgang wird durch einen schwarzen Pfeil dargestellt.

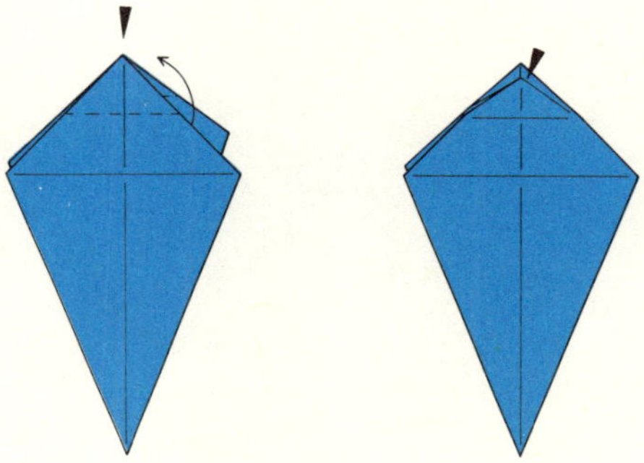

Fest knicken, um die Kante für die Senkfalte zu bilden. Das Papier ausbreiten und von oben nach innen drücken.

Weiterdrücken, bis das versenkte Stück ein offenes flaches Quadrat bildet und dann innen zusammenfällt. Flachpressen.

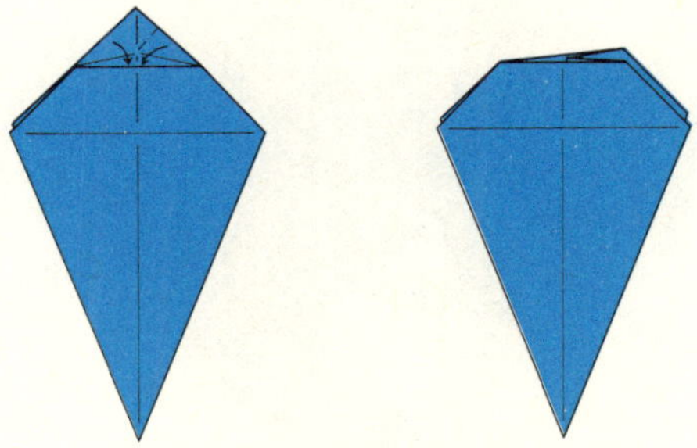

Flachpressen.

Die fertige geschlossene Senkfalte.

Jetzt können Sie sich ein Modell aussuchen und beginnen!

Engelfisch

Verwenden Sie einseitig oder beidseitig unterschiedlich gefärbtes Papier. Ein 25-cm-Quadrat ergibt ein 25 cm hohes Modell. Mit der Vorfalte beginnen.

1 Die Seitenklappen öffnen.

2 Die Seitenklappen knitterfalten und nach unten bringen.

3 Die Dreiecke, die oben und unten herausragen, werden die Flossen, die Quadrate vorn und hinten werden der Körper. In einer einzigen Bewegung die obere Flosse mit Talfalten verengen und den Körper so weit wie möglich talfalten. Hinten wiederholen.

4 Schritt 3 bei der unteren Flosse wiederholen. Das eingesperrte Papier herausziehen und zu einem Hasenohr zwicken.

5 Das helle Stück öffnen und flachdrücken.

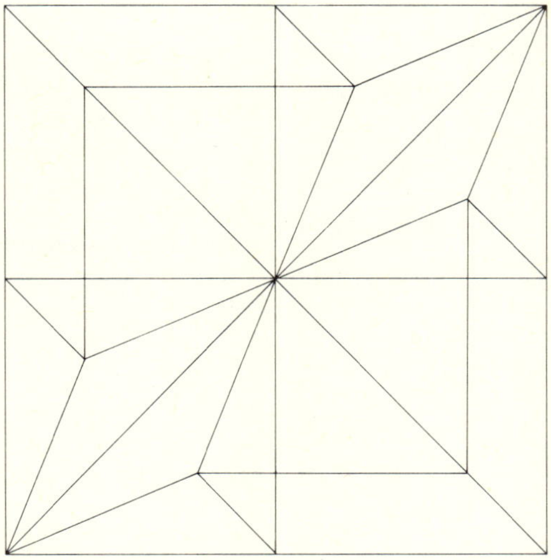

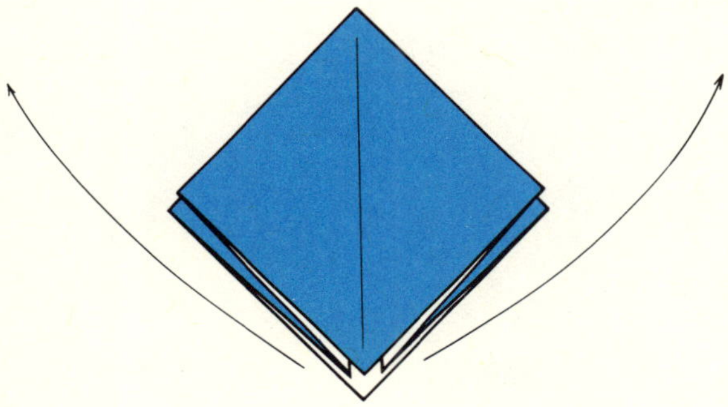

1

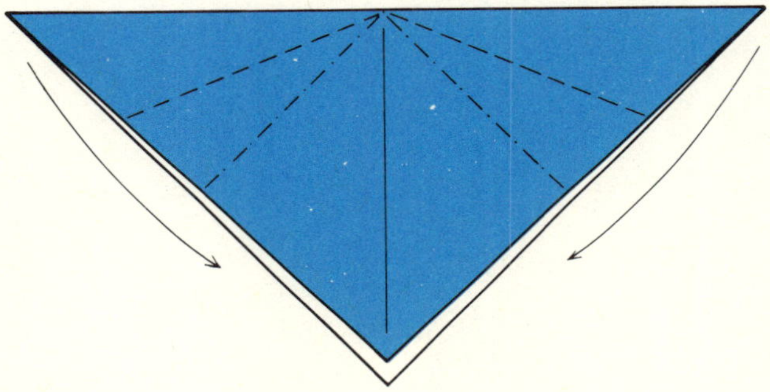

2

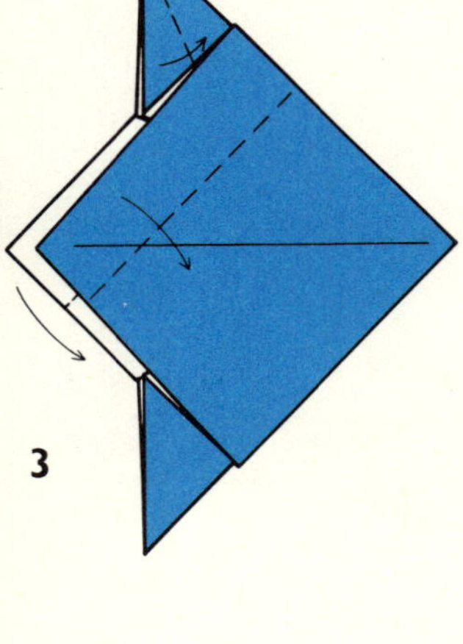

3

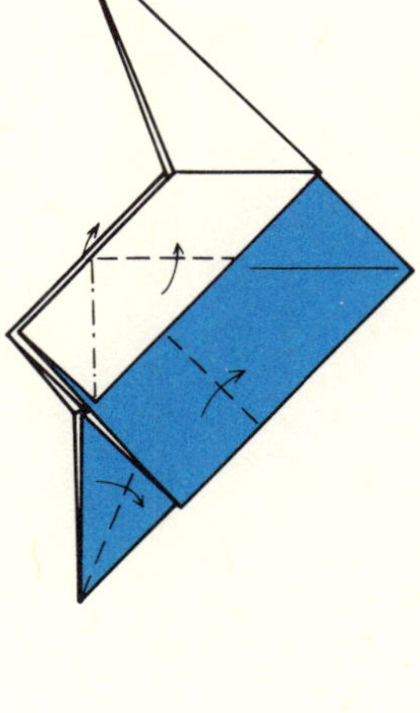

4

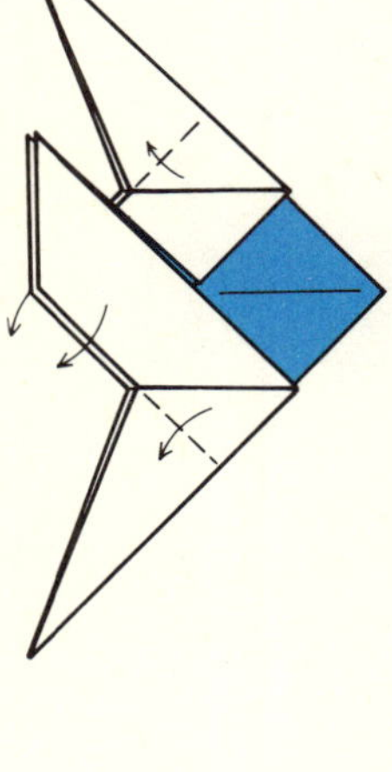

5

6 Den vorhandenen Knicken nachfalten und das lose Papier in den Körper stecken.

7 Die dunklen Dreiecke, die oben herauskommen, werden die Schwanzflossen. Sie werden mit Talfalten verengt und wieder geöffnet.

8 Beide Schwanzflossen nach unten bringen.

9 Schwanzflossen in die andere Richtung talfalten und öffnen.

10 Die vordere Flosse nach oben bringen.

11, 12 Den vorhandenen Brüchen folgen und die vordere Flosse offen senkfalten.

13 Die Senkfalte ist fast fertig. Mit der hinteren Schwanzflosse wiederholen.

Der fertige **Engelfisch**.

(1973)

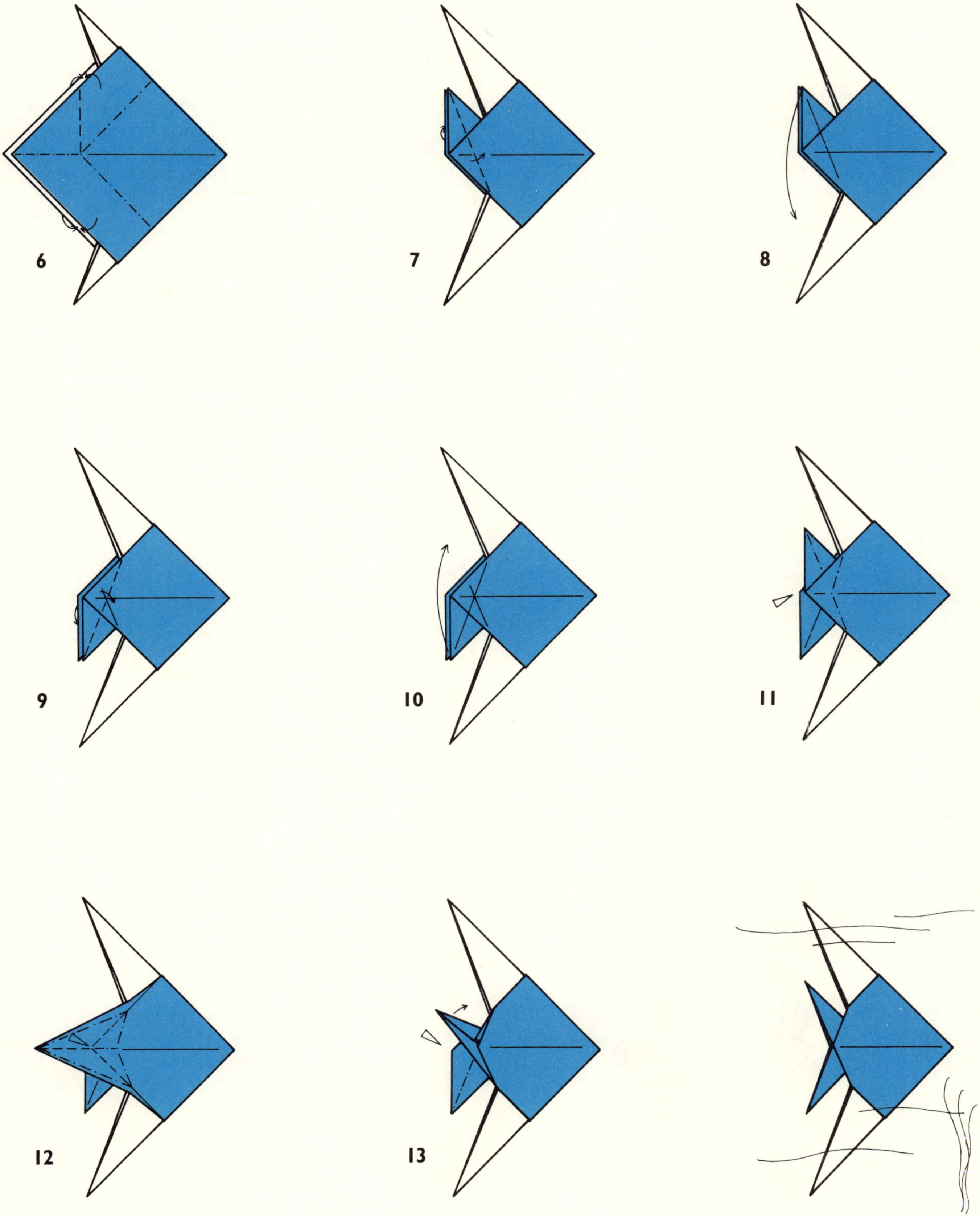
6
7
8
9
10
11
12
13

Korallenfisch

Verwenden Sie ein einseitig gefärbtes Blatt Papier. Ein 25-cm-Quadrat ergibt ein ca. 17 cm hohes Modell. Mit der Vorfalte beginnen.

1 Die obere Klappe nach oben heben und strecken. Das ist eine Blütenblattfalte.

2 Flachpressen.

3 Die dunklen Seitenklappen werden die Flossen. Sie so weit wie möglich nach oben bringen.

4 Die Flossen mit Talfalten verengen.

5 Die dreieckigen Klappen oben und unten werden die Schwanzflossen. Die obere talfalten. Beim nächsten Schritt zeigen die punktierten Linien, wo die Kanten fallen sollen.

6 Öffnen.

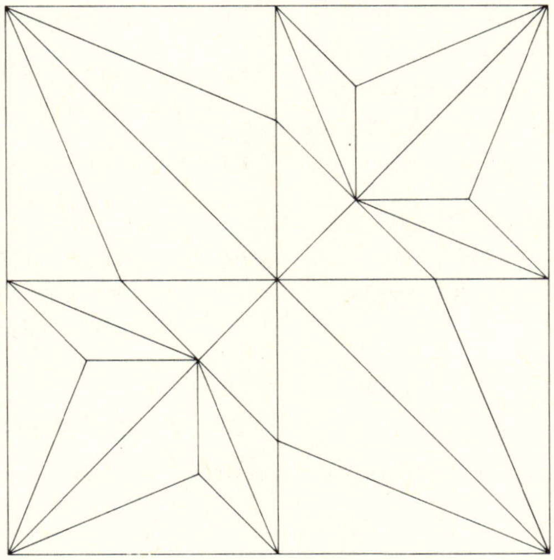

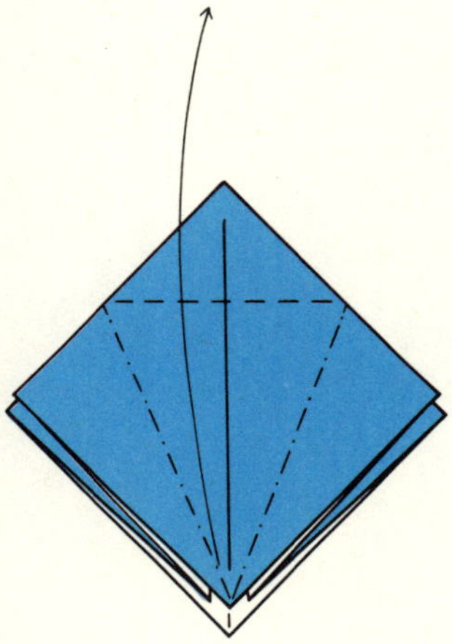

1

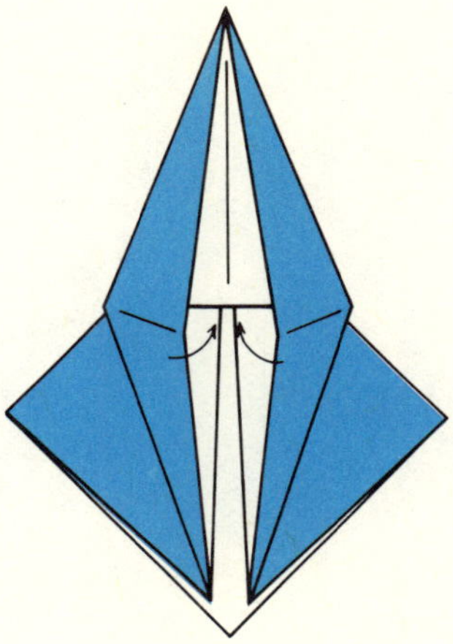

2

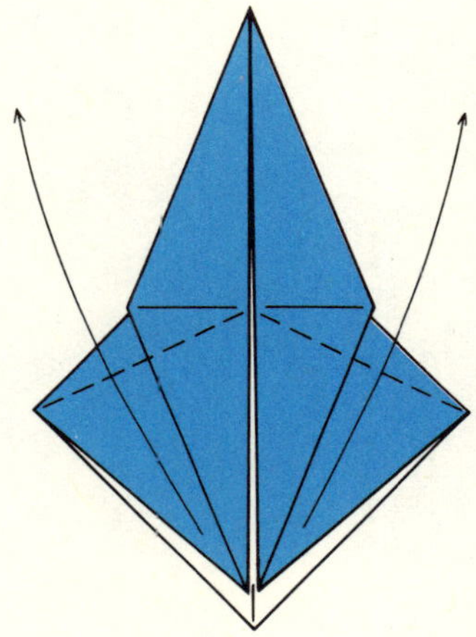

3

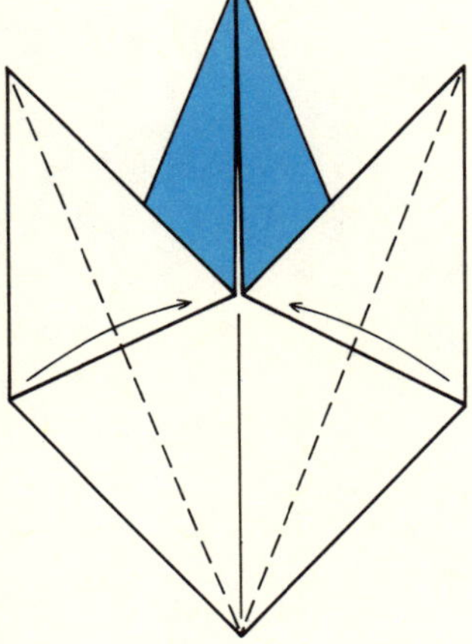

4

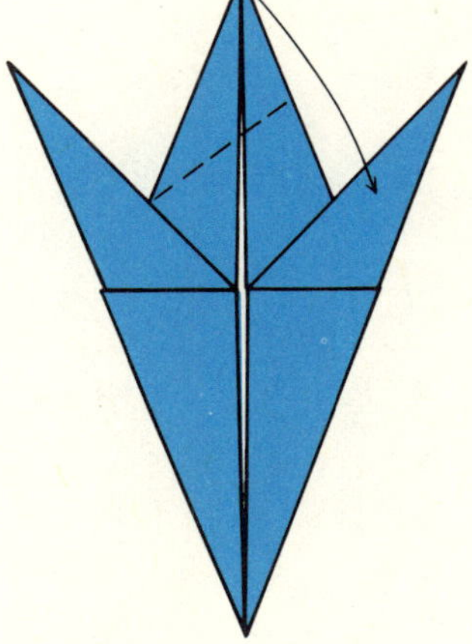

5

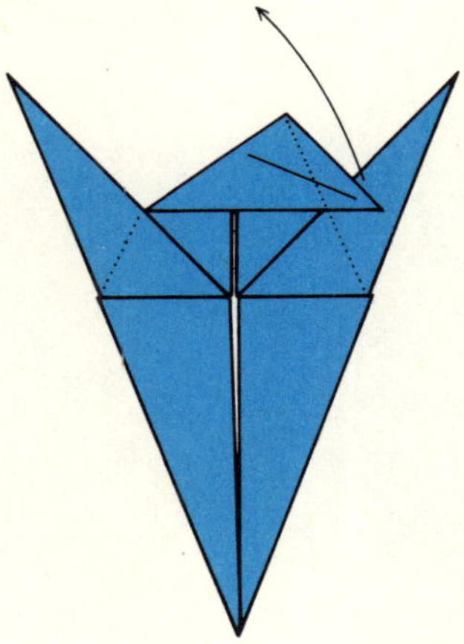

6

7 Die Schritte 5 und 6 auf der rechten Seite der oberen und auf beiden Seiten der unteren Schwanzflosse wiederholen. Dann den vorhandenen Brüchen folgen und beide Schwanzflossen hasenohrfalten.

8 Die beiden Schwanzflossen talfalten. Den Bruch senkrecht zur äußeren Kante jeder Flosse machen, so daß die Kante auf sich selbst landet.

9 Die obere Flosse der Mittellinie entlang talfalten.

10 Die ganze obere Flosse bis Schritt 7 öffnen.

11 Am vorhandenen Bruch entlang bergfalten.

12 Die ganze Dicke am vorhandenen Bruch entlang hasenohrfalten.

13 Die obere Schwanzflosse auffalten und nach links bringen.

14 Das ganze Modell zur Hälfte falten und das vorstehende Papier der unteren Flosse in die Tasche der oberen Flosse stecken, um den Körper zu verschließen.

Der fertige **Korallenfisch**.

(1973)

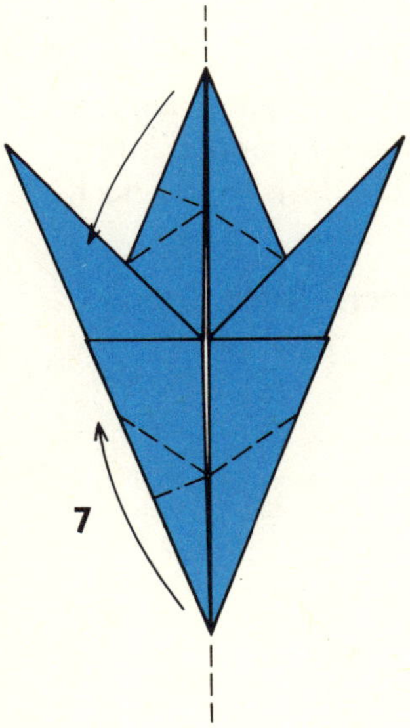

7

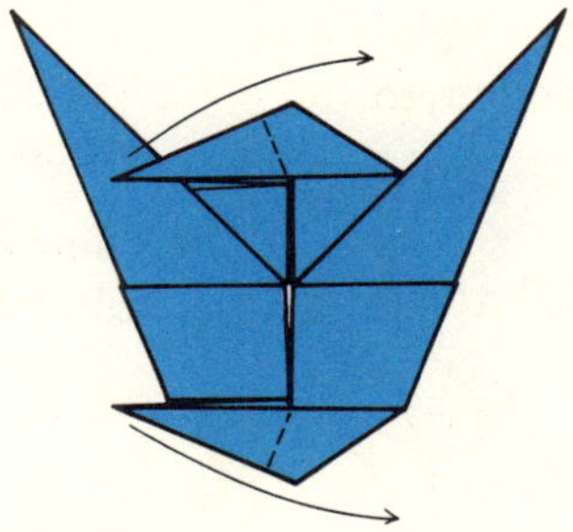

8

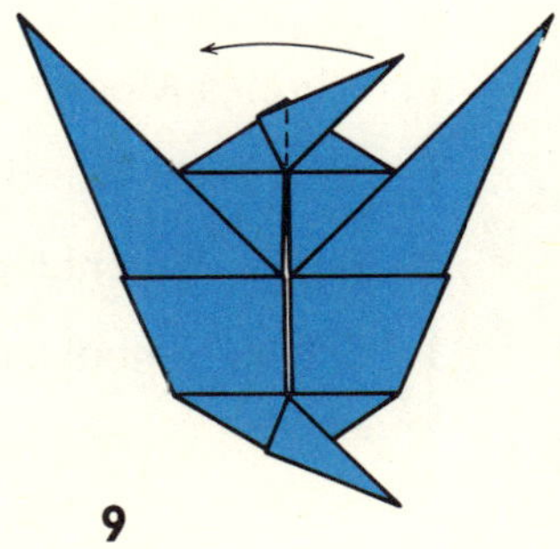

9

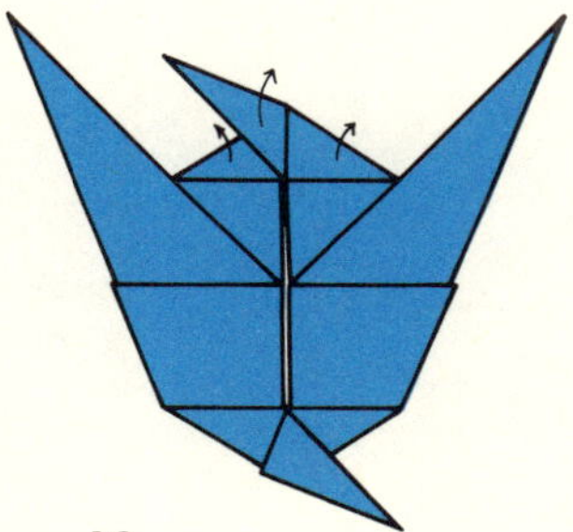

10

11

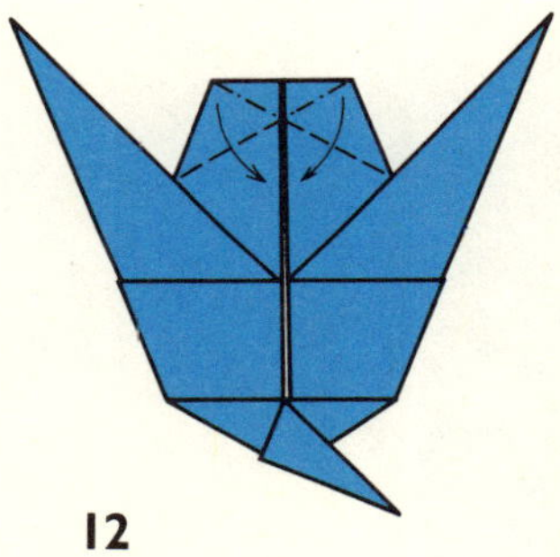

12

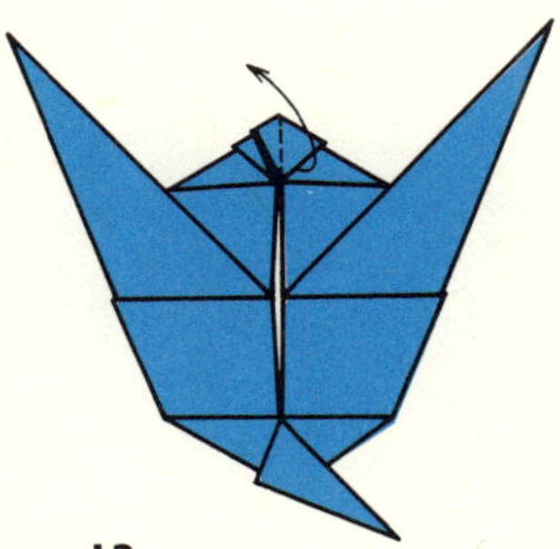

13

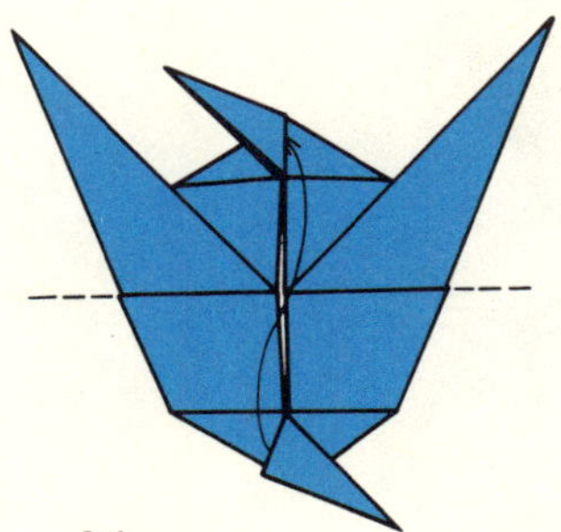

14

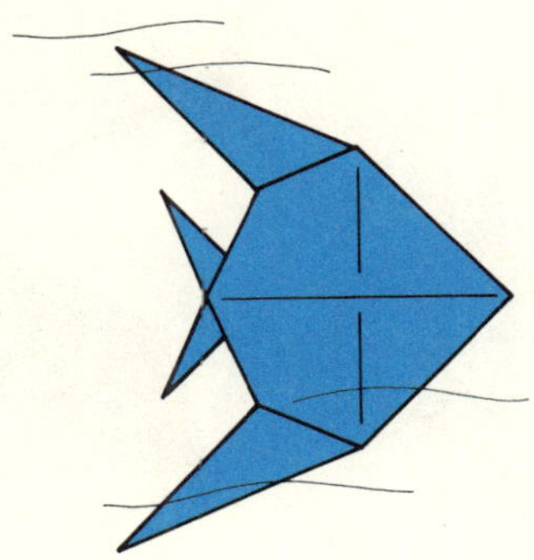

Diskusfisch

Verwenden Sie einseitig oder beidseitig unterschiedlich gefärbtes Papier. Ein 25-cm-Quadrat ergibt ein 25 cm hohes Modell. Mit der Vorfalte beginnen.

1 Die vorderen und hinteren Quadrate talfalten.

2 Die vier Seitenklappen zur Mittellinie talfalten.

3 Die vier Seitenklappen öffnen.

4, 5 In einer Bewegung die vier Seitenklappen wieder falten und die oberen Klappen zum Mittelpunkt bergfalten. Das lose Papier nach innen stecken.

6 Die hellen Klappen trennen, die dunklen im Uhrzeigersinn drehen.

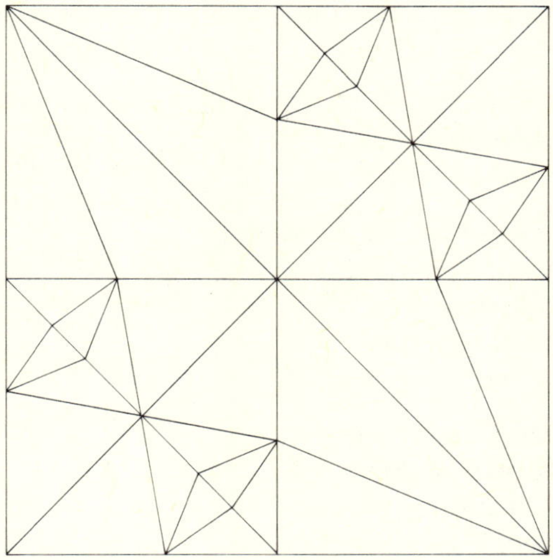

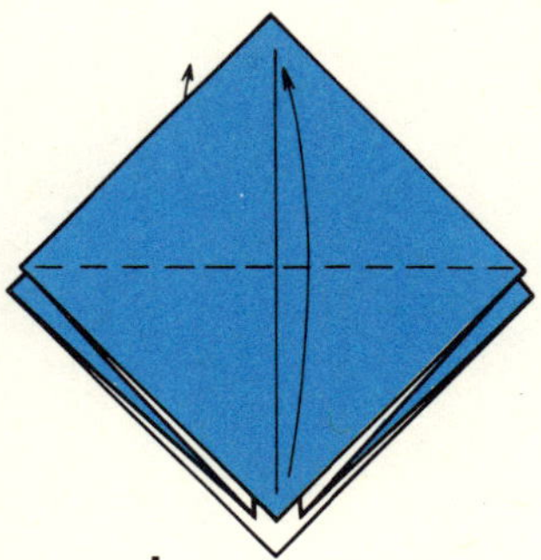

1

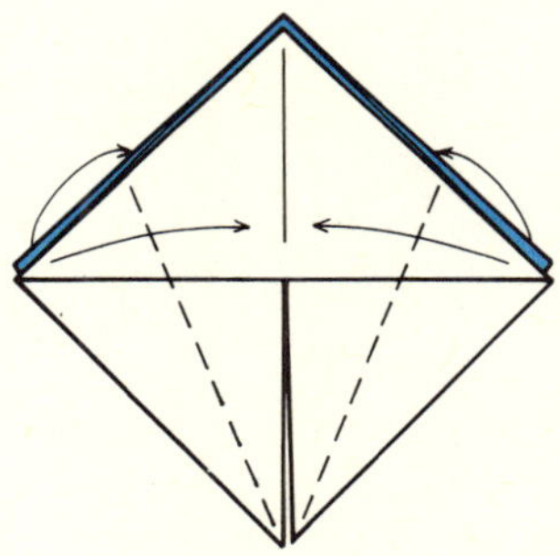

2

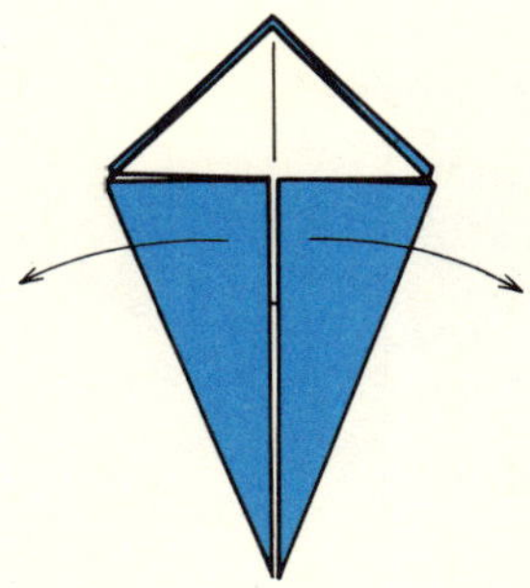

3

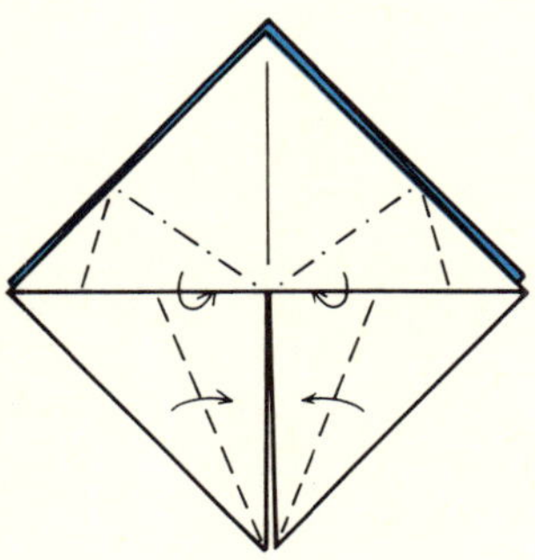

4

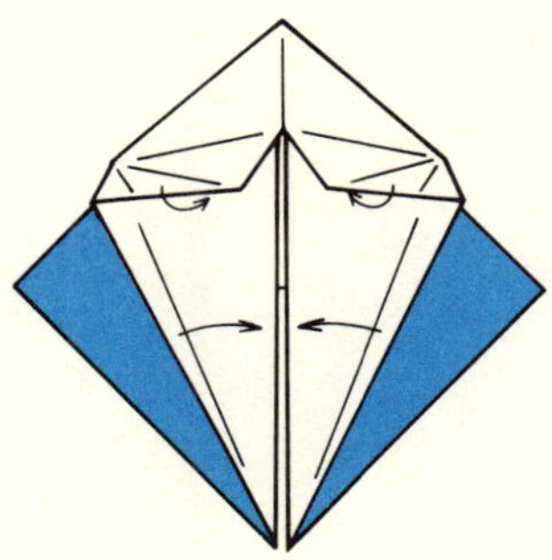

5

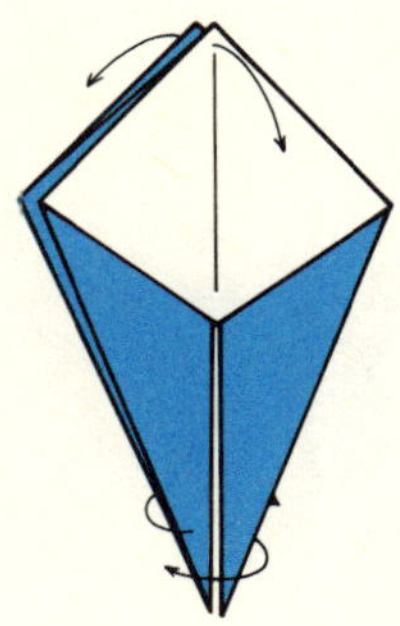

6

7 Die Spitzen der dunklen Klappen werden die Schwanzflossen. Die obere Spitze nach unten bringen.

8 Die Schritte 5 bis 9 des **Korallenfisches** wiederholen.

9 Die Schritte 9 bis 14 zeigen, wie man die Farbe der Schanzflossen ändern kann. (Wahlweise Schritt 10 bis 14 des **Korallenfisches** wiederholen, so daß die dunkle Seite zu sehen ist.) Beide Flossen bis Schritt 8 öffnen.

10 Die beiden Seiten der oberen Flosse ausbreiten. Die ganze Flosse nach unten preßfalten und eine waagerechte Talfalte auf der verborgenen hinteren Schicht bilden. Zwei neue Talfalten bilden sich automatisch auf der Vorderschicht und zwei vorhandene Talfalten werden Bergfalten. Entlang der vorhandenen Brüche falten und die untere Flosse umkrempeln.

11 An den vorhandenen Brüchen entlang die obere und untere Flosse talfalten.

12 Ein winziges Hasenohr falten.

13 Ohne das Hasenohr zu öffnen, die Schwanzflosse nach oben führen.

14 Das Modell zur Hälfte falten. Das vorstehende Papier der unteren Flosse in die Tasche der oberen stecken, um den Körper zu verschließen.

Der fertige **Diskusfisch.**

(1973)

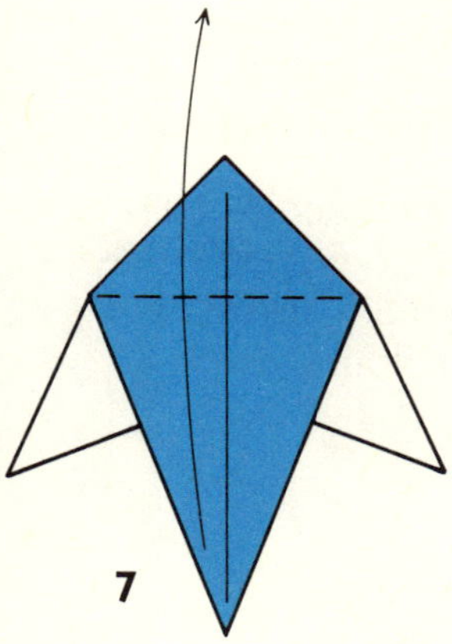

7

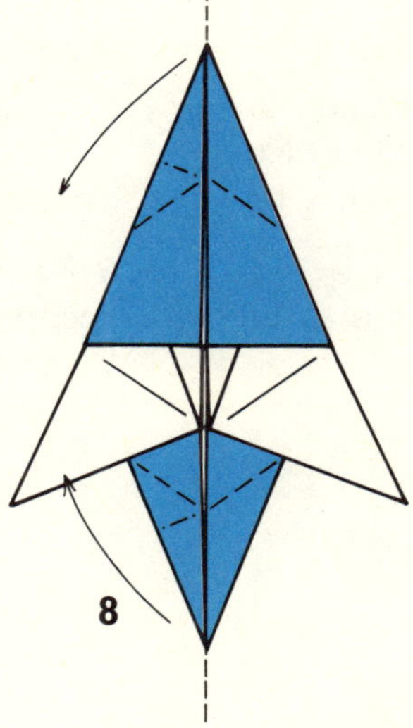

8

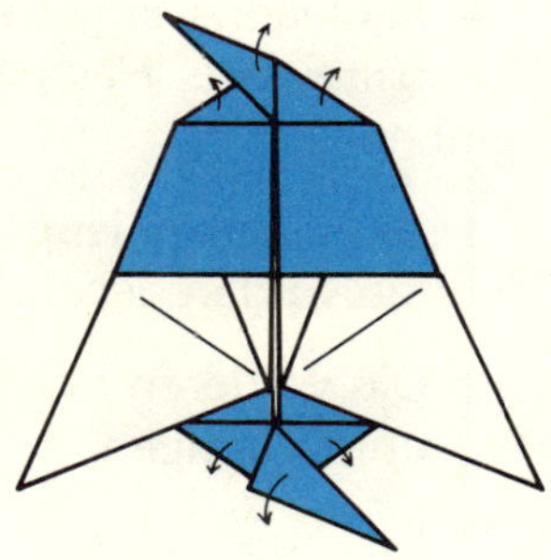

9

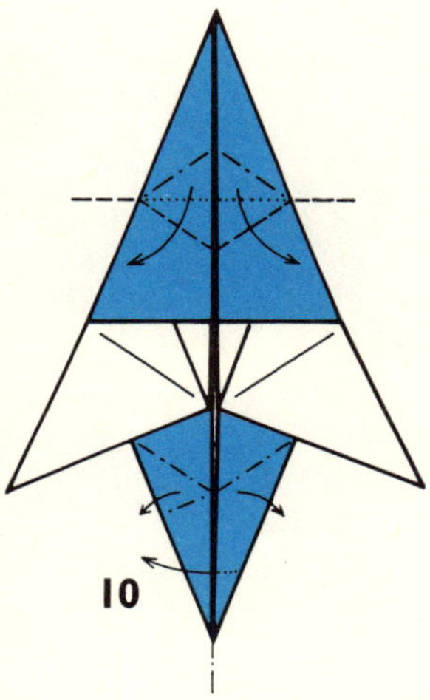

10

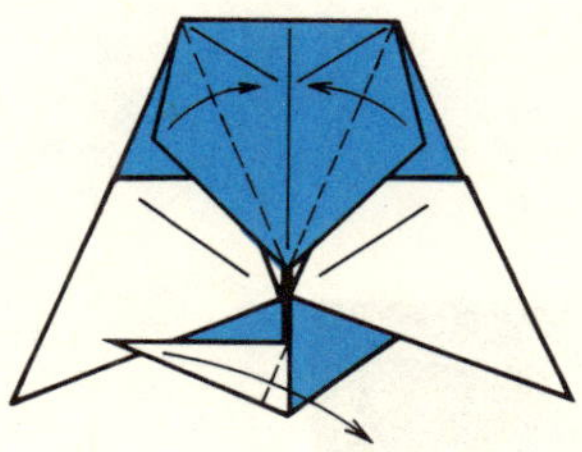

11

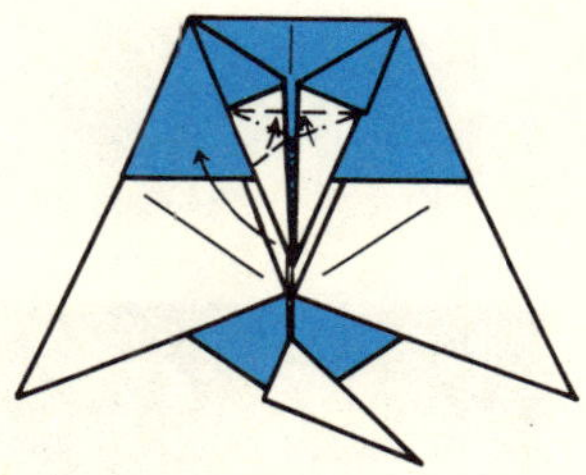

12

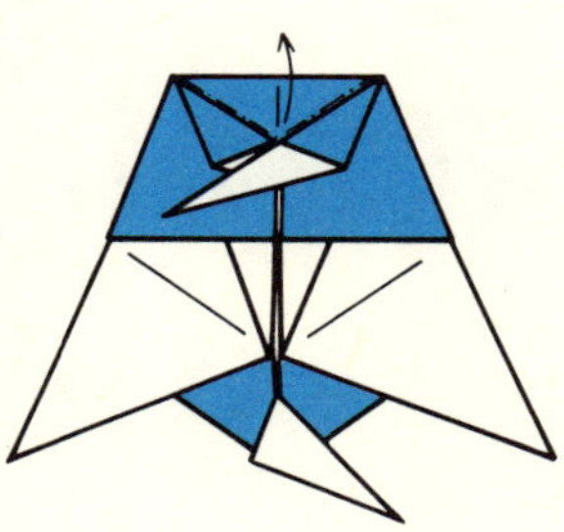

13

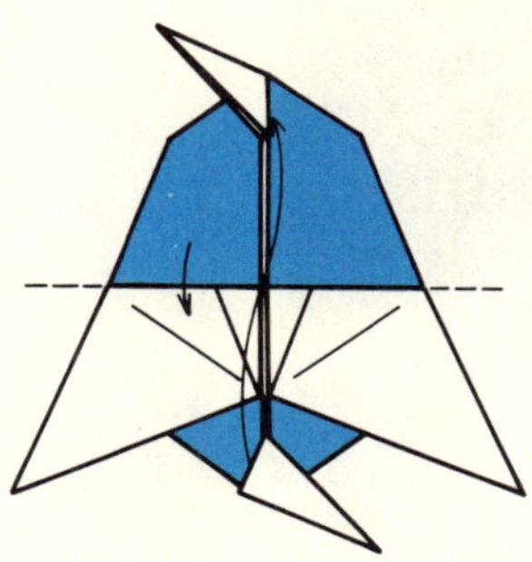

14

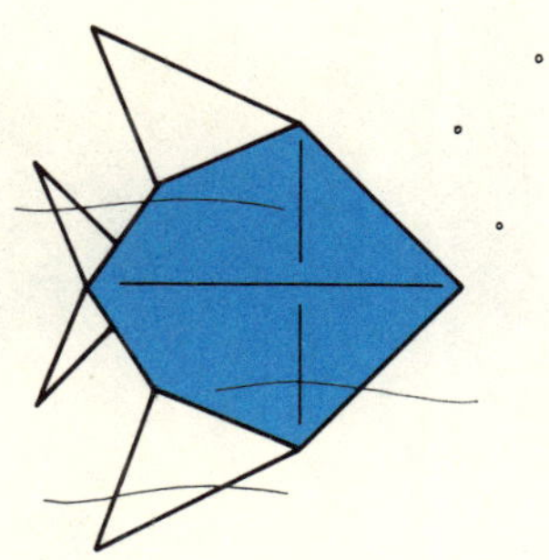

Kolibri

Verwenden Sie beidseitig gleich gefärbtes Papier. Ein 25-cm-Quadrat ergibt ein Modell mit ca. 15 cm Flügelspannweite. Nach Schritt 2 des **Engelfisches** beginnen.

1 Die hintere Klappe nach oben bringen und auf die vordere legen.

2 Die vorderen und hinteren Klappen nach unten bringen.

3 Das Ergebnis ist die *Vogel-Grundform*.

4 Die zwei gegenüberliegenden Klappen so weit wie möglich strecken. Die Klappen in der Mitte fangen dabei an, sich zu wölben.

5, 6 Die Mitte nach oben zusammenklappen und flachpressen. Das Ergebnis ist die *gestreckte Vogel-Grundform*. Beachten Sie die Position des eigentlichen Papiermittelpunktes.

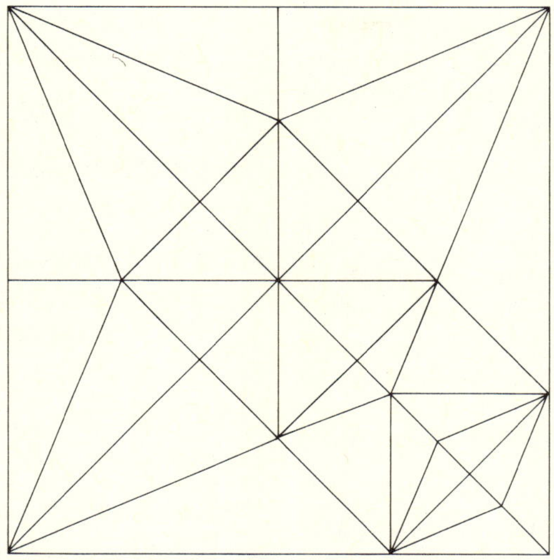

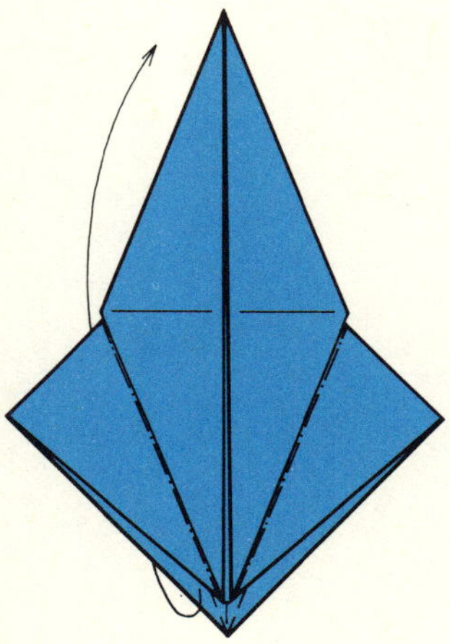

1

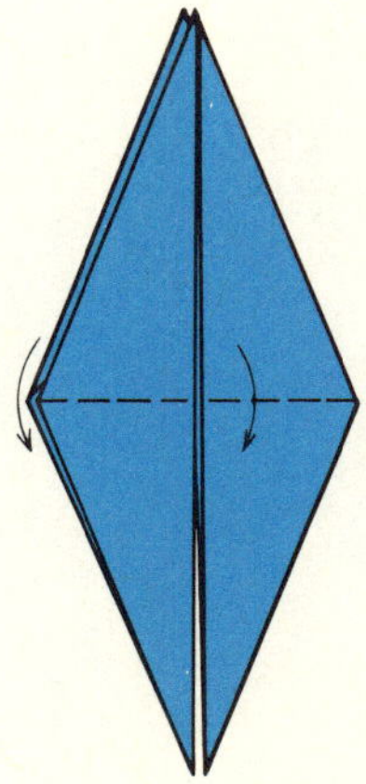

2

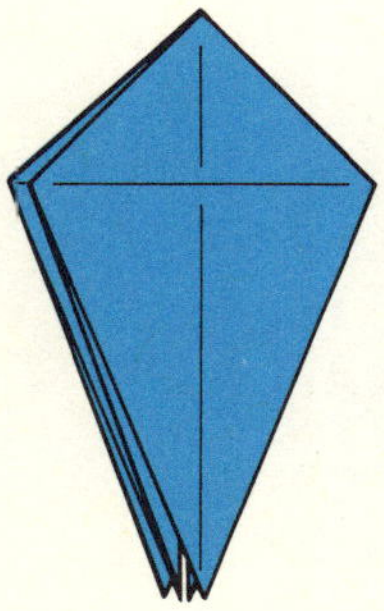

3

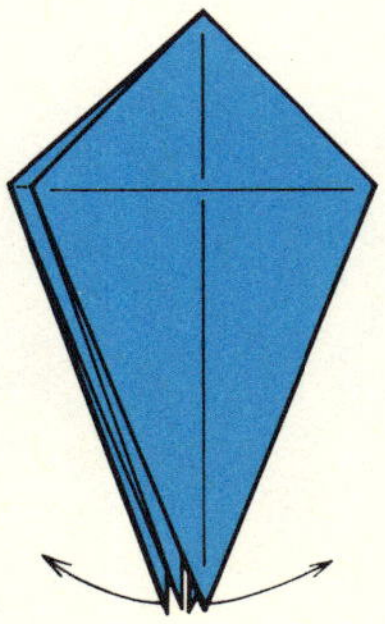

4

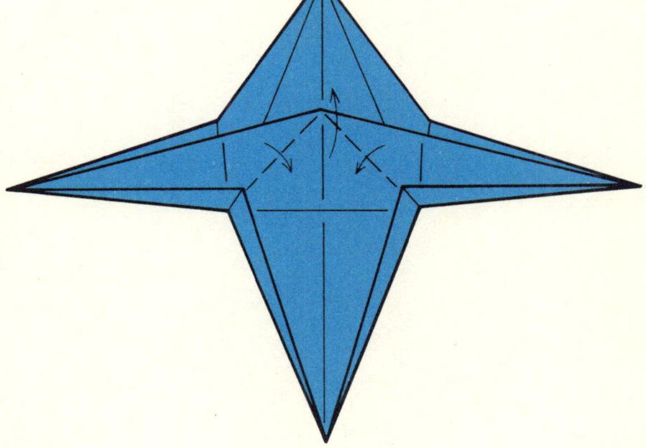

5

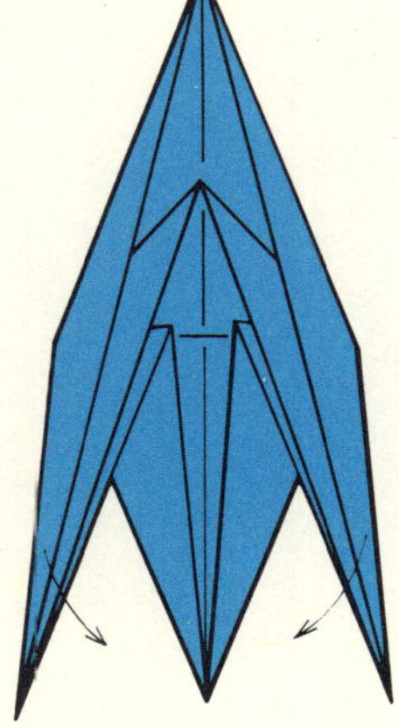

6

7 Die Klappe unten links fassen und gegen den Uhrzeigersinn drehen, bis die geschnittene Kante (die Kante des ursprünglichen Quadrats) waagerecht auf der Modellmitte liegt.

8 Das lose Papier herausziehen und flachpressen.

9 Die winzige Klappe links entlang des vorhandenen Knicks schräg talfalten. Das ganze Modell zur Hälfte bergfalten. Schritt 7 und 8 und die schräge Talfalte hinten wiederholen.

10 Das lose Papier mit einer Bergfalte unten hineinstecken. Hinten wiederholen.

11 Ganz links gegenknicken nach außen, so daß die geschnittene Kante auf die Mitte des ursprünglichen Quadrats trifft (siehe nächste Zeichnung). Die Klappen, die oben herausragen, werden die Flügel. Sie zur Hälfte talfalten.

12 Die Klappe ganz links talfalten, wo der Bruch von selbst fällt. In einer Bewegung die Flügel knicken und schließen.

13 Das überschüssige Papier nach innen stecken. Hinten wiederholen.

14 Nur eine Schicht gegenknicken nach innen.

15 Gegenknicken nach innen, um die Beine zu bilden.

16 Den Vorderflügel falten und nach vorn schwenken. Das Bein folgt. Einige ungünstige Brüche tauchen auf. Sie so gut wie möglich flachpressen.

17 Schritt 16 am Hinterflügel und Hinterbein wiederholen.

18 Die Vorderkante der beiden Flügel talfalten. Die Beine so weit wie möglich nach vorn bringen.

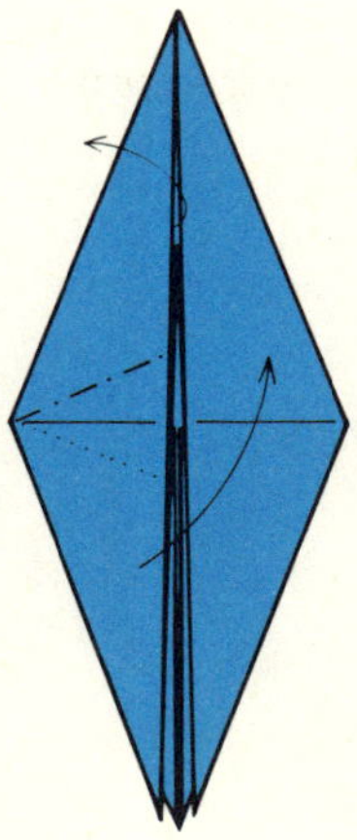

7

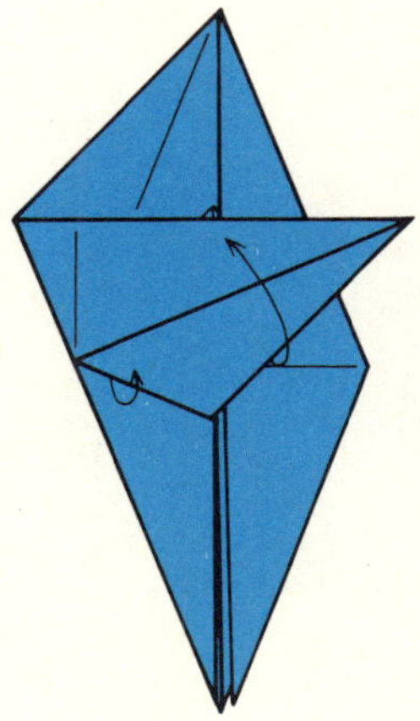

8

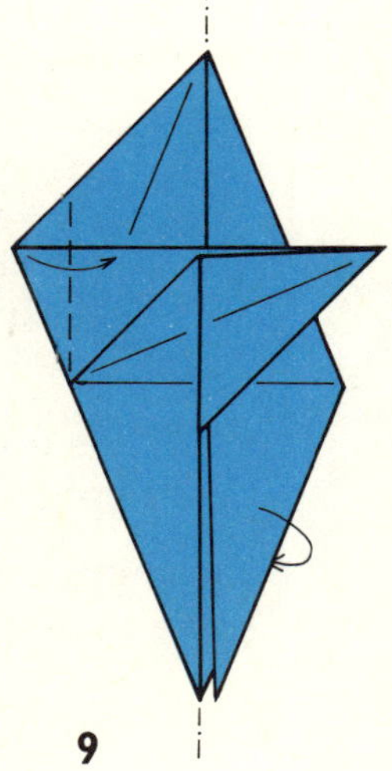

9

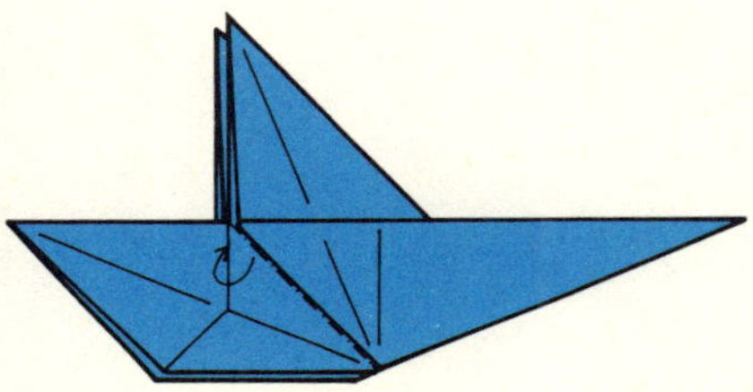

10

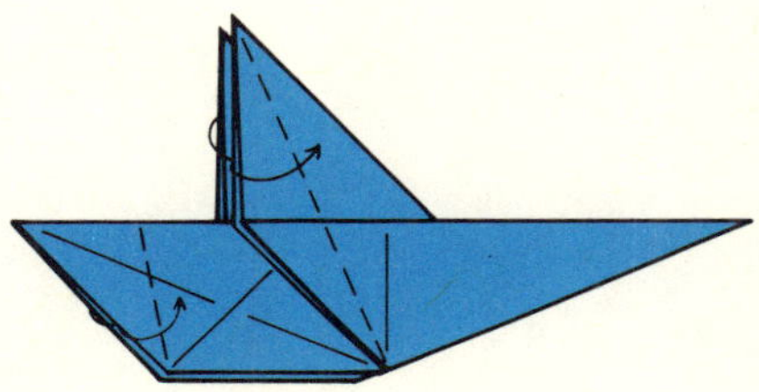

11

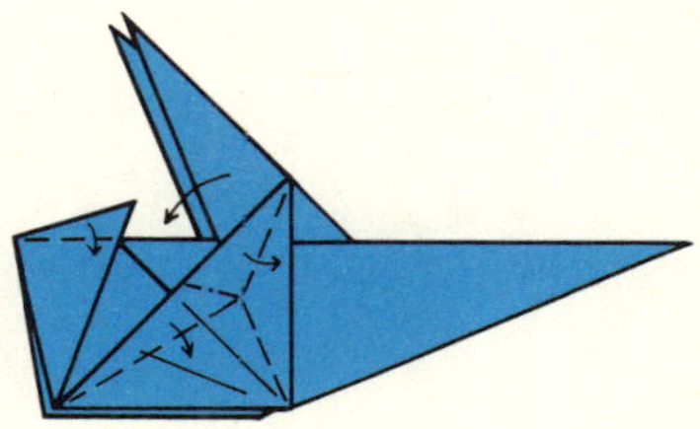

12

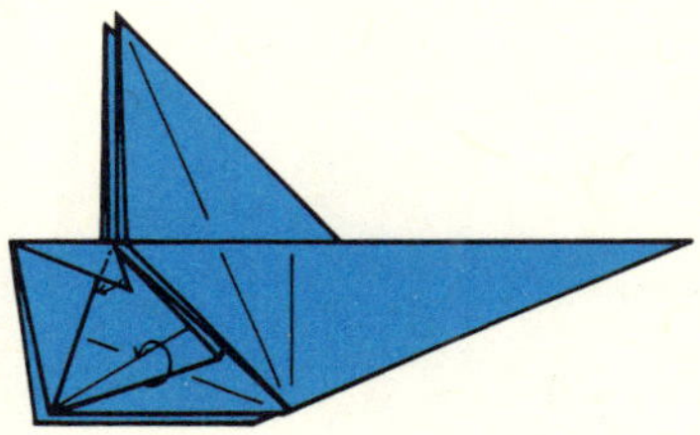

13

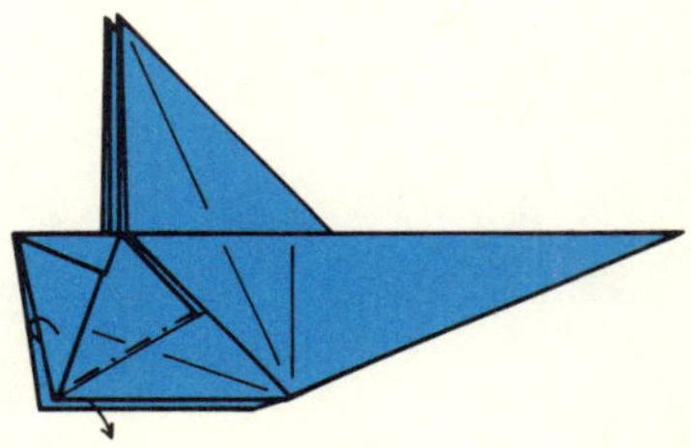

14

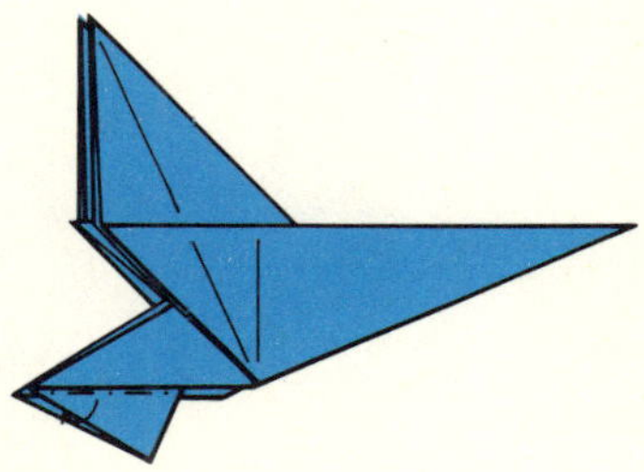

15

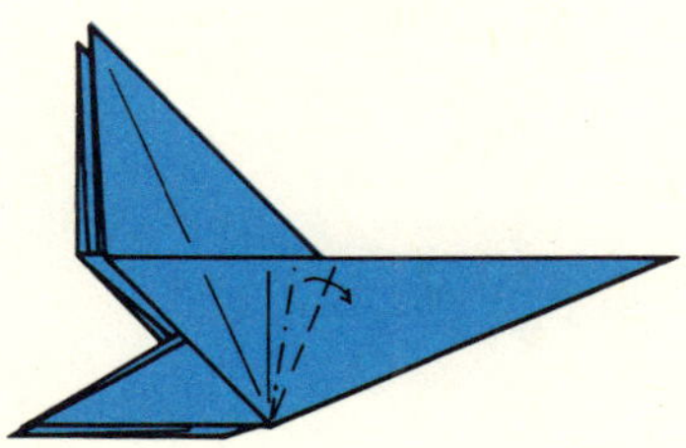

16

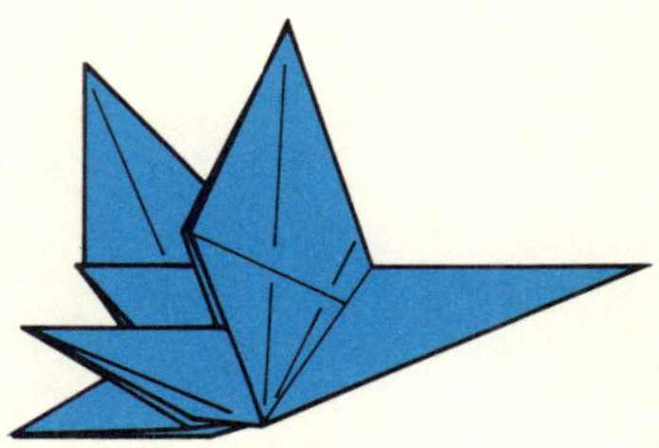

17

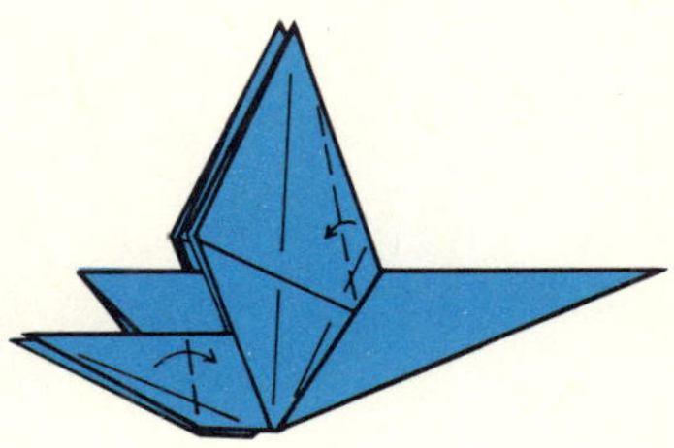

18

19 Die Beine preßfalten.

20 Die Beine blütenblattfalten. Den Hals gegenknicken nach innen.

21 Die Beine wieder nach unten bringen. Den Hals gegenknicken nach außen, um den Kopf zu bilden.

22 Die Beine verengen. Das lose Papier hinter dem Kopf hervorziehen.

23 Die Flügel und den Schwanz knitterfalten. Die Beine und den Kopf gegenknicken nach innen. Die Halsneigung verengen. Den Kopf knitterfalten, um den Schnabel zu bilden.

24 Die winzige Klappe in den Bauch stecken. Die Flügel rundbiegen. Den Schnabel verengen. Hals und Körper formen.

Der fertige **Kolibri.**

(1979)

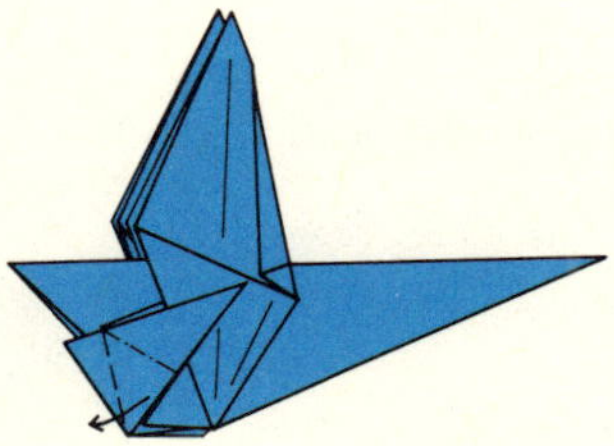

19

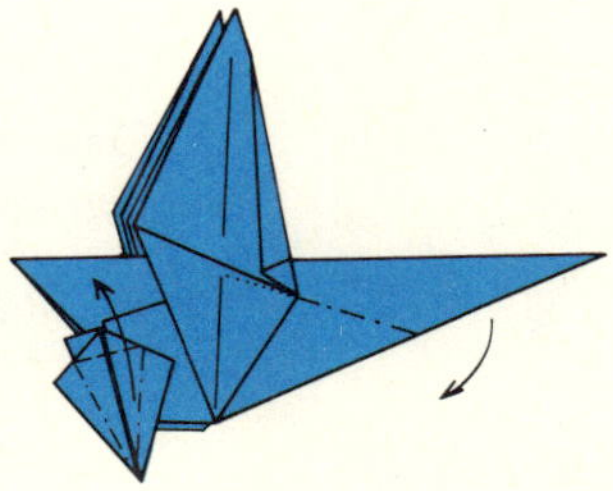

20

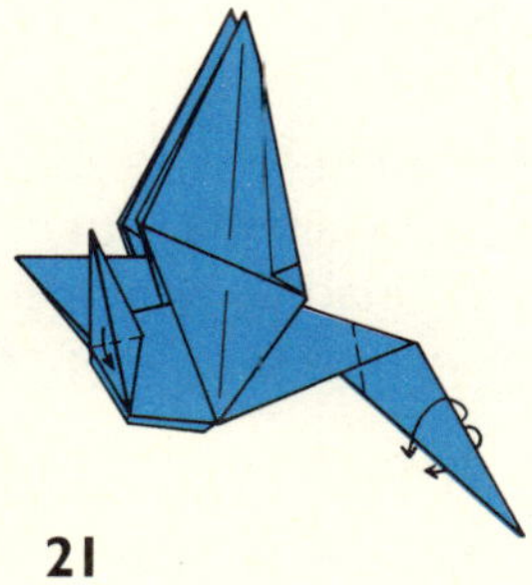

21

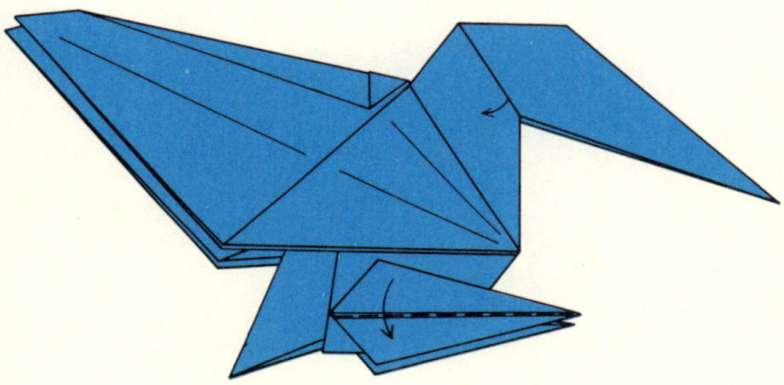

22

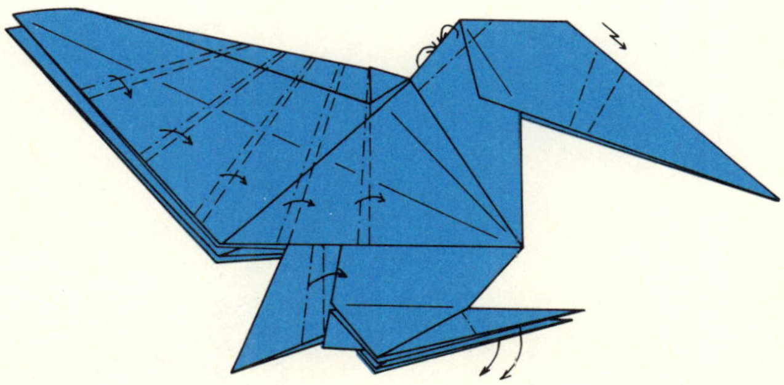

23

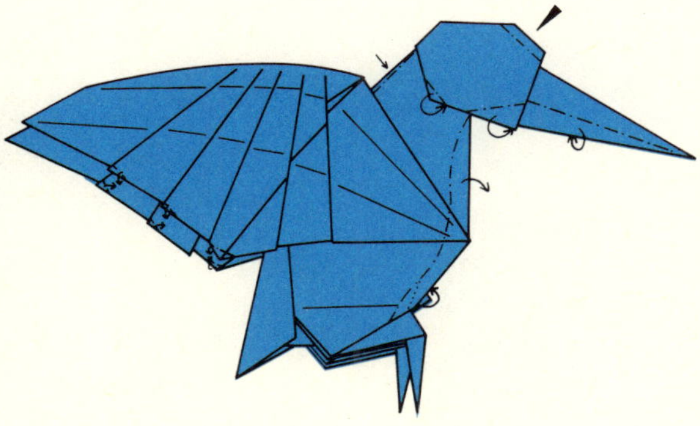

24

Pinguin

Verwenden Sie ein Blatt Papier, das auf der einen Seite schwarz und auf der anderen Seite weiß ist. Ein 25-cm-Quadrat ergibt ein ca. 15 cm hohes Modell. Mit der Vorfalte beginnen.

1 Ein Sechstel der Diagonale talfalten.

2 Die oberen Kanten durch Talfalten verengen.

3 Das lose Papier herausziehen und flachpressen.

4 Preßfalten.

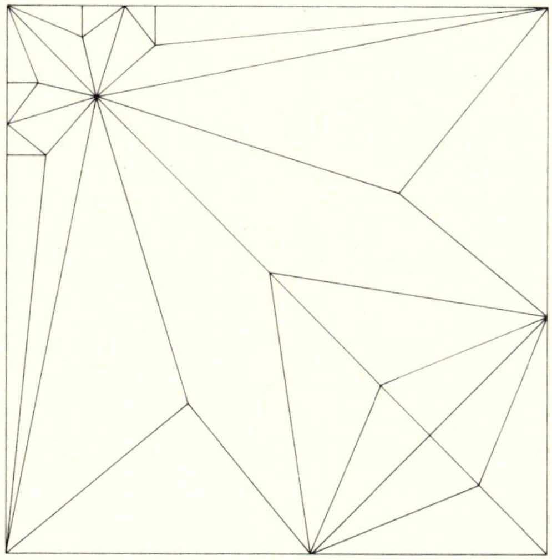

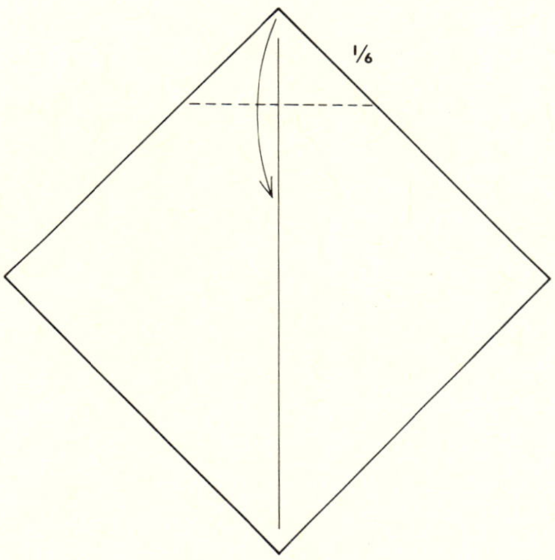

1

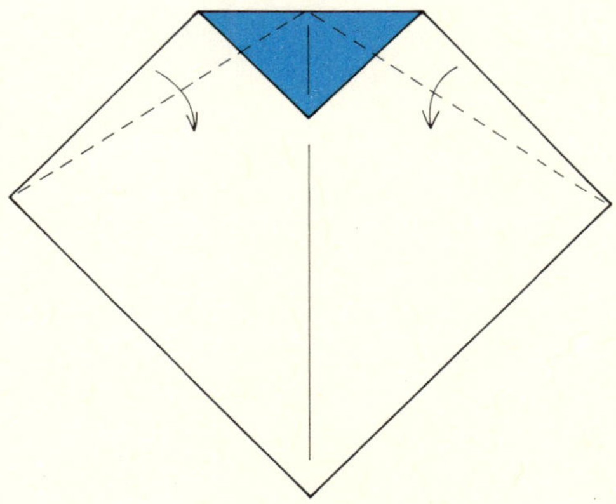

2

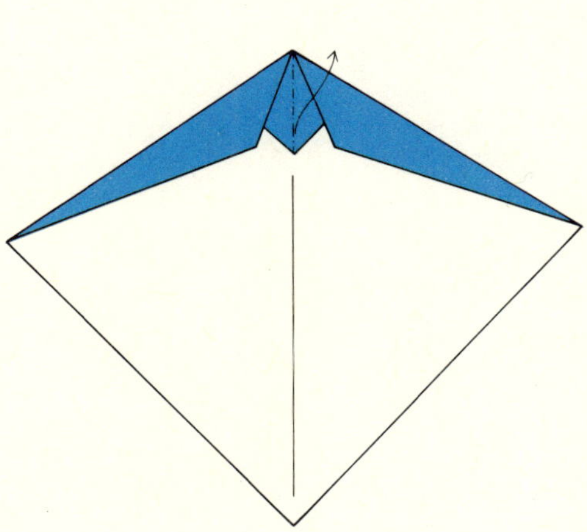

3

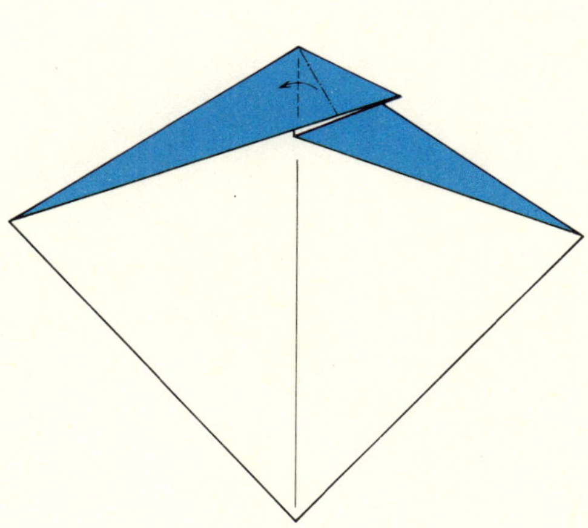

4

5 Die dunkle Mittelklappe enthält den oberen und unteren Teil des Schnabels. Den unteren Teil mit einer Blütenblattfalte verengen.

6 Die dunklen Seitenklappen knicken und öffnen.

7 bis Schritt 9: Einzelheiten des Schnabels. Den unteren Teil des Schnabels so weit wie möglich nach unten bringen.

8 Spitze auf Spitze falten.

9 Das überschüssige Papier nach hinten wegstecken.

10 Die langen dunklen Klappen talfalten, dann die restlichen Falten gleichzeitig falten.

11 Die Seiten zur Mittellinie talfalten und öffnen.

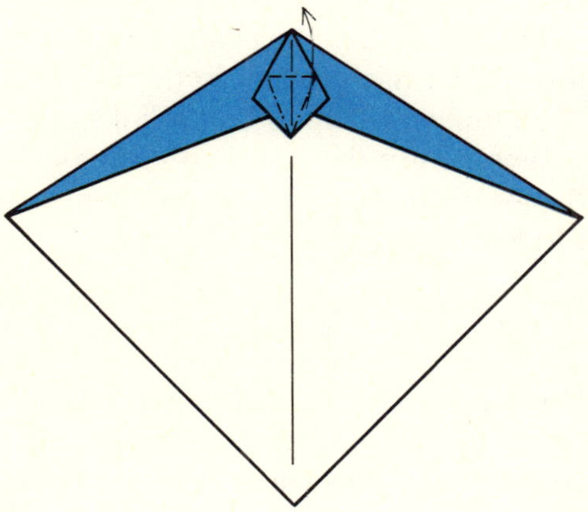

5

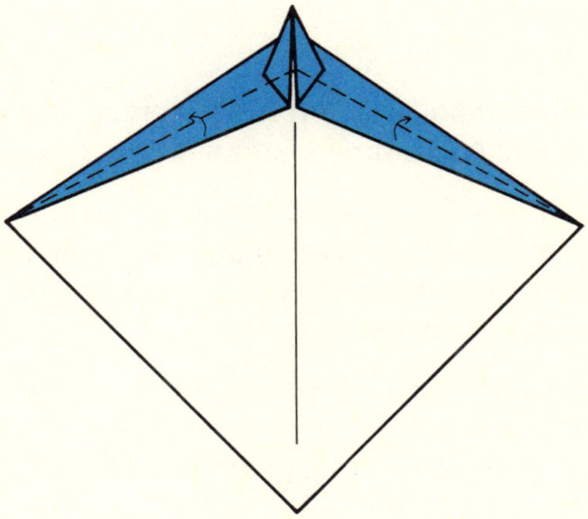

6

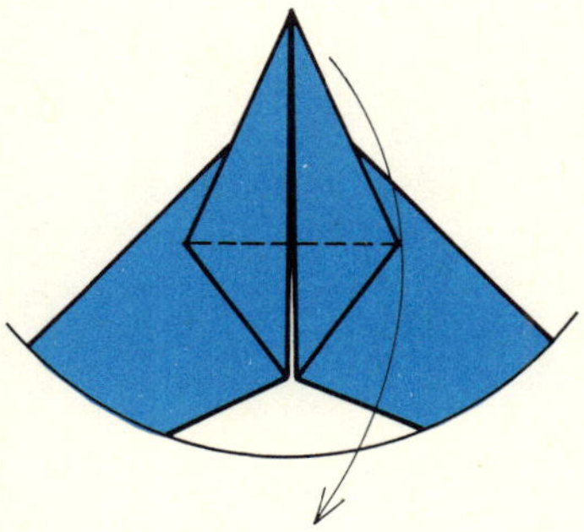

7

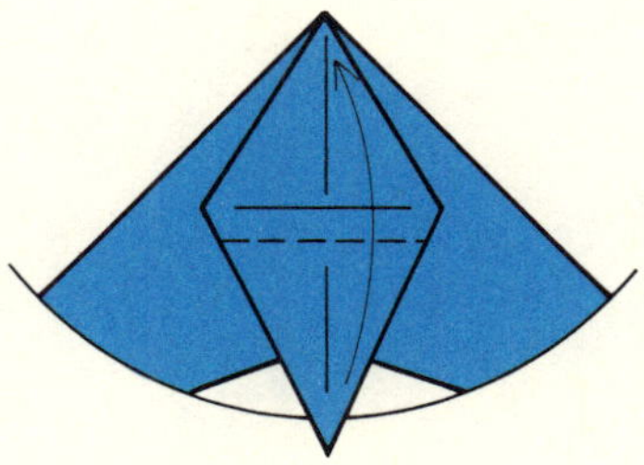

8

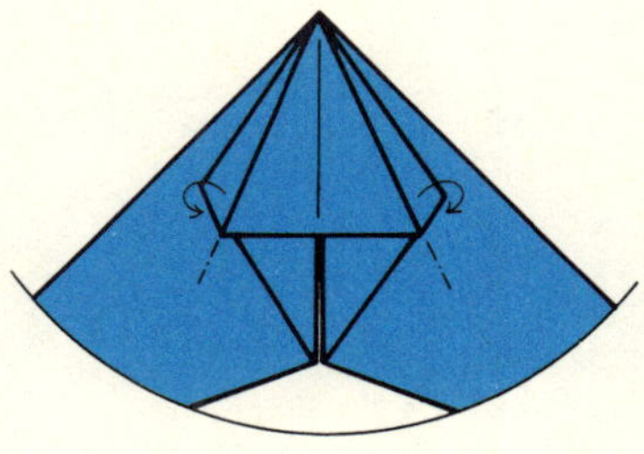

9

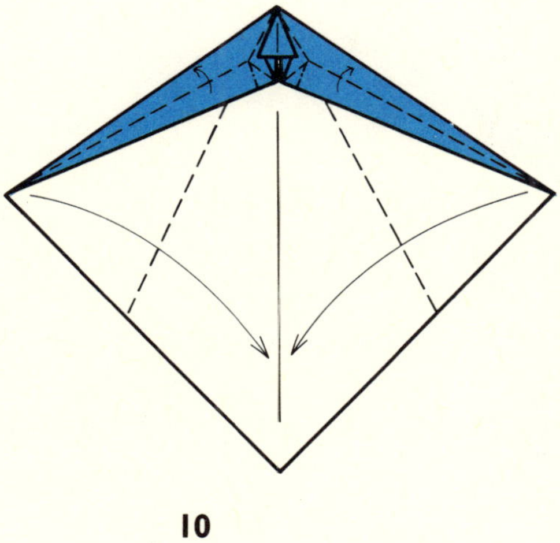

10

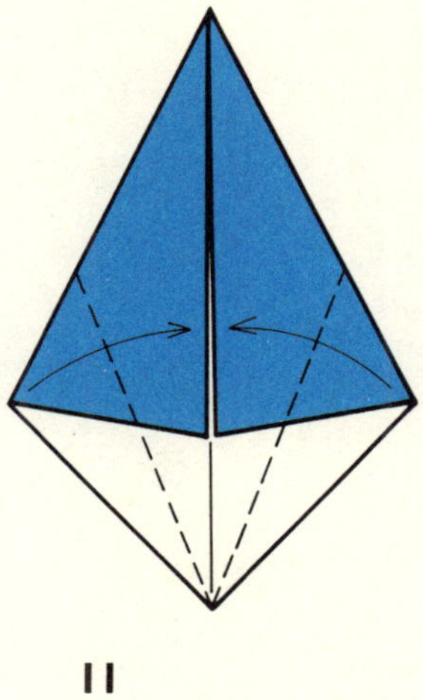

11

12 Die Seiten zu den vorhandenen Knicken talfalten und öffnen.

13 Zusammenkneifen, um Bergfalten zu bilden – die Talfalten kommen automatisch.

14 Die dunklen Seitenklappen so talfalten, daß die geschnittenen Kanten auf die gefalteten treffen. Das untere Dreieck hineinstecken. Das wird der Schwanz.

15 Die obere Schicht auf jeder Seite solange herumschwenken, bis die geschnittenen Kanten die Außenecken des Modells kreuzen. Flachpressen.

16 Die dunklen Dreiecke, die auf jeder Seite hervorstehen, sind die Flügel. So talfalten, daß die oberen geschnittenen Kanten auf die unteren gefalteten treffen, dann öffnen.

17 Mit einer Bewegung das helle Dreieck unten auf jeder Seite verengen und die Flügel wieder falten.

18 Den verborgenen Schnabel herausziehen (siehe Schritt 10). Die Flügel bergfalten und das lose Papier nach hinten in die Taschen stecken. Die dunklen Klappen unten links und rechts verengen, um die Beine zu formen. Das lose Papier nach hinten in die Taschen stecken. Das Modell herumdrehen.

19 Den Schwanz hasenohrfalten. Mit einer Talfalte das Modell verschließen.

20 Den Kopf gegenknicken nach außen. Den Körper so gegenknicken nach innen, daß die versteckte Kante des Hasenohrs auf die Hinterkante des Körpers trifft.

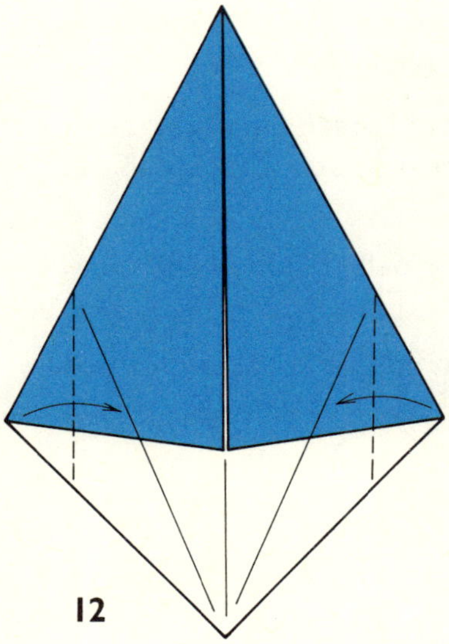

12

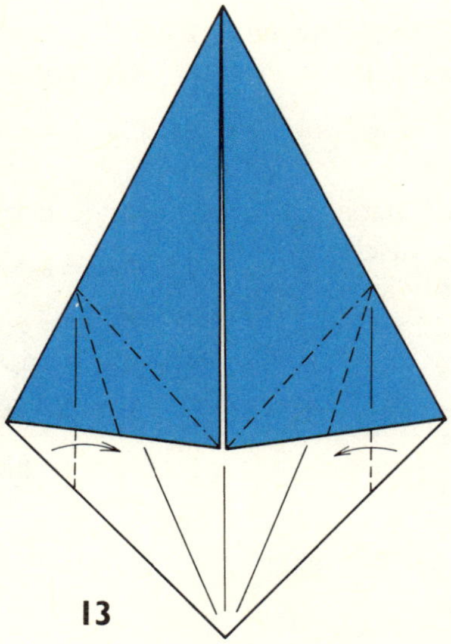

13

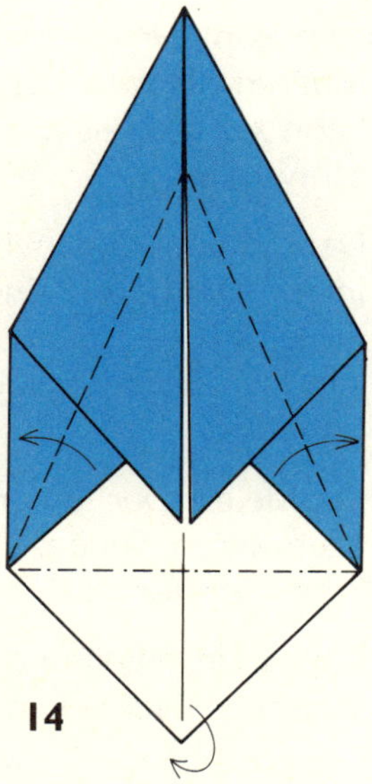

14

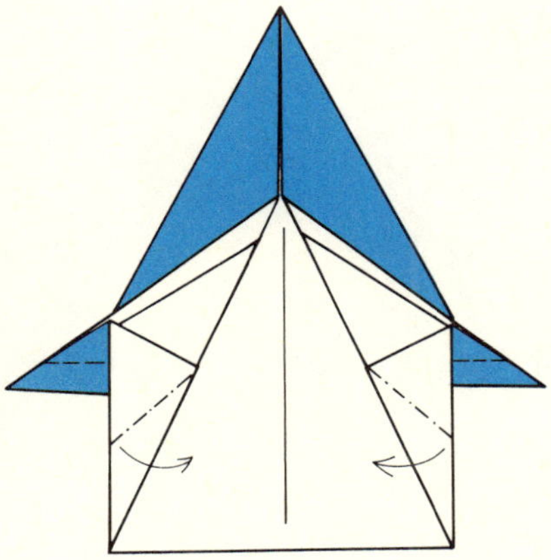

15

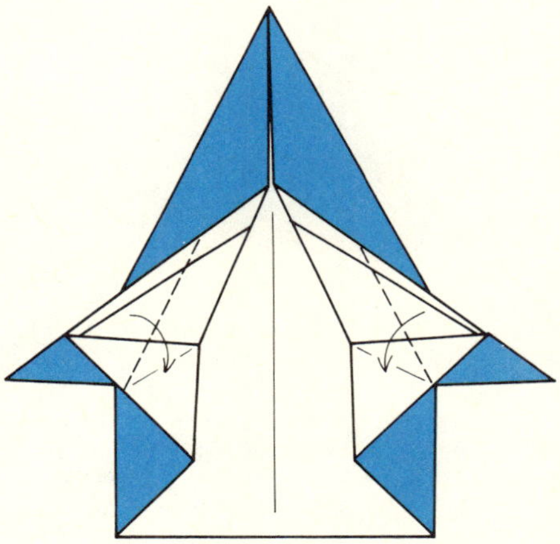

16

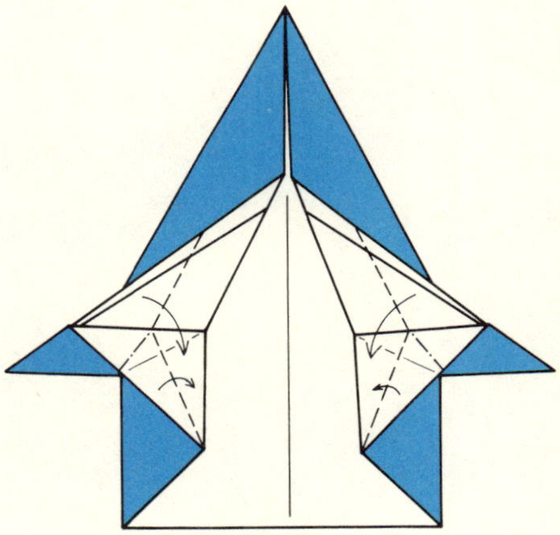

17

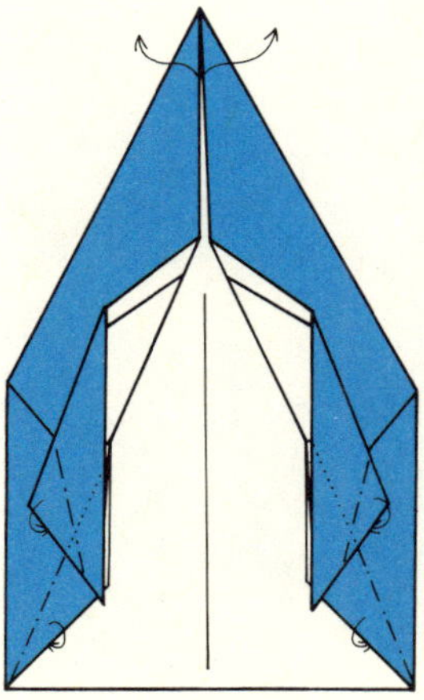

18

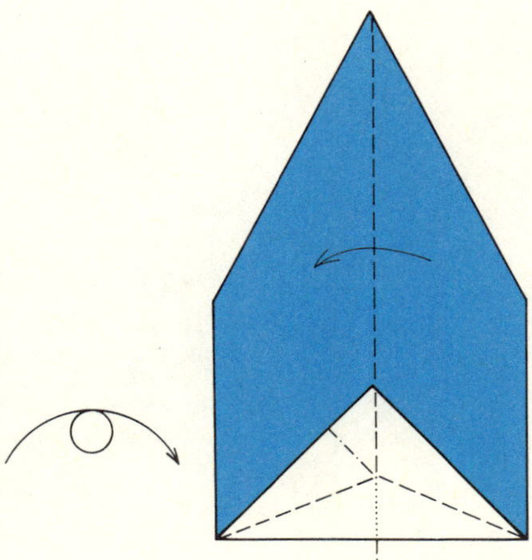

19

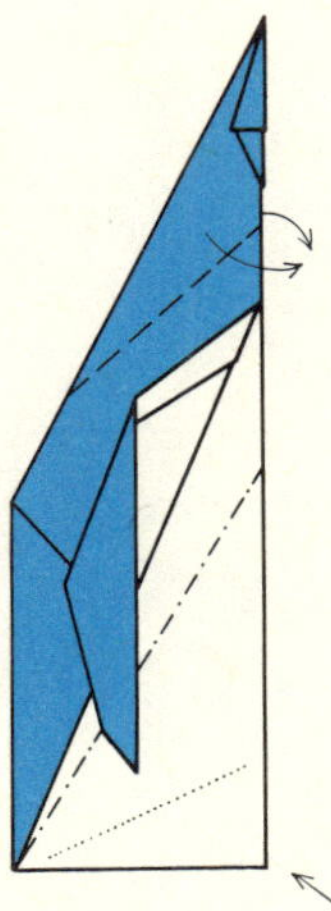

20

21 Den Kopf symmetrisch so knitterfalten, daß die inneren Klappen sich schön wölben. Den Schwanz so weit wie möglich nach vorn schwenken.

22 Den Doppelschnabel gegenknicken nach innen. Die helle Beinklappe in die Tasche dahinter stecken. Beim anderen Bein wiederholen. Den Bauch runden und die Flügel ausbreiten.

23 Kopfdetail: Den unteren Teil des Schnabels nach unten ziehen. Den Kopf mit winzigen Bergfalten formen.

24 bis 28: Einzelheiten der Beine. Jedes Bein nach hinten gegenknicken nach innen.

25 Jeden Fuß nach vorn bringen. Dabei verengen sich automatisch beide Seiten.

26 Das lose Papier bei beiden Füßen herausziehen. Den Winkel so ausrichten, daß der Pinguin steht.

27 Bei jedem Fuß die helle Klappe nach oben talfalten.

28 Jede helle Klappe unter die danebenliegende dunkle stecken.

Der fertige **Pinguin**.

(1978–79)

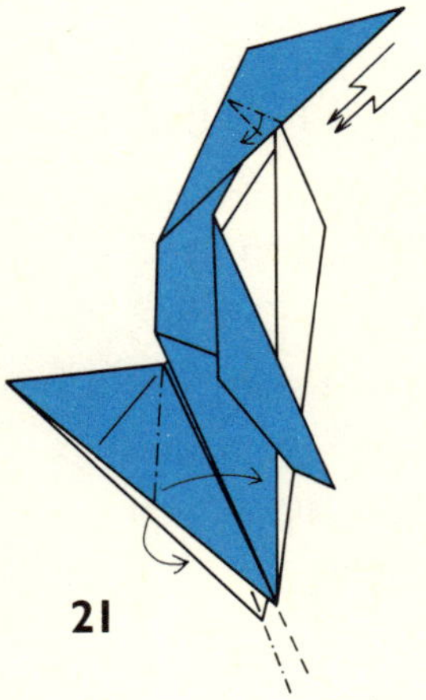
21

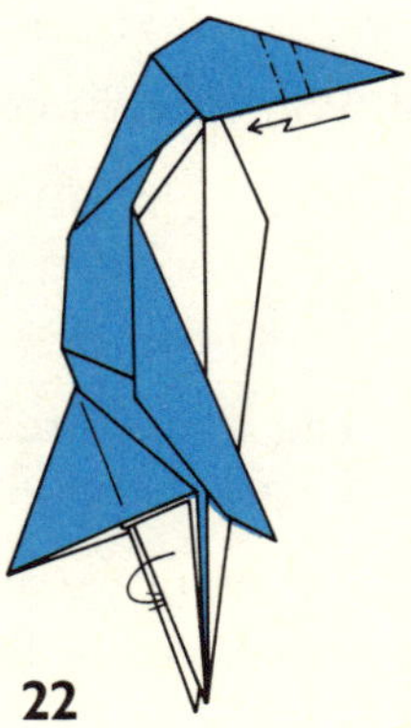
22

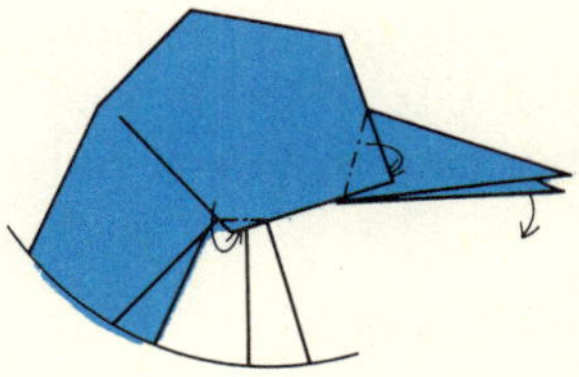
23

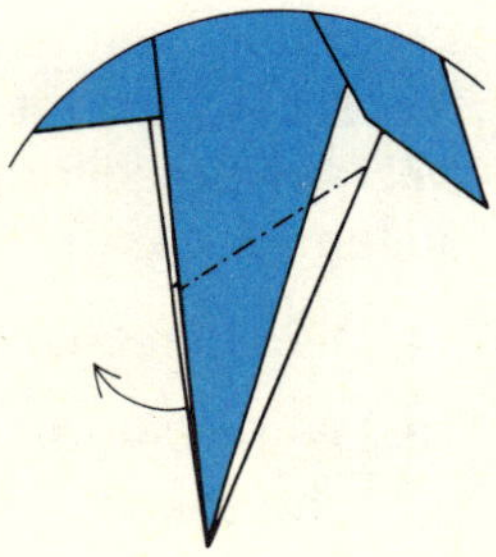
24

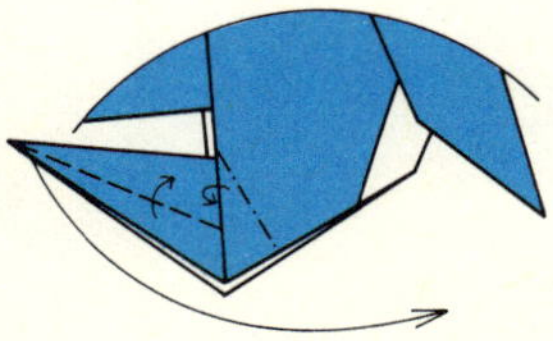
25

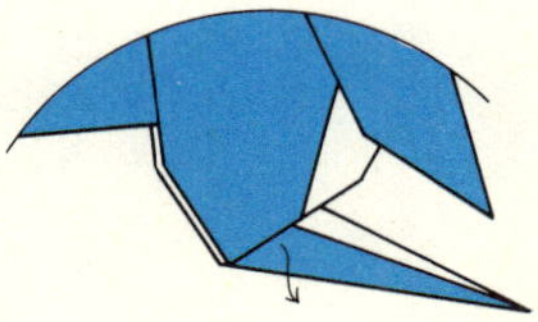
26

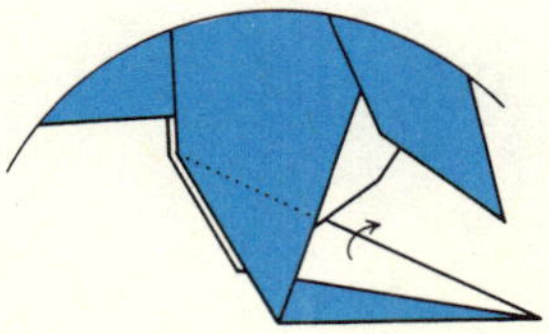
27

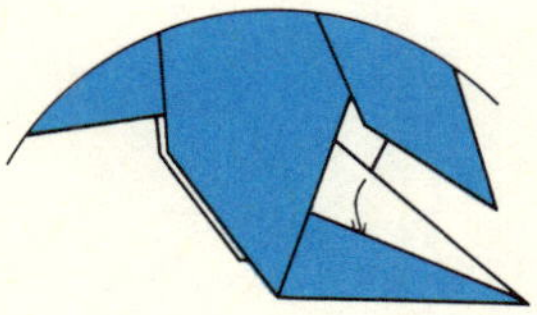
28

Giraffe

Verwenden Sie ein einseitig gefärbtes Blatt Papier. Ein 25-cm-Quadrat ergibt ein 12 cm hohes Modell. Mit der Vogelform beginnen, weiße Seite nach außen.

1 Die obere Hälfte offen senkfalten.

2 Die beiden dreieckigen Klappen zur Seite schwenken.

3 Vorn und hinten winzige Klappen talfalten.

4 Vorn und hinten das lose Papier herausziehen.

5, 6 Mit einer Bewegung die Vorderseite nach oben bringen und die Seitenklappen preßfalten.

7 Die fertige Preßfalte. Das Modell sollte flach liegen. Umdrehen.

8 Talfalten wie abgebildet. Dabei bilden sich die verborgenen Bergfalten automatisch.

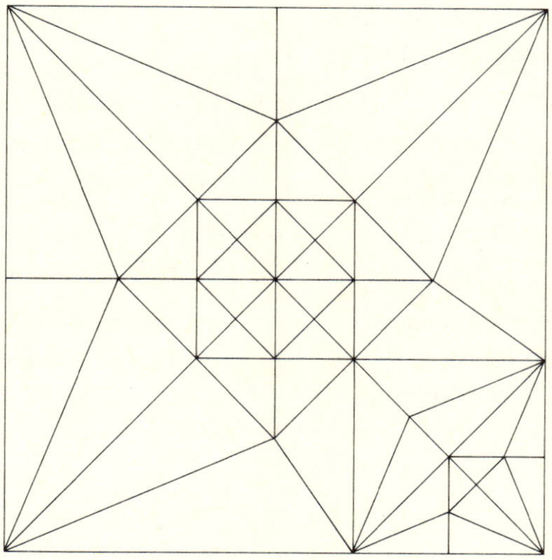

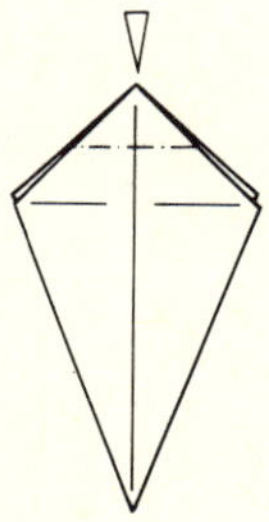

1

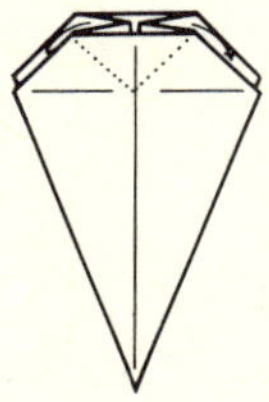

2

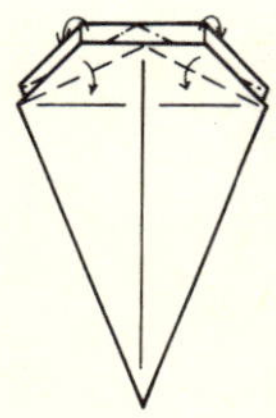

3

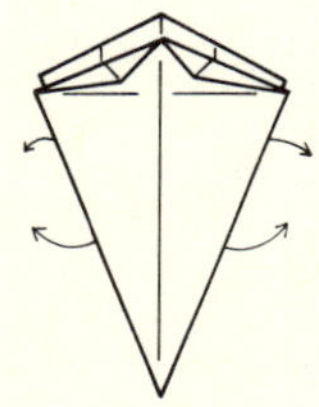

4

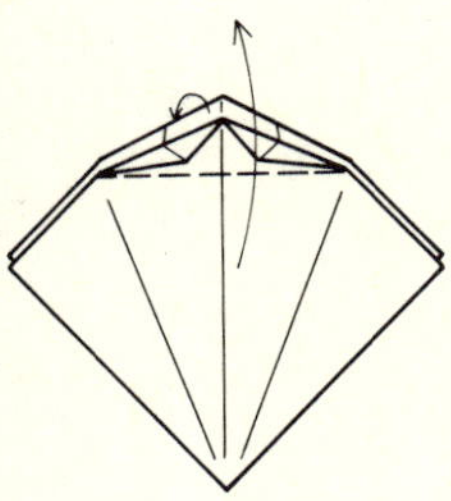

5

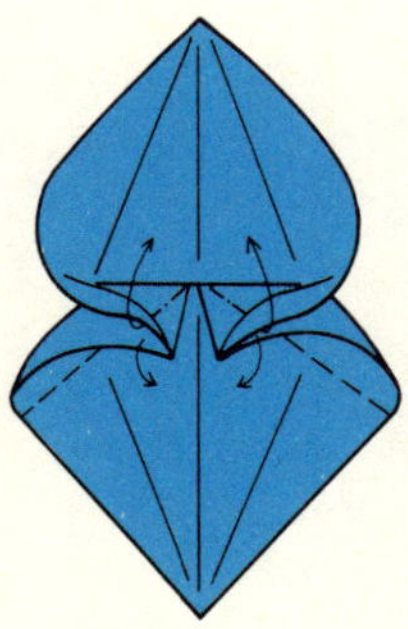

6

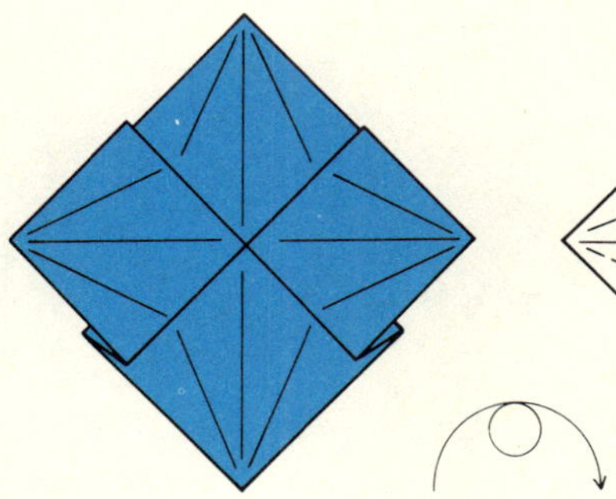

7

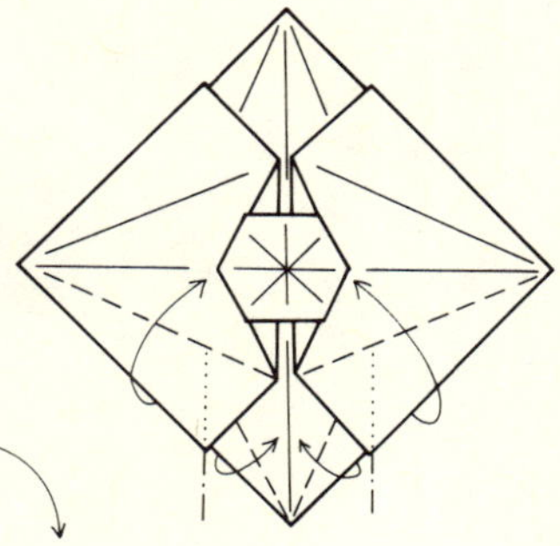

8

9 Die dunklen Klappen rechts und links werden die Vorderbeine. Das linke Vorderbein talfalten und ausbreiten.

10, 11 In einer Bewegung falten und flachpressen.

12 Obere und untere Schicht des linken Vorderbeins trennen und flach preßfalten.

13 Eine kleine, helle Klappe bleibt am linken Vorderbein übrig. Das lose Papier nach unten bergfalten. Schritte 9 bis 12 am rechten Vorderbein wiederholen und das lose Papier nach unten bergfalten.

14 Die beiden Vorderbeine zur Hälfte talfalten.

15 Die geschnittenen Kanten zur Mitte talfalten. Dann breiten sich die Vorderbeine aus. Das Dreieck ganz oben knicken und öffnen. Das wird der Schwanz.

16 Die Vorderbeine preßfalten und verengen. Den Schwanz knicken und öffnen.

17 Die dunklen Klappen oben werden die Hinterbeine. Leicht mit Bergfalten verengen. Die Vorderbeine mit Talfalten verengen und das lose Papier nach hinten biegen.

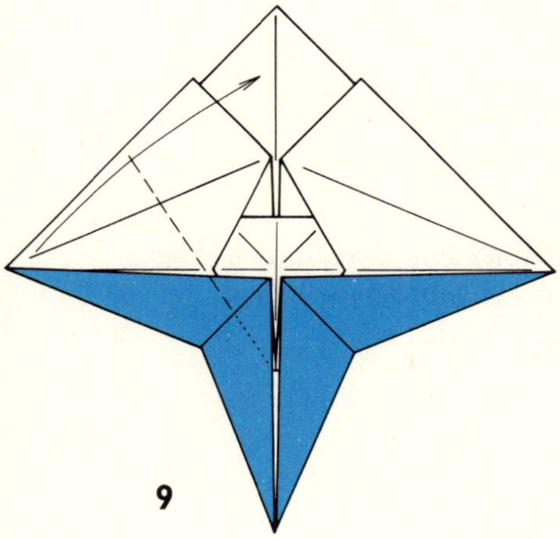

9

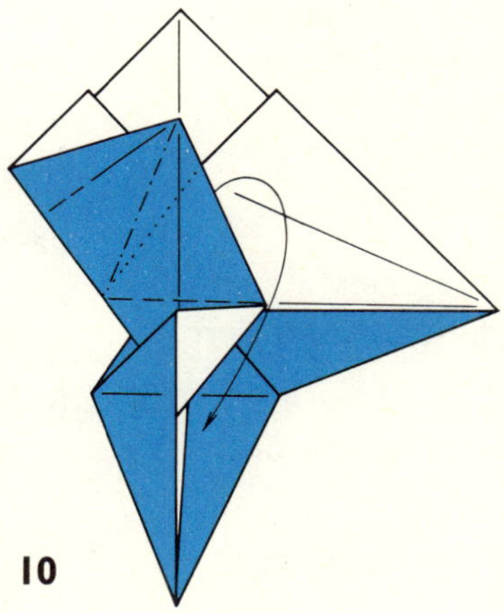

10

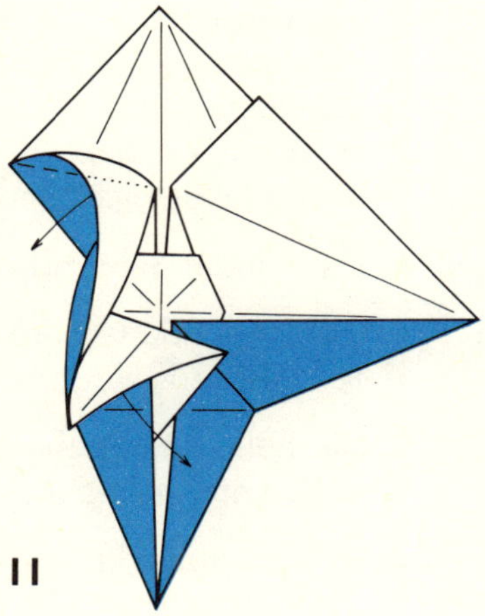

11

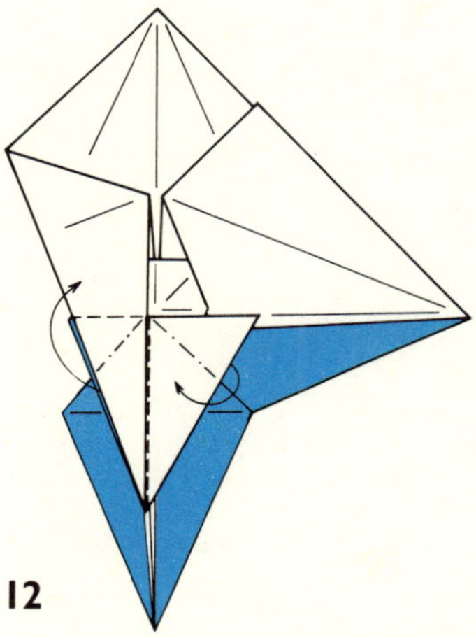

12

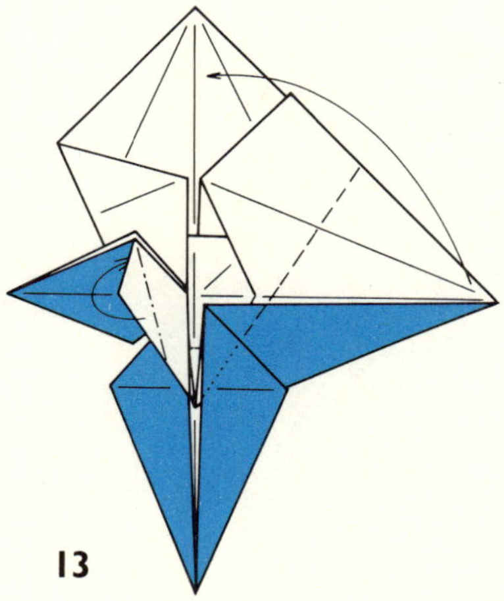

13

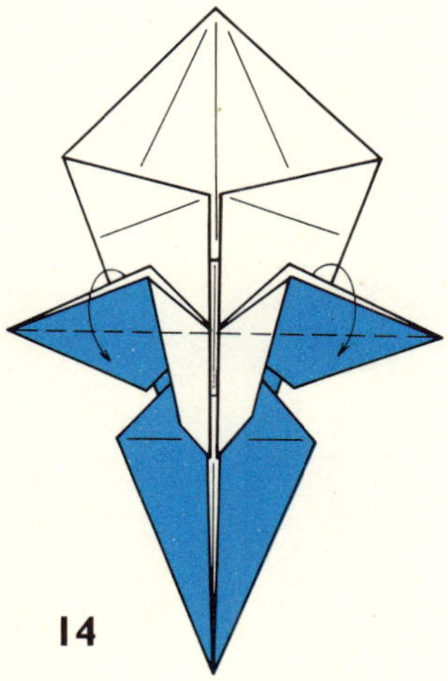

14

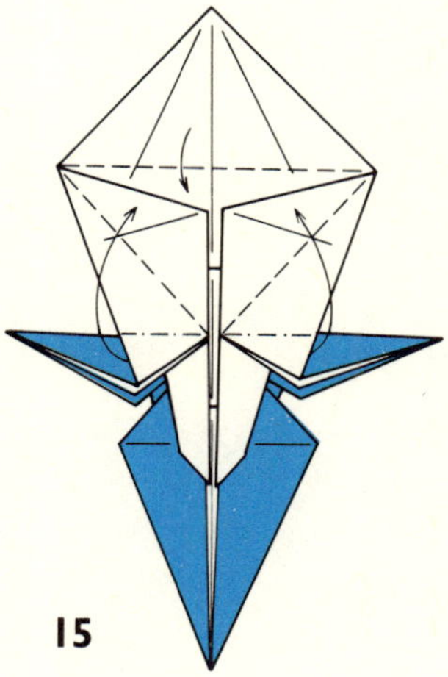

15

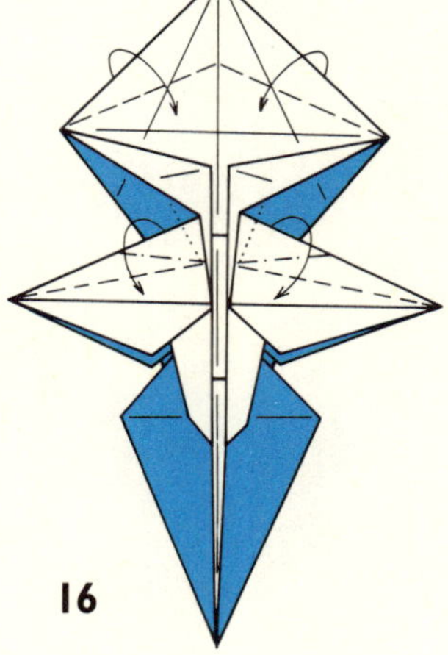

16

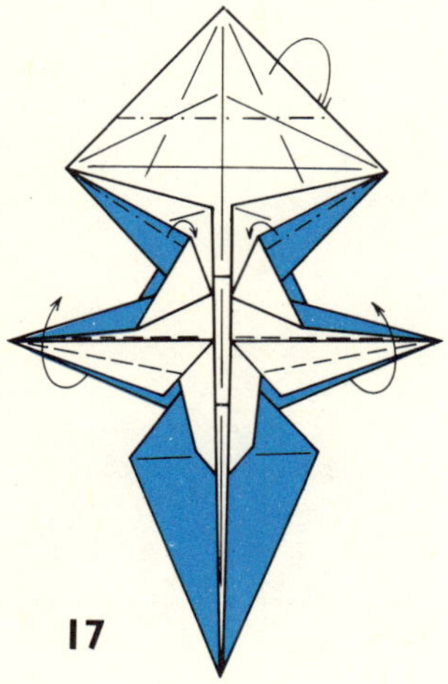

17

18 Die Hinterbeine mit Bergfalten verengen. Die Vorderbeine mit Talfalten verengen und das lose Papier in die hellen Taschen daneben stecken. Die Klappe unten wird der Hals. Verengen, aber nicht bis ganz zur Spitze.

19 Das Modell herumdrehen.

20 Die vorhandenen Brüche wiederfalten, um den Schwanz zu bilden.

21 Die helle Klappe mit Bergfalten verengen und nach unten bringen.

22 Den Schwanz knitterfalten. Das ganze Modell zur Hälfte bergfalten.

23 Die Hinterbeine dritteln. Den Hals gegenknicken nach innen, um den Kopf zu bilden.

24 Die Beine knitterfalten. Kopf und Schwanz gegenknicken nach innen.

25 Das helle Papier in die Hinterbeine stecken. Den Hals knitterfalten. Die Talfalte sollte senkrecht zur Halsmittellinie sein.

Die fertige **Giraffe**.

(1976)

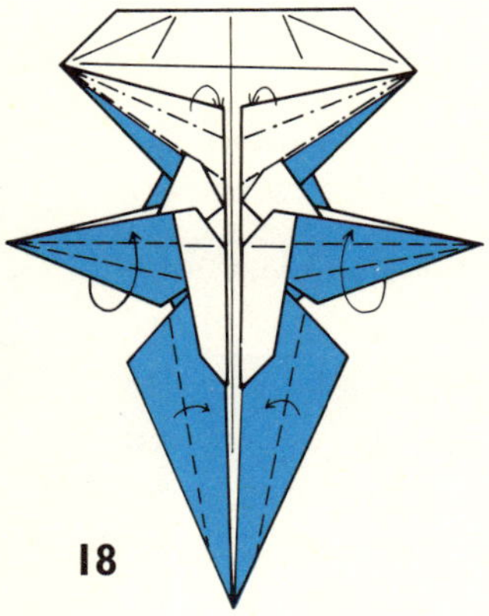

18

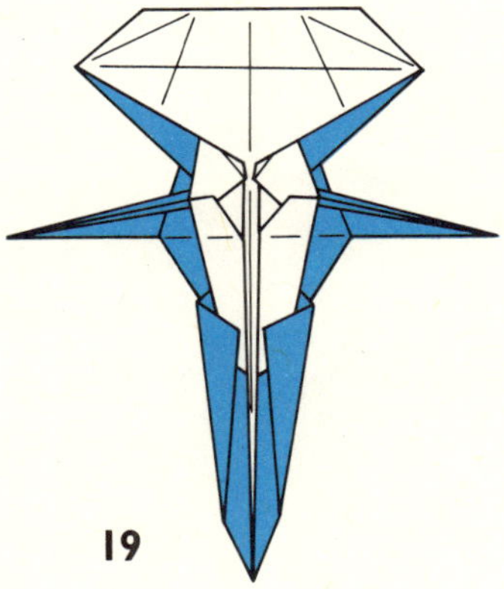

19

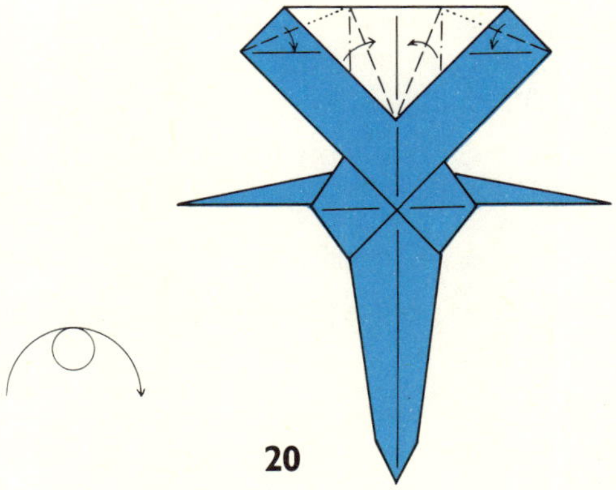

20

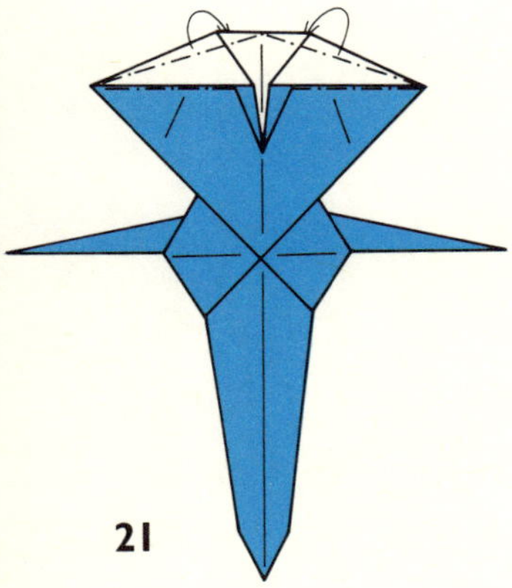

21

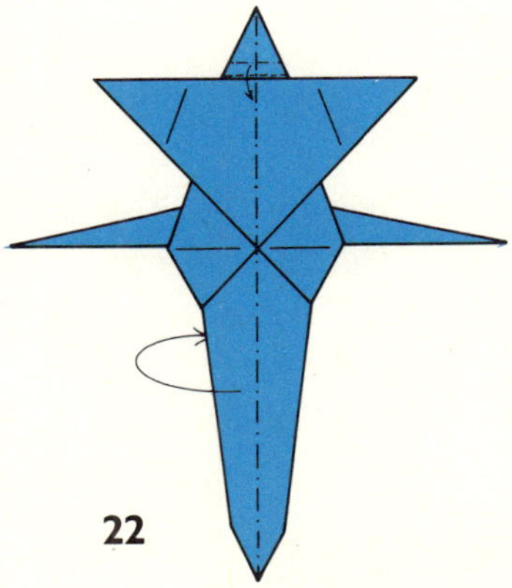

22

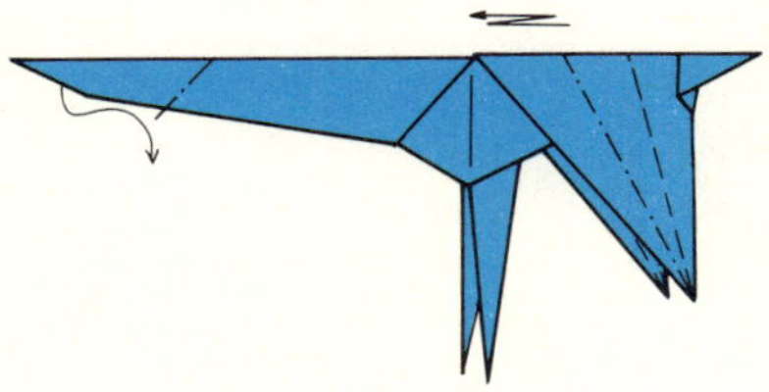

23

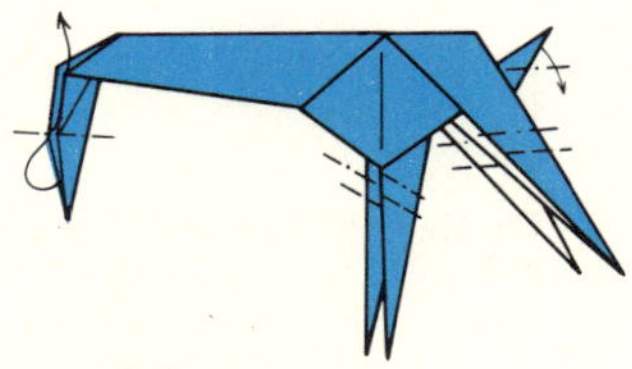

24

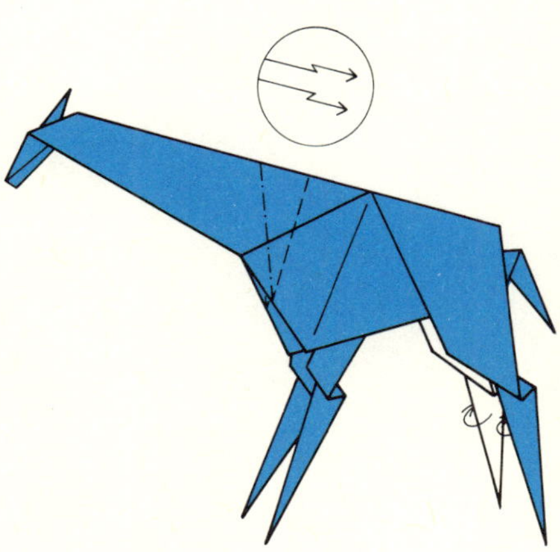

25

Känguruh

Verwenden Sie ein einseitig gefärbtes Papier. Ein 25-cm-Quadrat ergibt ein knapp 10 cm hohes Modell. Mit der Vogel-Grundform beginnen.

1 Knicken und öffnen. Hinten wiederholen.

2 Die doppelte Dicke knicken und öffnen.

3 Talfalten, wo sich die Knicke treffen. Öffnen.

4 Dieser Schritt macht das Modell dreidimensional. Den vorhandenen Knicken folgen und die Seiten ausbreiten, so daß sie eine Pyramide bilden, die aus dem Papier nach oben kommt. Das ist der schwierigste Schritt bei diesem Modell. Halten Sie durch!

5 Die Pyramide ist fertig und das Modell dreidimensional. Das ist die Ansicht von oben.

6 An jeder Seite der Pyramide ein Hasenohr falten und preßfalten.

7 Jetzt ist das Modell zweidimensional. Die flache Spitze der Pyramide (der genaue Mittelpunkt des Papiers) wird der Kopf des Känguruhbabys. Gleichzeitig den Kopf des Babys hasenohrfalten und das Modell bergfalten.

8 Die zwei großen Klappen werden die Hinterbeine des großen Känguruhs. Beide Beine hasenohrfalten und nach links bringen.

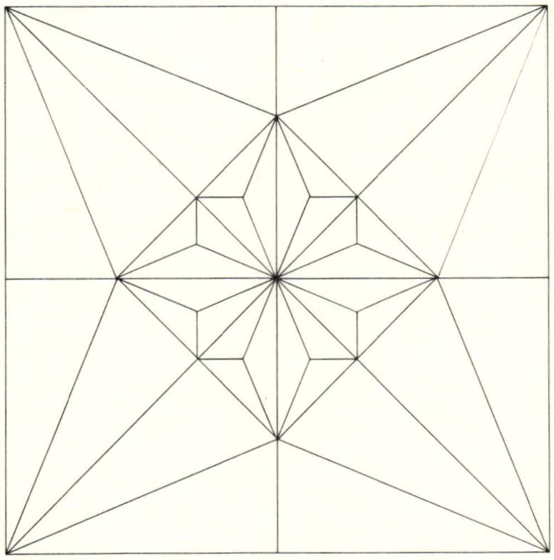

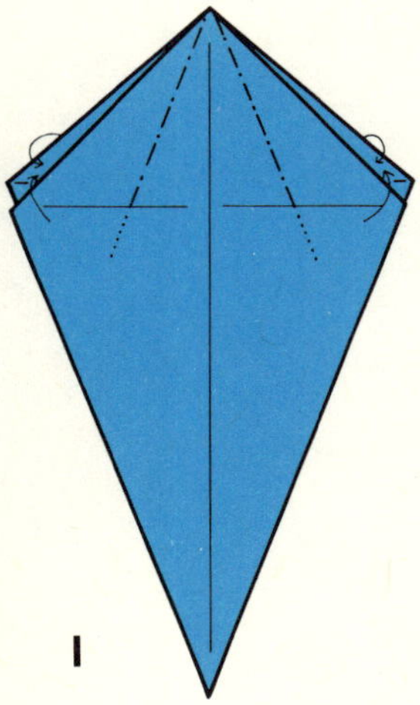

1

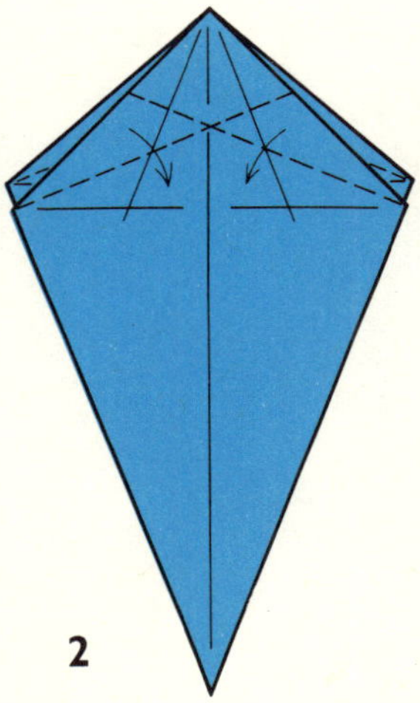

2

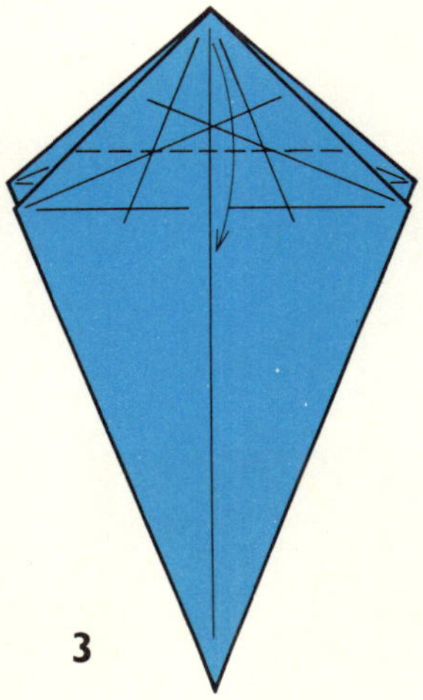

3

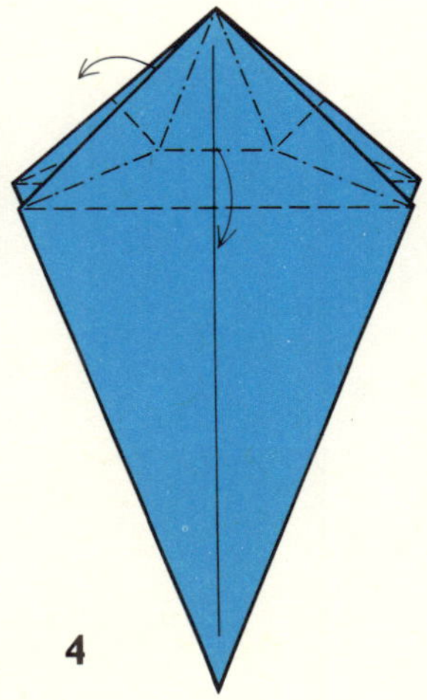

4

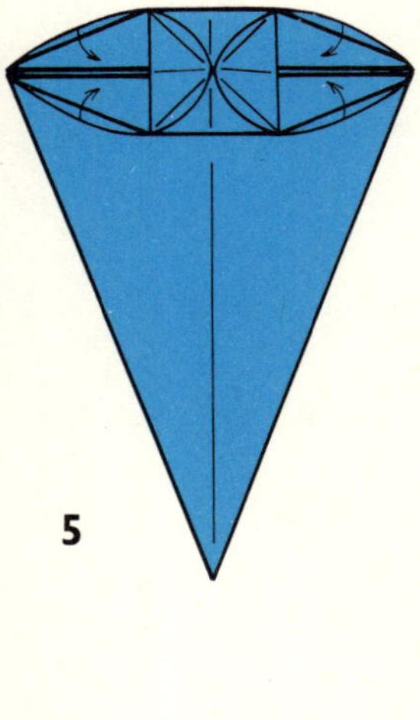

5

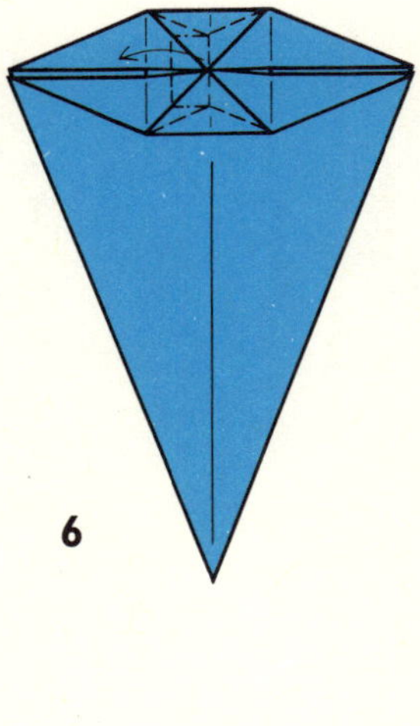

6

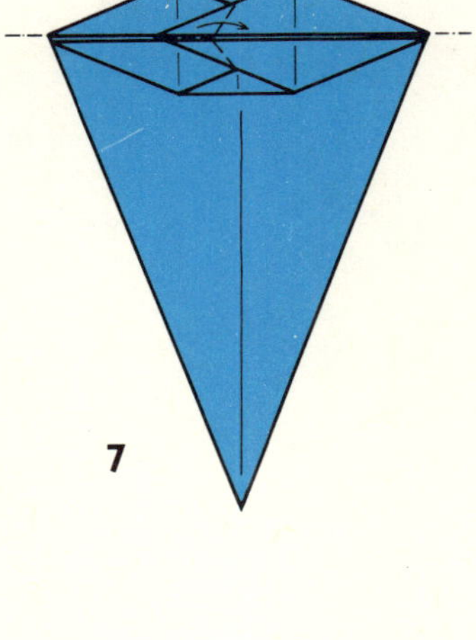

7

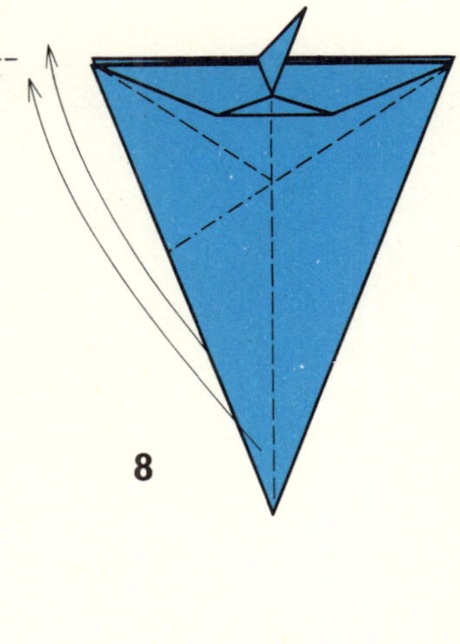

8

9 Die beiden langen Klappen links werden Kopf (obere Klappe) und Schwanz (untere Klappe) des großen Känguruhs. Kopf und Schwanz gegenknicken nach innen.

10 Den Schwanz mit Talfalten vorn und hinten verengen. Dieser Schritt bildet auch die Ohren des kleinen Känguruhs.

11 Die Hinterbeine des großen Känguruhs öffnen.

12 In einer Bewegung das rechte Babyohr hochheben und das rechte Hinterbein schließen. Hinten wiederholen.

13 Den Schwanz knitterfalten. Das lose Papier über dem Babyohr nach oben talfalten. Hinten wiederholen.

14 Die vordere Hälfte des Schwanzes in die hintere stecken. Vorsichtig sein, um nicht das Papier zu zerreißen. Das lose Papier in die Taschen in den Babyohren stecken.

15 Die Babyohren leicht nach vorn führen, um die Hinterbeine des großen Känguruhs freizubekommen. Die Hinterbeine nach unten bringen.

16 Die obere Schicht der Hinterbeine knitterfalten und das lose Papier aus der unteren Schicht herausziehen. Den Nacken verengen. Hinten wiederholen.

17 Die Hinterbeine hasenohrfalten. Das lose Papier in den Hals stecken, um die Vorderbeine des großen Känguruhs zu bilden.

18 Die Hinterbeine bergfalten, um die Füße und Hüften zu bilden. Den Hals gegenknicken nach innen. Die Vorderbeine so weit wie möglich nach unten bringen.

19 Den Schwanz gegenknicken nach außen. Den Hals gegenknicken nach innen. Die Vorderbeine mit Talfalten verengen. Das lose Papier oben aus dem Kopf des Babys herausziehen.

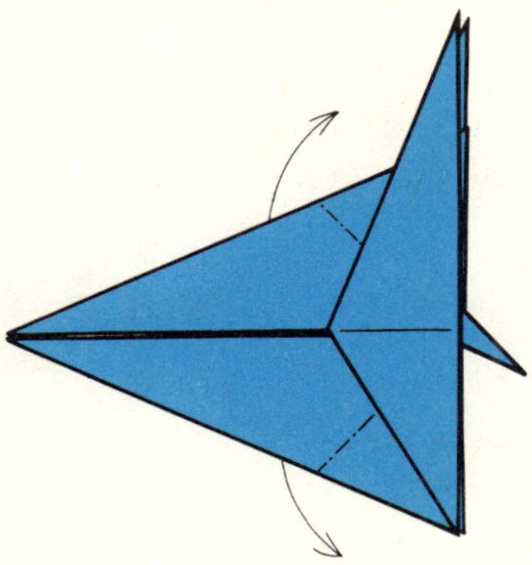
9

10

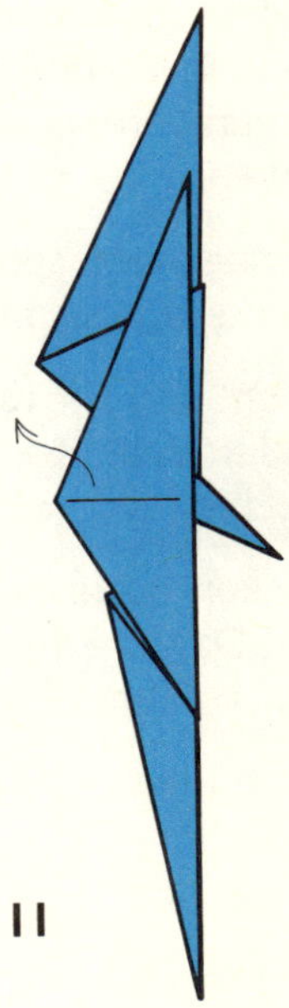
11

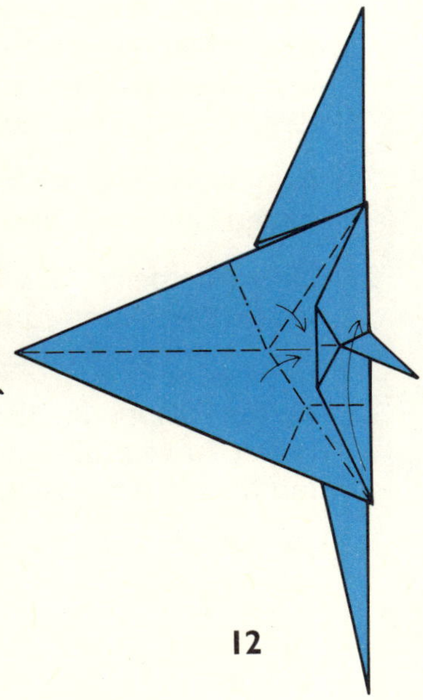
12

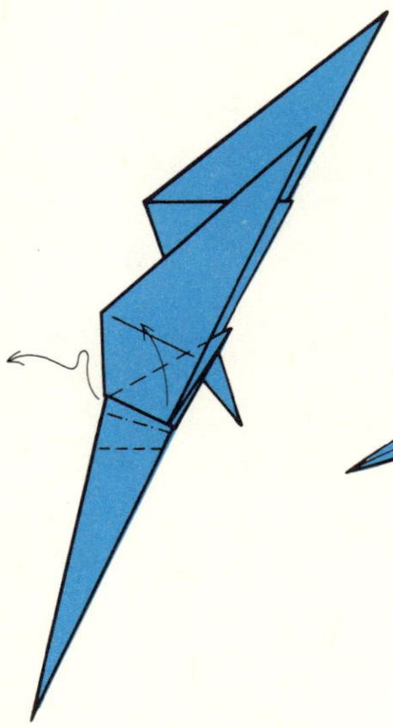
13

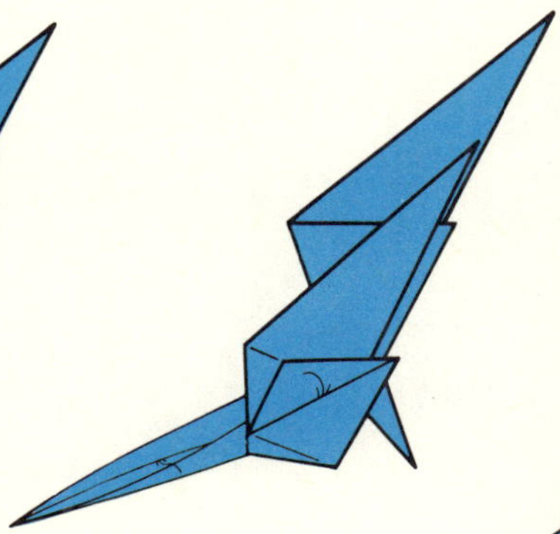
14

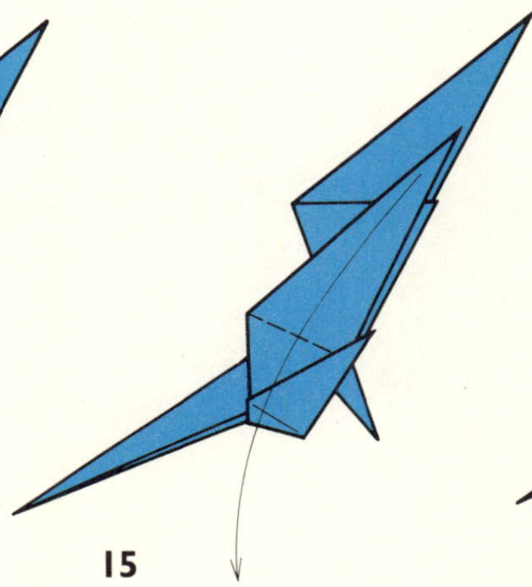
15

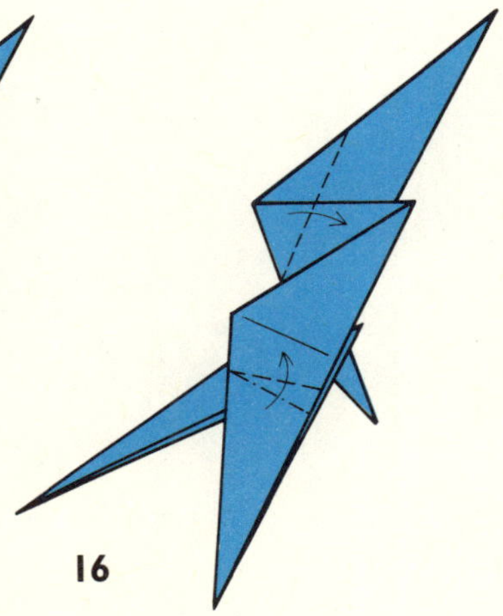
16

17

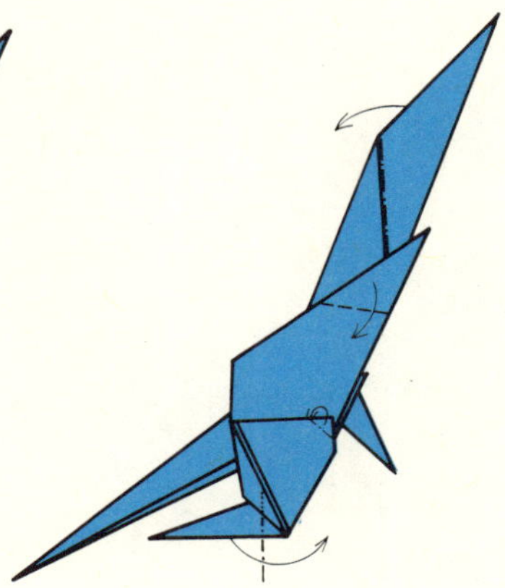
18

19

20 bis Schritt 24: Einzelheiten des Oberkörpers des großen Känguruhs. Die Vorderbeine mit Gegenknicken nach innen verengen. Den Hals gegenknicken nach außen.

21 Die Vorderbeine nochmals verengen. Den Hals knitterfalten, um Ohren und Kopf zu bilden.

22 Die Vorderbeine talfalten, um die Tatzen zu bilden. Die Ohren runden. Den Kopf knitterfalten, um das Maul zu bilden.

23 Die lose Klappe im Nacken talfalten, um den Körper zu verschließen. Das Maul verengen und die Nasenspitze nach hinten biegen.

24 Der Oberkörper des großen Känguruhs ist fertig.

25 bis Schritt 27: Einzelheiten des Babykopfes. Mit Bergfalten verengen.

26 Den Kopf knitterfalten, um das Maul zu bilden. Die Ohren ausbreiten. Die Nasenspitze nach hinten biegen.

27 Der Kopf des kleinen Känguruhs ist fertig.

Das fertige **Känguruh**.

(1977)

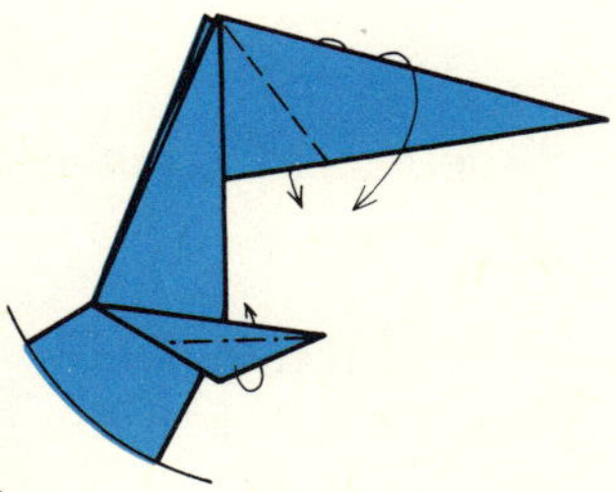
20

21

22

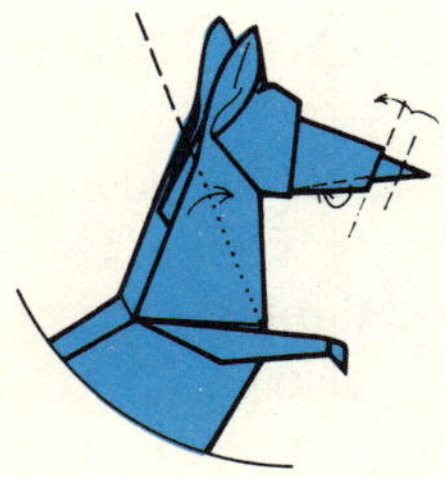
23

24

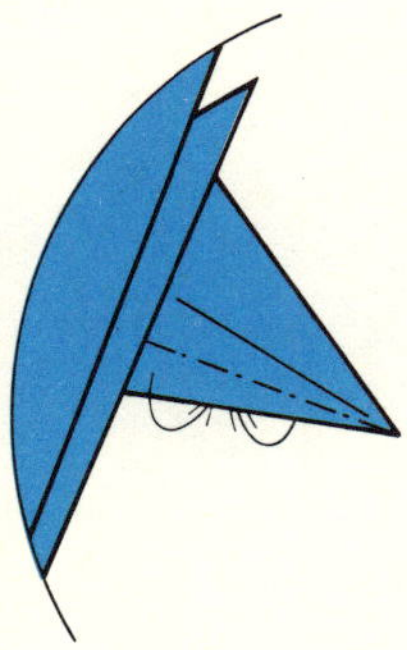
25

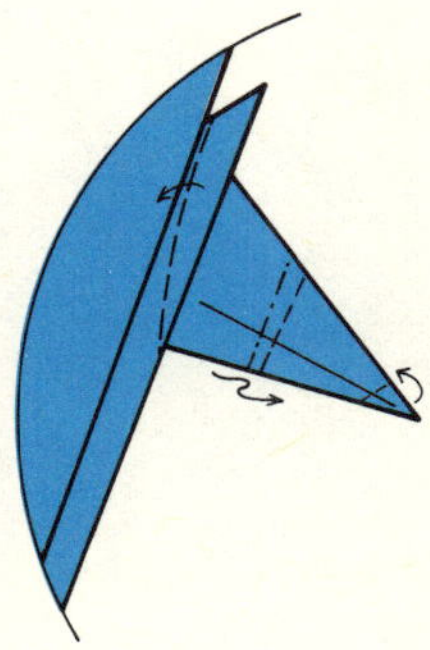
26

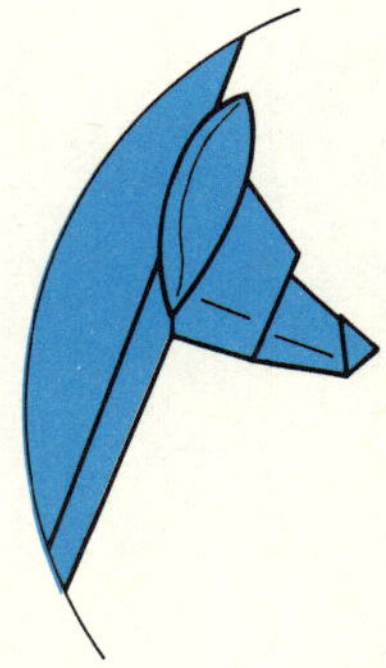
27

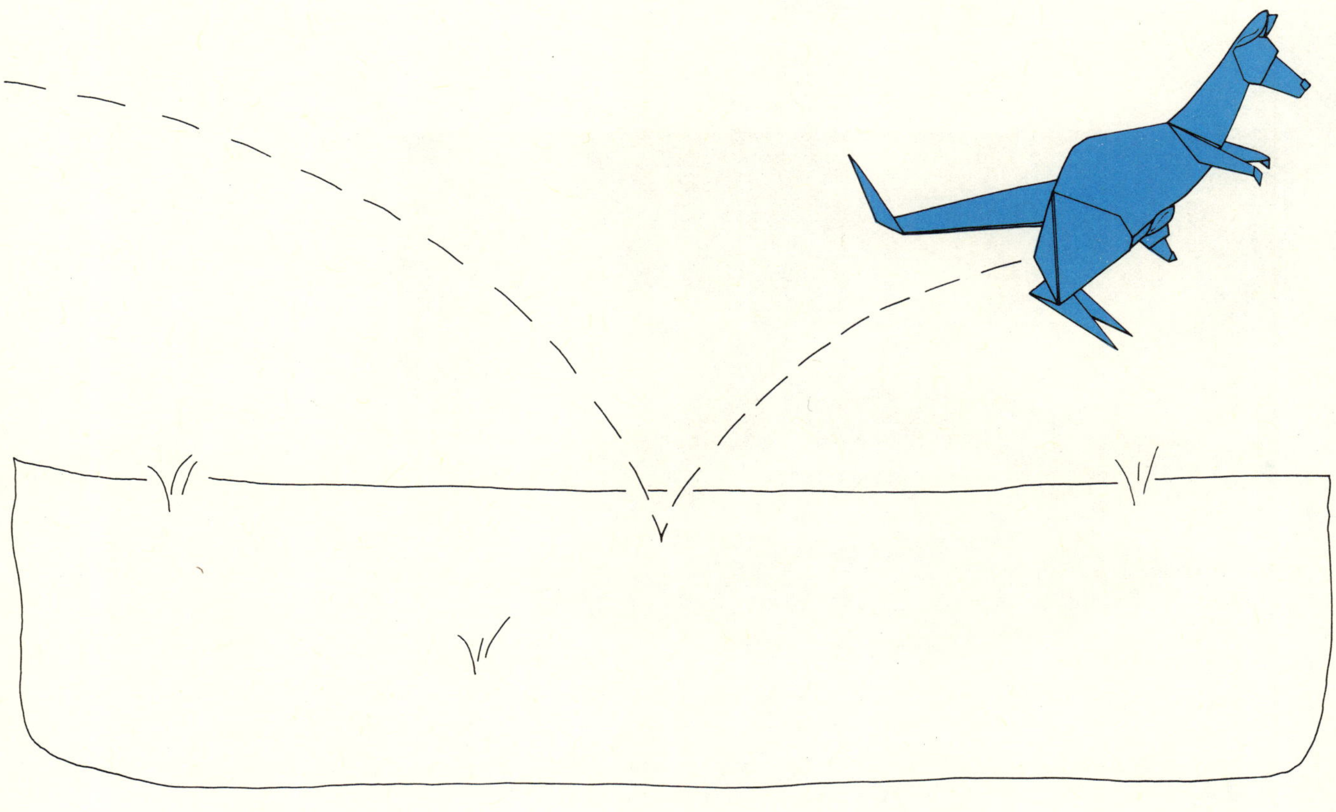

Ein-Dollar-Yacht

Das ist das erste von drei Modellen aus Ein-Dollar-Scheinen. Um es billiger zu machen, kann man jedes Papier mit den Proportionen eines Scheins nehmen, also ca. 7,5 cm mal ca. 18 cm. Die Seite, die nach unten zeigt, wird die Außenseite der Yacht. Eine Ein-Dollar-Note ergibt ein ca. 15 cm langes Modell.

1 Längs knicken und öffnen.

2 Quer knicken und öffnen.

3 Vom Papiermittelpunkt zu den Ecken talfalten.

4 Bis zum vorigen Schritt öffnen.

5 Den vorhandenen Brüchen folgen und vom Mittelpunkt durch die Ecken gegenknicken nach innen.

6 Den Punkt unten (Mittelpunkt des Scheins) zur geschnittenen Kante talfalten. Fest drücken.

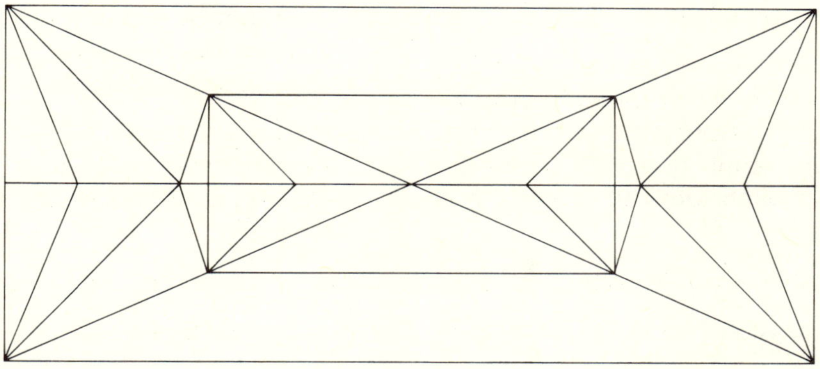

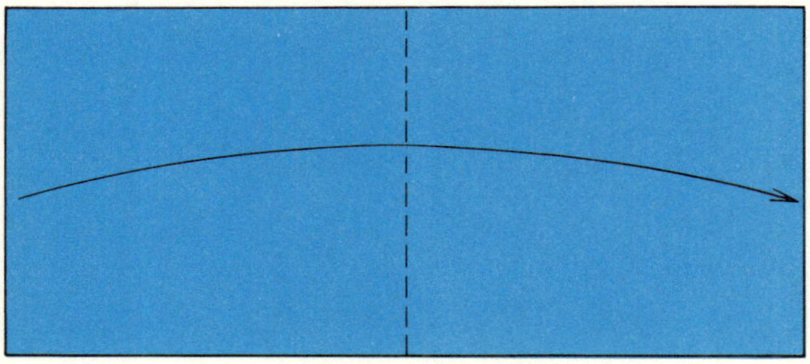

1

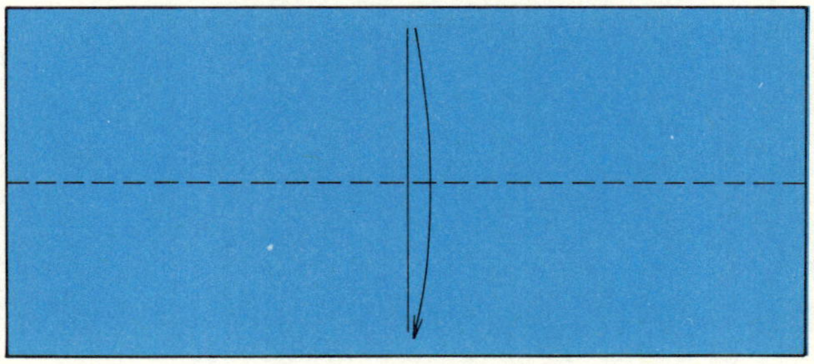

2

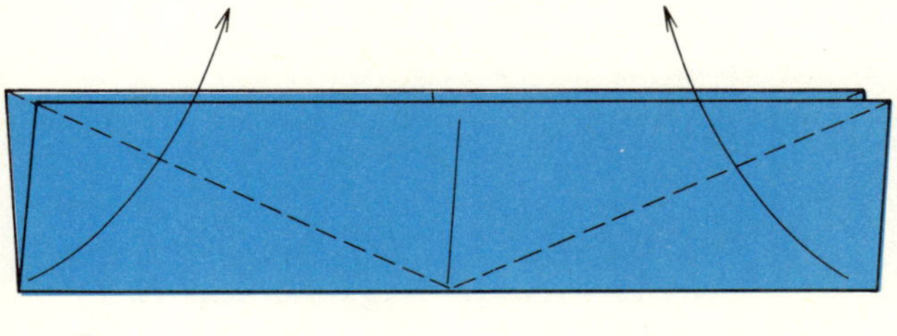

3

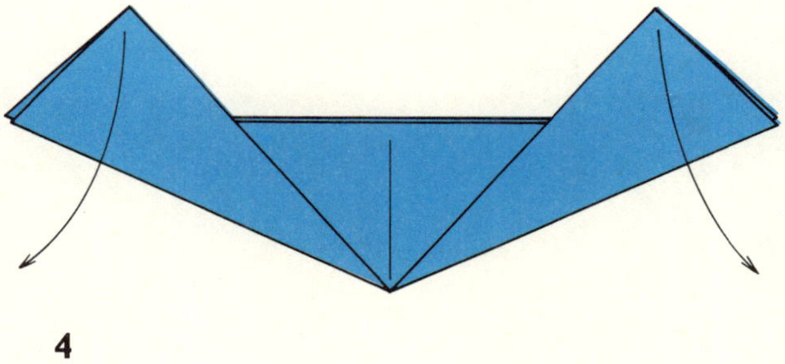

4

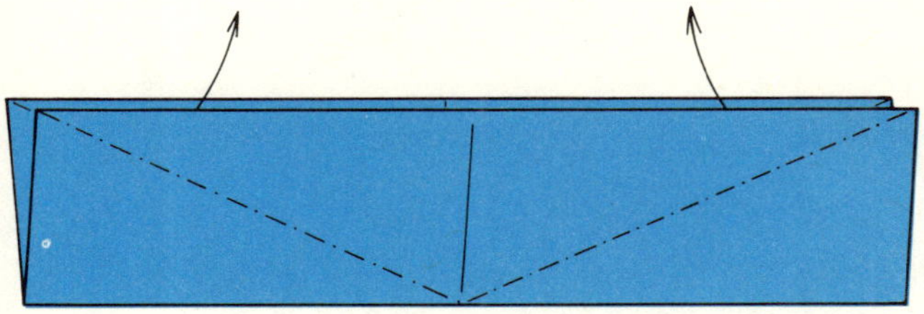

5

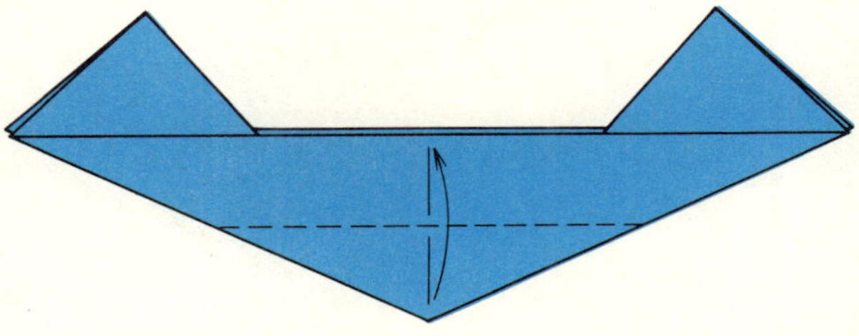

6

7 Öffnen bis zum vorherigen Schritt.

8 Unter dem Modell die beiden Daumen zwischen die beiden Seiten legen. In einer Bewegung die Seiten ausbreiten und die untere Hälfte des Schiffsrumpfs durch die vorhandenen Brüche preßfalten. Das Papier legt sich automatisch flach.

9 Jetzt ist das Modell flach. Wenden.

10 Die beiden heraussstehenden Klappen bergfalten.

11 Die Rumpfseiten ausbreiten, um das Schiff dreidimensional zu machen. Die zwei heraussstehenden Klappen nach unten stecken.

12 Ansicht von oben mit den ausgebreiteten Rumpfseiten. Die zwei heraussstehenden Klappen talfalten, um den Rumpf zu verschließen.

13 Den Rumpf nach Wunsch formen.

Die fertige **Ein-Dollar-Yacht.**

(1975)

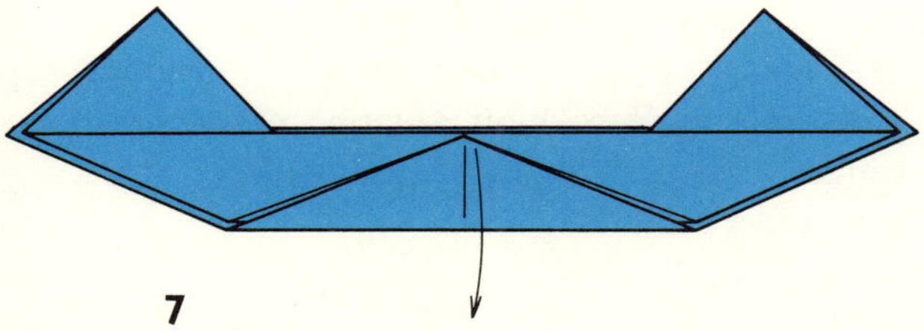

7

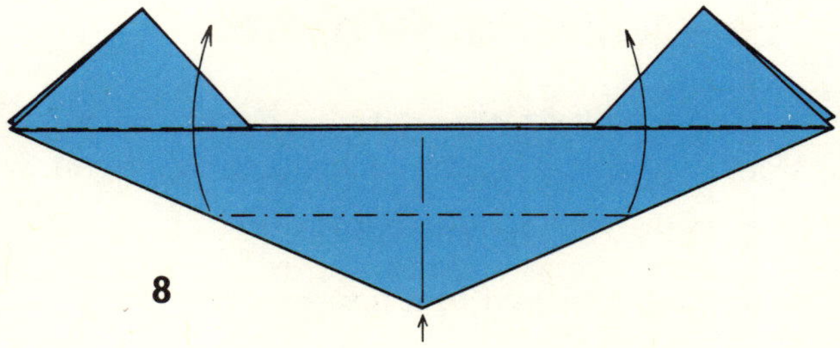

8

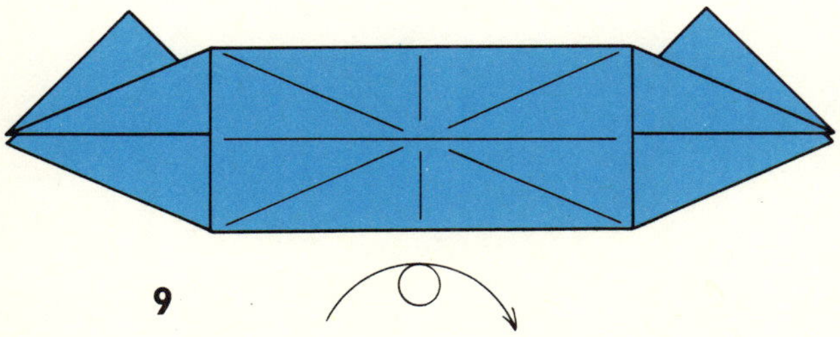

9

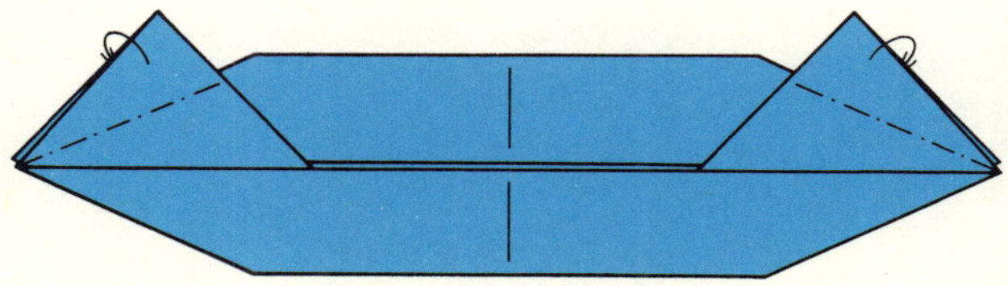

10

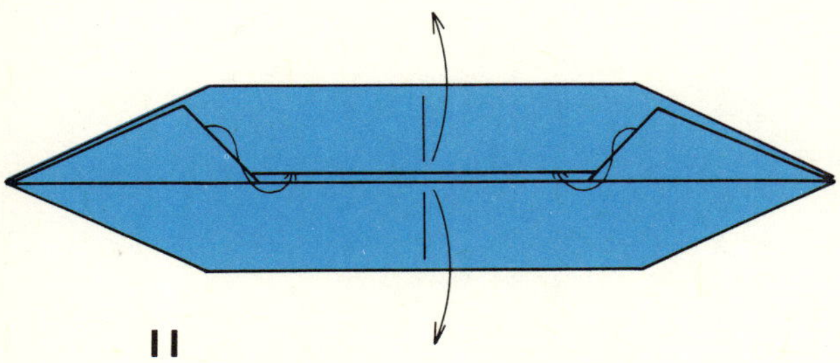

11

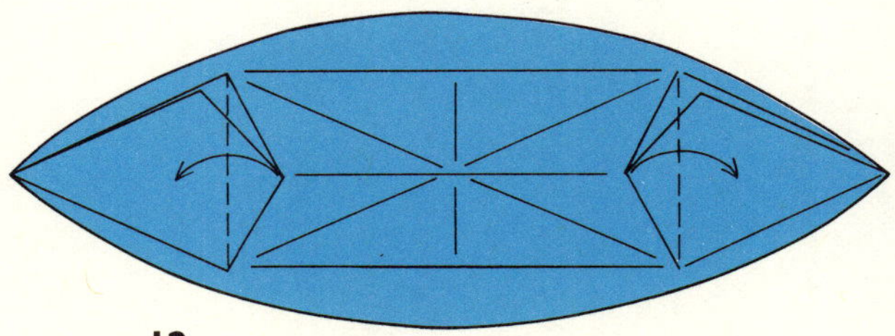

12

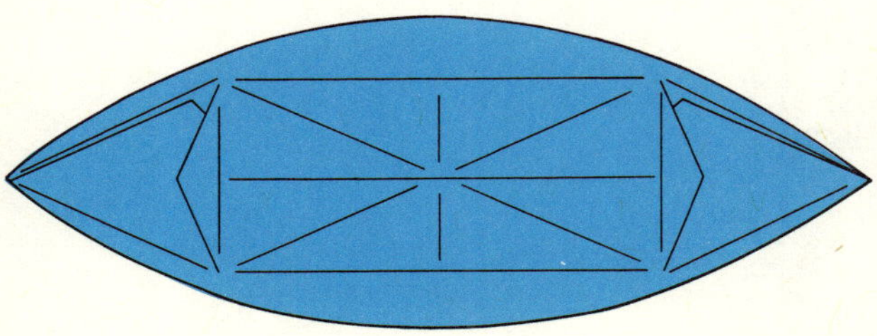

13

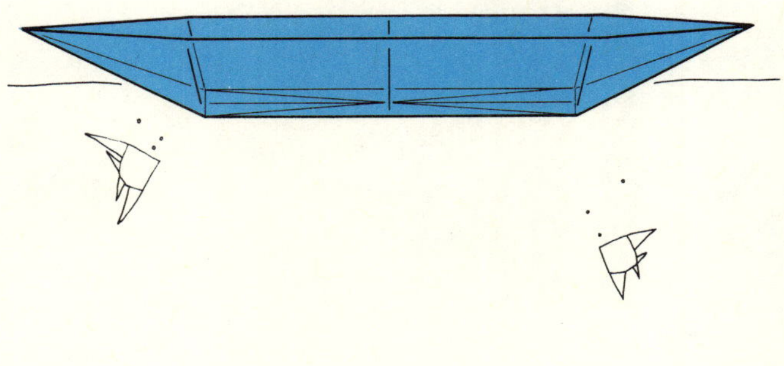

Ein-Dollar-Frackschleife

Eine Ein-Dollar-Note ergibt ein ca. 13 cm langes Modell. Mit dem Gesicht nach unten beginnen.

1 Quer knicken und öffnen.

2 Längs knicken und öffnen. Umdrehen.

3 Diagonal knicken und öffnen.

4 In die entgegengesetzte Richtung diagonal knicken und öffnen.

5, 6 An den vorhandenen Brüchen entlang zusammenklappen. Das Quadrat in der Mitte wird eine Vorfalte.

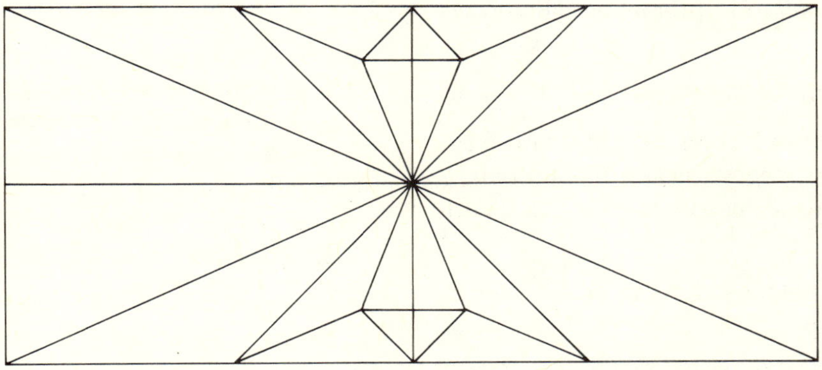

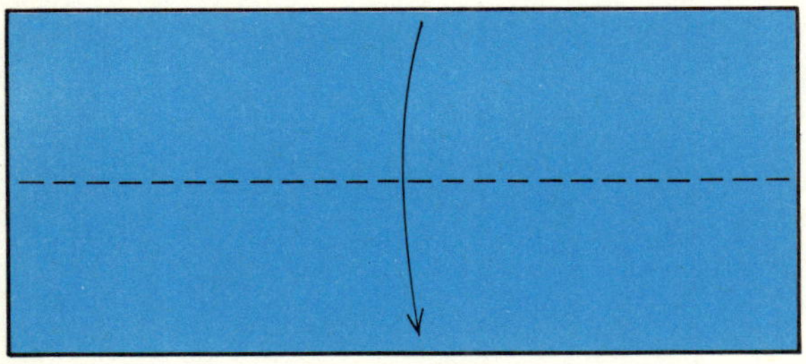

1

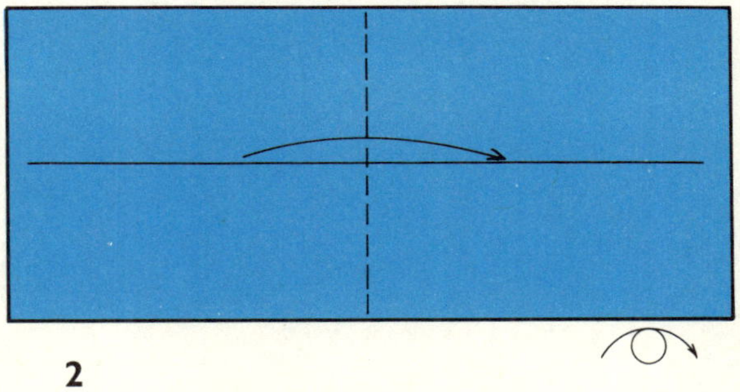

2

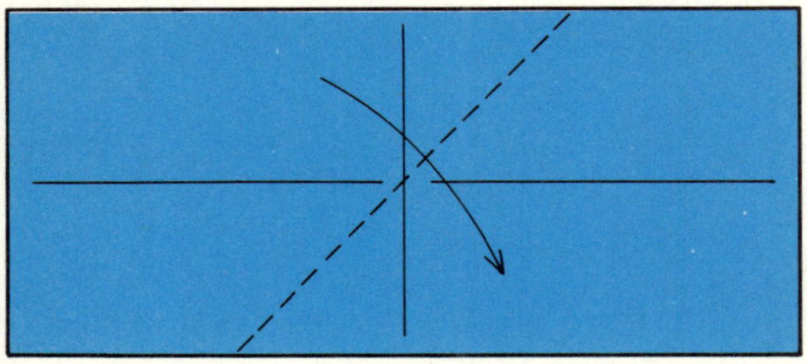

3

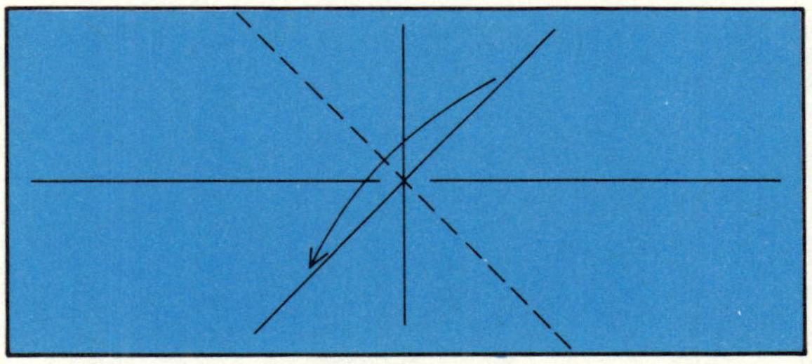

4

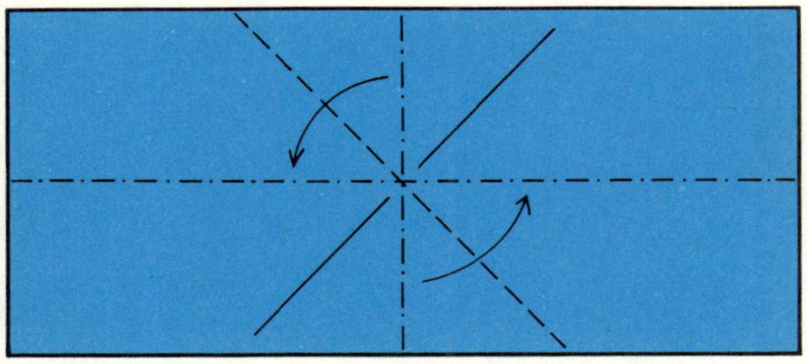

5

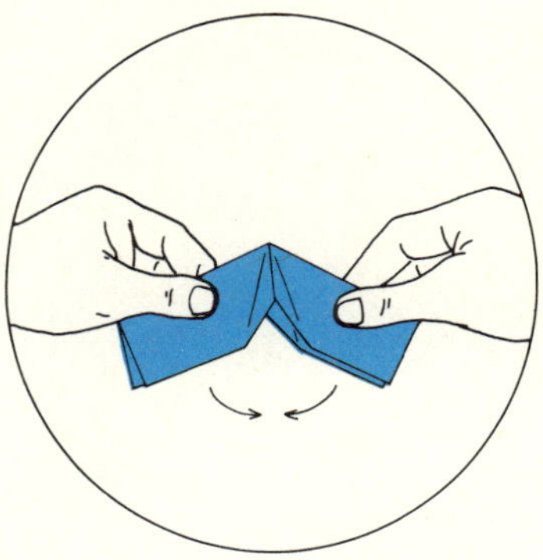

6

7 Durch den Mittelpunkt preßfalten. Hinten wiederholen.

8 Blütenblattfalten. Hinten wiederholen.

9 Die beiden Seitenklappen vom Mittelpunkt durch die Ecken gegenknicken nach innen. Die Blütenblattfalte bis zum vorherigen Schritt öffnen.

10 Die winzigen dreieckigen Klappen nach unten hineinstecken.

11 Die vorderen und hinteren Klappen im Uhrzeigersinn herumschwenken.

12 Die Vorderklappe so hoch wie möglich heben. Dabei streckt sich die Innenseite.

13 Das Modell herumdrehen.

14 Die Spitze bis halb zur Mittellinie talfalten. Mit einer Pinzette fest drücken. Das Modell dann ganz öffnen und das achteckige Stück offen versenken. Wenn der Schein steif genug ist, behält er seine Form, während man die Senkfalte mit der Pinzette an die richtige Stelle schiebt. Das Modell schließen.

15 Den achteckigen Teil ausbreiten und flachpressen. (Bei einem Dollarschein wird dann George Washingtons Kopf sichtbar.) Obere und untere Klappen hinten bergfalten. In die hintere Öffnung paßt ein Knopf.

Die fertige **Frackschleife** zum Binden.

(1974)

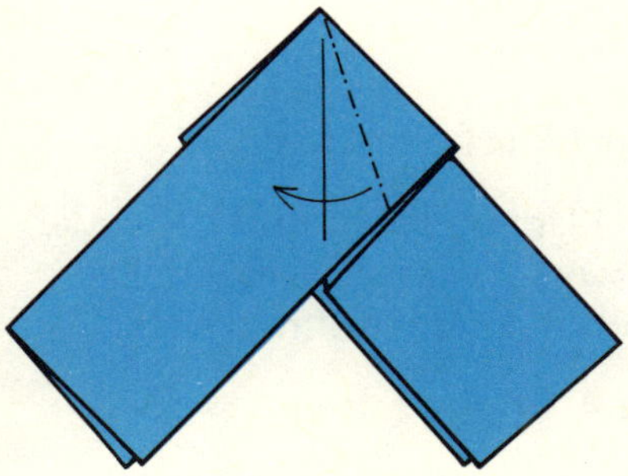
7

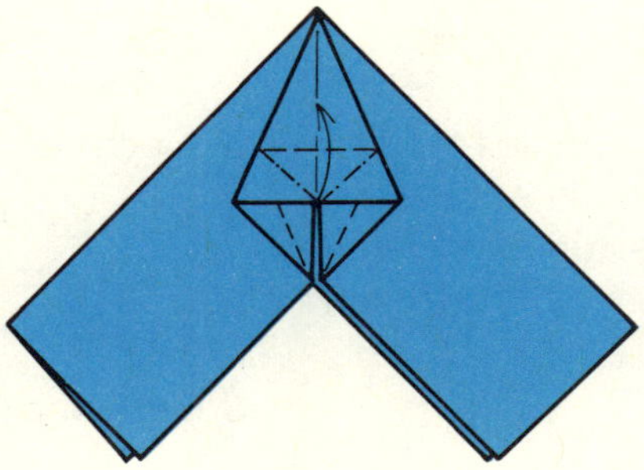
8

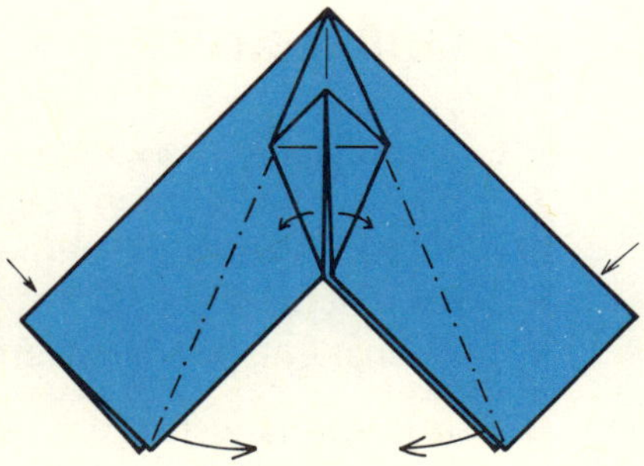
9

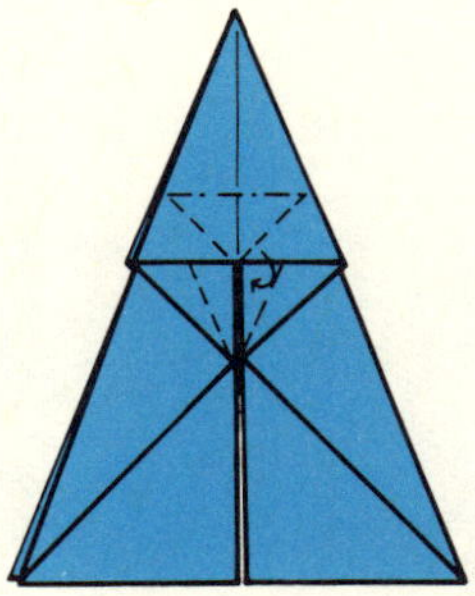
10

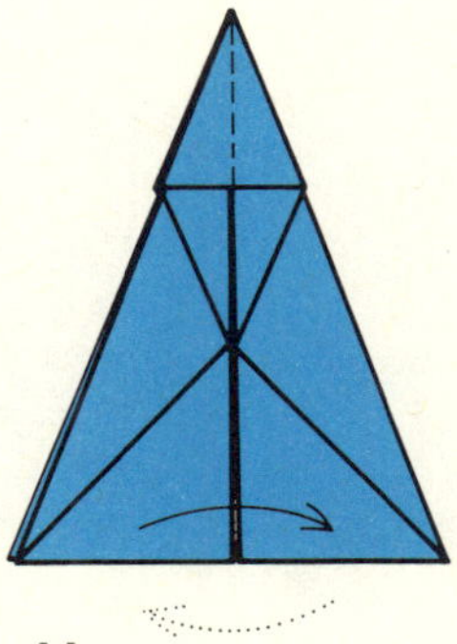
11

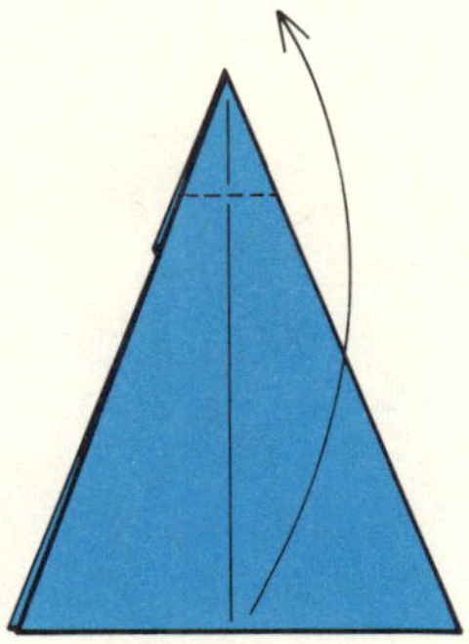
12

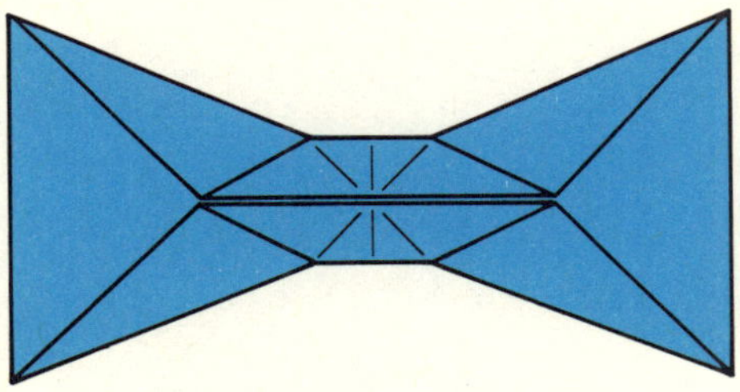
13

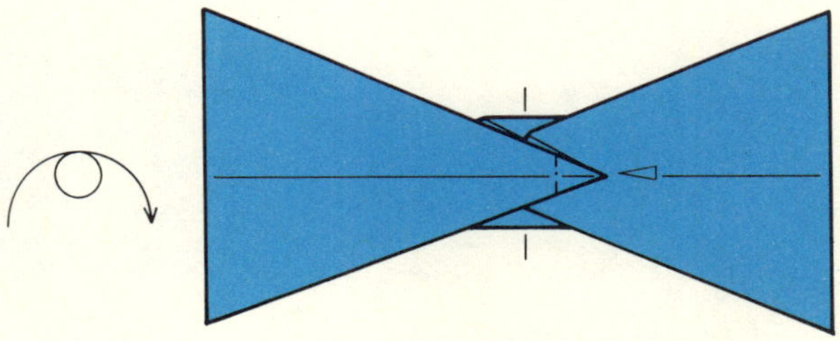
14

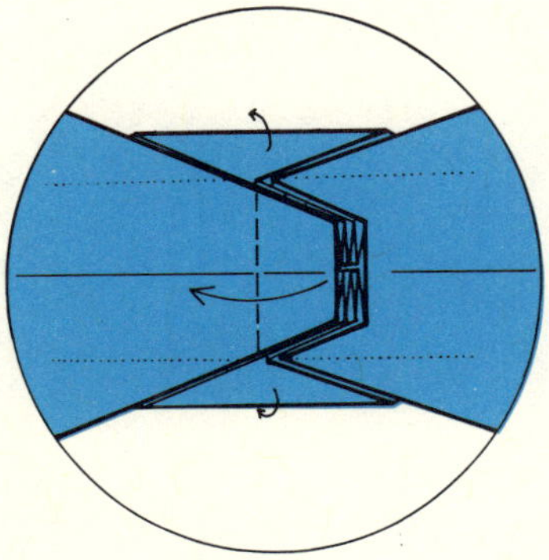
15

Ein-Dollar-Krebs

Eine Ein-Dollar-Note ergibt ein 2,5 cm breites Modell. Die Seite, die nach unten zeigt, wird die Außenseite des fertigen Modells. Nehmen Sie für den ersten Versuch ein ca. 15 × 35 cm großes Blatt oder ein proportional entsprechend größeres.

1 Zur Hälfte längsfalten. Öffnen. Zur Hälfte querfalten. Jede Hälfte wieder und dann nocheinmal zur Hälfte falten. Harmonikafalten.

2 Acht Innenknicke machen.

3 Nochmal acht Innenknicke machen.

4 Nur die obersten Klappen falten und dabei die Brüche machen, wo sie von selbst fallen. Die kleinen Gegenknicke dahinter öffnen sich.

5 Zurück zu Schritt 4.

6 Die ersten der vier Spitzen herunterziehen.

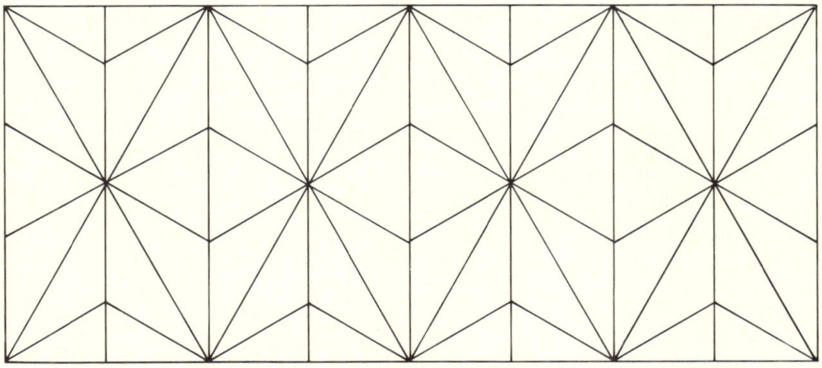

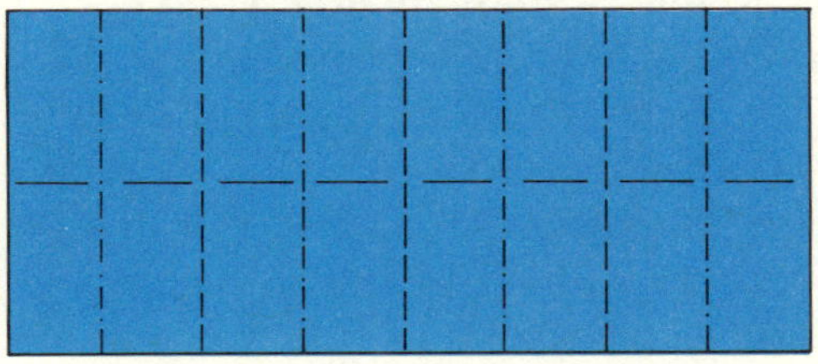

1

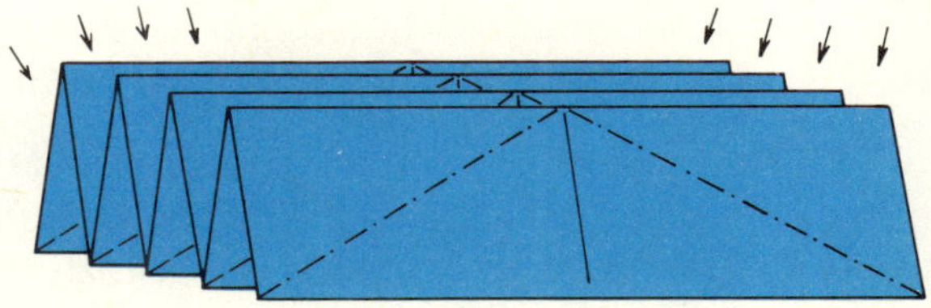

2

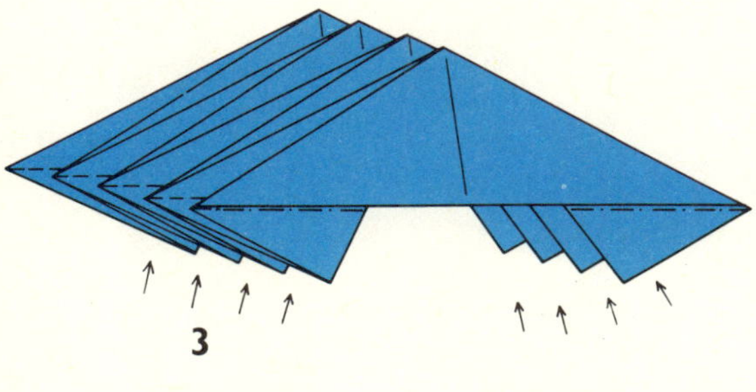

3

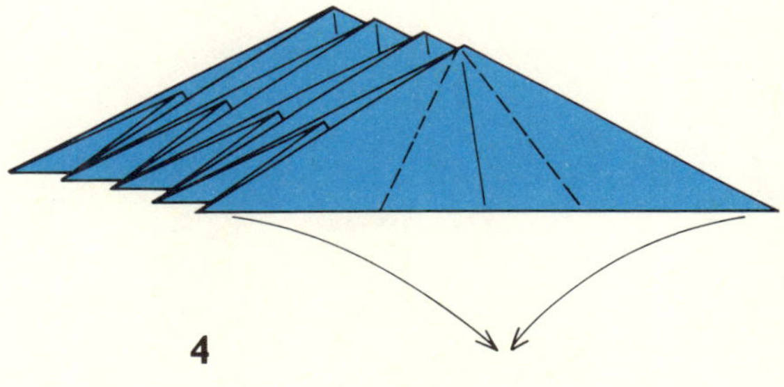

4

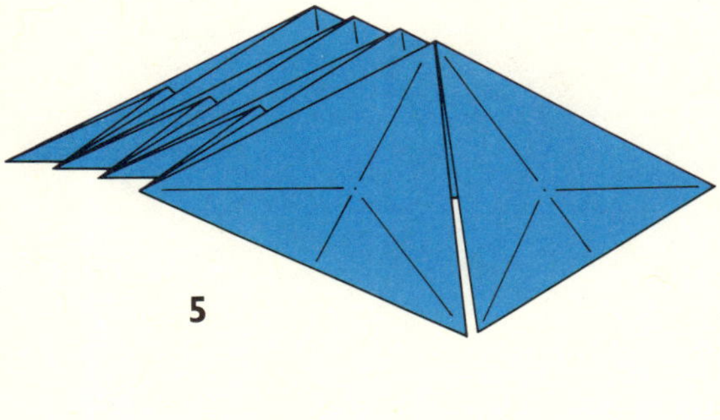

5

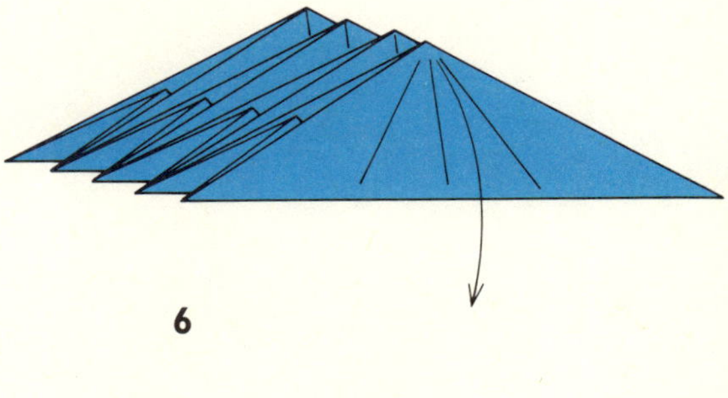

6

7 Die doppelte Dicke auf jeder Seite des Modells hasenohrfalten. Dort falten, wo die Brüche von selbst fallen.

8 Zurück zu Schritt 6. Die zweite Spitze herunterziehen und Schritt 7 wiederholen. Das Papier umdrehen und alle Falten symmetrisch wiederholen. Dann das ganze Modell öffnen, dabei aber nicht die Brüche flachpressen.

9 Die vier Spitzen nach innen drücken. Das Modell umdrehen.

10 Alle Brüche stimmen jetzt bis auf drei: die Teile der Längsfalten, die die drei Rauten entlang der Mittellinie halbieren. Diese Bergfalten in Talfalten verwandeln. Die vier Spitzen zusammenbringen und das Papier entlang der vorhandenen Brüche zusammenklappen. Es sollte automatisch in die richtige Form gehen.

11 Flachpressen. Wenn Sie eine Ein-Dollar-Note benutzen, ist jetzt eine günstige Zeit, um das Papier in einen Schraubstock o.ä. zu spannen oder unter ein paar schwere Bücher zu legen. Ab jetzt wird es immer dicker!

12 Auf jeder Seite die oberen Klappen bergfalten. Bei verschiedenfarbigem Papier statt dessen talfalten. Dadurch bekommen Vorder- und Hinterbeine dieselbe Farbe wie der Rest des Krebses.

13 Eine Klappe nach rechts talfalten.

14 Die linke Klappe ausbreiten und preßfalten.

15 Die gepreßte Klappe hinten bergfalten und nach rechts bringen.

16 Die nächste Klappe links bergfalten und nach rechts bringen.

17 Beim weiteren Verengen kann das Modell möglicherweise zu dick zum genauen Falten werden. In diesem Fall jede Falte sofort wieder öffnen. Wenn alle Brüche gemacht sind, die Falten wieder machen. Schritt 14 und 15 auf der linken Seite des Modells wiederholen. Bei der nächsten Klappe Schritt 16 wiederholen. Die beiden Faltvorgänge zum Verengen abwechselnd bis zum anderen Ende des Papiers anwenden. Wenn Sie gegenüber angekommen sind, Schritt 12 wiederholen. Wenn alle Falten gemacht sind, ist das Modell ganz symmetrisch. Im ganzen wiederholt man die Schritte 14 und 15 achtmal, Schritt 16 sechsmal und Schritt 12 zweimal.

18 Die Vorderseite aufmachen.

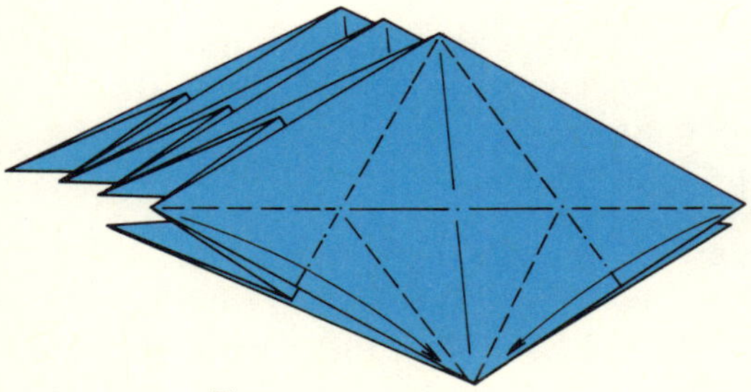

7

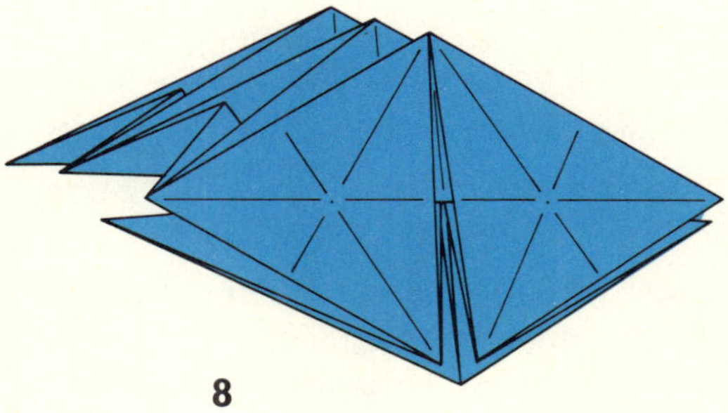

8

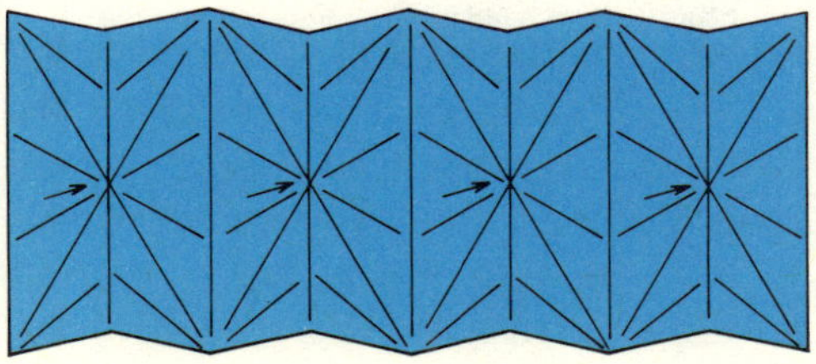

9

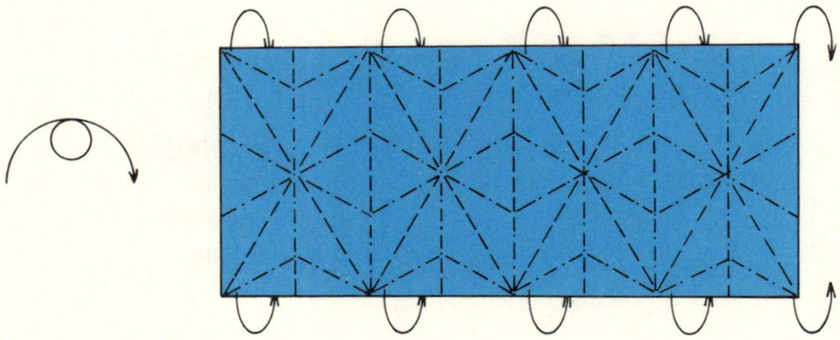

10

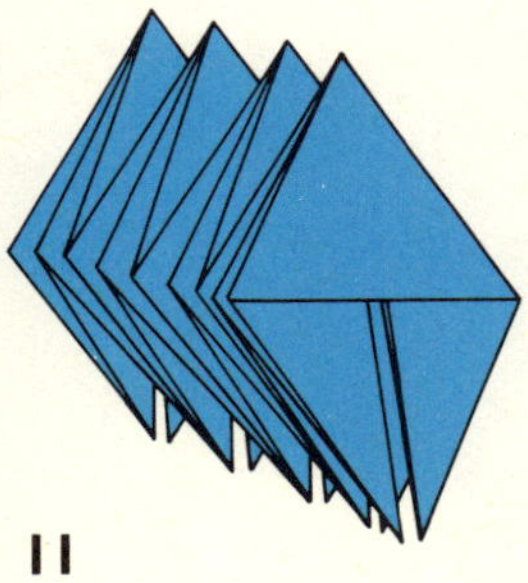

11

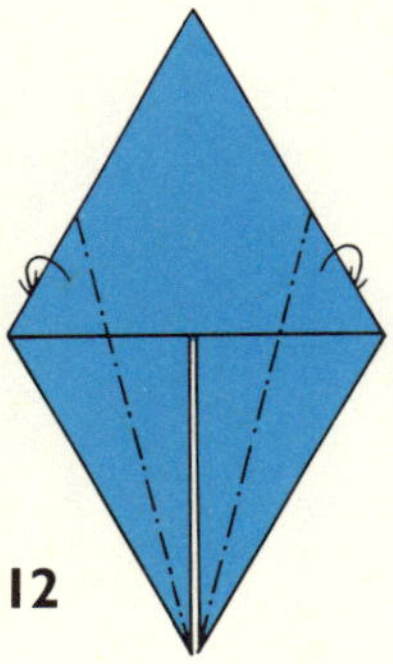

12

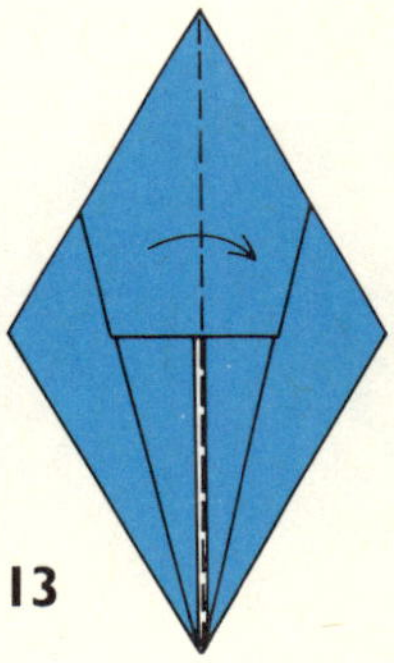

13

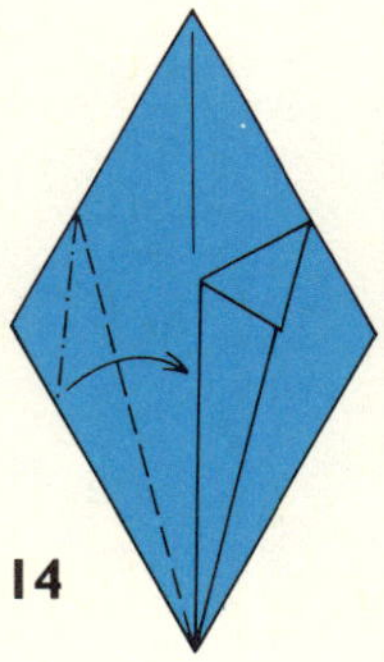

14

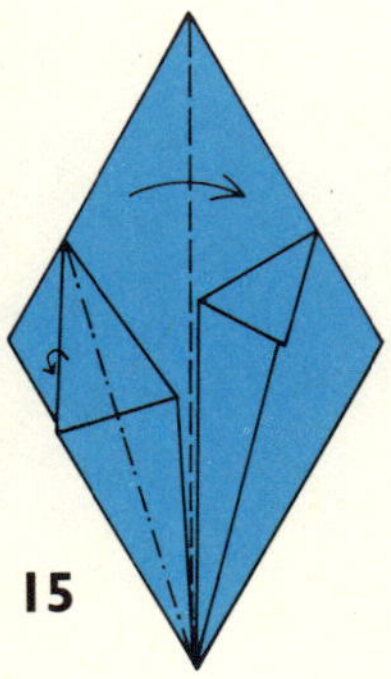

15

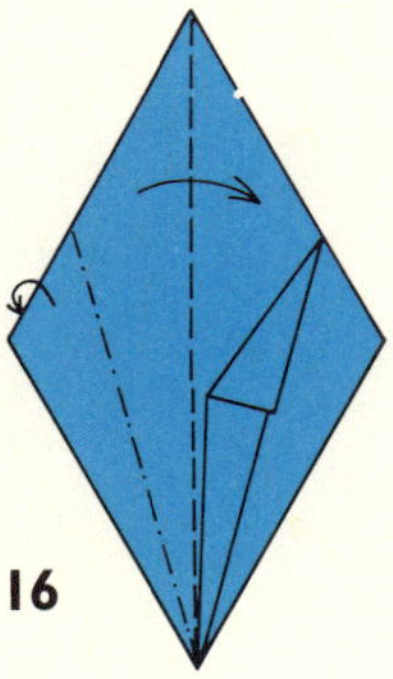

16

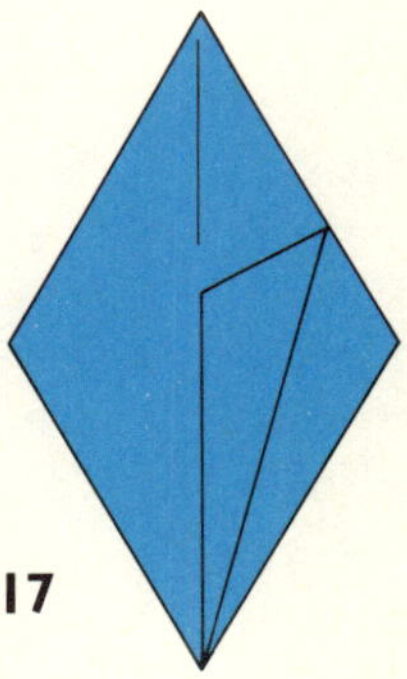

17

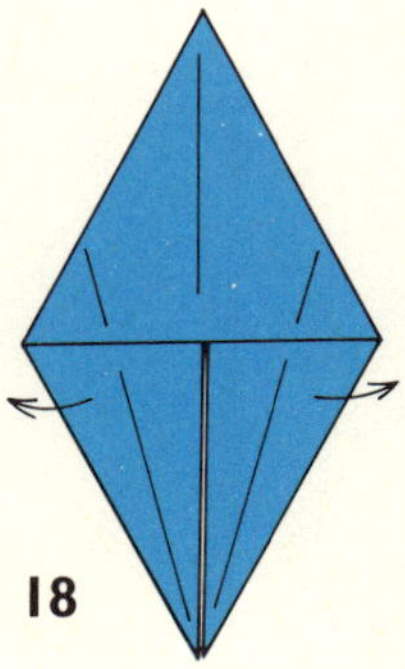

18

19, 20 Die Spitze im ersten Drittel geschlossen versenken. Wie in der Aufsicht bei Schritt 20 abgebildet, bleiben die Falten, die zur Rückseite des Modells ausstrahlen, währenddessen geschlossen.

21 An den vorhandenen Brüchen entlang die Seitenklappen geschlossen versenken und hasenohrfalten. Die zwei Kanten der Senkfalte von Schritt 19 und 20 kommen auf jeder Seite zusammen.

22 Die punktierten Linien zeigen die Position der kleinen Tasche, die das Modell abschließt. Die Berg- und Preßfalten, die bei Schritt 18 geöffnet wurden, wieder falten.

23 Die Kante der Senkfalte und die Spitze dahinter nach unten ziehen.

24 Von den gegenüberliegenden Seiten aus die zwei sichtbaren Spitzen dritteln. Die äußeren zwei Drittel jeder Spitze hasenohrfalten. Das werden die Augen.

25 Die Augen klappen und die versenkte Klappe auffalten. Das Modell wenden. Auch jetzt kann man es gut flachpressen.

26 So symmetrisch wie möglich die fünf Klappen-Paare gegenknicken nach innen. Das vierte von oben geht am weitesten nach vorn, um die Scheren zu bilden.

27 Innen- und Außenknicke bilden, um die Beine zu formen. Die übrige Spitze nach hinten zwischen die Augen bergfalten und in die Tasche darunter stecken. (Wenn das Modell zu dick ist, funktioniert der Verschluß nicht.) Jede Schere gegenknicken nach außen und das lose Papier herausziehen wie im runden Bild gezeigt. Die Augen ausbreiten.

Der fertige **Ein-Dollar-Krebs.**

(1977)

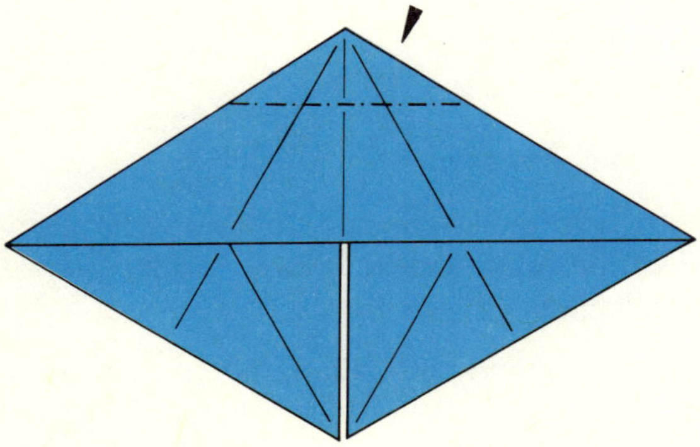

19

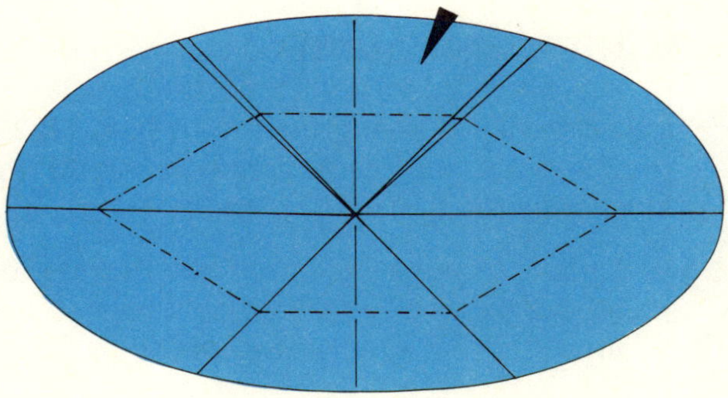

20

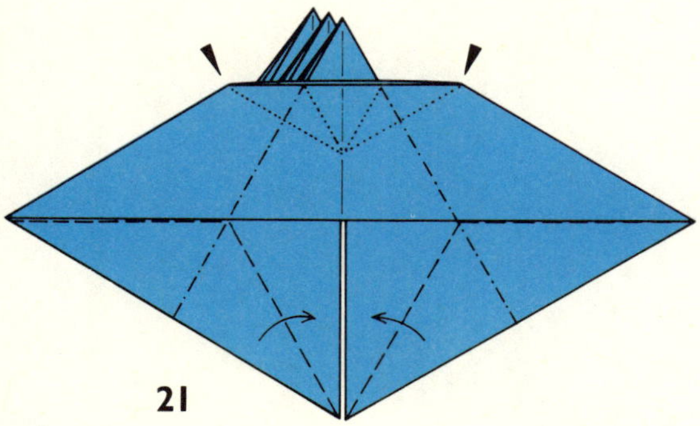

21

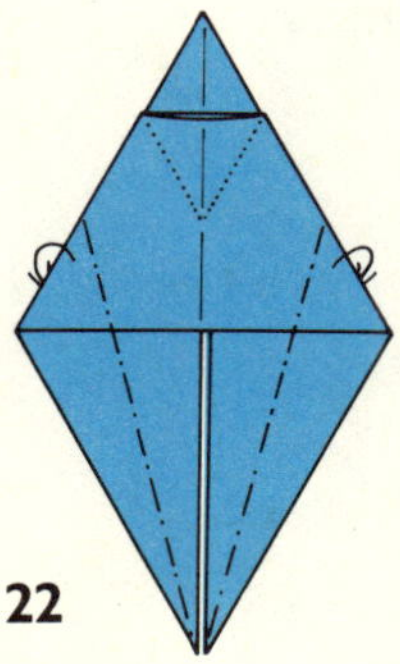

22

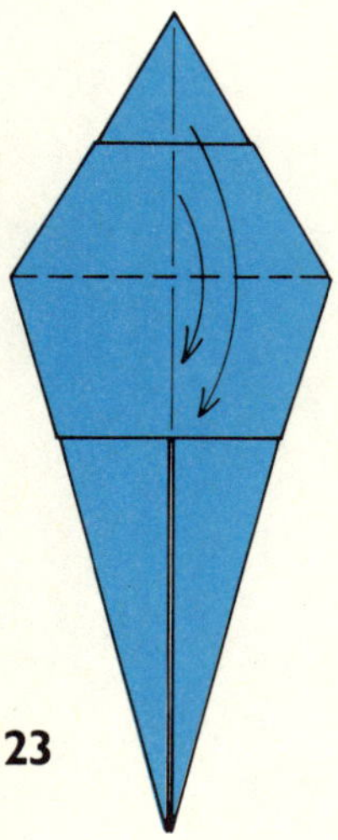

23

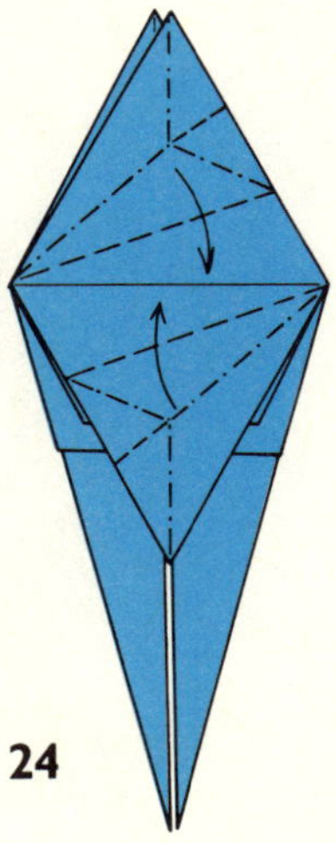

24

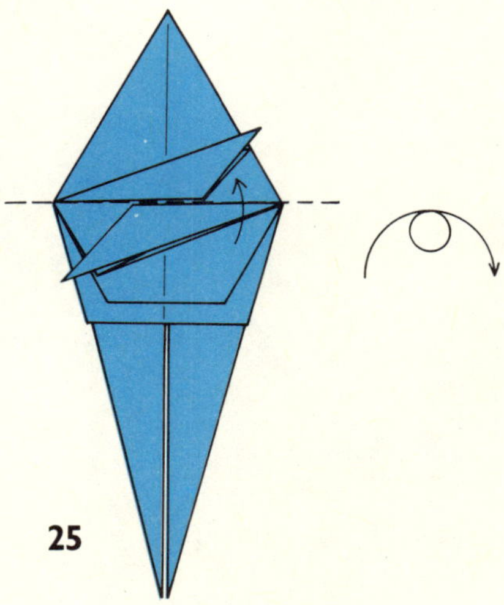

25

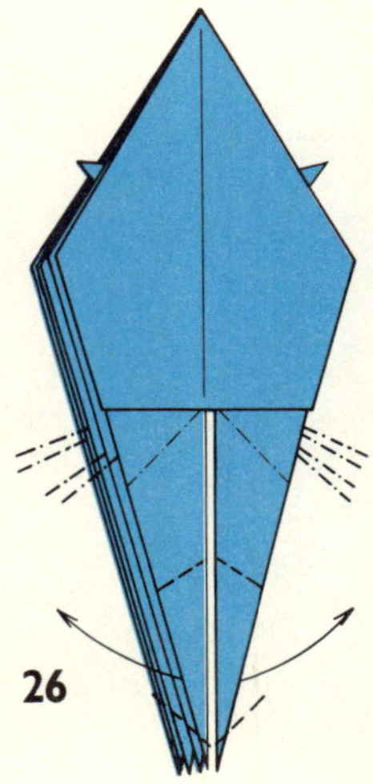

26

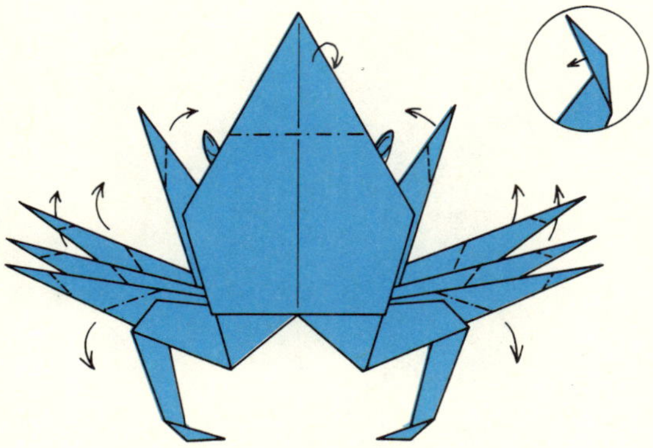

27

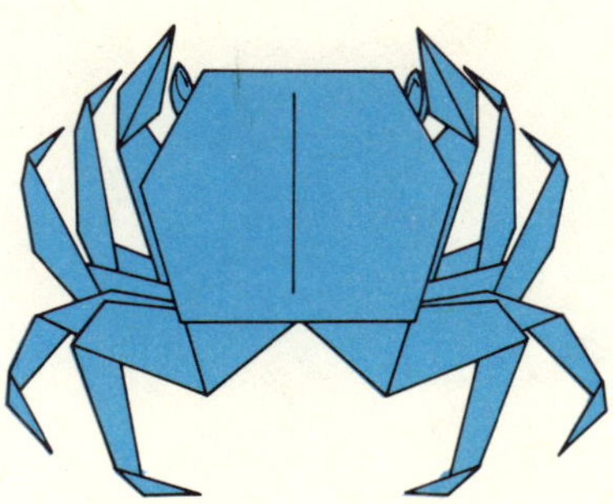

Achtzackiger Stern

Verwenden Sie einseitig gefärbtes Papier. Ein 25-cm-Quadrat ergibt ein im Durchmesser 18 cm großes Modell. Mit der Vorfalte beginnen.

1 Die Spitze zum Mittelpunkt offen senkfalten. Die vier Seiten zum Mittelpunkt offen senkfalten.

2 Die Vorderseite nach oben zusammenklappen. Auf allen Seiten wiederholen.

3 Die vier Seiten nach unten ziehen und das Modell flachpressen.

4 Das Modell wenden.

5 Ab jetzt wird die obere und untere Hälfte des Modells gleichbehandelt. Die vier hellen Quadrate talfalten.

6 Alle vier Klappen knitterfalten, indem man sie vom Mittelpunkt aus herumschwenkt.

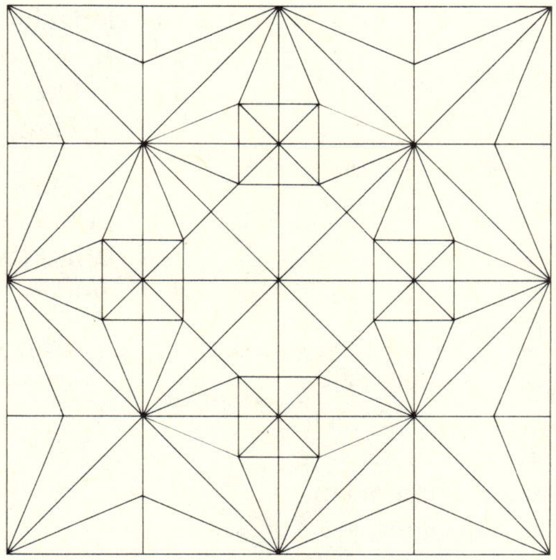

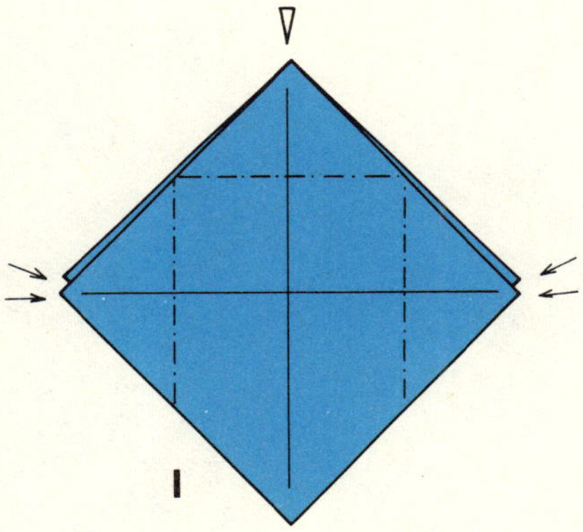

1

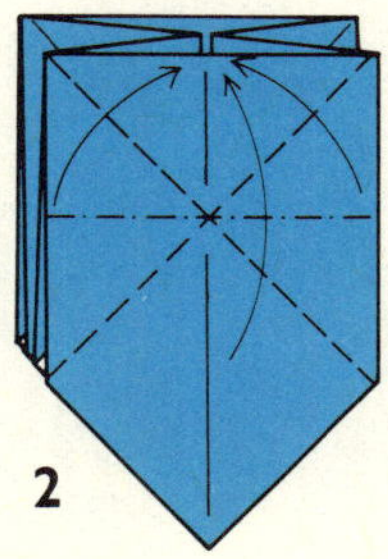

2

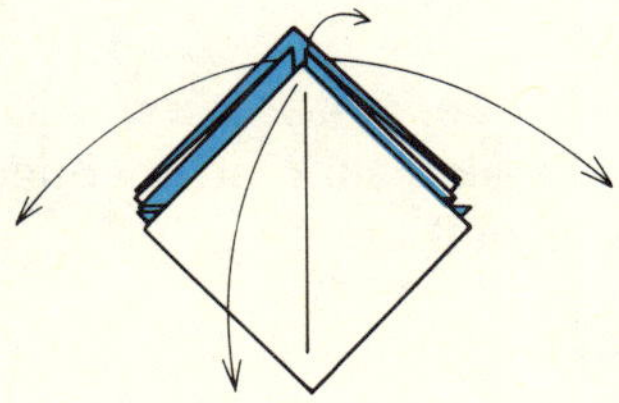

3

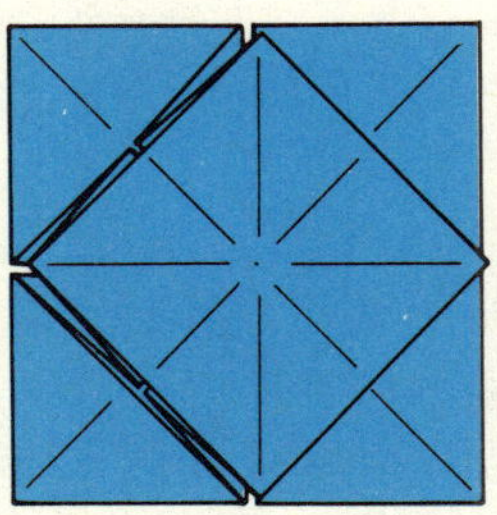

4

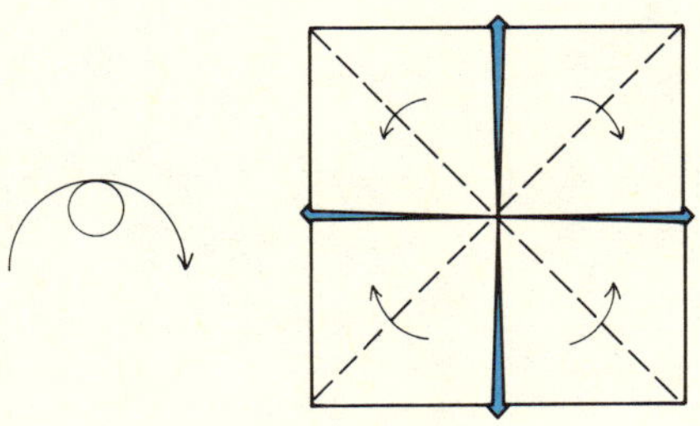

5

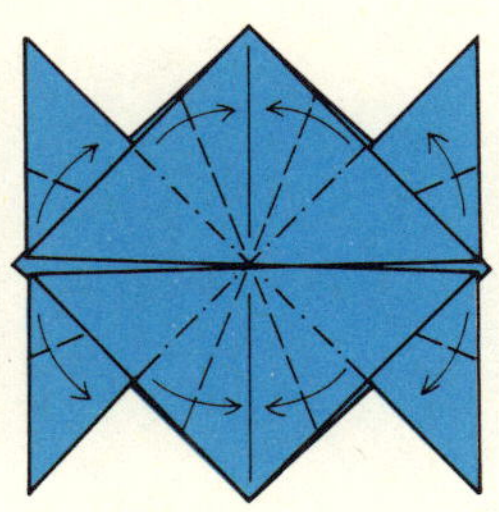

6

7 Vier Talfalten bilden.

8 Die zwei Spitzen zur Mitte talfalten. Dann bis Schritt 6 öffnen.

9 Jede Lage einzeln hochheben und strecken. Automatisch bildet sich eine Form, die einer Blütenblattfalte ähnlich ist.

10 Die hellen Ecken der oberen Hälften halten und nach oben und außen bringen.

11, 12 Jetzt ist das Modell dreidimensional. Das Papier weiter strecken. Dabei springt die kleine dreieckige Spitze automatisch nach innen. Die Spitze zur äußeren Kante hin zusammenklappen. Diese Faltkombination ähnelt einer gestreckten Vogel-Grundform (siehe Schritt 6 des **Kolibris**).

13 Jetzt liegt das Modell flach und die Schritte 10 bis 12 wurden bei der unteren Hälfte wiederholt. Die punktierten Linien zeigen die Position der versteckten dreieckigen Spitzen. Sie werden nach hinten zur Modellmitte talgefaltet. Dort bleiben sie verborgen. Zwei Klappen in jedem Quadranten talfalten.

14 Schritte 6 bis 13 auf der identischen linken und rechten Seite wiederholen.

15 Die acht Zacken mit Talfalten verengen. Wenn alle Falten am richtigen Ort sind, liegt das Modell nicht flach.

16 Vier der acht Zacken sollten hochstehen. An den vorhandenen Brüchen entlang ausbreiten und preßfalten. Mit einer Pinzette geht es vielleicht leichter.

17 Auf der Rückseite sind acht lose Klappen. Sie werden in die benachbarten Taschen gesteckt und damit das Modell verschlossen. Das Modell wenden.

Der fertige **Achtzackige Stern**.

(1974)

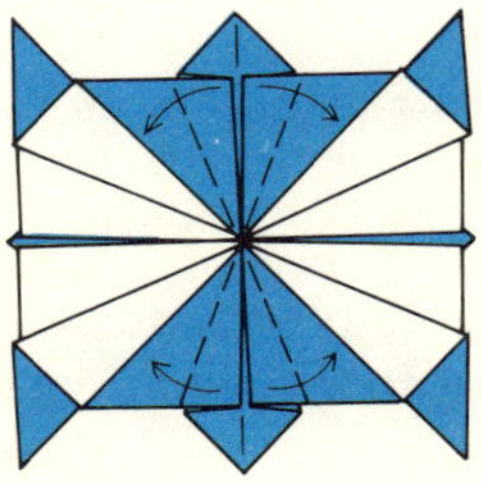

7

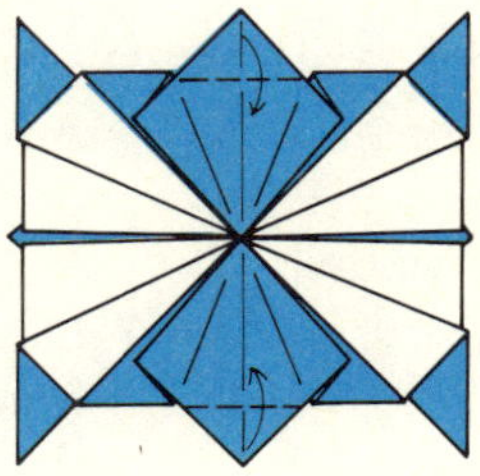

8

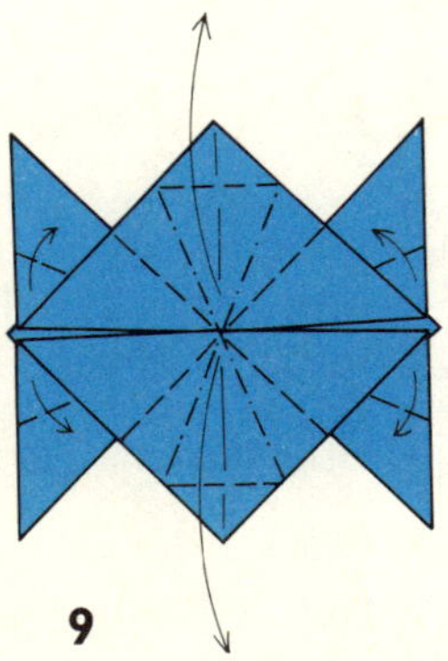

9

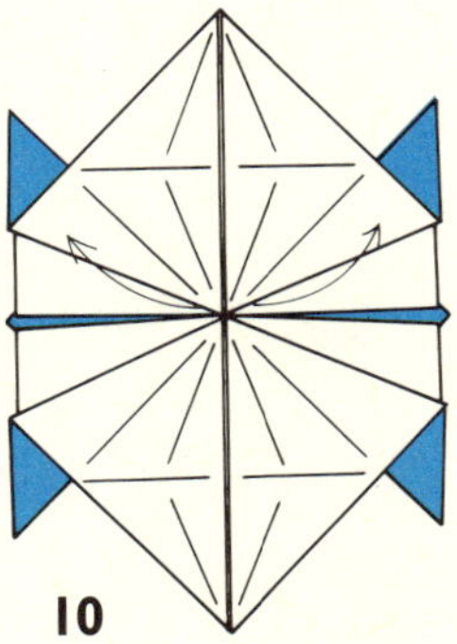

10

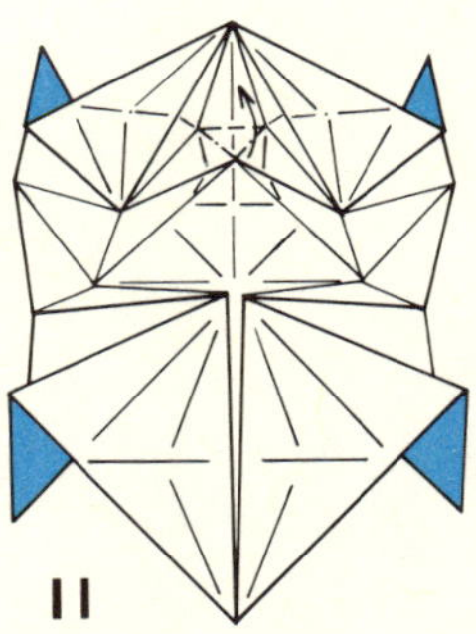

11

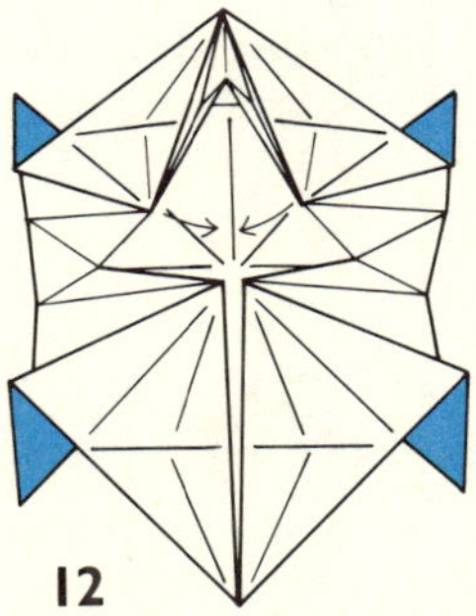

12

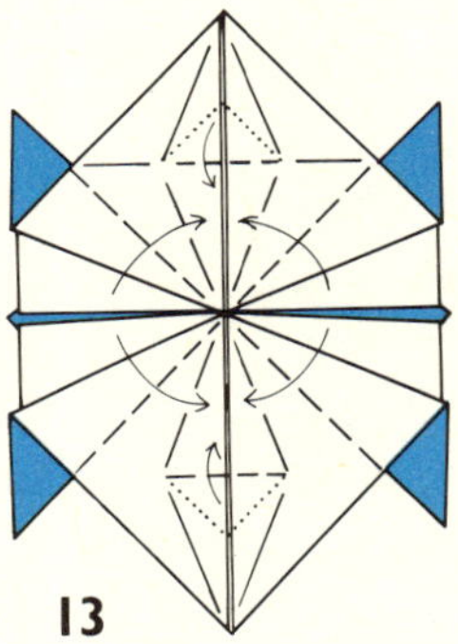

13

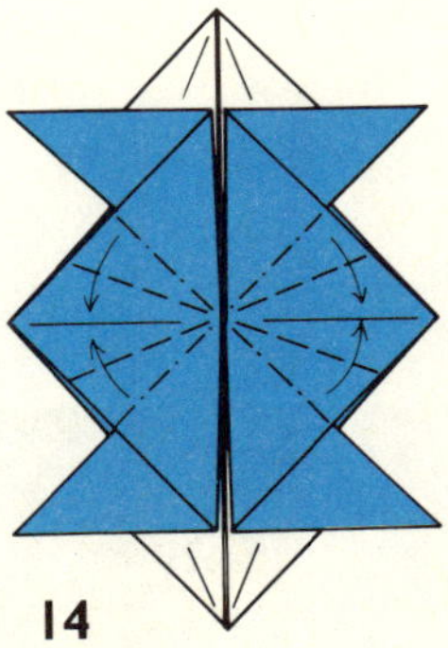

14

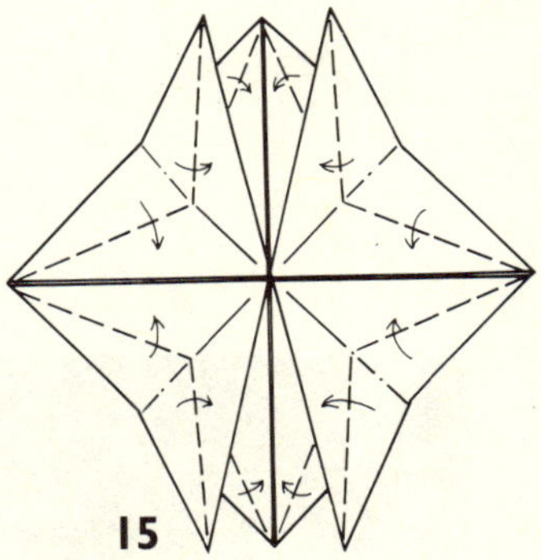

15

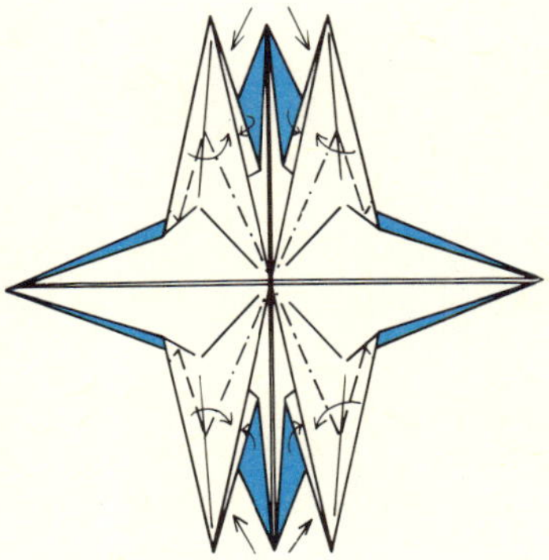

16

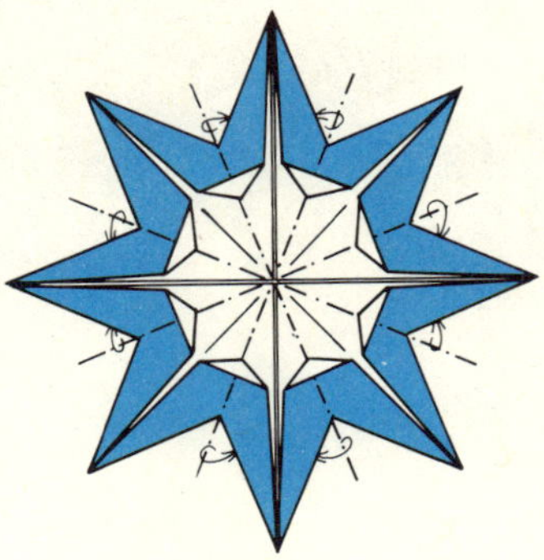

17

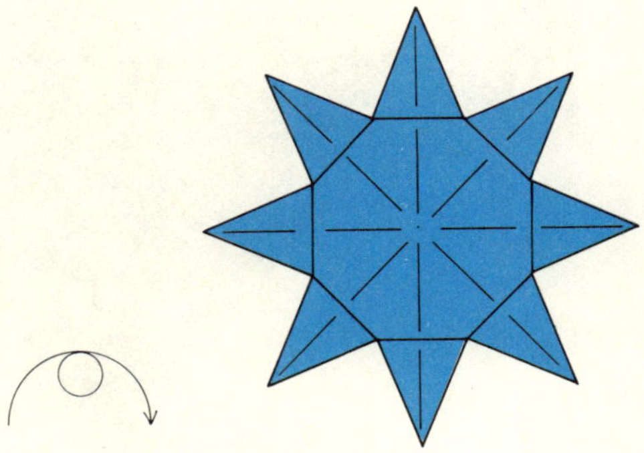

Valentinsherz

Verwenden Sie ein Blatt Papier, das auf der einen Seite rot und auf der anderen Seite weiß ist. Ein 25-cm-Quadrat ergibt ein ca. 14 cm hohes Modell.

1 Eine Vorfalte bilden.

2 Die Vorderseite zur Mitte offen senkfalten. Die vier Seiten zur Mitte gegenknicken nach innen.

3 Vorder- und Rückseite zur Mittellinie talfalten.

4 Auf den innersten Schichten zwei winzige Innenknicke bilden.

5 Auf jeder Seite das lose Papier herausziehen.

6 Die Talfalten von Schritt 3 wieder öffnen.

7 Das kleine Dreieck in der Mitte herunterziehen. Dabei bilden die Seitenklappen automatisch Talfalten nach innen. Hinten wiederholen.

8 Bis Schritt 7 öffnen.

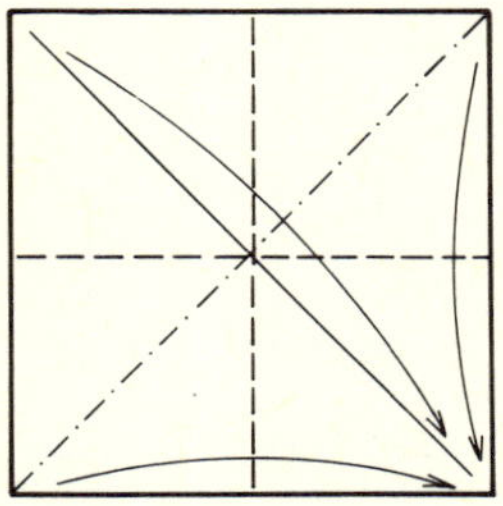

1

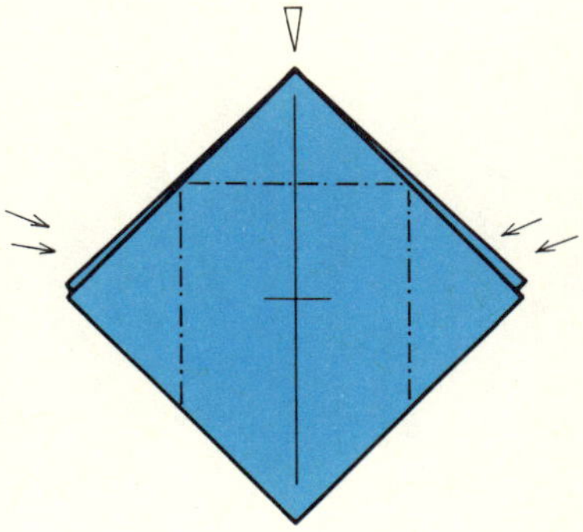

2

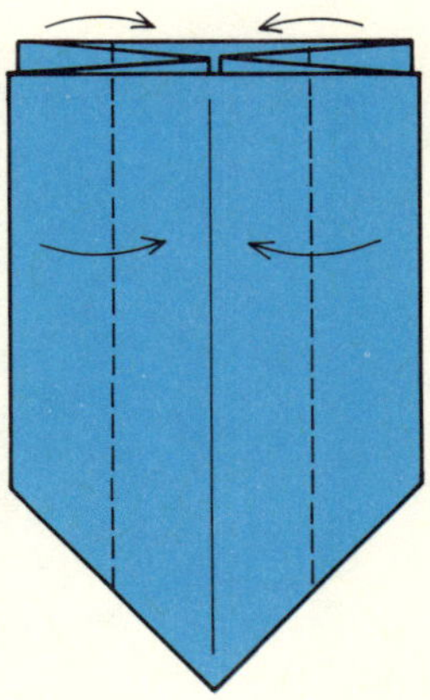

3

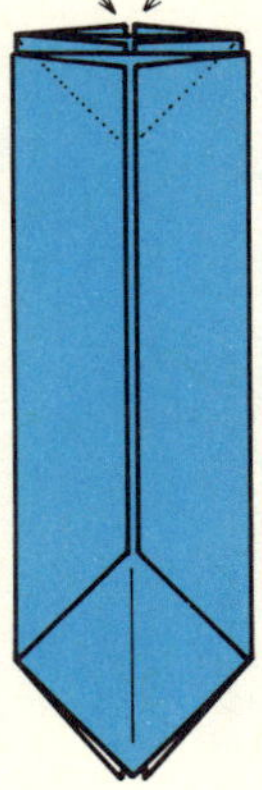

4

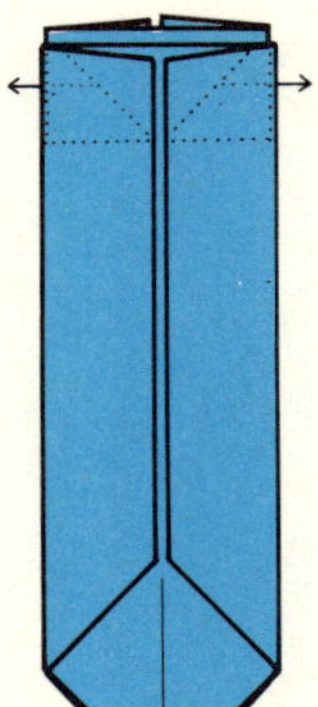

5

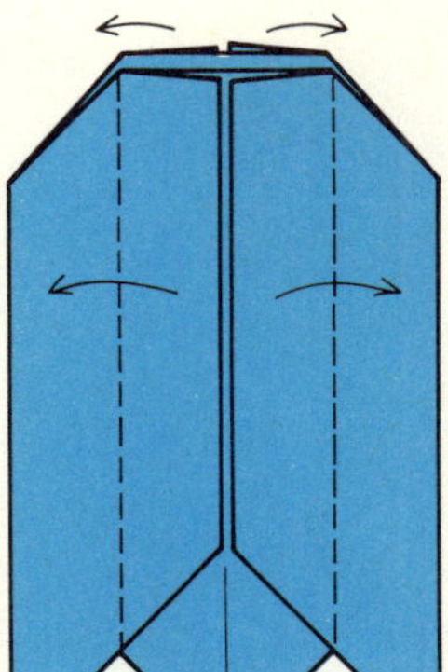

6

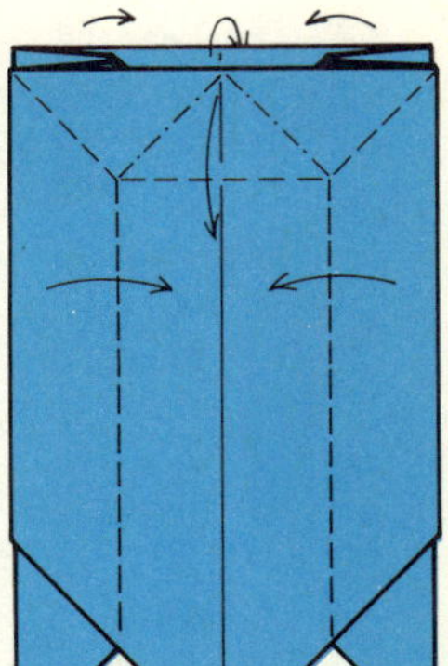

7

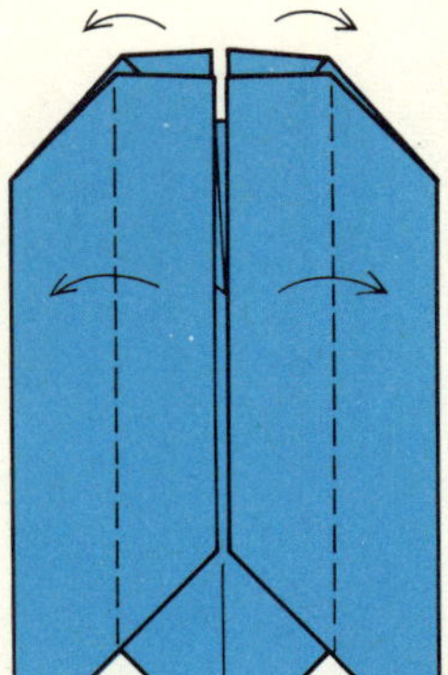

8

9 Die Seiten wieder bis zur Mittellinie talfalten. Dieses Mal bleibt das kleine Dreieck oben.

10 Die kleinen Dreiecke – vielleicht mit einer Pinzette – in die Tasche dahinter stecken.

11 Die versteckten Klappen hinten und vorne hasenohrfalten und durch die Schlitze ziehen.

12 Jetzt ist das Modell dreidimensional. Die hellen Klappen bilden den Pfeil. Den Pfeil vorn und hinten offen senkfalten.

13 Vorn und hinten den Pfeil preßfalten.

14 Den Pfeil vorn und hinten verengen und beide Hälften nach oben bringen.

15 Das Vorderteil des Pfeils zusammenkneifen und unter die darunterliegenden dunklen Klappen stecken. Hinten wiederholen.

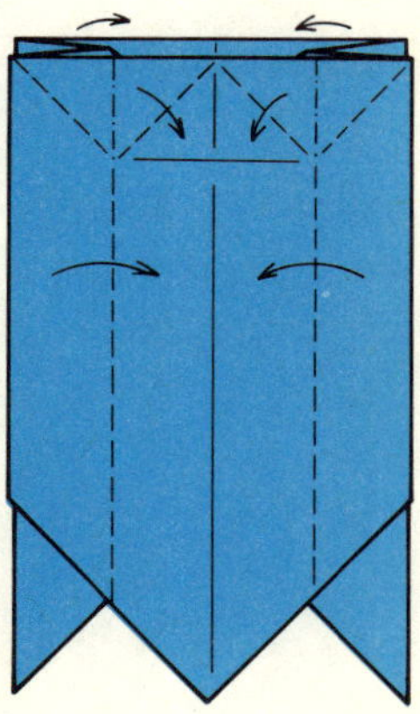

9

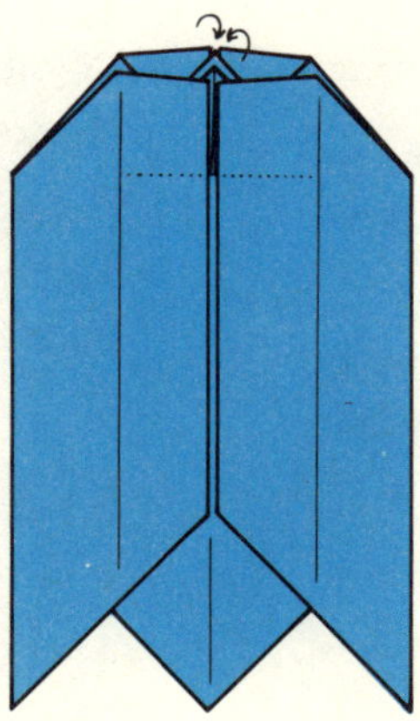

10

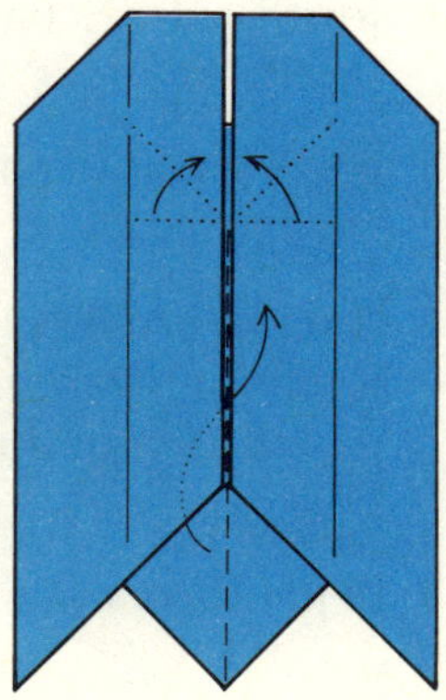

11

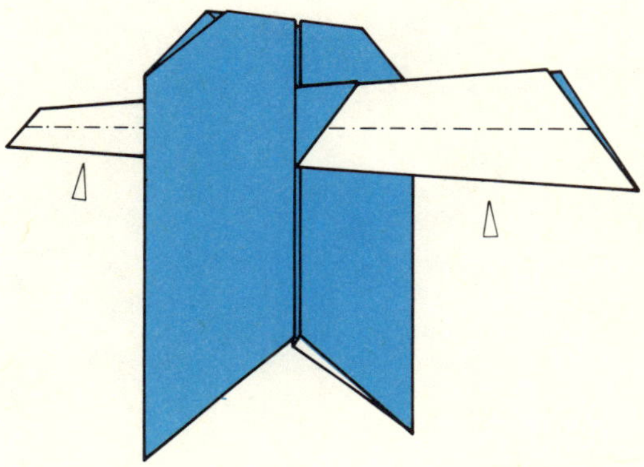

12

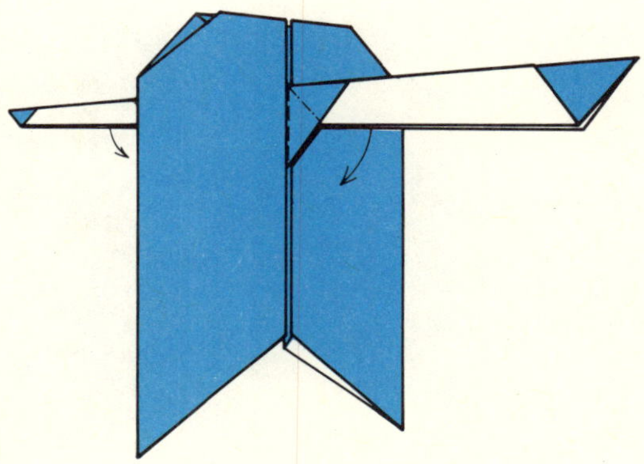

13

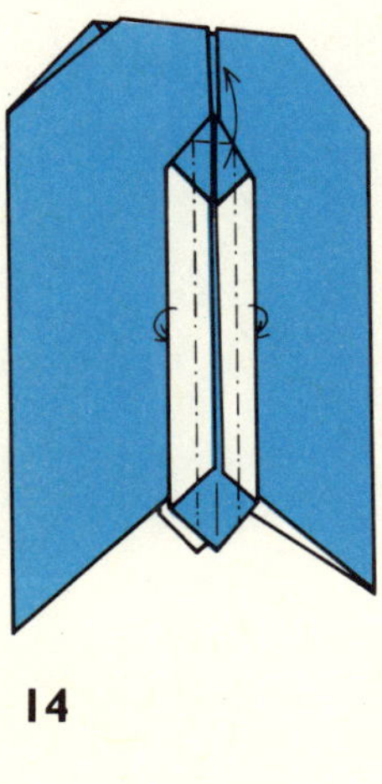

14

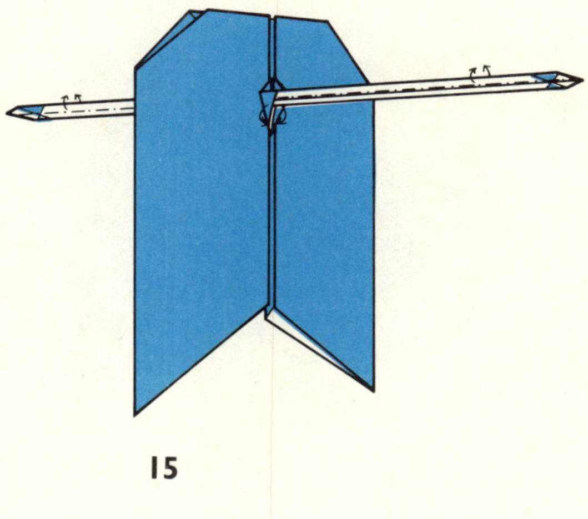

15

16 Jetzt ist der Schaft fertig.

17 Das ist der Blick von oben. Beide Herzseiten gegenknicken nach innen. Sie überkreuzen sich.

18 Die zwei hellen Klappen verschließen den Boden des Modells. Die hintere Verschlußklappe talfalten und durch den Schlitz nach vorn bringen.

19 Beide Klappen zusammen talfalten.

20 Die Bodenklappe in die Tasche der oberen stecken.

21 Beide Klappen zusammen talfalten. In die linke Tasche stecken, um den Boden zu verschließen. Dann die Schichten oben ausbreiten.

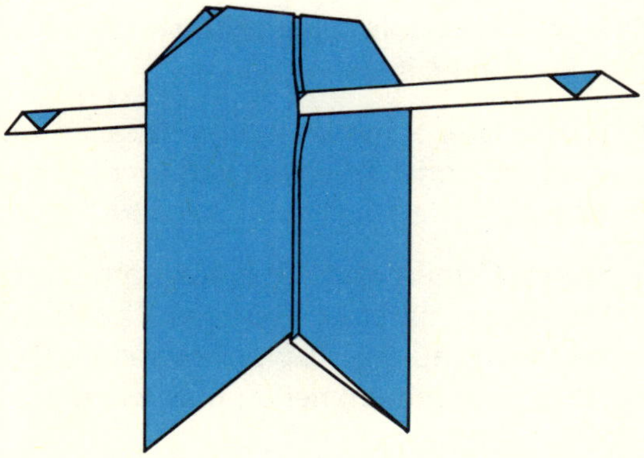

16

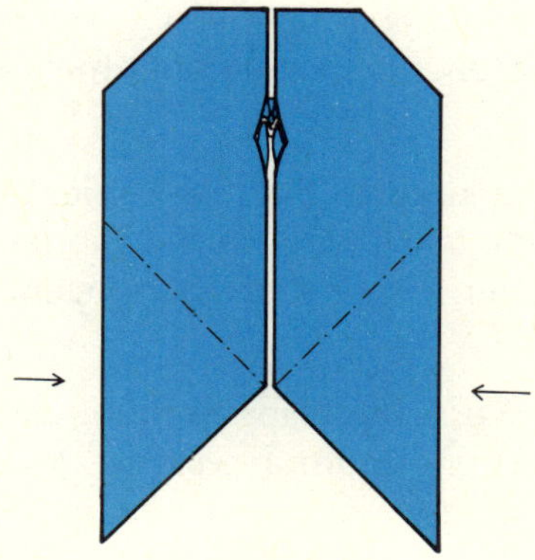

17

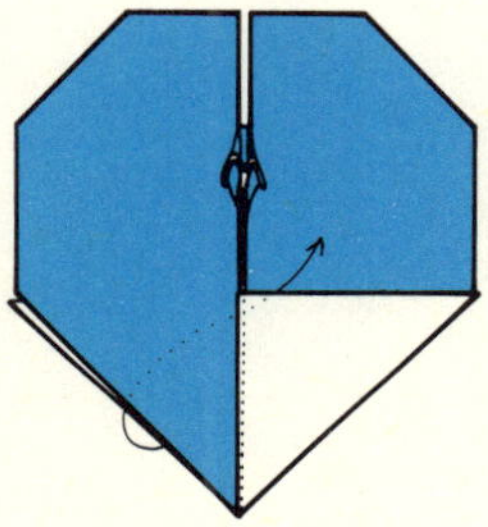

18

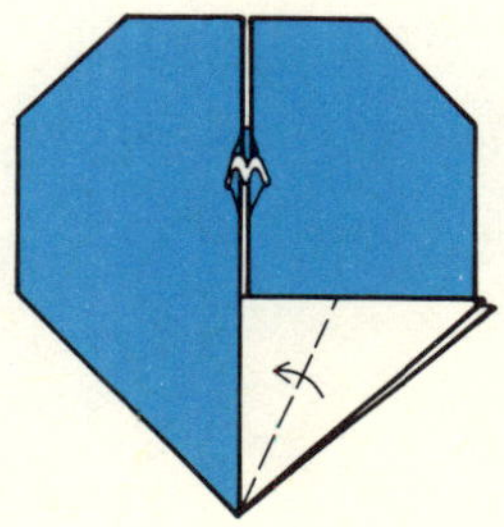

19

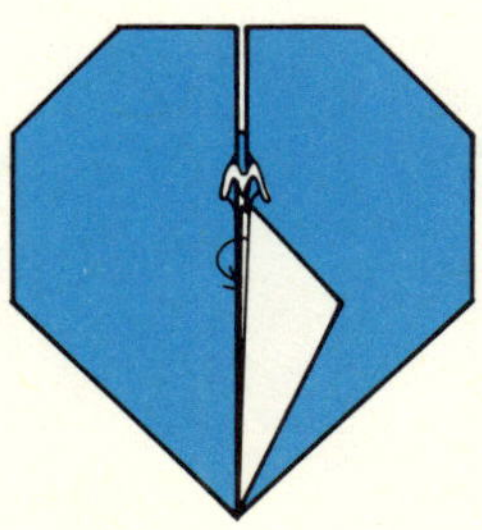

20

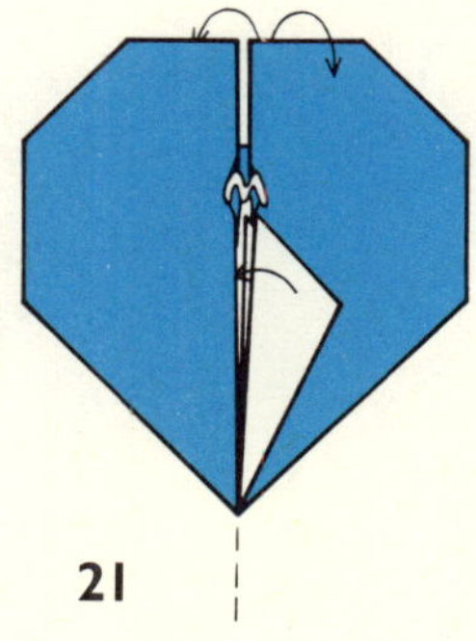

21

22 bis Schritt 24: Obenansichten. Die oberen und unteren Hälften zum Mittelpunkt mit Talfalten dritteln.

23 Für Verschlußklappen das lose Papier in der oberen Hälfte talfalten. Es in die Taschen hinter der unteren Hälfte stecken, nötigenfalls mit Pinzette.

24 Die oberen Verschlußklappen in die unteren Taschen stecken. Dadurch wird das Modell oben verschlossen.

25 bis Schritt 30: Einzelheiten des Pfeils. Die Spitze ist die obere Hälfte, das Ende die untere. Pfeilspitze: Das Papier ausbreiten und eine Hasenohrfalte im ersten Drittel des dunklen Quadrats machen. Pfeilende: Das Papier ausbreiten und schräg durch das dunkle Quadrat talfalten.

26 Spitze: Falten und wenden. Ende: Leicht schräg knicken und öffnen.

27 Spitze: Den Schaft des Pfeils verengen. Ende: Falten.

28 Spitze: Hasenohrfalten und wenden. Ende: Die Seiten bergfalten.

29 Spitze: Den Schaft zusammenkneifen und wenden. Ende: Zwei winzige Innenknicke bilden.

30 Spitze: Öffnen und die Spitze formen. Ende: Die Spitze mit einem Innenknick bilden und das überschüssige Papier bergfalten. Den Schaft zusammenkneifen und wenden.

31 Den Schaft biegen und um 90 Grad drehen, so daß Spitze und Ende des Pfeils auf einer Linie sind. Das Herz runden, so daß es dreidimensional wird.

Das fertige **Valentinsherz**.

(1984)

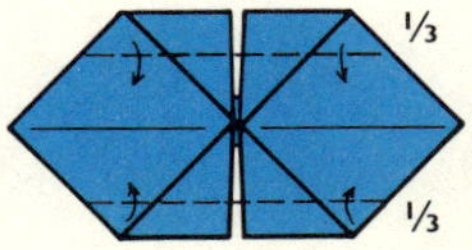

22

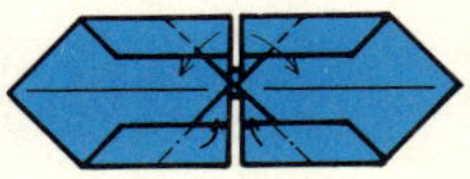

23

24

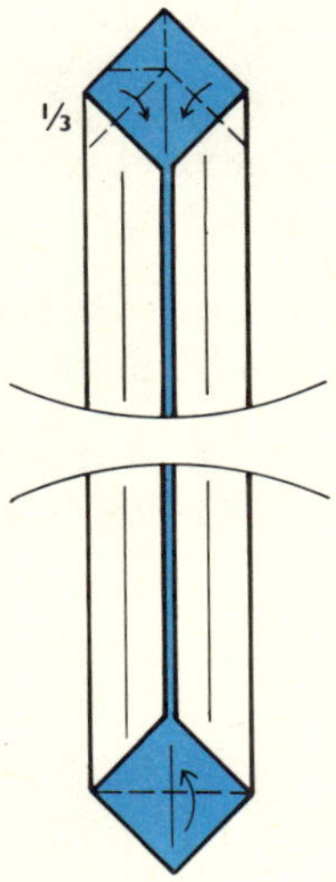

25

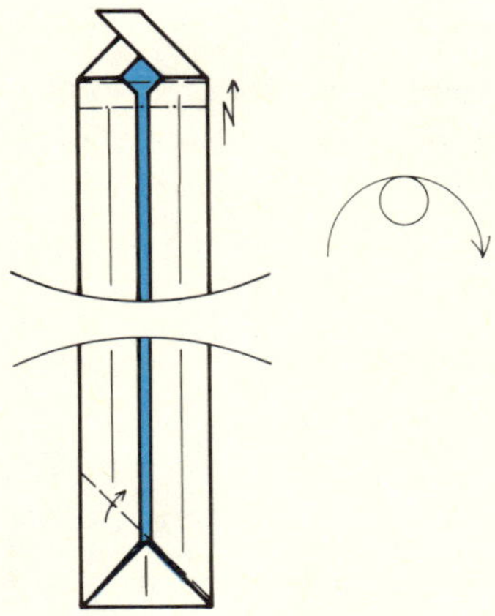

26

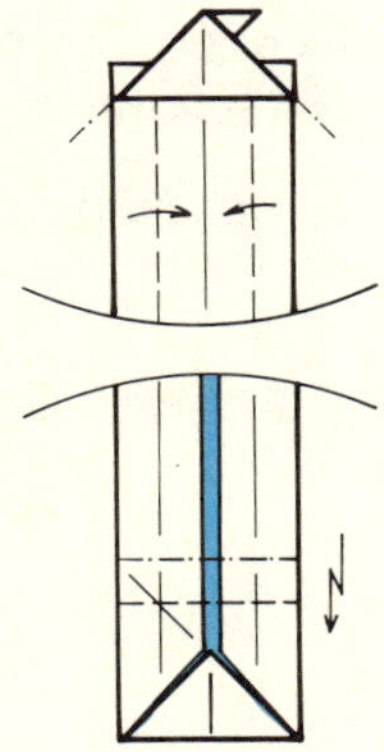

27

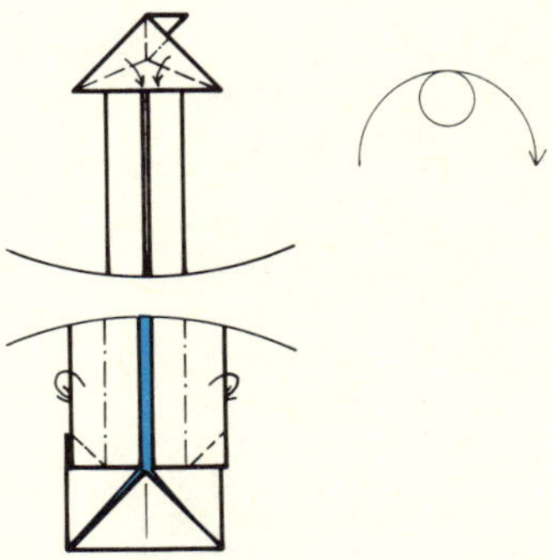

28

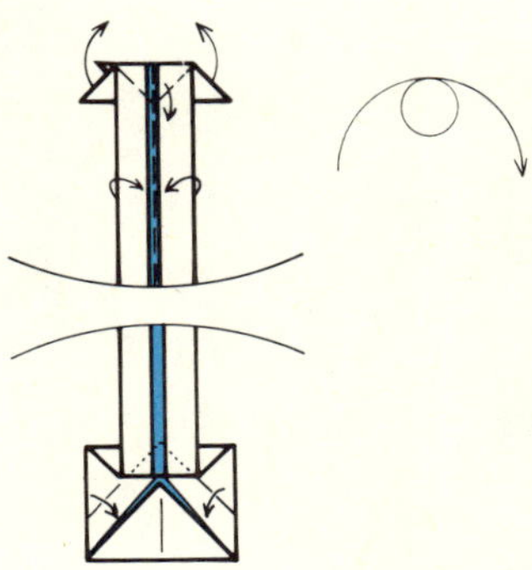

29

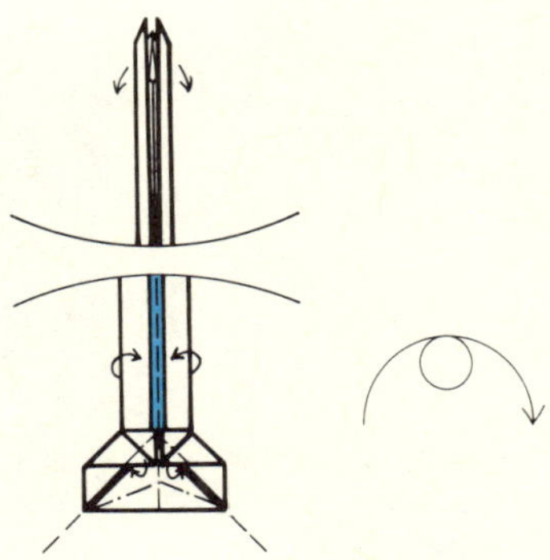

30

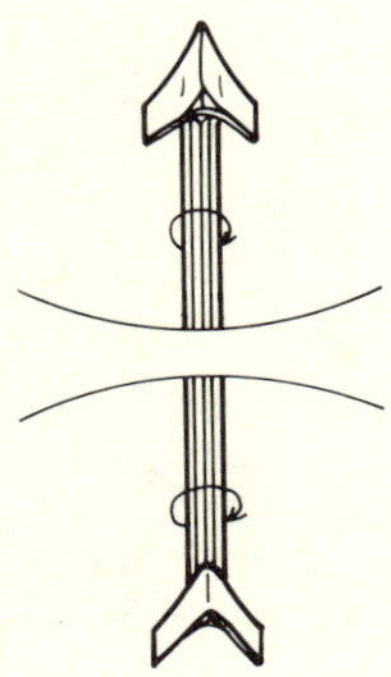

31

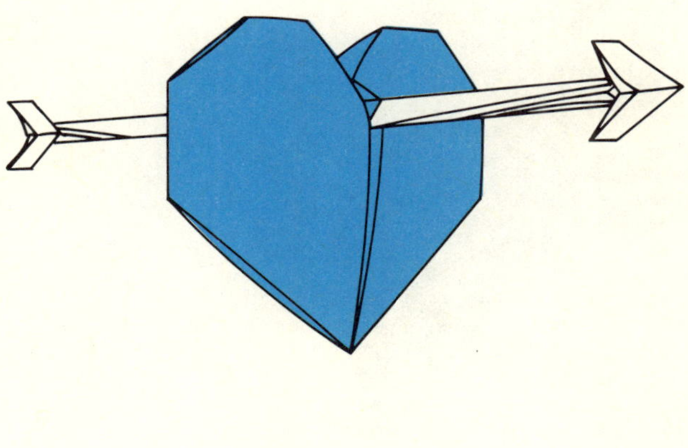

Krebs

Verwenden Sie ein einseitig gefärbtes Papier. Ein 25-cm-Quadrat ergibt ein ca. 6 cm breites Modell.

1 Blintzfalten und öffnen.

2 Berg- und talfalten.

3 Die ganze Dicke falten.

4 Die ganze Dicke durch Brüche dritteln und bis Schritt 3 wieder öffnen.

5 Die ganze Dicke falten. Das ist eine offene doppelte Senkfalte.

6 Die zwei versteckten Klappen, jede eine einfache Dicke, herausziehen.

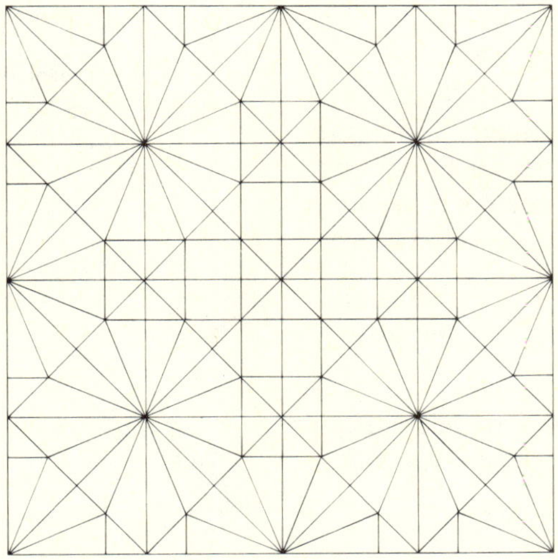

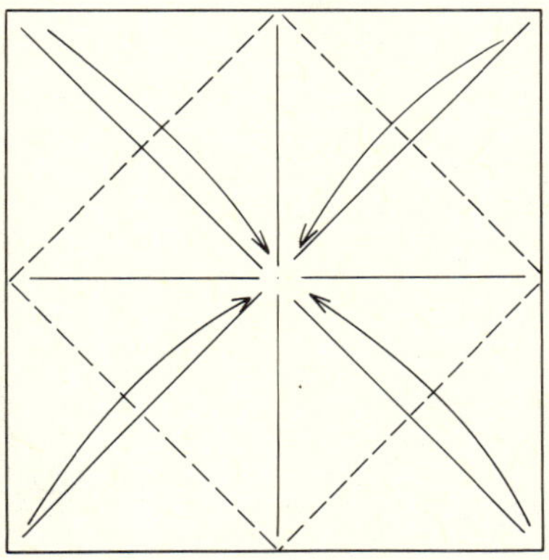

1

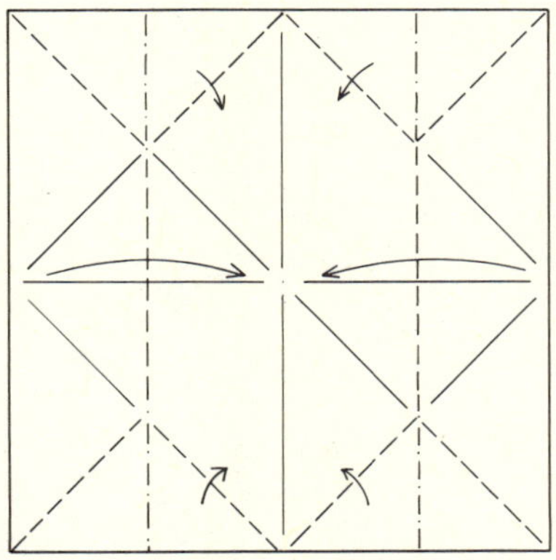

2

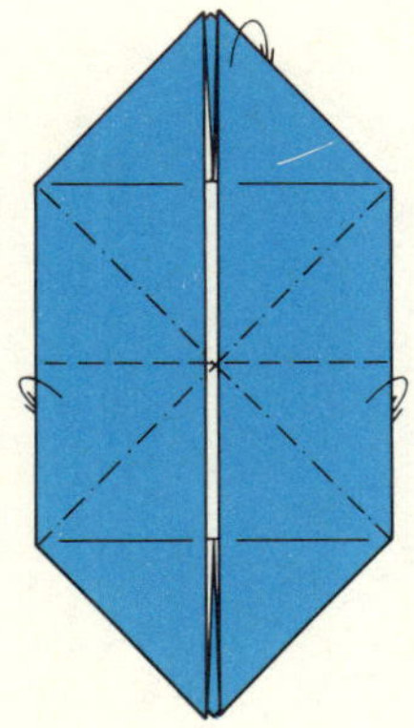

3

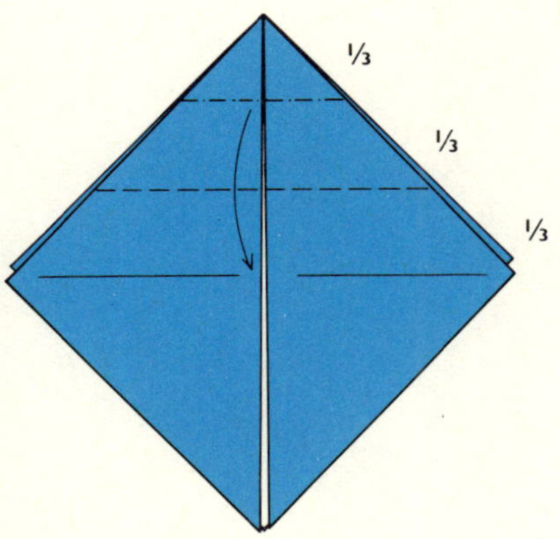

4

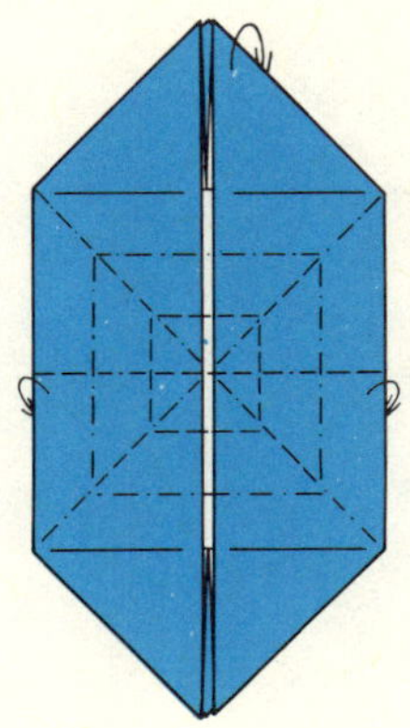

5

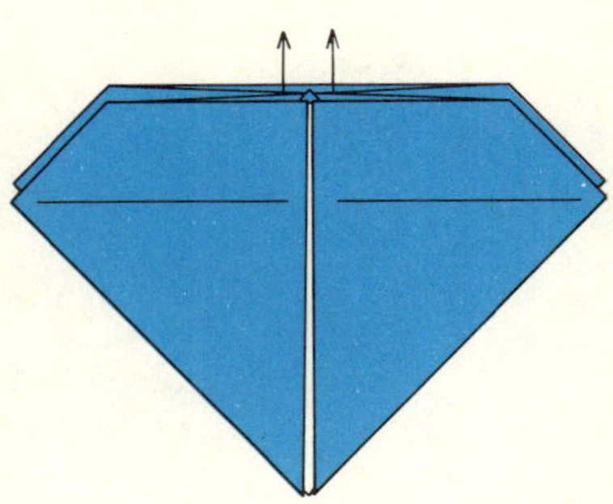

6

7 Vorn vorfalten.

8 Hinten vorfalten.

9 Vorn und hinten blütenblattfalten. Dabei die zwei versteckten Klappen mit der Blütenblattfalte hochheben. Dann wieder nach unten falten. Bei den übrigen Klappen wiederholen.

10 Die vorderen und hinteren Klappen zusammenkneifen und so weit wie möglich ausbreiten.

11 Beide Schichten des kleinen Dreiecks auf jeder Seite herunterziehen und mit dem Modell zu Schritt 10 zurückkehren.

12 Die beiden Spitzen zur Hälfte offen senkfalten.

13 Das Modell leicht öffnen und die beiden Dreiecke von Schritt 11 trennen und nach oben bringen.

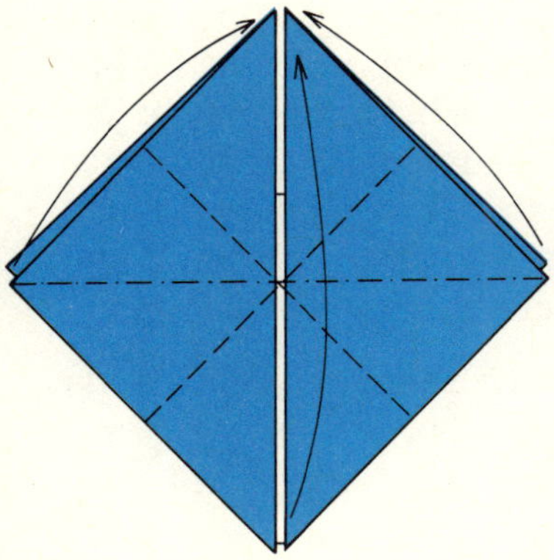

7

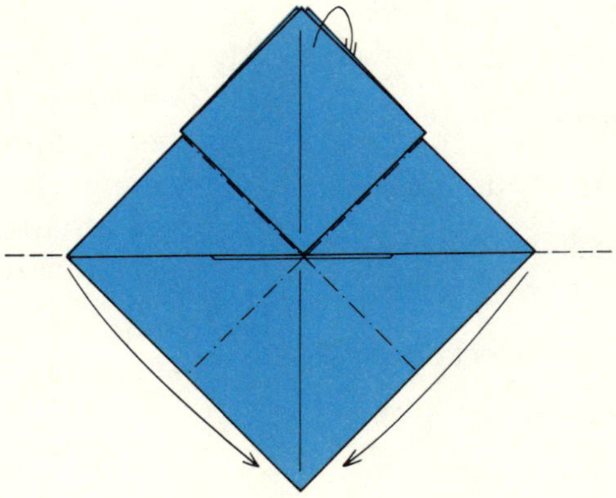

8

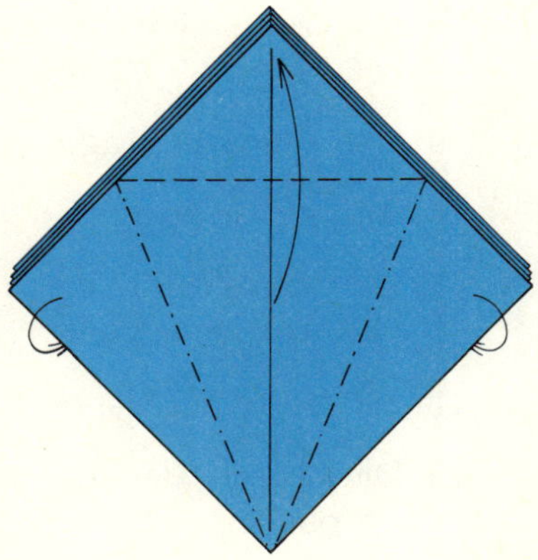

9

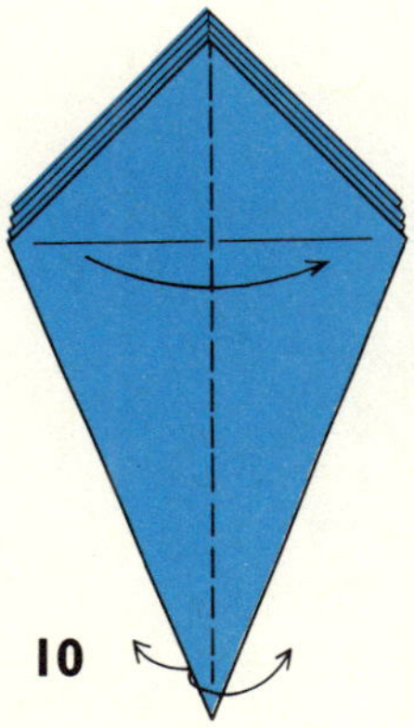

10

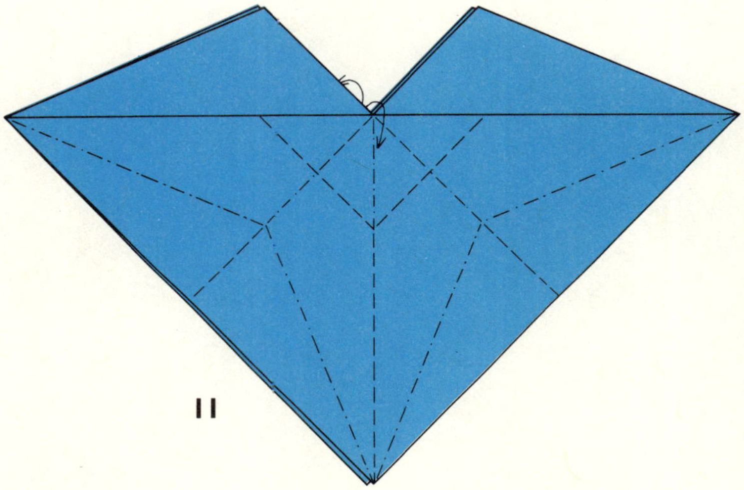

11

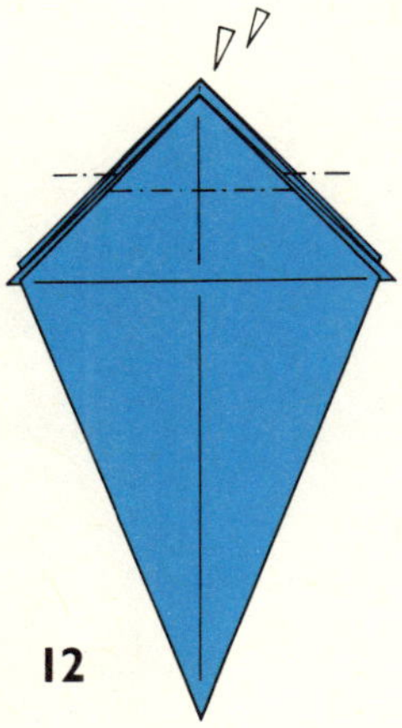

12

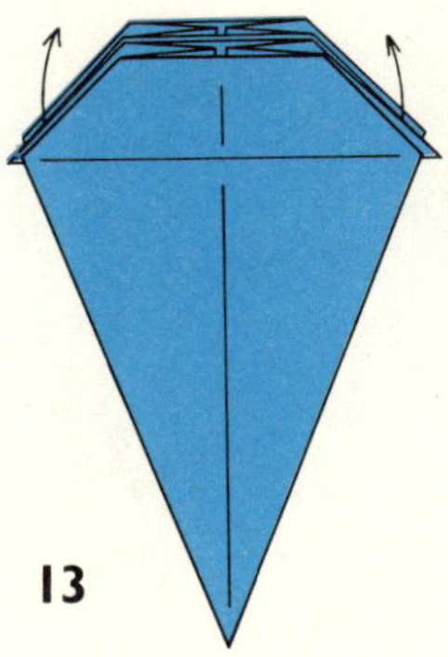

13

14 Das Modell leicht öffnen und die zwei Dreiecke für die Augen gegenknicken nach außen.

15 Von vorn eine Lage herausziehen.

16 Am vorhandenen Querbruch entlang talfalten.

17 Die Spitze mit Berg- und Talfalten verengen. Das wird eine Verschlußklappe.

18 Die Verschlußklappe nach unten stecken.

19 Die beiden Klappen nach oben bringen. Der Körper umschließt sie.

20 Obere Hälfte: Die zwei oberen Klappen gegenknicken nach innen, um die Beine zu bilden. Sie überkreuzen sich. Untere Hälfte: Die oberen drei Klappen auf jeder Seite für weitere Beine gegenknicken nach innen. Das dritte Paar von oben geht am weitesten nach vorn und bildet die Scheren.

21 Die Beine symmetrisch verengen. Die Scheren gegenknicken nach außen.

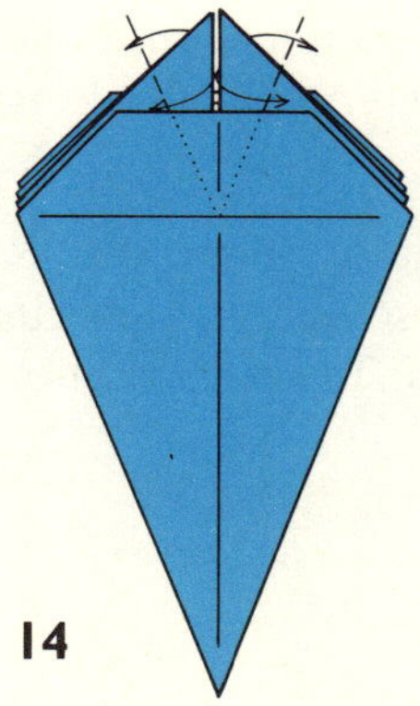
14

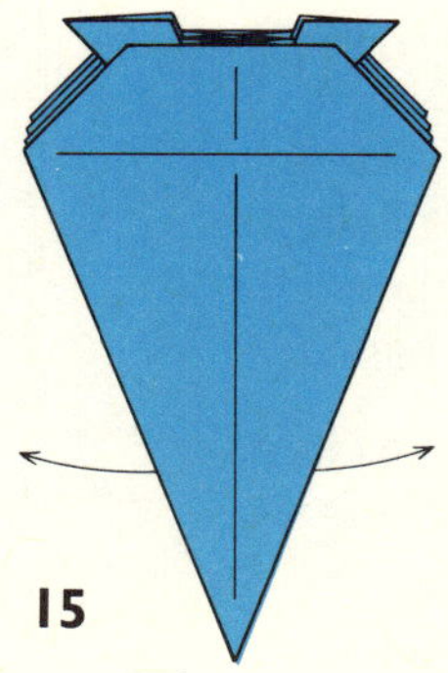
15

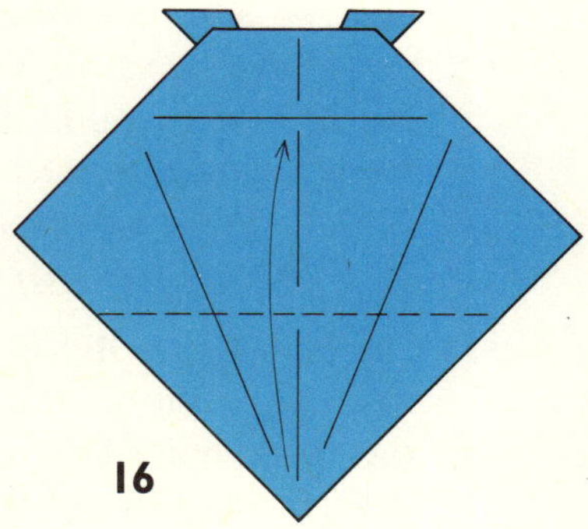
16

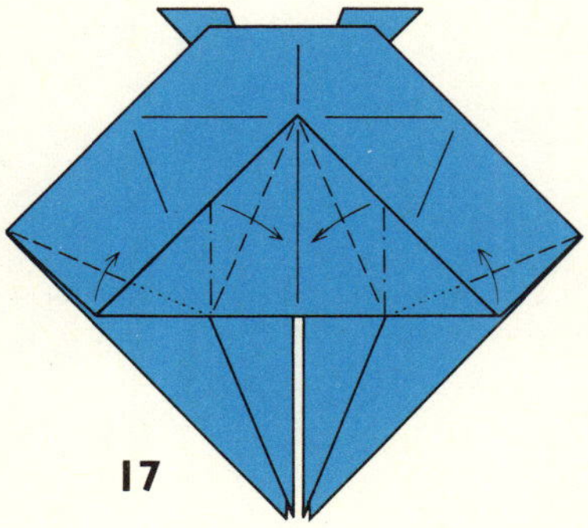
17

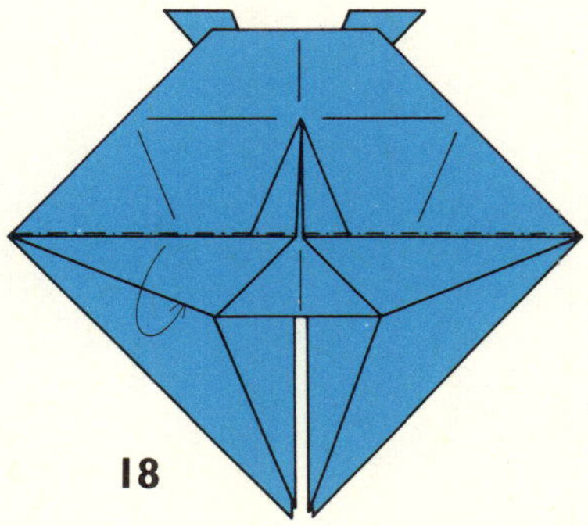
18

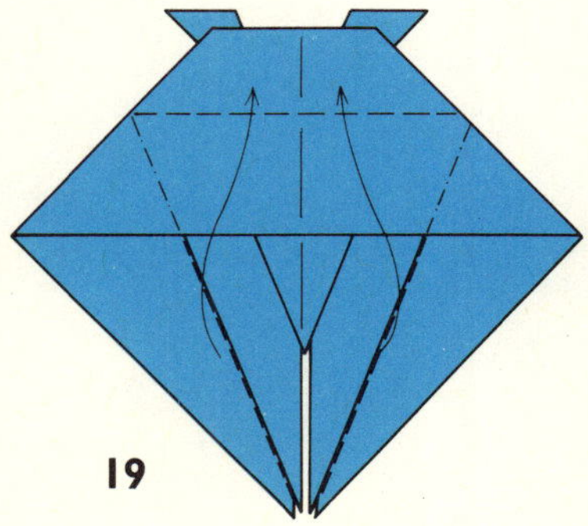
19

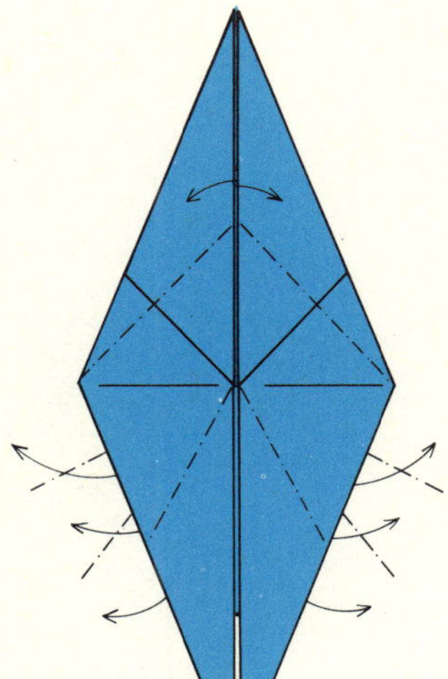
20

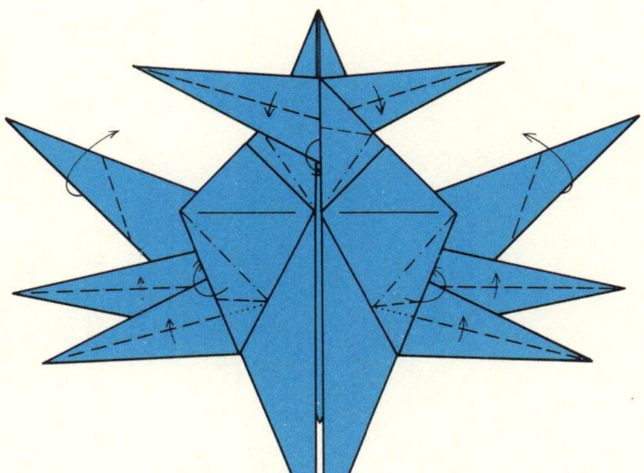
21

22 Die zwei oberen Beine geradelegen und das Ganze nach unten bringen. Für die restlichen zwei Beine und die Verschlußklappe Schritt 15 bis 22 hinten wiederholen. (Vielleicht muß man wegen eingesperrtem Papier dabei die Scheren öffnen.) Dieses Beinpaar leicht nach oben rutschen, so daß man es noch sehen kann.

23 Die acht Beine mit Innen- und Gegenknicken nach außen formen. Innen aus den Scheren das lose Papier herausziehen. Mit einer Pinzette die Dicke im Körper verringern.

24 Das lose Papier aus den Scheren und Hinterbeinen herausziehen. Die Augen mit Bergfalten verengen.

25 Scheren zusammenkneifen. Augen und Panzer formen. Die beiden Verschlußklappen zusammenrollen und sie in die Tasche darunter stecken.

Der fertige **Krebs**.

(1976)

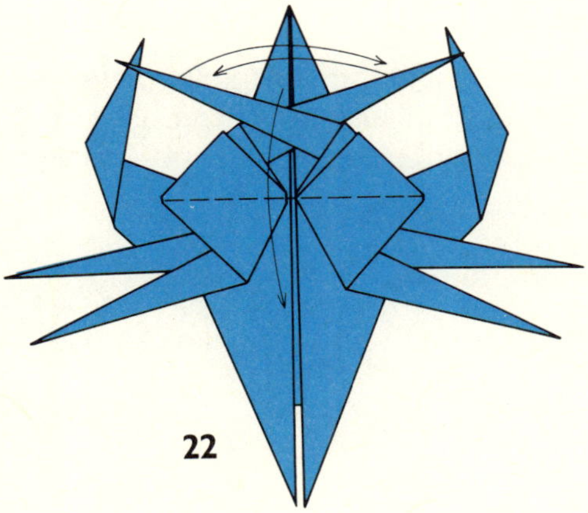

22

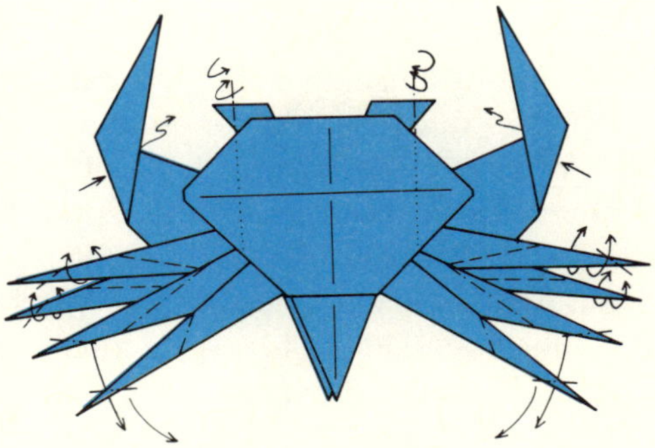

23

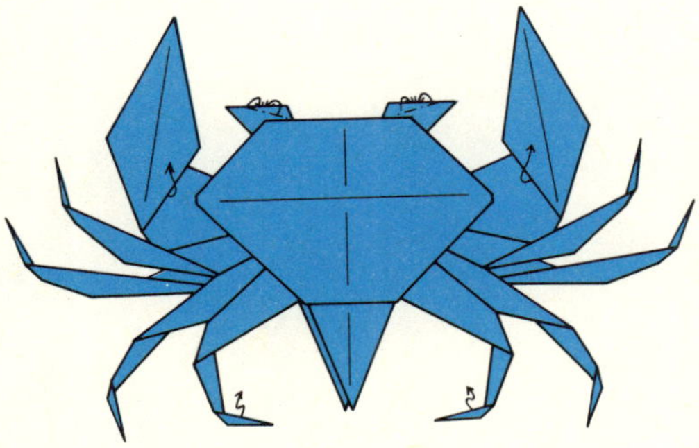

24

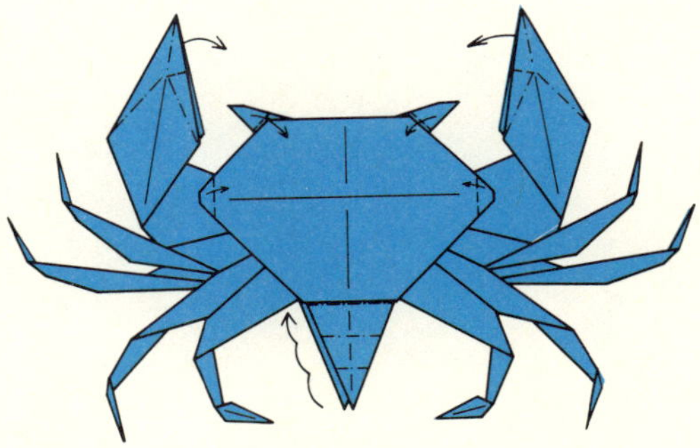

25

Tausendfüßler

Verwenden Sie ein einseitig gefärbtes Blatt Papier. Ein 25 × 100 cm großes Blatt Papier ergibt ein knapp 35 cm langes Modell. Sie können auch jedes Rechteck mit integralen Proportionen benutzen: 1 × 1, 1 × 2, 1 × 3, 1 × 100 usw. (Aber z.B. nicht 1 × 2,5.) Je länger das Rechteck, desto größer die Anzahl der Beine. Das hier abgebildete 1 × 4 Rechteck ergibt ein Tier mit 30 Beinen. Allgemein gilt, ein Rechteck mit den Maßen 1 × n ergibt 8n − 2 Beine.

1 Quer knicken. Die Länge achteln. (Bei einem Rechteck, das länger oder kürzer als 1 × 4 ist, die Länge durch 2n teilen.) Harmonikafalten.

2 Acht Innenknicke bilden.

3 Bis Schritt 2 öffnen.

4 Vier Talfalten und sechs Innenknicke bilden.

5 Bis Schritt 2 öffnen.

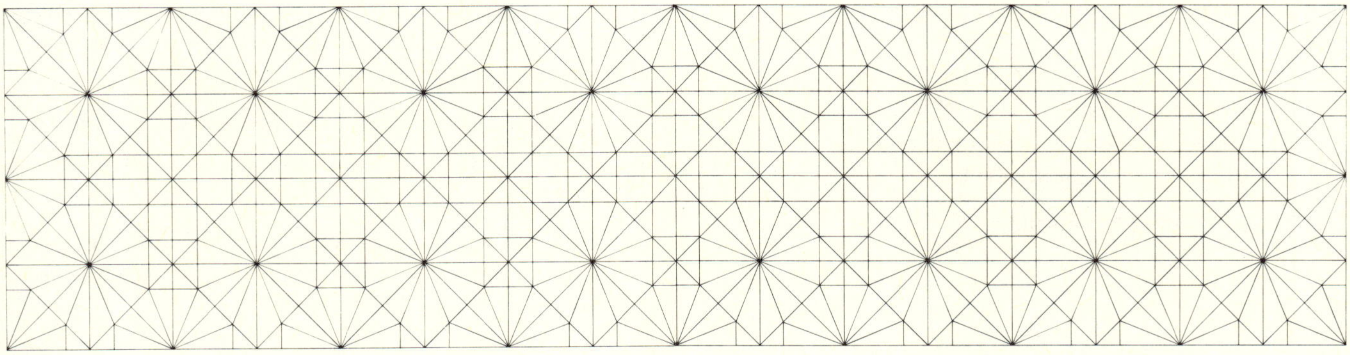

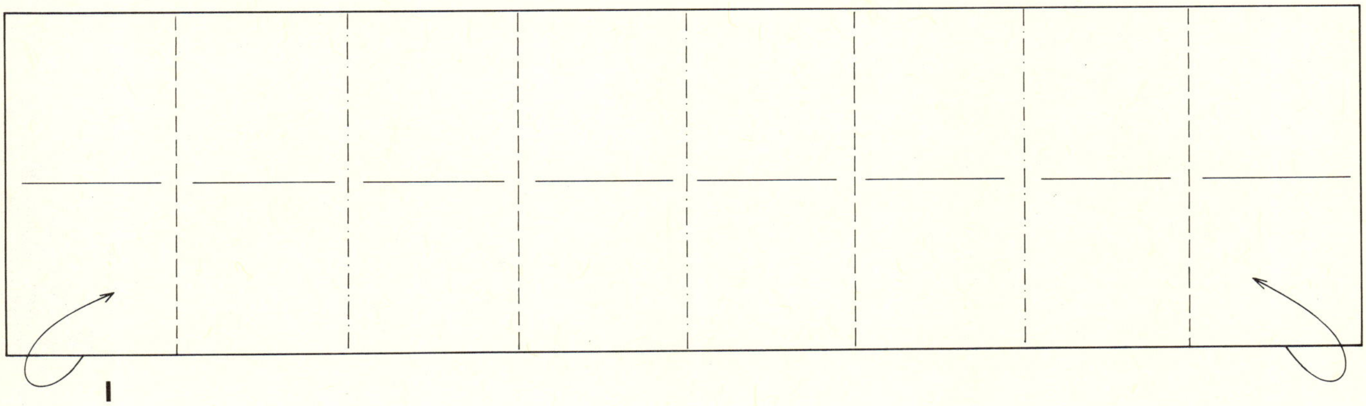

1

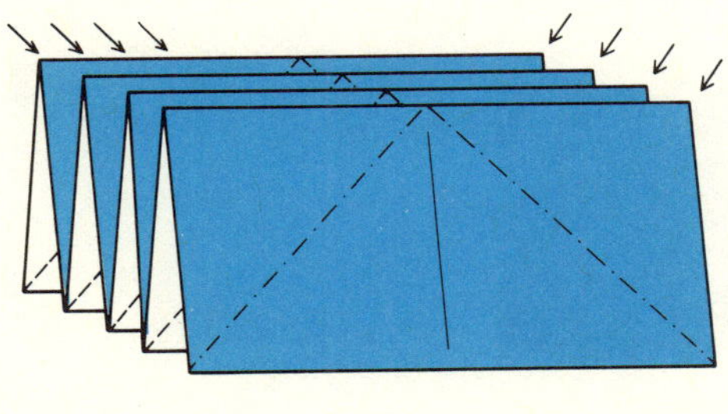

2

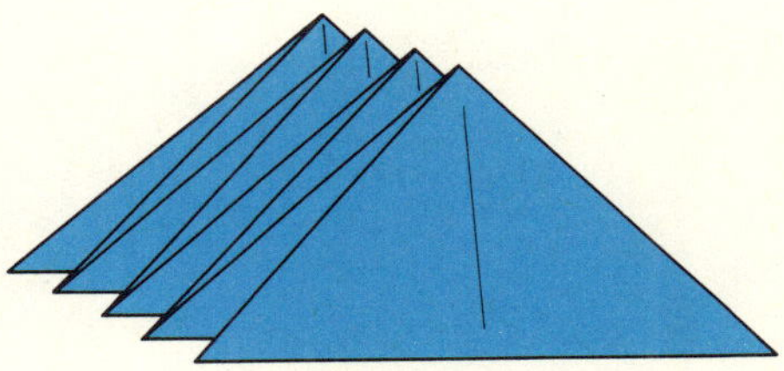

3

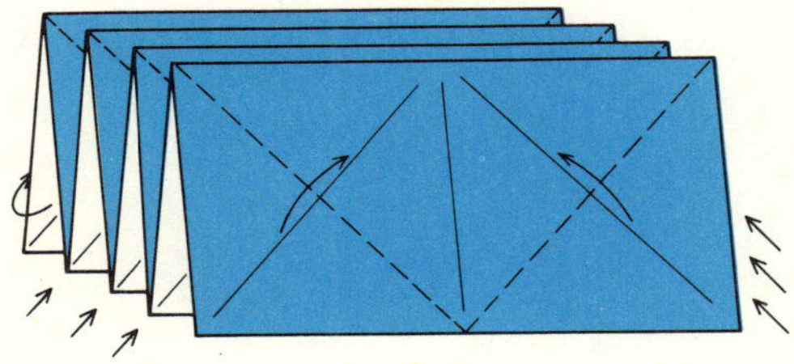

4

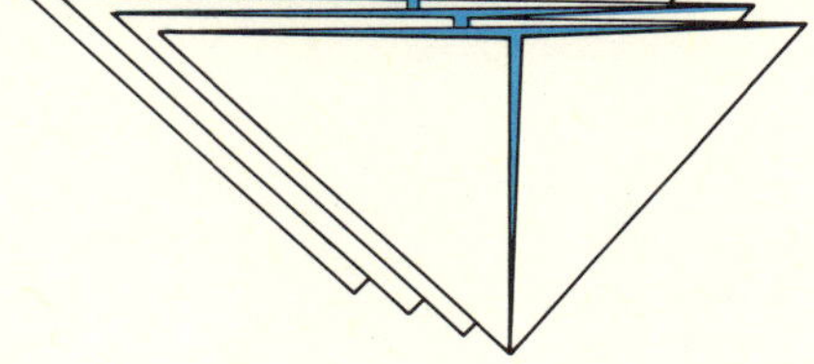

5

6 In sechzehn Abschnitte teilen.

7 Vollständig öffnen.

8 Berg- und talfalten. Man beachte die Ähnlichkeit dieses und der folgenden Schritte mit den frühen Phasen beim **Krebs**.

9 Die ganze Dicke falten.

10 Es gibt sieben Spitzen. Jede mit Brüchen dritteln und dann wie in Schritt 5 beim **Krebs** eine offene doppelte Senkfalte bilden.

11 Die verborgenen Klappen herausziehen, jede ist eine einzige Lage. Es gibt sieben auf jeder Seite.

12 Das Vorderteil nach oben bringen. Das doppelt versenkte quadratische Stück streckt sich und liegt dann flach.

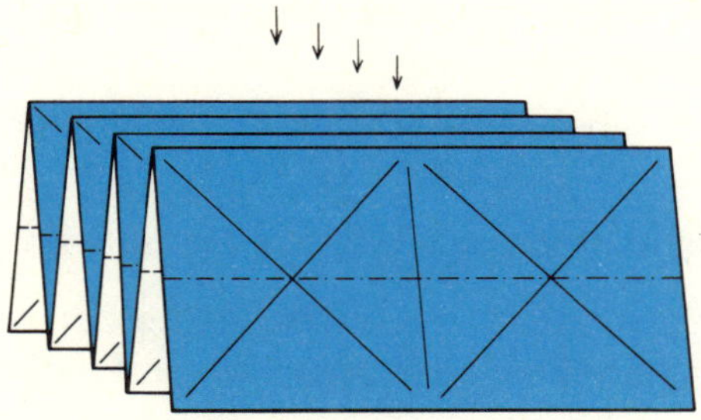

6

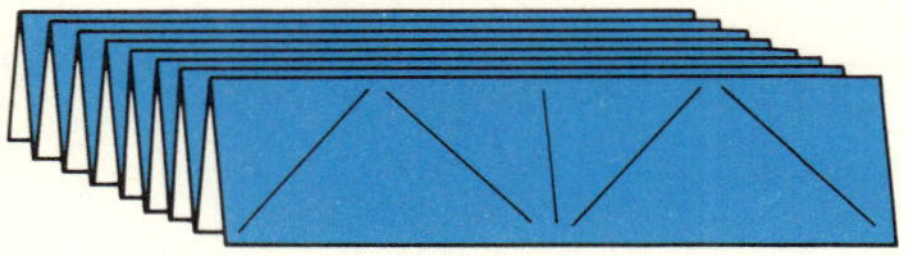

7

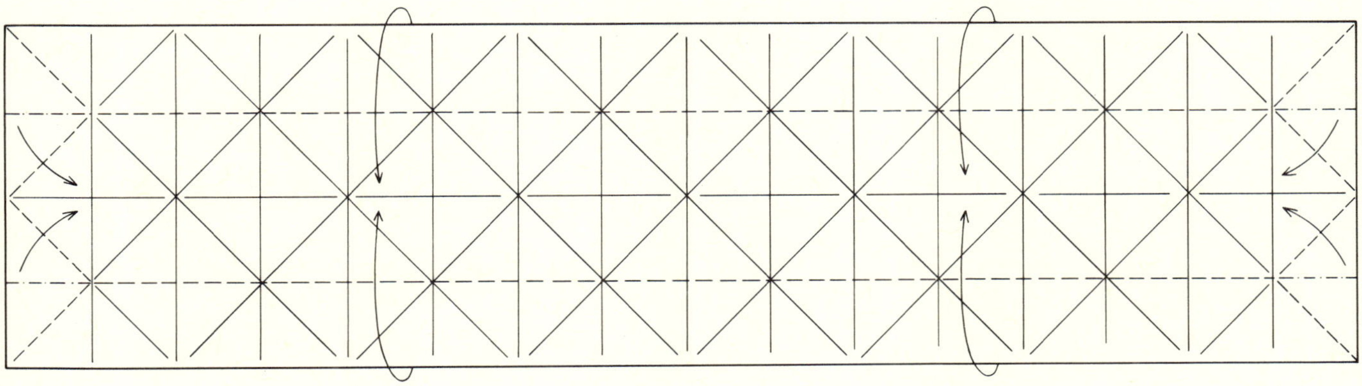

8

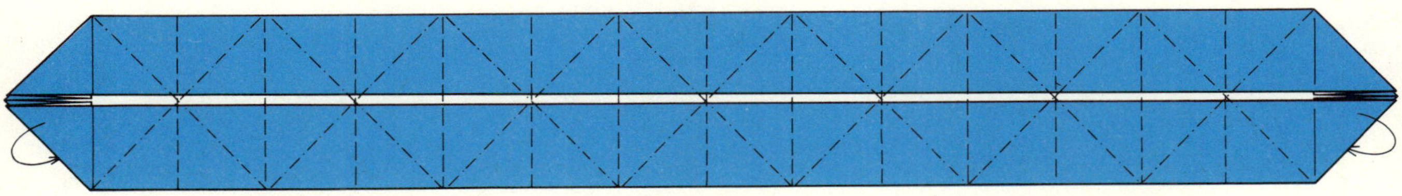

9

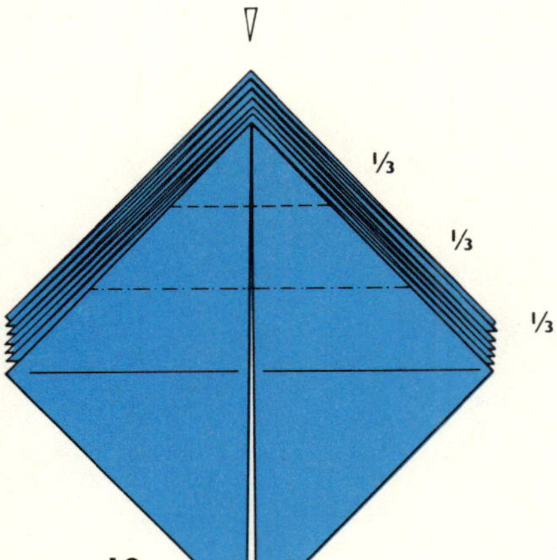

10

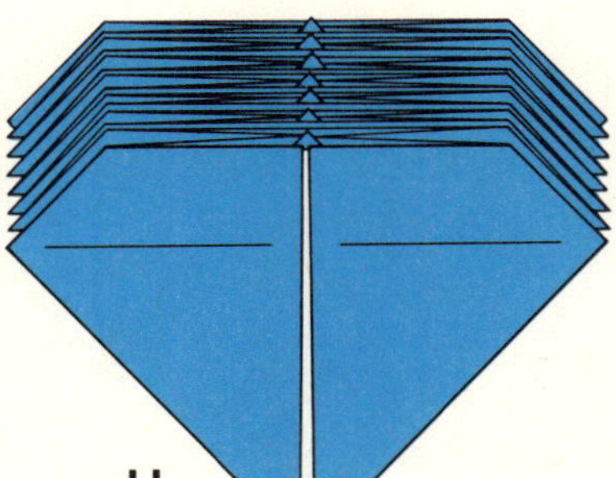

11

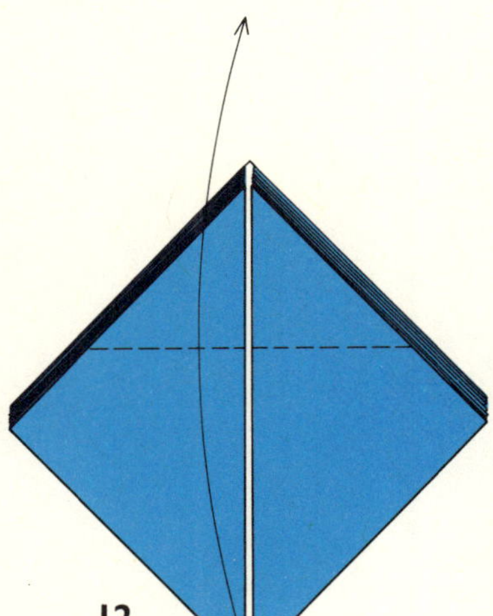

12

13 Die drei oberen Klappen zusammenhalten und gegenknicken nach innen.

14 Das obere Teil nach oben führen und das nächste doppelt versenkte Quadrat strecken.

15 Gegenknicken nach innen wie in Schritt 13.

16 Die zwei dreieckigen Klappen an den Seiten gegenknicken nach innen. Das obere Teil nach oben führen und das nächste doppelt versenkte Quadrat strecken wie in Schritt 14.

17 Gegenknicken nach innen wie in Schritt 13.

18 Die zwei dreieckigen Klappen an den Seiten gegenknicken nach innen wie in Schritt 16. Das obere Teil nach oben führen und das nächste doppelt versenkte Quadrat strecken wie in Schritt 14. Diese beiden Schritte beim Rest des Modells wiederholen.

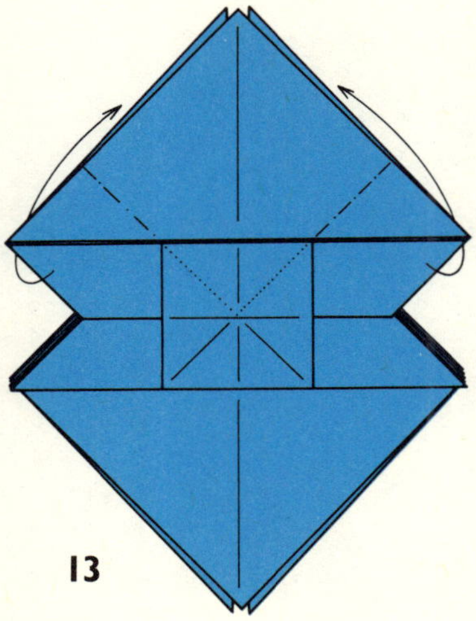

13

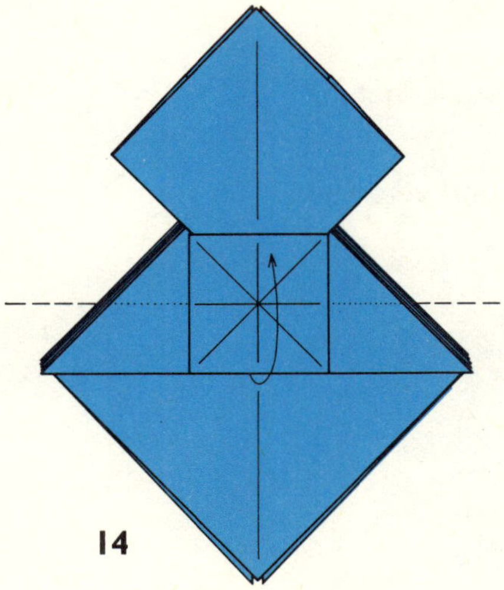

14

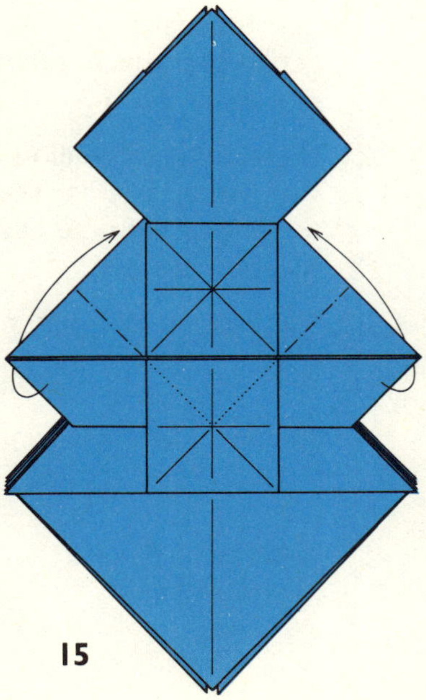

15

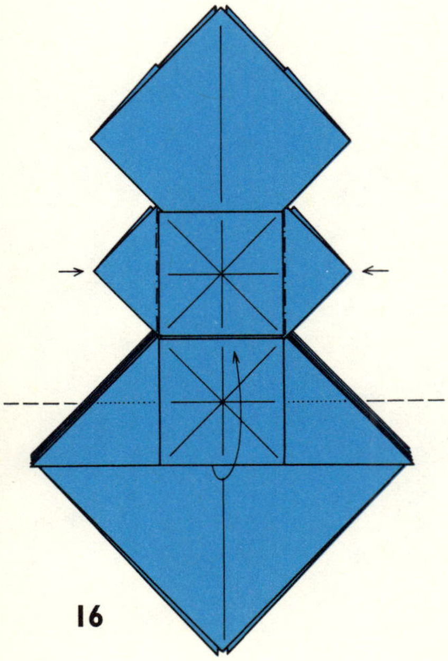

16

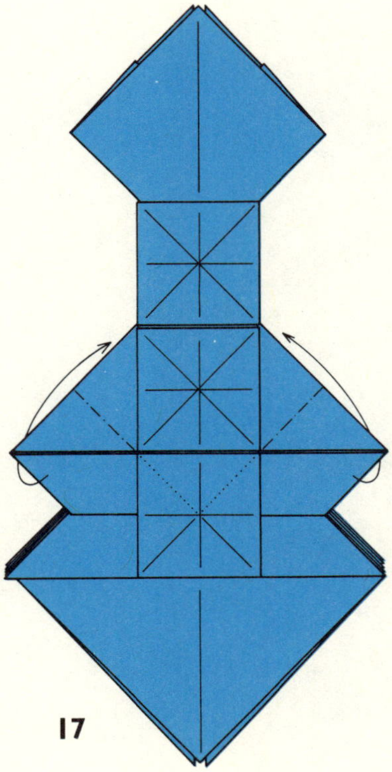

17

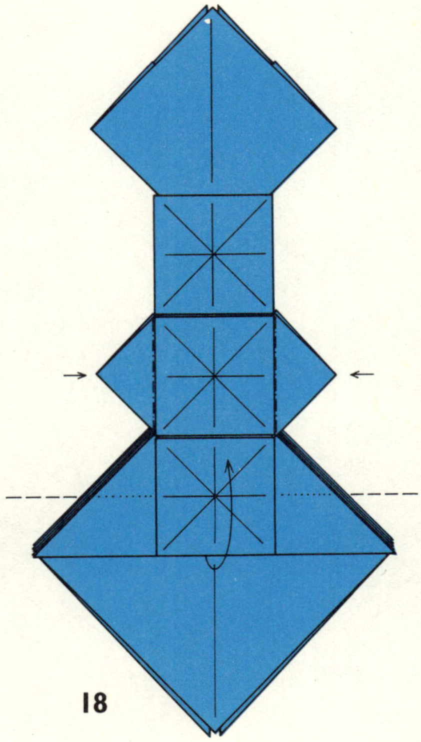

18

19 Wenden.

20 Es gibt zwei Arten von Klappen. Sie sind mit A und B bezeichnet. Alle mit A bezeichneten gegenknicken nach innen. (Bei meiner Version gibt es 12 davon.)

21 Diese Faltkombination kann zur Herstellung von Beinen wie am Fließband unendlich fortgesetzt werden. Die mit B bezeichneten Klappen talfalten.

22 Die B-Beine zusammenkneifen und verengen.

23 Das lose Papier in die Taschen der B-Beine stecken. Die A-Beine talfalten.

24 Aus den B-Beinen weiteres loses Papier herausziehen. Die A-Beine verengen.

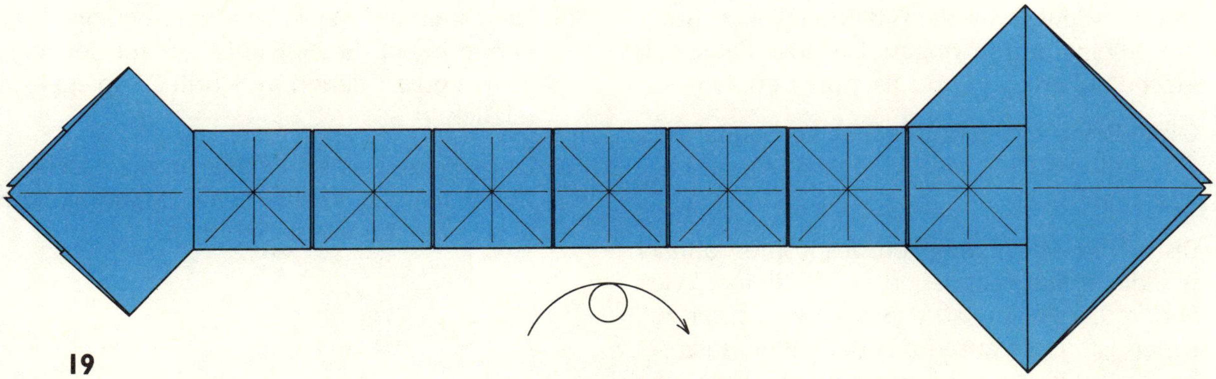

19

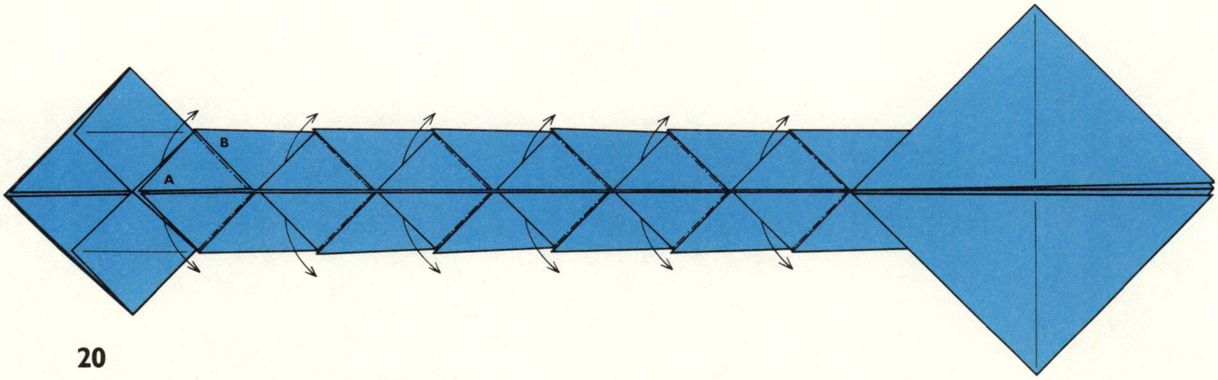

20

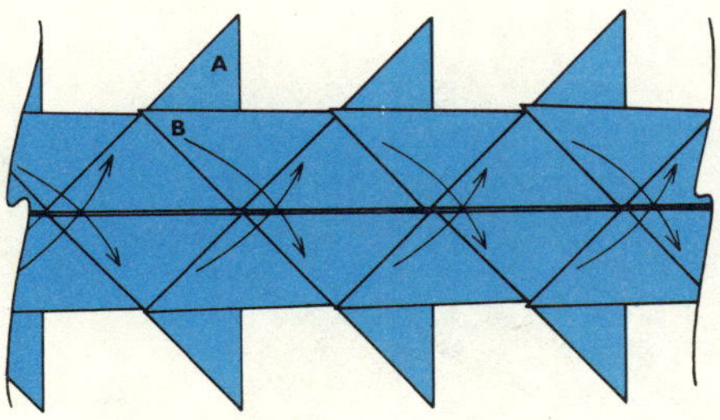

21

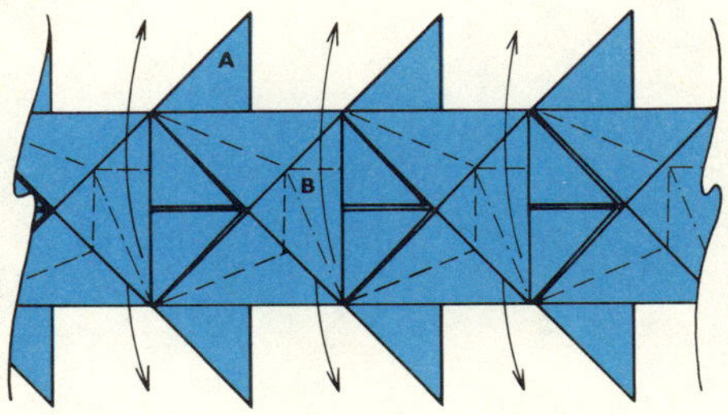

22

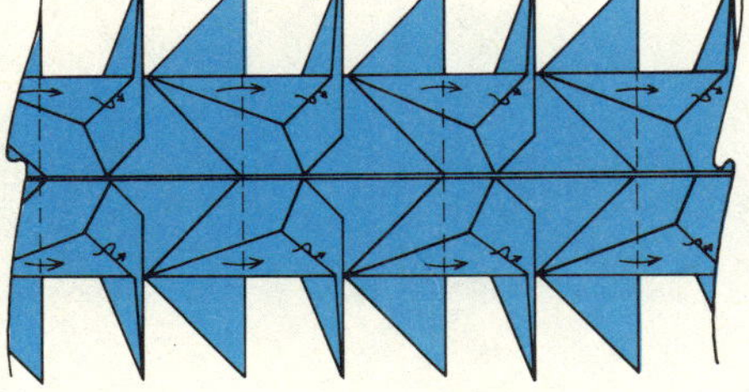

23

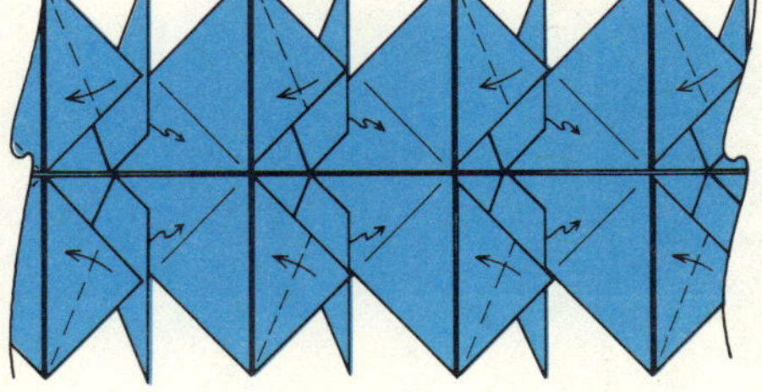

24

25 In einer Bewegung die A-Beine talfalten und die B-Beine aufschwingen. Das lose Papier, das erscheint, strecken und flachpressen.

26 Die A-Beine talfalten. Die B-Beine bergfalten. Von unten sollten die Beine jetzt alle gleich aussehen.

27 Bis Schritt 34: Einzelheiten des Kopfes, ähnlich wie die vorangegangenen für die Beine. Wie in Schritt 13 talfalten, so daß das lose Papier zu sehen ist. (Dort waren das Bergfalten, jetzt handelt es sich um die gegenüberliegende Seite des Modells.)

28 Die zwei dreieckigen Klappen wie in Schritt 16 gegenknicken nach innen.

29 Die Falten auf der linken Seite entsprechen denen in Schritt 25. Die Falten auf der rechten Seite sind zu denen in Schritt 21 spiegelbildlich.

30 Linke Seite: Das lose Papier in die Taschen dahinter stecken. Rechte Seite: Zusammenkneifen und verengen wie in Schritt 22.

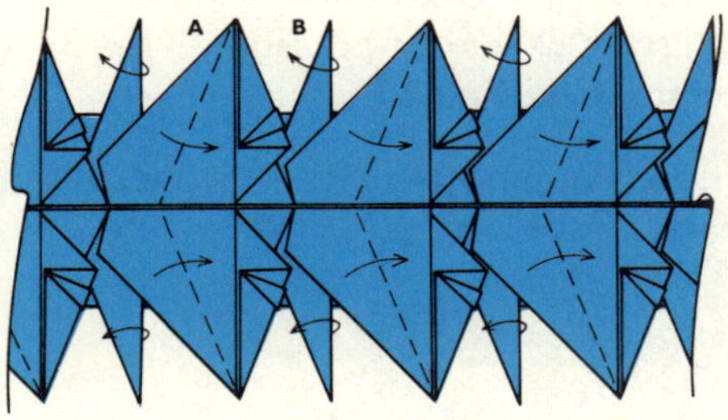

25

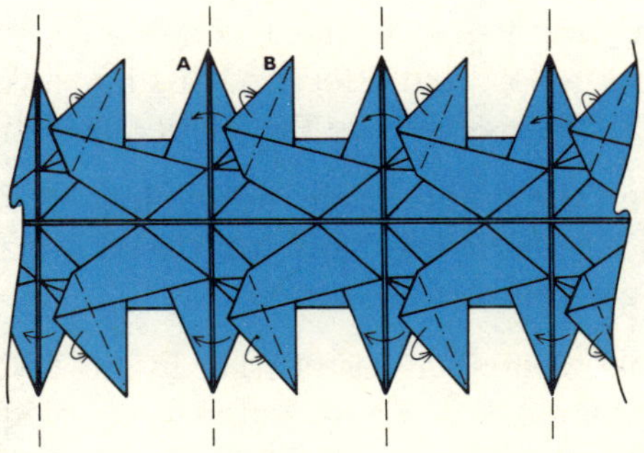

26

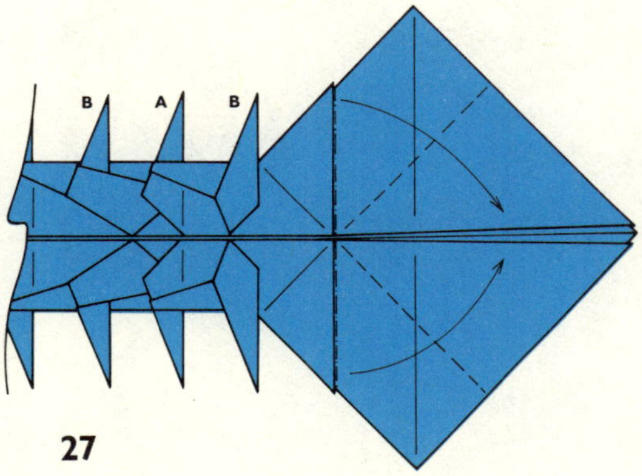

27

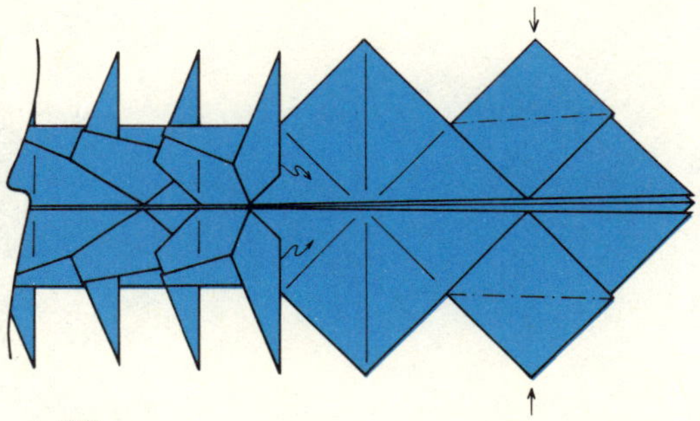

28

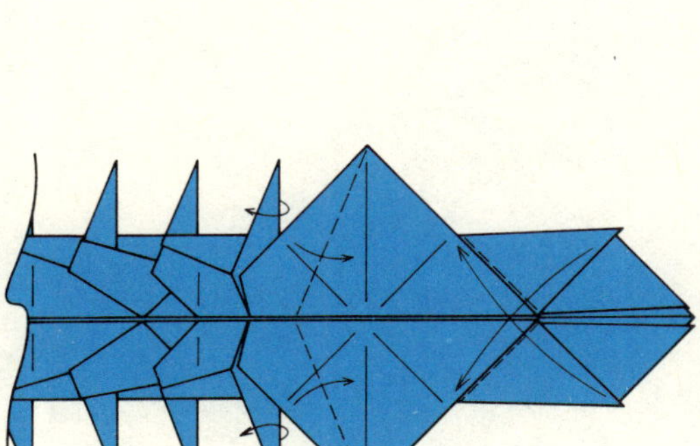

29

30

31 Das lose Papier in die Taschen auf der rechten Seite jedes Beins stecken. Aus der linken Seite jedes Beins das lose Papier herausziehen.

32 Die Falten links sind spiegelbildlich zu denen in Schritt 25. Die beiden Klappen ganz rechts gegenknicken nach innen.

33 Linke Seite: Das lose Papier in die Taschen dahinter stecken. Diese Falten sind spiegelbildlich zu denen in Schritt 30. Rechte Seite: Die Fühler auf jeder Seite des Schlitzes fassen und auseinanderziehen. Dann springt eine verborgene Klappe durch den Schlitz. Das Papier so zusammenklappen, daß die Klappe zu sehen bleibt.

34 Das lose Papier aus dem vorstehenden Dreieck ziehen. Das ganze Modell knitterfalten, um das zweite Beinpaar von vorn zu verengen. Dann zur Weiterarbeit am Schwanz die Knitterfalten öffnen. Für das Ergebnis der Knitterfalte Schritt 39 beachten.

35 bis Schritt 38: Einzelheiten des Schwanzes. Die wichtigsten Teile der Schritte 28 bis 33 spiegelbildlich wiederholen.

36 Das lose Papier aus dem vorstehenden Dreieck ziehen.

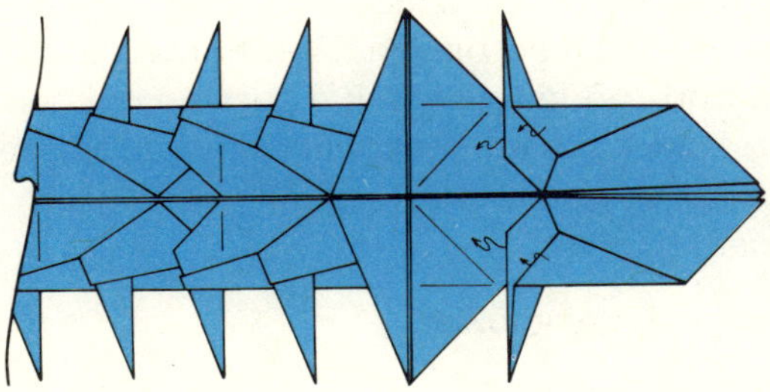
31

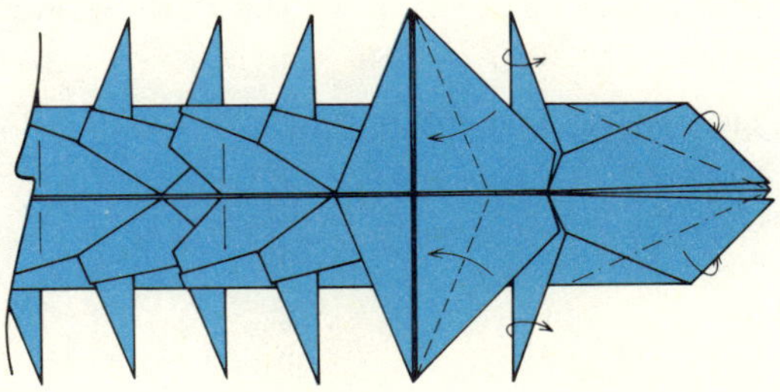
32

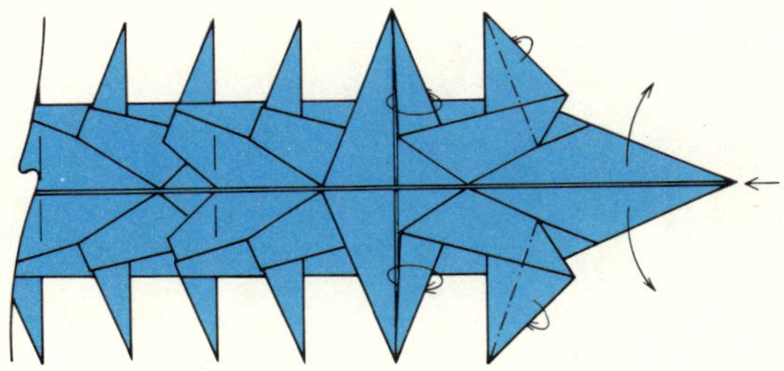
33

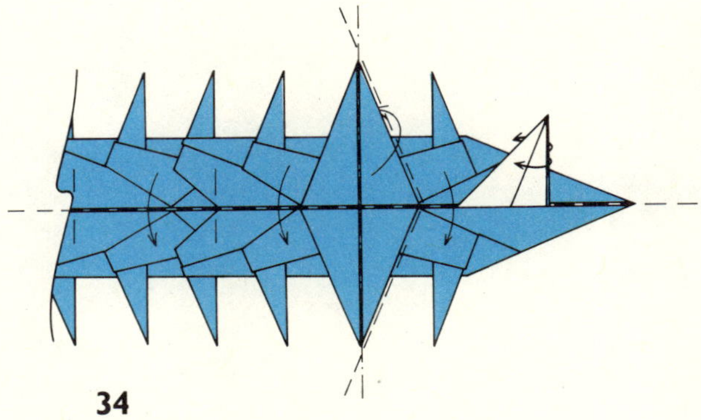
34

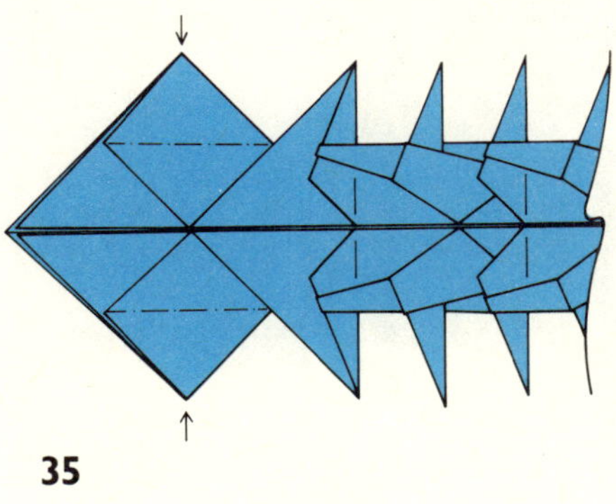
35

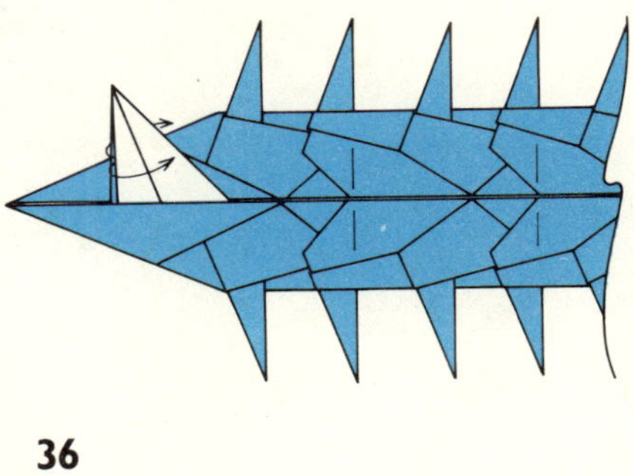
36

37 Es herumfalten und unter die danebenliegende Klappe stecken.

38 Das ganze Modell talfalten.

39 Die beiden Schwanzklappen zusammenkneifen und nach außen biegen. Den Körper knitterfalten und runden. Die Beine zusammenkneifen. Die Fühler zusammenkneifen und ausbreiten. Die Spitze des Kopfes gegenknicken nach innen.

Der fertige **Tausendfüßler**.

(1976, verbessert 1987)

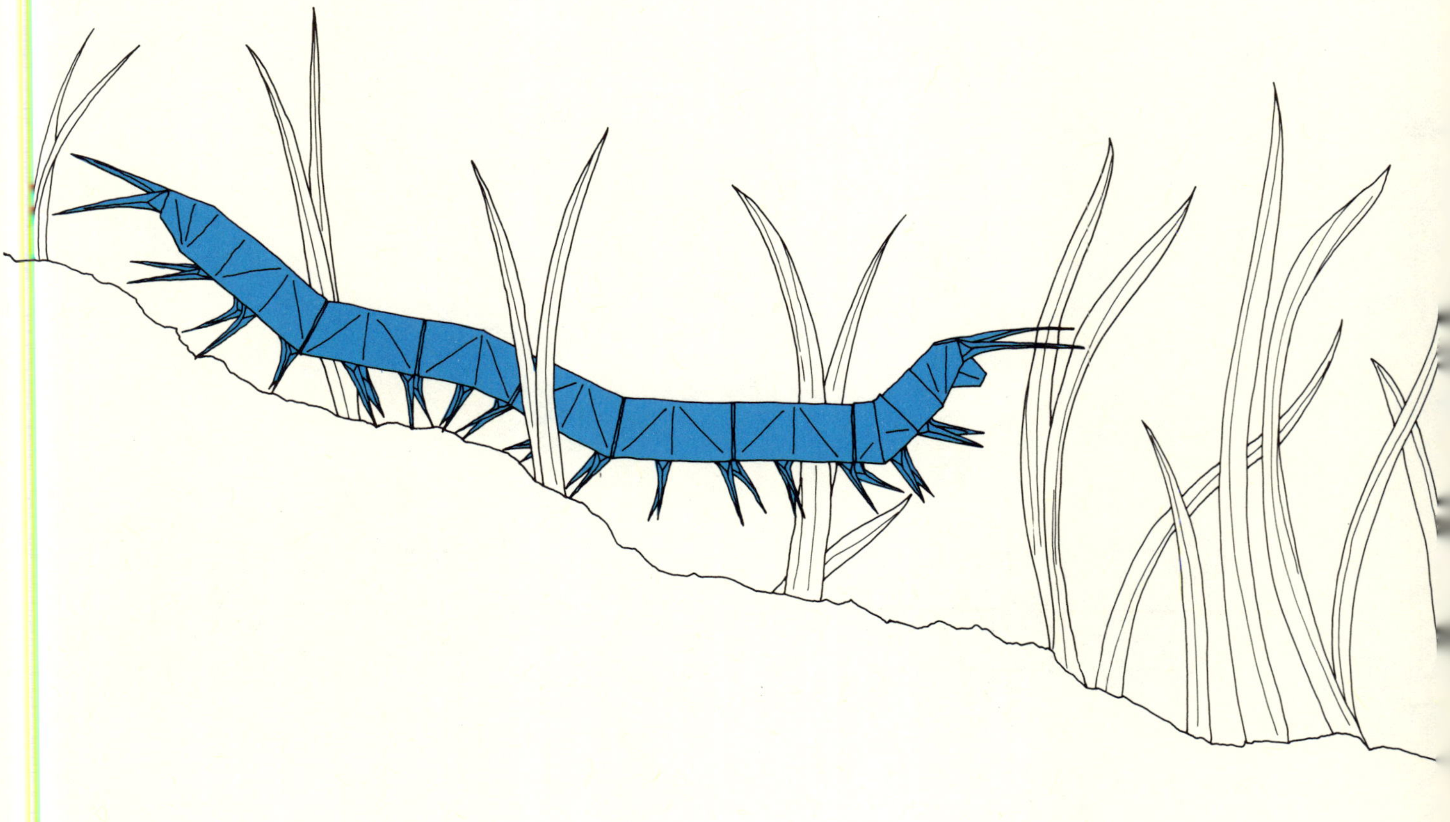

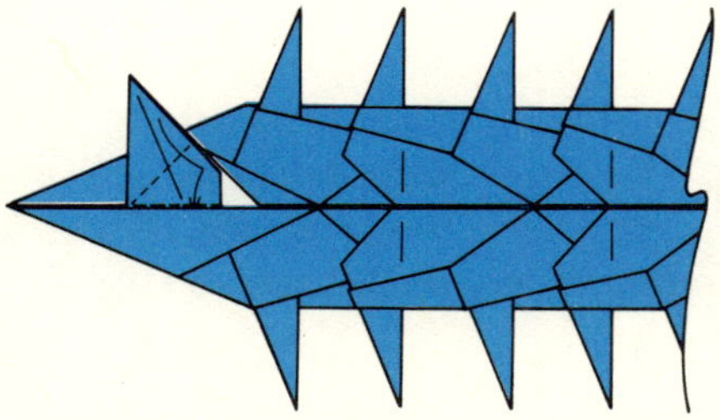

37

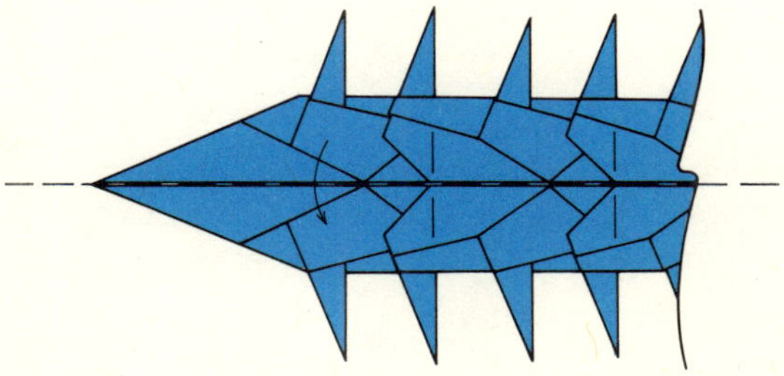

38

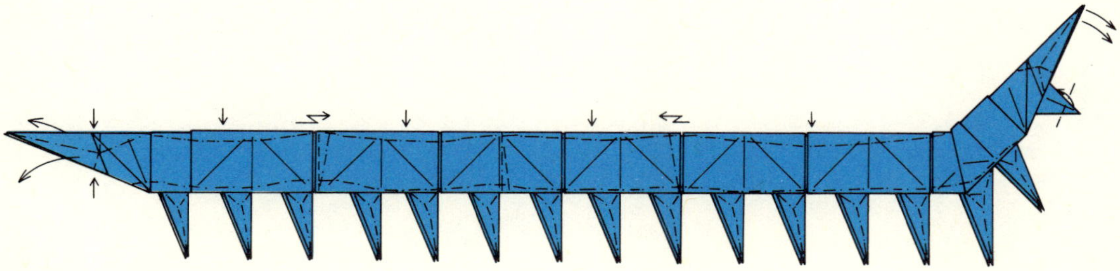

39

Polyp

Verwenden Sie ein einseitig gefärbtes Blatt Papier. Ein 25-cm-Quadrat ergibt ein ca. 9 cm langes Modell. Benutzen Sie für den ersten Versuch ein Quadrat mit mindestens 45 cm Seitenlänge.

1 Die vier Ecken blintzen.

2 Auf der doppelten Dicke eine Vorfalte machen.

3 Eine Klappe preßfalten.

4 Blütenblattfalten.

5 Das Modell leicht öffnen und das lose Papier herausziehen.

6 Die dunkle Klappe an den vorhandenen Brüchen entlang flachpressen.

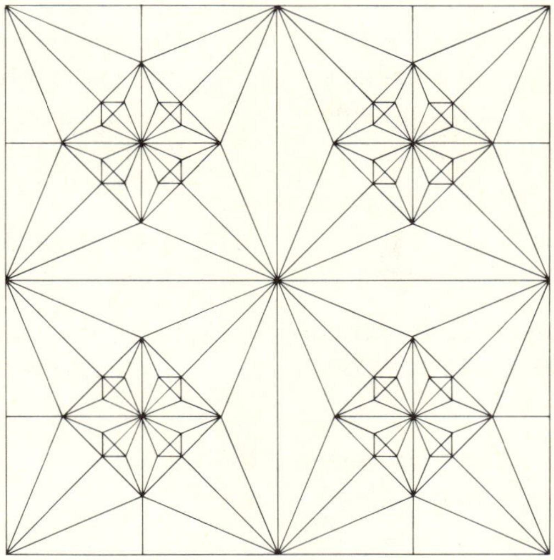

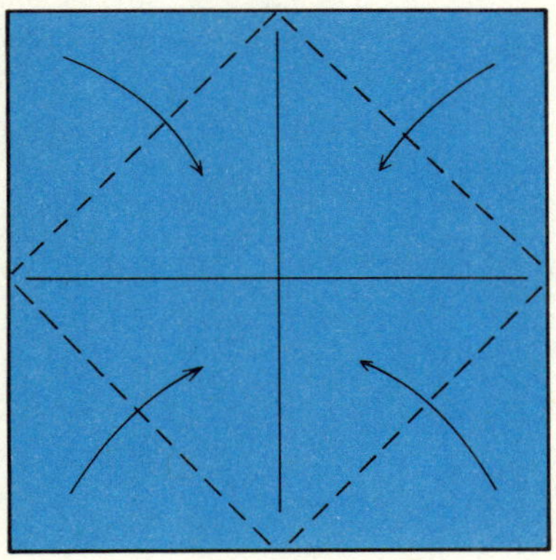

1

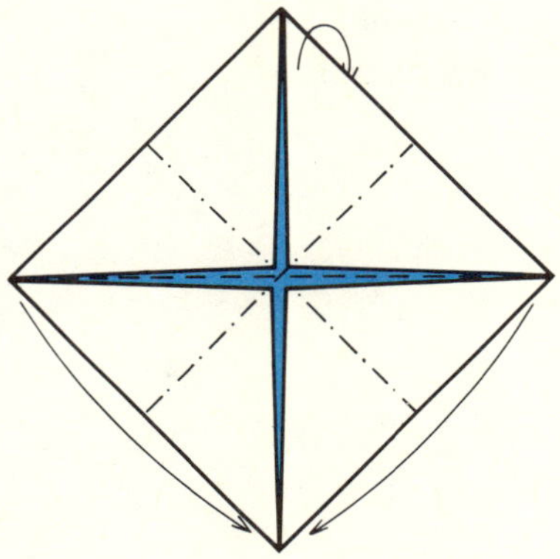

2

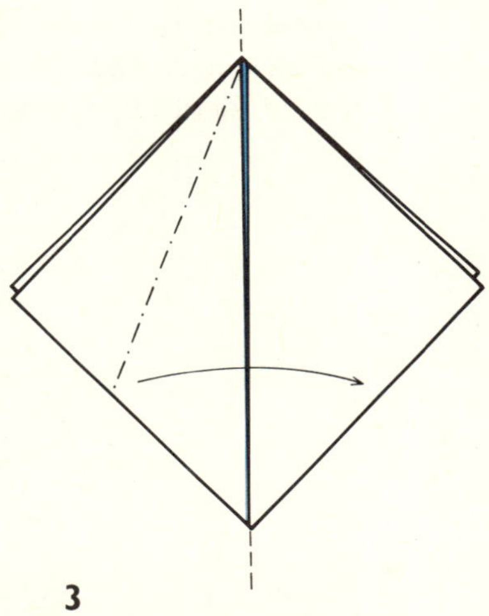

3

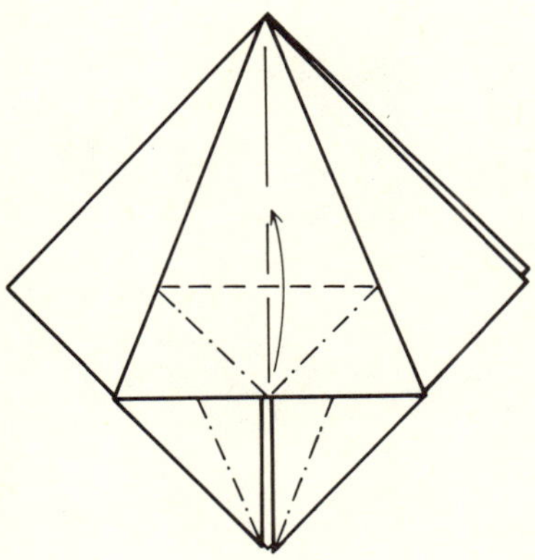

4

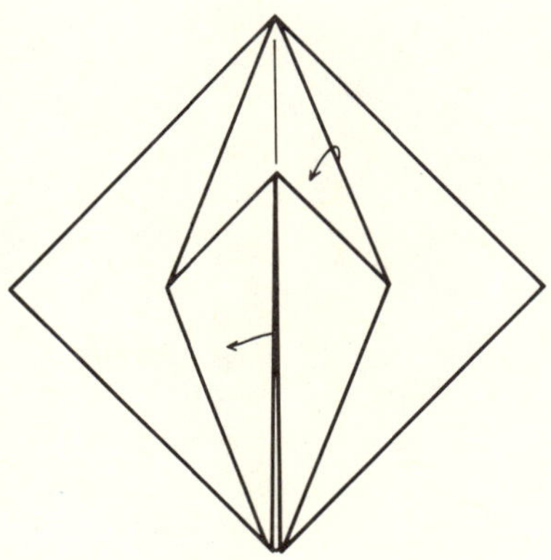

5

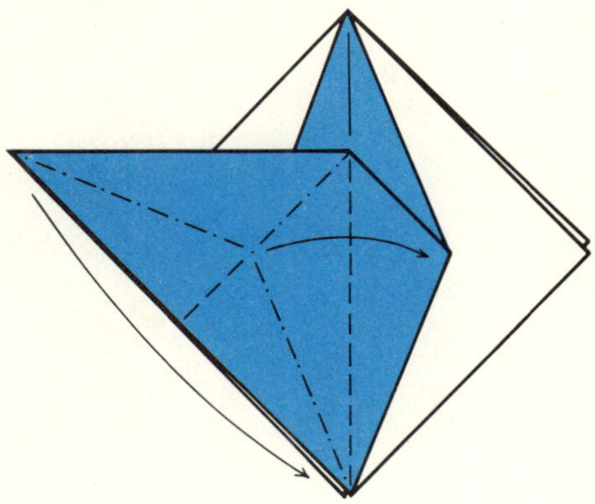

6

7 Die folgenden Schritte ähneln den frühen Phasen des **Känguruhs.** Wie in Schritt 1 bis 3 des **Känguruhs** knicken. Dann wie abgebildet das Mitteldreieck (bis jetzt ist es noch keine Pyramide) zusammenklappen.

8 Die Spitze so nach unten talfalten, daß sie auf die Kreuzung der Falten aus Schritt 7 trifft. Dann bis Schritt 7 öffnen.

9 Das Papier an den vorhandenen Brüchen entlang öffnen und das winzige Quadrat in der Mitte offen senkfalten.

10 Die Seiten wie in Schritt 4 des **Känguruhs** ausbreiten, um eine Pyramide mit einer hohlen Spitze zu bilden.

11 Blick von oben. Das Modell ist jetzt dreidimensional. Die Seiten der Pyramide nach innen falten.

12 Links und rechts von der Pyramide winzige Hasenohrfalten bilden und flachpressen. (Dabei beachten, daß die Pyramide sich in eine andere Richtung als beim **Känguruh** flachlegt.)

13 Jetzt ist das Modell flach. Es leicht öffnen und die oberen und unteren Teile der flachen Pyramide in die benachbarten Taschen stecken. (Das ist eine Art Senkfalte. Ein Teil des Papiers wird gewendet.) Die Spitze der Pyramide bleibt zu sehen. Das wird ein Auge.

14 Das untere dunkle Dreieck nach oben talfalten.

15 Jeden der vier Quadranten mit Talfalten zu Dritteln verengen. Öffnen.

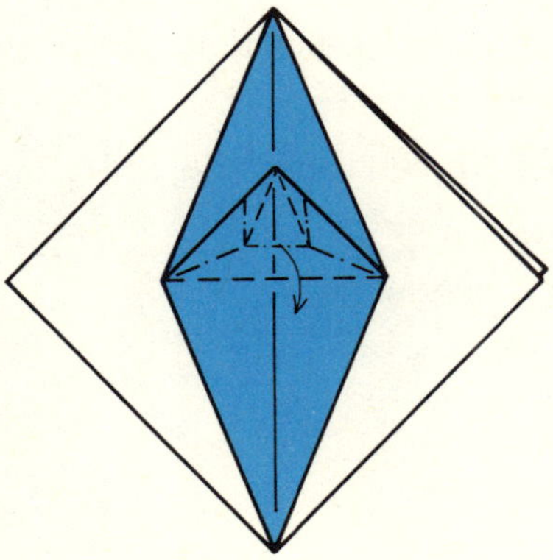

7

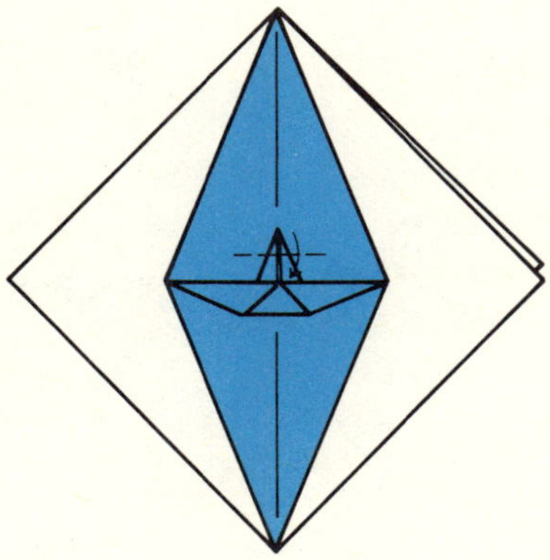

8

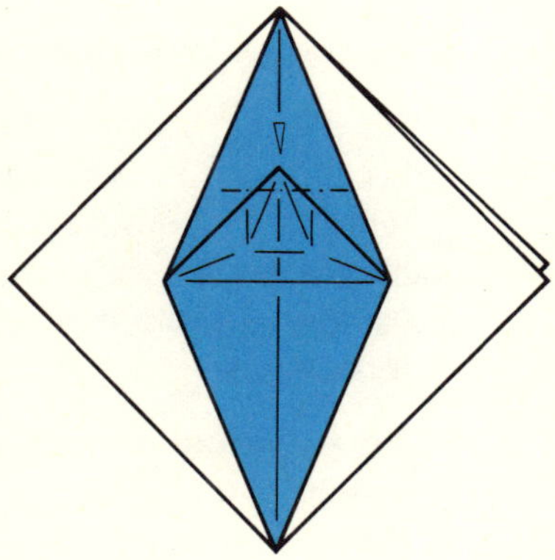

9

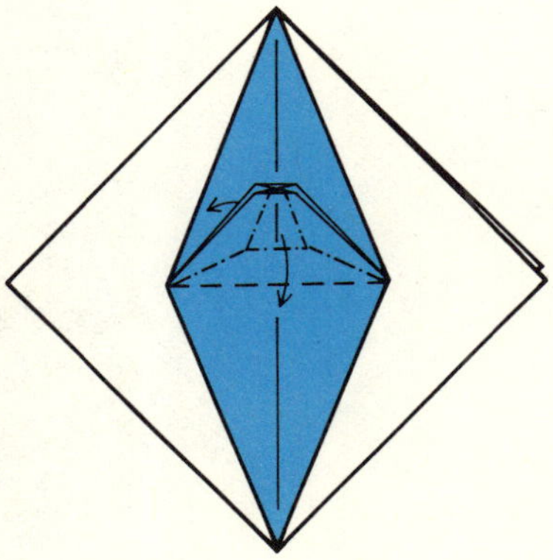

10

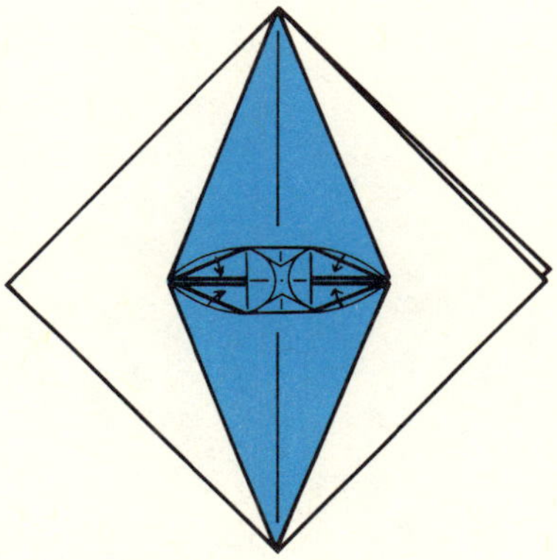

11

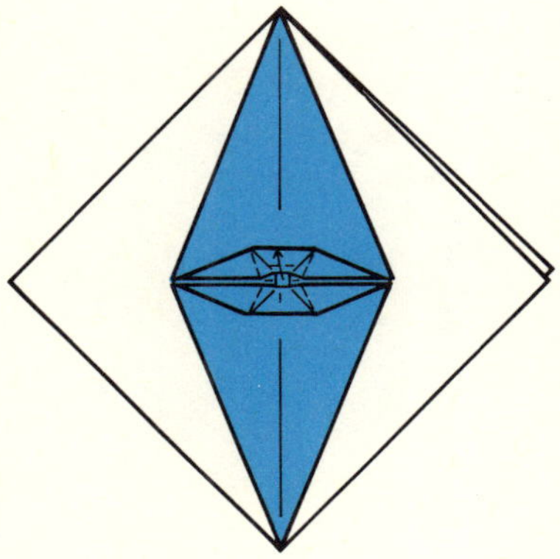

12

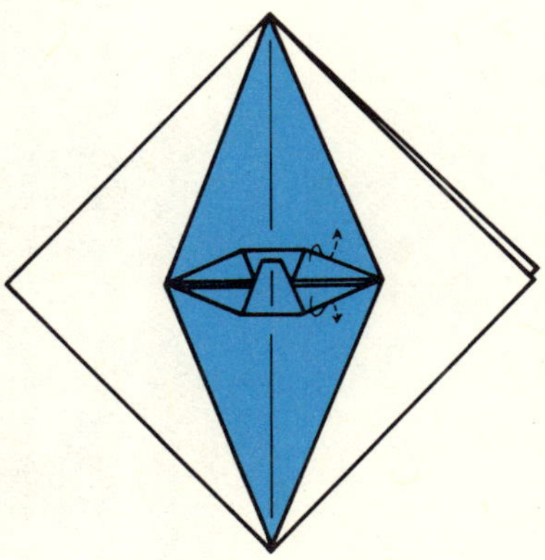

13

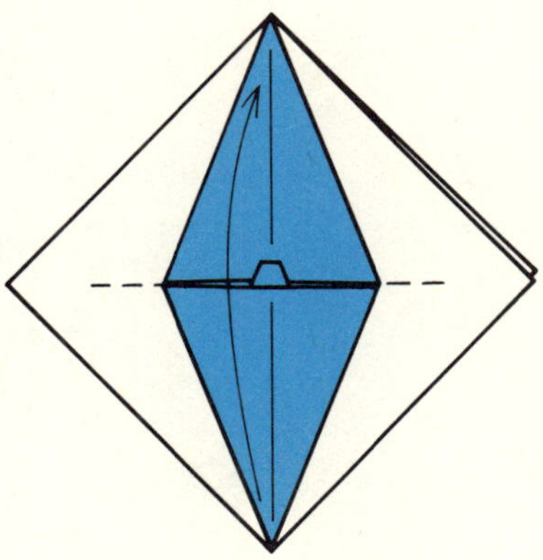

14

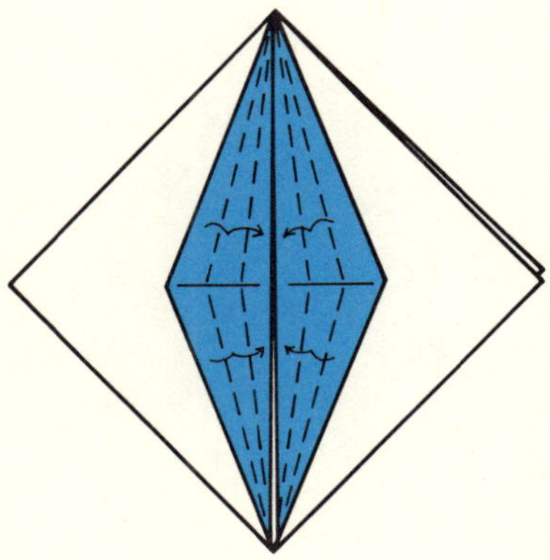

15

16 Mit der linken Klappe ein langes, dünnes Hasenohr formen, das über die Mittellinie geht.

17 Die winzige vorstehende Ecke nach unten stecken, wie in der runden Zeichnung zu sehen. Die lange dünne Klappe zur Hälfte bergfalten und das lose Papier nach unten stecken. Das und Schritt 16 an der rechten Klappe wiederholen.

18 Die zwei dunklen Klappen mit Bergfalten dritteln.

19 Damit ist ein Viertel des Polypen fertig. Es gibt noch drei weitere helle Klappen, die mit der Preßfalte aus Schritt 3 identisch sind. Eine von diesen nach links bringen.

20 Schritt 3 bis 18 links wiederholen.

21 Eine Klappe nach rechts talfalten und das Modell wenden.

22 Zwei weiße Klappen bleiben übrig. Sie werden etwas anders als die vorigen behandelt. Schritt 3 bis 7 links wiederholen.

23 Schritt 10 bis 13 wiederholen, ohne die Spitze zu senken.

24 Die Spitze zur Hälfte bergfalten.

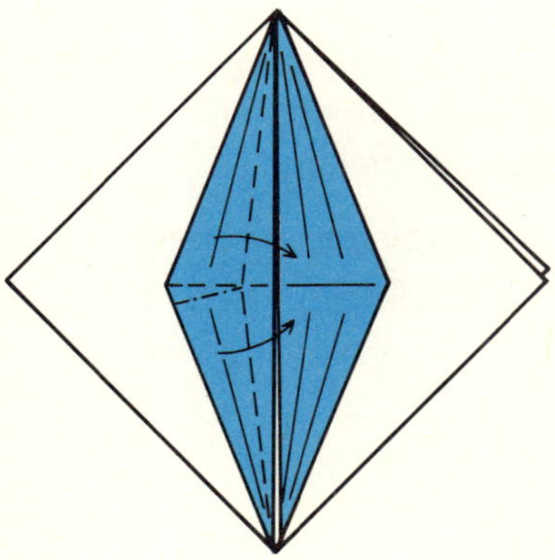

16

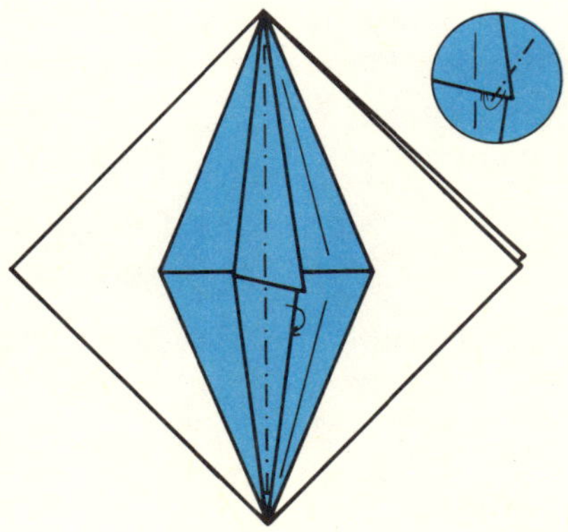

17

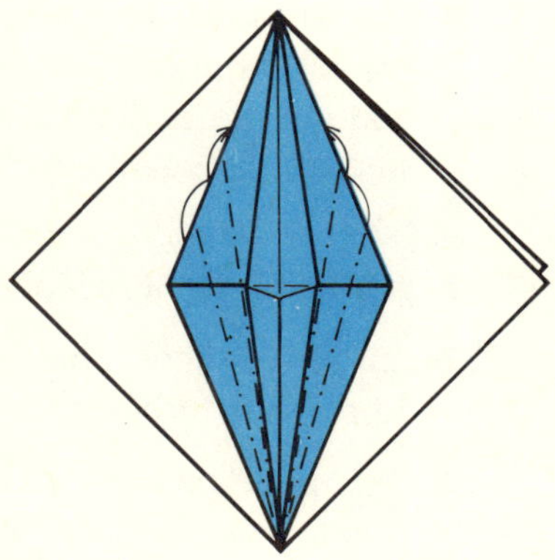

18

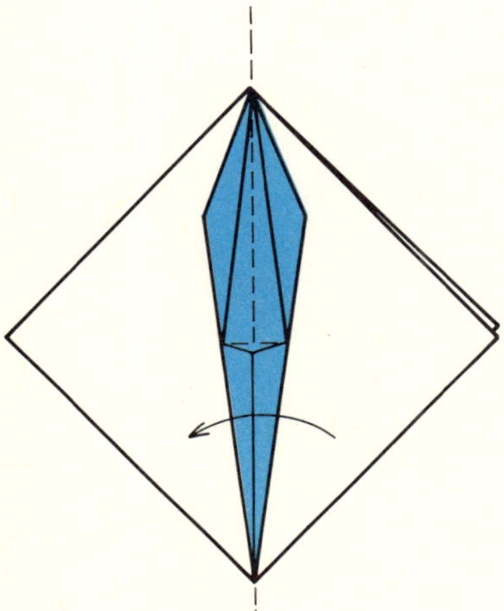

19

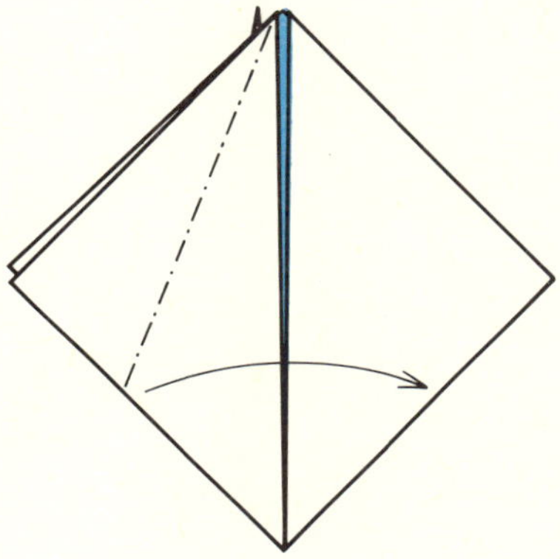

20

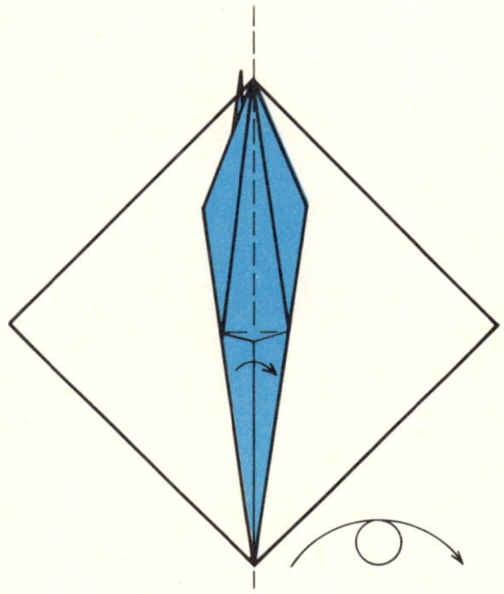

21

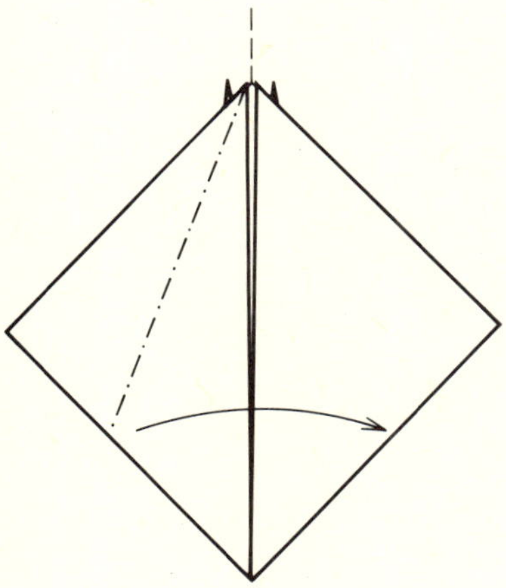

22

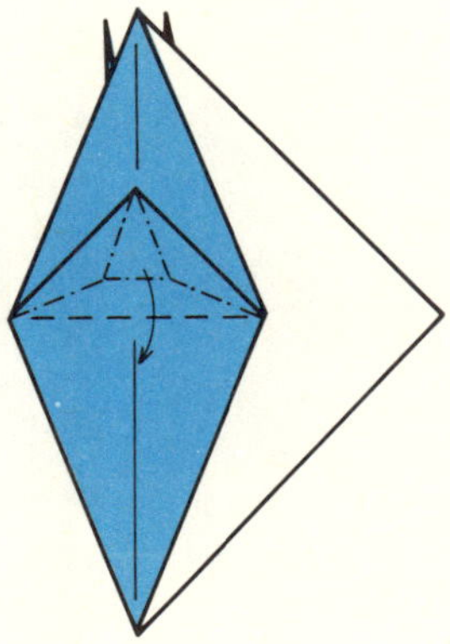

23

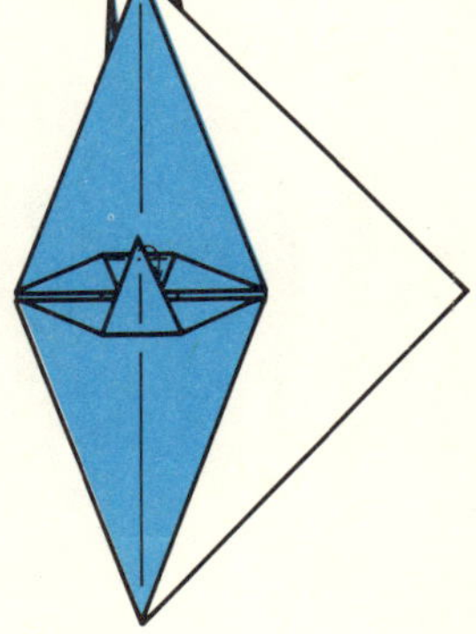

24

25 Das Modell leicht öffnen und wie in Schritt 13 das obere und untere Stück der flachen Pyramide in die danebenliegenden Taschen stecken. Die ganze Pyramide ist nicht mehr zu sehen.

26 Schritt 14 bis 18 wiederholen.

27 An der restlichen hellen Klappe die Schritte 3 bis 7 wiederholen.

28 Die Spitze halb so weit wie in Schritt 8 talfalten. Die Schritte 9 bis 12 wiederholen.

29 Für das letzte der acht Beine Schritt 14 bis 18 wiederholen. Das mittlere Bein nach unten bringen. Damit taucht die Pyramide wieder auf und wird dreidimensional.

30 Der Blick auf die Pyramide von oben. In einer Bewegung die Spitze der Pyramide zu sich ziehen und das Modell flachpressen.

31 Jetzt ist das Modell zweidimensional.

32 bis Schritt 34: Einzelheiten des Trichters. Damit bewegt sich der Polyp mit Hilfe von Strahlkraft vorwärts und spritzt Tinte auf Angreifer. Den Trichter symmetrisch knitterfalten.

33 Die Trichterseiten mit Bergfalten verengen. Nehmen Sie eine Pinzette zu Hilfe.

34 Der Trichter ist fertig.

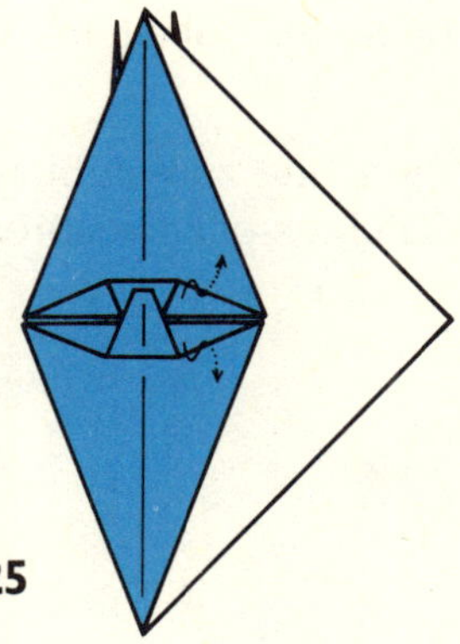
25

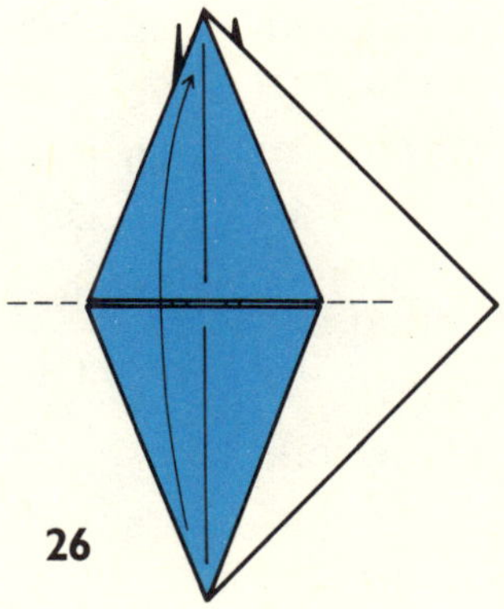
26

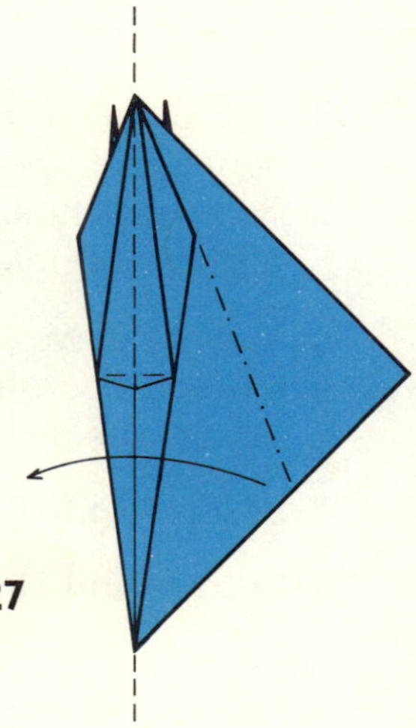
27

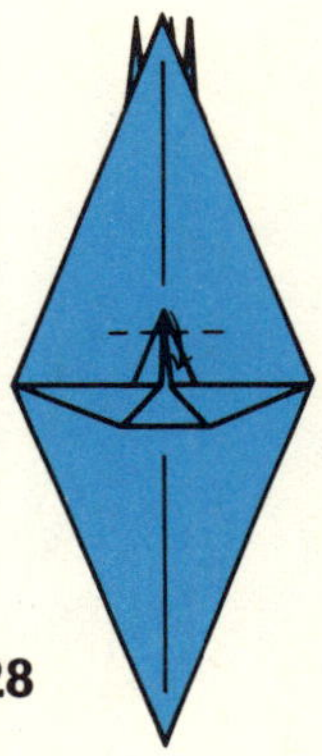
28

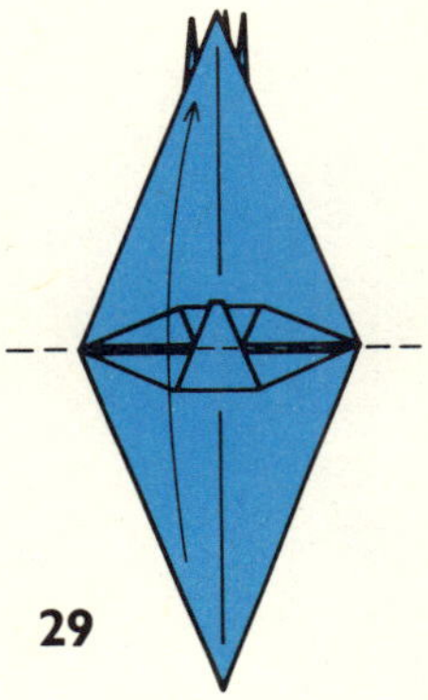
29

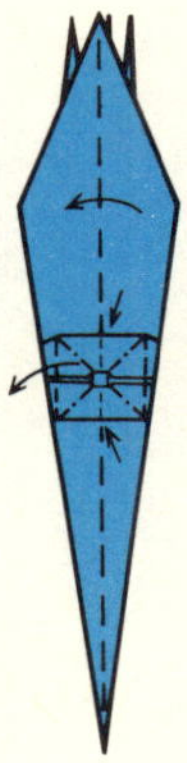
30

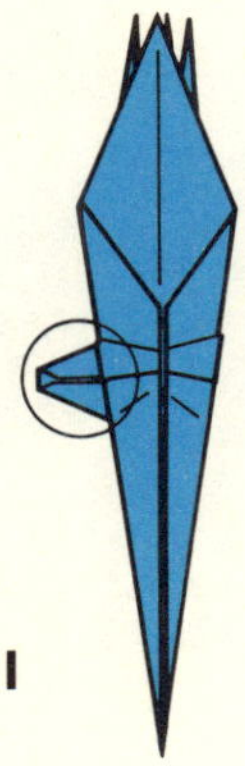
31

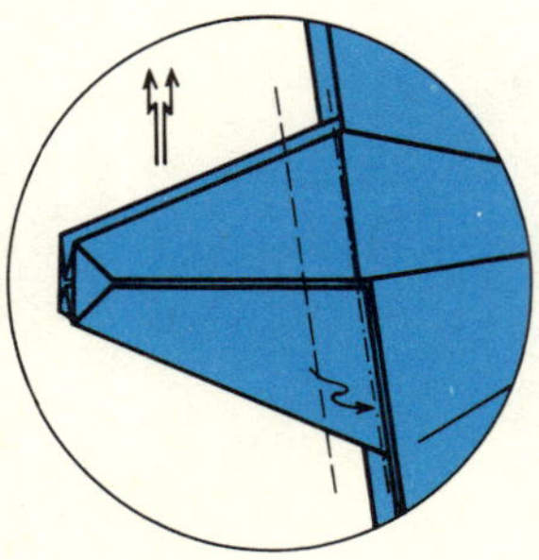
32

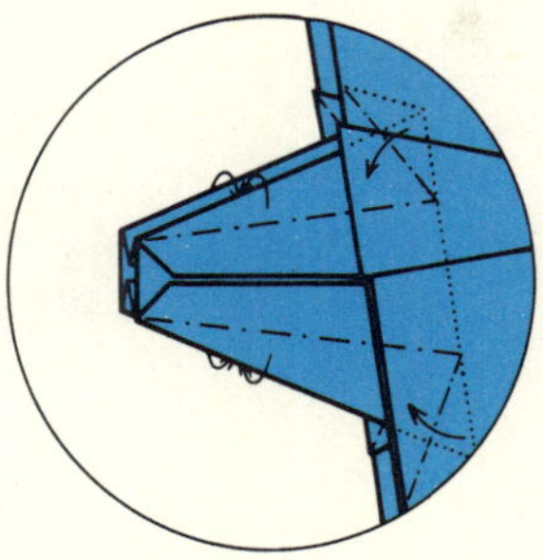
33

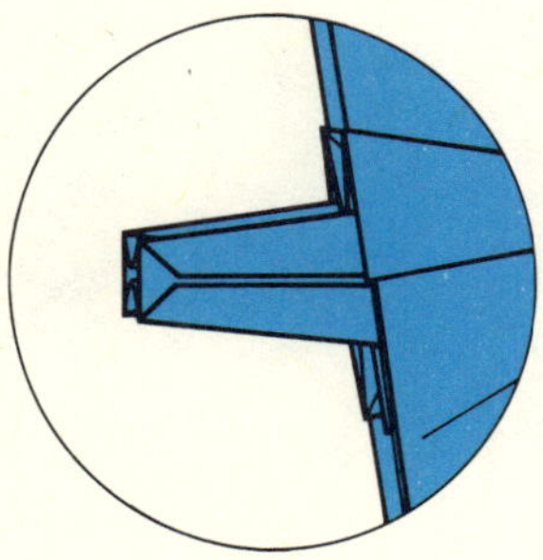
34

35 Drei Beine nach rechts gegenknicken nach innen. Den Kopf so hinbiegen, daß die Augen symmetrisch auf jeder Seite sind und der Trichter darunter.

36 In einer Bewegung den Kopf unten knitterfalten und oben flachpressen. Damit wird das Modell dreidimensional.

37 Vorder- und Hinterbeine zum Kopf bringen.

38 Vorder- und Hinterbeine preßfalten.

39 Vorder- und Hinterbeine mit Talfalten verengen.

40 Den Kopf runden. Die Beine zurechtbiegen. Die Augen und die Trichterspitze ausbreiten.

Der fertige **Polyp**.

(1974, verbessert 1986)

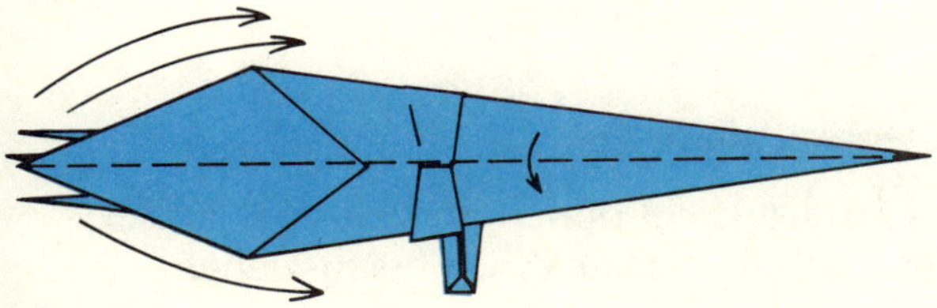

35

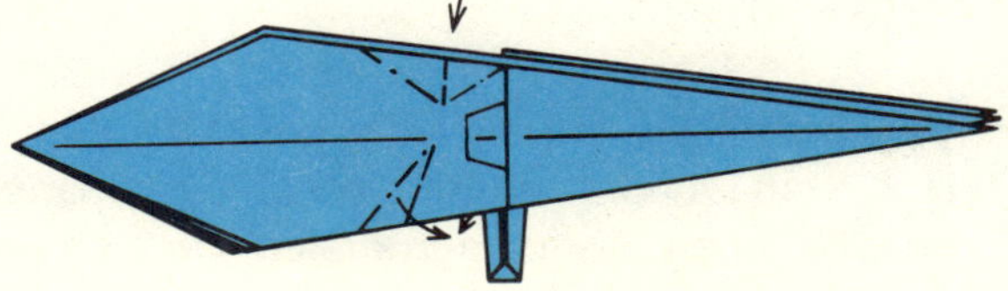

36

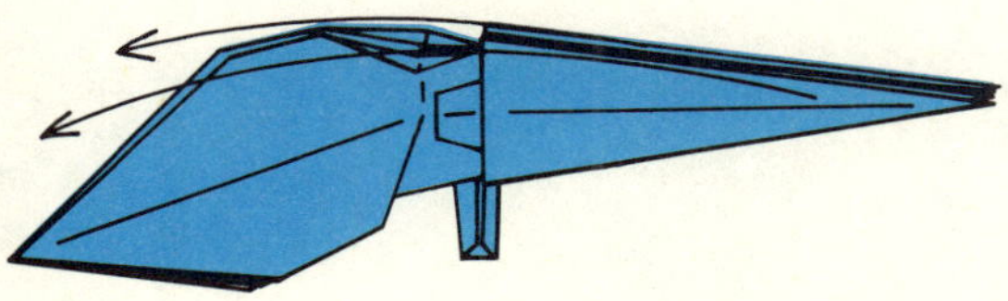

37

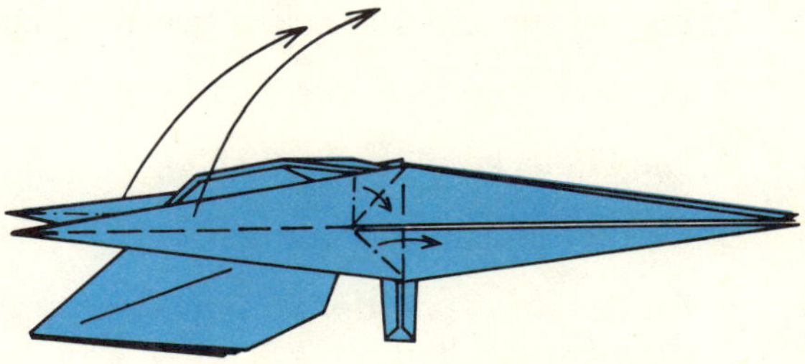

38

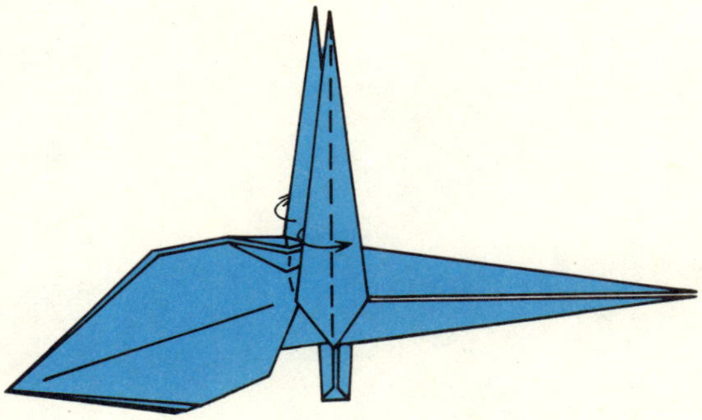

39

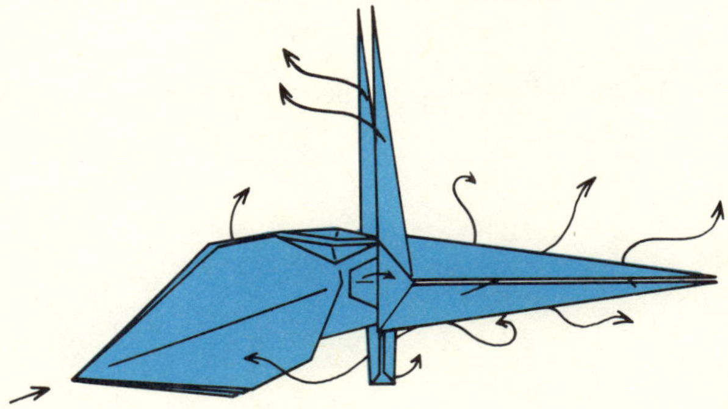

40

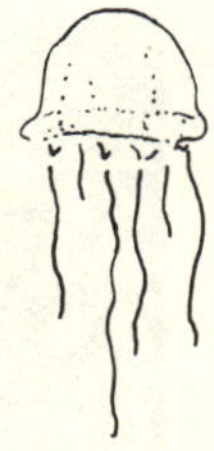

Tintenfisch

Verwenden Sie ein einseitig gefärbtes Blatt Papier. Ein 25-cm-Quadrat ergibt ein ca. 17 cm langes Modell. Nehmen Sie für den ersten Versuch ein Quadrat mit mindestens 45 cm Seitenlänge.

1 Die oberen Ecken zur Mitte hin bergfalten. Die unteren Ecken zur Mitte hin talfalten und öffnen.

2 Die beiden unteren Ecken hasenohrfalten.

3 Die winzigen Dreiecke preßfalten.

4 Die Dreiecke blütenblattfalten.

5 Die Blütenblattfalten öffnen.

6 An der Kreuzung der vorhandenen Brüche diagonal talfalten.

7 Oben und an den Seiten das Papier an den vorhandenen Brüchen nach unten ziehen. Das ist eine Art Vorfalte.

8 Die helle Klappe links ausbreiten und preßfalten.

9 Blütenblattfalten.

10 Das Modell leicht öffnen und das lose Papier wie in Schritt 5 des **Polypen** herausziehen.

11 An den vorhandenen Brüchen die dunkle Klappe flachpressen wie in Schritt 6 des **Polypen.**

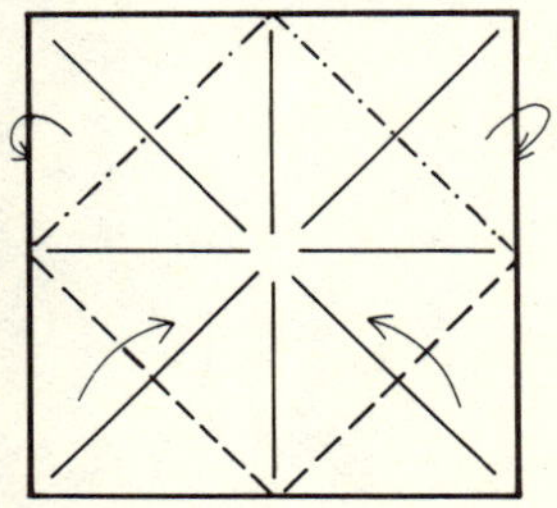

1

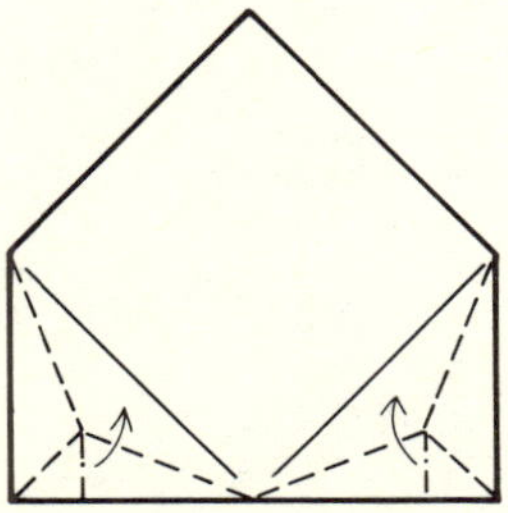

2

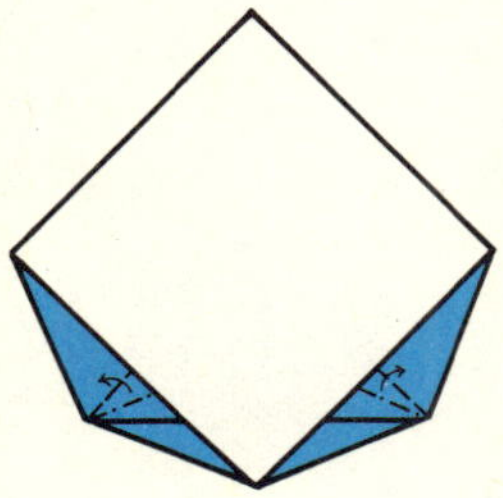

3

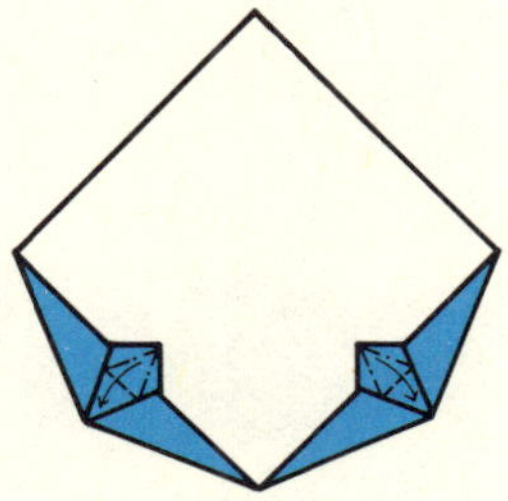

4

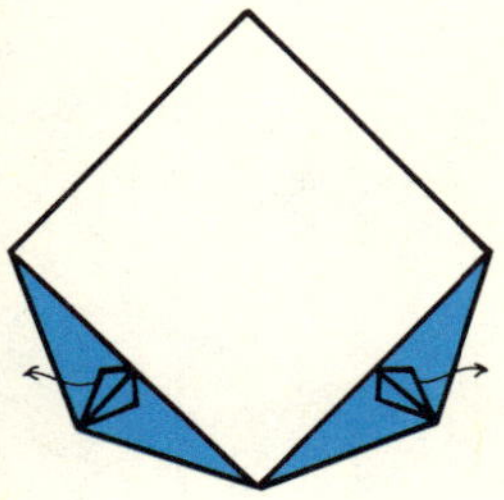

5

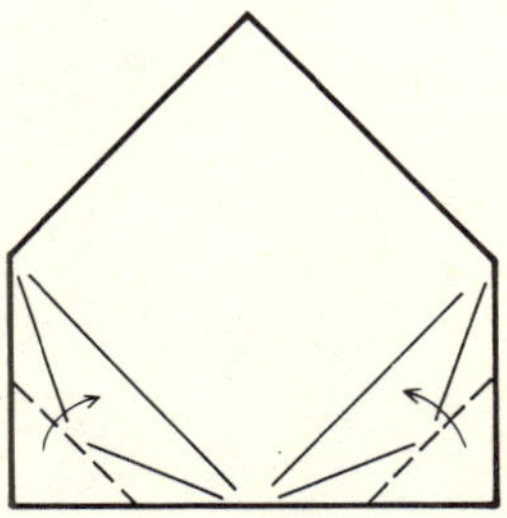

6

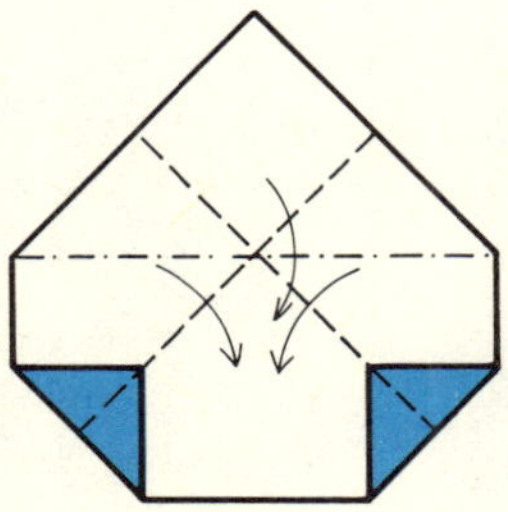

7

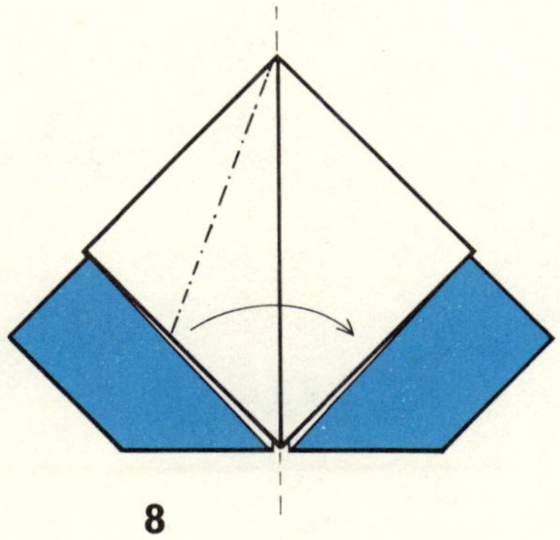

8

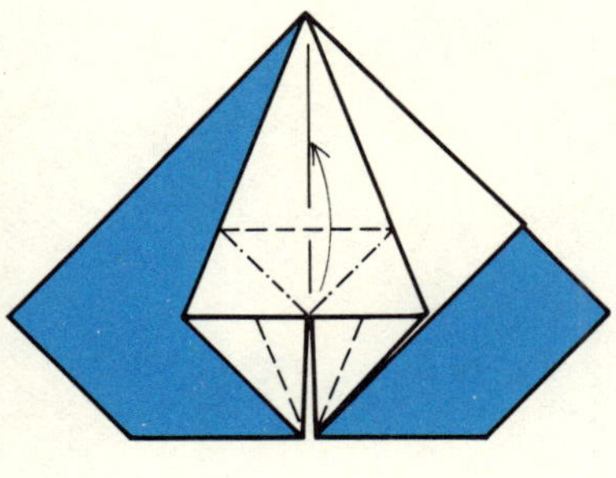

9

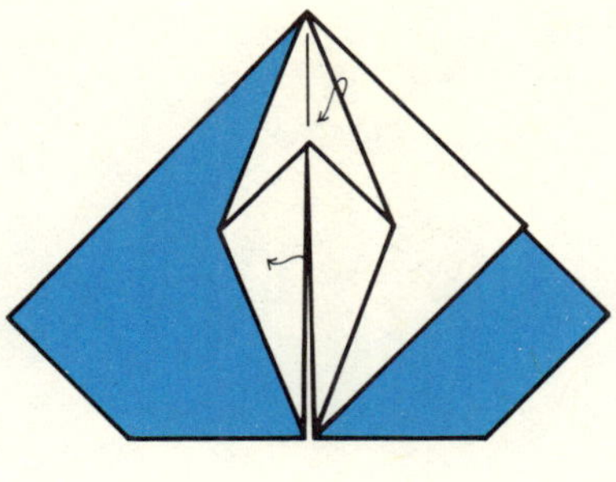

10

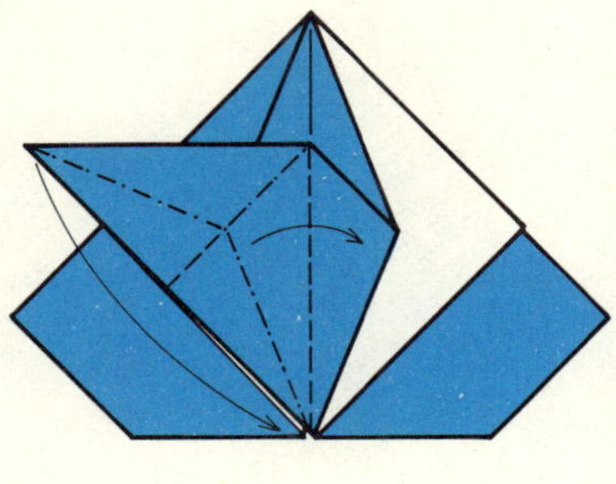

11

12 Die untere dunkle Spitze fassen und nach unten strecken.

13 Die dunkle Klappe nach links talfalten.

14 Schritt 8 bis 13 an der hellen Klappe rechts wiederholen.

15 Knitterfalten. Die Talfalte fällt von selbst. Die Bergfalte fällt ungefähr ein Viertel zwischen der Talfalte und der Spitze.

16 Wie sein großer Vetter hat der Tintenfisch auch einen Trichter. Das ist er. Die Trichterseiten mit Bergfalten verengen und die Spitze gegenknicken nach innen.

17 Die zwei Seiten fassen und leicht auseinanderziehen. Der Trichter kommt hoch. Nicht flachpressen.

18 Die Seiten auseinanderhalten und gleichzeitig den Trichter in den Rumpf stecken. Wenn man den vorhandenen Brüchen folgt, sollte der Trichter passen. Die Seiten schließen.

19 Der Trichter ist fertig. Das Modell sollte flach liegen. Wenden.

20 Die dunkle Klappe links ausbreiten und preßfalten.

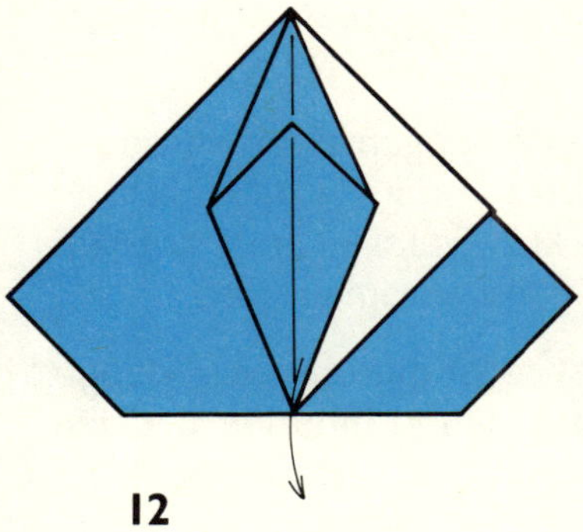

12

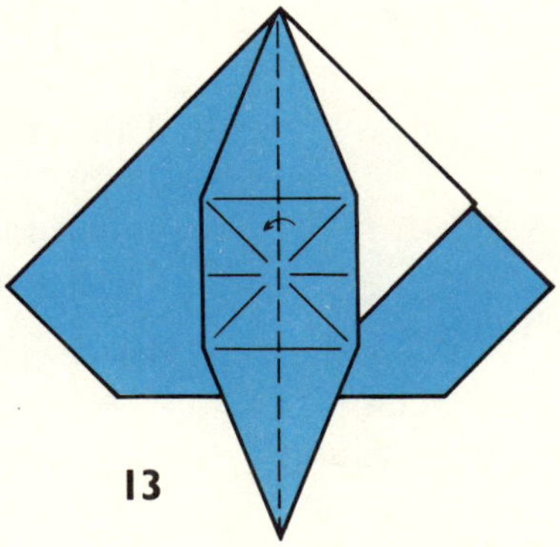

13

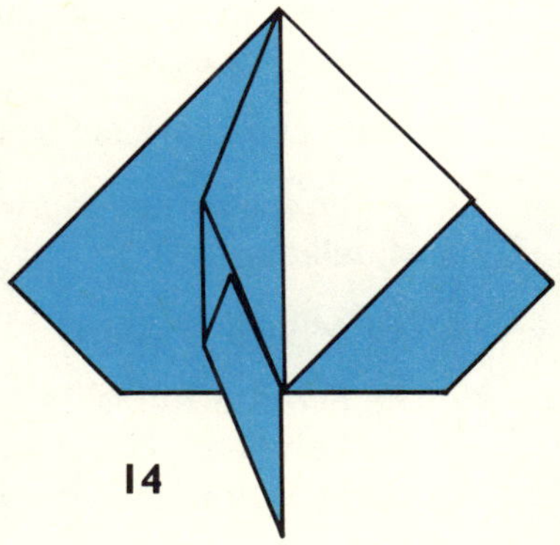

14

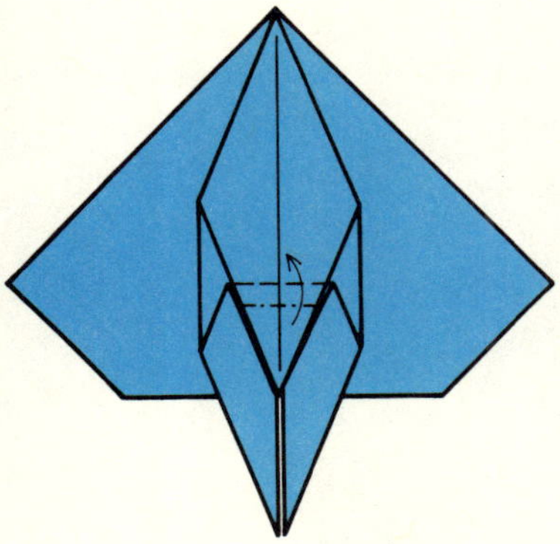

15

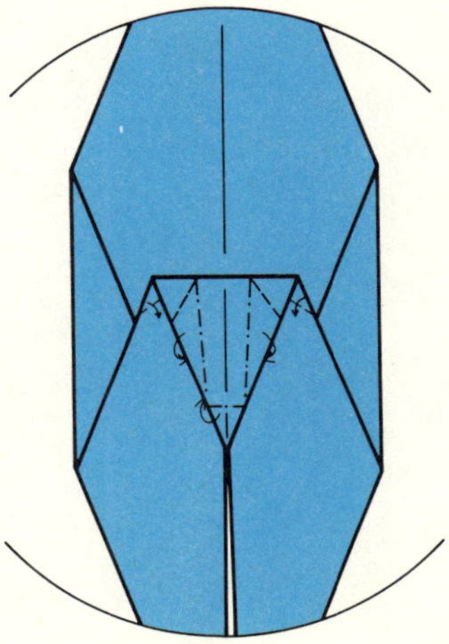

16

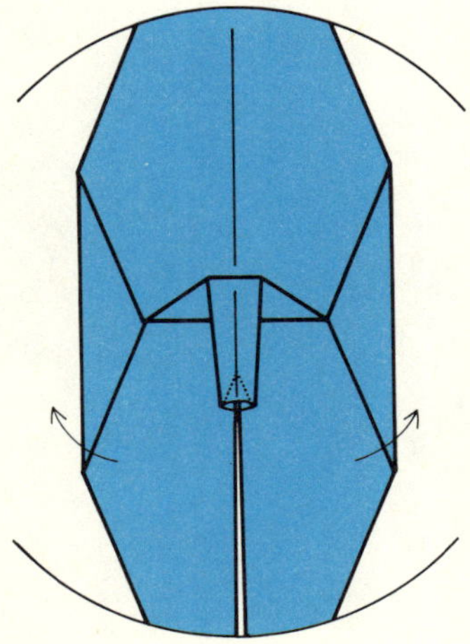

17

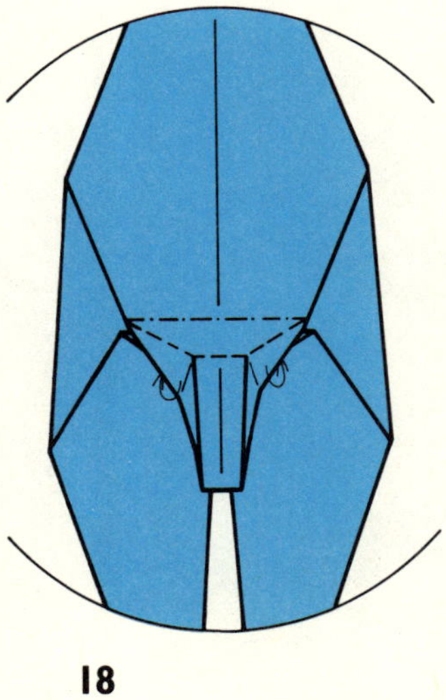

18

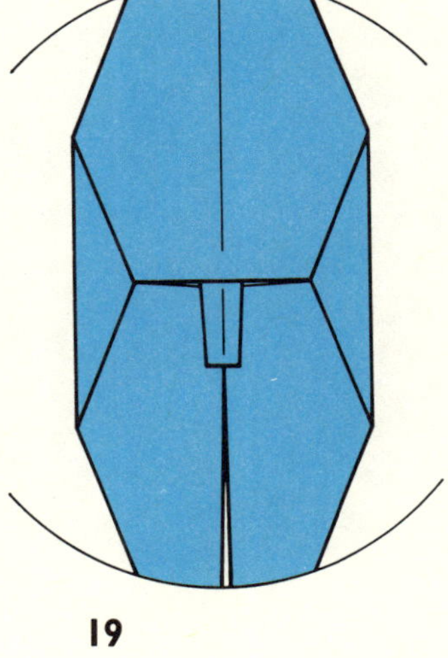

19

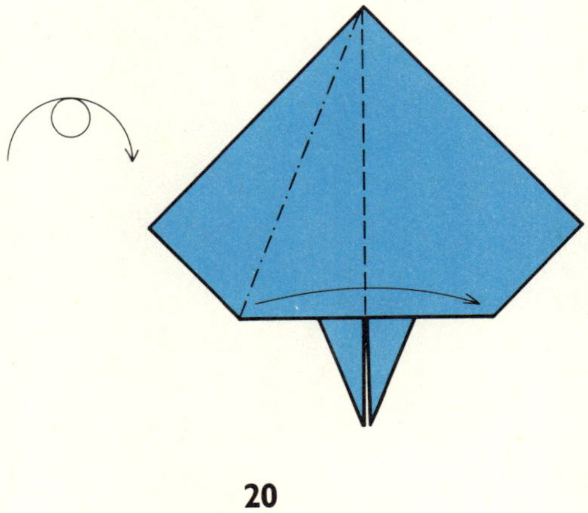

20

21 Die Ecke unten links zur rechten gefalteten Kante talfalten.

22 Kante auf Kante talfalten.

23 Gegenknicken nach innen entlang der Mittellinie.

24 Zur Mittellinie gegenknicken nach innen.

25 Die Schritte 20 bis 24 auf der rechten Seite wiederholen. Dann beide Seiten in die Stellung wie in Schritt 21 bringen.

26 An den vorhandenen Brüchen entlang beide Seiten symmetrisch zusammenklappen.

27 Die Spitze nach oben falten und das darin versteckte Papier herausziehen.

28 Das lose Papier entlang der vorhandenen Brüche symmetrisch zusammenklappen.

29 Die Vorderseite des losen Papiers blütenblattfalten.

30 Unter der Vorderseite hängen zwei winzige Klappen. Sie werden mit der Pinzette nach unten hineingesteckt. Das lose Papier auf jeder Seite schließt sich dann automatisch.

31 Hinter der Vorderseite ist eine dickere Klappe. Die Vorderseite nach hinten hinunter talfalten, dabei die dickere Klappe an Ort und Stelle lassen.

32 Die dicke Klappe talfalten, ca. ein Viertel der Länge von der Spitze bis zum Bruch, der sie von der Vorderseite trennt. Fest drücken und öffnen.

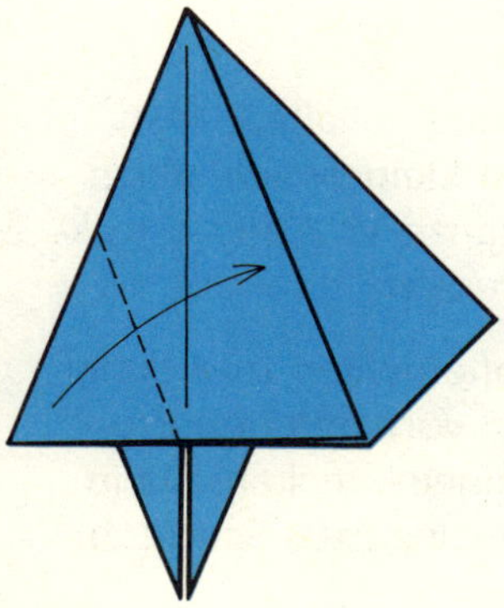

21

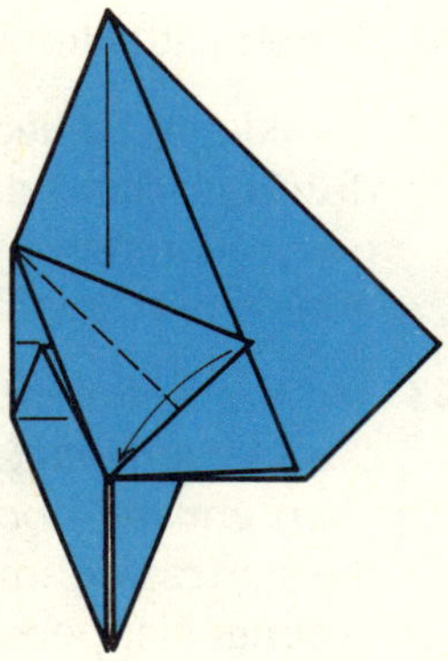

22

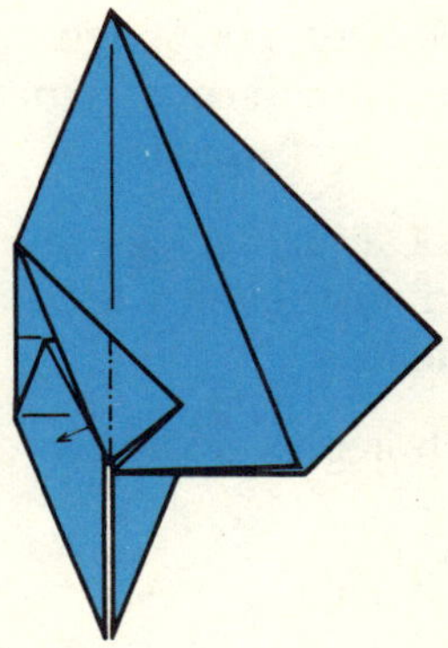

23

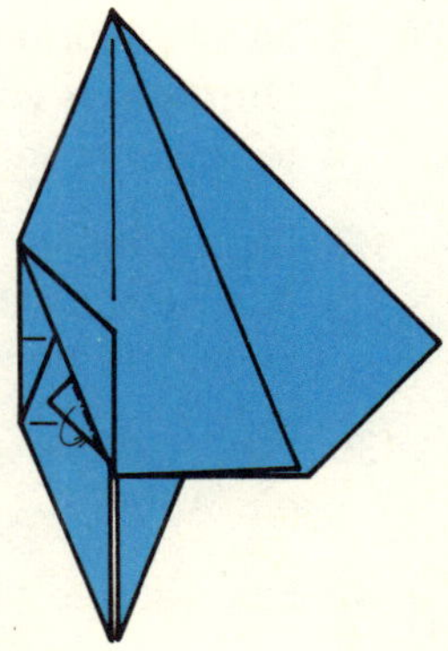

24

25

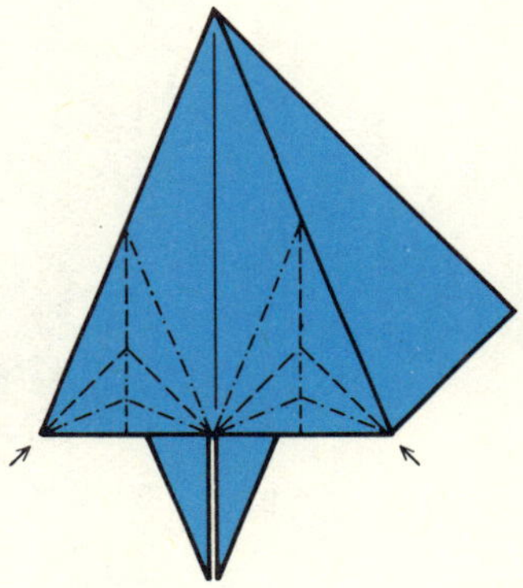

26

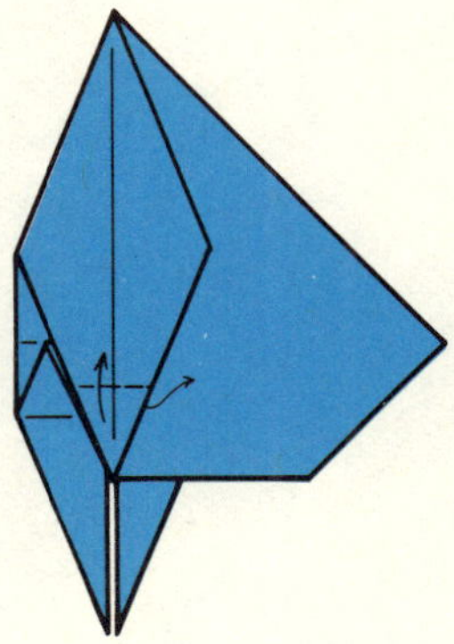

27

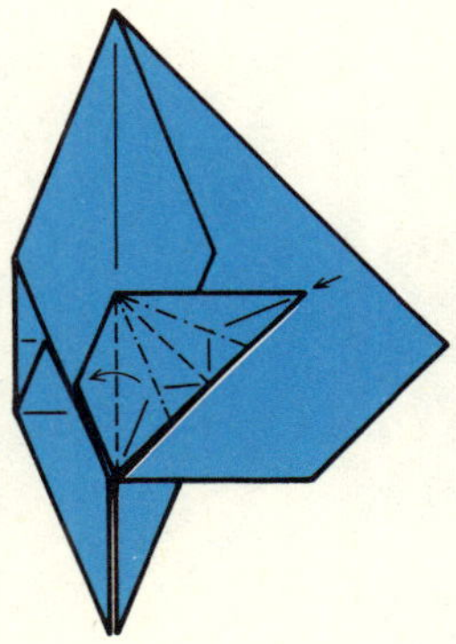

28

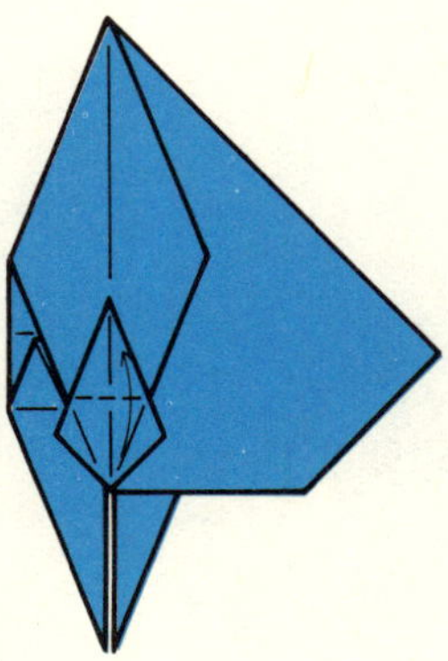

29

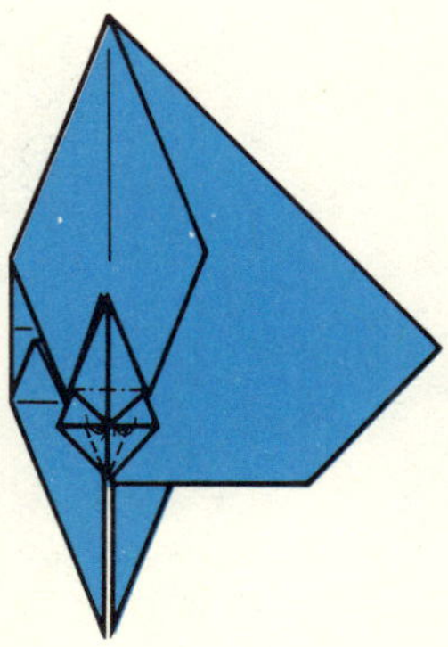

30

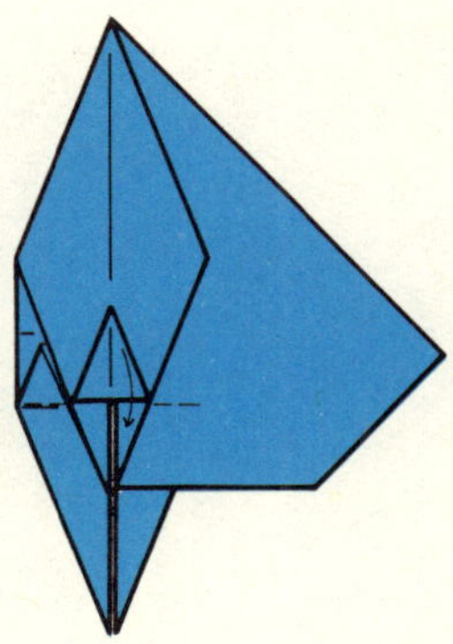

31

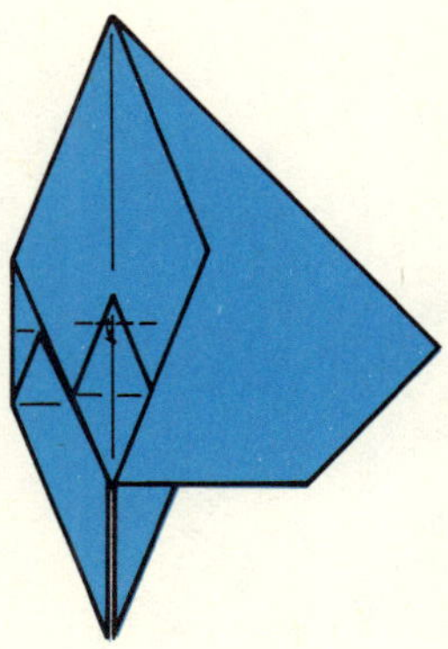

32

33, 34 bis Schritt 36: Einzelheiten der Spitze. Durch den vorhandenen Bruch offen senkfalten wie in Schritt 14 der **Frackschleife.**

35 Die Senkfalte ist fertig. Das achteckige Stück nach unten ziehen und ausbreiten wie in Schritt 15 der **Frackschleife.**

36 Das Achteck sollte flach liegen. Später wird es ein Auge.

37 Eine Klappe nach links talfalten.

38 Die Schritte 20 bis 37 auf der rechten Seite wiederholen.

39 Die Klappe in der Mitte wird die Vorderseite des Mantels. Die Daumen innen anlegen und die Vorderseite nach oben ziehen.

40 Jetzt ist das Modell dreidimensional. Die Vorderseite des Mantels flach preßfalten.

41 Blütenblattfalten.

42 Das kleine Dreieck zur Hälfte talfalten. Fest drücken. Dann die beiden kleinen Seitenklappen ausbreiten und die ganze Vorderkonstruktion öffnen. Nicht flachpressen.

43 Die Vorderkonstruktion offenhalten und dabei das kleine Dreieck an den vorhandenen Brüchen entlang hoch und hinein stecken. Dann das ganze wie im vorangegangenen Schritt zusammenklappen.

44 Die Vorderseite des Mantels mit Talfalten verengen, aber nicht bis ganz zur Mittellinie. Dann die Vorderseite nach unten talfalten.

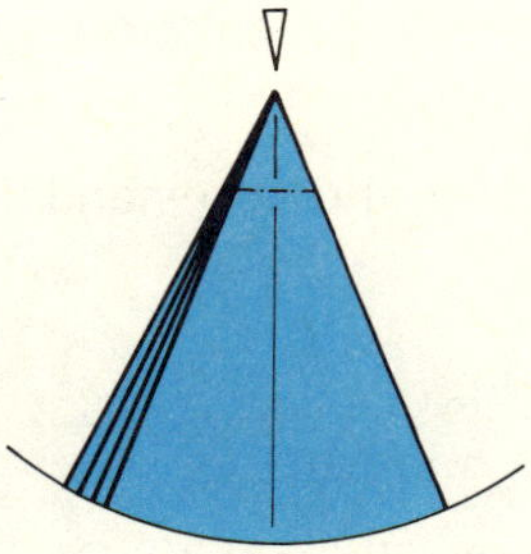

33

34

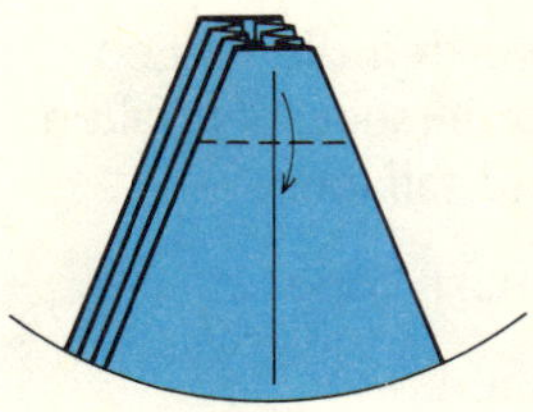

35

36

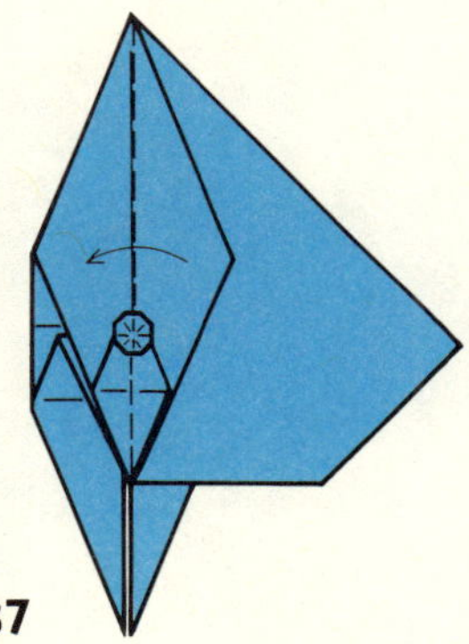

37

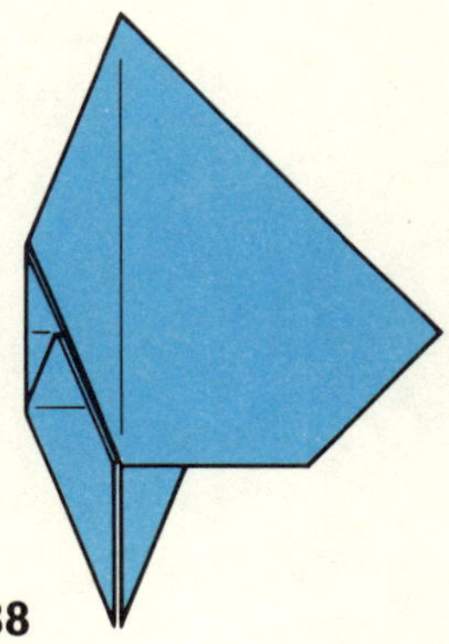

38

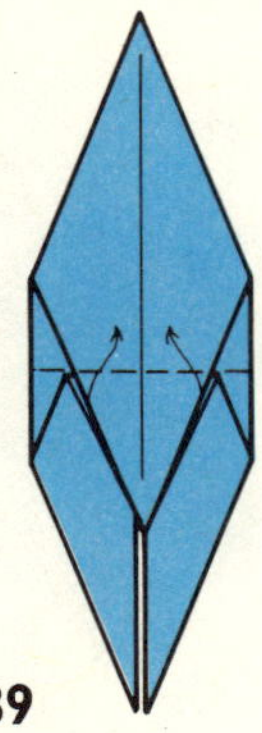

39

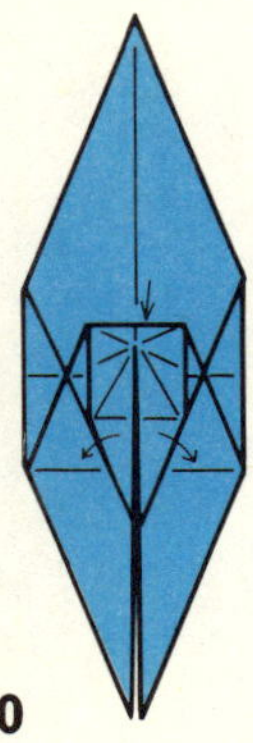

40

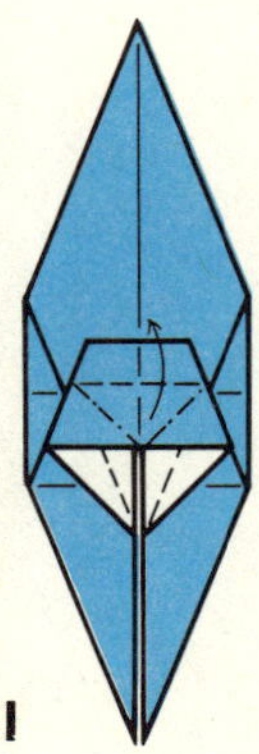

41

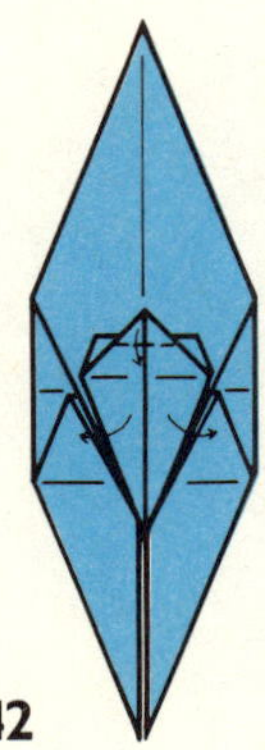

42

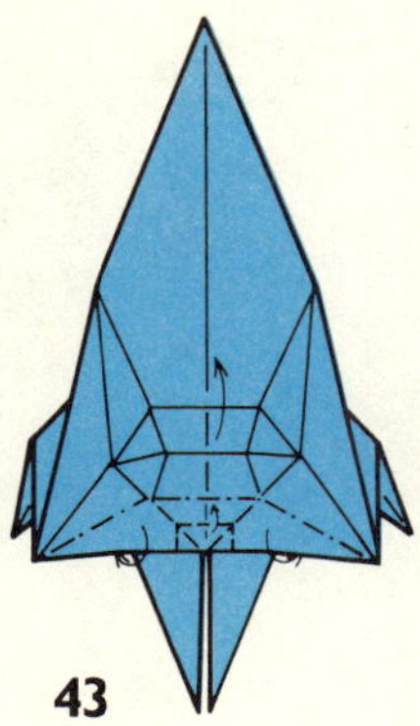

43

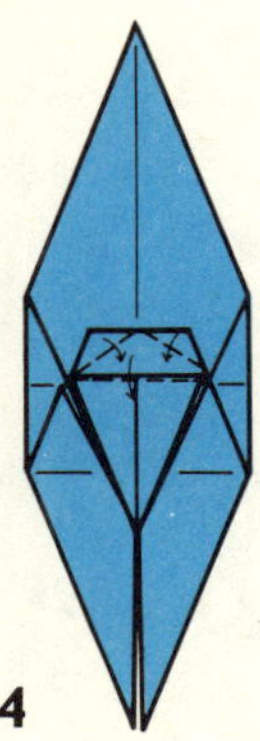

44

45 Die Mantelvorderseite ist fertig. Das Modell wenden.

46 Die zwei Klappen unten werden die langen Fühler. Ein Drittel ihrer Vorderseite bergfalten. Die Rückseite entsprechend talfalten.

47 Die Fühler gegenknicken nach innen.

48 Die Fühler zur Hälfte talfalten.

49 Das lose Papier nach innen stecken.

50 Die Fühler so weit wie möglich gegenknicken nach innen. Sie überkreuzen sich.

51 Die Fühler zusammenkneifen und auseinanderbringen.

52 Das Modell wenden.

53 Zwei Klappen nach rechts bringen.

54 Die Seiten mit Talfalten ungefähr dritteln. Die Brüche sollten nicht bis zur Spitze reichen.

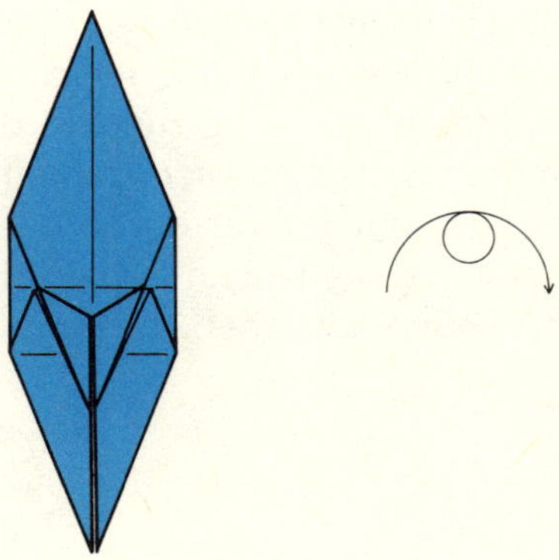

45

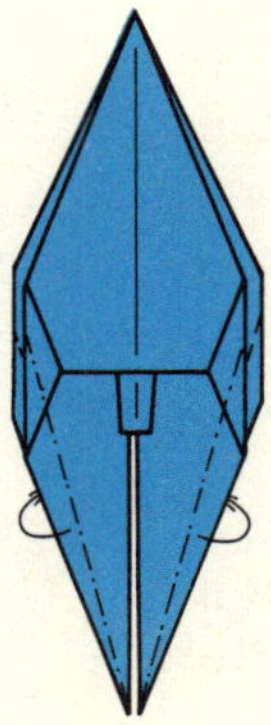

46

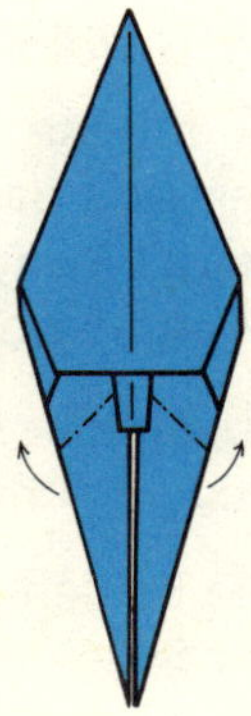

47

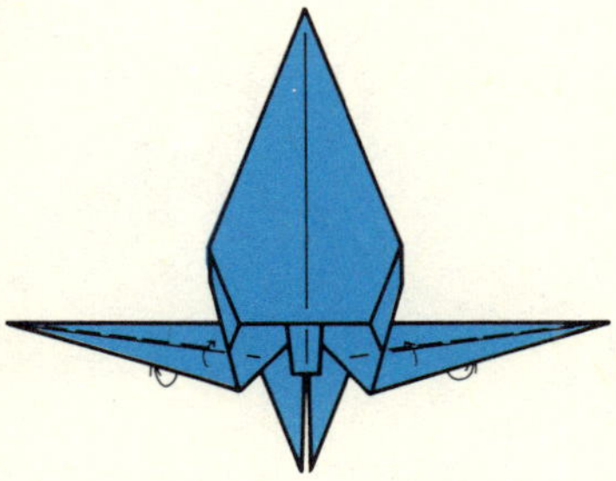

48

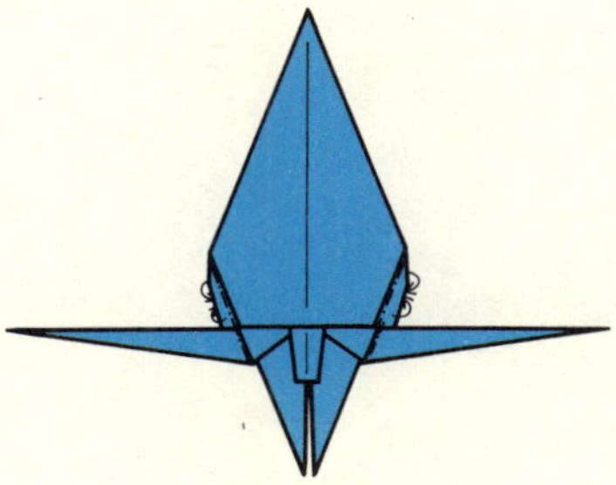

49

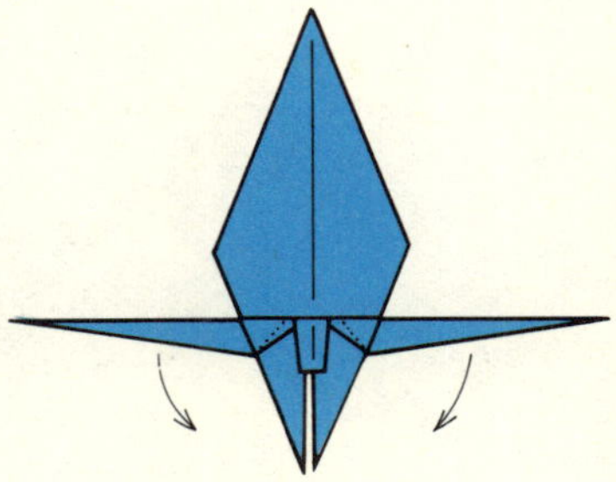

50

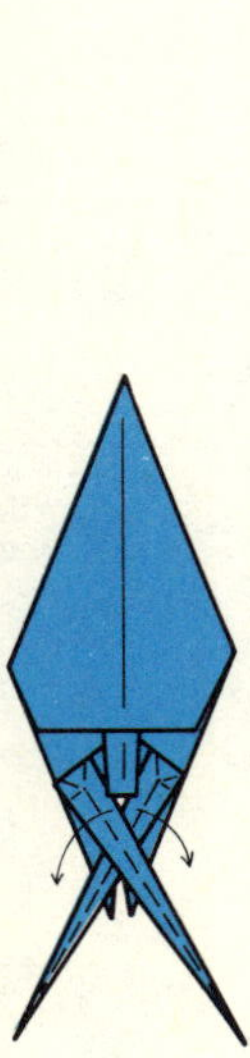

51

52

53

54

55 Eine Klappe nach links talfalten.

56, 57 In einer Bewegung das Auge herunterziehen und das Modell schließen wie in der runden Zeichnung abgebildet. Die Schritte 53 bis 57 auf der anderen Seite wiederholen.

58 Abgebildet sind die Augen und die acht kleinen Fangarme.

59 Die beiden obersten kleinen Fangarme auf jeder Seite zusammenkneifen. Die Vorderseite des Mantels biegen. Den Körper knitterfalten, um Flossen zu bilden. Auf der Rückseite wiederholen. Das Modell wenden.

60 Die restlichen kleinen Fangarme zusammenkneifen. Nur die vorderen Flossen bergfalten und in den Mantel stecken. Sie bilden Taschen, die so lang wie der Mantel sind.

61 Die Kanten der restlichen Flossen in die Taschen stecken wie hier im Querschnitt abgebildet. Den Mantel sorgfältig runden, dabei darauf achten, die Flossen nicht zu öffnen. Den Trichter zusammenkneifen, so daß er dreidimensional wird. Die langen Fühler biegen und an den Enden bauschen.

Der fertige **Tintenfisch**.
(1983 – 1984)

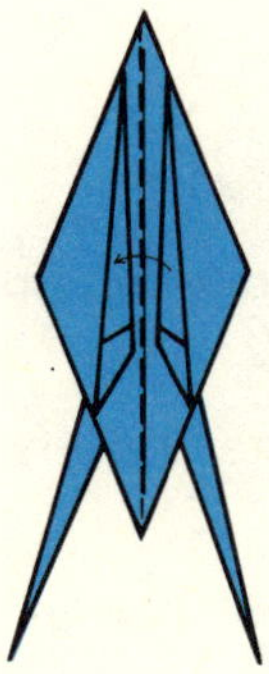

55

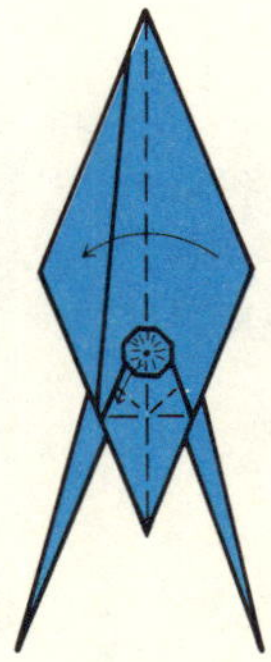

56

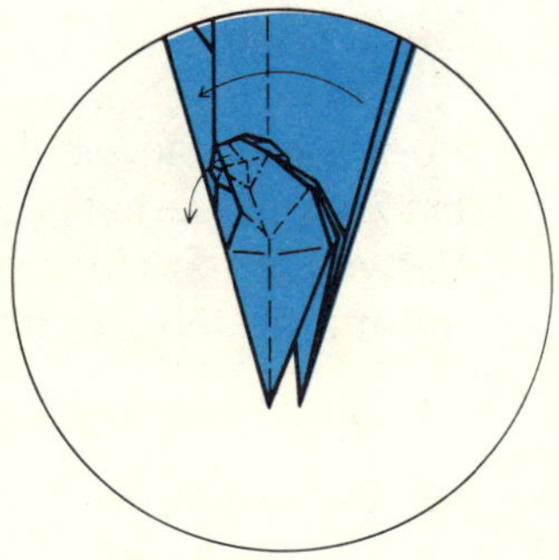

57

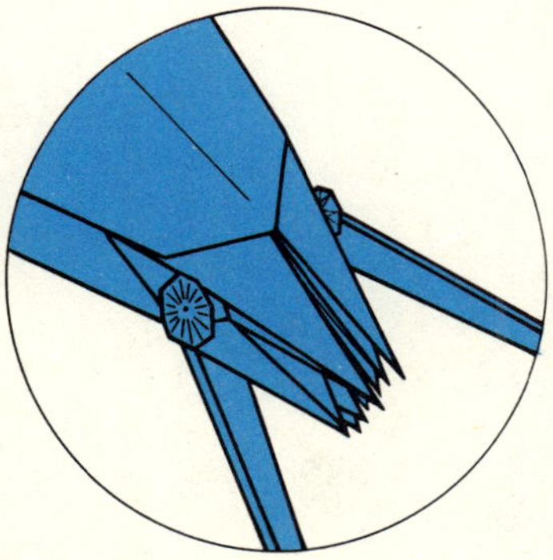

58

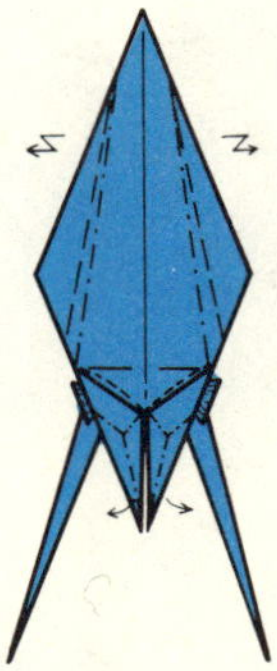

59

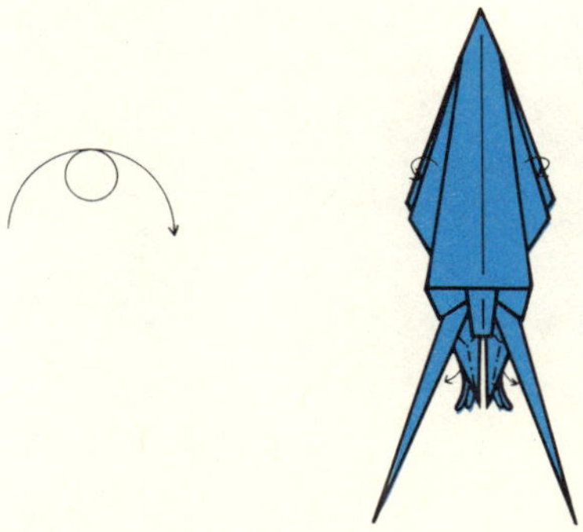

60

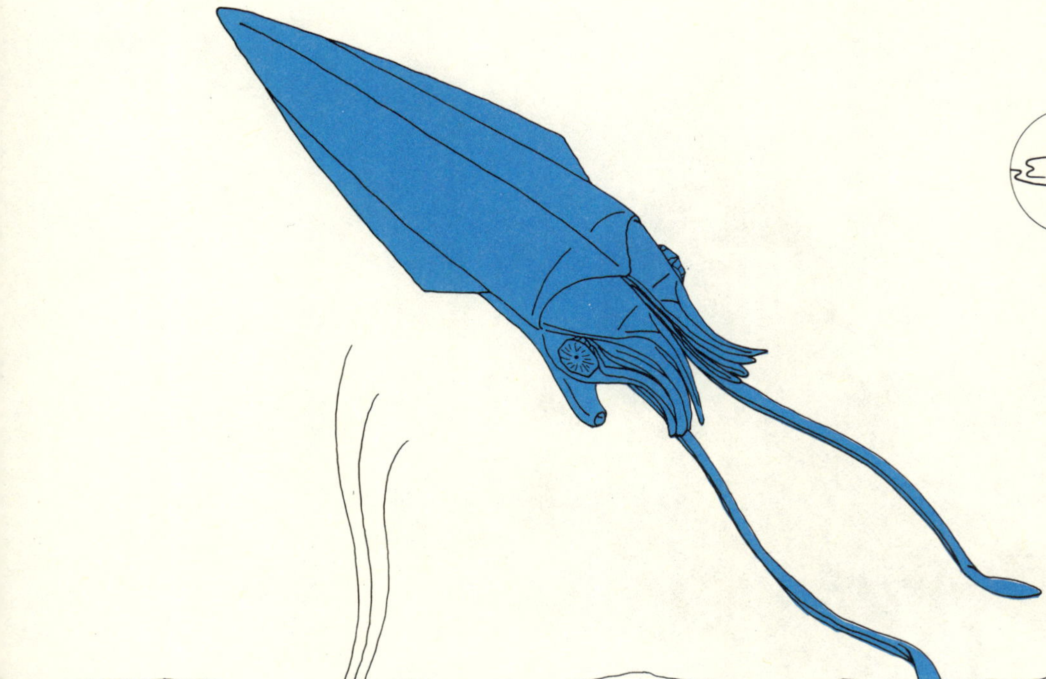

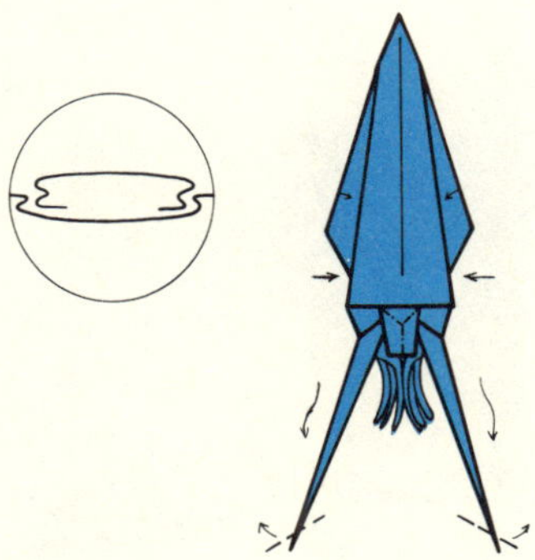

61

Skorpion

Verwenden Sie ein einseitig gefärbtes Blatt Papier. Ein 25-cm-Quadrat ergibt ein ca. 5 cm langes Modell. Verwenden Sie für den ersten Versuch ein Quadrat mit mindestens 45 cm Seitenlänge.

1 Blintzfalten und öffnen.

2 Die vier Ecken hasenohrfalten.

3 Die vier winzigen Dreiecke preßfalten.

4 Die vier Dreiecke blütenblattfalten.

5 Die unteren zwei Ecken öffnen.

6 An der Kreuzung der vorhandenen Brüche diagonal talfalten.

7 Oben und die Seiten herunter ziehen. Das ist eine Art Vorfalte.

8 Die vier Seiten gegenknicken nach innen.

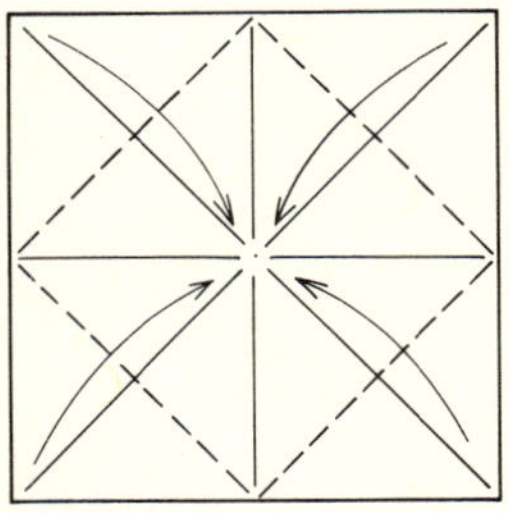

1

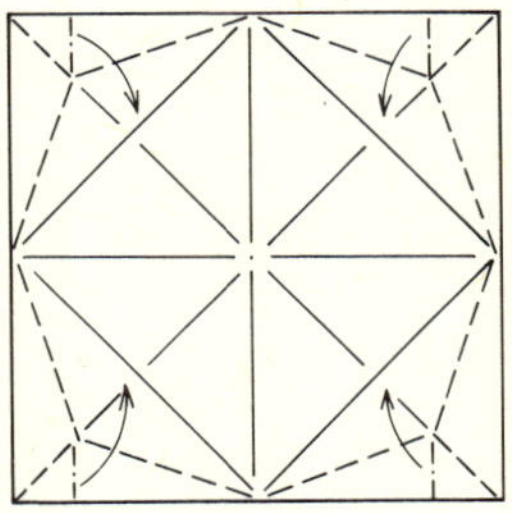

2

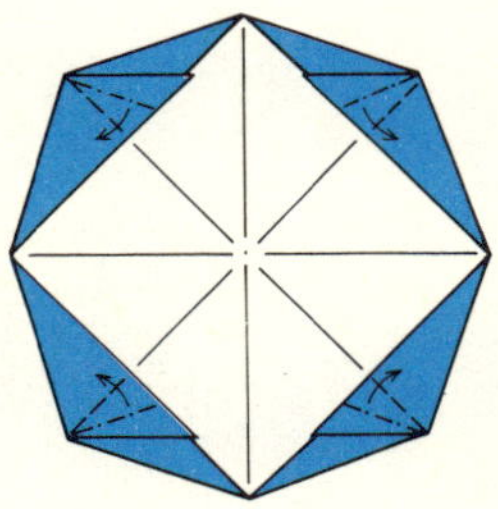

3

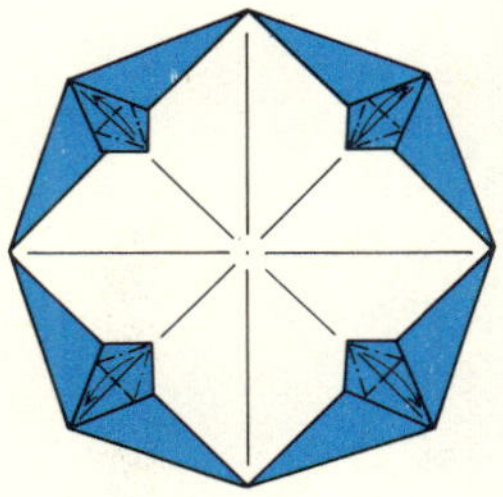

4

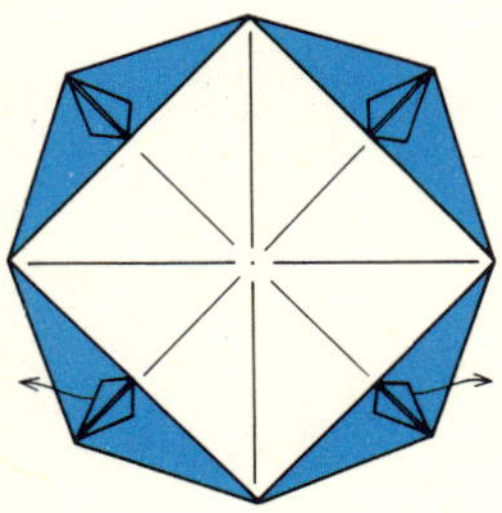

5

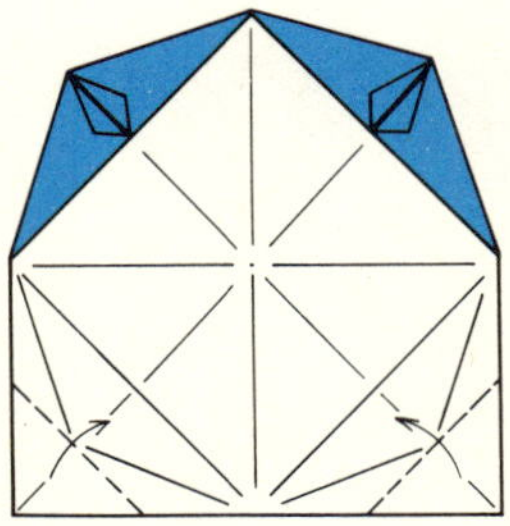

6

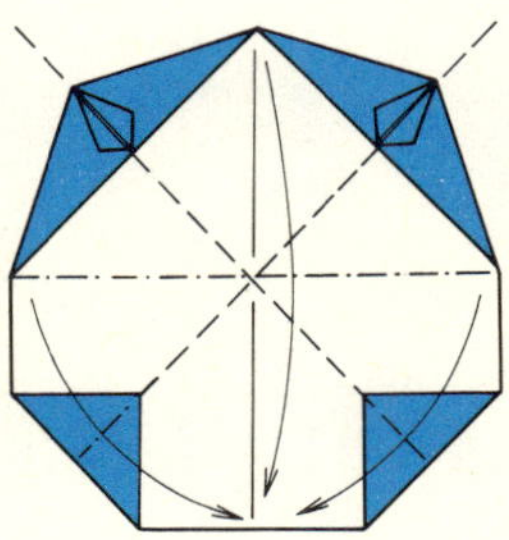

7

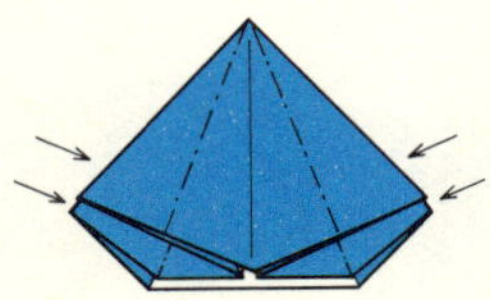

8

9 Die linke Klappe so talfalten, daß der vorhandene Bruch auf die Mittellinie trifft.

10 Entlang der Mittellinie talfalten.

11 Die rechte Klappe so talfalten, daß der vorhandene Bruch auf die Mittellinie trifft.

12 Entlang der Mittellinie talfalten.

13 Bis Schritt 9 öffnen.

14 Nach den vorhandenen Brüchen die Klappen rechts und links symmetrisch zusammenklappen.

15 Die Schritte 9 bis 14 bei der zweiten Schicht wiederholen.

16 Zwei Schichten sind fertig. Das Modell wenden.

17 So talfalten, daß die Ecke links unten auf die gefaltete Kante trifft.

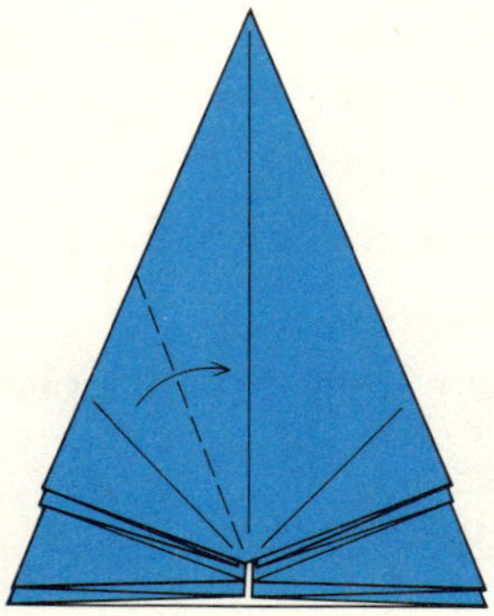

9

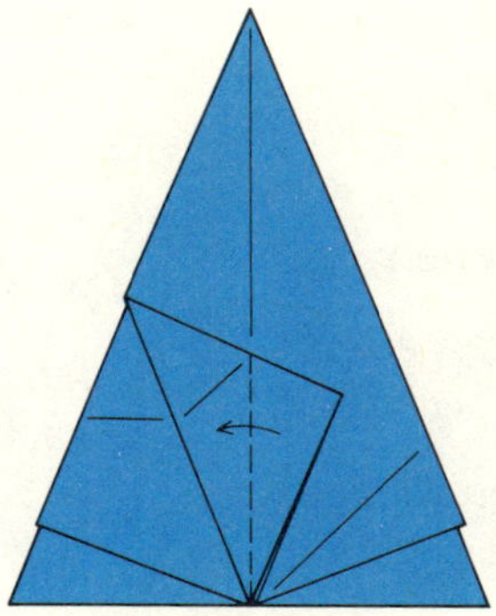

10

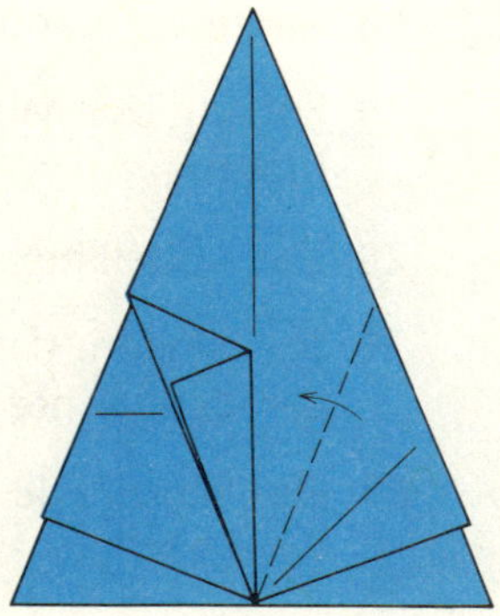

11

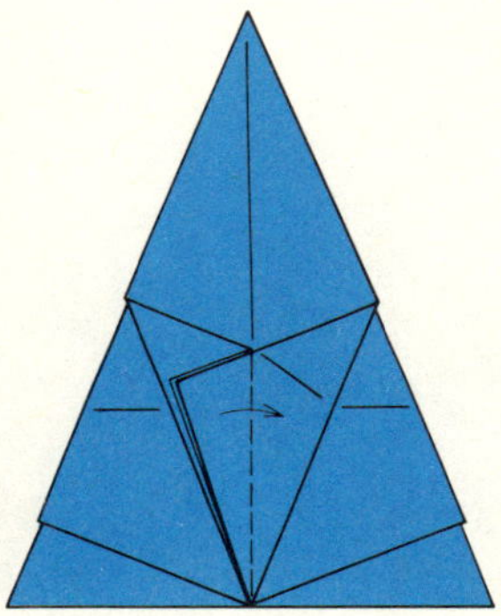

12

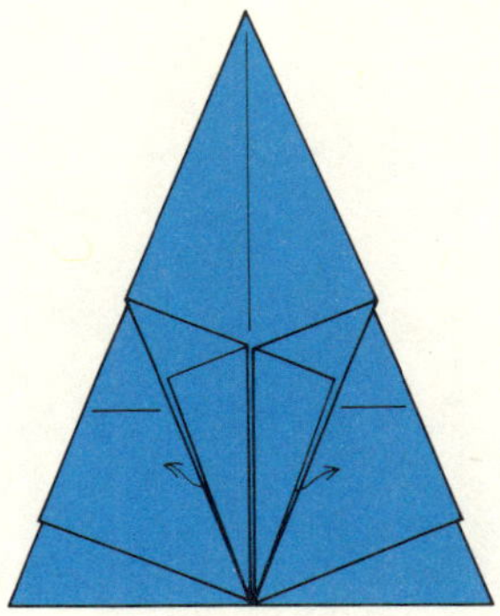

13

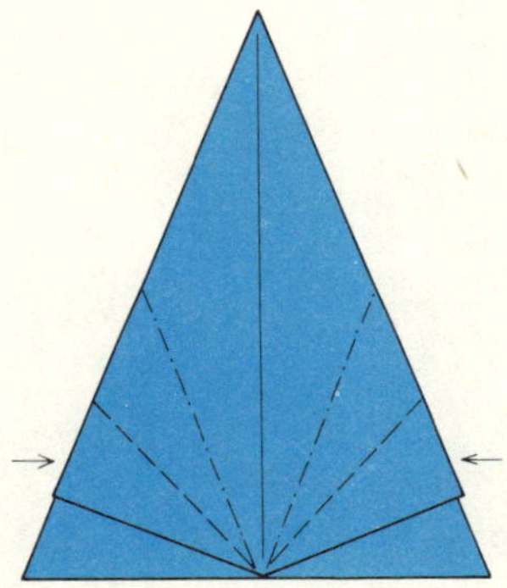

14

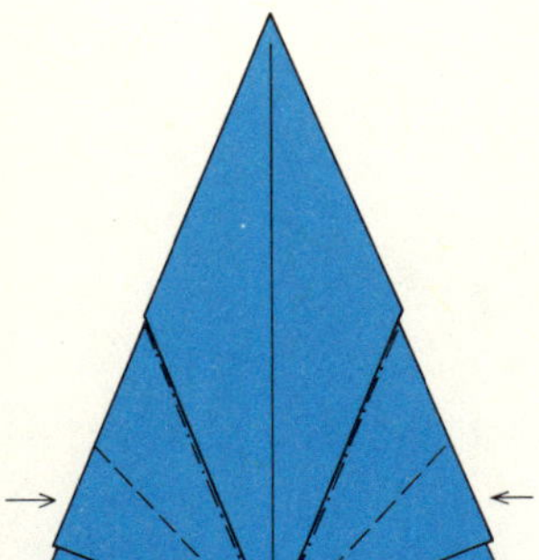

15

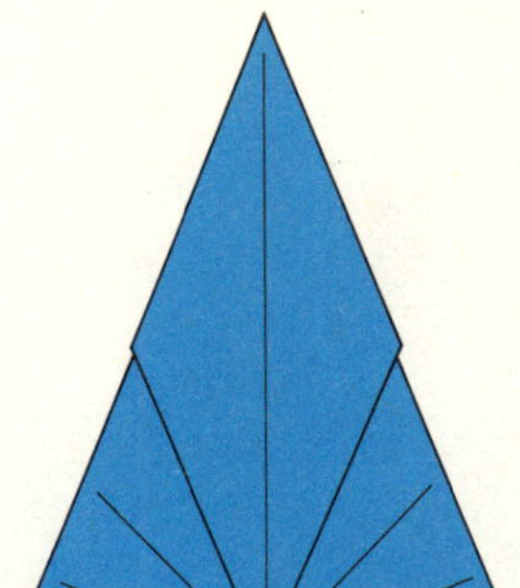

16

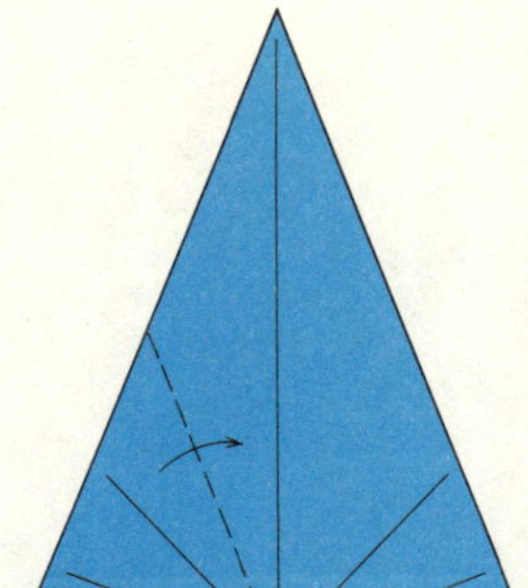

17

18 Kante auf Kante talfalten.

19 Entlang der Mittellinie gegenknicken nach innen.

20 Zur Mittellinie gegenknicken nach innen.

21 So talfalten, daß die Ecke rechts unten auf die gefaltete Kante trifft.

22 Die Schritte 18 bis 20 bei der rechten Klappe wiederholen.

23 Bis Schritt 17 öffnen.

24 Entlang der vorhandenen Brüche die Klappen rechts und links symmetrisch zusammenklappen.

25 Die Schritte 17 bis 24 bei der zweiten Schicht wiederholen.

26 Jetzt sind alle vier Schichten fertig. Eine Klappe nach rechts bringen.

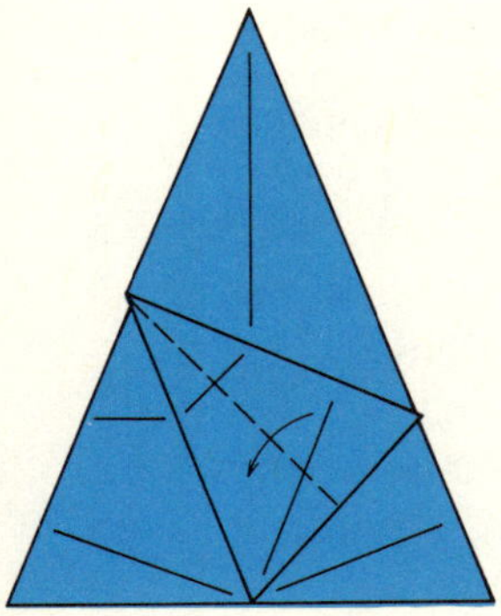

18

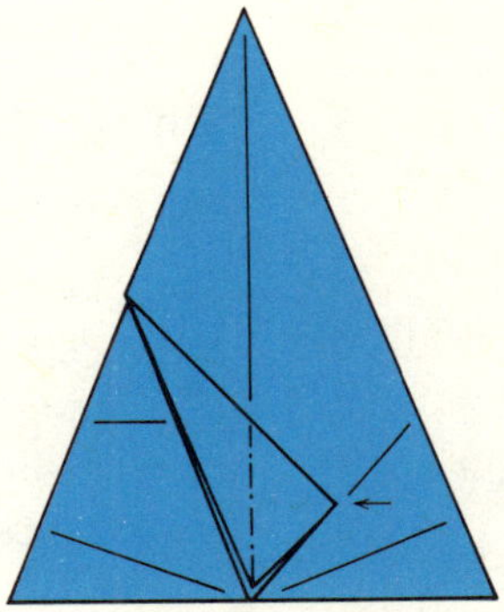

19

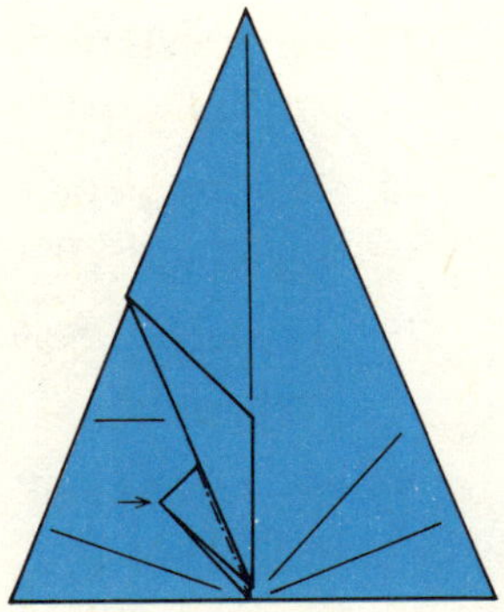

20

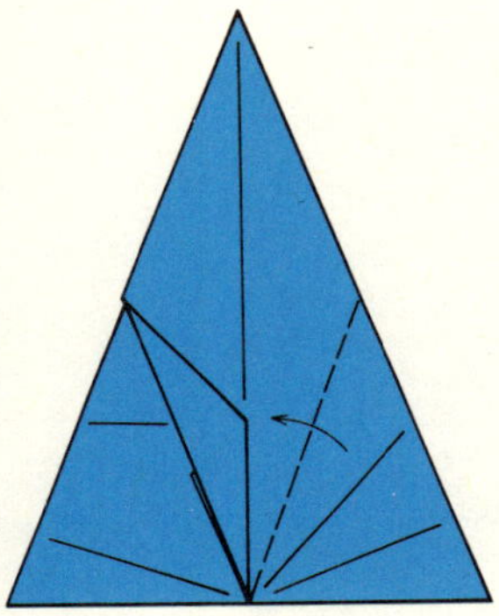

21

22

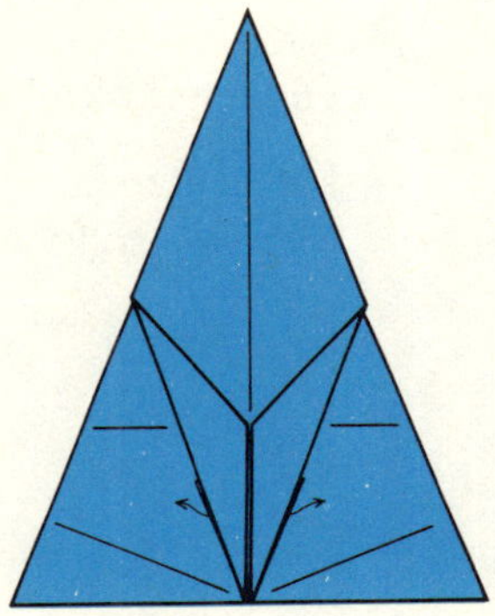

23

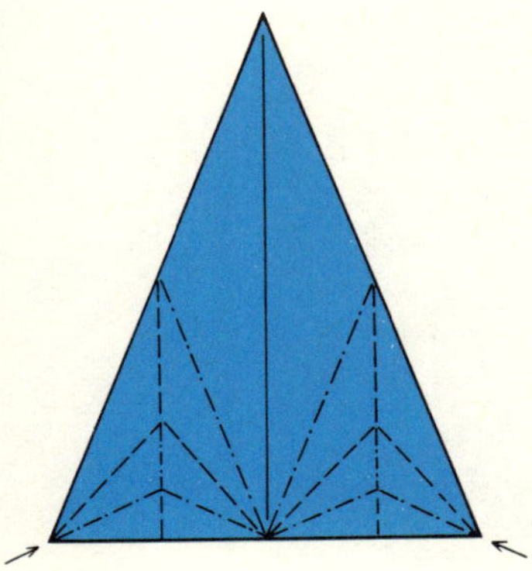

24

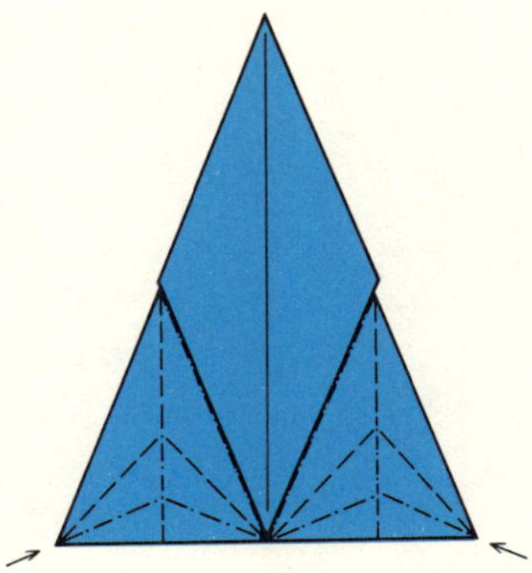

25

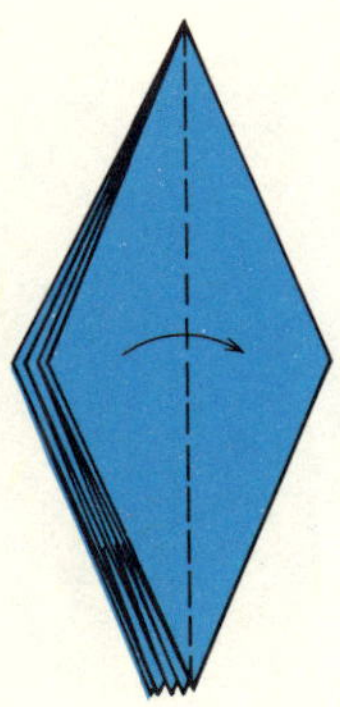

26

27 Die Spitze nach oben falten und das verborgene Papier daraus hervorziehen.

28 Das lose Papier entlang der vorhandenen Brüche symmetrisch zusammenklappen.

29 Die beiden Seiten zur Mittellinie gegenknicken nach innen.

30 Die Vorderseite des losen Papiers blütenblattfalten.

31 Unter der Vorderseite hängen zwei winzige Klappen. Die rechte mit einer Pinzette nach unten hineinstecken wie in Schritt 30 des **Tintenfisches.** Das lose Papier an der Seite schließt sich dann automatisch.

32 Hinter der Vorderseite gibt es eine dickere Klappe. Die Spitze der Vorderseite fassen und nach rechts strecken, aber die dickere Klappe an Ort und Stelle lassen. Nicht flachpressen.

33 Jetzt ist das Modell dreidimensional. Die winzige linke Klappe nach innen stecken.

34 Die Spitze nach unten zurückbringen und das Modell schließen.

35 Eine kleine Klappe nach rechts talfalten.

36 Die dickere Klappe nach unten talfalten.

37 Zwei große Klappen nach links talfalten.

38 Die Schritte 27 bis 37 spiegelbildlich wiederholen. Bei Schritt 31 daran denken, daß die spiegelbildlich *linke* Klappe nach unten weggesteckt wird. Bei Schritt 37 nur eine große Klappe nach rechts talfalten. Wenn alle Falten fertig sind, das Modell wenden.

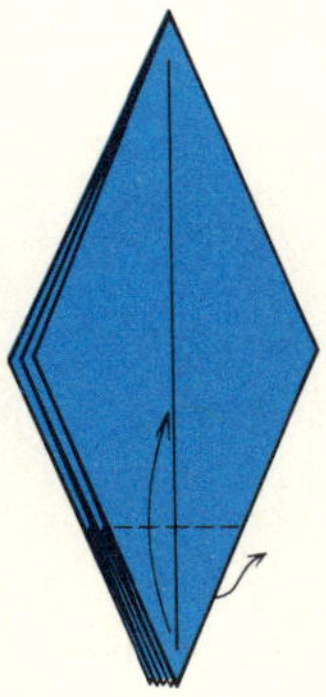

27

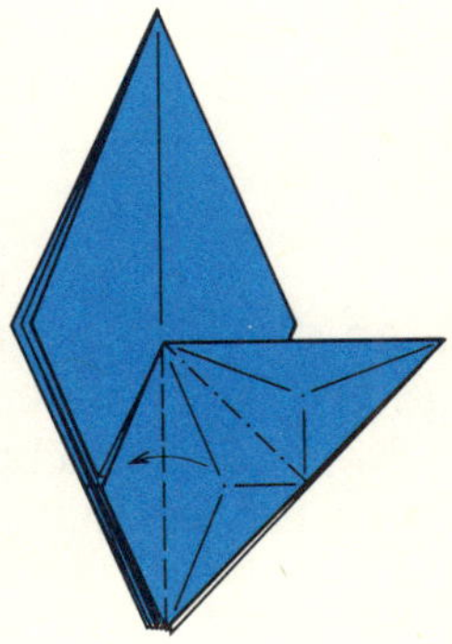

28

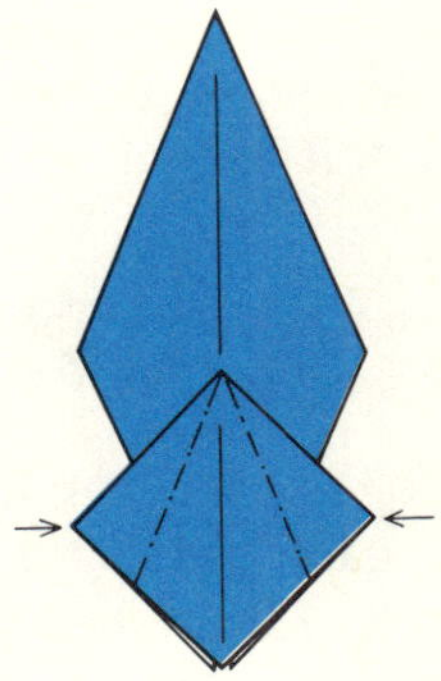

29

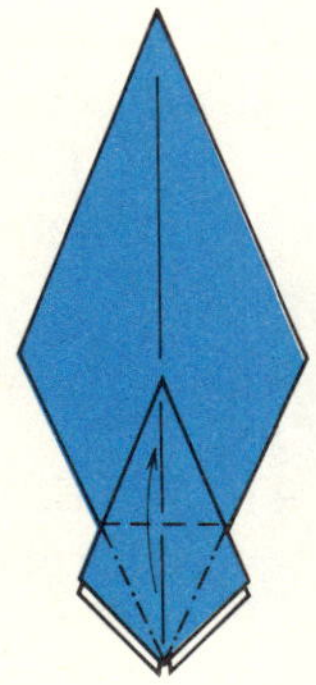

30

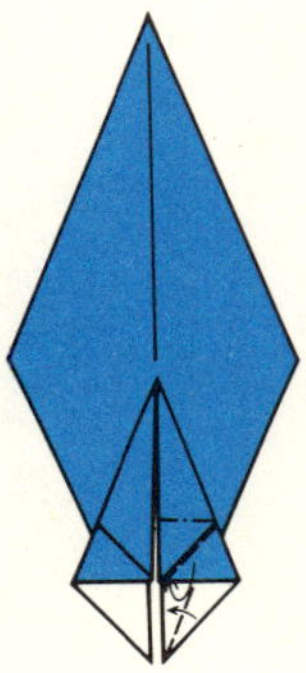

31

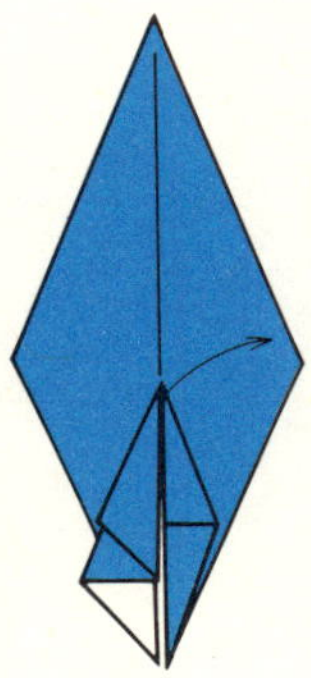

32

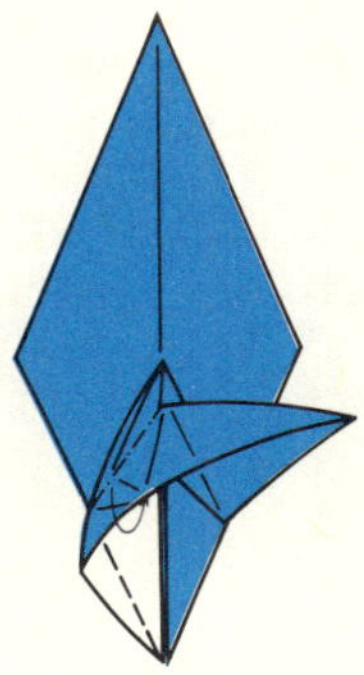

33

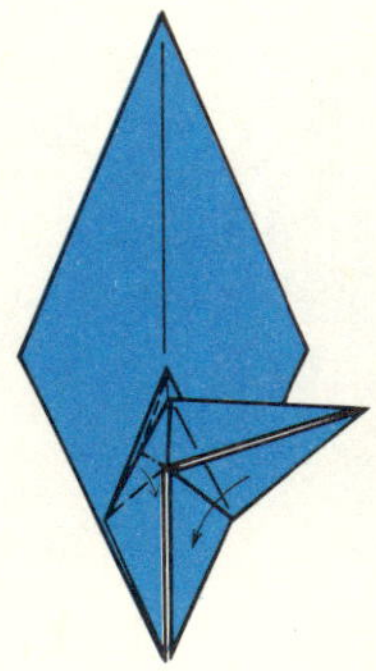

34

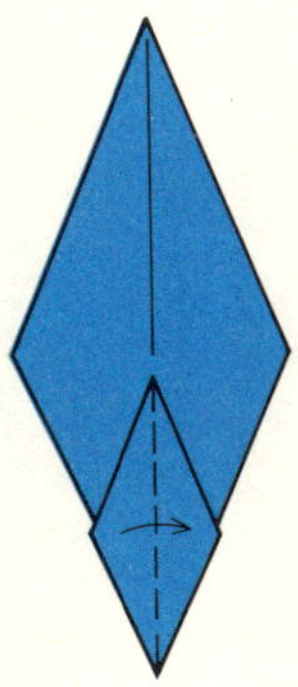

35

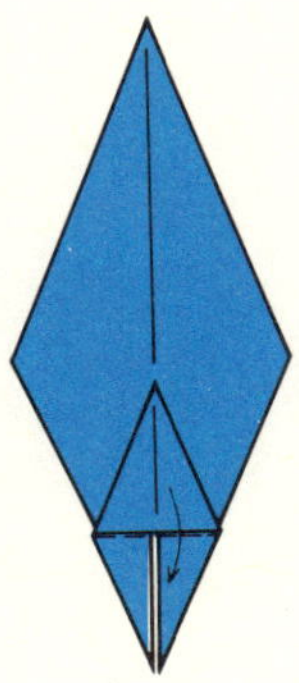

36

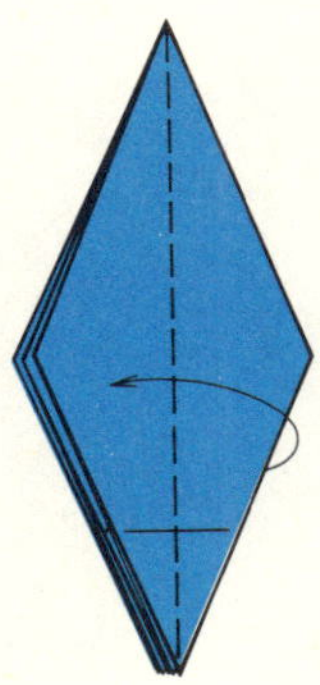

37

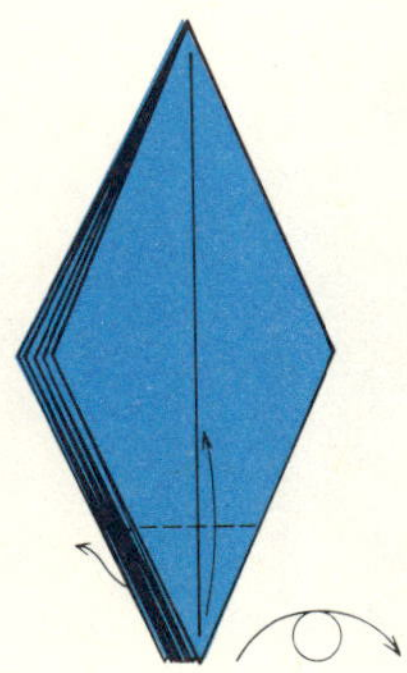

38

39 Auf jeder Seite gibt es zwei verborgene Schichten. Die oberste jeder Seite mit Bergfalten biegen. Gleichmäßig dritteln. Mit Pinzette geht es leichter.

40 Die zweite Schicht auf jeder Seite mit Talfalten biegen. Gleichmäßig dritteln.

41 Den Boden dadurch verengen, daß man ihn zu Dritteln rollt. Nicht bis ganz zur Spitze knicken. Die erste und dritte Klappe bergfalten, die zweite und vierte talfalten. Das Ergebnis ist symmetrisch.

42 Im Dreieck unter der Talfalte ist viel Dicke verborgen. Die ersten vier Klappenpaare werden die Beine. Sie nach oben zur Rückseite des Modells bringen.

43, 44 Das nächste Klappenpaar wird zu den Kieferfühlern. Aus dem Schlitz zwischen den Klappen eine einzige Lage für jeden herausangeln. Mit der gleichen Bewegung jeden Fühler zum Ende des Modells gleiten lassen. Es bilden sich neue Brüche. Sie werden flachgepreßt.

45 Die acht Beine weiter nach hinten schieben. Das lose Papier streckt sich und wird flach.

46 Die Kieferfühler mit Talfalten verengen. Das verborgene Papier streckt sich.

47 Das lose Papier in die Taschen darunter stecken.

48 An den vorhandenen Brüchen entlang die Beine in ihre alte Lage von Schritt 43 bringen. Die obere Schicht des Körpers in die Position wie bei Schritt 41 bringen.

49 Die Daumen unter die oberste Schicht auf die mit x markierten Öffnungen legen. Die oberste Schicht hochziehen und die Beine nach hinten schieben. Die ganze Konstruktion zusammenklappen und wie abgebildet neue Brüche machen.

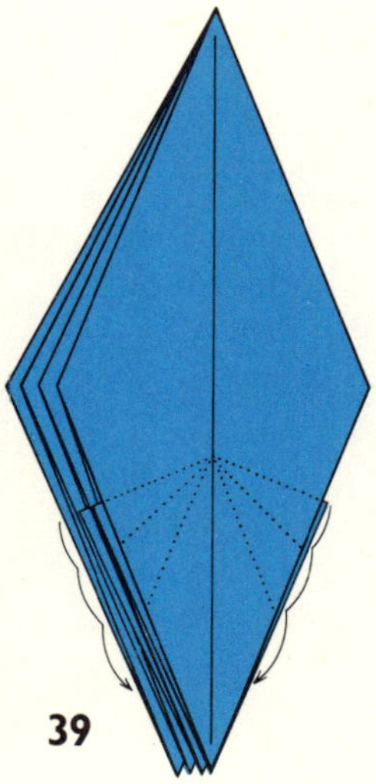

39

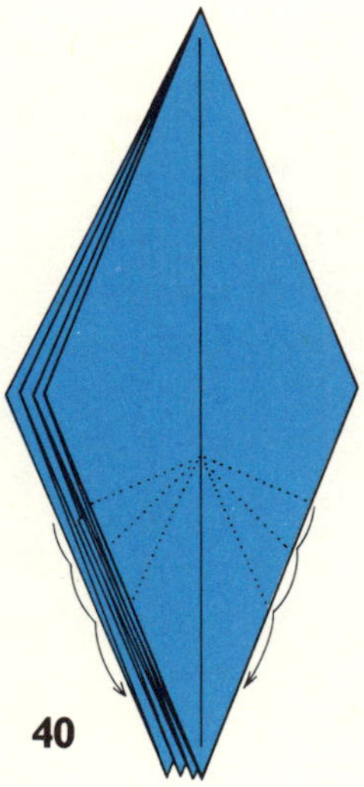

40

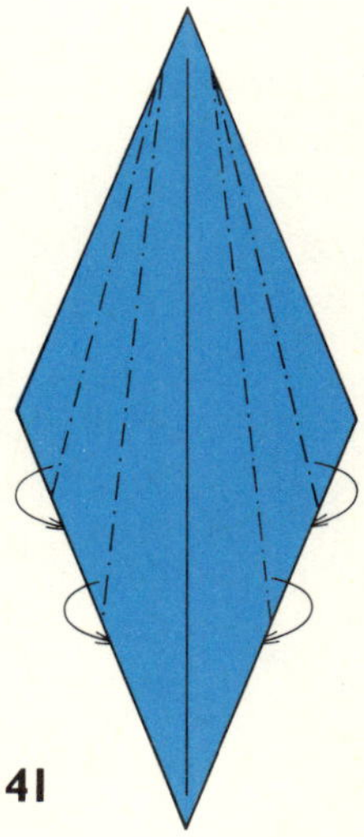

41

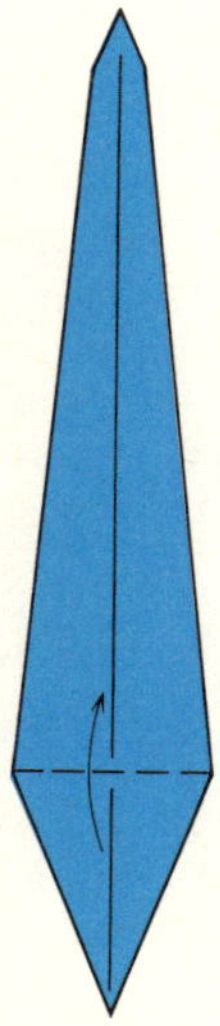

42

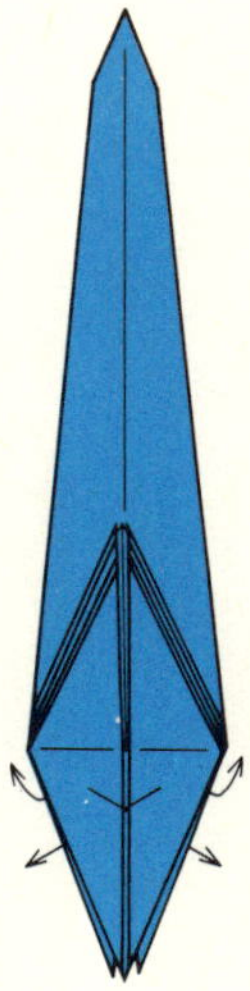

43

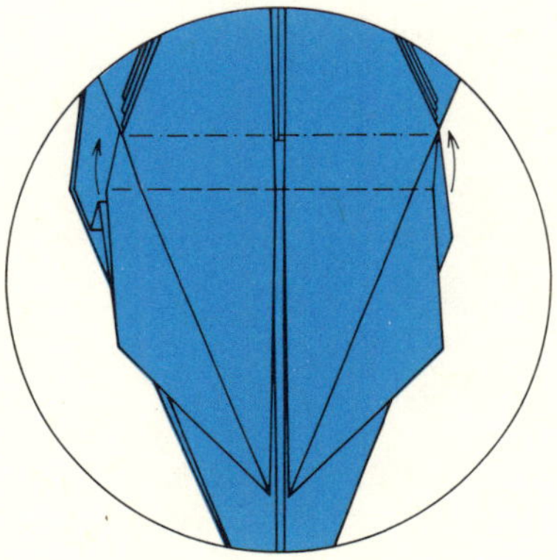

44

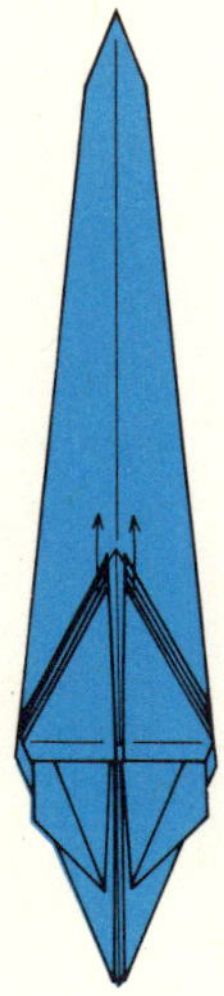

45

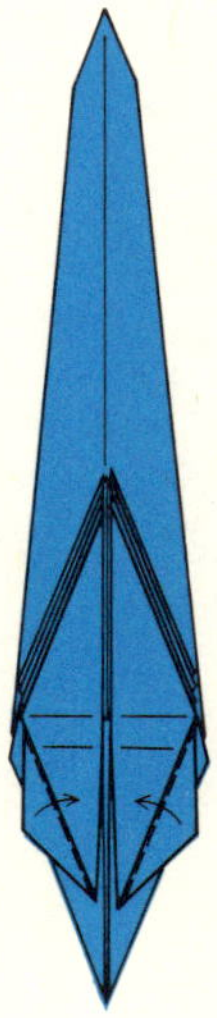

46

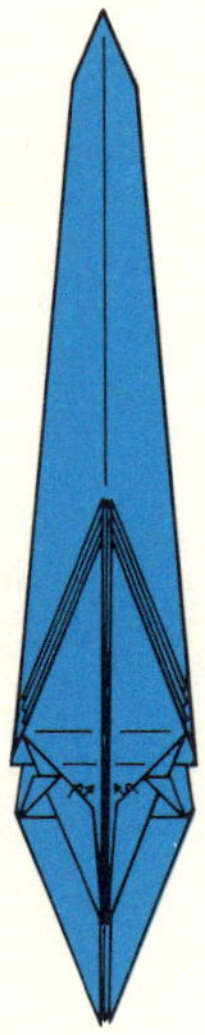

47

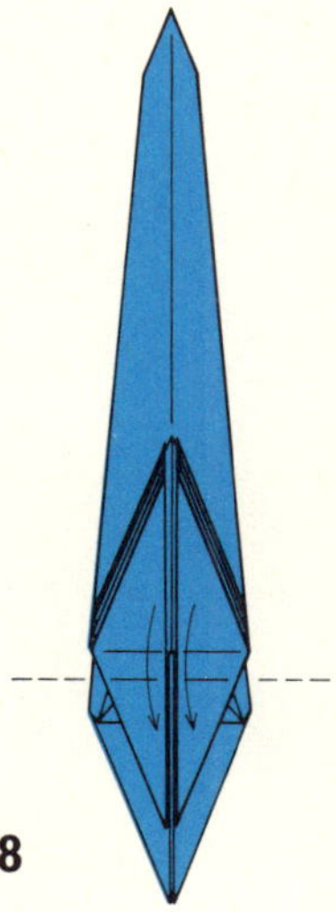

48

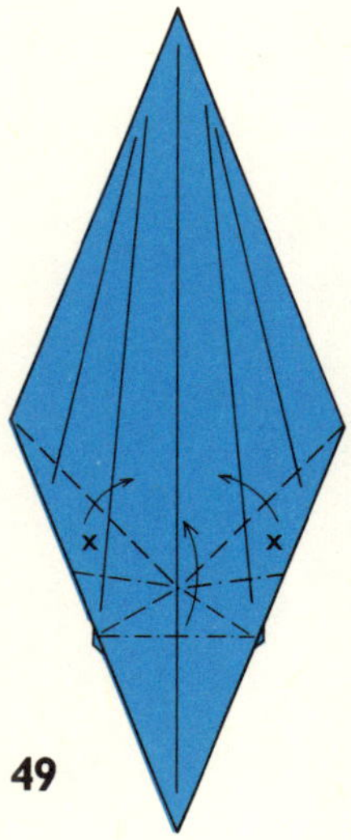

49

50 Die Schicht, die die Beine verdeckt, talfalten und die Spitze in die danebenliegende Tasche stecken. Die Spitze festhalten und dabei die Bergfalten wieder in die oberste Schicht des Körpers zurückfalten. Jetzt ist der Körper verschlossen und die acht Beine kommen hoch.

51 Die beiden übrigen Klappen vorn sind die Beißzangen. Sie leicht öffnen und das versteckte Papier herausziehen, wenn nötig mit Pinzette. Ohne neue Brüche zu machen, die Beine nach hinten biegen.

52 Das oberste Beinpaar und die Zangen gegenknicken nach innen.

53 Das zweite Beinpaar gegenknicken nach innen. Nochmals die Zangen gegenknicken nach innen.

54 Das dritte Beinpaar gegenknicken nach innen. Die Zangen gegenknicken nach außen.

55 Das letzte Beinpaar gegenknicken nach innen.

56 Alle acht Beine mit Bergfalten verengen.

57 Jetzt sind die Beine verengt. Das Modell wenden.

58 Die oberste Klappe so weit wie möglich talfalten.

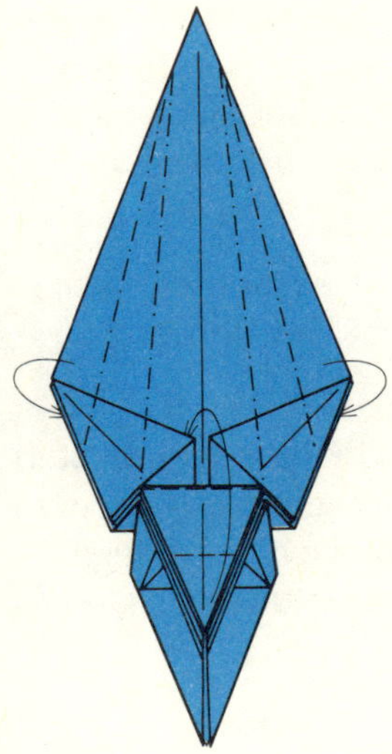

50

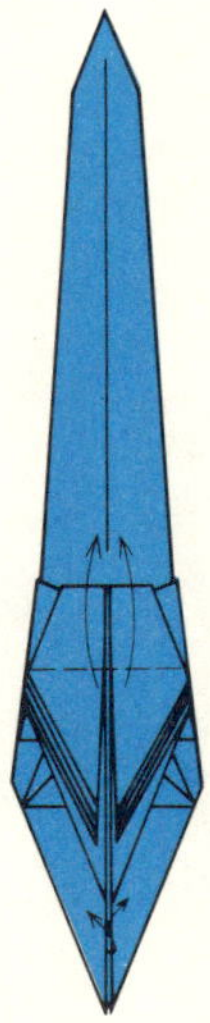

51

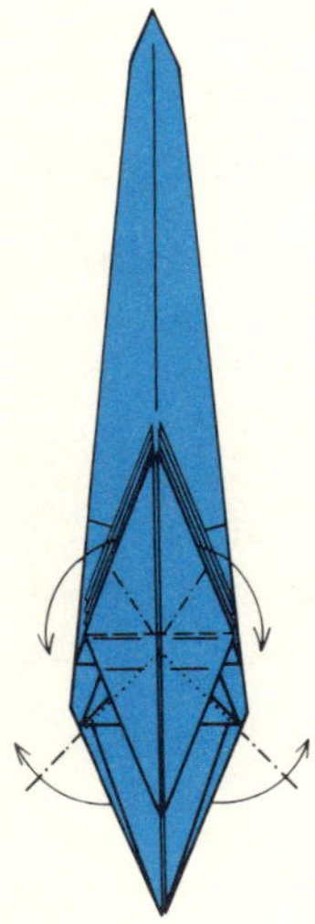

52

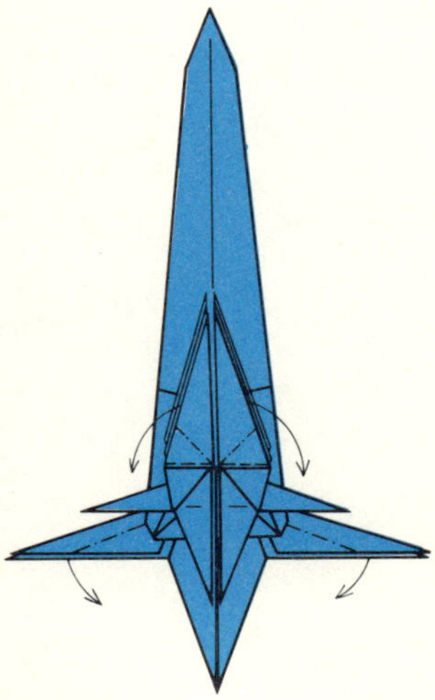

53

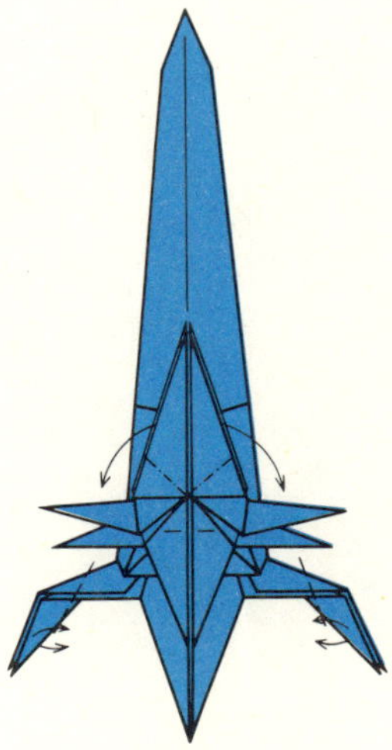

54

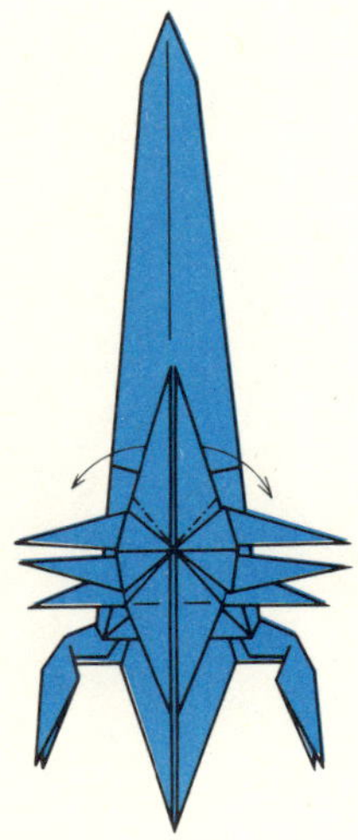

55

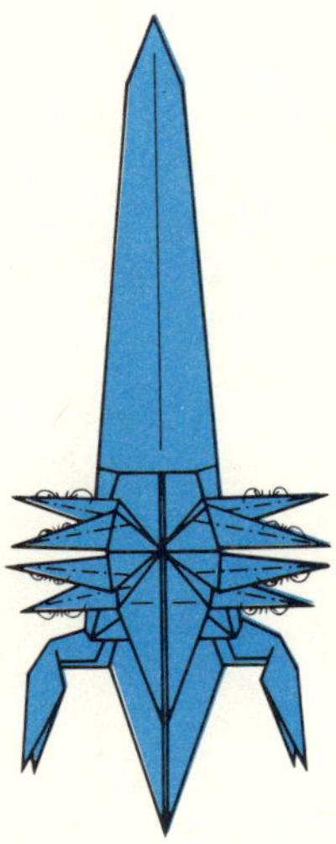

56

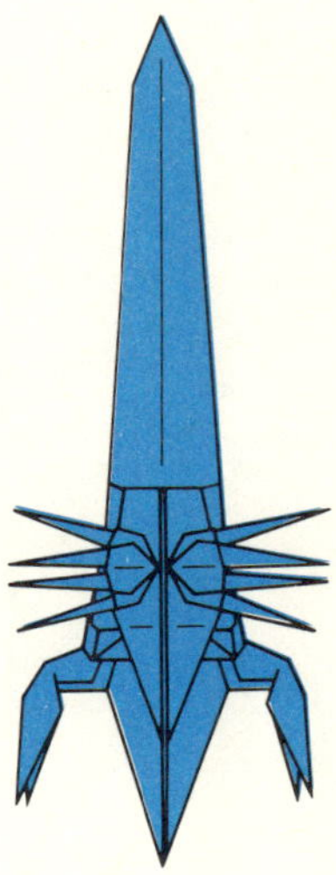

57

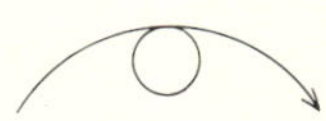

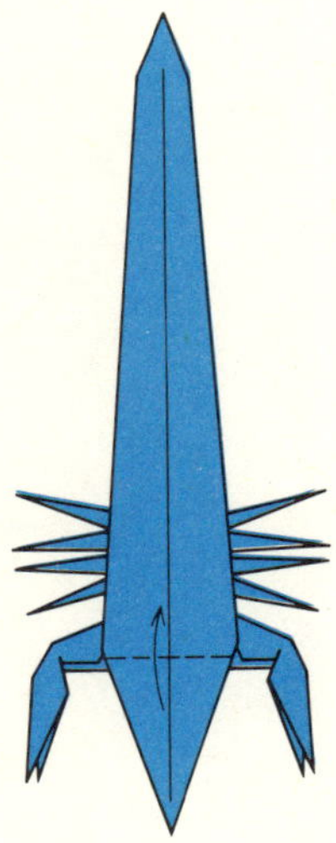

58

59 bis Schritt 67: Einzelheiten des Kopfes. Hasenohrfalten.

60 Das lose Papier herausziehen.

61 Preßfalten.

62 Das lose Papier herausziehen.

63 An der Mittellinie zusammenkneifen, dann taucht eine Hasenohrfalte auf.

64 Preßfalten.

65 Die winzige Klappe in der Mitte blütenblattfalten. Vorsichtig das lose Papier an den Seiten lösen und es mit Bergfalten außer Sicht bringen. Das geht wahrscheinlich nur mit einer Pinzette.

66 Das lose Dreieck zum Kopf hin mehrere Male talfalten. Die oberste Schicht des Körpers öffnen.

67 Die Kanten der obersten Schicht mit Bergfalten verengen (A), die oberste Schicht dann wieder in ihre alte Lage bringen (B). Den Kopf gegenknicken nach innen. Die Kieferfühler zusammenkneifen.

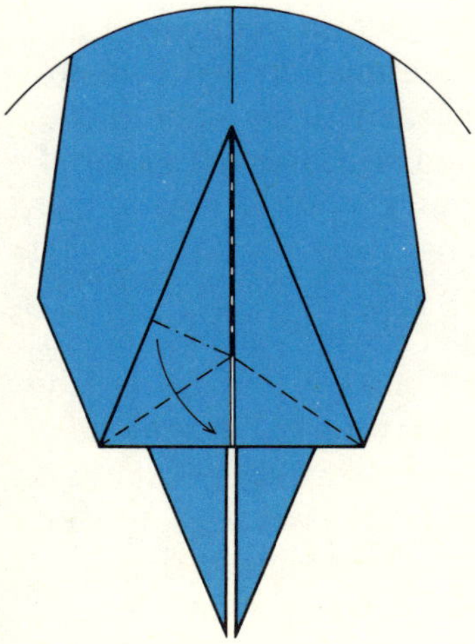

59

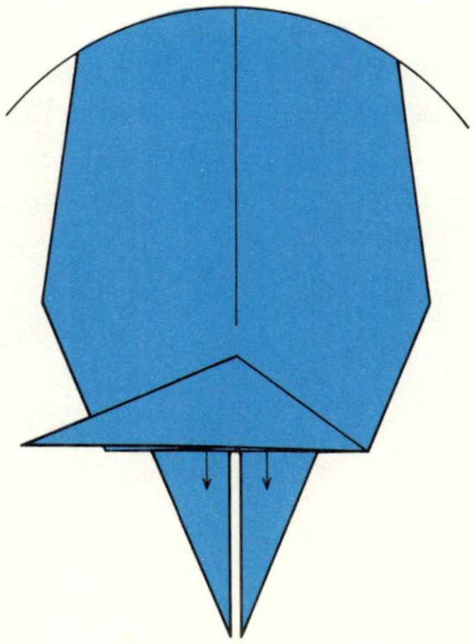

60

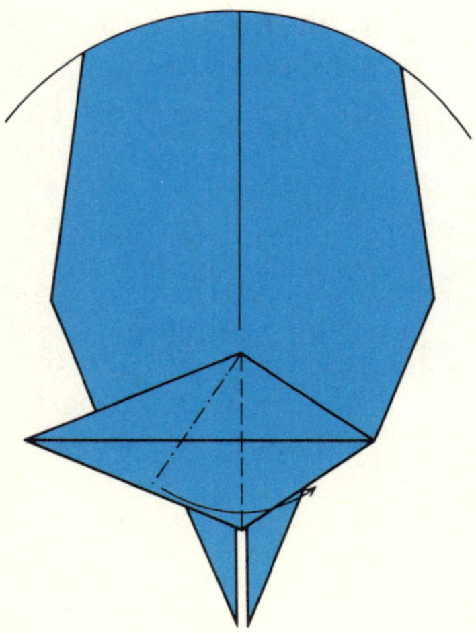

61

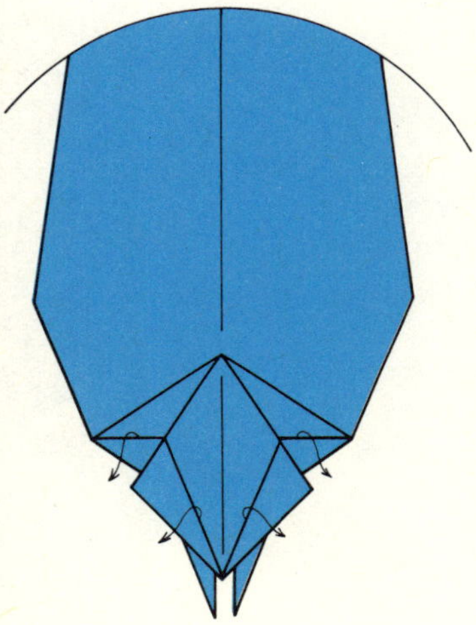

62

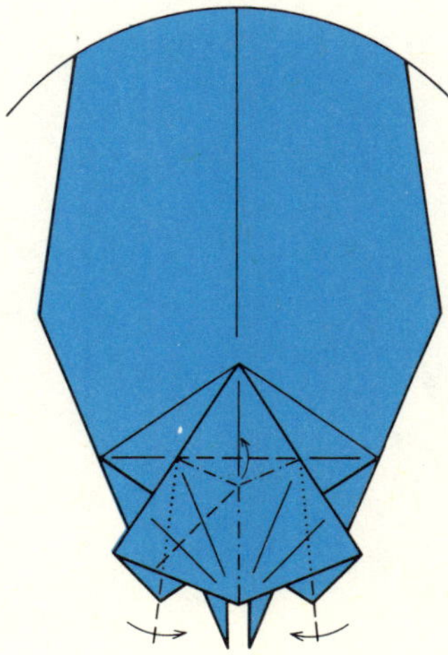

63

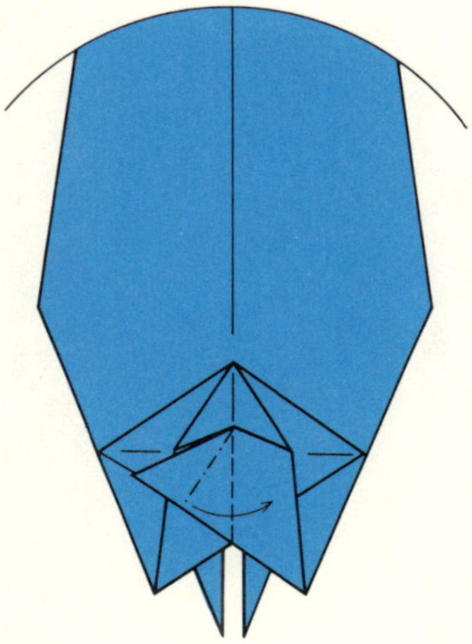

64

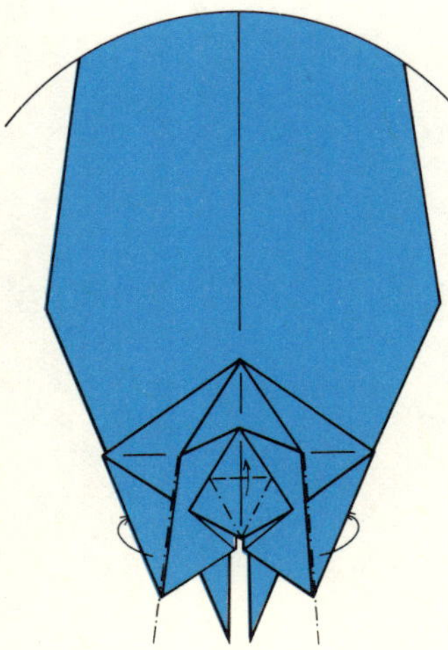

65

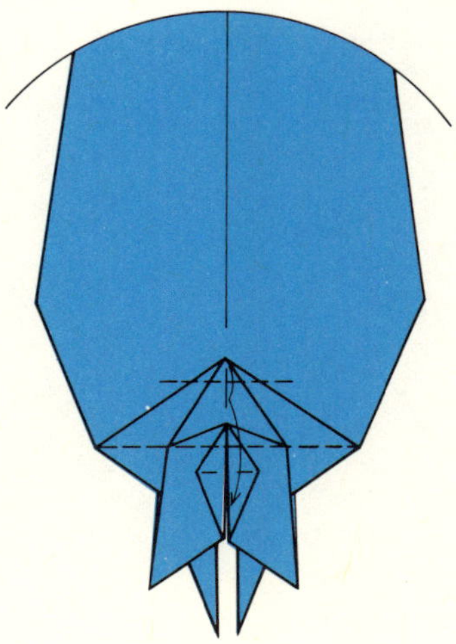

66

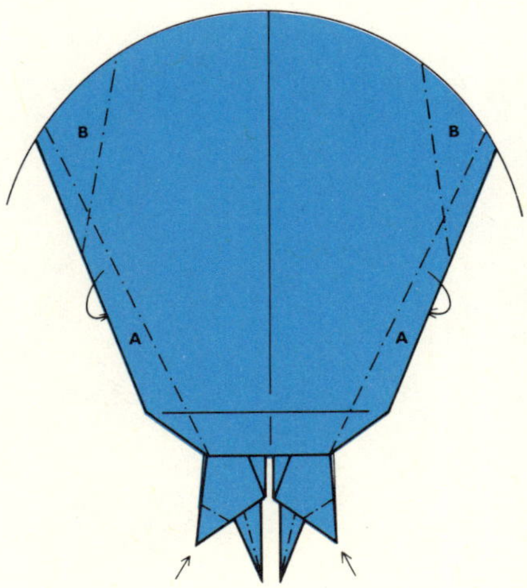

67

68 bis Schritt 71: Einzelheiten der Zangen. Den »Arm« mit Bergfalten verengen und die Zangen durch die doppelte Dicke gegenknicken nach innen.

69 Die innere Zange nach vorn schieben.

70 Die äußere Zange gegenknicken nach außen.

71 Die Zangen sind fertig. Schritt 68 bis 70 auf der anderen Seite wiederholen.

72 Das ist der schwierigste Schritt bei diesem Modell. Mit einer Bewegung den Schwanz zu einer Röhre rollen und zum Kopf hin aufrichten. Automatisch bilden sich Brüche, während sich die Röhre verformt. Die Zeichnung genau betrachten, um zu sehen, wie die Brüche fallen sollen, dann den Schwanz wieder aufrollen und die Brüche mit der Pinzette markieren. Den Schwanz wieder einrollen und die Brüche an die richtige Stelle »massieren«. Wenn das Papier zu dick ist, muß man sich vielleicht mit einer Annäherung an die Zeichnung zufrieden geben. Die Beine berg- und talfalten, um den Körper vom Boden wegzubekommen. Den Rücken und die Zangen runden. Die Schwanzspitze zusammenkneifen, um den Stachel zu bilden.

Der fertige **Skorpion**.

(1986)

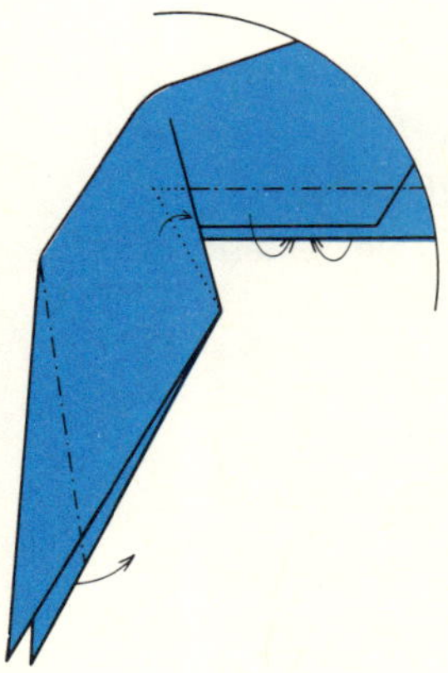

68

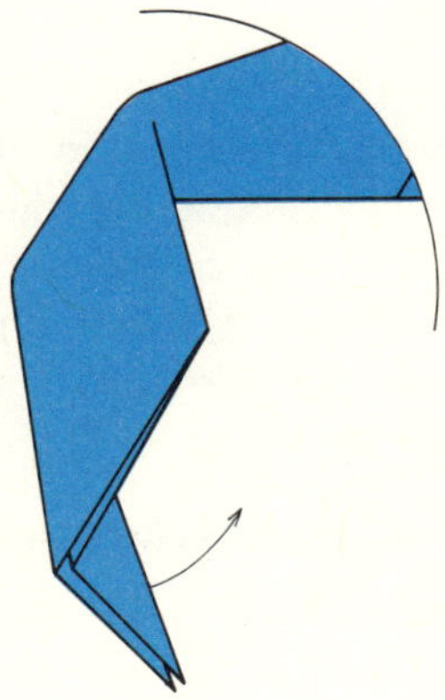

69

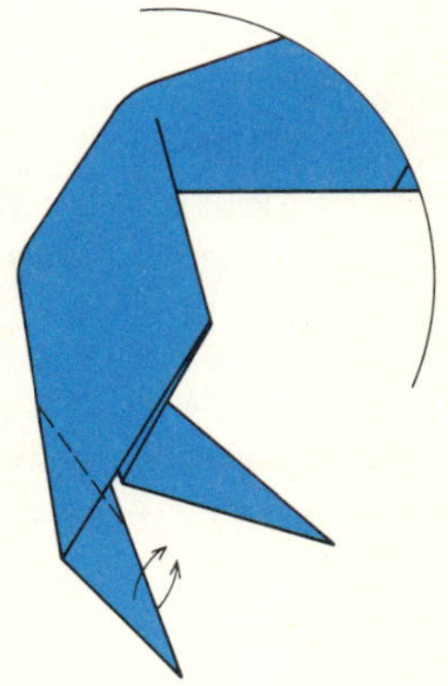

70

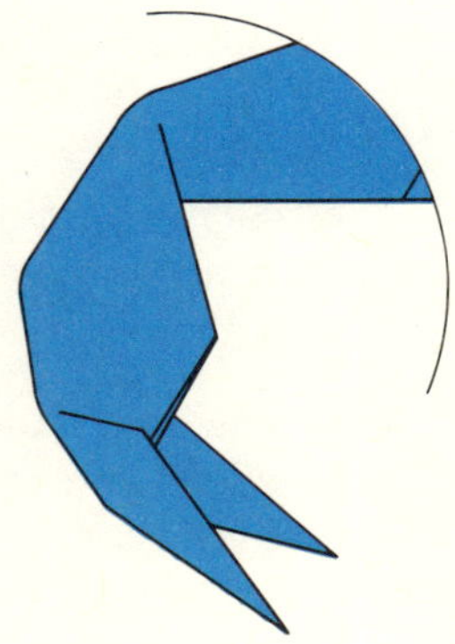

71

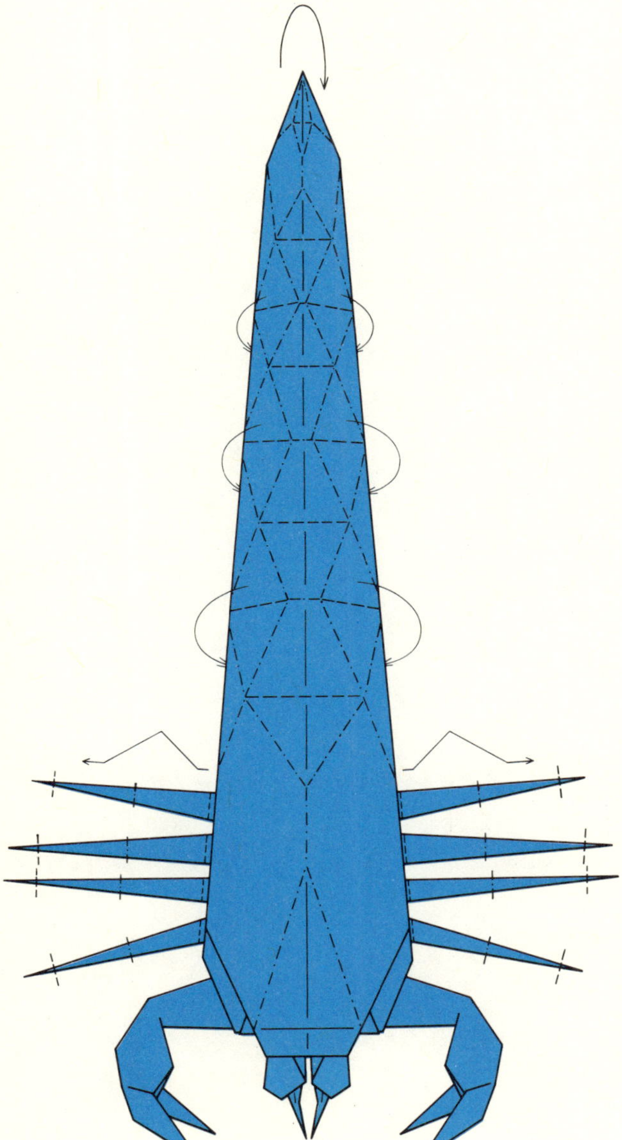

72

Klapperschlange

Verwenden Sie ein einseitig gefärbtes Blatt Papier. Ein 25-cm-Quadrat ergibt ein Modell mit ca. 6 cm Durchmesser. Wenn man den Schlangenkörper entrollen könnte, wäre er 100 cm lang.

1 Eine Diagonale fest knicken. Der Rest der Brüche in diesem Schritt sollte nicht so fest ausgeführt werden. Die andere Diagonale knicken, um den Mittelpunkt festzulegen, und die linke und rechte Ecke zusammenkneifen. Die obere Ecke zur Mitte falten, um ein Viertel der Diagonale zu markieren. Die Ecke zum Viertelpunkt der Diagonale falten, um ein Achtel zu markieren. Die Ecke zum Achtelpunkt der Diagonale falten, um ein Sechzehntel zu markieren.

2 bis Schritt 3: Einzelheiten der oberen Ecke. Leicht knicken, die geschnittene Kante zum Sechzehntelpunkt der Diagonale talfalten und öffnen. Darauf achten, wo die Talfalte die Mittellinie kreuzt. An der unteren Ecke wiederholen.

3 Alle vier Ecken und Kanten genauso falten.

4, 5 Fest harmonikafalten. Die Einzelheiten in Schritt 5 und 6 zeigen das gewendete Modell. Darauf achten, daß die Talfalten aus Schritt 5 am Sechzehntelpunkt der Diagonale auf die Kante treffen.

6 Bis zu Schritt 4 öffnen, aber nicht wenden.

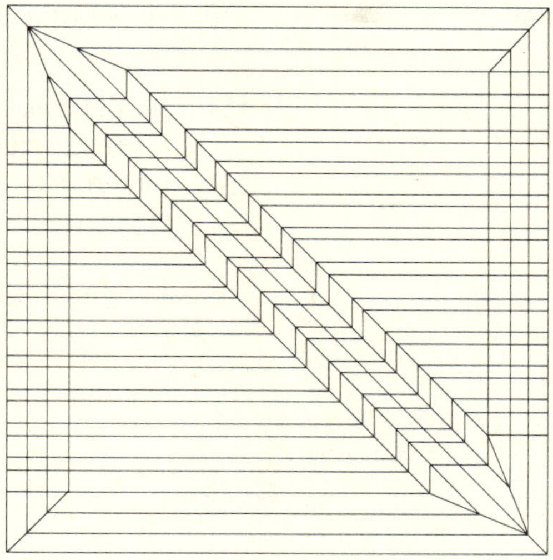

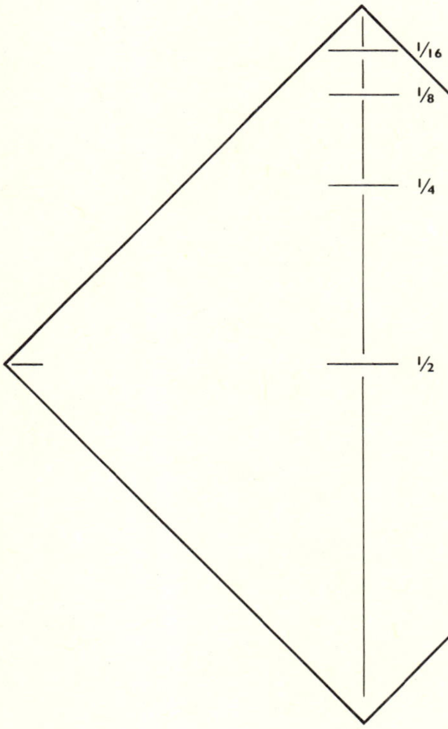

1

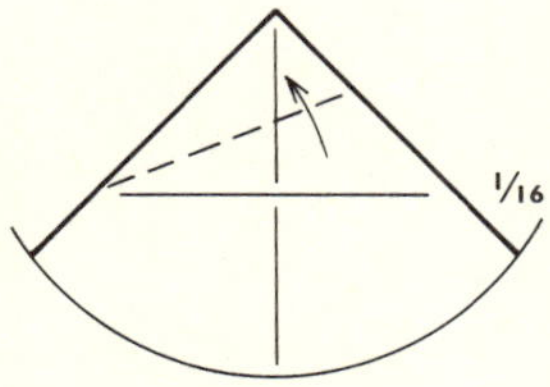

2

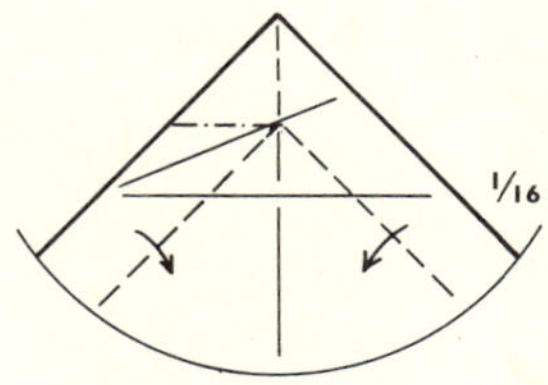

3

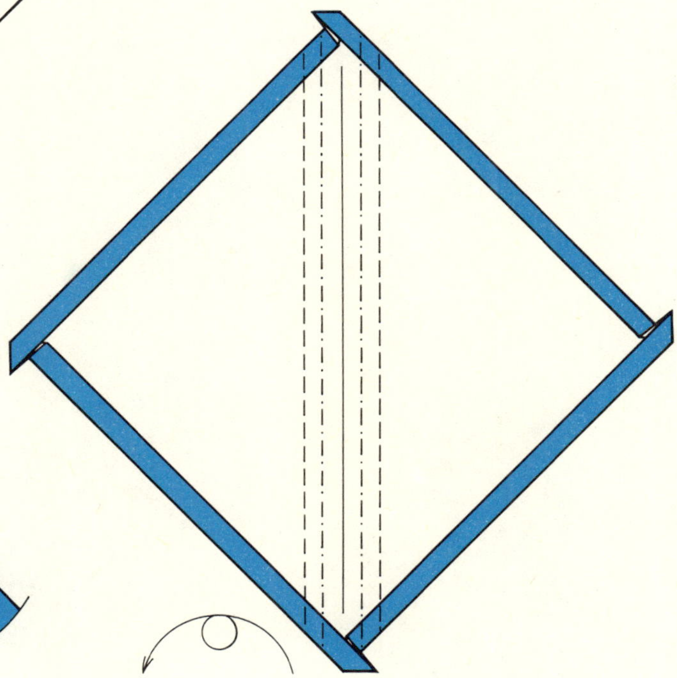

4

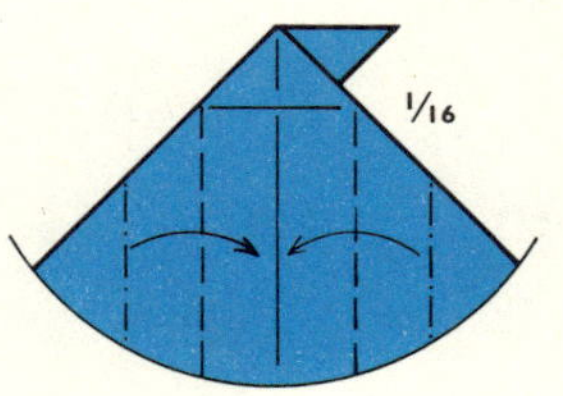

5

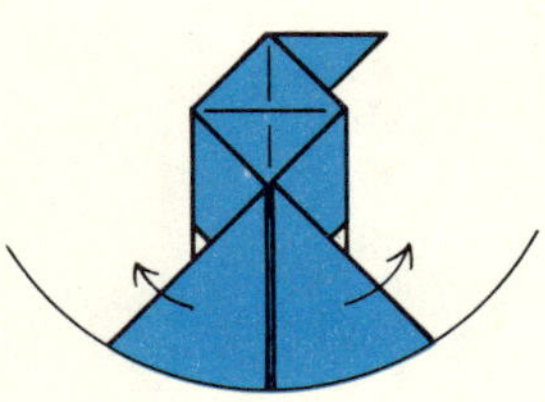

6

7 Die Kante zur Mittellinie talfalten.

8 Gegenknicken nach innen.

9 Die gleiche Klappe gegenknicken nach innen und preßfalten.

10 Die Schritte 7 bis 9 an der linken Klappe und den beiden oberen Kanten wiederholen.

11 Aus der linken und rechten Ecke das lose Papier herausziehen und zur Hälfte zusammenkneifen. Die obere und untere Ecke im Uhrzeigersinn herumschwenken. (Wenn man sie gegen den Uhrzeigersinn schwenkt, dreht sich die Spirale in die entgegengesetzte Richtung.)

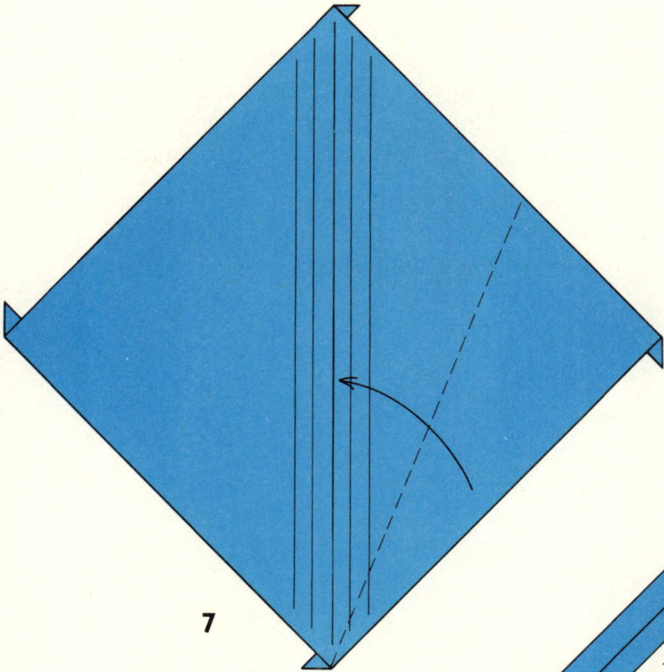

7

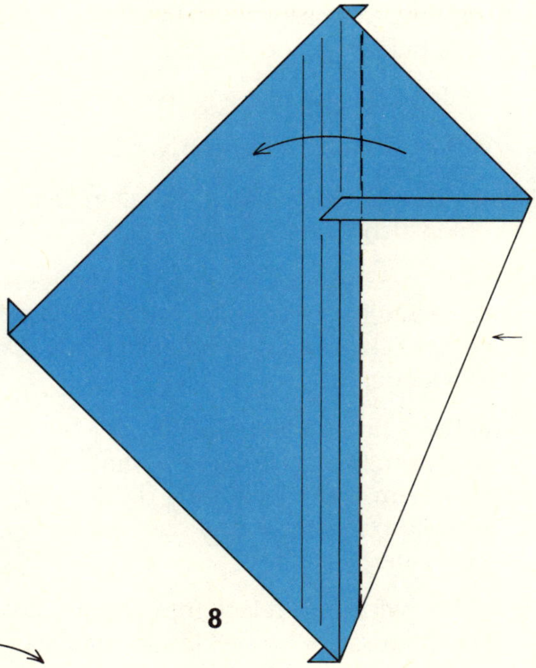

8

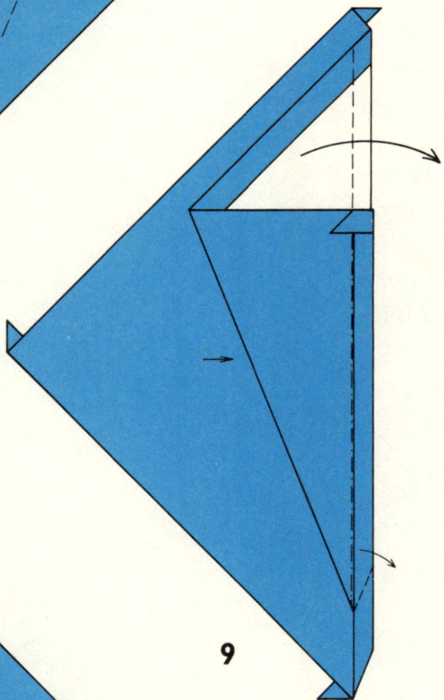

9

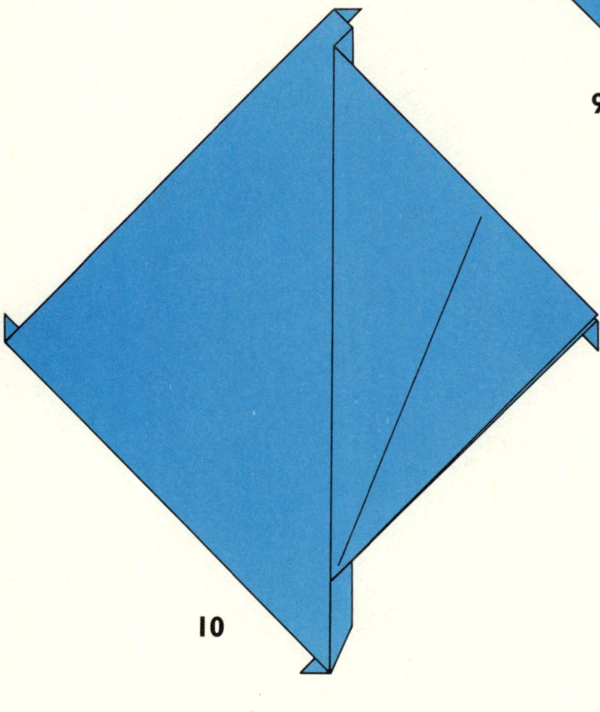

10

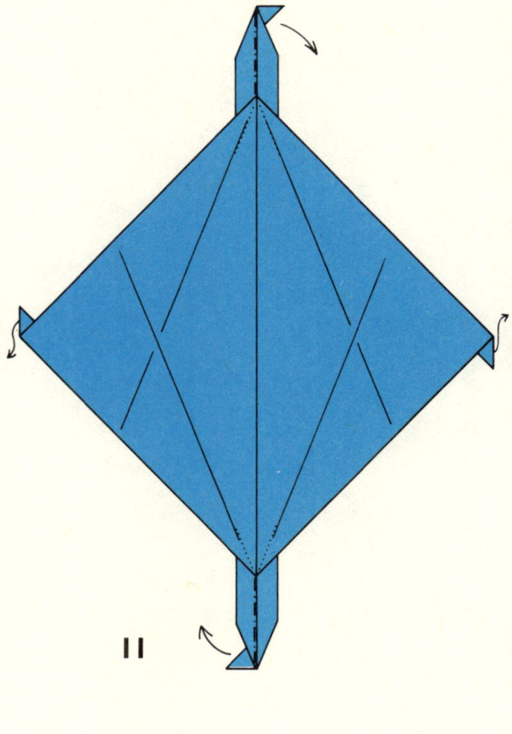

11

12 Die Klappen links und rechts unten talfalten. Beide richten sich dann auf.

13 Talfalten. Das Modell liegt nicht flach.

14 Zur Kante hin geschlossen versenken.

15 Jetzt ist das Modell flach. Talfalten. Wieder richten sich beide Klappen auf.

16 Die Klappe links unten geschlossen versenken. Die rechte Kante aufrollen und das lose Papier aus der Ecke nach unten links ziehen. Das Modell wenden.

17, 18 bis Schritt 20: Einzelheiten der beiden unteren Ecken. Die ganze untere Kante knitterfalten, indem man gleichzeitig das lose Papier in die linke Ecke steckt und das lose Papier aus der rechten Ecke holt.

19, 20 Das winzige Dreieck, das aus der linken Ecke heraussteht, in die Tasche dahinter stecken, wenn nötig mit Pinzette. Die doppelte Dicke der rechten Kante mit einer Talfalte öffnen. (Diese Falte auf der anderen Seite nicht wiederholen.) Die Schritte 12 bis 20 an der oberen Kante wiederholen. Wenn man fertig ist, liegt das Modell flach.

21 Jetzt hat das Modell die Form eines Quadrats mit einem Kopf (oben rechts) und einem Schwanz (unten links). Das ganze Quadrat in Viertel falten. Die Brüche wie angegeben bis Schritt 24 hart (H) oder leicht (L) machen.

22 Achtel falten.

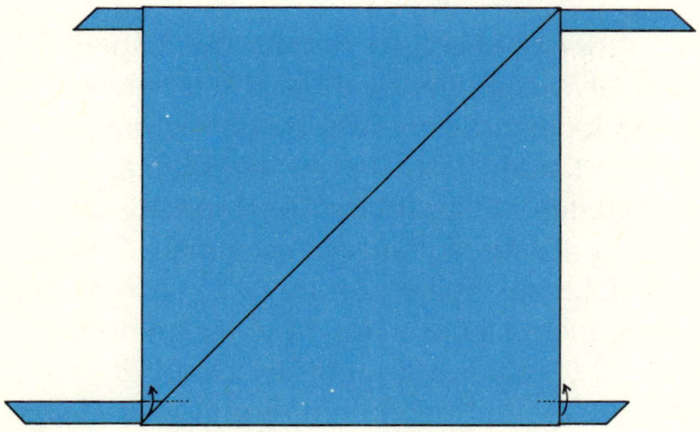

12

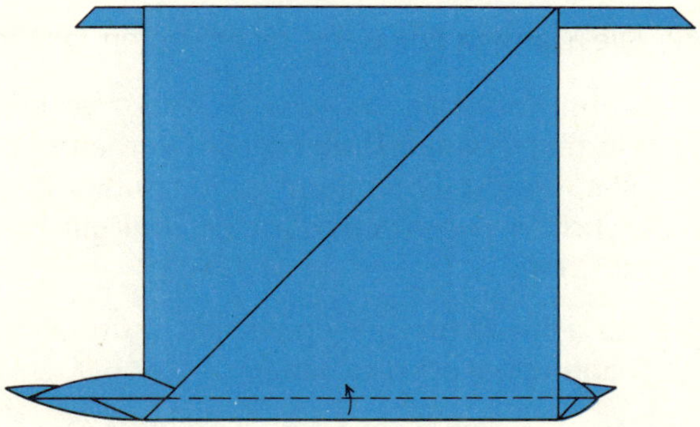

13

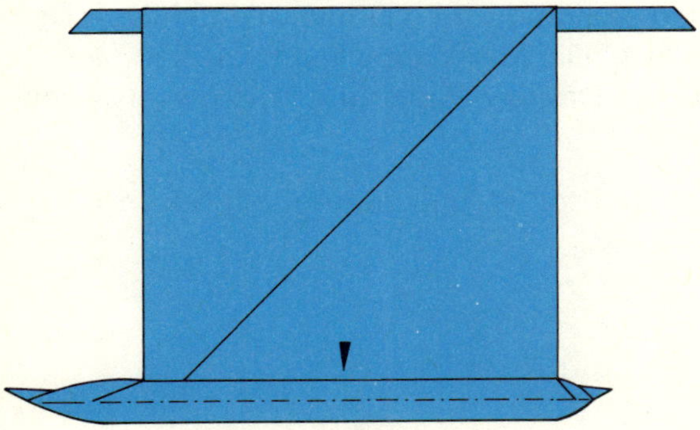

14

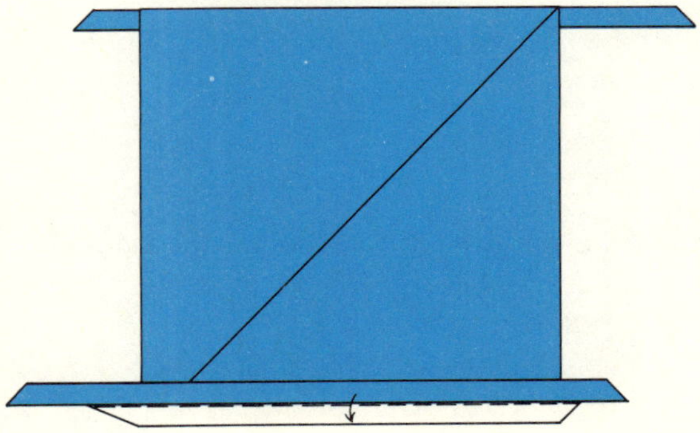

15

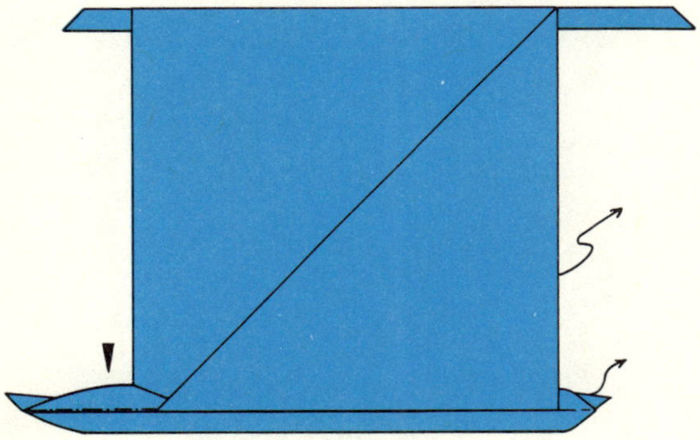

16

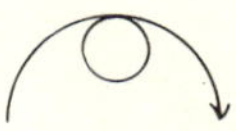

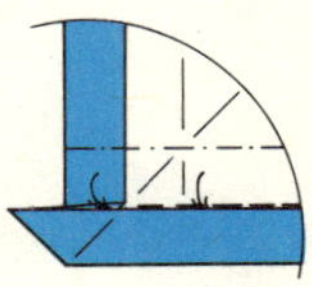

17

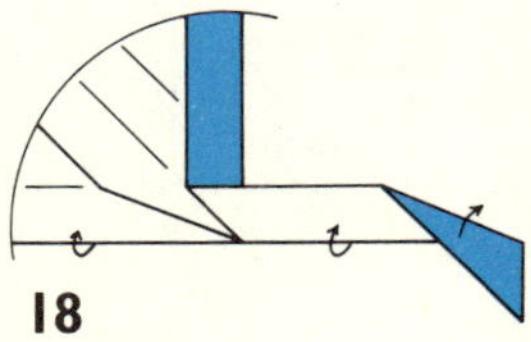

18

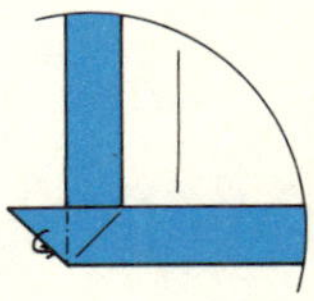

19

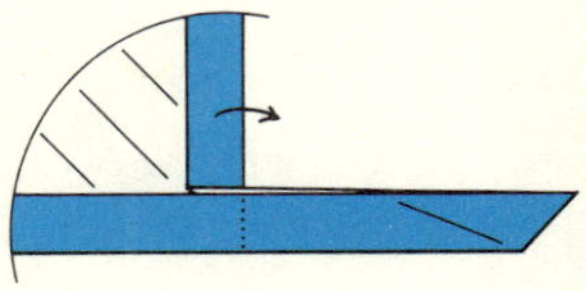

20

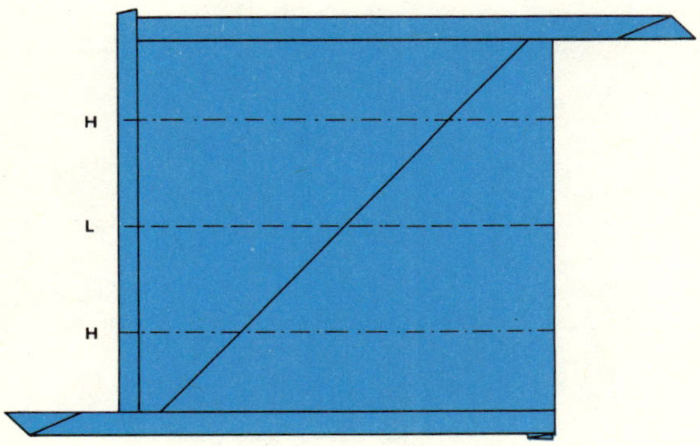

21

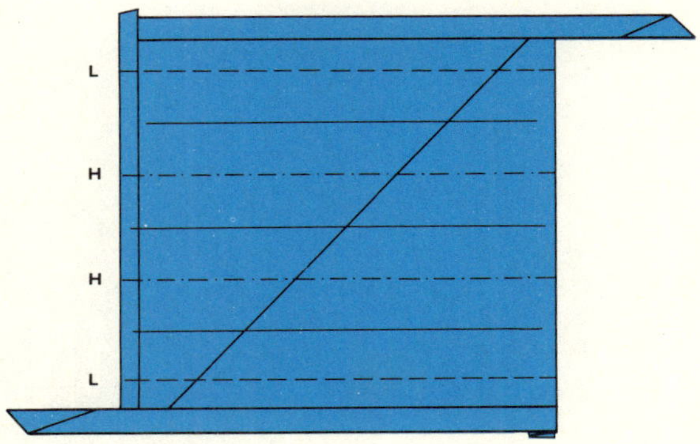

22

23 Sechzehntel falten.

24 Zehn Knitterfalten wie abgebildet machen. Die durchgehenden Linien zeigen vorhandene Brüche, die der Orientierung dienen. Bei diesem Schritt neu gemachte Brüche sind mit **x** bezeichnet.

25 Zu einer Röhre biegen, vielleicht um eine Papprolle. Fest drücken.

26 Wieder aufrollen und bis Schritt 24 öffnen, aber nicht flachpressen.

27 Das ist der schwierigste Schritt. Das Papier nochmals zusammenrollen und die beiden Kanten ineinanderstecken. Darauf achten, daß man die Kanten festhält, und gleichzeitig die Querstreifen so zusammenbringen, daß die gleichen Brüche aufeinanderkommen. Dann die Brüche aus Schritt 24 um das ganze Modell herum nochmals formen. (Dazu braucht man sehr viel Geduld und mehr als zwei Hände.) Die Querstreifen bilden eine fortgesetzte lange Spirale.

28 bis Schritt 36: Einzelheiten des Kopfes. (Beachten, daß Kopf und Schwanz jetzt nicht mehr identisch sind und daß man die richtige Klappe hat.) Die Kopfklappe gegenknicken nach außen. Das lose Papier unten in den »Nacken« stecken.

29 Geschlossen versenken, um den Kopf zu bilden.

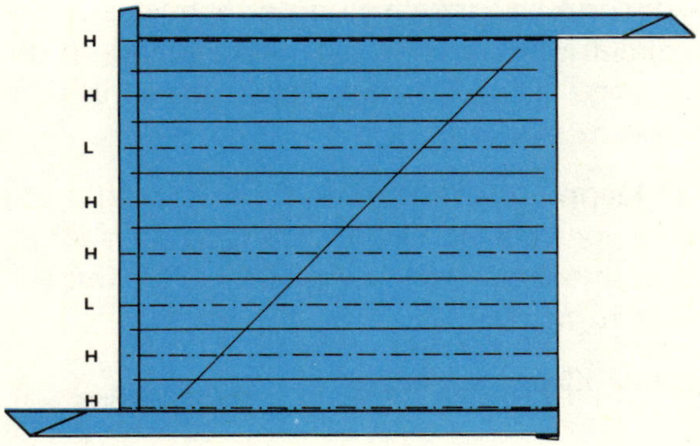

23

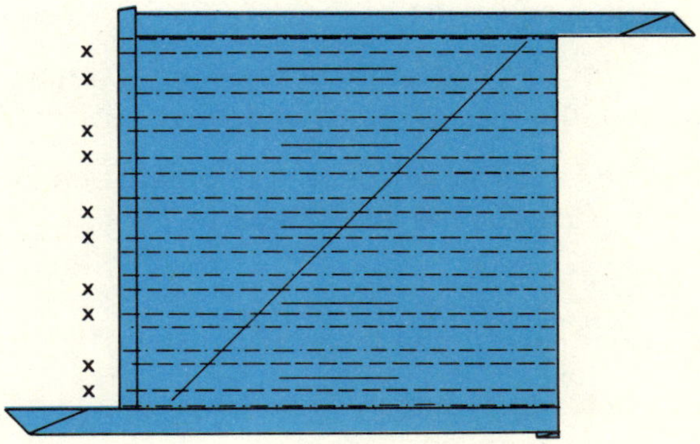

24

25

26

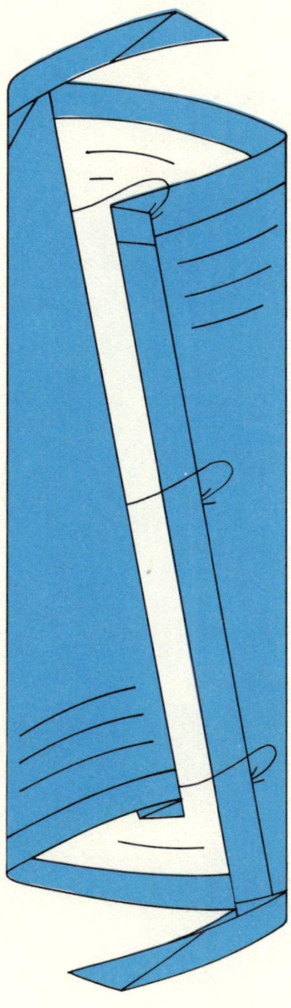

27

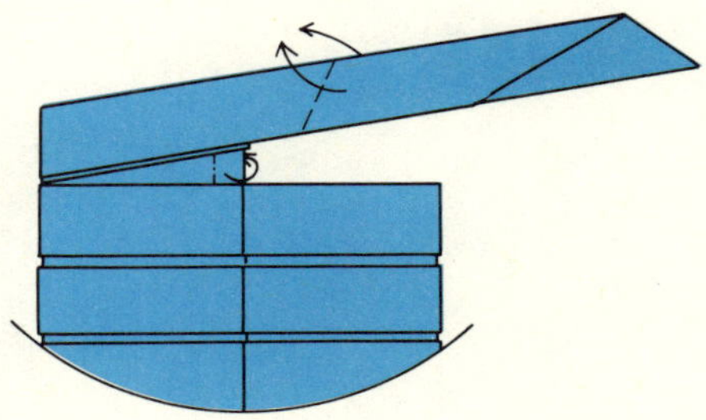

28

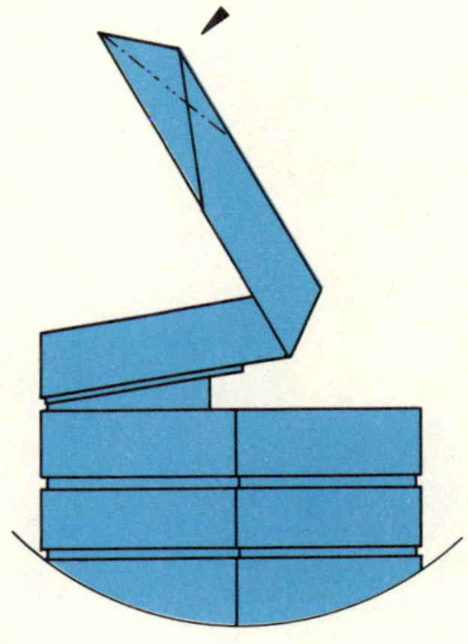

29

30 Die Seiten ausbreiten.

31 bis Schritt 33: Vorderansicht des Kopfes. Knitterfalten, um die Zunge zu bilden.

32 Das lose Papier hinter dem Kopf herausziehen, um die Zungenfarbe zu verändern.

33 Den Kopf schließen.

34 Den Kopf nach unten knitterfalten.

35 Den Hinterkopf runden. Den Kiefer verengen. Die Zunge aufrollen.

36 Der Kopf ist fertig.

37 Bis Schritt 38: Einzelheiten des Schwanzes. So symmetrisch wie möglich für die Klappern der Schlange falten. Das lose Papier unten in den Schwanz stecken.

38 Die Klappern verengen und die Schwanzspitze nach oben rollen. Die Windungen rundherum zusammenkneifen, um den Schlangenkörper rund zu machen.

Die fertige **Klapperschlange**.

(1984)

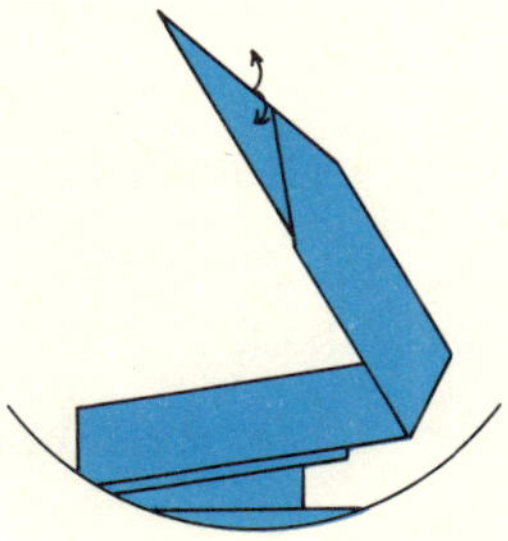

30

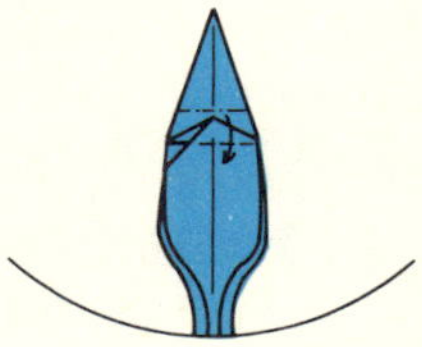

31

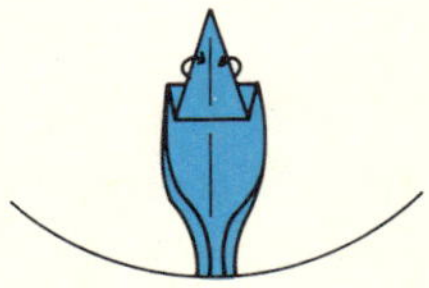

32

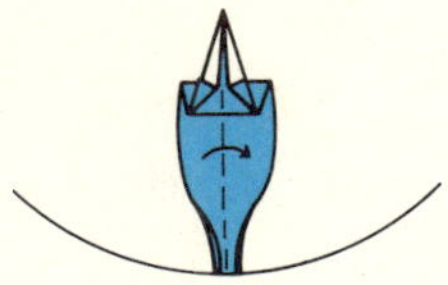

33

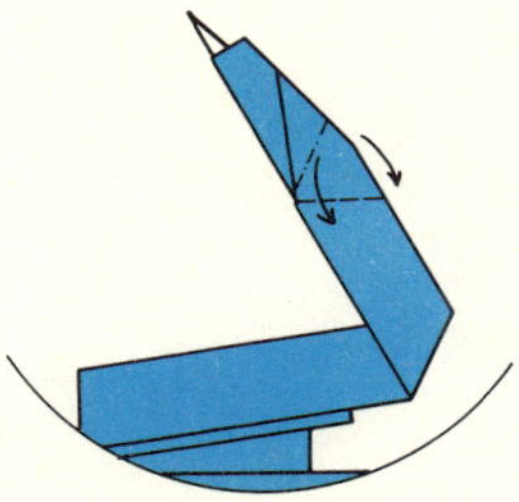

34

35

36

37

38

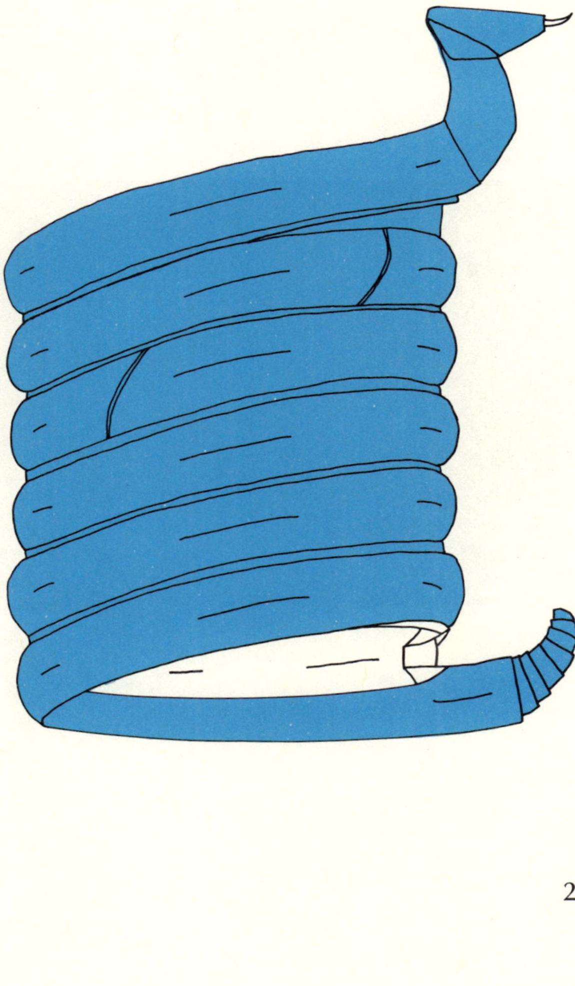

Alligator

Verwenden Sie ein einseitig gefärbtes Blatt Papier. Ein 25-cm-Quadrat ergibt ein 16,5 cm langes Modell.

1 Die Seiten zur Mittellinie knicken und öffnen.

2 Talfalten, wo die Brüche auf die Kante treffen. Das ist die vertraute *Drachen-Grundform.*

3 Die obere Klappe so talfalten, daß der Bruch auf die Spitze der dunklen Klappe trifft. Diese Klappe öffnen.

4 Die Seiten gegenknicken nach innen.

5 Das Ergebnis ist eine Art aus der Mitte gerutschte Vorfalte. Das Modell wenden.

6 Kante auf Kante talfalten. Das versteckte Papier streckt sich dabei.

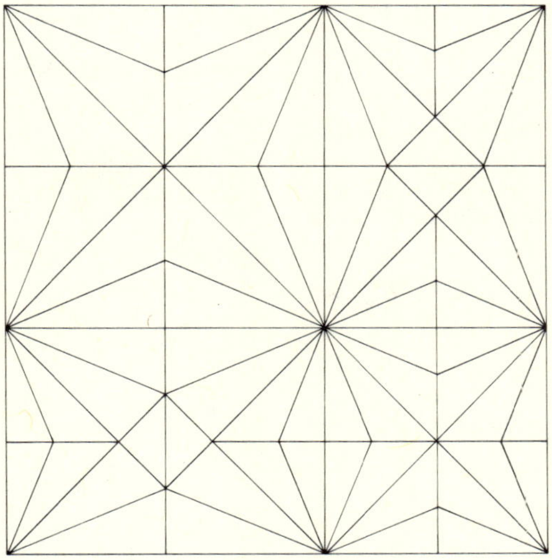

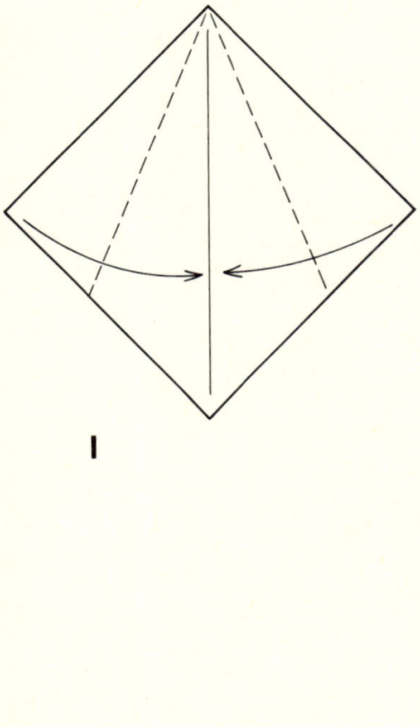

1

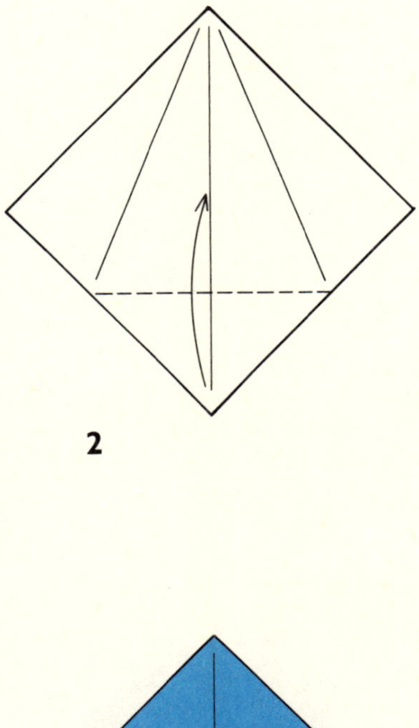

2

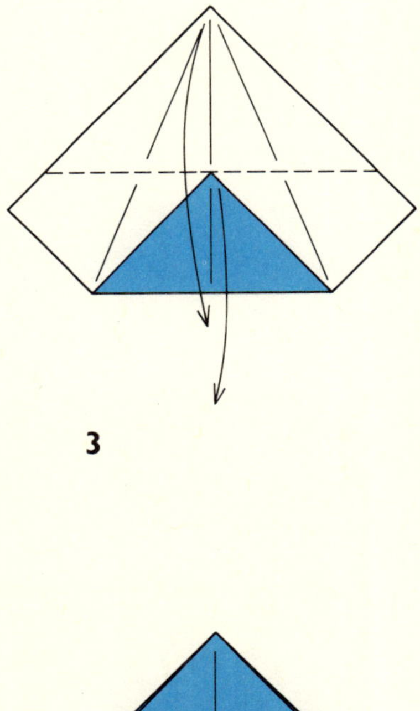

3

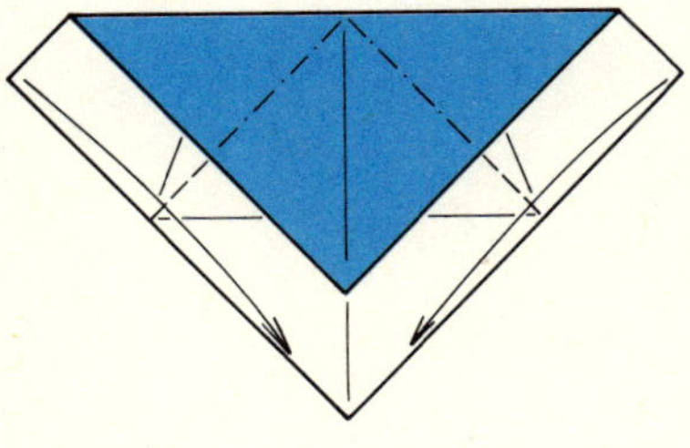

4

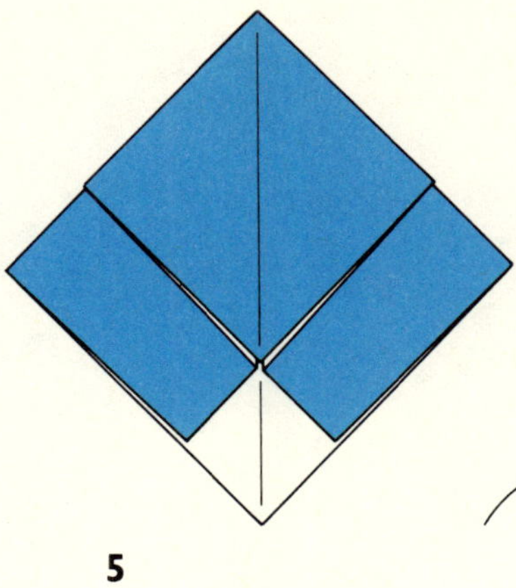

5

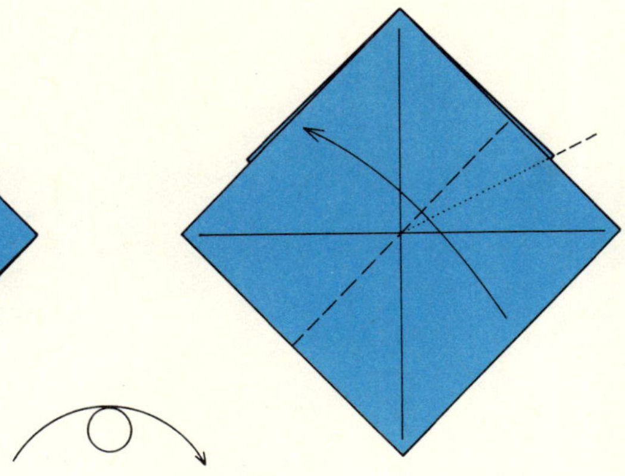

6

7 Zur Mittellinie hin gegenknicken nach innen.

8 Bis Schritt 6 öffnen.

9 Die Schritte 6 bis 8 auf dem gegenüberliegenden Blatt wiederholen.

10 Die Seiten zur Mittellinie gegenknicken nach innen.

11 Hochheben und flachpressen. Das ist eine Art Blütenblattfalte.

12 Zur Mittellinie gegenknicken nach innen.

13 Zwei Klappen nach links hinüber talfalten.

14 Die untere Ecke an den vorhandenen Brüchen entlang hochbringen. Nur die Talfalten sind neu.

15 Zwei Klappen zurück bis Schritt 13 talfalten.

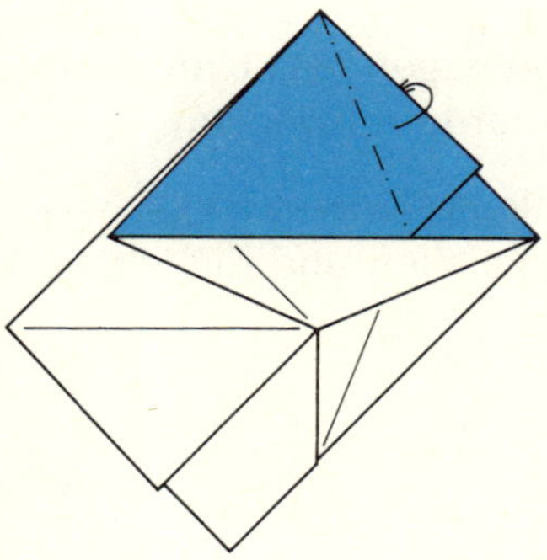

7

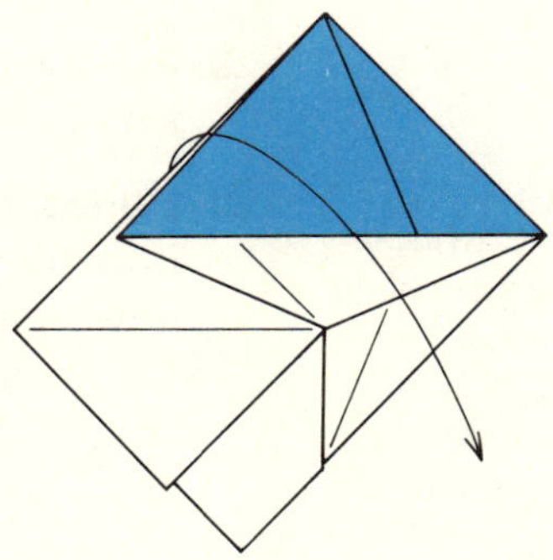

8

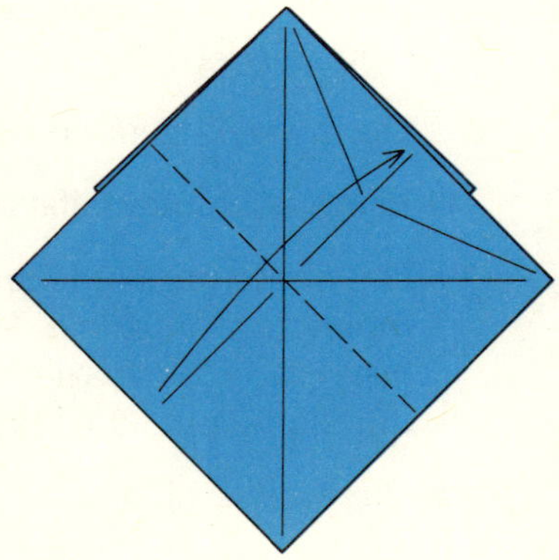

9

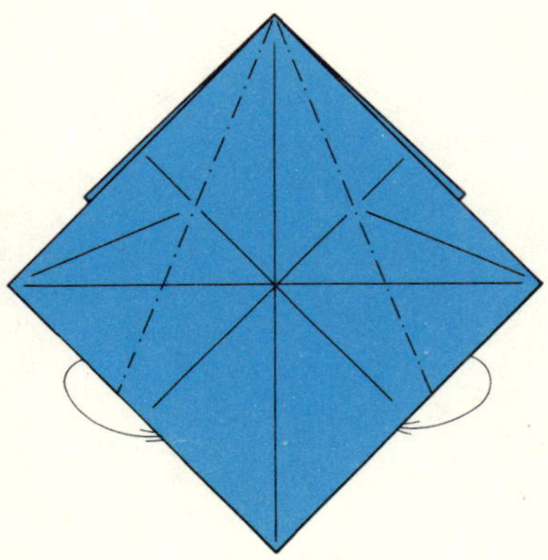

10

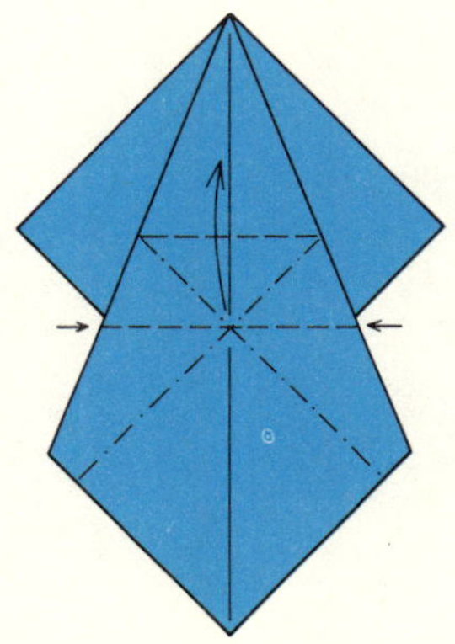

11

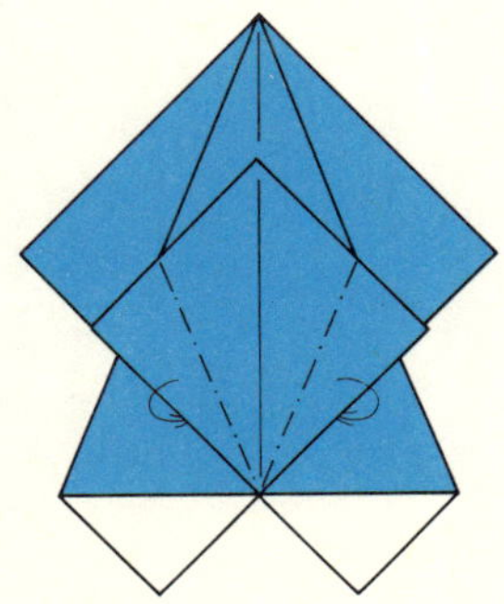

12

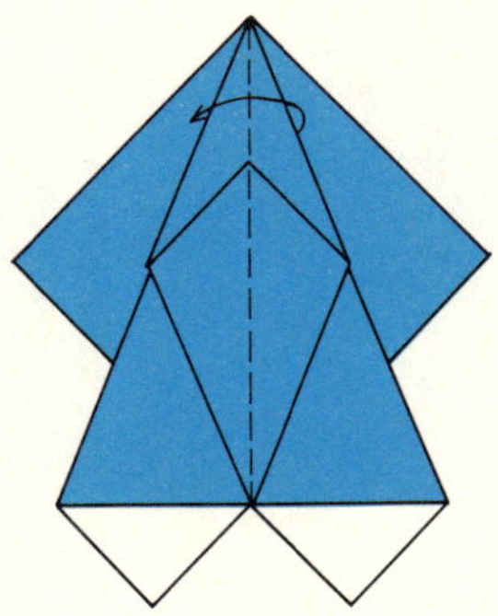

13

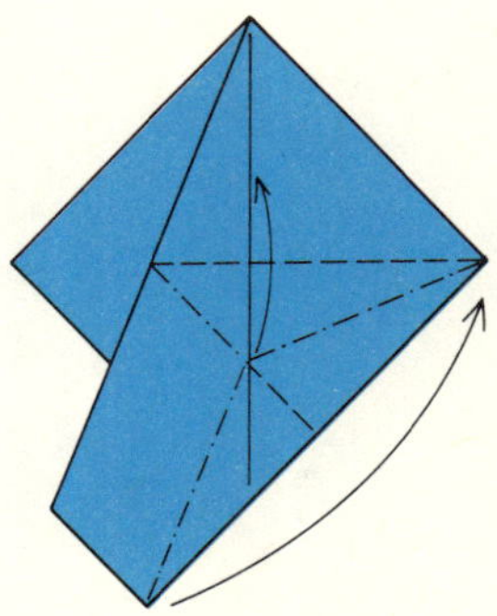

14

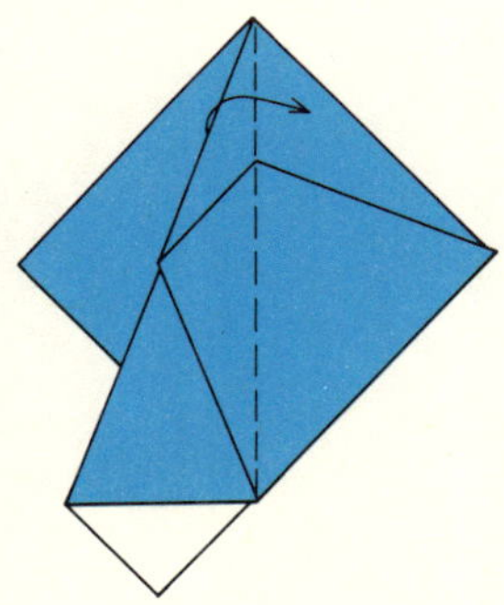

15

16 Schritt 13 bis 15 auf der gegenüberliegenden Seite wiederholen.

17 Das Modell wenden.

18 Kante auf Kante talfalten.

19 Die obere dunkle Klappe gegenknicken nach innen zur Mittellinie. Mit einer Bewegung das lose Papier herausziehen und die untere dunkle Klappe zur Mittellinie bringen.

20 Die dunkle Klappe zur rechten Ecke talfalten.

21 Die dunkle Klappe zur linken Ecke talfalten.

22 Das weiße Stück der Klappe mit Talfalten verengen und die Spitze nach rechts bringen.

23 Die ganze Konstruktion gegen den Uhrzeigersinn um den Punkt x herumschwenken.

24 Horizontal an der mittleren Linie (wo der Bruch von selbst fällt) talfalten und die Spitze unten einstecken.

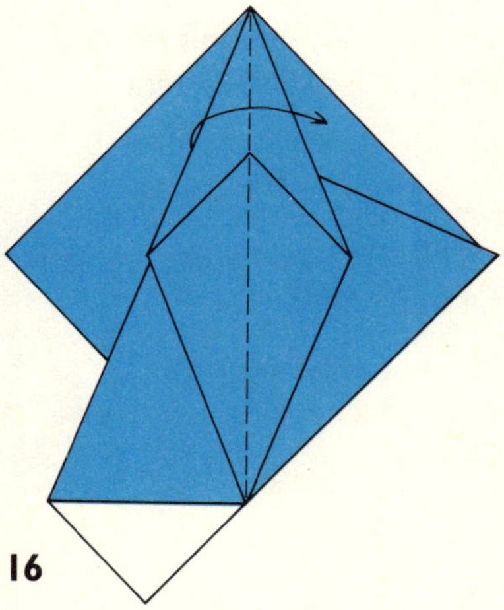
16

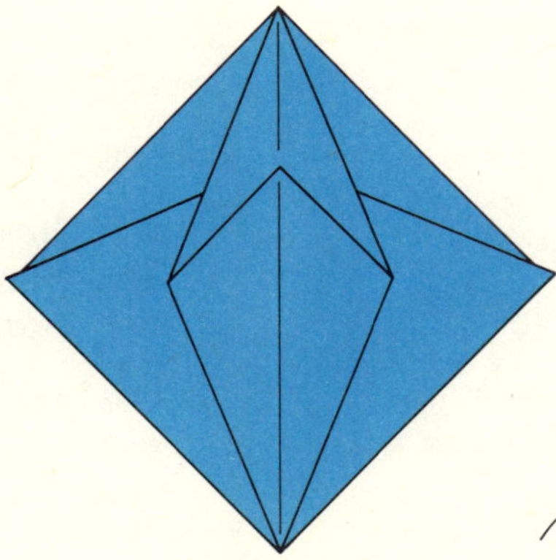
17

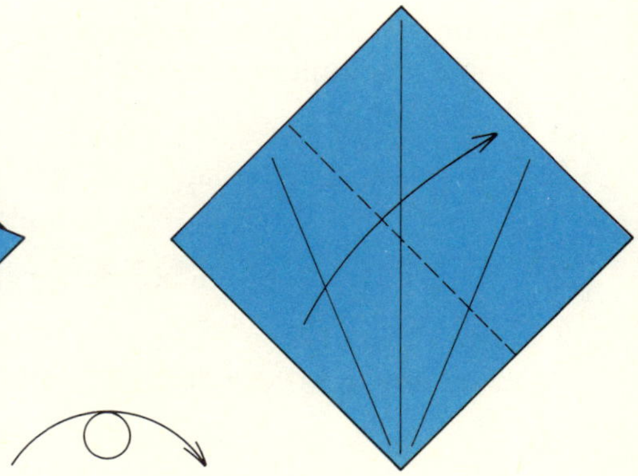
18

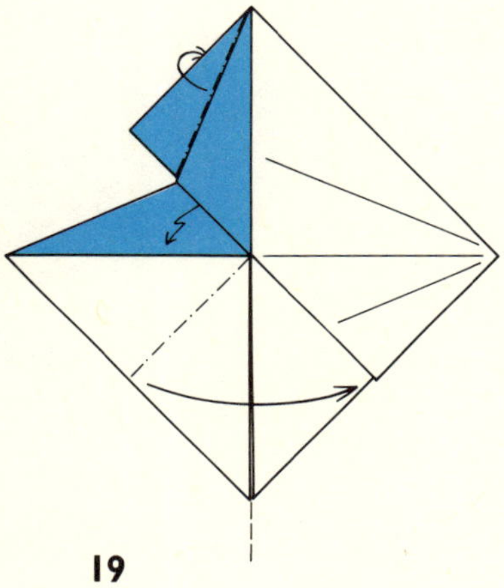
19

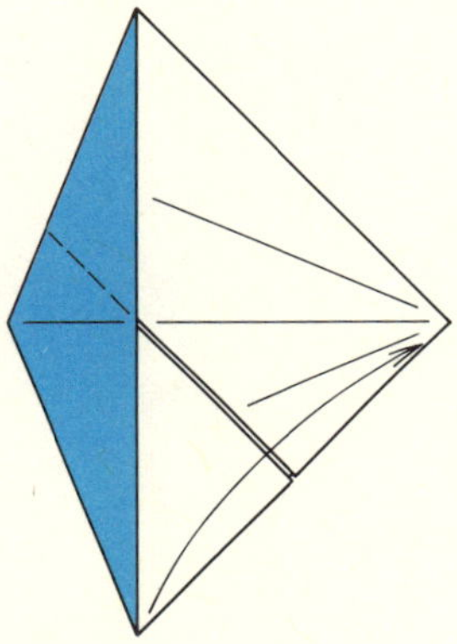
20

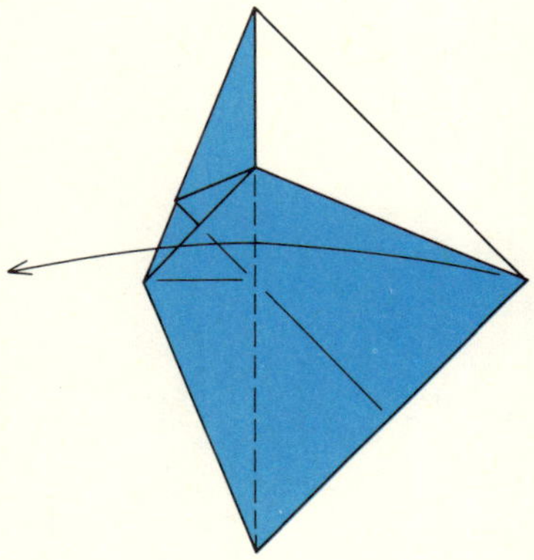
21

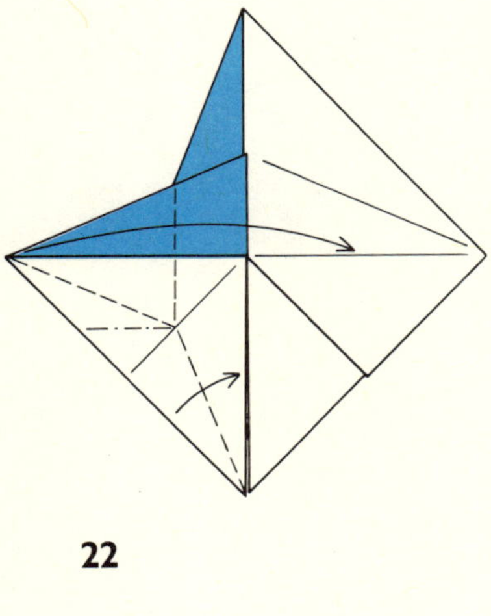
22

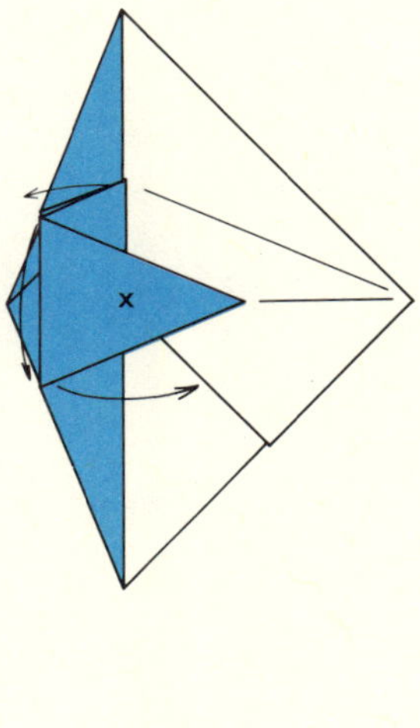

23

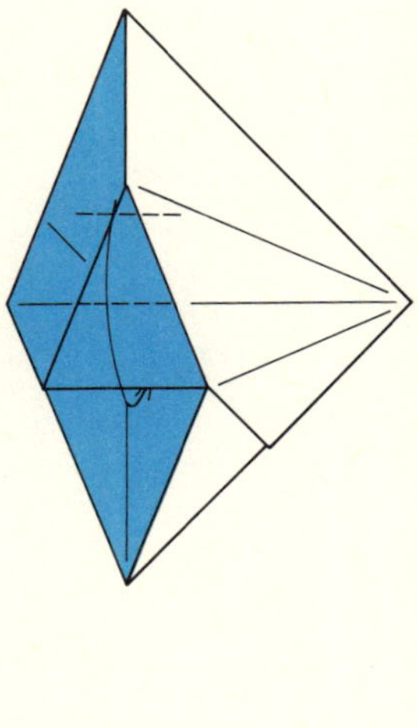
24

25 Nach links talfalten. Damit ist die linke Hüfte fertig. Die untere dunkle Klappe wird das linke Hinterbein.

26 Die obere rechte Klappe auf Position 18 zurückbringen.

27 Die Schritte 18 bis 26 auf der gegenüberliegenden Seite wiederholen.

28 Die Seiten zur Mittellinie gegenknicken nach innen.

29 Hochheben und flachpressen wie in Schritt 11. Das ist eine Art Blütenblattfalte.

30 Die Spitze hochheben und strecken. Damit ist die Blütenblattfalte fertig.

31 Die beiden mittleren Klappen gegenknicken nach innen. Das werden die Vorderbeine.

32 Das Modell wenden.

33 Das Dreieck leicht zur Hälfte knicken. Die Spitze nach unten zum leichten Bruch talfalten und festdrücken. Öffnen.

34 Die untere Spitze so weit wie möglich strecken, aber ohne sie flachzupressen. Diese Klappe wird der Schwanz.

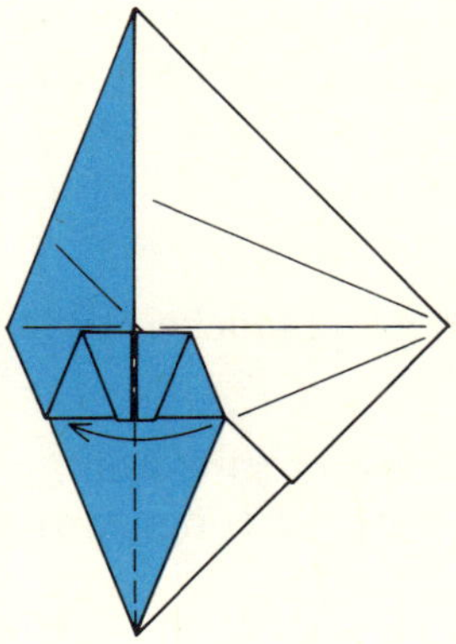

25

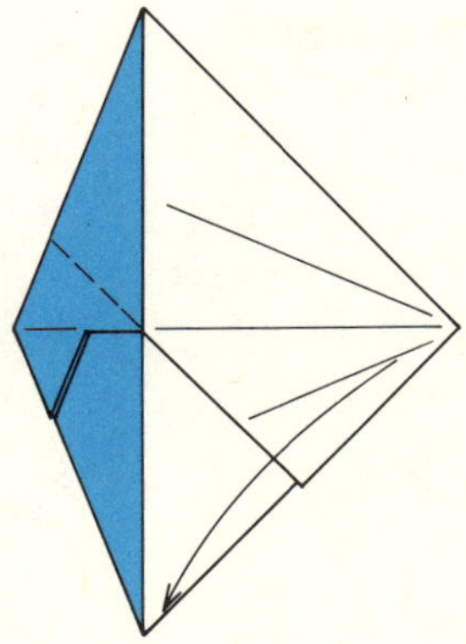

26

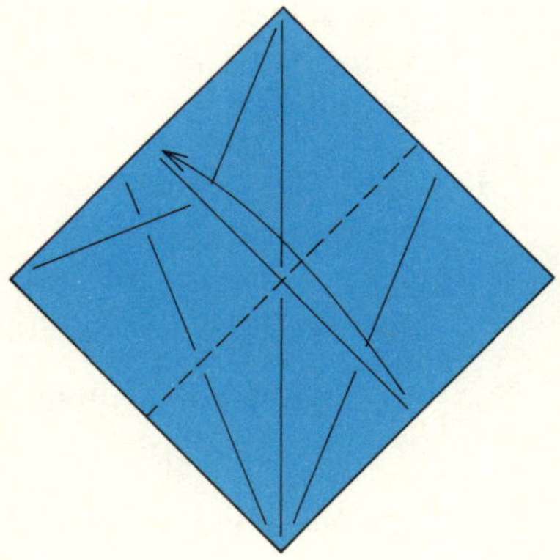

27

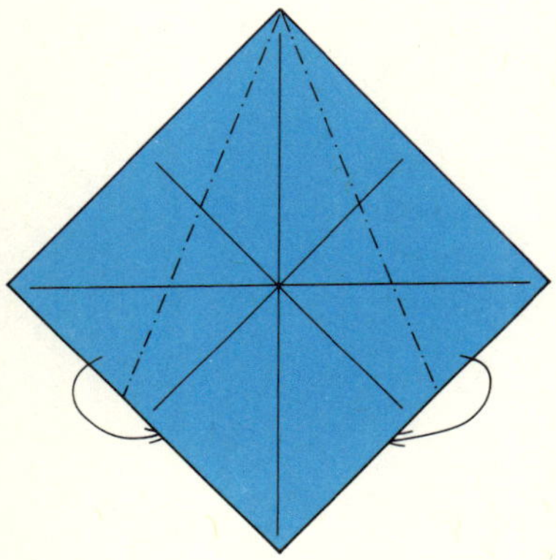

28

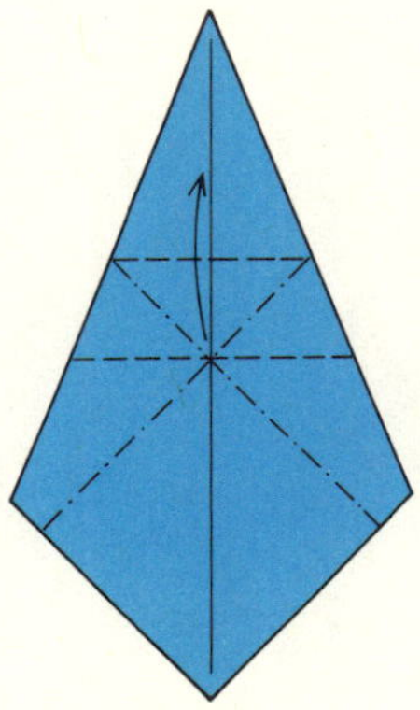

29

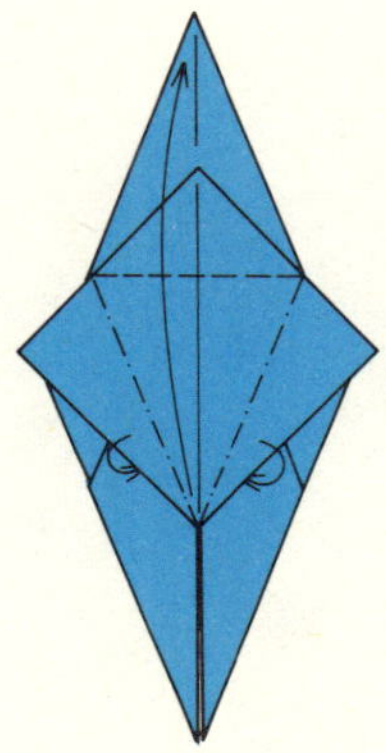

30

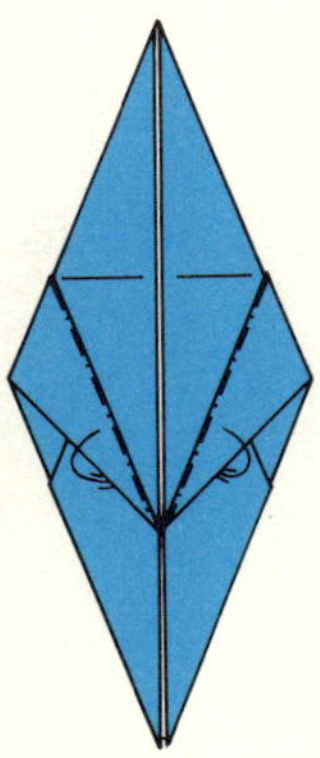

31

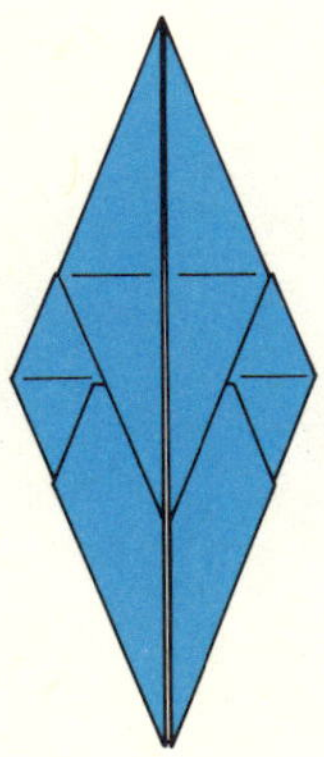

32

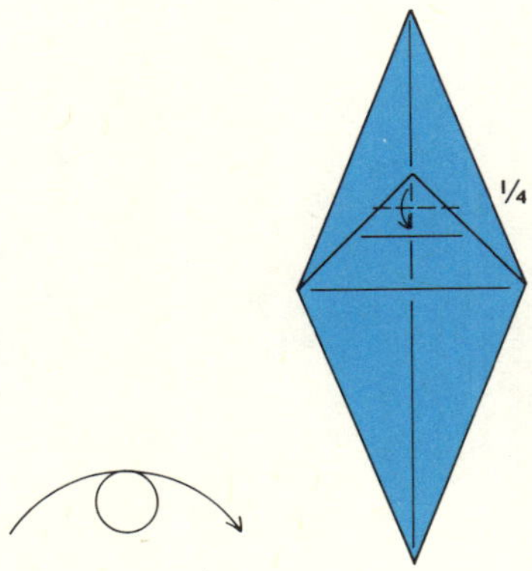

33

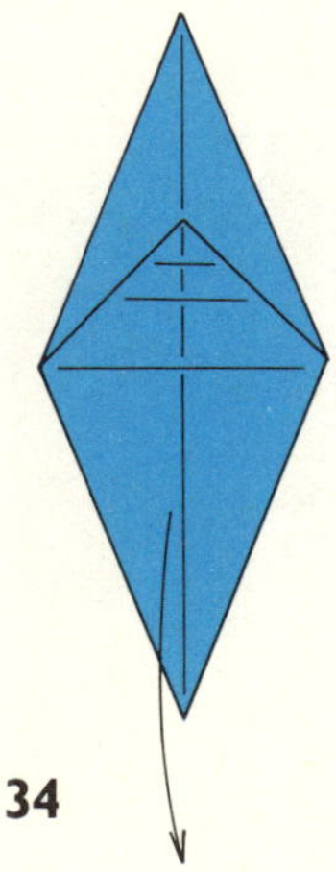

34

35 Den Schwanz wieder hochfalten, dabei eine offene Senkfalte entlang der vorhandenen Brüche bilden.

36 Unten an der Senkfalte den Schwanz talfalten. Die Schwanzspitze strecken, aber nicht so weit wie zuvor. Das mittlere versenkte Teil bildet eine Preßfalte. Sorgfältig flachpressen.

37 Die Seiten zur Mittellinie talfalten, aber nicht bis ganz zur Spitze.

38 Das Modell zur Hälfte talfalten.

39 Die vier Beine symmetrisch gegenknicken nach innen.

40 Die vier Beine in die Tasche dahinter stecken.

41 Die zwei Klappen rechts werden der obere und untere Rachen. Den unteren Rachen und den Schwanz symmetrisch knitterfalten. Die runden Zeichnungen zeigen die Richtung des Bruchs von unten.

42 Den oberen Rachen gegenknicken nach außen.

43 Die Klappe, die man jetzt rechts sieht, wird die Zunge. Beine, Schwanz und Zunge symmetrisch knitterfalten.

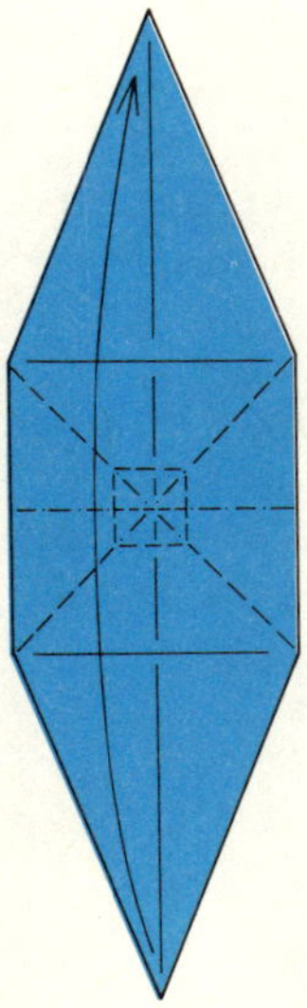
35

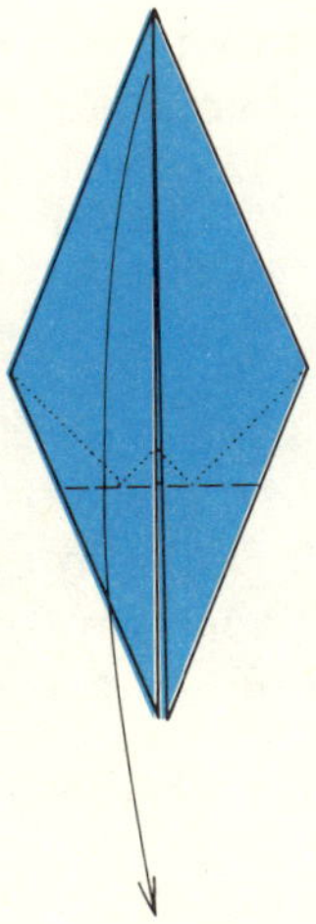
36

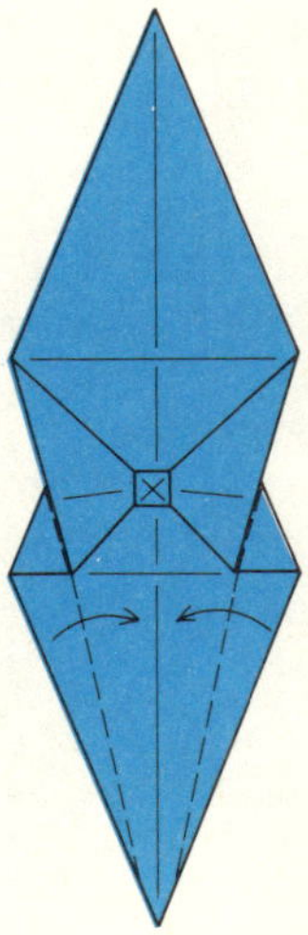
37

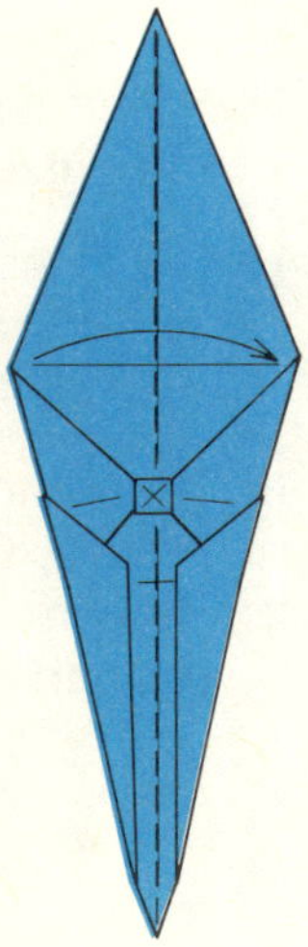
38

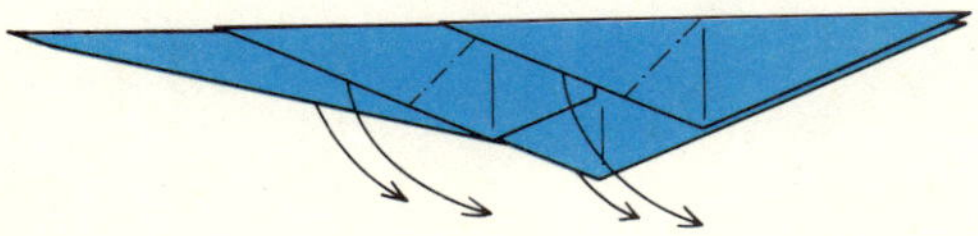
39

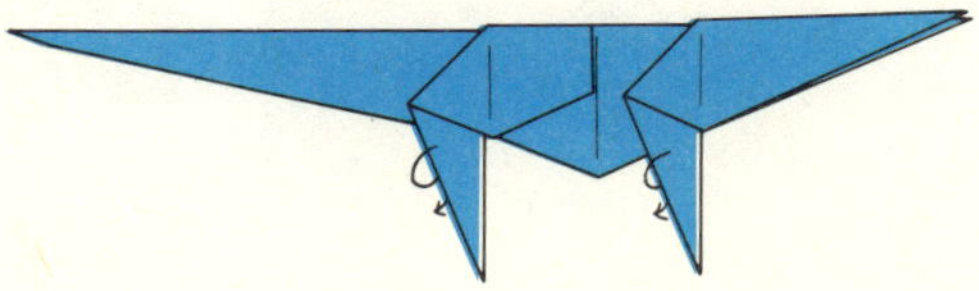
40

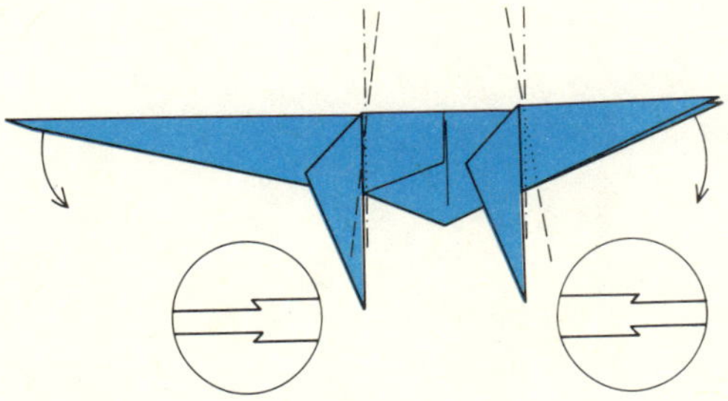
41

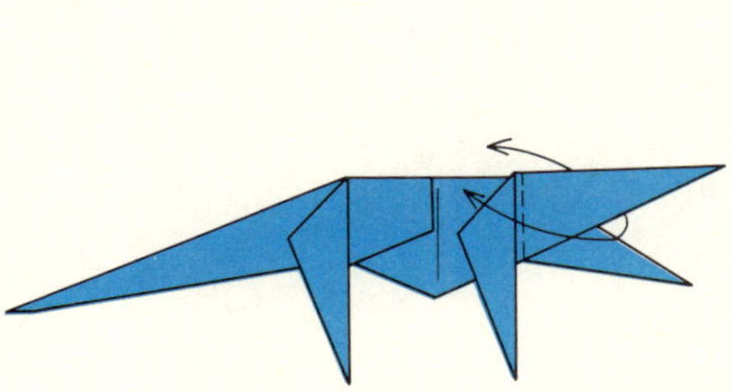
42

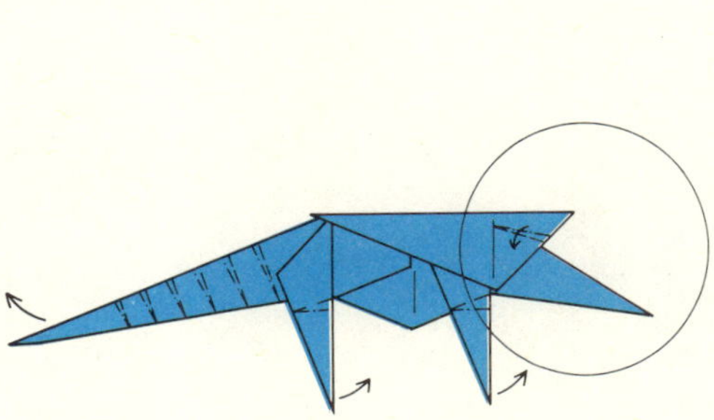
43

44 bis Schritt 49: Einzelheiten des Kopfes. Beide Seiten des unteren Rachens talfalten, vielleicht mit Pinzette.

45 Die Zunge mit Bergfalten verengen. Das lose Papier nach innen stecken. Auch hier braucht man vielleicht eine Pinzette.

46 Den unteren Rachen zu einer Löffelform ausbreiten. Die Zunge flachpressen. Den oberen Rachen zurück in seine ursprüngliche Lage bringen.

47 Den oberen Rachen vorwärtsschwenken, dabei loses Papier aus dem Körper ziehen.

48 Den oberen Rachen knitterfalten. Die Spitzen oben und unten gegenknicken nach innen, um Zähne zu bilden.

49 Den ganzen Rücken entlang läuft eine Öffnung. Um den Alligator ein bißchen zu polstern, einen Finger in die Öffnung stecken und das lose Papier im Bauch und unteren Rachen nach unten drücken. Den Kopf runden.

Der fertige **Alligator**.

(1987)

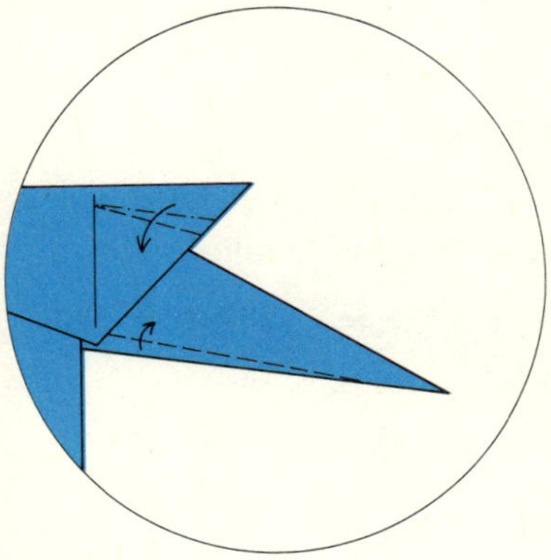

44

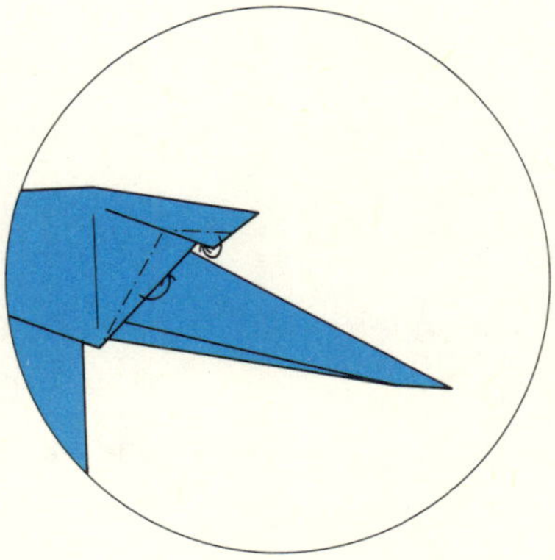

45

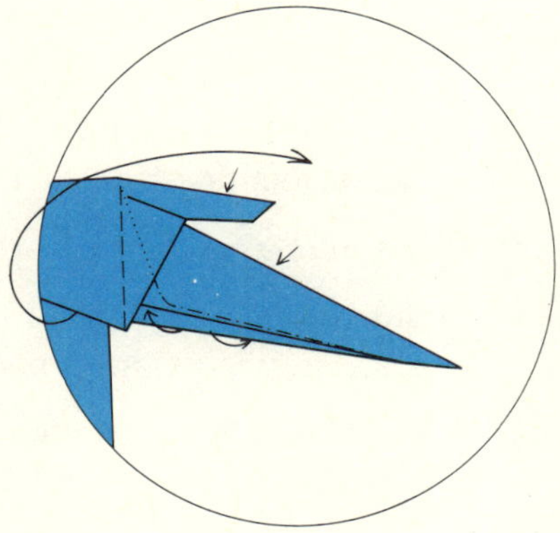

46

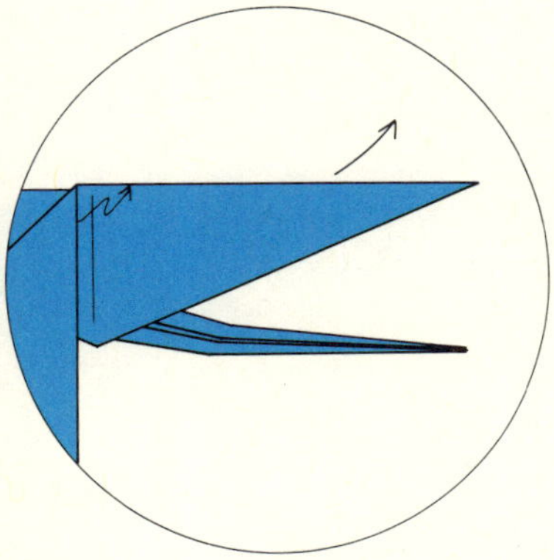

47

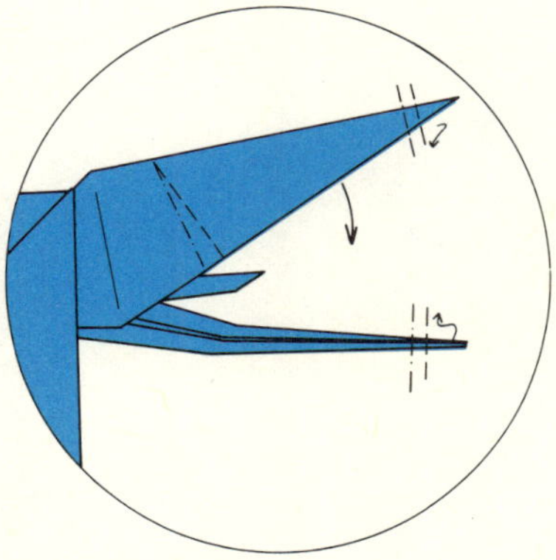

48

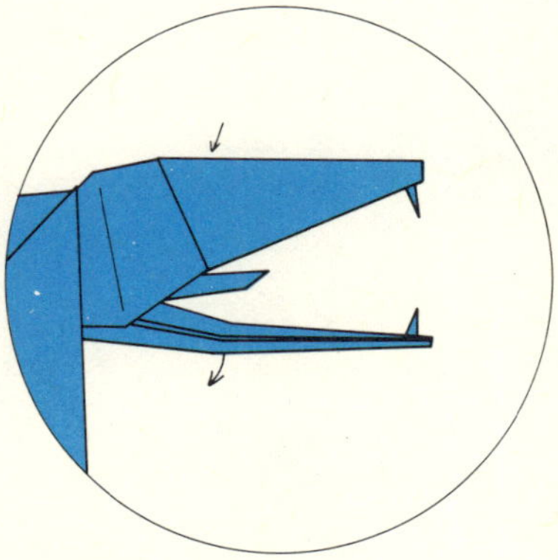

49

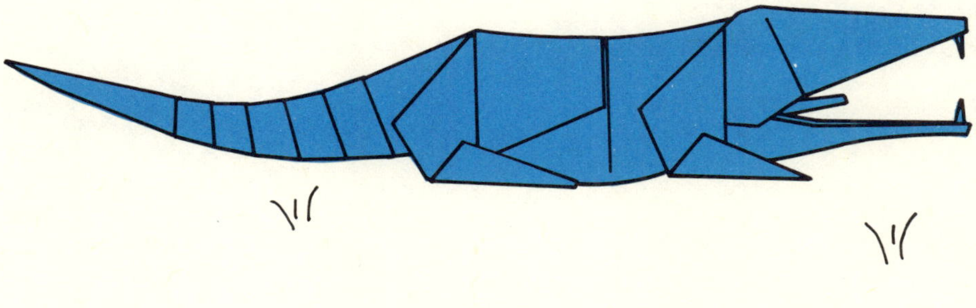

Tiger

Verwenden Sie ein einseitig gefärbtes Blatt Papier. Ein 25-cm-Quadrat ergibt ein ca. 13 cm langes Modell.

1 Die unteren Ecken zur Mitte talfalten.

2 Nur die oberste Schicht talfalten. Nur so weit knicken, wie es die Linien anzeigen.

3 Das kleine helle Quadrat talfalten.

4 Bis Schritt 1 öffnen.

5 Die untere Kante des Quadrats an der Kreuzung der vorhandenen Brüche talfalten.

6 Die obere Kante des Quadrats so talfalten, daß sie auf die untere trifft.

7 Das Modell zur Hälfte bergfalten.

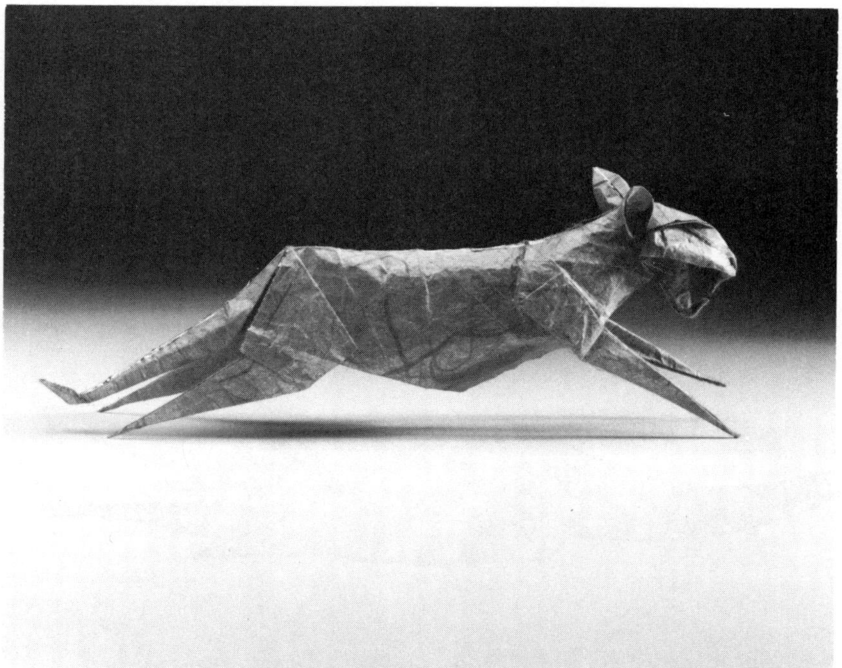

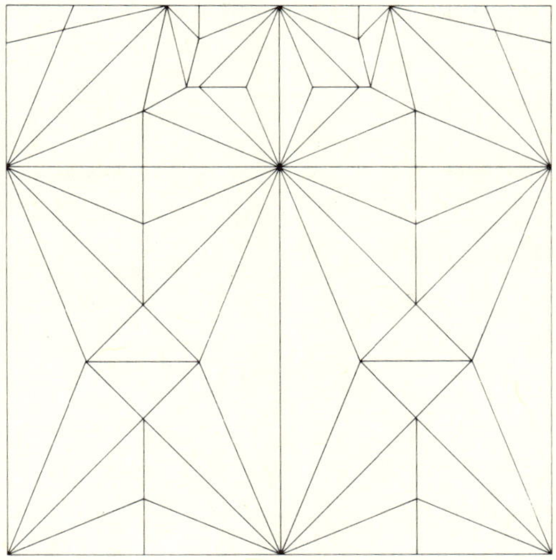

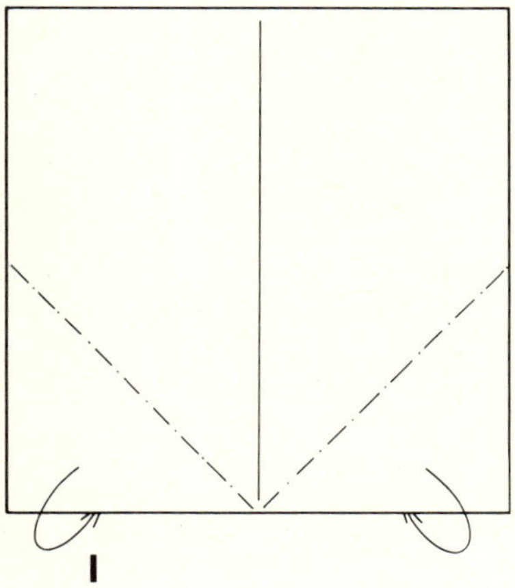

1

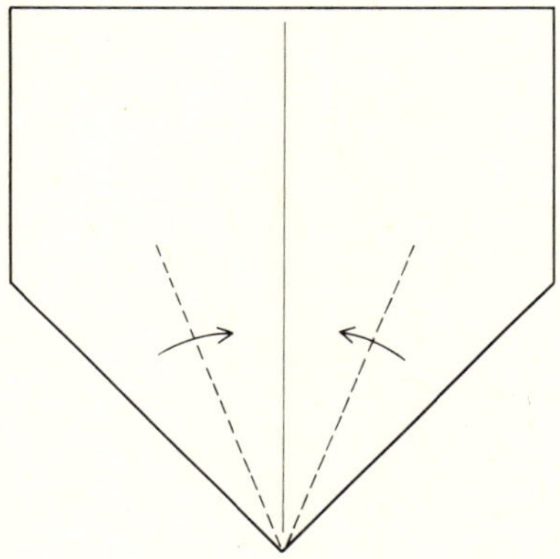

2

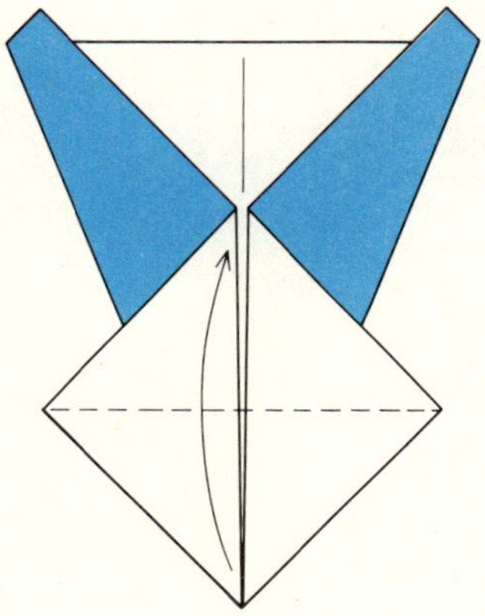

3

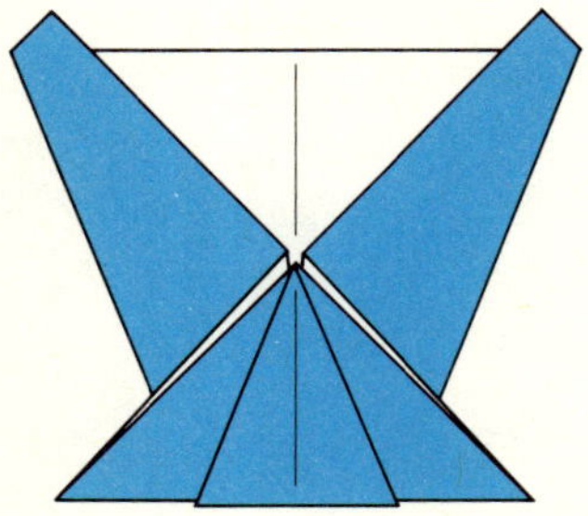

4

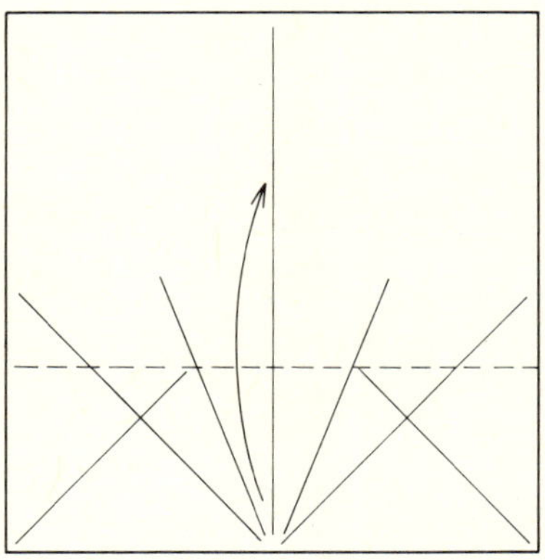

5

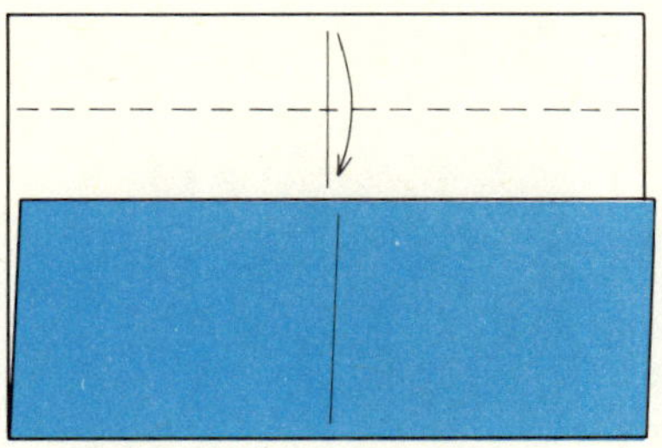

6

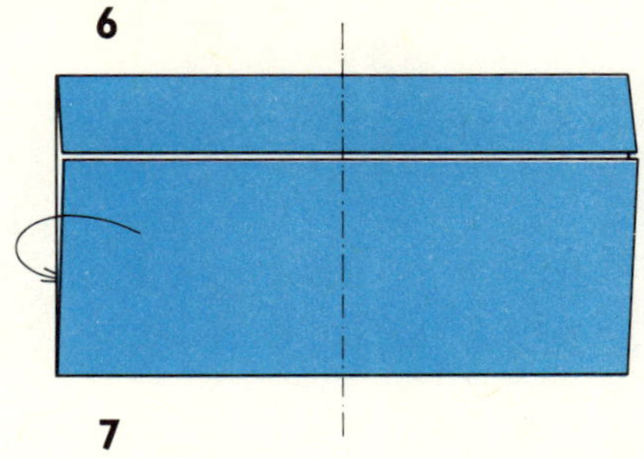

7

8 Das Papier ist unten offen. Die beiden Seiten symmetrisch knitterfalten.

9 Die beiden Seiten talfalten. Hinten wiederholen.

10 Bis Schritt 1 öffnen.

11 Die linke Seite entlang der vorhandenen Brüche hasenohrfalten.

12 Talfalten, wo der Bruch von selbst fällt.

13 Die dunkle Ecke an den vorhandenen Brüchen entlang so weit wie möglich strecken.

14 Wieder den vorhandenen Brüchen folgen und die rechte Klappe nach links talfalten. Die obere Kante des Papiers schwingt automatisch nach unten.

15 Die geschnittene Kante der dunklen Klappe zur gefalteten Kante talfalten.

16 Die geschnittene Kante des hellen Dreiecks zur gefalteten Kante talfalten.

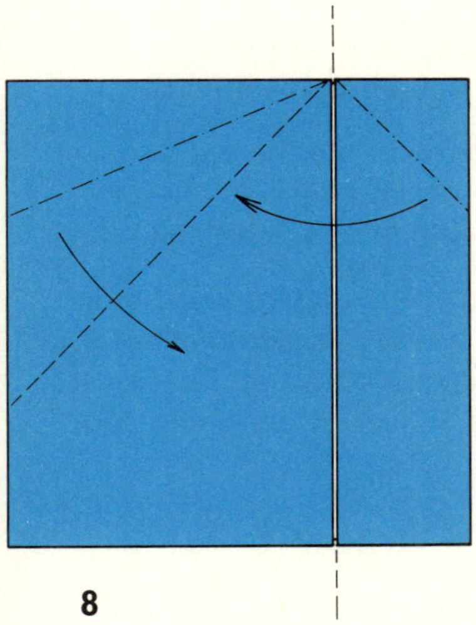

8

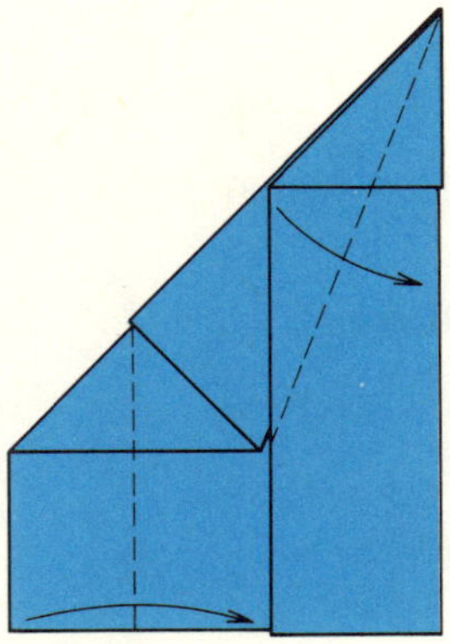

9

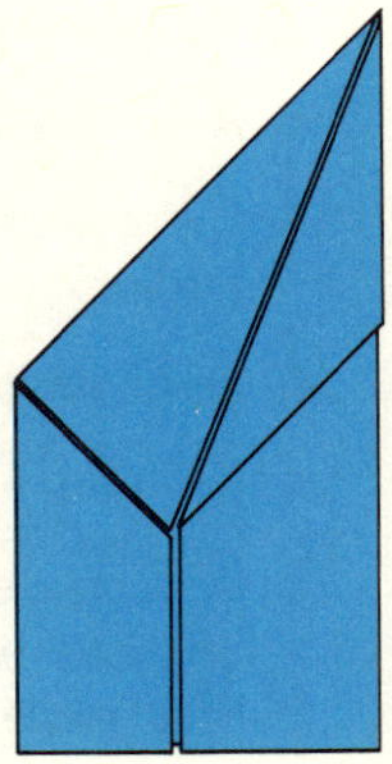

10

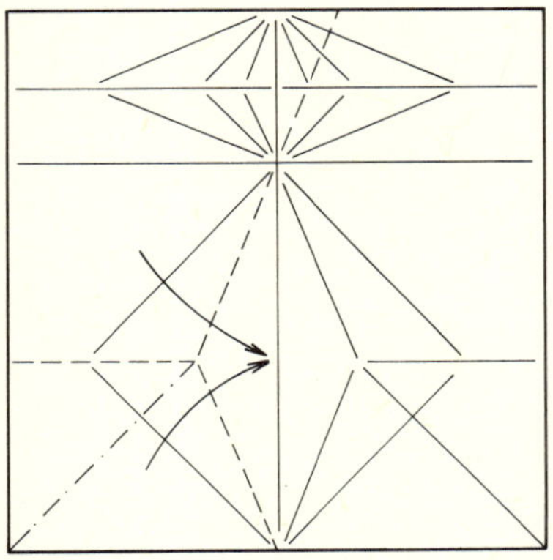

11

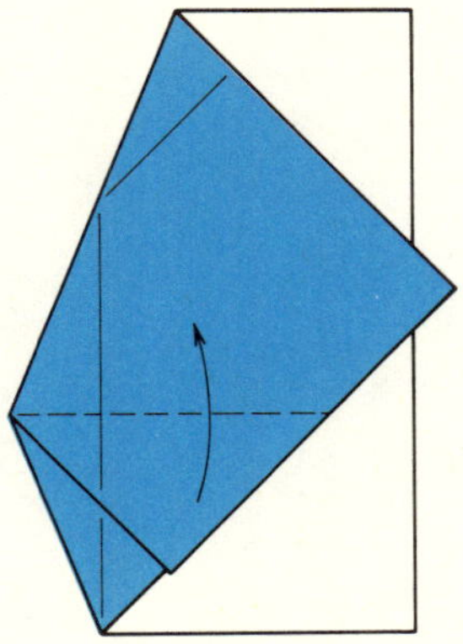

12

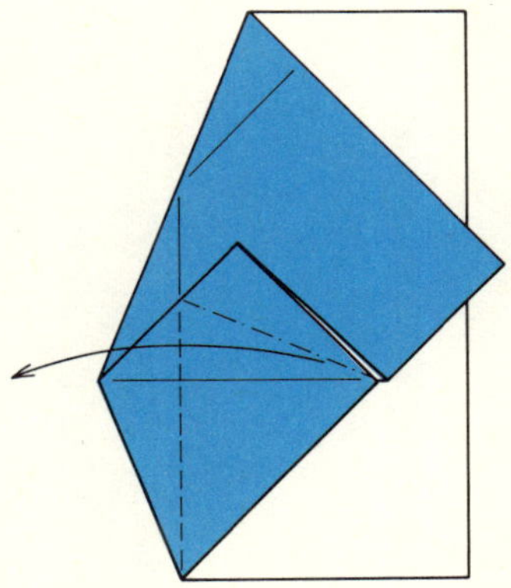

13

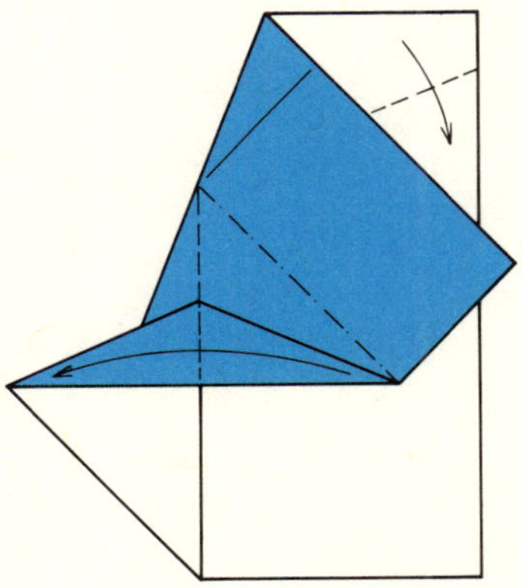

14

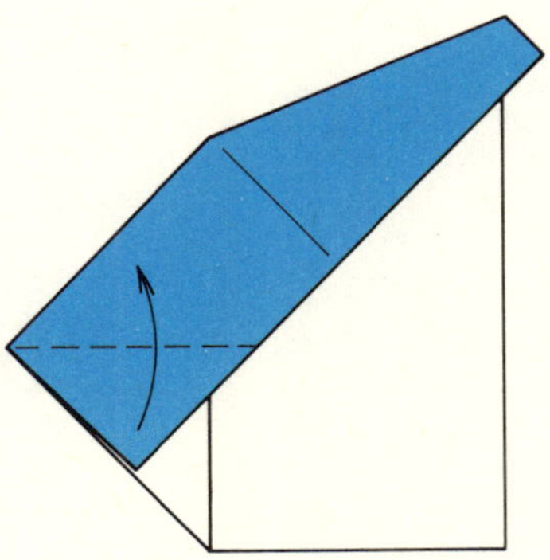

15

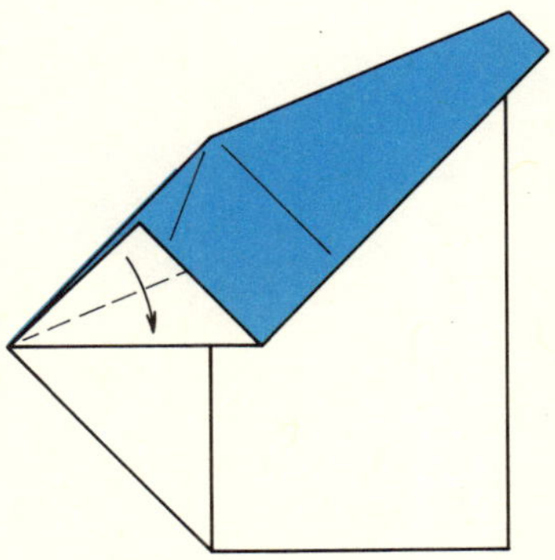

16

17 An der Kreuzung der gefalteten Kante und des vorhandenen Bruchs talfalten.

18 Bis Schritt 16 öffnen.

19 Die Talfalte von Schritt 17 am ganzen hellen Dreieck wiederholen.

20 Die Talfalte von Schritt 16 wiederholen.

21 Die ganze Konstruktion nach unten stecken.

22 Entlang der vorhandenen Brüche die rechte Seite hasenohrfalten. Dieser Schritt ist das Spiegelbild von Schritt 11.

23 Talfalten, wo der Bruch von selbst fällt. Dieser Schritt ist das Spiegelbild von Schritt 12.

24 Entlang der vorhandenen Brüche die dunkle Ecke so weit wie möglich strecken. Dieser Schritt ist das Spiegelbild von Schritt 13.

25 Wieder entlang der vorhandenen Brüche die linke Klappe nach rechts hinüber talfalten. Die obere Kante des Papiers schwingt automatisch nach unten. Dieser Schritt ist das Spiegelbild von Schritt 14.

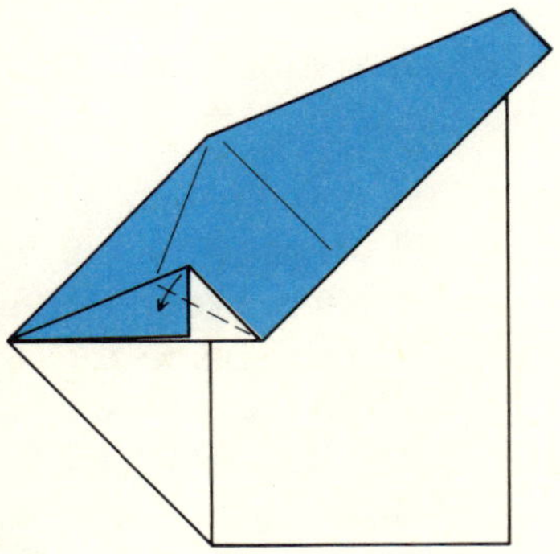

17

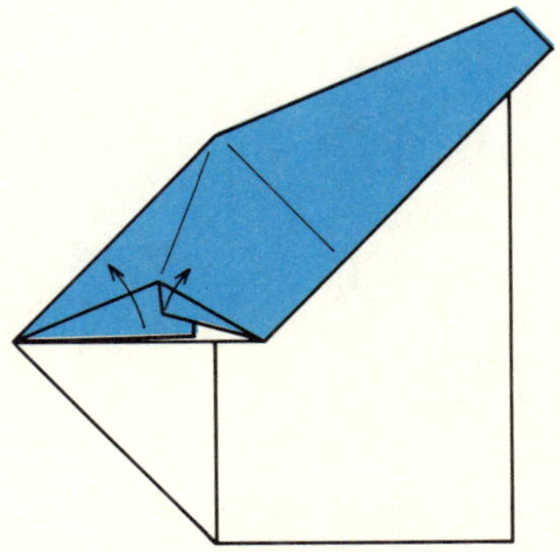

18

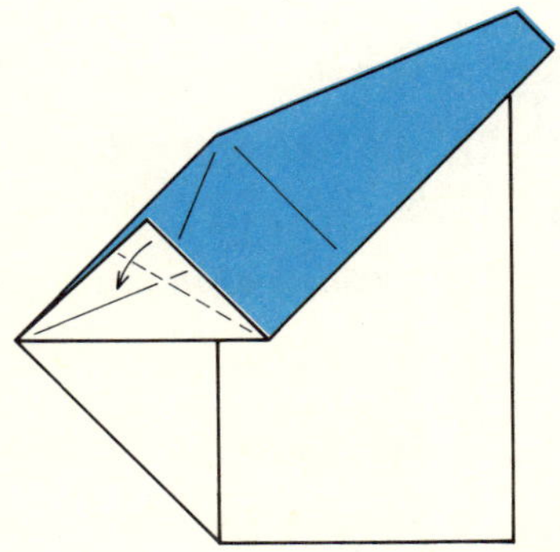

19

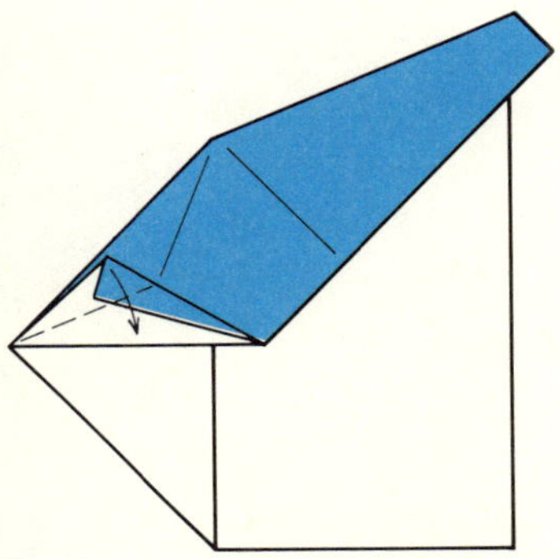

20

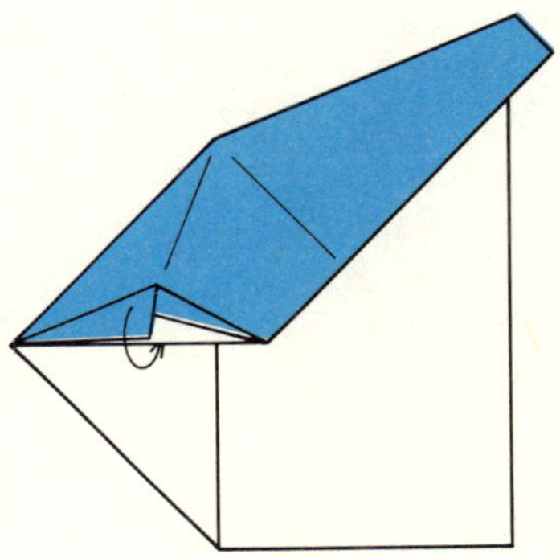

21

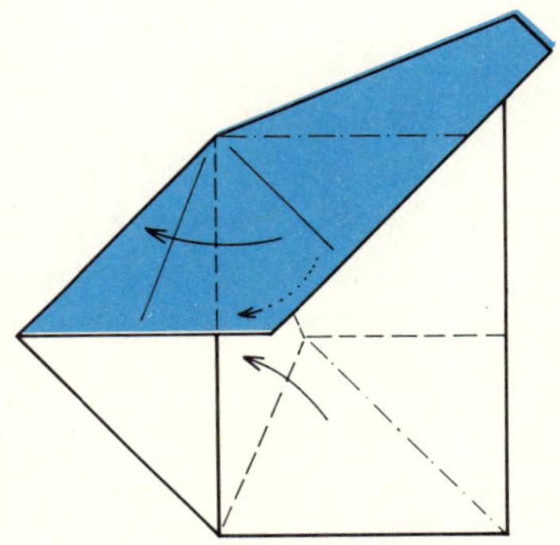

22

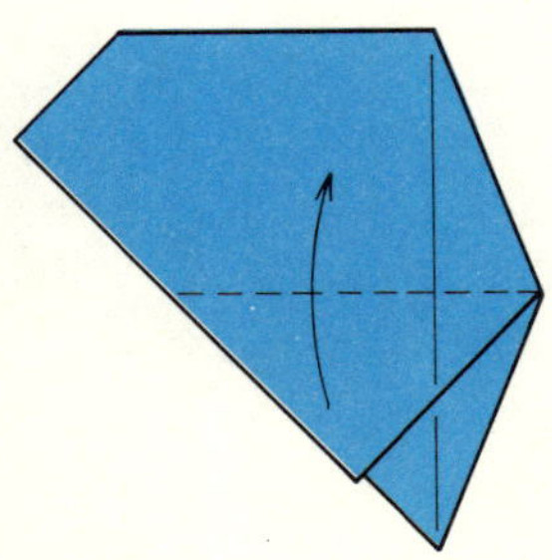

23

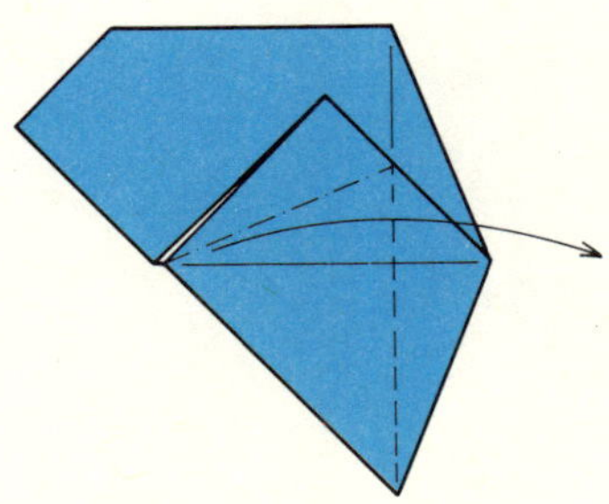

24

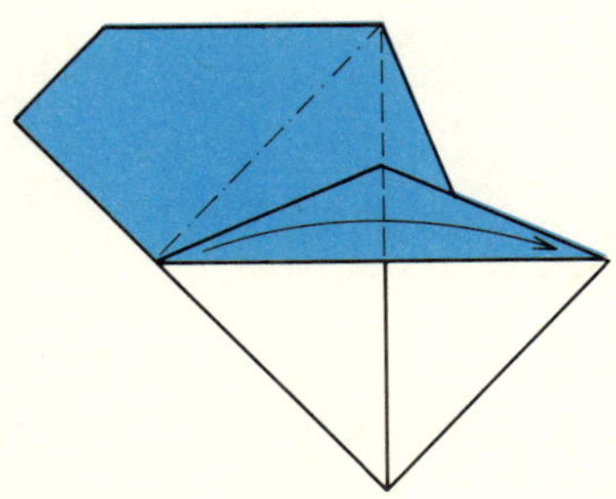

25

26 Die Schritte 15 bis 21 spiegelbildlich wiederholen.

27 Die dunklen Klappen zur Mittellinie gegenknicken nach innen.

28 Diese Klappe entlang der vorhandenen Brüche in einer Bewegung zusammenklappen.

29 Die mittleren Klappen nach oben talfalten und die Brüche von selbst kommen lassen. Das lose Papier hinter den Klappen schließt sich automatisch.

30 Die mittleren Klappen nach unten talfalten, dabei das lose Papier geschlossen lassen. Mit einer Bewegung das lose Papier herausziehen und die untere dunkle Klappe zur Mittellinie hinunterbringen wie in Schritt 19 des **Alligators.**

31 Die beiden unteren Klappen gegenknicken nach innen. Das werden die Hinterbeine. Die Falten oben werden mit einer Bewegung gebildet. Auf jeder Seite der Mittellinie ist eine unterbrochene dunkle Klappe mit zwei Lagen zu finden. Die Verbindung der beiden Lagen bildet eine winzige Tasche, die das lose Papier enthält, das man benötigt, um die Klappen zusammenzubringen. Auf jeder Seite einen Daumen hineinstecken und jede dunkle Klappe so strecken, daß sie zusammenkommt. Den vorhandenen Brüchen nach jede dunkle Klappe zur Mittellinie talfalten. Automatisch bilden sich dann die zusätzlichen Berg- und Talfalten auf dem hellen Stück. Flachpressen.

32 Die zwei mittleren Klappen werden die Vorderbeine. Das obere Stück nach unten talfalten, um die Beine abzudecken.

33, 34 Diese beiden Schritte finden fast gleichzeitig statt. Das ganze Modell sorgfältig, ohne Papier zu zerreißen, hasenohrfalten. Wenn es dann dreidimensional ist, die Vorderbeine zur Seite bringen, dann wird das lose Papier fest. Nur die eine Lage unterhalb des Modells hat ein Hasenohr bekommen. Flachpressen. Das Ergebnis ist in Schritt 44 zu sehen.

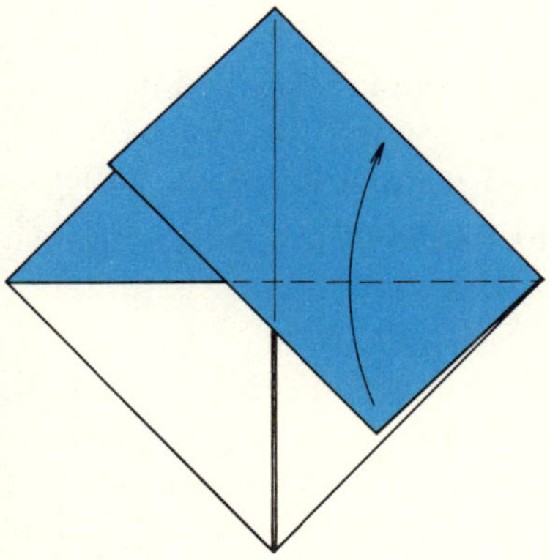

26

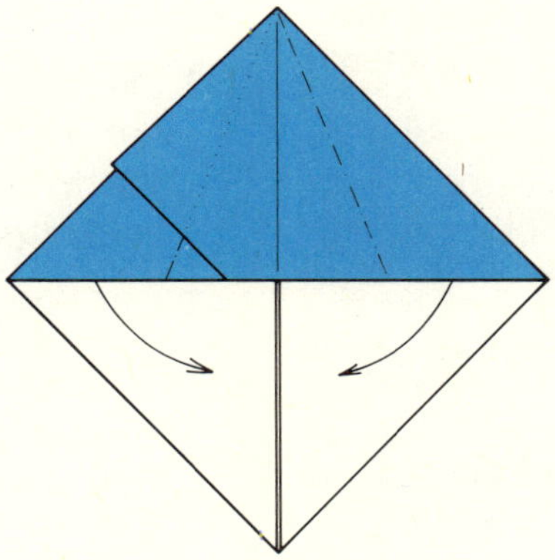

27

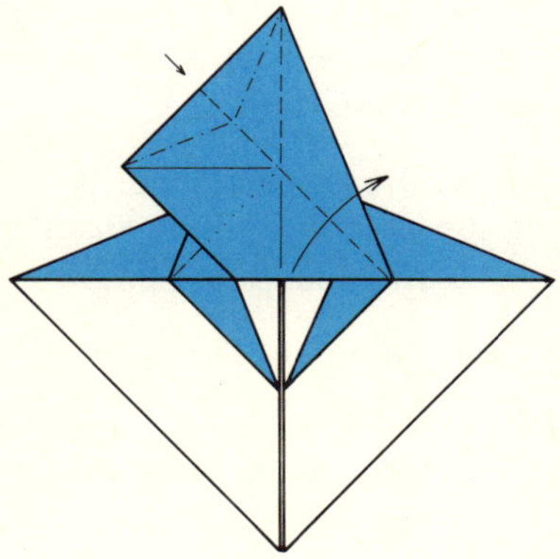

28

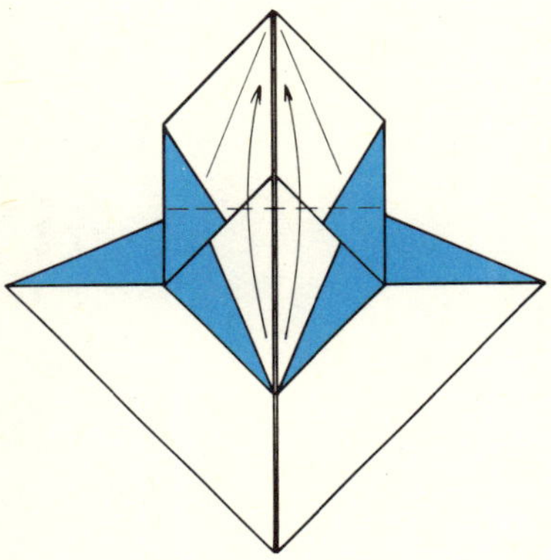

29

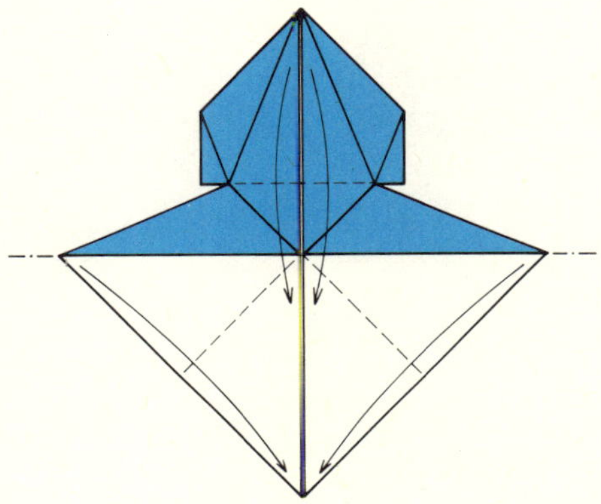

30

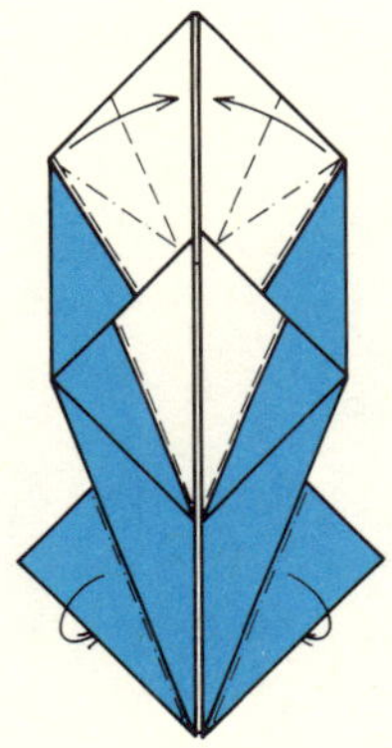

31

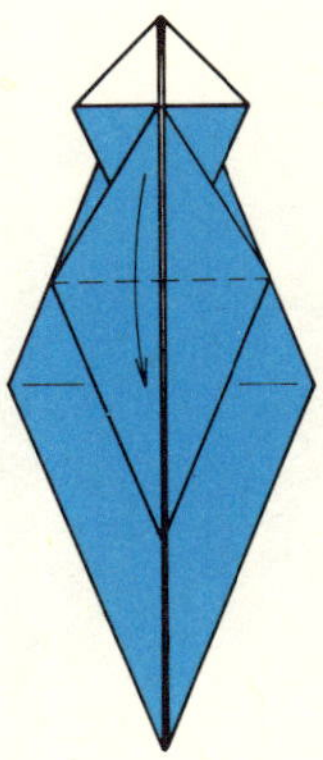

32

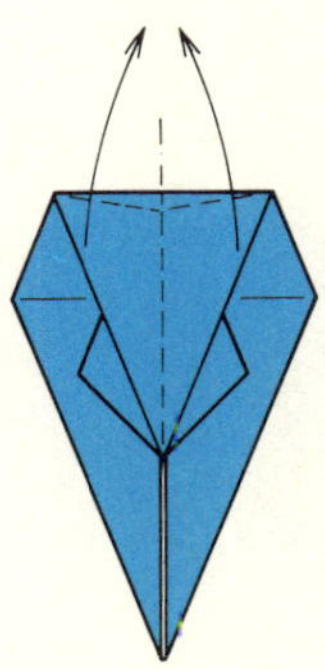

33

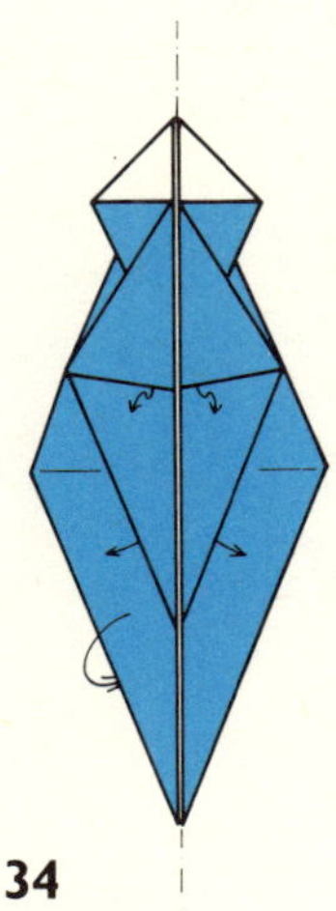

34

35 bis Schritt 43: Einzelheiten des Kopfes. Talfalten, wo die Brüche von selbst fallen. Hinten wiederholen.

36 Die lange Talfalte teilt die helle Klappe in vier gleiche Winkel. Das Papier nach oben zusammenklappen. Hinten wiederholen.

37 Kante auf Kante gegenknicken nach innen. Hinten wiederholen.

38 Die helle Klappe Kante auf Kante talfalten und das kleine dunkle Dreieck nach hinten bringen. Das wird das rechte Ohr. Hinten wiederholen.

39 Die ganze Dicke symmetrisch knitterfalten.

40 Das lose Papier aus beiden Seiten herausziehen, um den Kopf zu bilden.

41 Den unteren Rachen symmetrisch knitterfalten.

42 Den unteren Rachen gegenknicken nach außen. Die Ohren ausbreiten. Den oberen Rachen gegenknicken nach außen, um Schnauze und Zahn zu bilden.

43 Der Kopf ist fertig.

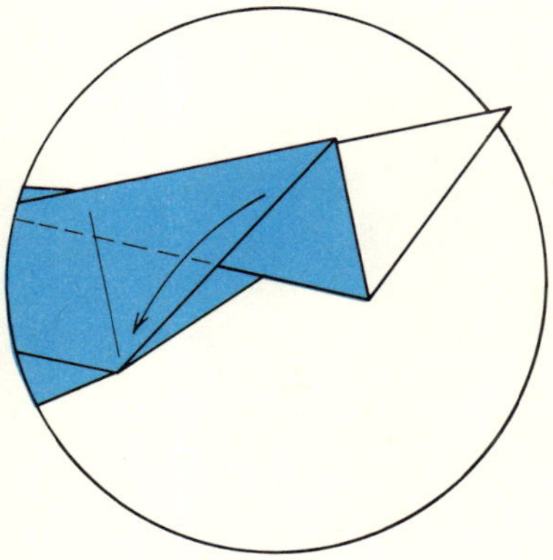

35

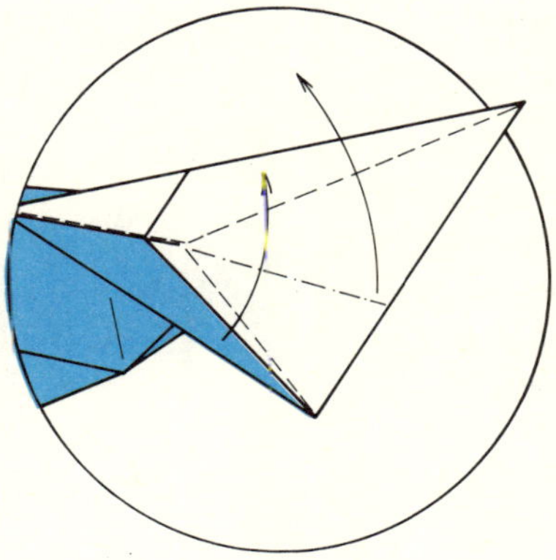

36

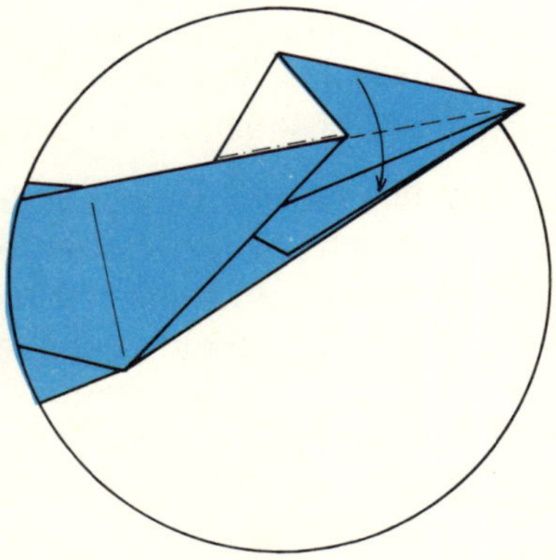

37

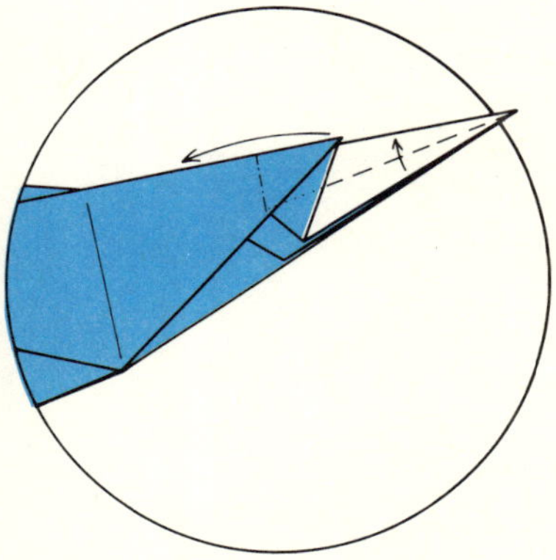

38

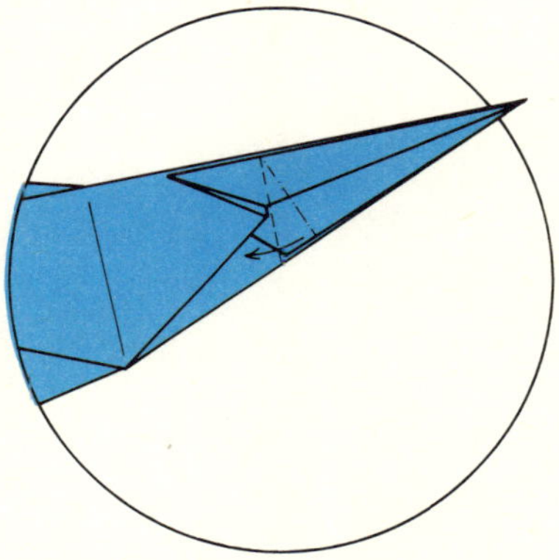

39

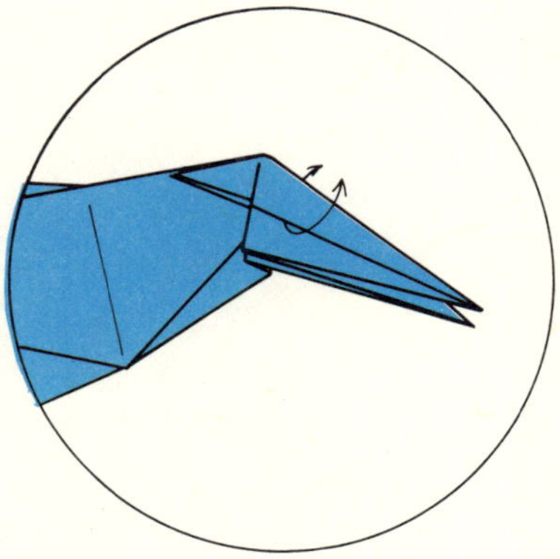

40

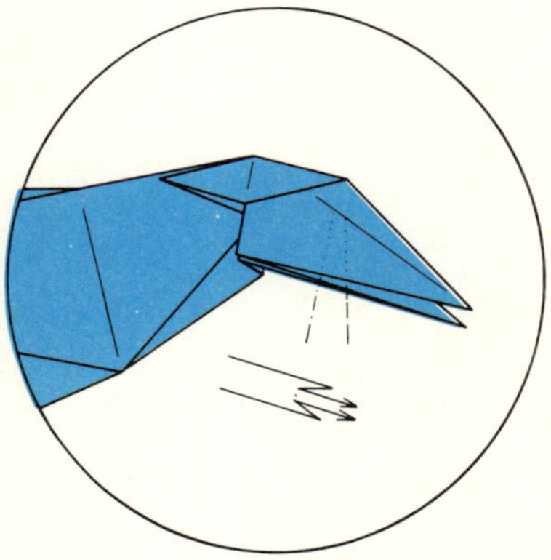

41

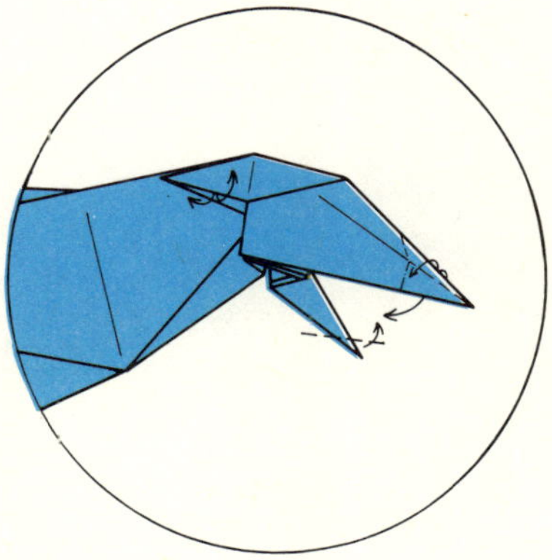

42

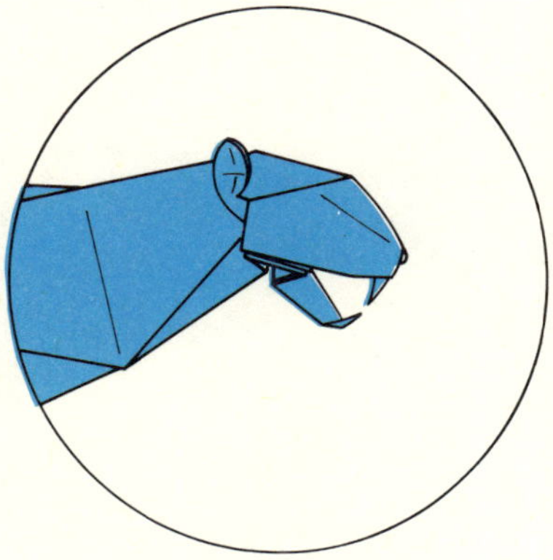

43

44 bis Schritt 50 zeigt den Körper ohne Kopfdetails. Die Vorderbeine gegenknicken nach innen. Die Hinterbeine knitterfalten.

45 Den Schwanz gegenknicken nach innen. Der Bruch sollte den Winkel, der durch die obere Kante des Schwanzes und die hinteren Kanten der Hinterbeine gebildet wird, dritteln. Die Hinterbeine knitterfalten. Die Vorderbeine Kante auf Kante talfalten.

46 Die oberen Kanten der Hinterbeine talfalten. Den Schwanz Kante auf Kante talfalten und das lose Papier nach innen stecken. Aus jedem Vorderbein eine Lage loses Papier herausziehen.

47 Die Hinterbeine bis Schritt 45 öffnen. Den Schwanz auf beiden Seiten hasenohrfalten und umkrempeln. Die einzelne Lage loses Papier an den Vorderbeinen so weit wie möglich herumschwenken.

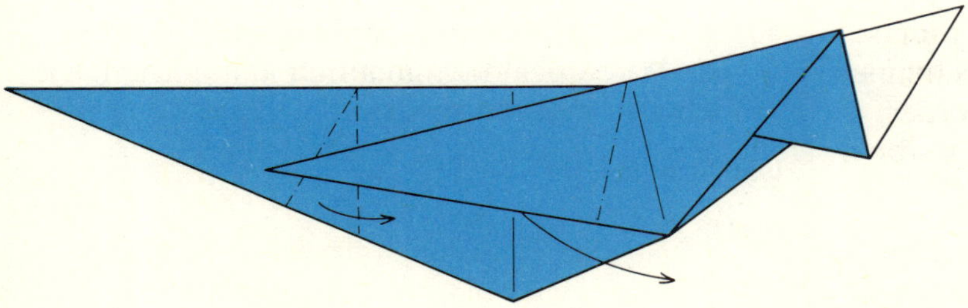

44

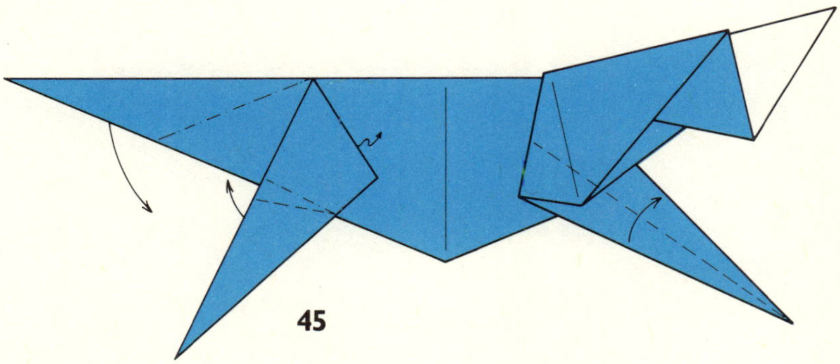

45

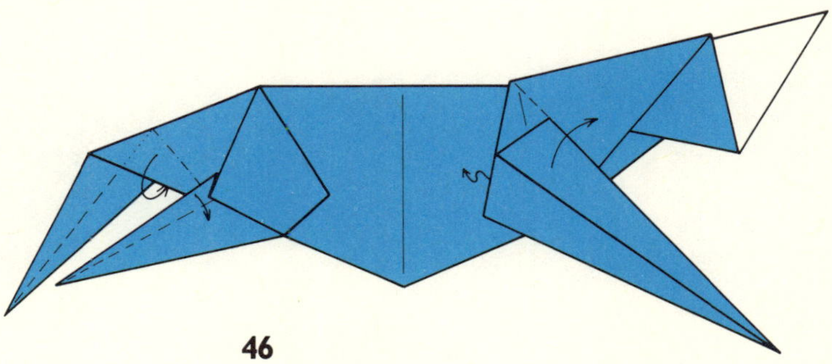

46

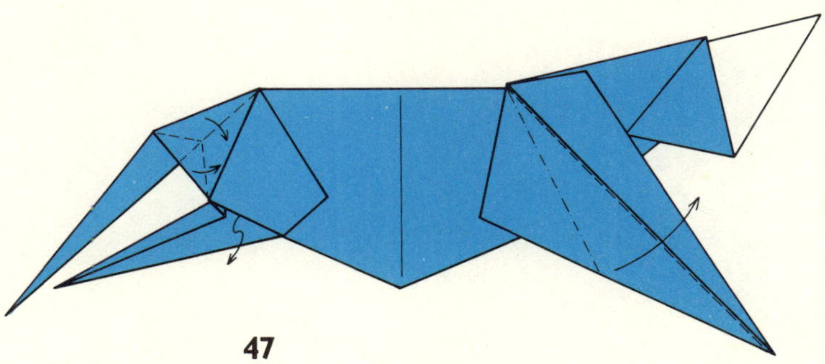

47

48 Die Hinterbeine an den vorhandenen Brüchen entlang symmetrisch gegenknicken nach innen und knitterfalten. Die Rückseite der Vorderbeine talfalten. Die Vorderseite der Vorderbeine bergfalten.

49 Den Schwanz mit Bergfalten verengen. Den Bauch auf jeder Seite mit Bergfalten verengen. Die Vorderseite der Vorderbeine in die danebenliegenden Taschen stecken, dann die Vorderbeine nach hinten talfalten.

50 Den Bauch nochmals mit Bergfalten verengen. Die Vorderbeine symmetrisch knitterfalten. Die Schwanzspitze formen.

Der fertige **Tiger**.

(1987)

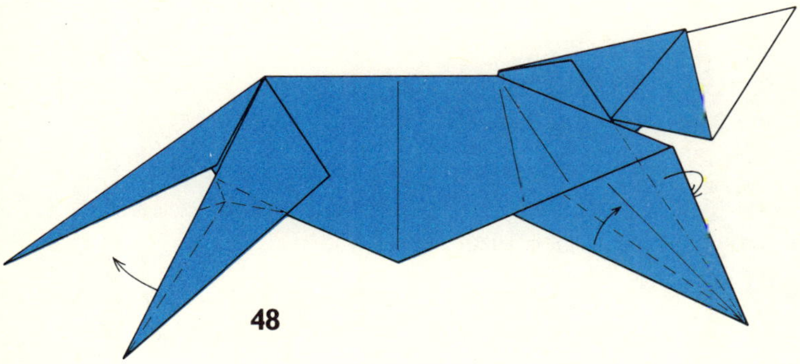

48

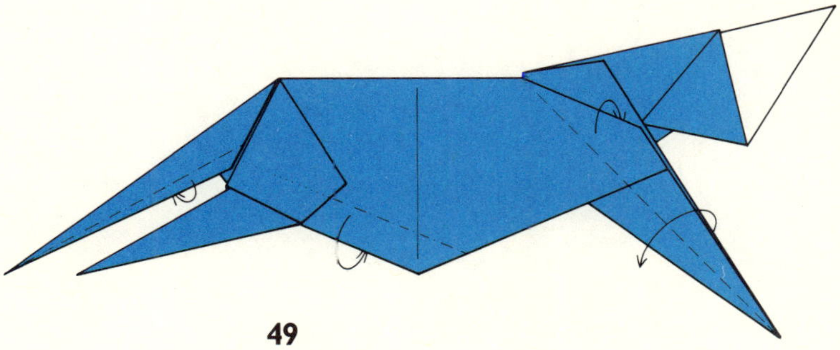

49

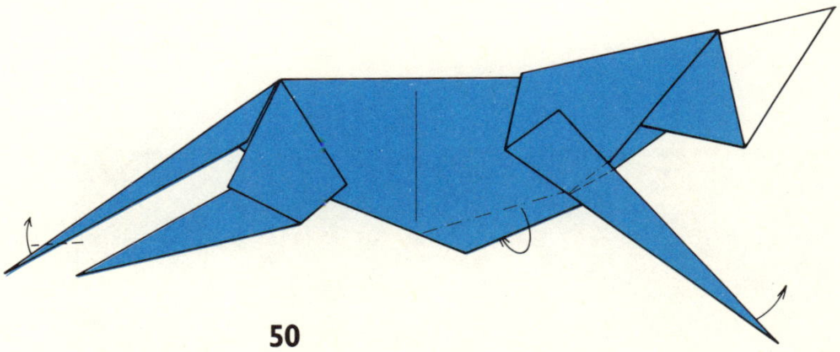

50

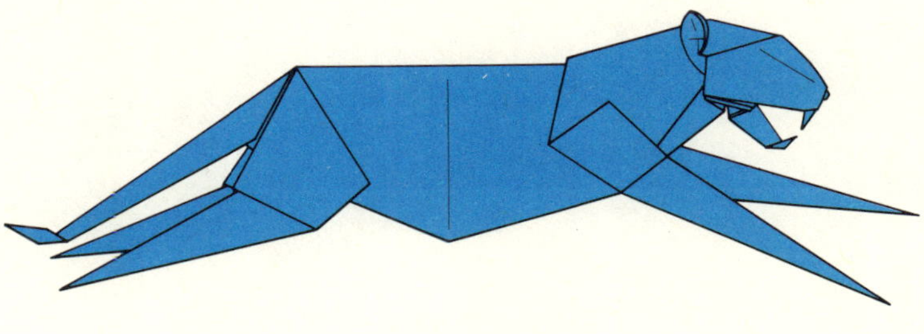

Rentier

Verwenden Sie ein einseitig gefärbtes Blatt Papier. Ein 25-cm-Quadrat ergibt ein ca. 7,5 cm langes Modell. Nehmen Sie für Ihren ersten Versuch ein Quadrat mit einer Mindestseitenlänge von 45 cm.

1 Das Quadrat quer vierteln. Harmonikafalten.

2 Kante auf Kante leicht knicken. Hinten wiederholen.

3 Die Ecke so talfalten, daß sie auf den Bruch trifft. Hinten wiederholen.

4 Die Vorderseite nach unten bringen.

5 Die linken Kanten zur Mittellinie talfalten.

6 Den Kanten der vorhandenen Klappen folgen und nach hinten hasenohrfalten. Das Modell wenden.

7 An der Kante der vorhandenen Klappen entlang nach hinten bergfalten.

8 An den Kanten der versteckten Klappen entlang gegenknicken nach innen und das Modell schließen.

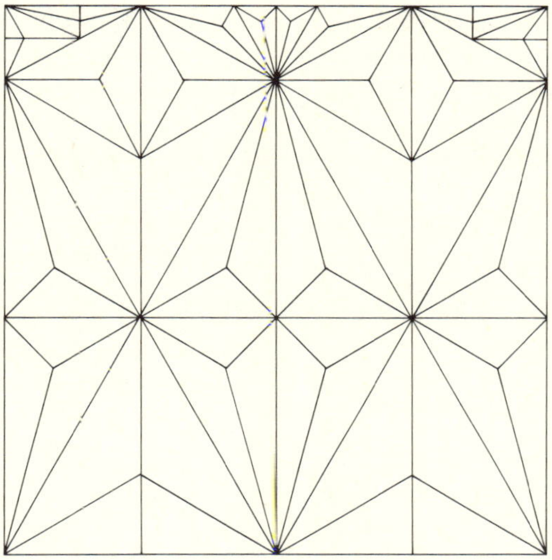

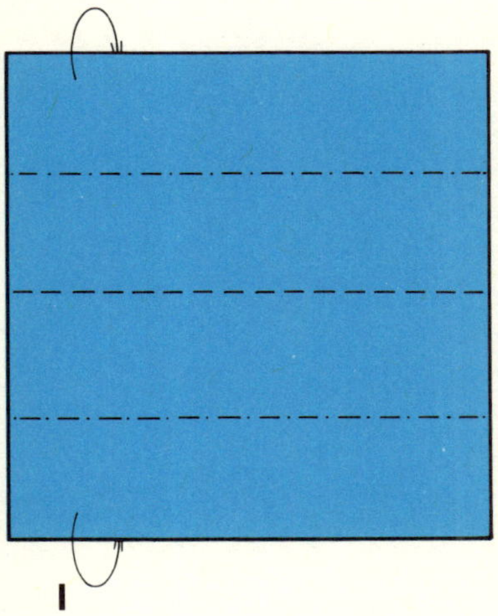

1

2

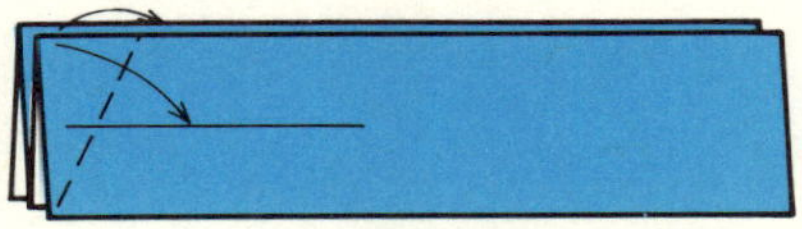

3

4

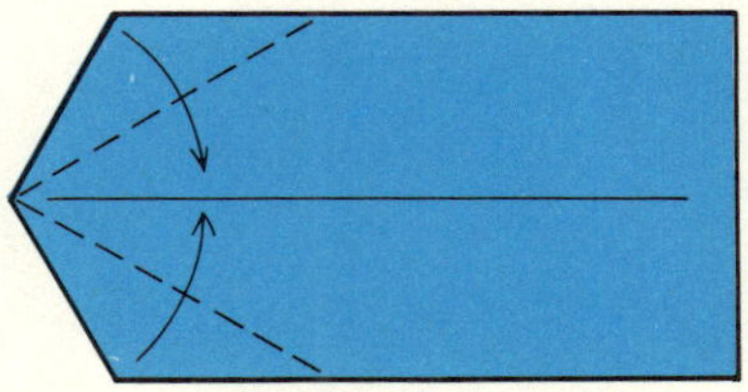

5

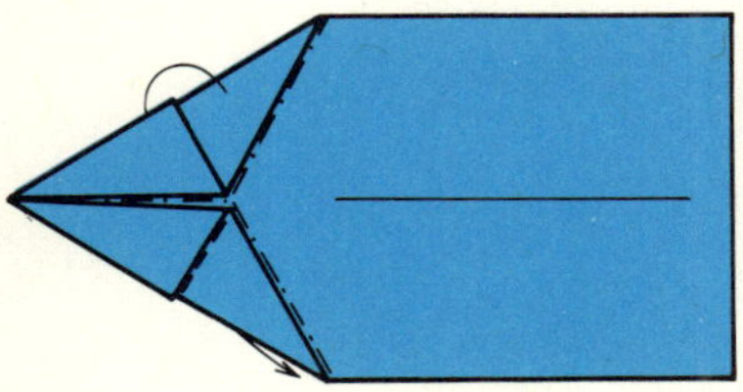

6

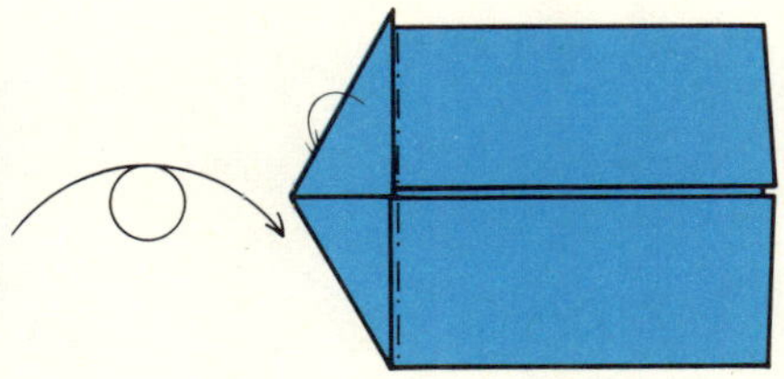

7

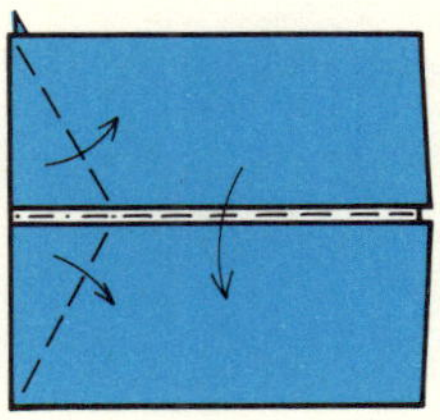

8

9 An der Kante der versteckten Klappe entlang die untere Ecke links nach oben rechts talfalten. Hinten wiederholen.

10 Die rechte Kante nach links talfalten. Der Bruch sollte auf der früheren Ecke (unten links) oben liegen. Fest knicken und bis Schritt 9 öffnen.

11 Das ganze Modell entlang den vorhandenen Brüchen symmetrisch knitterfalten.

12 Das ganze Quadrat öffnen.

13 Das Quadrat an den vorhandenen Brüchen entlang wieder falten. In der Papiermitte befinden sich zwei Scheitelpunkte, an denen sich viele Linien treffen. Diese sinken nach unten, wenn die linke und die rechte Seite nach oben und zueinander schwingen.

14 Die zwei Klappen, die oben herauskommen, gegenknicken nach innen. Die beiden Seitenklappen nach unten und rechts talfalten.

15 Eine Klappe preßfalten.

16 Das lose Papier hochheben und die Klappe schließen.

17 Zwei Klappen nach oben und links talfalten und wieder in die Position aus Schritt 14 bringen.

18 Entlang der Kante der versteckten Klappe knicken und öffnen. Dann zwei Klappen nach oben und links schwenken. Danach liegt das Modell nicht mehr flach.

19 Das Modell ist jetzt dreidimensional. Beim hellen Stück Papier schaut man fast direkt auf die Kante. Die dunkle Klappe preßfalten.

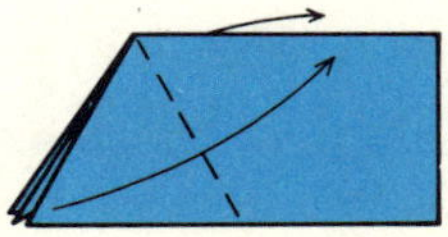
9

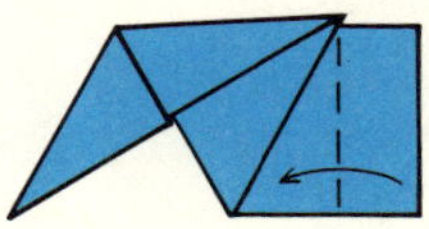
10

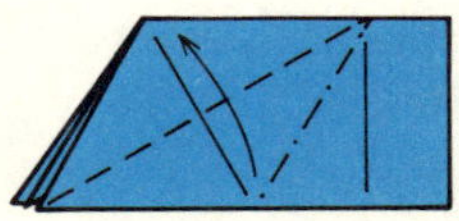
11

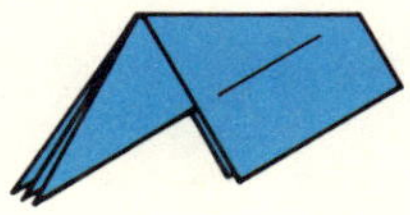
12

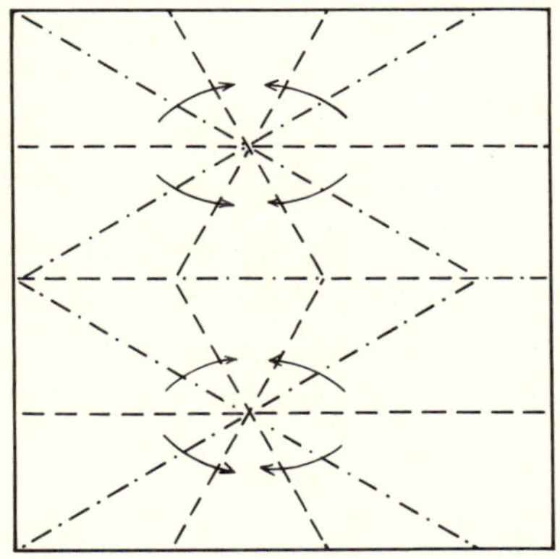
13

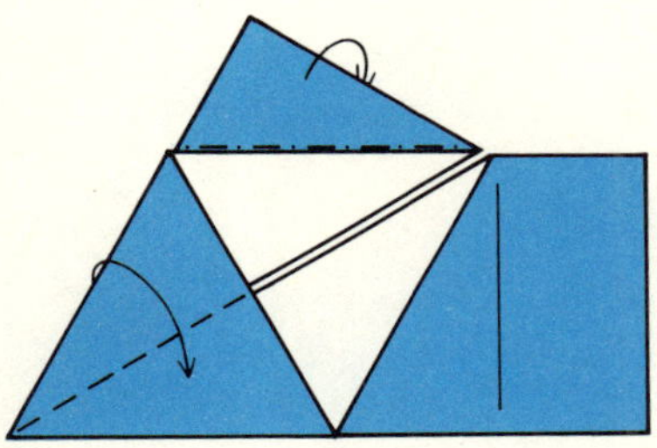
14

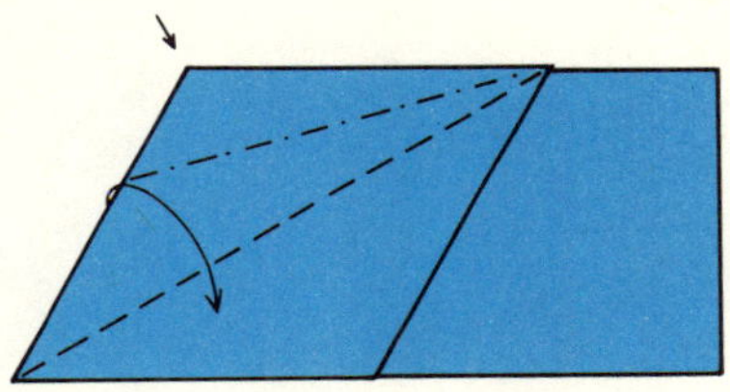
15

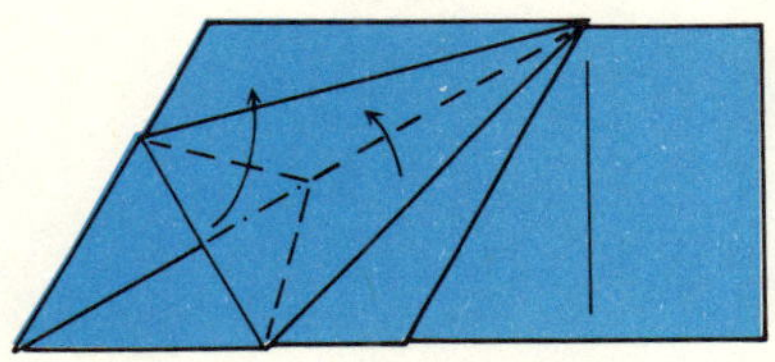
16

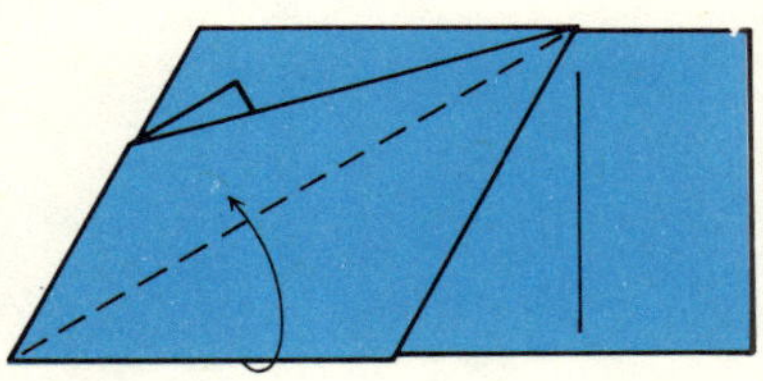
17

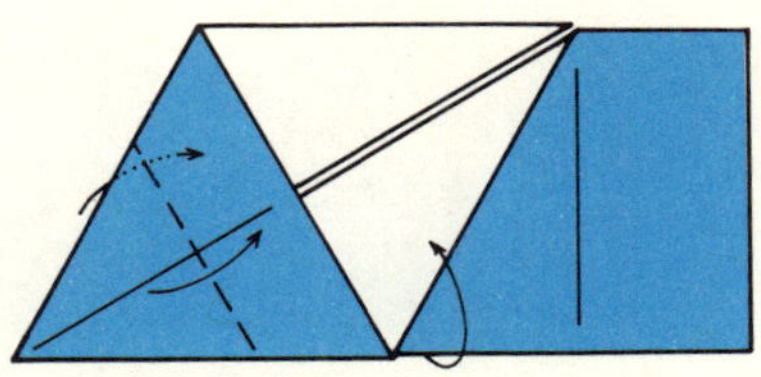
18

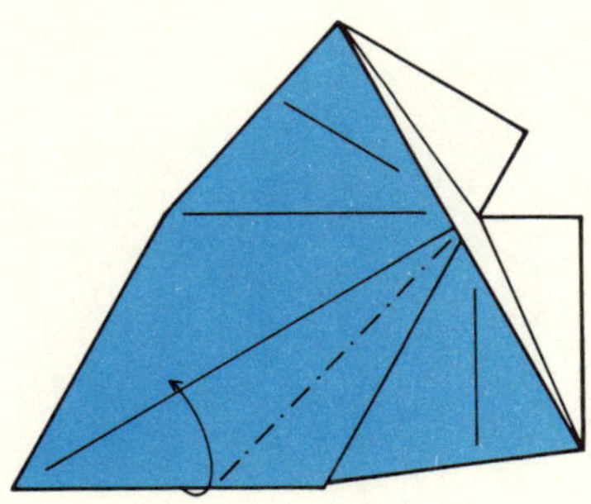
19

20 Das lose Papier anheben wie in Schritt 16 und zwei Klappen nach unten und rechts bringen.

21 Die Ecke unten links so weit wie möglich nach oben und nach rechts talfalten.

22 Von hinten mit dem Finger drücken, um eine kleine Pyramide aus dem dunklen Quadrat zu bilden. Das wird nach vorn springen und sich flach legen.

23 Die Spitze zur Hälfte talfalten und bis Schritt 22 öffnen.

24 Nach den vorhandenen Brüchen die Klappe mit der gleichen Bewegung offen doppelt versenken und schließen.

25 Das ist eine Art Blütenblattfalte. Hinten wiederholen.

26 Öffnen und das lose Papier ausbreiten.

27 Nach den vorhandenen Brüchen das kleine Dreieck in die Tasche dahinter stecken und das Modell mit der gleichen Bewegung schließen. Pinzette benützen! Hinten wiederholen.

28 Die Klappe links vom Schlitz gegen den Uhrzeigersinn herumschwenken. Das Modell legt sich dann in symmetrische Knitterfalten.

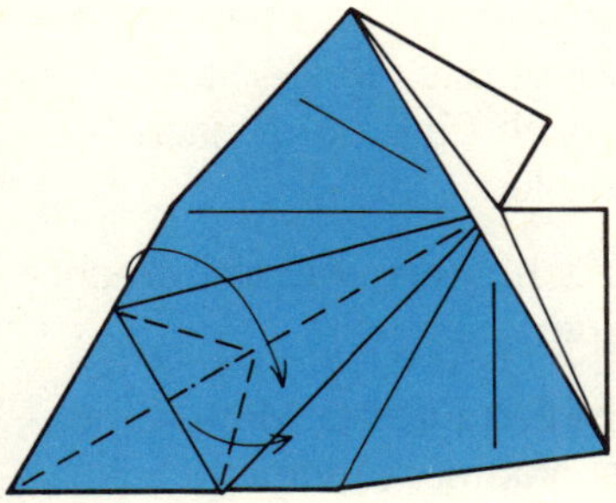

20

21

22

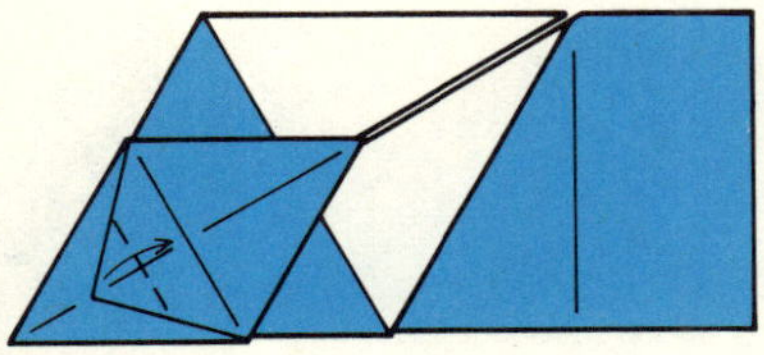

23

24

25

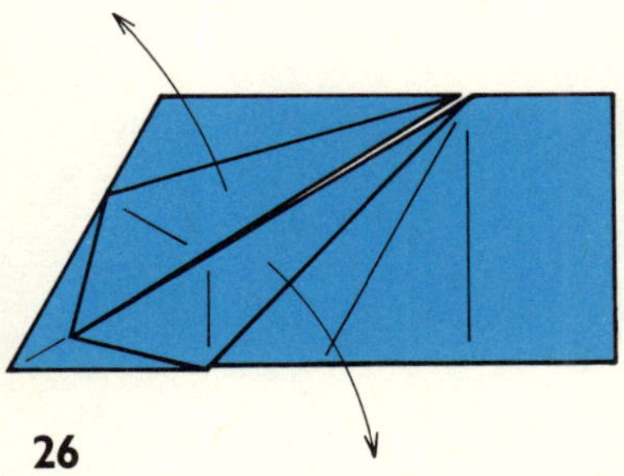

26

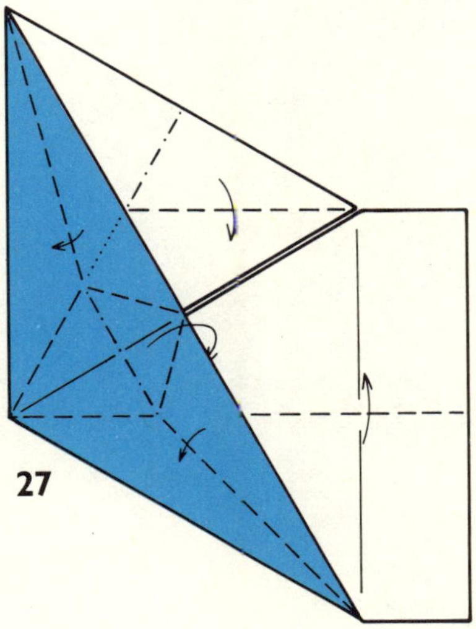

27

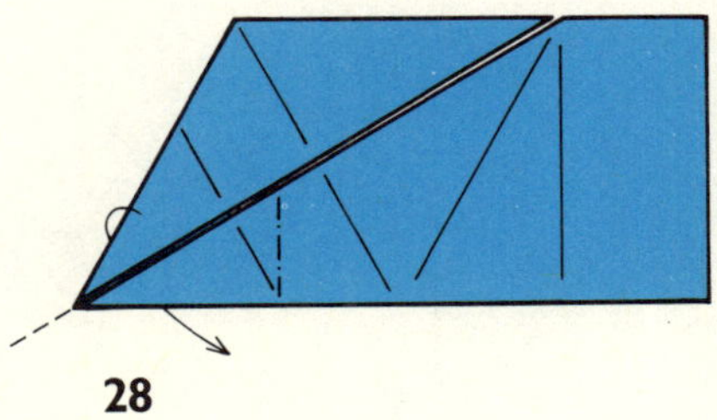

28

29 Das Modell leicht öffnen und die ganze Konstruktion rechts gegenknicken nach innen. (Diesen Vorgang könnte man einen »geschlossenen« Innenknick nenne, weil er direkt aus einer Position in die nächste springt.) Die mittlere Klappe krempelt sich dabei um.

30 Die helle Klappe nach unten und links talfalten. Hinten wiederholen.

31, 32 Einzelne Brüche wie abgebildet machen. Dann das Modell, mit einer Bewegung, von vorn nach innen drücken und es in eine dreidimensionale Hasenohrfalte zusammenklappen. Die Brüche an die richtige Stelle »massieren«. Das Ergebnis ist symmetrisch.

33 Die dunkle Klappe nach oben und rechts talfalten. Hinten wiederholen.

34 Durch das dunkle Stück gegenknicken nach innen. Hinten wiederholen.

35 Das helle Dreieck nach unten und nach rechts bringen. Dabei schwingt das dunkle Stück der Klappe automatisch nach unten und nach links. Hinten wiederholen.

36 Die dunkle Klappe nach oben und nach rechts talfalten. Hinten wiederholen.

37 Die drei Ecken des hellen Dreiecks zusammenbringen und das lose Papier wie einen Fächer zusammenklappen. Hinten wiederholen.

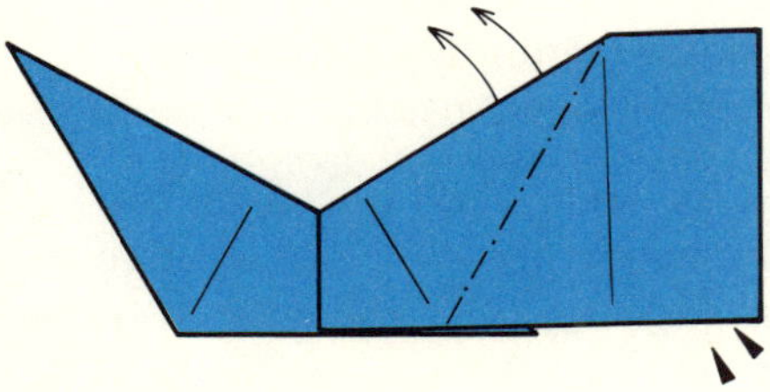

29

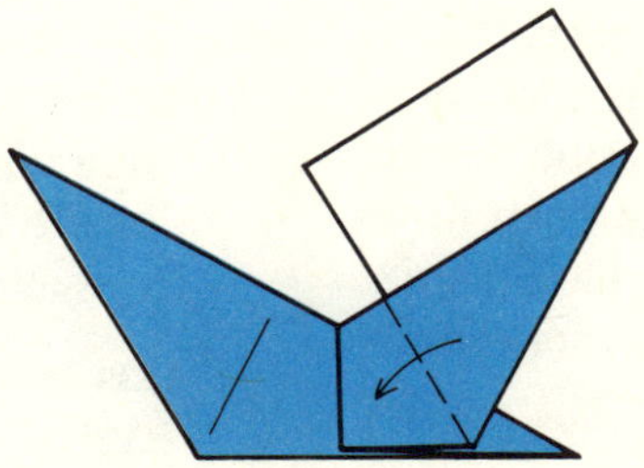

30

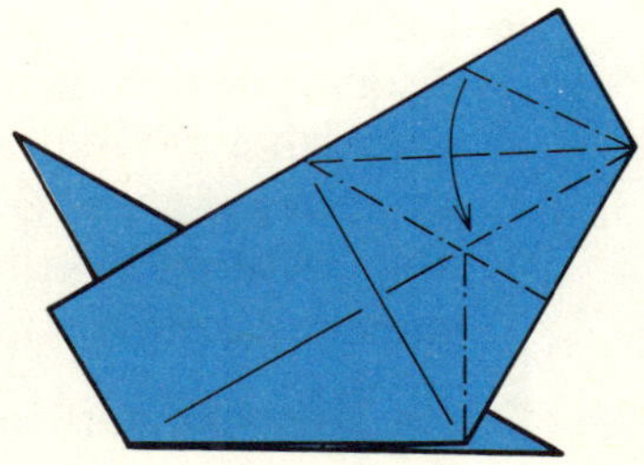

31

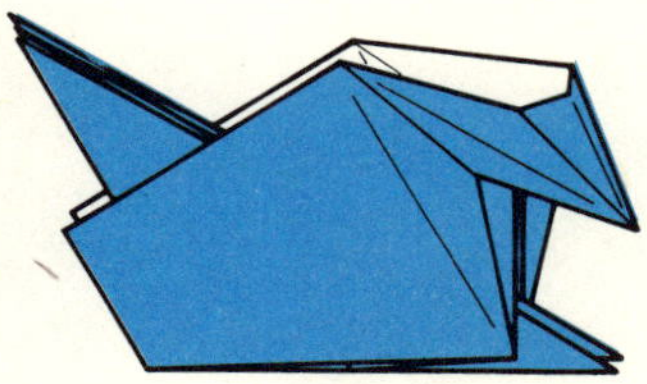

32

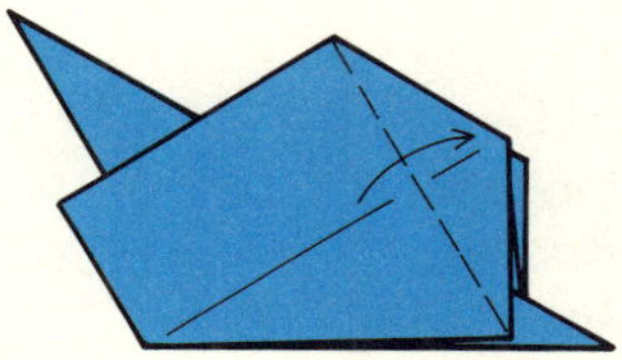

33

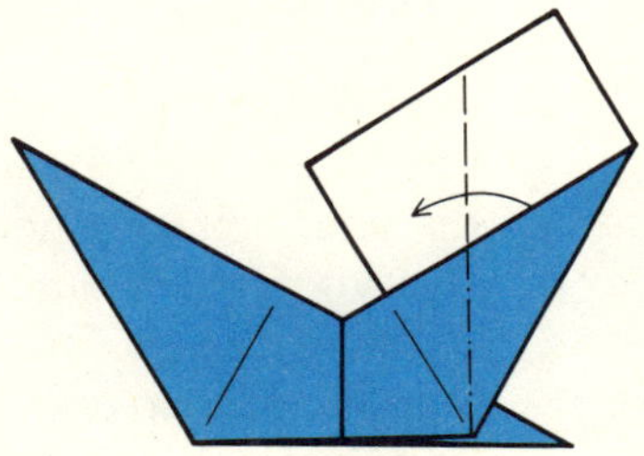

34

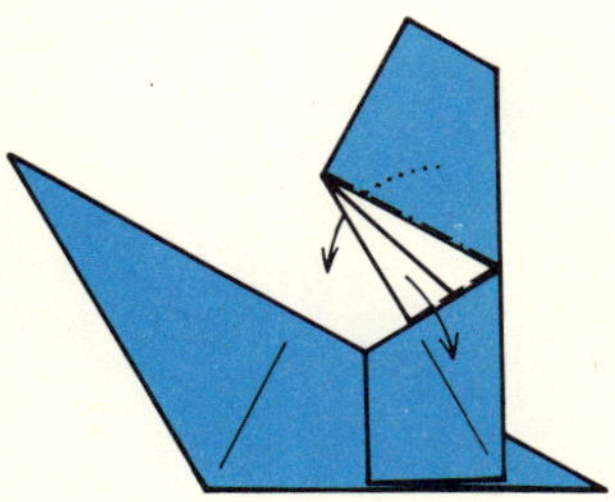

35

36

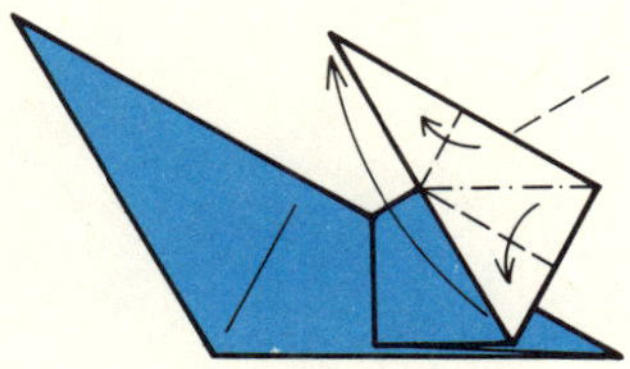

37

38 Die Klappen, die nach oben und nach links zeigen, werden die Hinterbeine. Bergfalten und dabei die mittlere Schwanzklappe an Ort und Stelle lassen. Die helle Klappe nach unten und nach rechts talfalten. Die dunkle Spitze gegenknicken nach innen. Hinten wiederholen.

39 Die Beine knitterfalten. Den Schwanz ganz nach unten und nach vorn bringen. Die helle Klappe mit Talfalten verengen und nach oben und rechts bringen. Die dunklen Klappen, die nach unten und rechts zeigen, werden die Vorderbeine. Die Klappe, die das Vorderbein verdeckt, leicht knicken und heben. Hinten wiederholen.

40 Die Zeichnung ist etwas gekippt. Den Schwanz gegenknicken nach innen und nach hinten bringen. (Der Bruch ist nicht zu sehen.) Dann mit einer Bewegung die Vorderbeine knitterfalten und Kopf und Nacken im Uhrzeigersinn drehen. Die Hüfte mit einer Bergfalte verengen. Hinten wiederholen.

41 Den Bauch mit Bergfalten verengen und das lose Papier in die danebenliegenden Taschen, die vom Schwanz gebildet werden, stecken. Das Vorderbein durch Talfalten der doppelten Dicke verengen. Eine helle und eine dunkle Klappe nach links bringen und das überschüssige Papier in den Körper stecken. Alle Falten hinten wiederholen.

42 Das Hinterbein gegenknicken nach innen. Ohne neue Brüche zu machen, die oberste Lage vom Vorderbein nehmen und in die Tasche darunter stecken. Ansicht im Schnitt: Preßfalte. Alle Falten hinten wiederholen.

43 Das Hinterbein symmetrisch mit Talfalten verengen und das lose Papier mit Bergfalten nach innen stecken. (Die Bergfalten kneifen die Hüfte hinten etwas zusammen). Die nächste Lage vom Vorderbein nehmen. Die Talfalte in eine Bergfalte verwandeln und in die Tasche dahinter stecken. Ansicht im Schnitt: Die große Klappe geschlossen versenken. Die kleine Klappe oben preßfalten. Alle Falten hinten wiederholen.

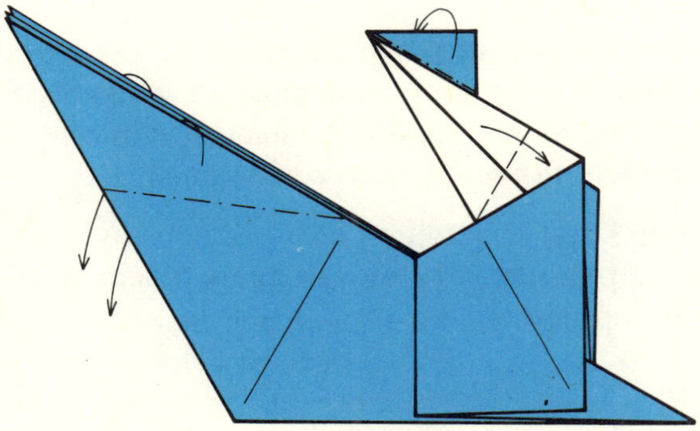

38

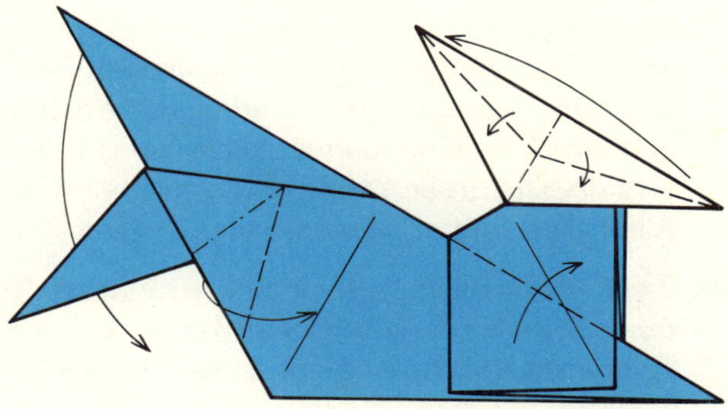

39

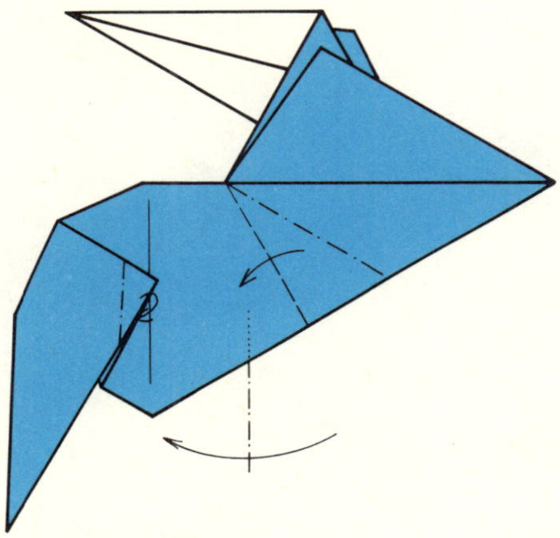

40

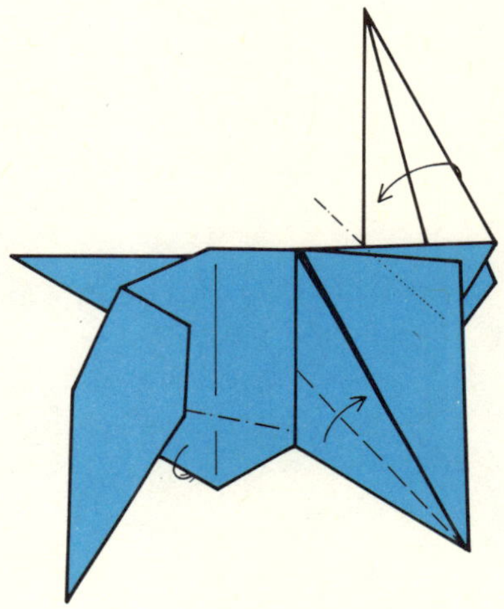

41

42

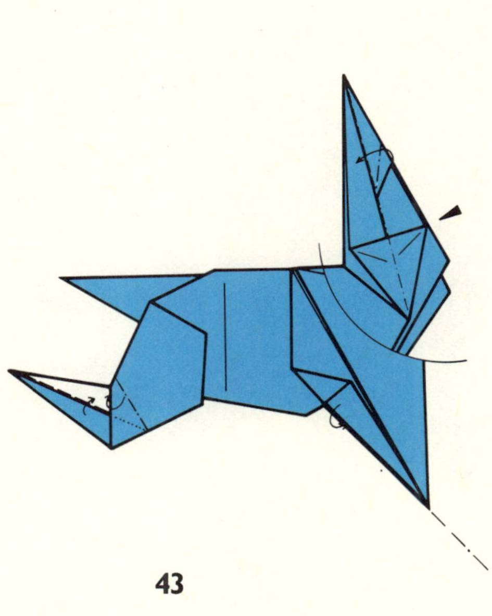

43

44 Das Hinterbein gegenknicken nach innen. Das Vorderbein mit einer Talfalte schließen. Den Schwanz symmetrisch knitterfalten. Ansicht im Schnitt: Die kleine Klappe geschlossen versenken. Die große Klappe nach rechts bringen. Alle Falten hinten wiederholen.

45 Zwei Kopfklappen geschlossen versenken. Die oberste Lage des Vorderbeins bergfalten. (Ein Teil dieses Bruchs ist nicht zu sehen.) Beide Falten hinten wiederholen.

46 Die nächste Kopfklappe preßfalten und nach hinten bringen. Hinten wiederholen.

47 Das winzige Dreieck in der Preßfalte heben und nach oben zusammenklappen. Die helle Klappe in der Mitte des Modells enthält den Kopf und die Ohren. Herausschwingen.

48 Die Kopfkonstruktion berg- und talfalten und nach oben zusammenklappen. Flachpressen. Dann die vordere Klappe leicht nach unten ziehen, um ans Innere zu kommen.

49 Die Kopfkonstruktion leicht öffnen und alle Klappen mit Talfalten verengen. Nochmals flachpressen.

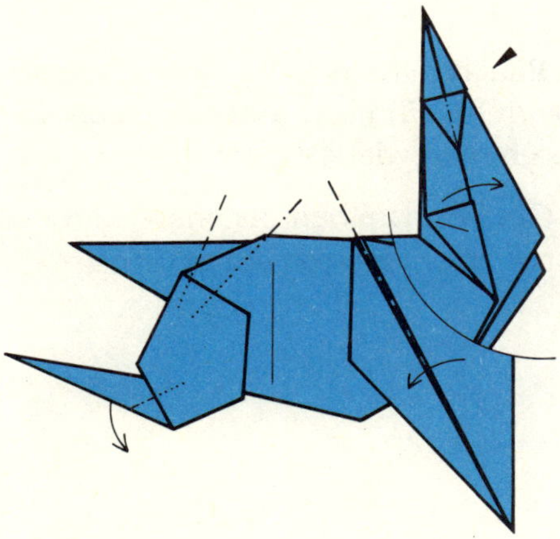

44

45

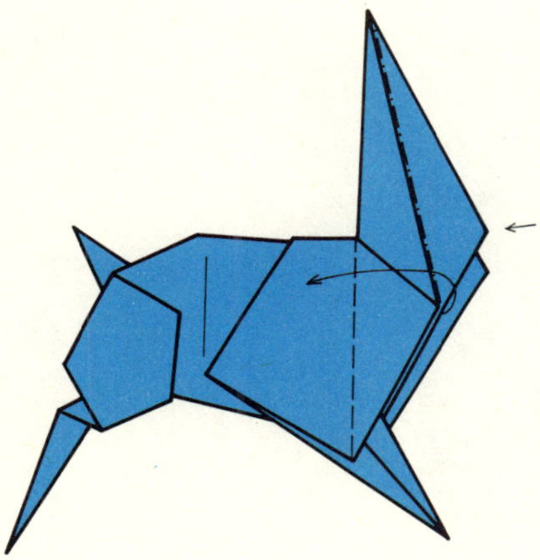

46

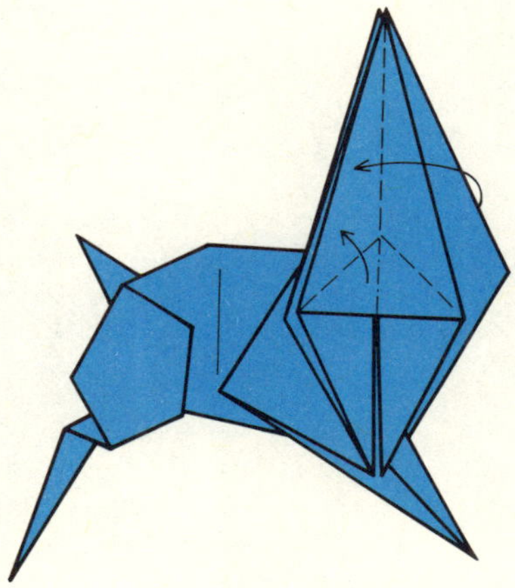

47

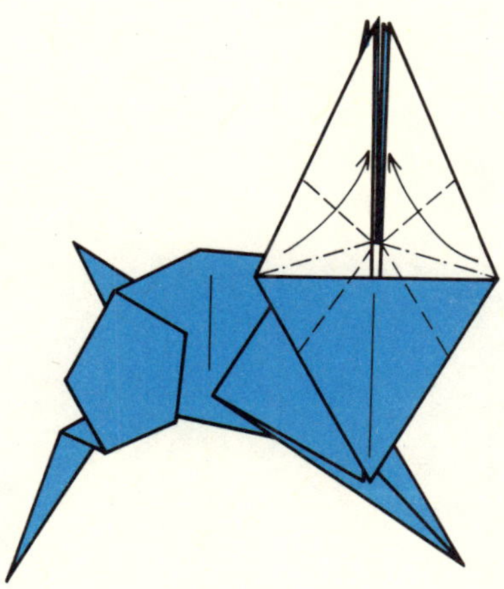

48

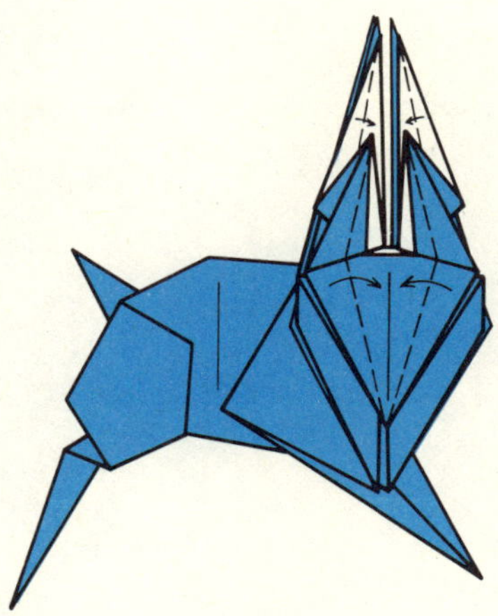

49

50 Aus der leicht geöffneten Kopfkonstruktion das lose Papier herausziehen. An den vorhandenen Brüchen entlang zur Blütenblattfalte flachpressen.

51 Die Spitze des einschichtigen Dreiecks bergfalten. Das werden die Augen. An den vorhandenen Brüchen entlang die ganze Kopfkonstruktion nach oben bringen.

52 Die Kopfkonstruktion nach rechts talfalten.

53 Jetzt ist das Modell ganz symmetrisch. Das Vorderbein mit einer Talfalte verengen. Hinten wiederholen.

54 Den Bauch mit einer Bergfalte verengen. Das nähere Geweih nach unten bringen. Beide Falten hinten wiederholen.

55 Das Geweih daneben gegenknicken nach innen. Hinten wiederholen.

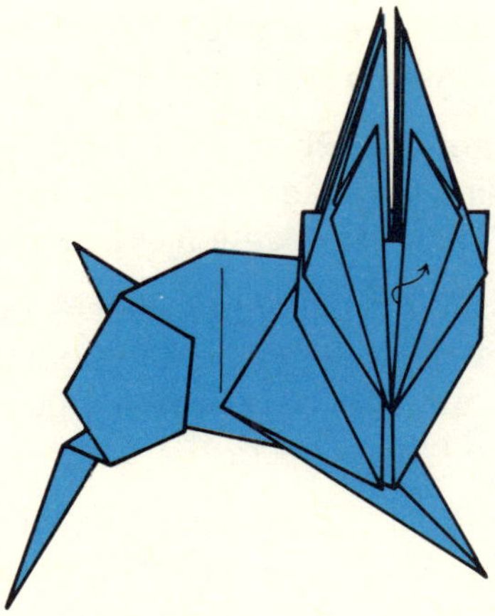

50

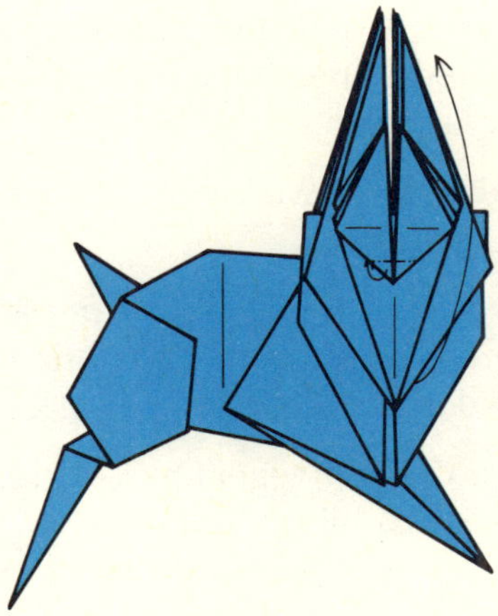

51

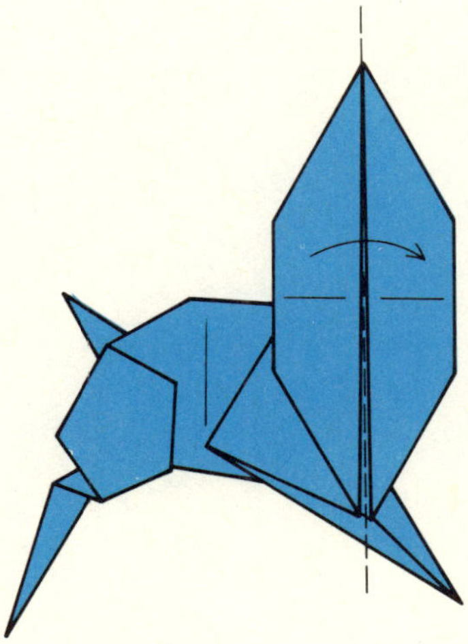

52

53

54

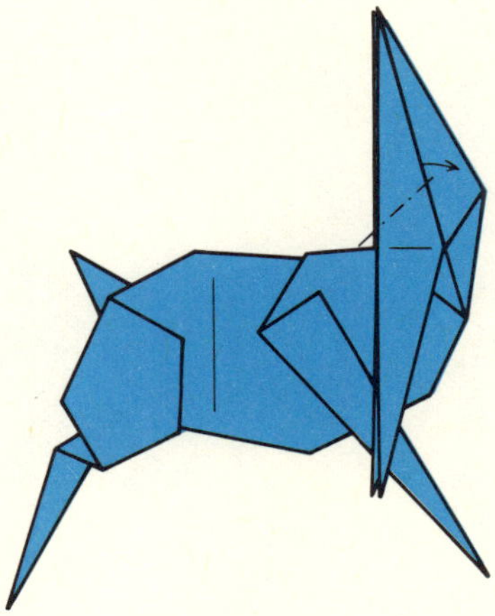

55

56 bis Schritt 63: Einzelheiten vom Kopf. Das vorstehende Geweih mit Talfalten verengen. Hinten wiederholen.

57 Das vorstehende Geweih nach hinten bringen. Hinten wiederholen.

58 Das hintere Geweih gegenknicken nach innen. Das vordere Geweih nach oben bringen. Hinten wiederholen.

59 Das hintere Geweih gegenknicken nach außen, um die Zacke zu bilden. Das vordere Geweih gegenknicken nach innen. Hinten wiederholen.

60 Das vordere Geweih mit Talfalten verengen und nach hinten bringen. Hinten wiederholen.

61 Das hintere Geweih oben gegenknicken nach innen. Hinten wiederholen. Den Kopf durch den Ohrenansatz gegenknicken nach innen.

62 Die Zacken des hinteren Geweihs oben trennen. Hinten wiederholen. Die Kopfklappe mit Talfalten auf jeder Seite umkrempeln. Dann gehen die Ohren hoch.

63 Die oberen Zacken vorne gegenknicken nach außen. Die Ohren ausbreiten. Das lose Papier aus jeder Seite des Nackens ziehen, um das Maul zu vergrößern. Die Spitze des Kopfes nach oben biegen, um die Schnauze zu bilden.

Das fertige **Rentier**.

(1976 – 78)

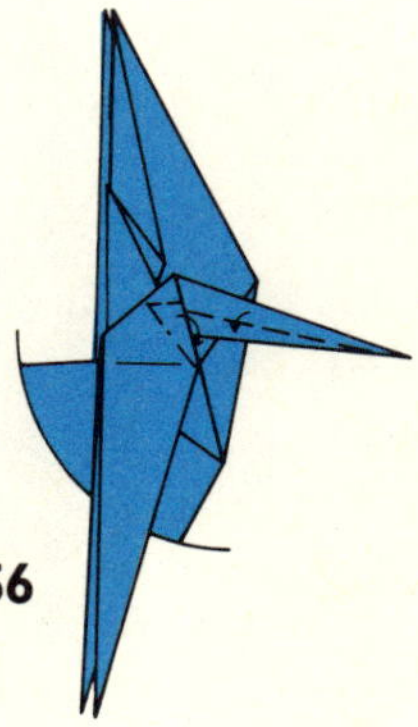
56

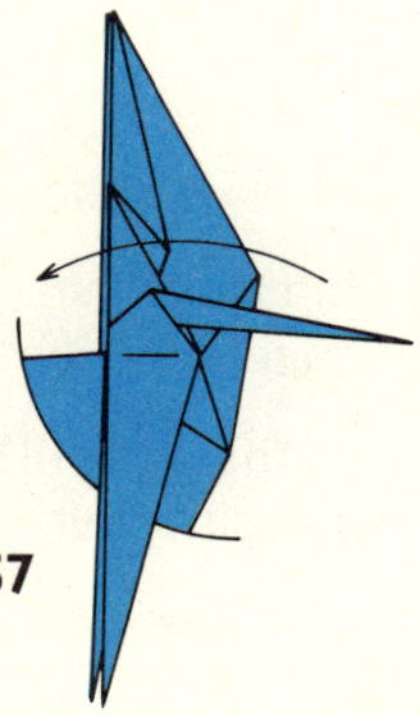
57

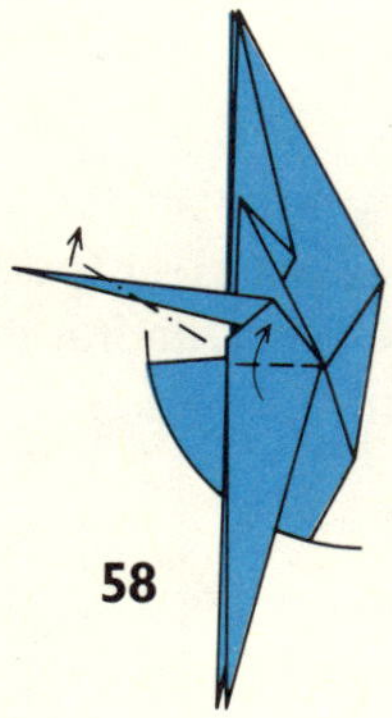
58

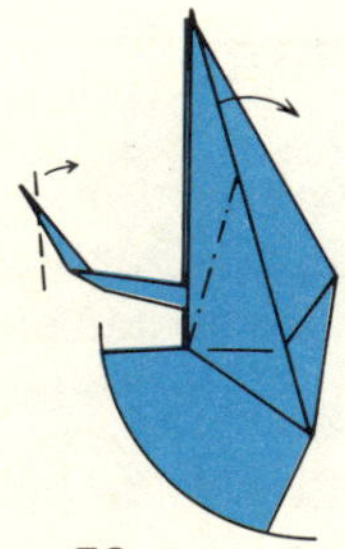
59

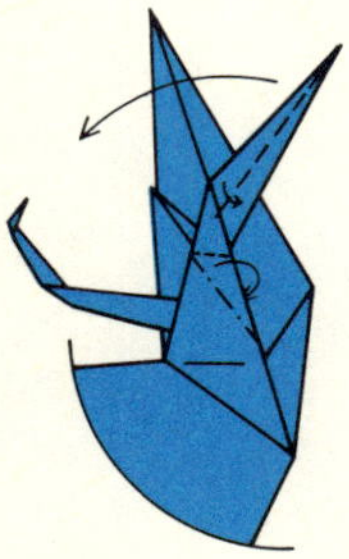
60

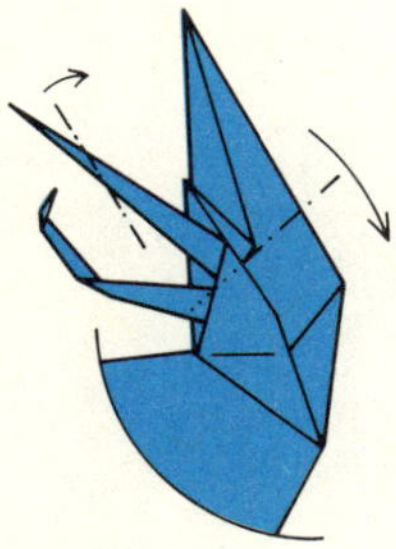
61

62

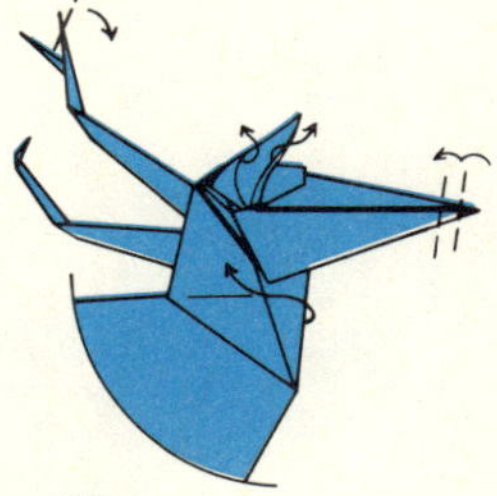
63

Elefant

Verwenden Sie ein einseitig gefärbtes Blatt Papier. Ein 25-cm-Quadrat ergibt ein ca. 7 cm langes Modell. Für den ersten Versuch sollten Sie ein Quadrat mit der Mindestseitenlänge von 45 cm nehmen.

1 Zur Hälfte talfalten.

2 Bei ganz flachem Papier von der Mitte zur Ecke talfalten.

3 Preßfalten.

4 Zur Mittellinie talfalten und öffnen.

5 Blütenblattfalten. Die Brüche aus dem vorangegangenen Schritt nicht beachten.

6 Entlang des vorhandenen Bruchs das kleine Dreieck talfalten.

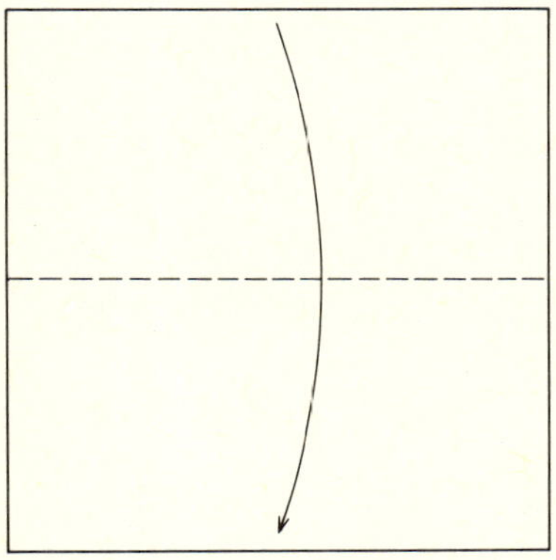

1

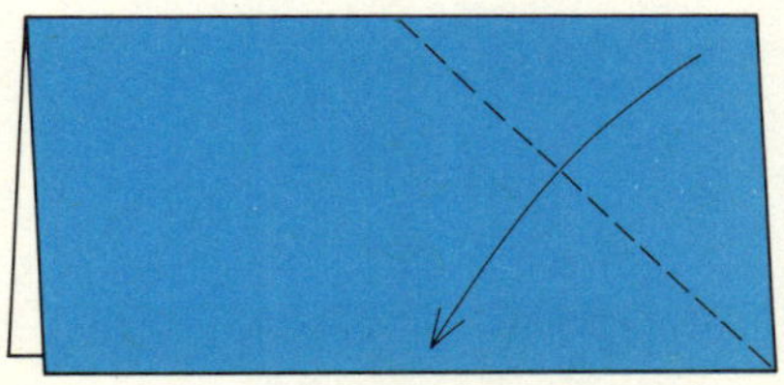

2

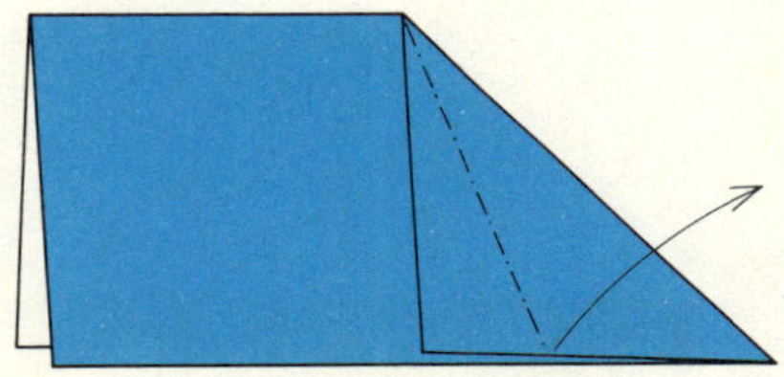

3

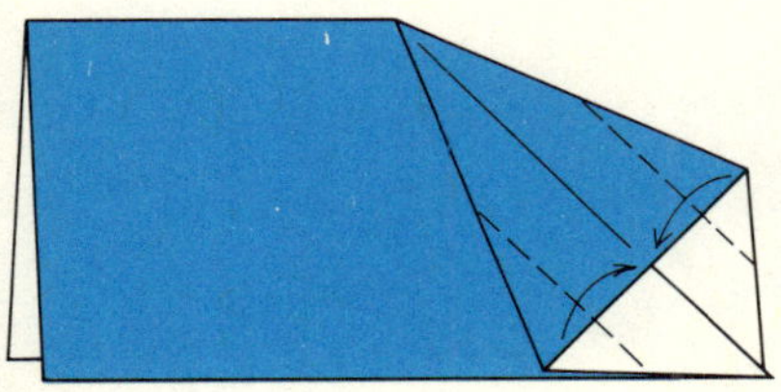

4

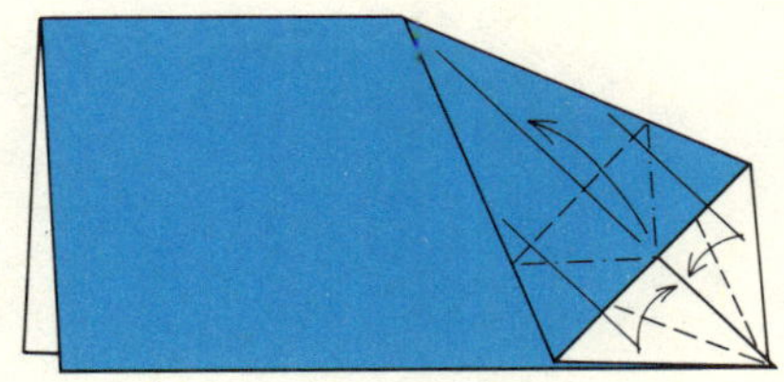

5

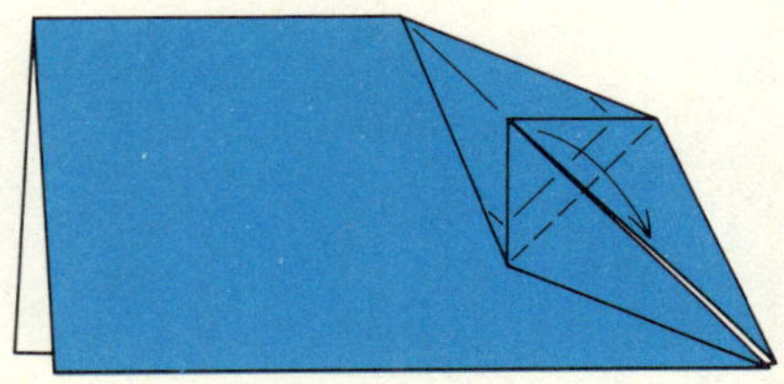

6

7 Das dreieckige Stück auf jeder Seite durch die Brüche von Schritt 4 offen versenken.

8 An den vorhandenen Brüchen entlang die Senkfalten ausbreiten und das lose Papier zur Mittellinie talfalten.

9 Das ist der Schwanz. Er taucht später wieder auf. Bis Schritt 7 öffnen.

10 Bei leicht geöffnetem Modell das kleine Dreieck nach innen stecken.

11 Die dunkle Klappe nach hinten bergfalten.

12 Jetzt ist das Modell symmetrisch. Eine Lage heben und nach rechts bringen. Flachpressen. Automatisch bilden sich neue Bergfalten.

13 Mit Hilfe der verborgenen Kante das linke Dreieck talfalten.

14 Das rechte Dreieck durch die beiden Ecken talfalten.

15 Beide Dreiecke öffnen. Die Schritte 13 bis 15 auf der Seite gegenüber wiederholen.

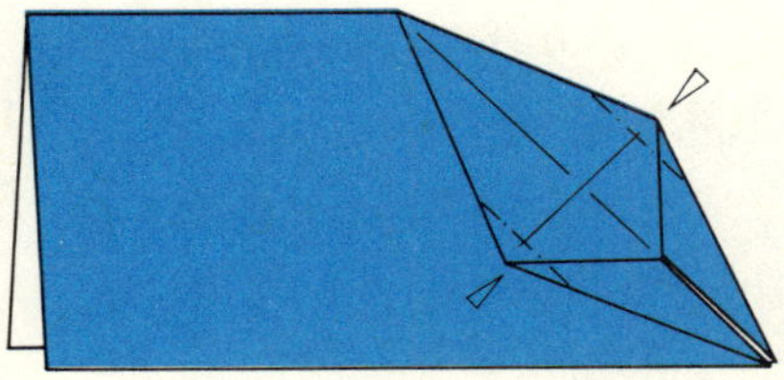

7

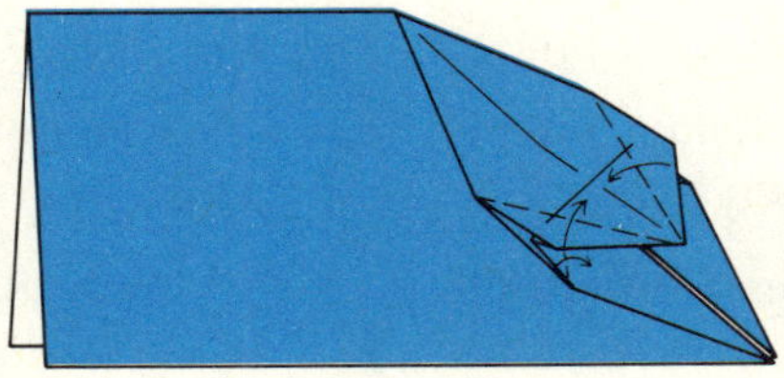

8

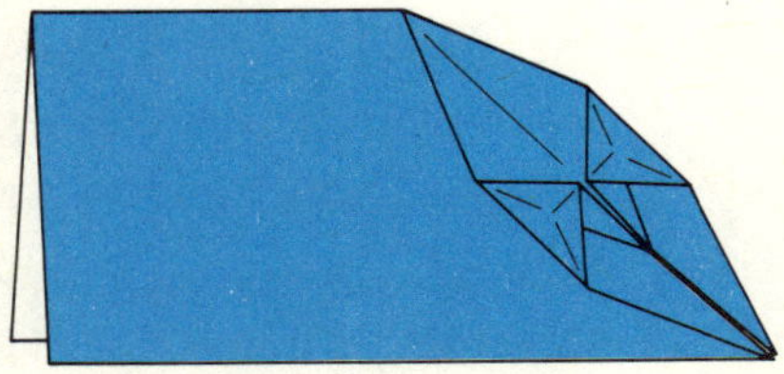

9

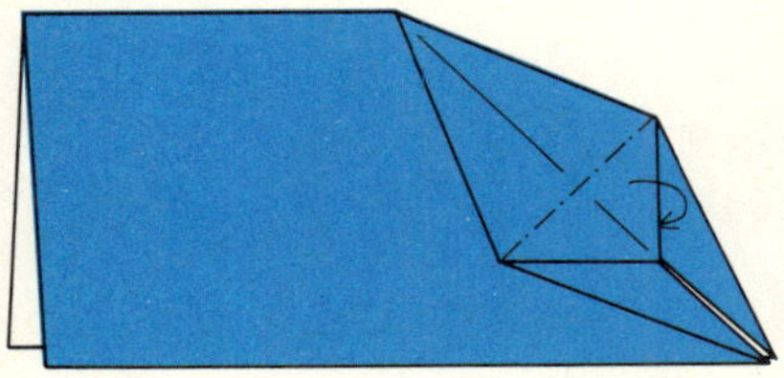

10

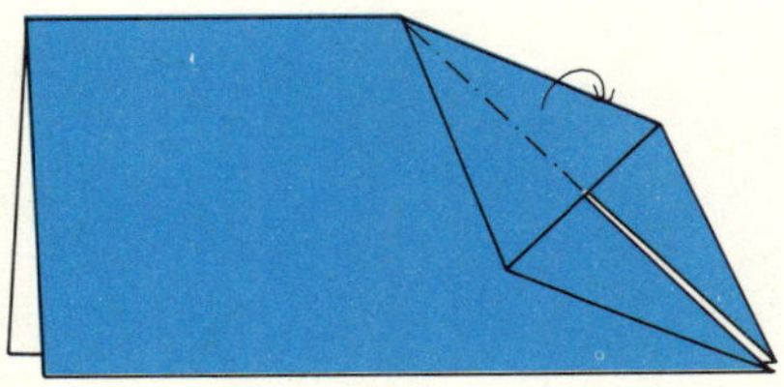

11

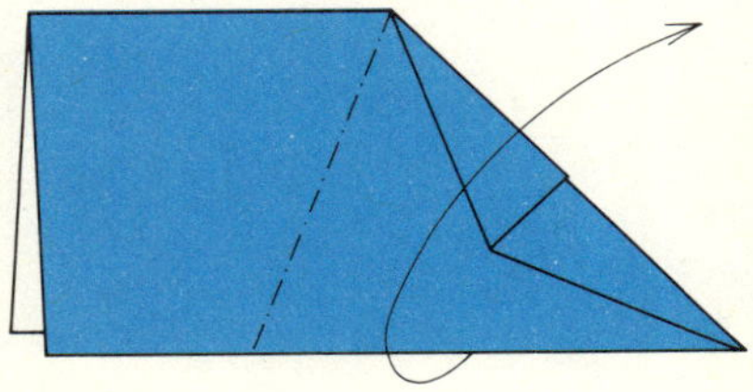

12

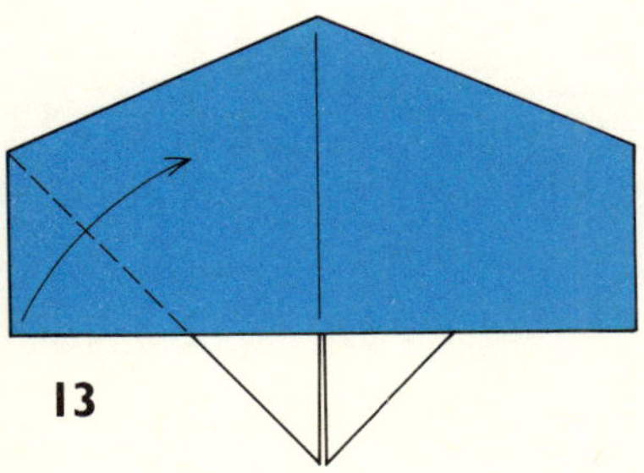

13

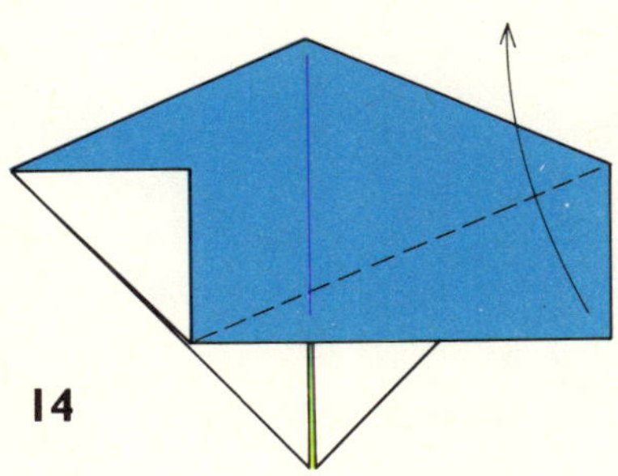

14

15

16 Das Modell wenden.

17 Die unteren Klappen zur Seite talfalten und die ganze Konstruktion nach oben bringen.

18 Die linke Klappe nach rechts unten bringen. Die winzige dreieckige Klappe am Scheitel des Modells schwingt herüber.

19 Die linke Klappe zurück in ihre alte Position bringen. Die kleine dreieckige Klappe bleibt an derselben Stelle.

20 Bei leicht geöffnetem Modell die obere Lage der dreieckigen Klappe geschlossen versenken. Mit der Pinzette das Papier an die richtige Stelle bringen. Dieser Schritt ist sehr schwierig.

21 Die Schritte 18 bis 20 auf der Seite gegenüber wiederholen.

22 Die beiden hellen Klappen nach oben bringen.

23 Die Klappen mit Talfalten verengen und sie schließen.

24 Mit einer Bewegung das Modell zur Hälfte talfalten und den Schwanz zu sich ziehen.

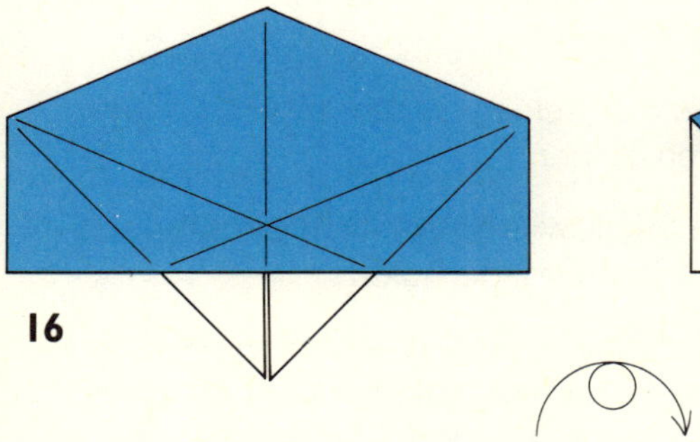

16

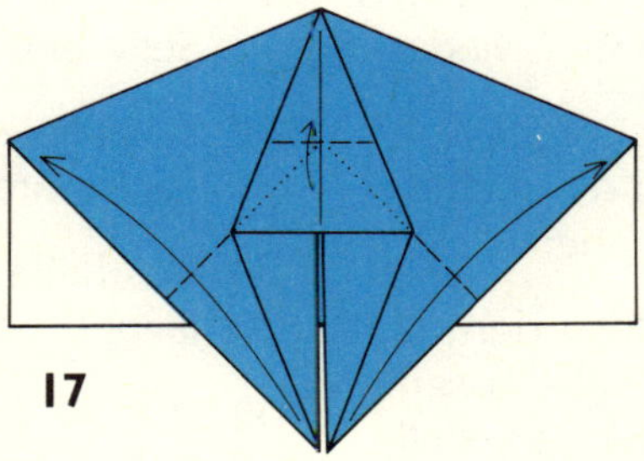

17

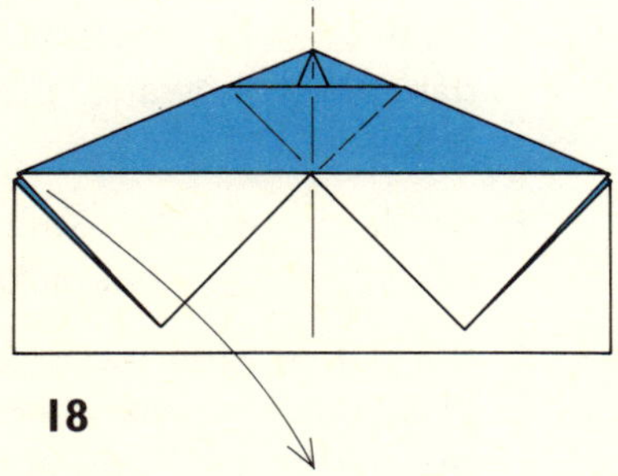

18

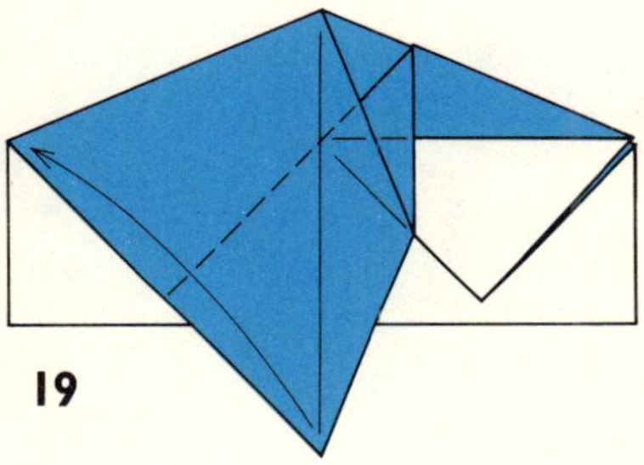

19

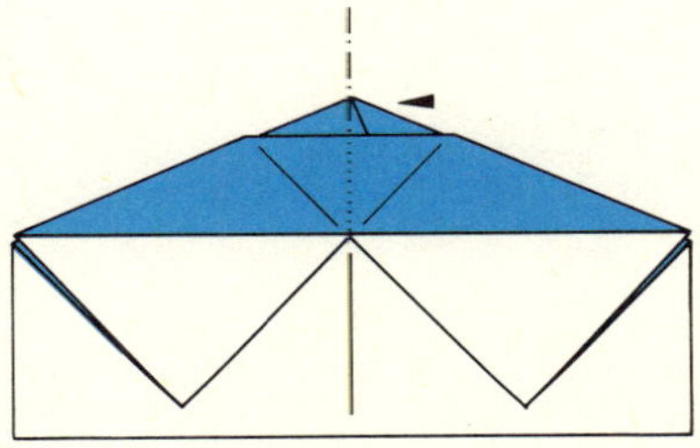

20

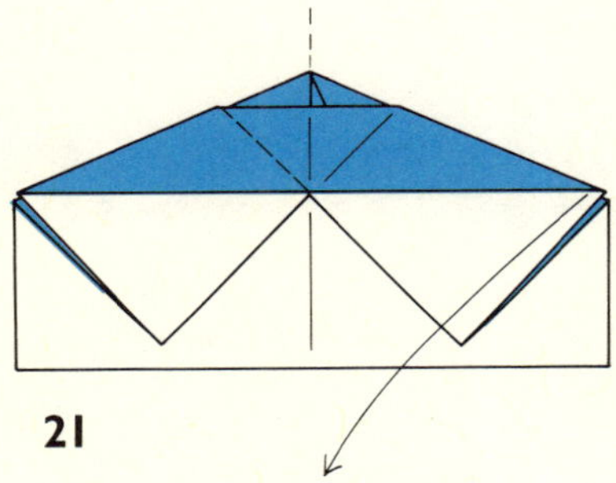

21

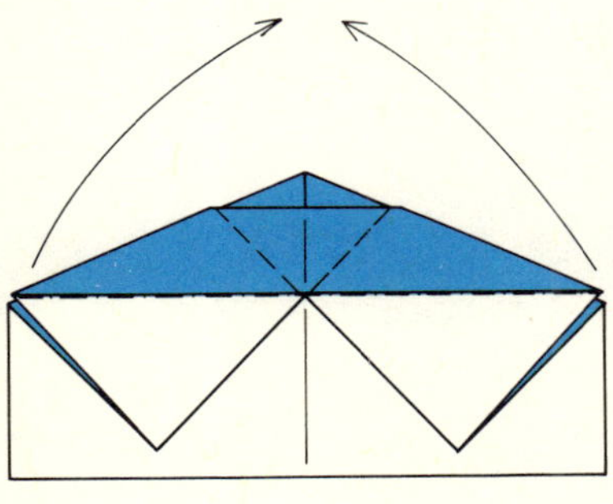

22

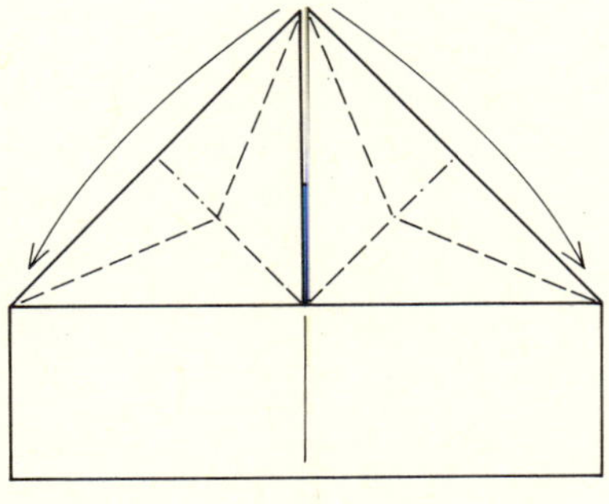

23

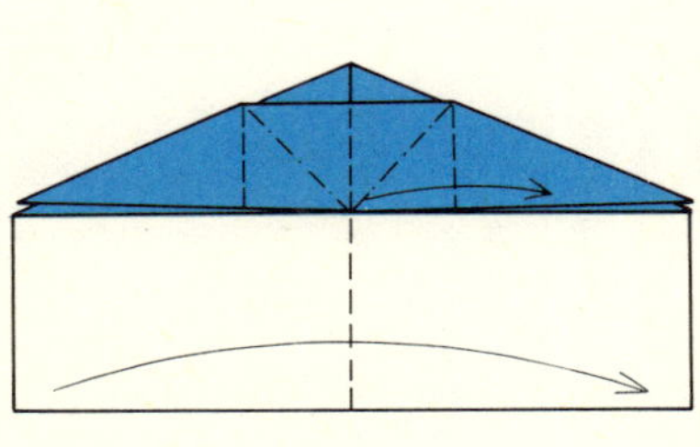

24

25 Nicht zu sehen: Schritt 7 bis 9 nochmals falten, dabei den Schwanz verengen. Hinten wiederholen.

26 An der versteckten Kante entlang die rechte untere Ecke gegenknicken nach innen.

27 Mit der rechten Hand das Modell an der mit x bezeichneten hervorgehobenen Stelle fassen. Mit der linken Hand an der versteckten Stelle x fassen. Das Papier oben rechts im Uhrzeigersinn herumschwenken, bis neue Bergfalten wie abgebildet entstehen. Das Ergebnis ist eine offene Senkfalte, die symmetrisch ausgeführt sein sollte.

28 Das ist eine Art Hasenohr. Hinten wiederholen, so daß das Modell symmetrisch bleibt.

29 Das sind zwei getrennte Hasenohren, auf jeder Seite eins.

30 Das Papier auf beiden Seiten ausbreiten und nach unten ziehen.

31 Das helle Stück wie einen Fächer zusammenklappen. Hinten wiederholen.

32 Die rechte Klappe so weit wie möglich nach links bringen. Sie verengt sich dann automatisch. Hinten wiederholen. Die lose Klappe aus dem Bauch ziehen.

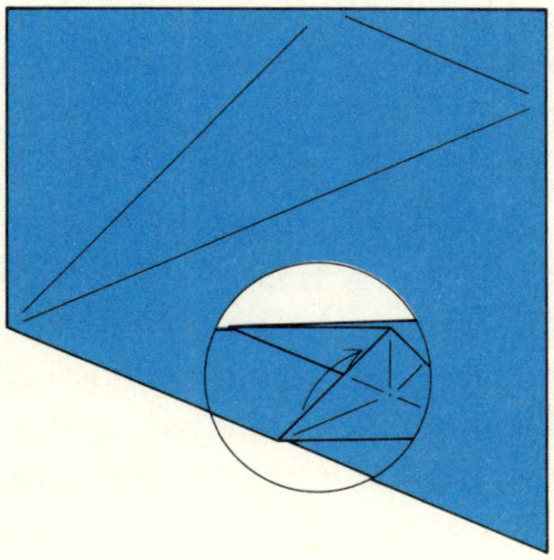

25

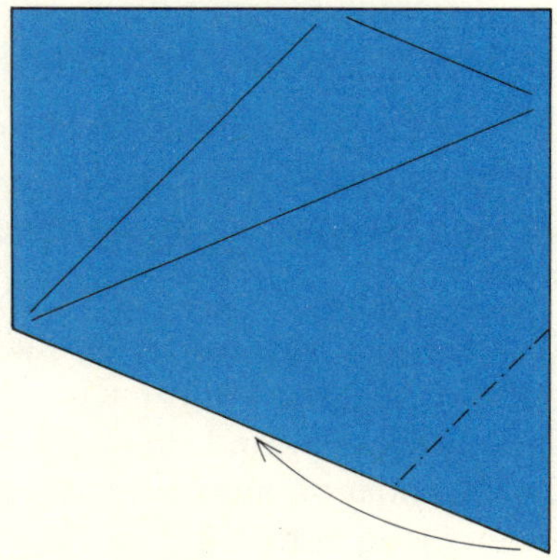

26

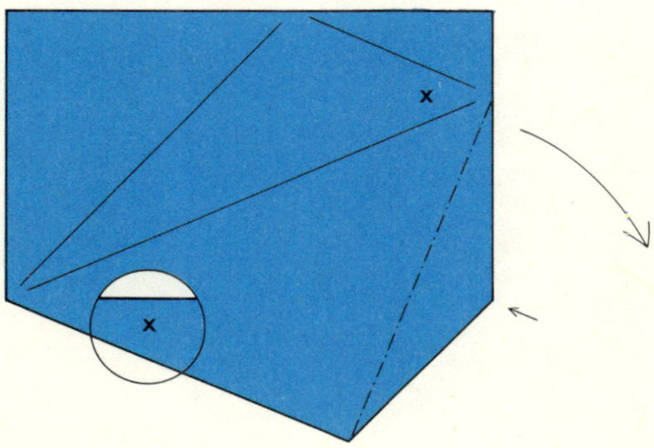

27

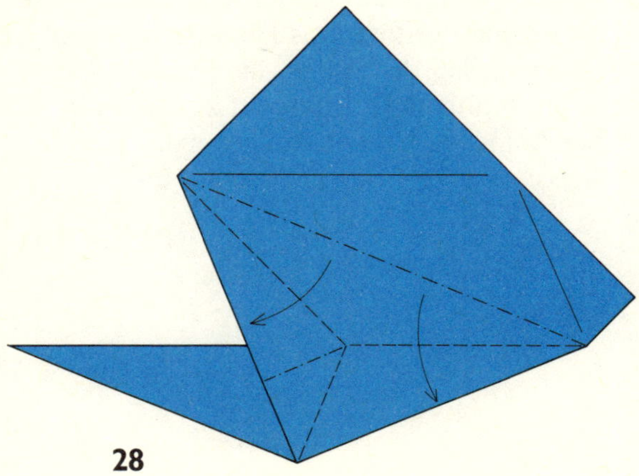

28

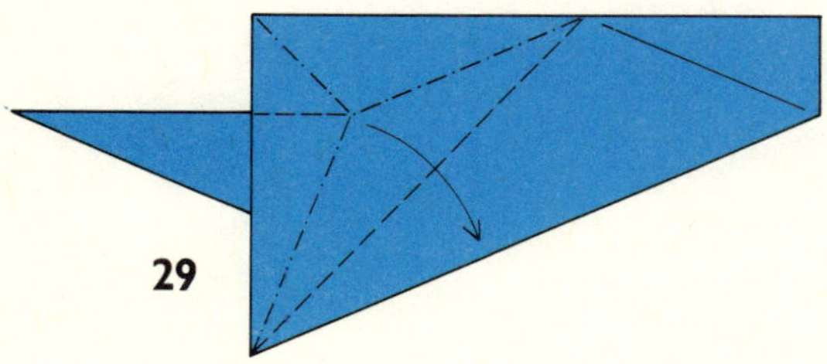

29

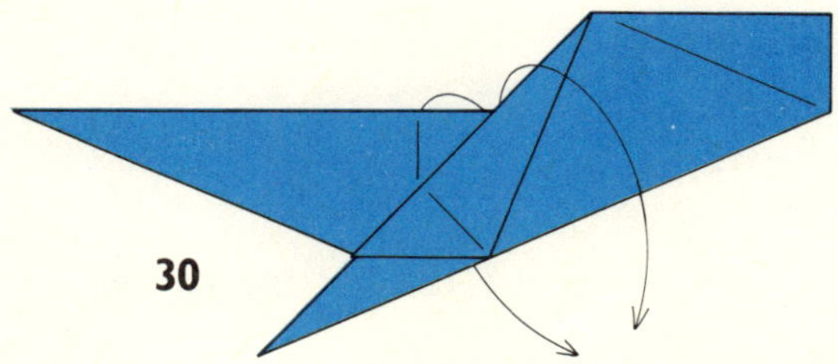

30

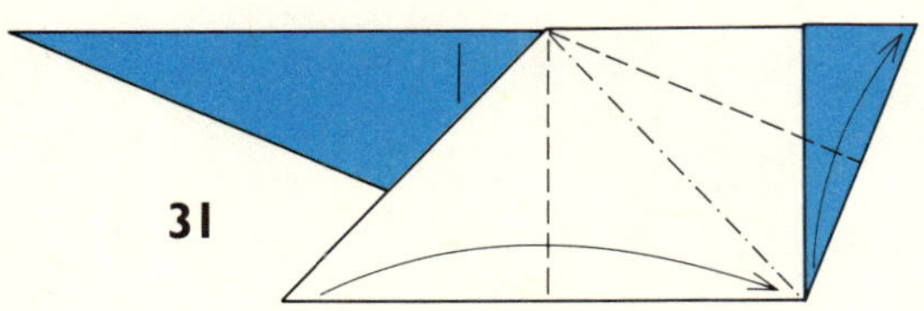

31

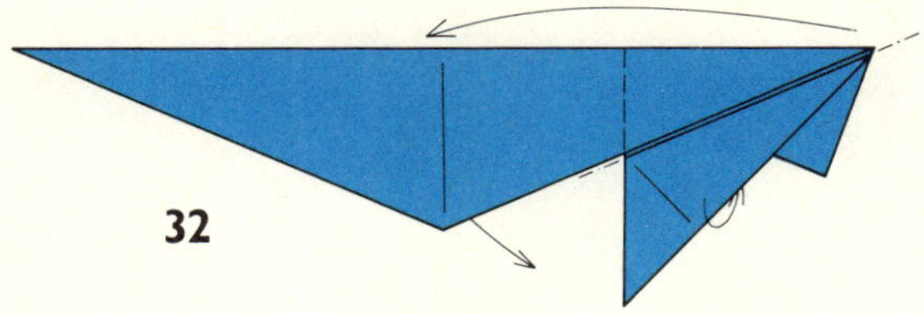

32

33 Die Bauchklappe und die Kopfklappen auf jeder Seite gegenknicken nach innen.

34 Die beiden Seiten der Bauchklappe in die Tasche ganz außen auf jeder Seite stecken. Die Kopfklappen nochmals gegenknicken nach innen.

35 Die Querklappe in der Mitte wird das Vorderbein. So gegenknicken nach innen, daß eine Lage nach oben und drei nach unten fallen. Die Querklappe links wird das Hinterbein. Talfalten. Siehe Schritt 36 für die genaue Stelle der Talfalte. Beide Falten hinten wiederholen.

36 Darauf achten, daß der Scheitelpunkt der dreieckigen Klappe am Hinterbein die vertikale Mittellinie berührt. Das Hinterbein so auf sich talfalten, daß die Spitze der Talfalte die Mittellinie berührt und senkrecht zur unteren Kante des Beins ist. Hinten wiederholen.

37 Das Hinterbein symmetrisch knitterfalten. Die Bergfalte ist senkrecht zur oberen Kante des Beins, während die Talfalte senkrecht zur unteren Kante des Beins ist. Hinten wiederholen.

38 Dieser Schritt enthält drei Verschlußfalten. Das lose Papier nach links zur hinteren Hüfte in den Körper bergfalten. Den Bauch mit einer Bergfalte verengen, die die Bauchklappe leicht zusammenkneift, wie wir es in Schritt 34 gesehen haben. Alle Falten hinten wiederholen.

39 bis Schritt 54: Einzelheiten vom Kopf. Talfalte, wo der Bruch von selbst fällt. Das wird ein Stoßzahn. Hinten wiederholen.

40 Das lose Papier herausziehen.

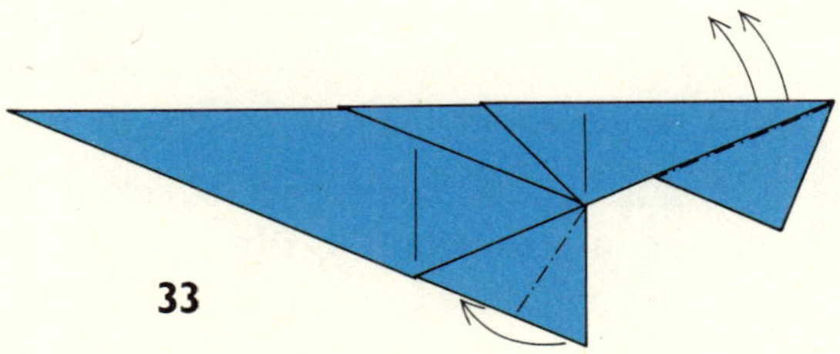
33

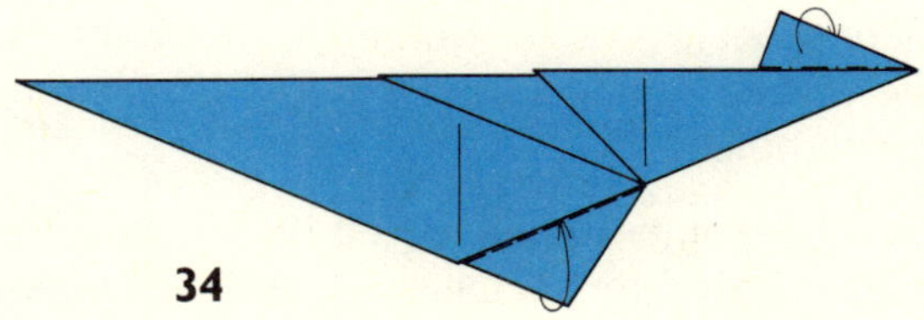
34

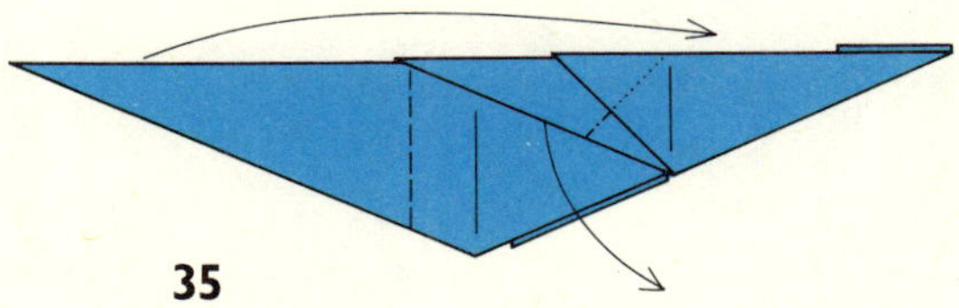
35

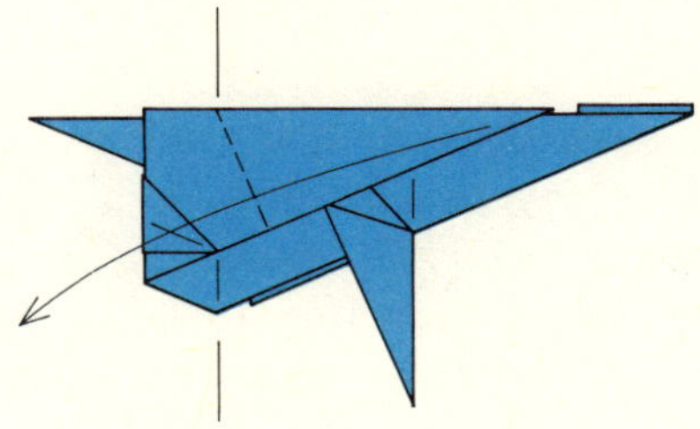
36

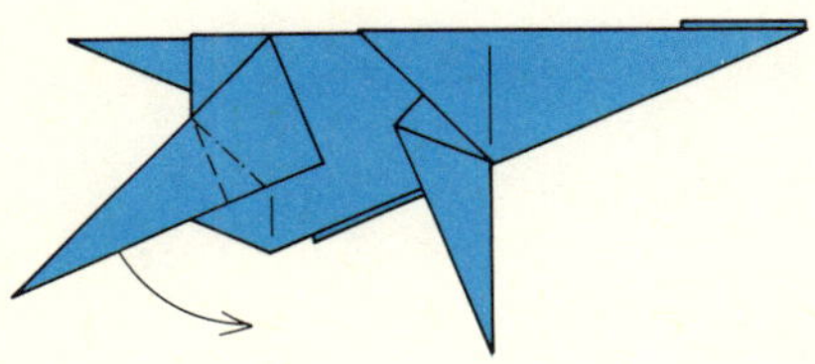
37

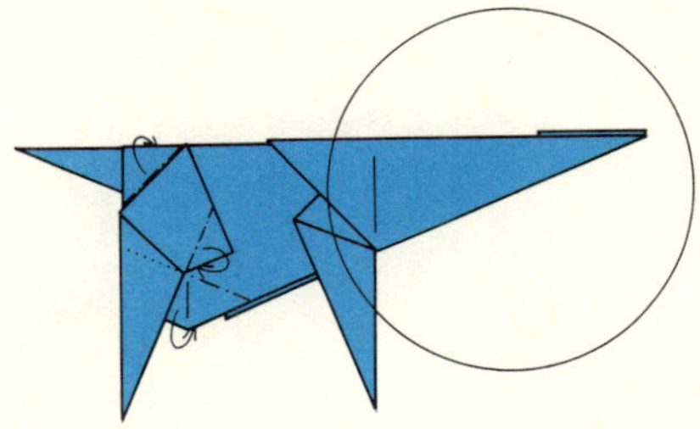
38

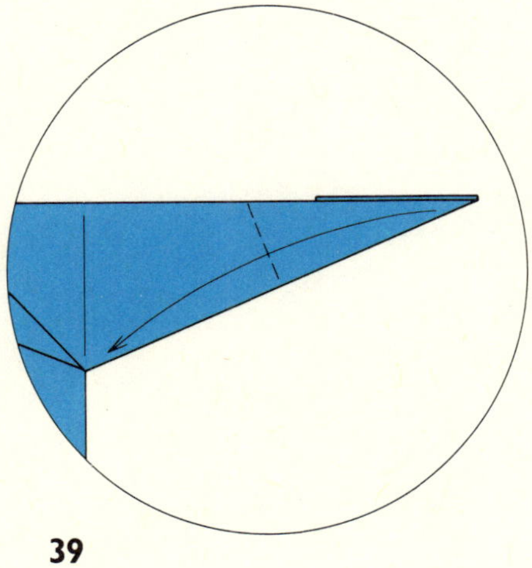
39

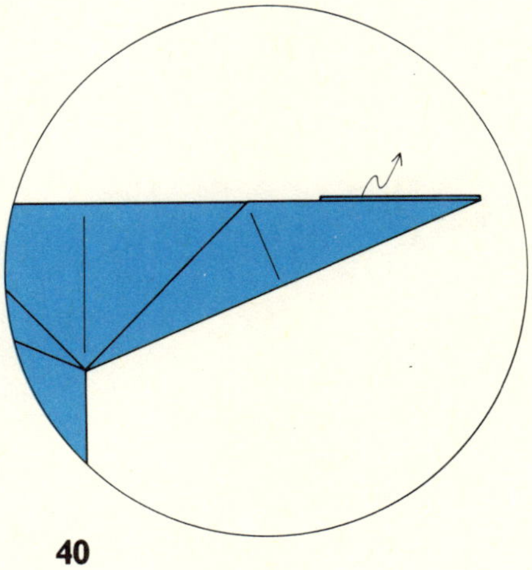
40

41 Knitterfalten und herumschwenken. Die Bergfalte ist senkrecht zur oberen Kante, während die Talfalte senkrecht zur unteren ist. Hinten wiederholen.

42 Das lose Papier herausziehen und so weit wie möglich nach rechts talfalten. Hinten wiederholen.

43 Das lose Papier umkrempeln und nach unten hineinstecken. Hinten wiederholen.

44 Die Vorderseite des Modells leicht ausbreiten.

45 Das ist ein Blick von oben. Die Brüche von selbst fallen lassen und das lose Papier nach vorn zusammenklappen.

46 Die vorstehende Klappe gegenknicken nach innen, dann bis Schritt 44 öffnen.

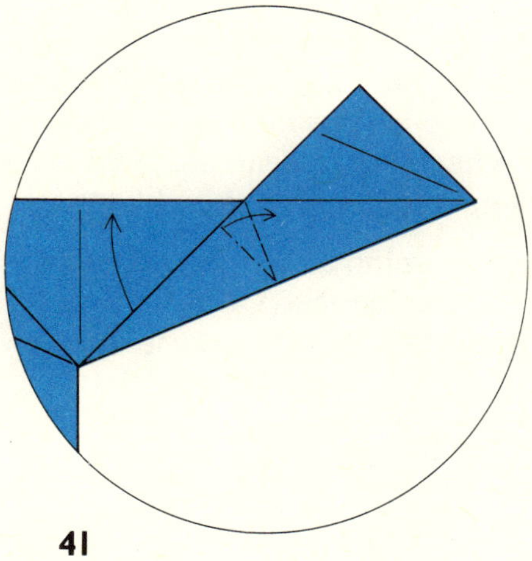

41

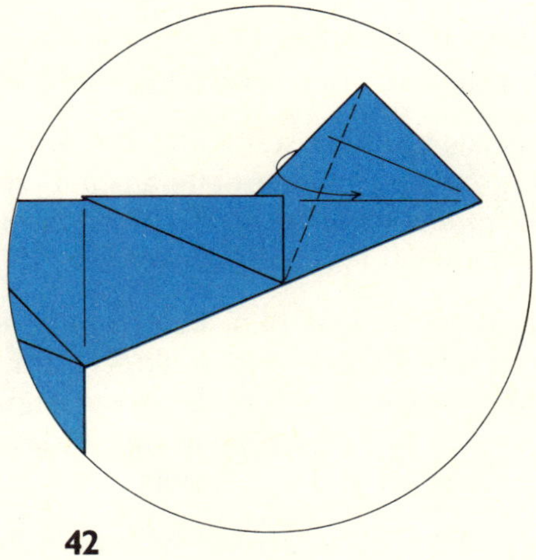

42

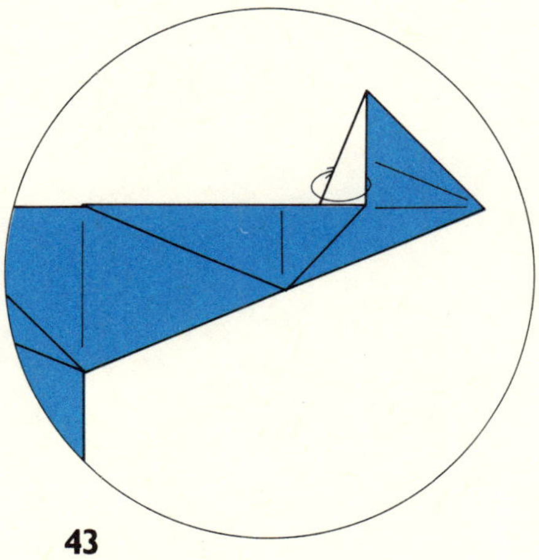

43

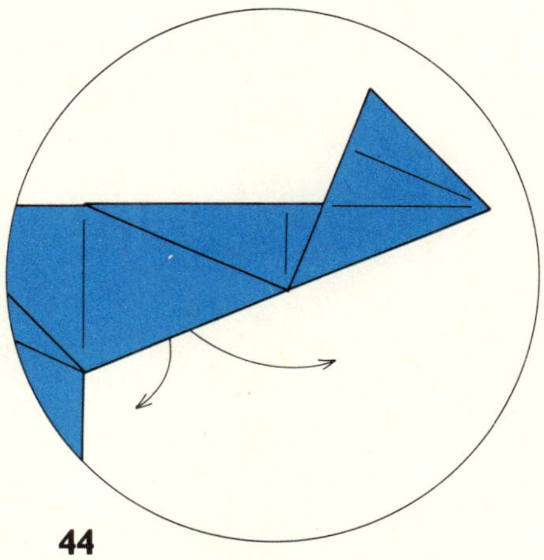

44

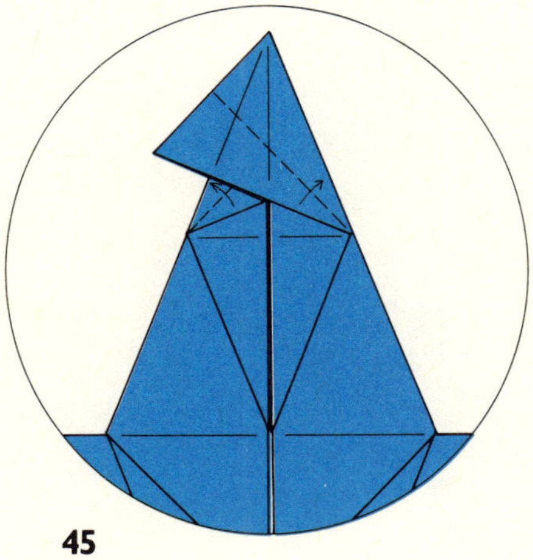

45

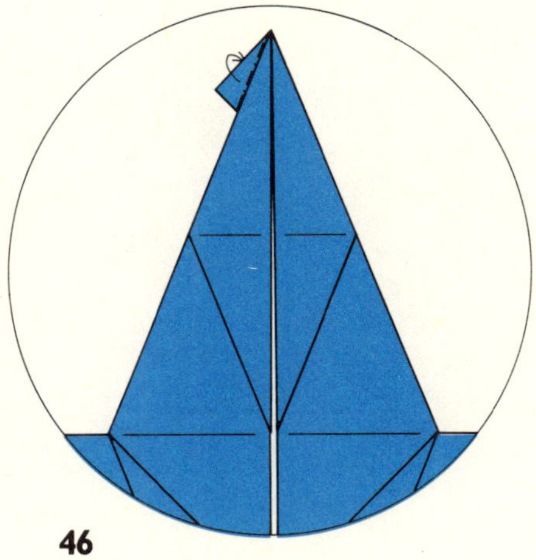

46

47 Entlang der vorhandenen Brüche die ganze Konstruktion symmetrisch zusammenklappen.

48 Den Hals symmetrisch knitterfalten. Die vordere Lage geht auf jeder Seite ans äußere Bein, die hintere ans innere. Den Stoßzahn nach vorn bringen. Hinten wiederholen.

49 Den Stoßzahn gegenknicken nach innen und öffnen. Die Brüche sind senkrecht zur unteren Kante des Rüssels. Eine Lage loses Papier hinter dem Kopf herausziehen und loslassen. Beide Falten hinten wiederholen.

50 Die einzelne lose Lage nach rechts talfalten. Den Rüssel symmetrisch gegenknicken nach innen. Die Brüche dritteln den Winkel, der von der oberen Kante des Rüssels und dem Bruch aus dem vorangegangenen Schritt gebildet wird. Beide Falten hinten wiederholen.

51 Den Stoßzahn so wenden, daß das Helle außen erscheint. Die Klappen gleichmäßig auf jeder Seite ausbreiten. Das lose Papier unten am Ohr heben. Die kleine Bergfalte bildet sich automatisch. Beide Falten hinten wiederholen.

52 Den Stoßzahn an den vorhandenen Brüchen entlang knitterfalten. Das Ohr nach unten falten. Beide Falten hinten wiederholen.

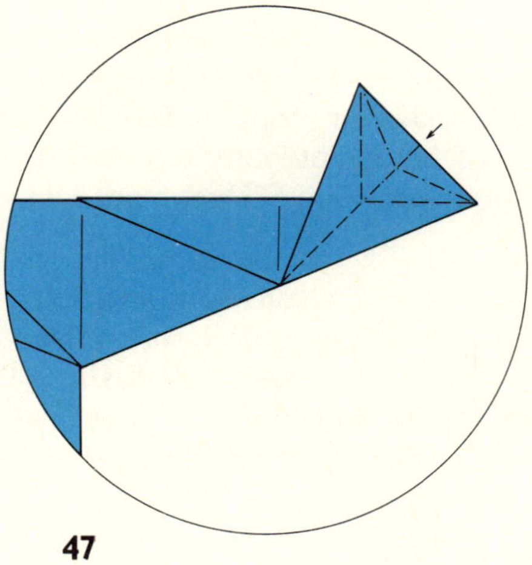

47

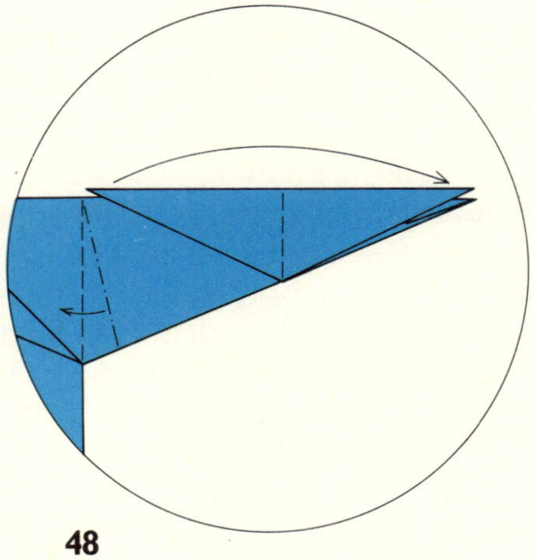

48

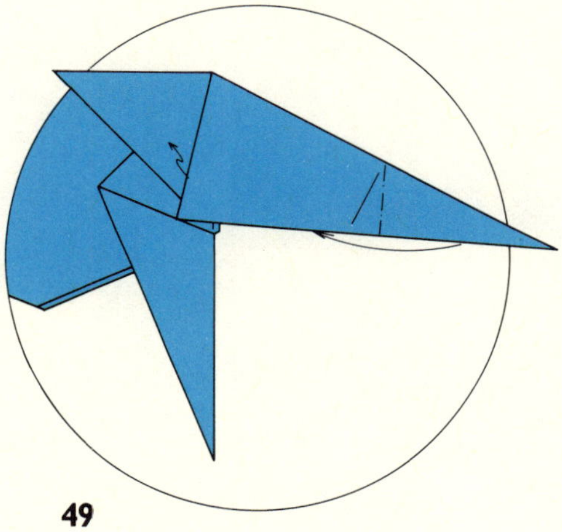

49

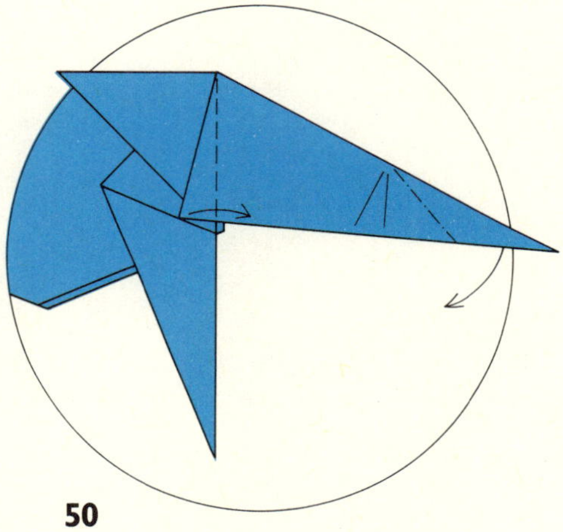

50

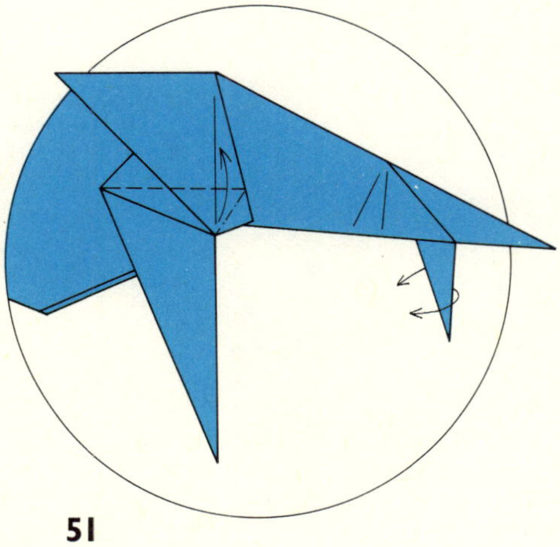

51

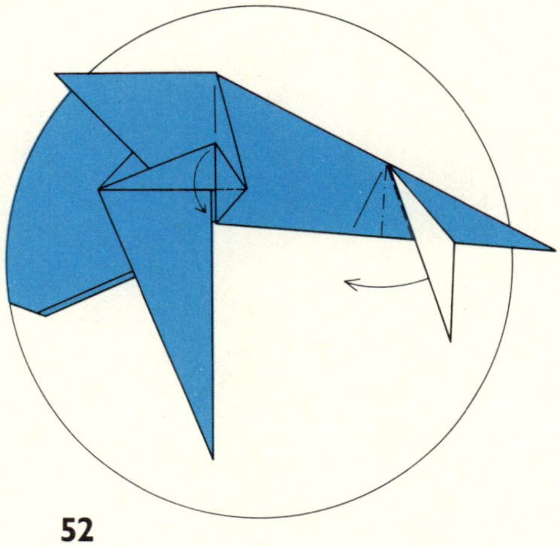

52

53 Das Ohr leicht öffnen und die kleine unregelmäßige Pyramide geschlossen versenken. Hinten wiederholen. Den Rüssel symmetrisch knitterfalten.

54 Den Stoßzahn mit Talfalten auf jeder Seite verengen. Das lose Papier rechts vom Ohr nach links bringen. Den Körper leicht öffnen und eine einzige Lage hinter dem Bein herausziehen. Alle Falten hinten wiederholen. Den Rüssel mit einer kleinen versteckten Knitterfalte nach hinten schwenken.

55 Die Spitze des Ohrs gegenknicken nach innen. Den Stoßzahn mit einem versteckten Innenknick nach vorn bringen. Das Vorderbein in die Tasche dahinter stecken. Alle Falten hinten wiederholen. Den Schwanz gegenknicken nach innen.

56 Die Beine knitterfalten und die Spitzen für die Füße gegenknicken nach innen. Den Schwanz mit Talfalten verengen und das lose Papier nach innen stecken. Den Körper runden. Den Rüssel runden und die Rüsselspitze auseinanderbiegen.

Der fertige **Elefant**.

(1985 – 87)

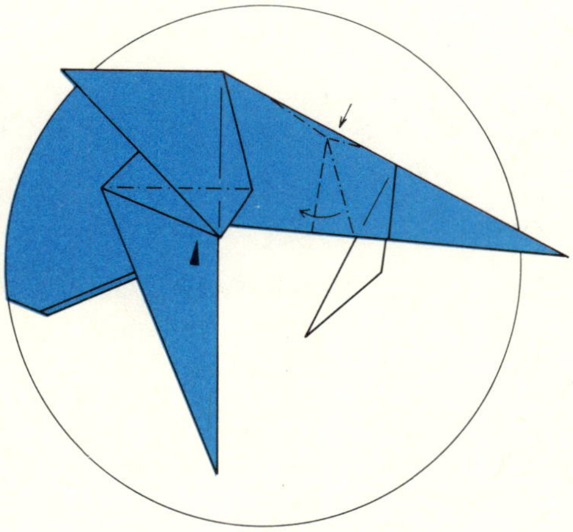

53

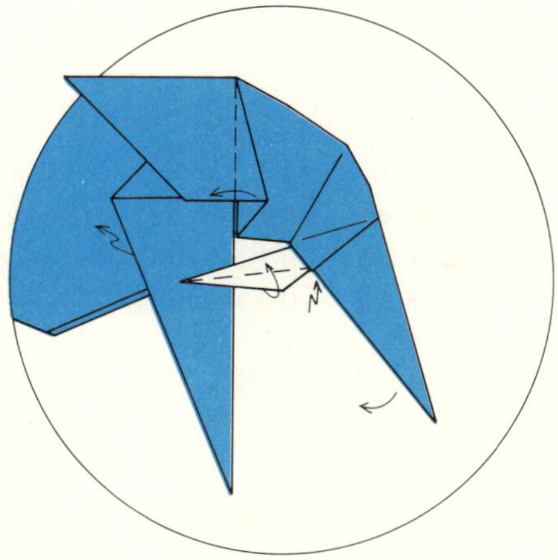

54

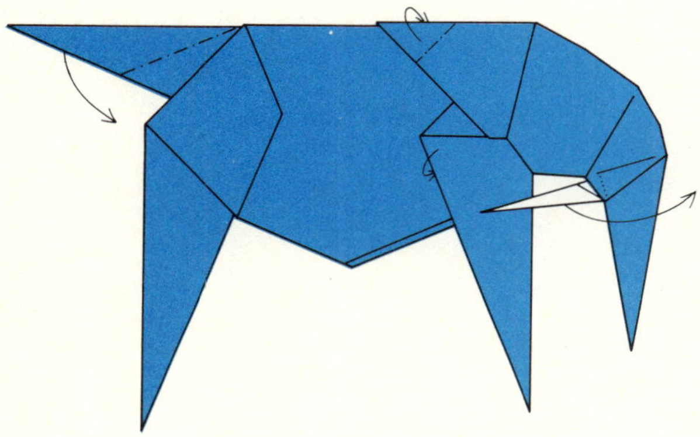

55

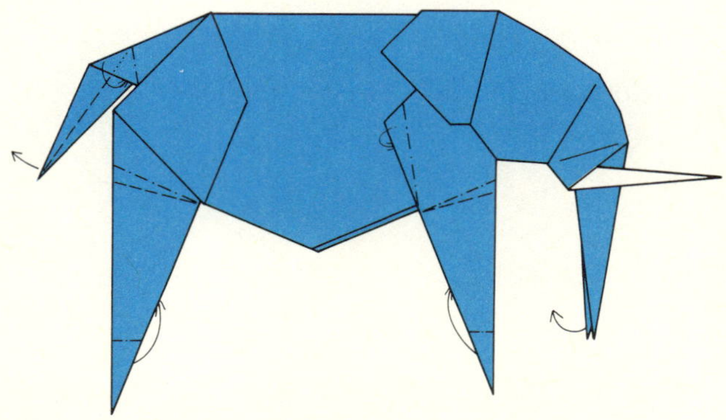

56

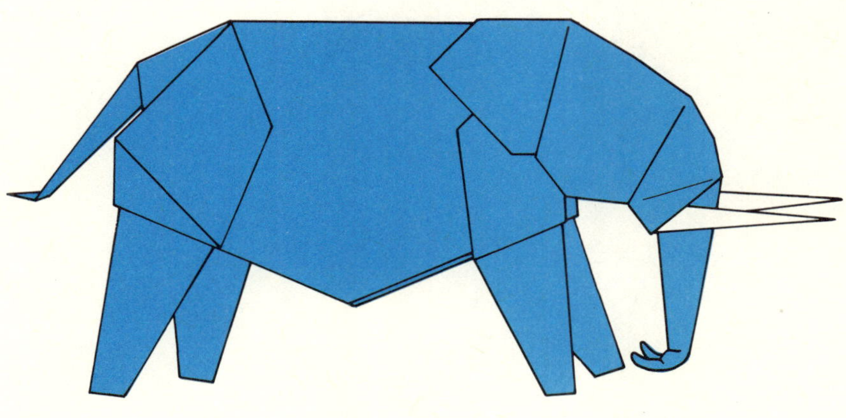

Ritter zu Pferde

Für dieses Modell habe ich das Modell eines Einhorns von Patricia Crawford ausgeliehen und es – ohne Horn – in die Basis für den Ritter zu Pferde verwandelt. Ritter und Pferd sind aus demselben Blatt Papier gefaltet und erhalten ihre Farben von den unterschiedlichen Seiten. In dieser Version ist der Ritter hell und das Pferd dunkel. Ein 25-cm-Quadrat ergibt ein ca. 7 cm hohes Modell. Für den ersten Versuch sollten Sie ein Quadrat mit der Mindestseitenlänge von 45 cm benutzen.

1 Das Quadrat quer vierteln. Harmonikafalten.

2 Die Ecken gegenknicken nach innen.

3 Durch die Mitte gegenknicken nach innen.

4 Das Modell ganz öffnen und die rechte Seite umkrempeln.

5 Jetzt ist die rechte Seite hell. Die linke Seite gegenknicken nach innen.

6 Die dunkle Seite nach vorn und die helle nach hinten drehen.

7 Zwei Klappen nach unten ziehen.

8 Nur aus der dunklen Vorderseite eine Vorfalte bilden.

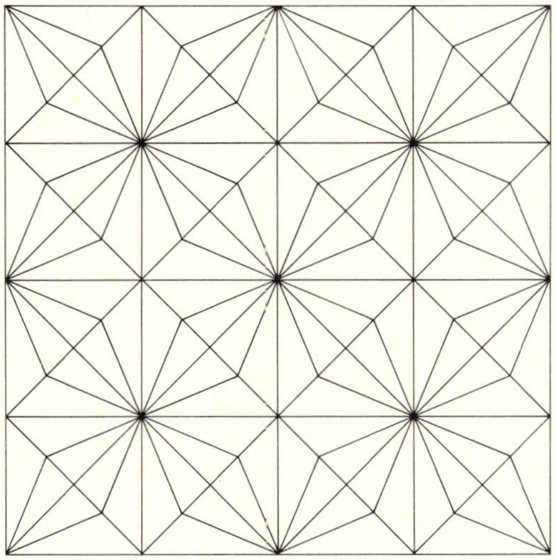

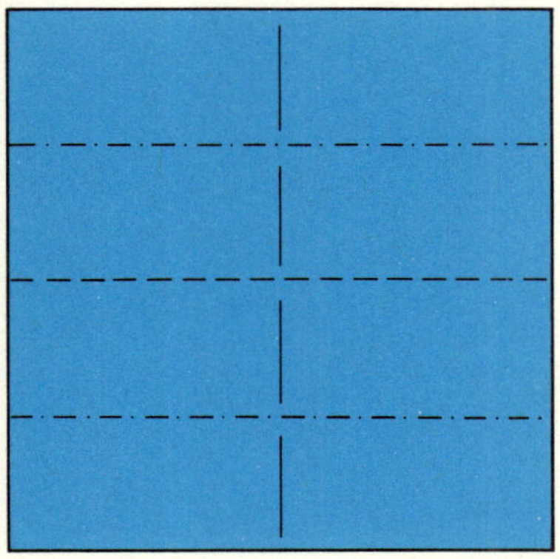

1

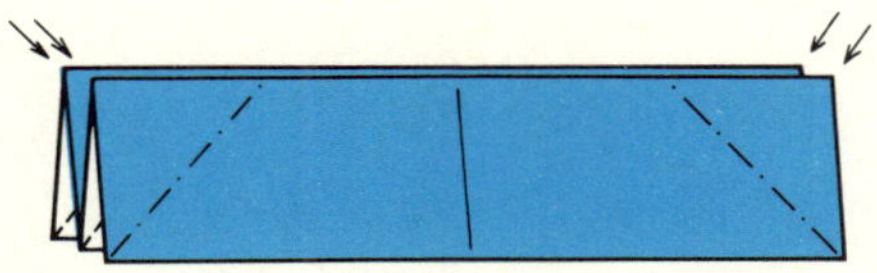

2

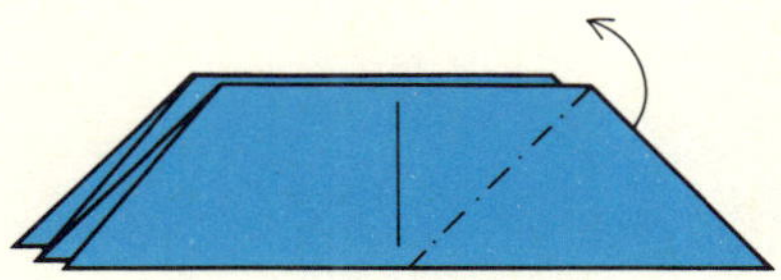

3

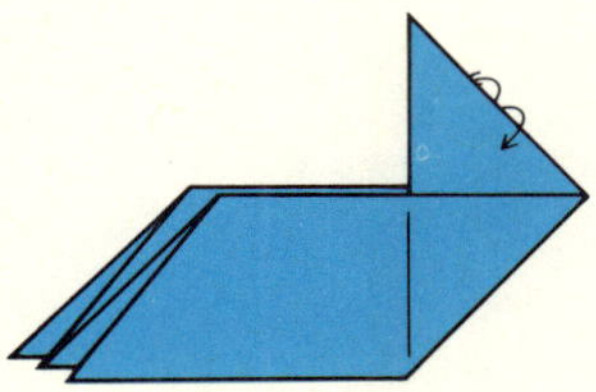

4

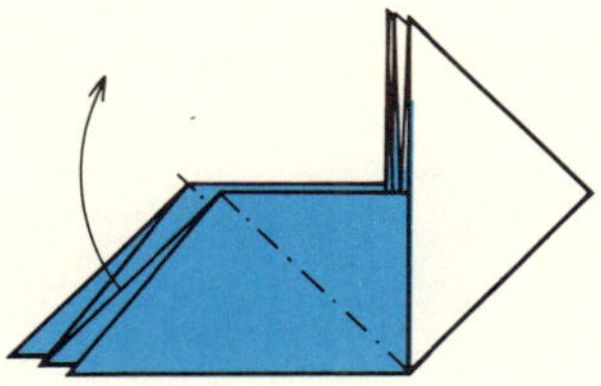

5

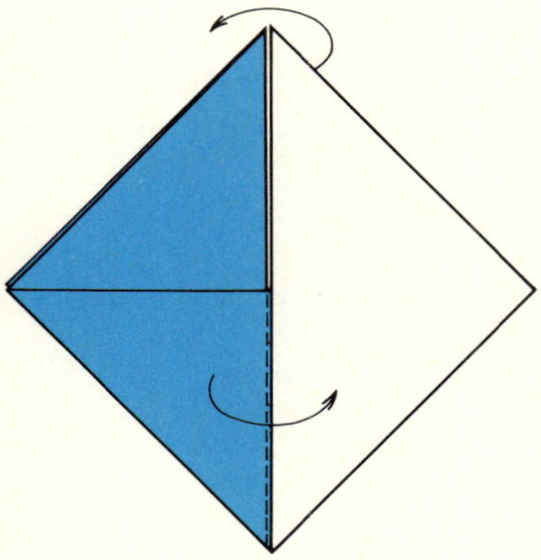

6

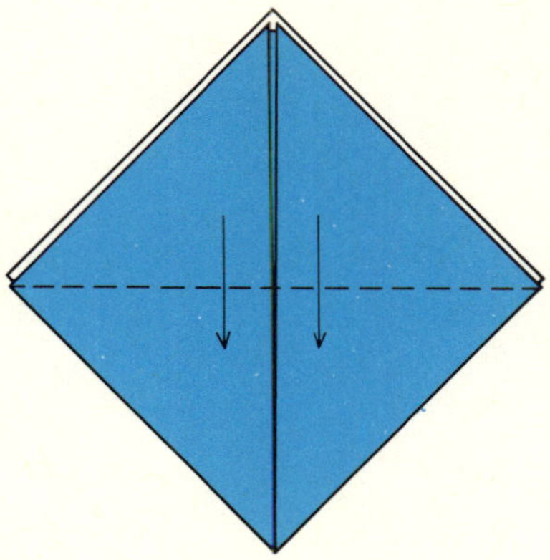

7

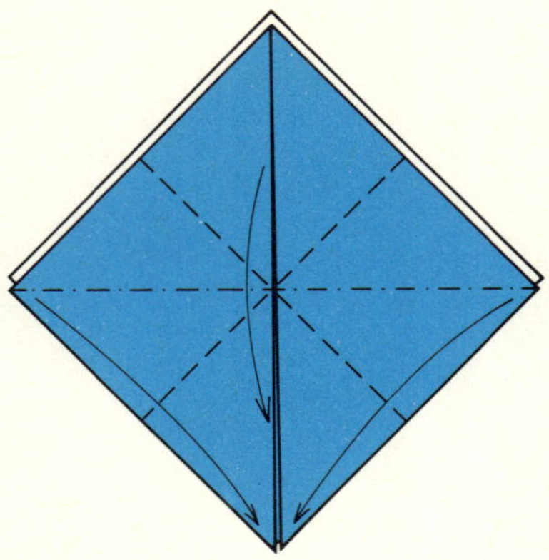

8

9 Die dunkle Lage vorn gegenknicken nach innen.

10 Die zweite dunkle Lage gegenknicken nach innen.

11 Das Ergebnis ist eine Art *Vogel-Grundform.* Das Modell wenden.

12 Aus der hellen Seite eine Vorfalte bilden. Alle Lagen zusammen wie eine falten.

13 Die beiden Seiten der hellen vorderen Lage gegenknicken nach innen.

14 Die Seiten der zweiten hellen Lage gegenknicken nach innen. Das Modell wenden.

15 Die vordere dunkle Lage heben und so weit wie möglich strecken.

16 Jetzt ist das Modell dreidimensional. Die beiden herausstehenden Klappen hasenohrfalten und flachpressen.

17 Jetzt liegt das Modell flach und das Ergebnis ist eine Art *gestreckte Vogel-Grundform.* Schritt 15 und 16 auf der hellen Seite wiederholen.

18 Das ganze Modell zur Hälfte talfalten, aber nicht flach drücken.

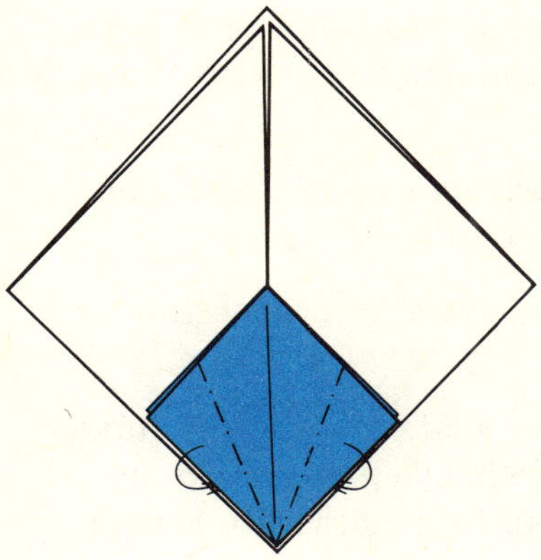

9

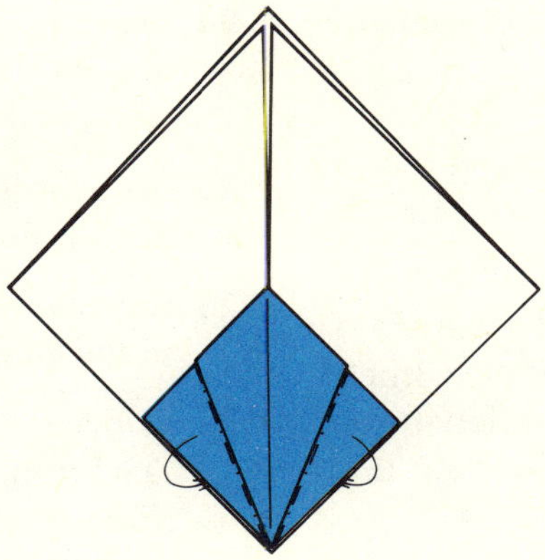

10

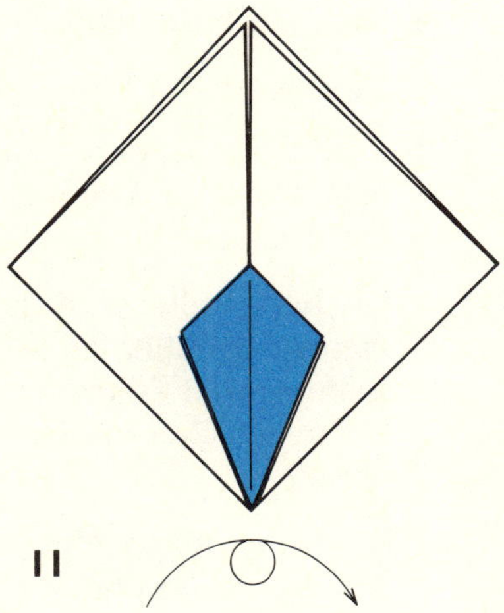

11

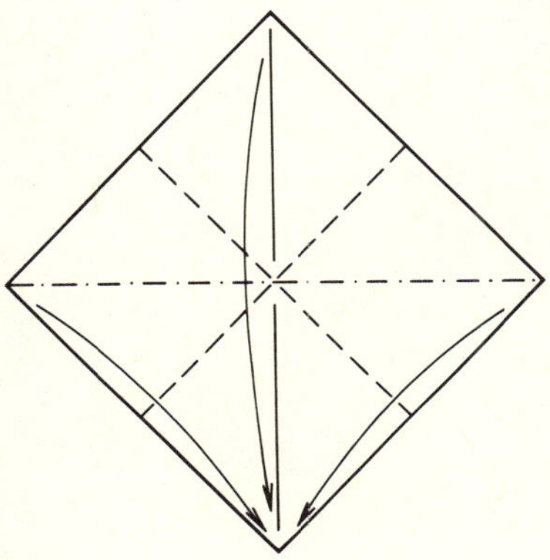

12

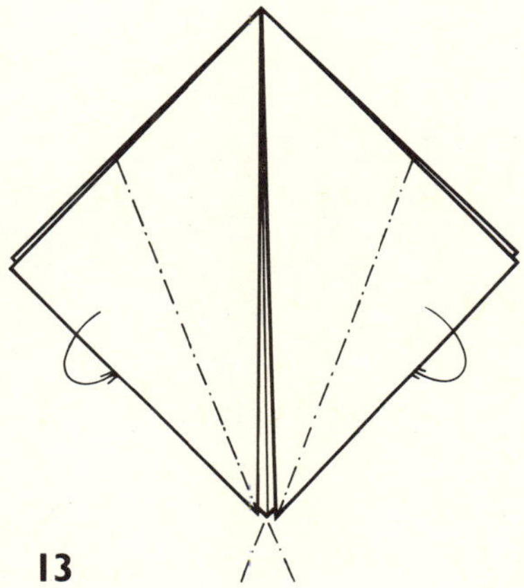

13

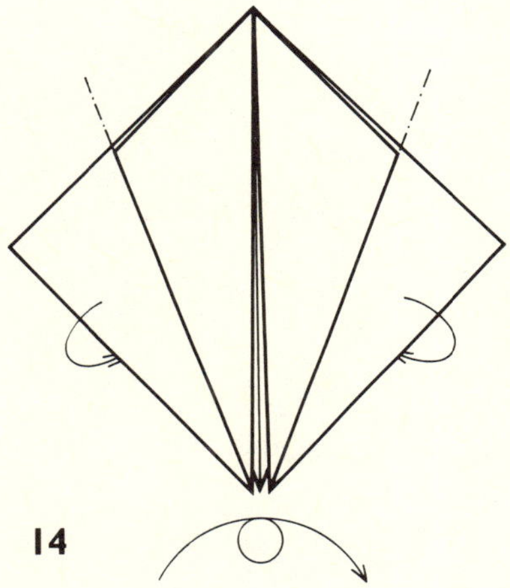

14

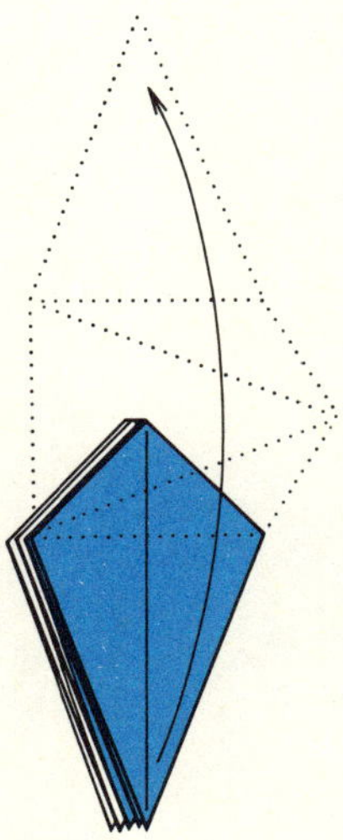

15

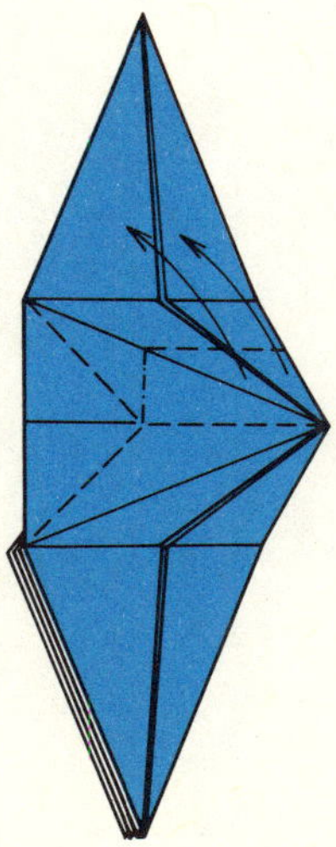

16

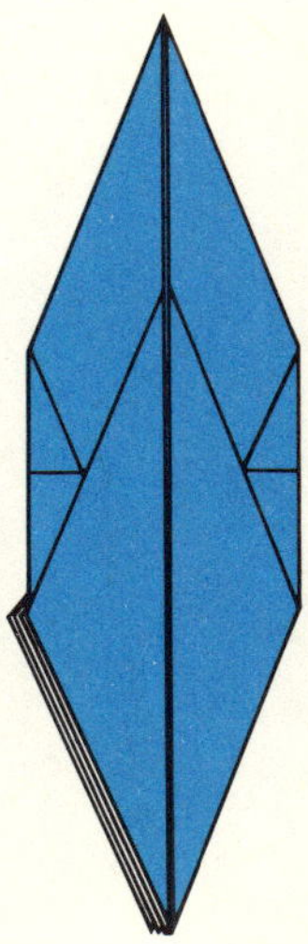

17

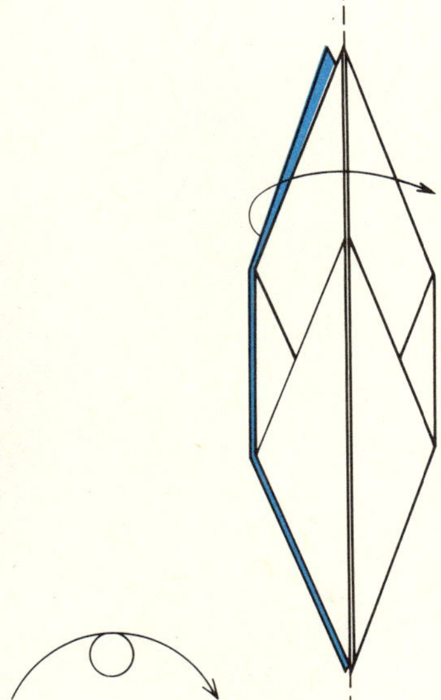

18

19 Die helle Hälfte von der dunklen wegschieben.

20 Das Innere der hellen Hälfte öffnen.

21 An den vorhandenen Brüchen entlang die helle Hälfte umkrempeln. Das ganze Modell flachpressen.

22 Die helle Hälfte wird der Ritter, die dunkle das Pferd. Den Ritter längs bergfalten. Der Bruch sollte auf die Kreuzung der vorhandenen Falten treffen. Mit der Pinzette fest knicken und öffnen.

23 Die hellen Klappen auf beiden Seiten des Pferdes ausbreiten und den Ritter im Uhrzeigersinn herumschwenken.

24 Die zwei hellen Klappen so weit wie möglich gegenknicken nach innen. Sie werden Schwert und Schild.

25 bis Schritt 27: Einzelheiten von Schwert und Schild. Beides vorn und hinten talfalten.

26 Die oberen Kanten so weit wie möglich nach unten bringen.

27 Winzige Knitterfalten bilden, wie in der runden Zeichnung angegeben. Die ganze Dicke des Körpers möglichst nicht knitterfalten. Hinten wiederholen.

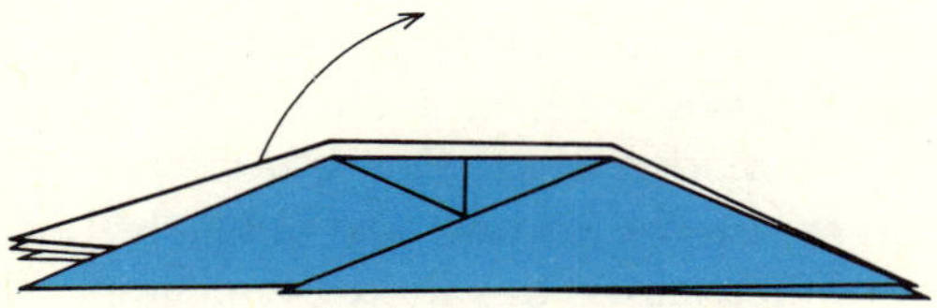

19

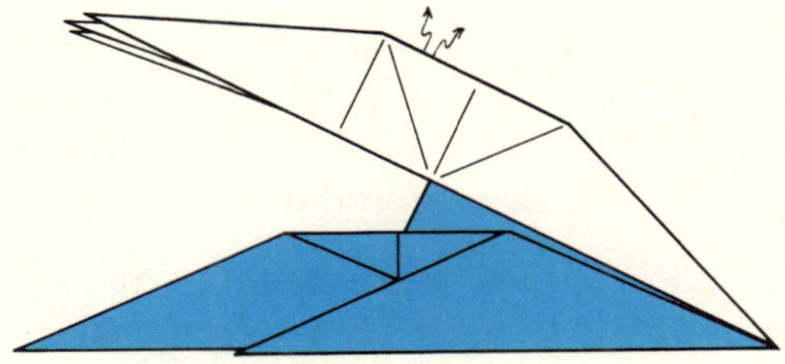

20

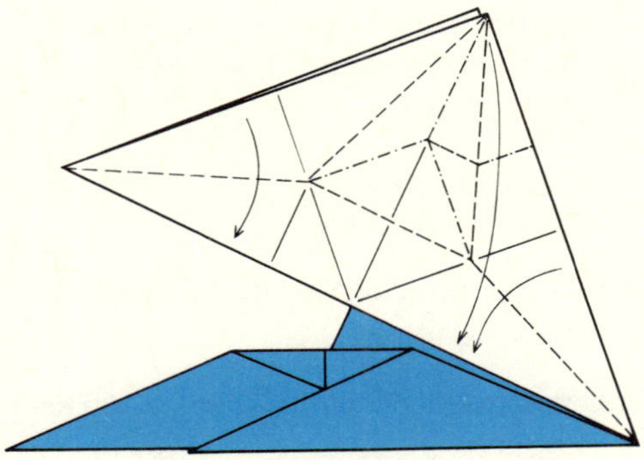

21

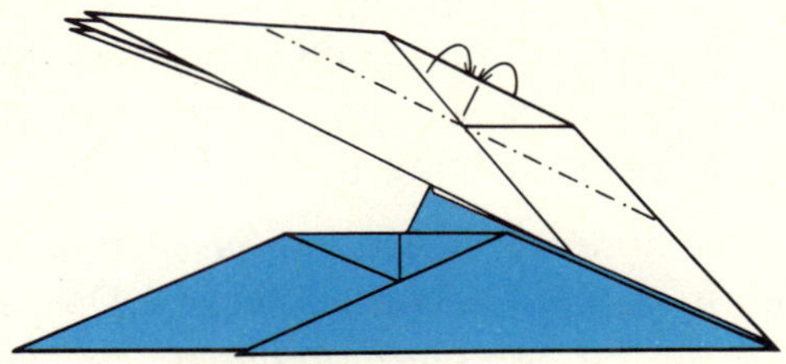

22

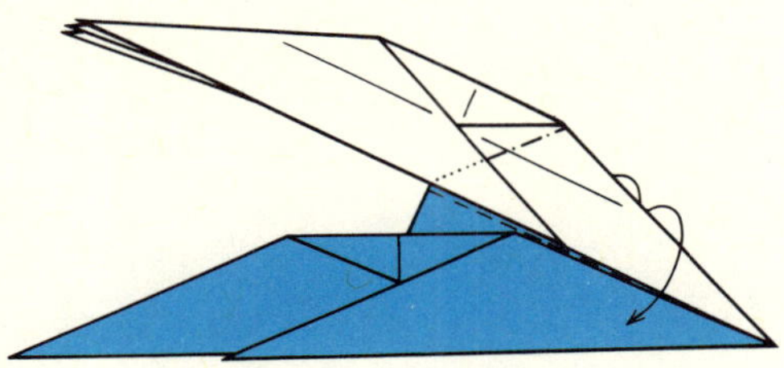

23

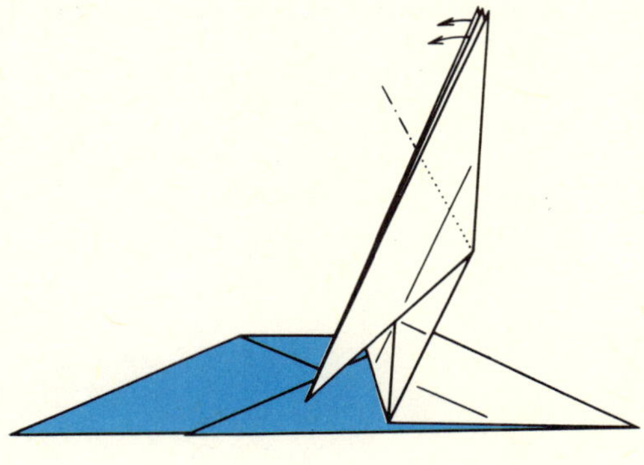

24

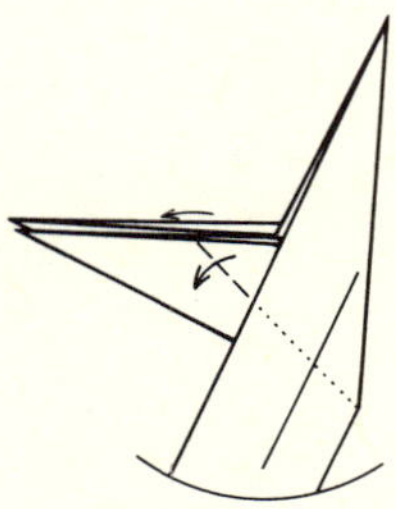

25

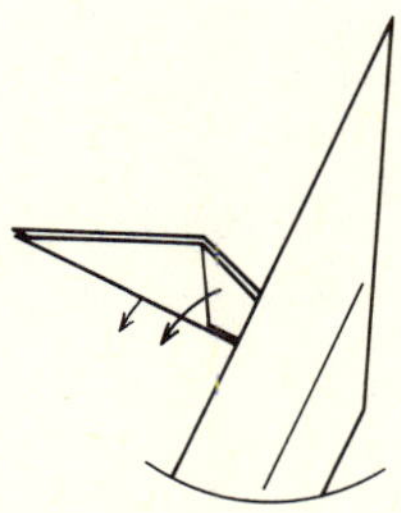

26

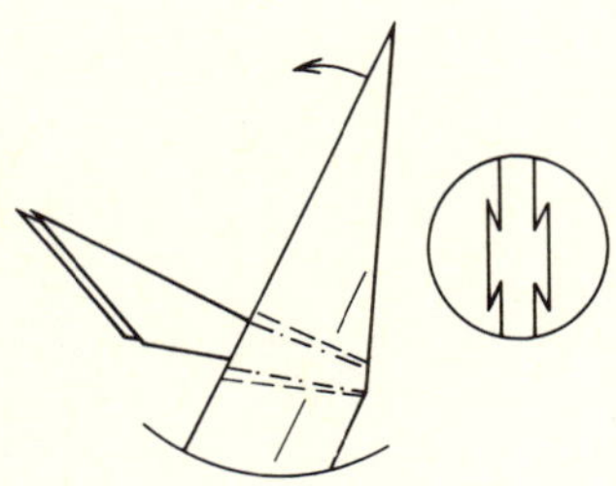

27

28 Durch Bergfalten des vorhandenen Bruchs den Körper des Ritters verengen. Den Kopf durch eine neue Bergfalte, die sich leicht nach vorn wölbt, verengen. Die Talfalte bildet sich automatisch. Hinten wiederholen.

29 Die im Körper versteckte Klappe knitterfalten wie in der kleinen Zeichnung angegeben. Mit derselben Bewegung den Ritter gegen den Uhrzeigersinn drehen und das helle Papier hinten bergfalten. Das Modell sollte symmetrisch bleiben.

30 Das ist der schwierigste Schritt bei diesem Modell. Es gibt hinten am Pferd zwei Klappen, die zum Teil hell, zum Teil dunkel sind. Diese beiden sorgfältig in den Hinterkörper des Pferdes geschlossen versenken. Mit dem Finger oder der Pinzette in die Öffnung vorn am Körper des Ritters fassen, um die Senkfalte an die richtige Stelle zu bringen.

31 Die vorhandenen hellen Klappen hinten am Ritter in den Pferdekörper stecken. Die Vorderbeine des Pferdes hasenohrfalten. Die Hinterbeine gegenknicken nach innen. Ebenso den Pferdehals. Von der Knitterfalte aus Schritt 29 ist unten am Körper des Ritters eine winzige Klappe übriggeblieben. Nach innen stecken, wie in den runden Zeichnungen zu sehen.

32 Hals und Vorderbeine des Pferdes ganz öffnen und den Hals umkrempeln. Eine von den beiden hellen Klappen, die vorn aus dem Ritter herauskommen, für den Schild nach unten preßfalten. (Diesen Schritt nicht an der anderen Klappe wiederholen.) Die Ritterbeine knitterfalten und Füße formen. Die äußerste Lage an den Hinterbeinen des Pferdes talfalten.

33 Den Pferdehals zur Hälfte geschlossen versenken. Die äußerste Lage an den Hinterbeinen nach vorn bringen. Beide Falten hinten wiederholen.

34 bis Schritt 38: Einzelheiten des Hinterbeins. Alle Falten am anderen Bein wiederholen. Zur Mittellinie bergfalten.

35 Durch die Hälfte der versteckten Klappe hinten gegenknicken nach innen.

36 Nochmals gegenknicken nach innen durch dieselbe halbe Klappe.

37 Mit einer winzigen Bergfalte die Kante des Beins verengen.

38 So sieht das fertige Hinterbein von hinten aus.

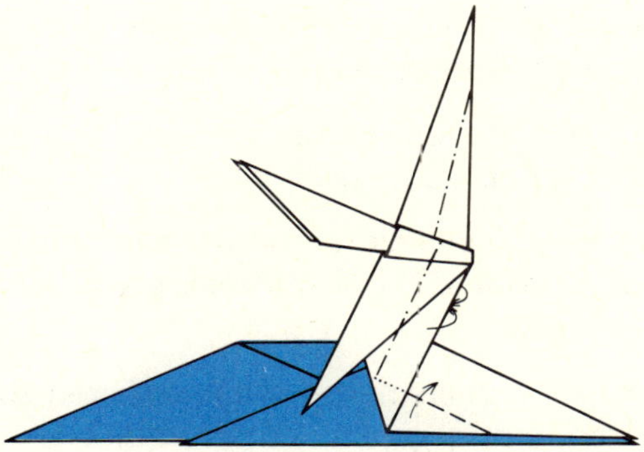

28

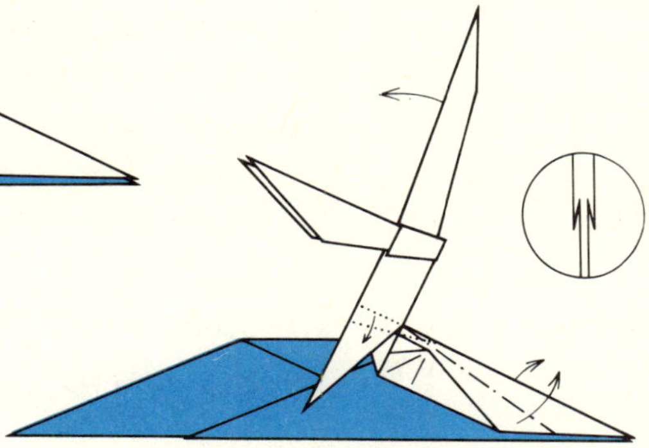

29

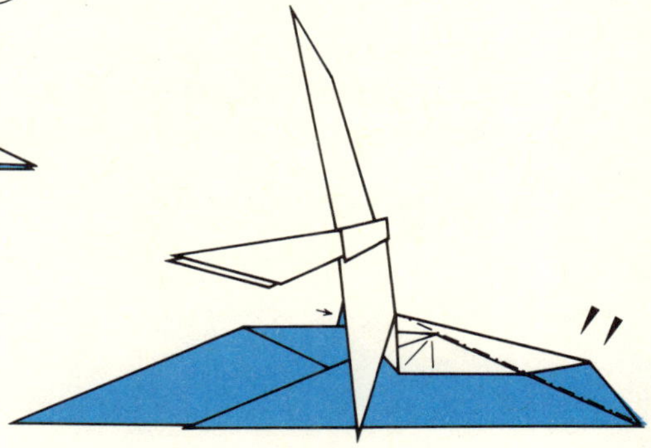

30

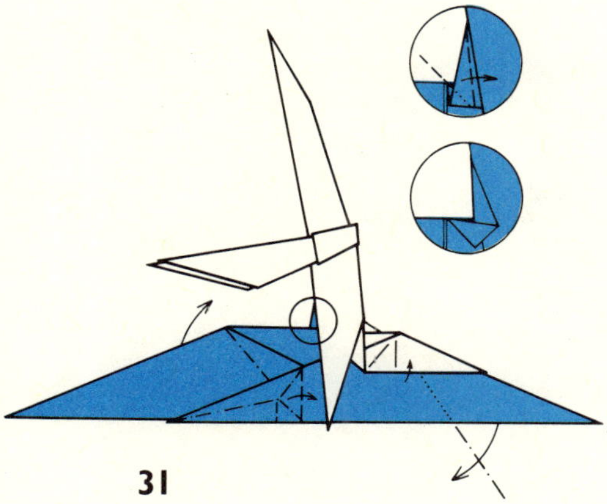

31

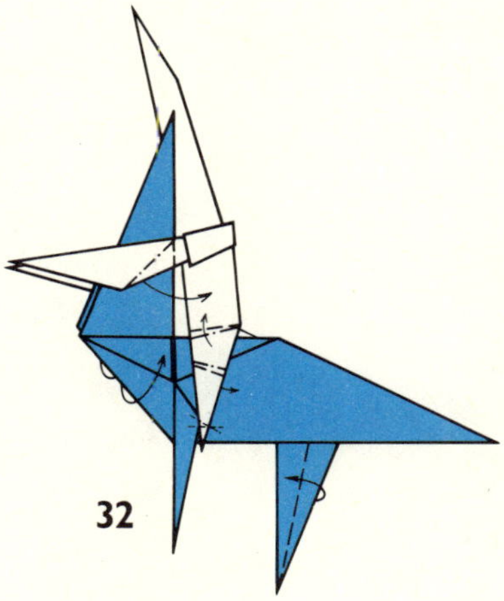

32

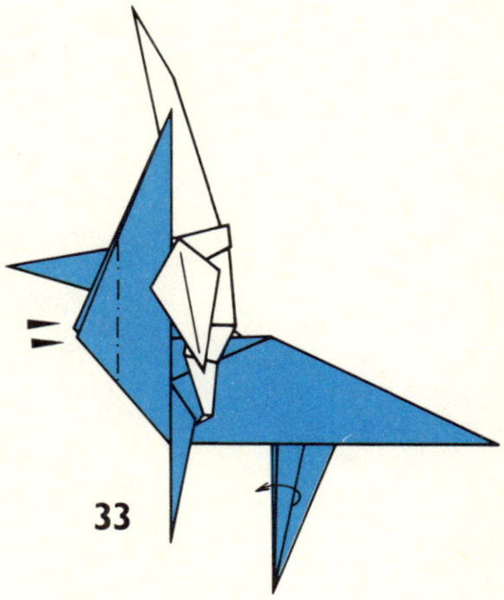

33

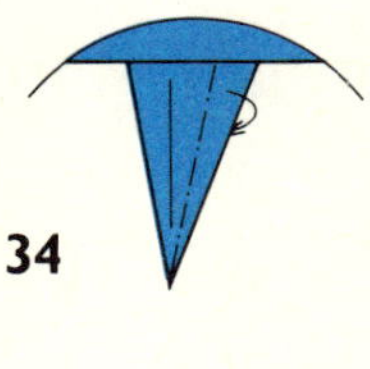

34

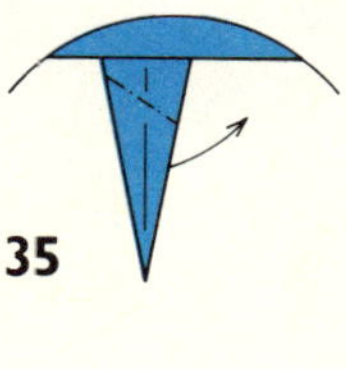

35

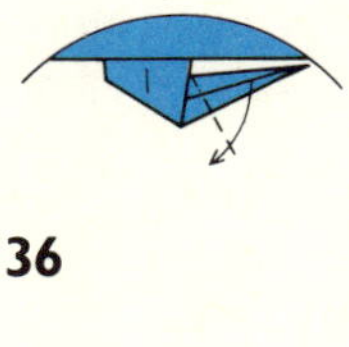

36

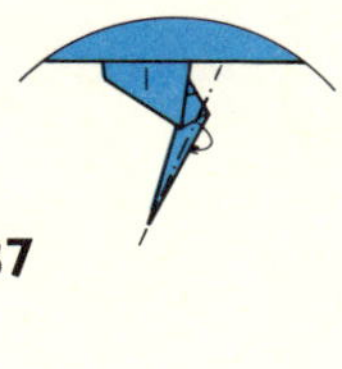

37

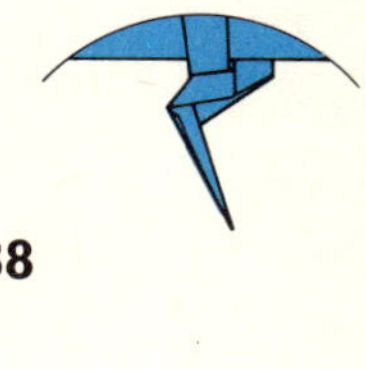

38

39 bis Schritt 45: Einzelheiten des Schwanzes. Die ganze Dicke gegenknicken nach innen. Vorsichtig, um nicht das Papier zu zerreißen! Wenn es zu dick wird, diesen Schritt einfach möglichst ähnlich machen.

40 Durch das helle Stück gegenknicken nach innen.

41 Das lose Papier für die Hüfte knitterfalten. Hinten wiederholen.

42 Den Schwanz symmetrisch knitterfalten und das Papier ausbreiten.

43 Das dunkle Stück so nach rechts bringen, daß es das kleine helle Dreieck, das aufgetaucht ist, verdeckt.

44 Eine dunkle Lage zurück nach links bringen.

45 Den Körper mit der Pinzette knitterfalten, um die Hüfte hervorzuheben.

46 bis Schritt 50: Einzelheiten des Pferdekopfes. Den Hals gegenknicken nach innen.

47 Das Halsende gegenknicken nach außen, um den Kopf zu bilden. Das lose Papier geht nach rechts.

48 Den Kopf zusammenkneifen, um die Ohren zu bilden. Den Kopf gegenknicken nach innen, um Nüstern und Maul zu bilden.

49 Die Ohren zusammenkneifen und das überschüssige Papier in den Kopf stecken.

50 Der Kopf des Pferdes ist fertig.

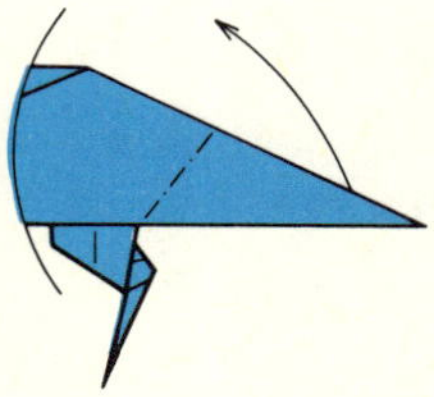

39

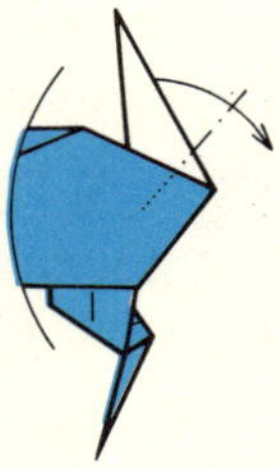

40

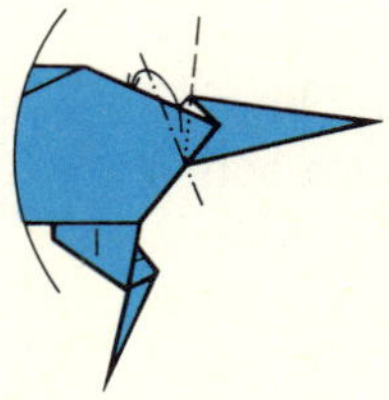

41

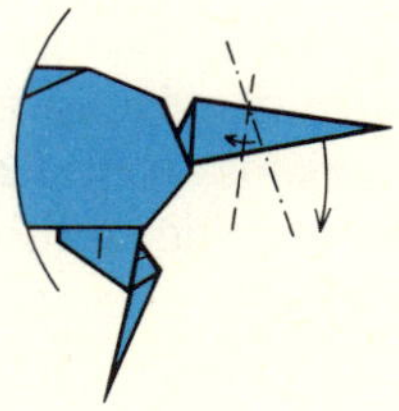

42

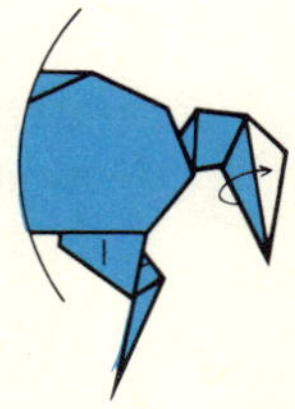

43

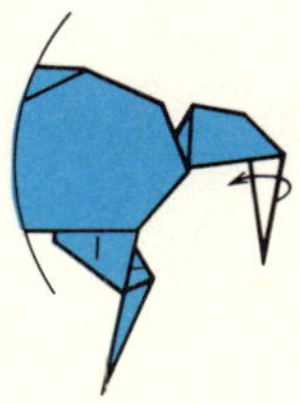

44

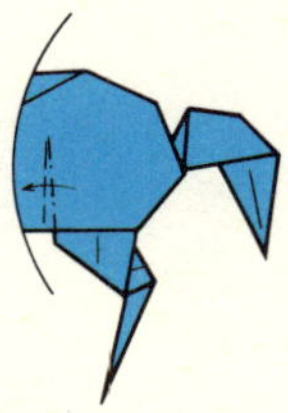

45

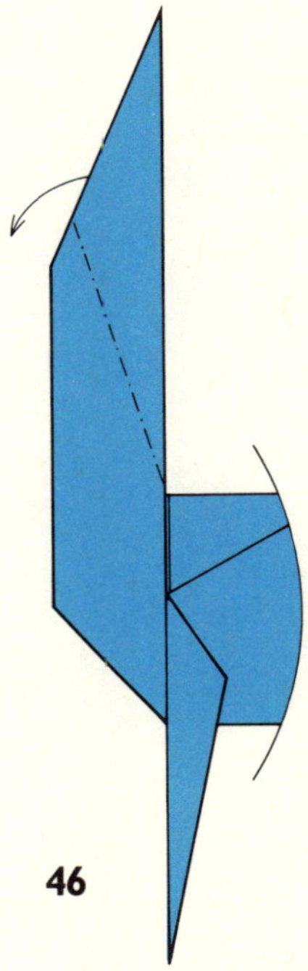

46

47

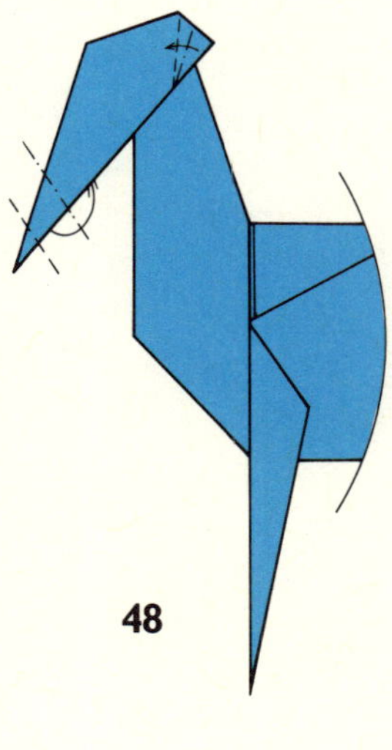

48

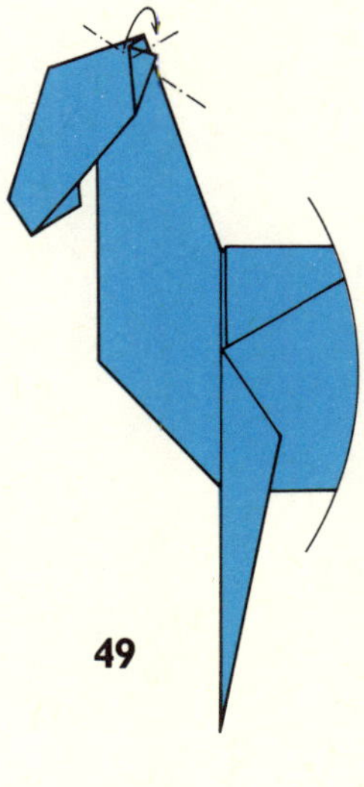

49

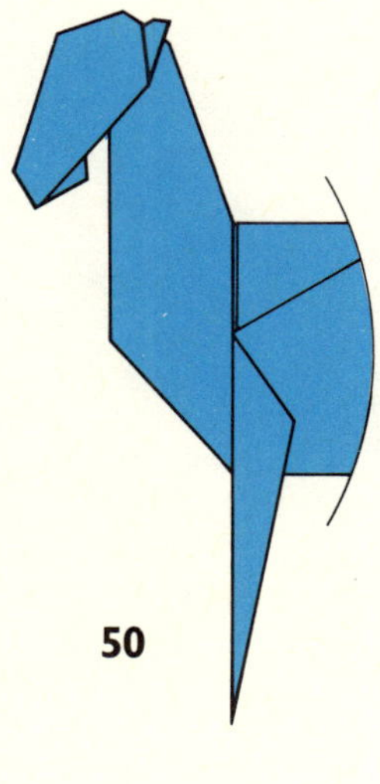

50

51 bis Schritt 57: Einzelheiten von Kopf und Oberkörper des Ritters. Den Kopf gegenknicken nach außen, um den Helm zu bilden. Den Schild oben versenken und den ganzen Schild nach oben heben. Die untere Spitze gegenknicken nach innen. Die Seiten bergfalten. Den ganzen Schild biegen. Den Arm des Ritters mit der Pinzette runden.

52 Der Schild ist fertig. Den Helm gegenknicken nach außen. Das lose Papier unter dem Visier herausziehen. Hinten wiederholen. Das Modell wenden.

53 Das lose Papier oben aus dem Visier herausziehen und entlang des vorhandenen Bruchs flachpressen. Das Schwert verengen und nach hinten zum Körper falten.

54 Das Schwert zusammenkneifen, um es dreidimensional zu machen. Die Spitze des Visiers gegenknicken nach innen.

55 Das Schwert nochmals zusammenkneifen, um es zu verengen. Die Spitze des Visiers knitterfalten.

56 Den Kopf, Arm und Körper des Ritters rundbiegen. Das Schwert nach oben richten.

57 Kopf und Oberkörper des Ritters sind fertig.

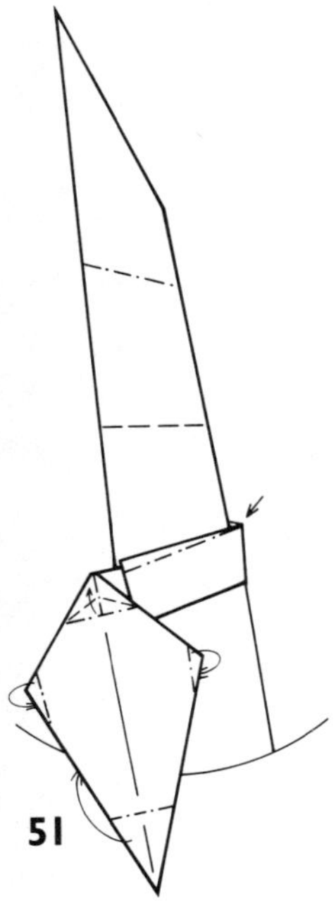

51

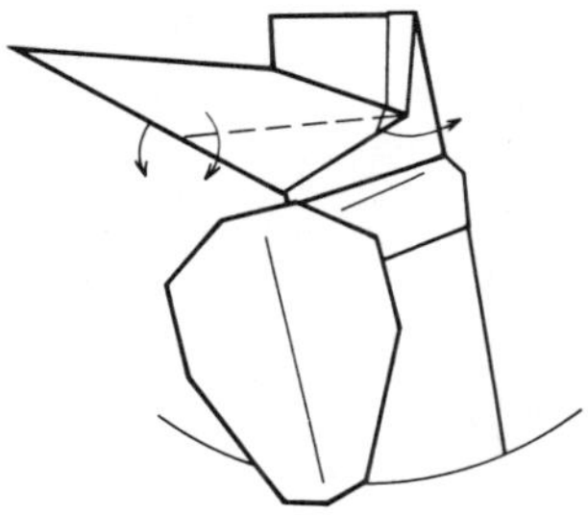

52

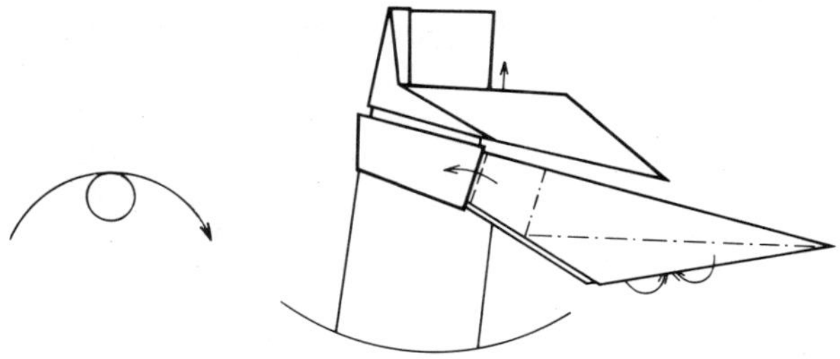

53

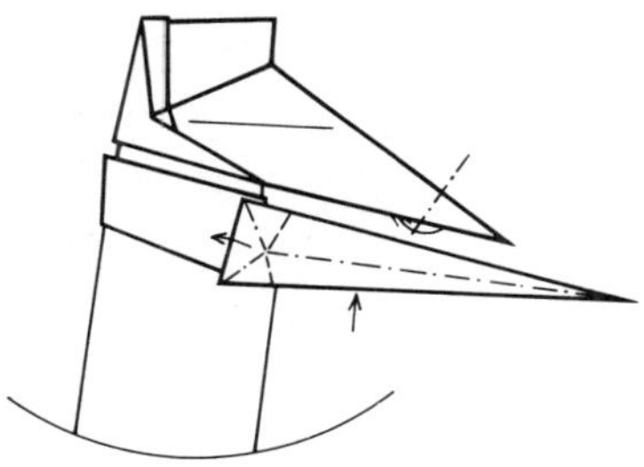

54

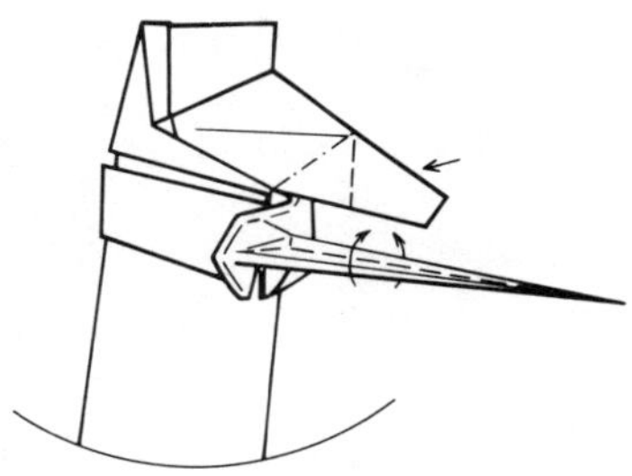

55

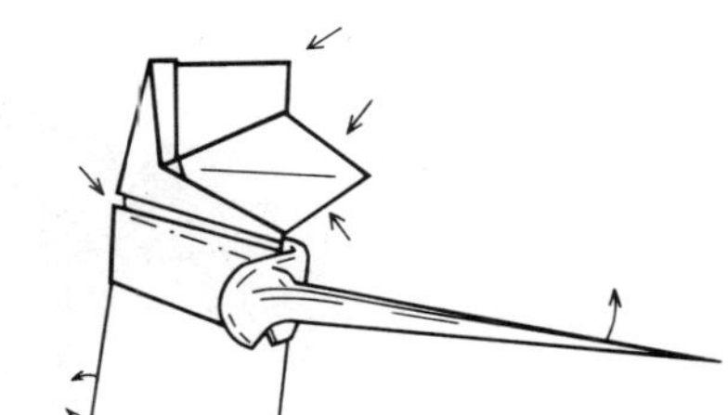

56

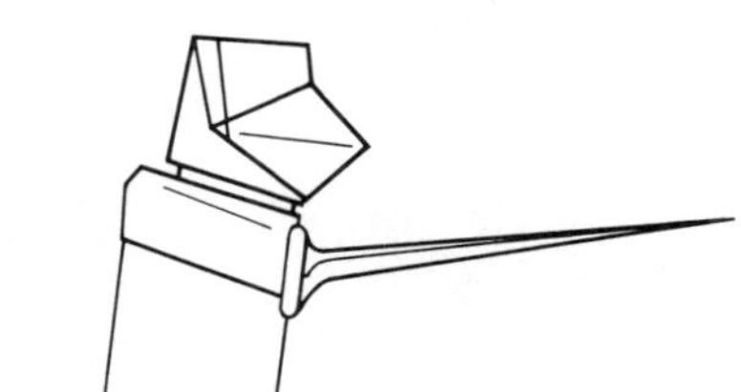

57

58 bis Schritt 66: Einzelheiten einer Alternativlösung für den Helm. Schwert und Schild wie in Schritt 51 bis 56 formen. Den Kopf gegenknicken nach innen.

59 Das im Helm versteckte Papier verengen. Hinten wiederholen.

60 Die hervorstehende Klappe gegenknicken nach innen. Das wird eine Feder.

61 Die Feder gegenknicken nach außen.

62 Das Ende der Feder zusammenkneifen.

63 Die Spitze gegenknicken nach außen.

64 Das lose Papier aus der Spitze ziehen.

65 Die Spitze formen. Den Helm runden.

66 Der Alternativ-Helm ist fertig.

Der fertige **Ritter zu Pferde** im Kampf.

(1975 – 77, verbessert 1986)

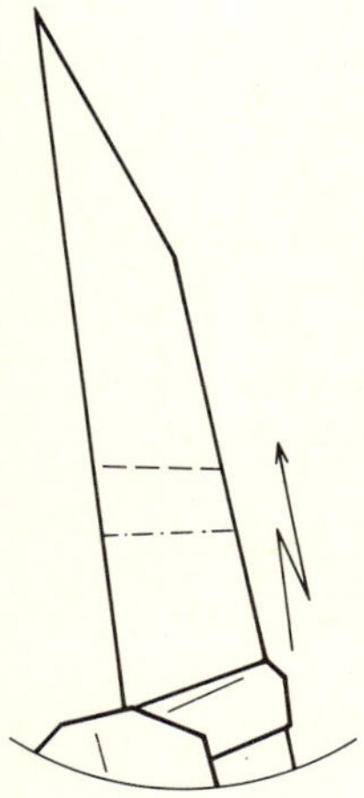

58

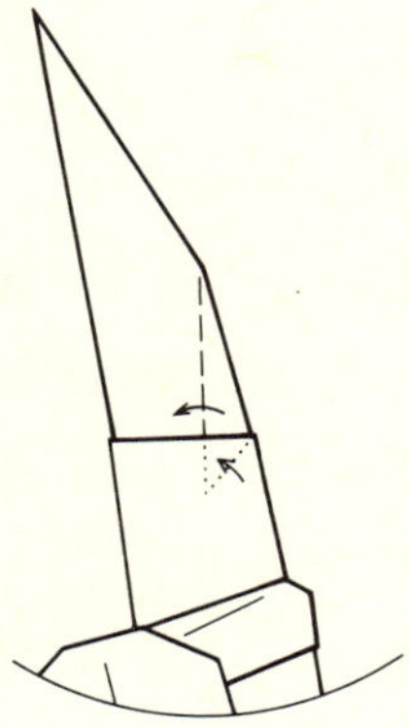

59

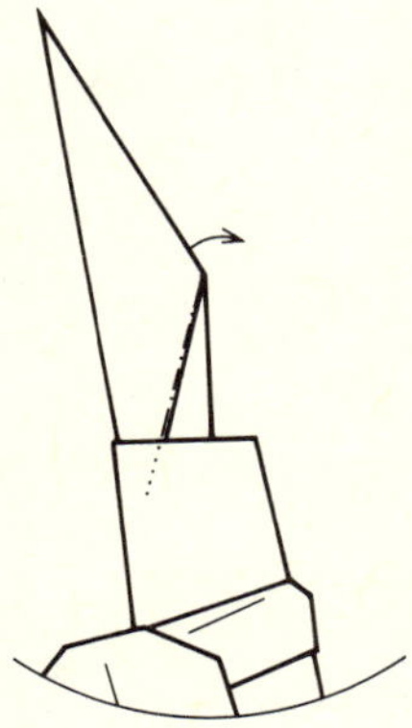

60

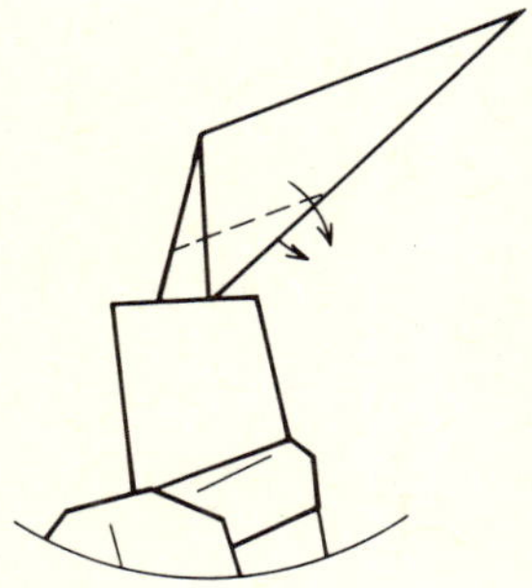

61

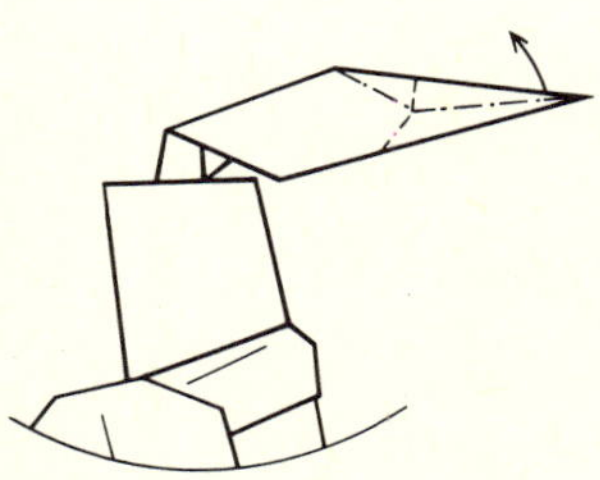

62

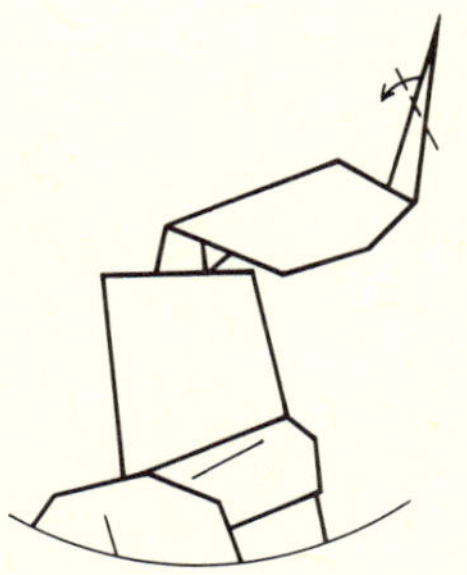

63

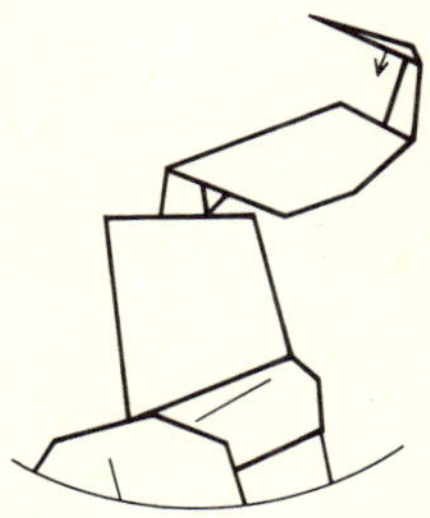

64

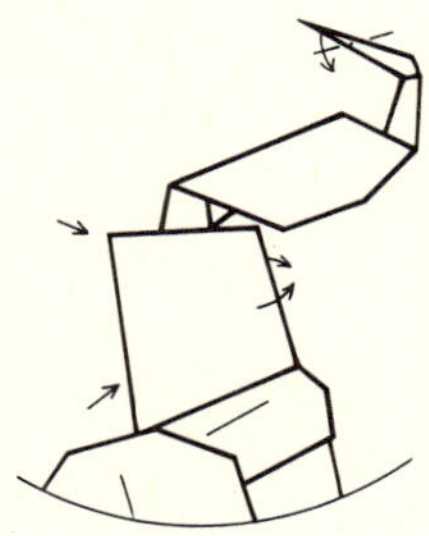

65

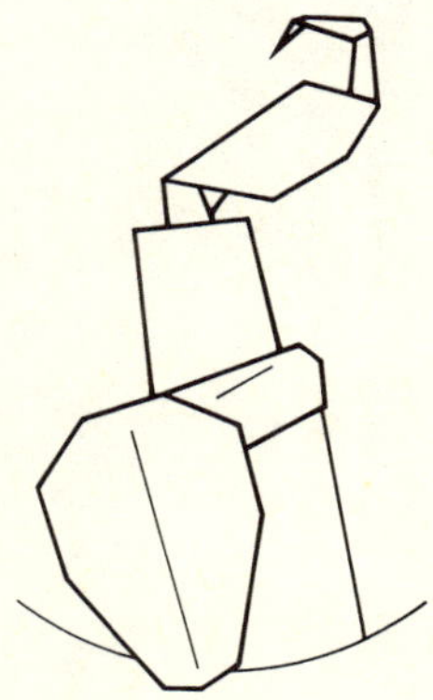

66

Schmetterling

Verwenden Sie ein einseitig gefärbtes Papier. Ein 25-cm-Quadrat ergibt ein Modell mit einer Flügelspannweite von ca. 13 cm. Benutzen Sie für den ersten Versuch ein Quadrat mit einer Seitenlänge von mindestens 45 cm.

1 Blintzfalten.

2 Vorfalten.

3 Die Seiten zur Mitte talfalten. Hinten wiederholen.

4 Die Spitze talfalten, dann das ganze Quadrat öffnen.

5 Die Ecken zu den Ecken des kleinen Quadrats talfalten.

6 Die Kanten für ein weiteres Quadrat talfalten.

7 Das Modell mit Berg- und Talfalten zusammenklappen.

8 Das dunkle Quadrat offen versenken.

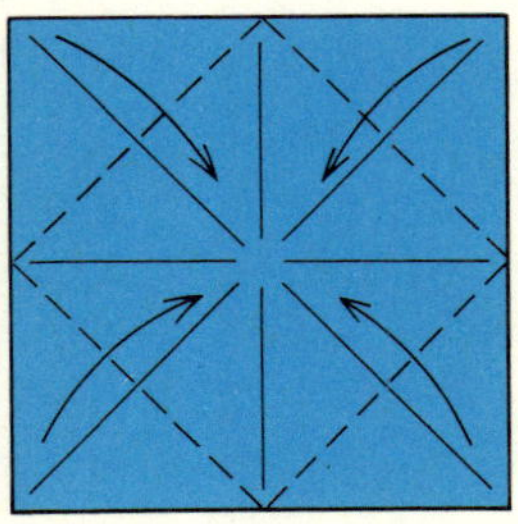

1

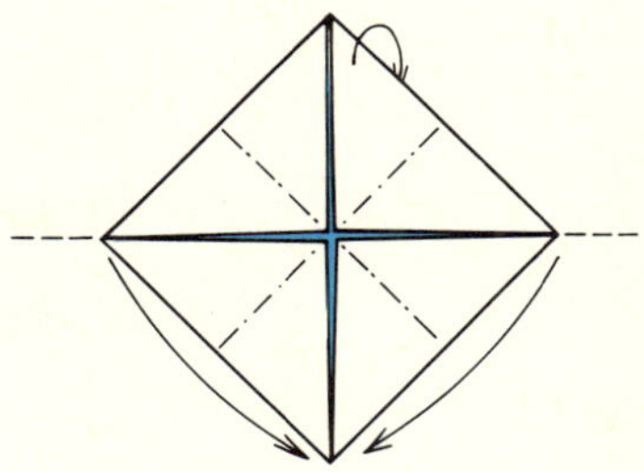

2

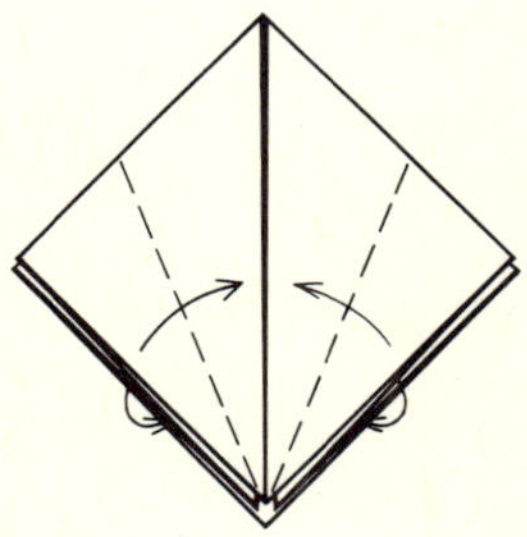

3

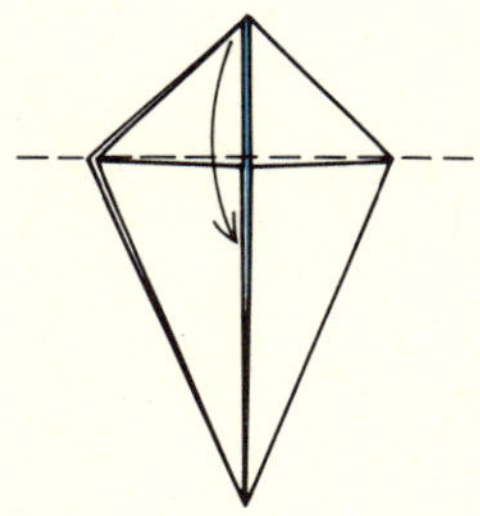

4

5

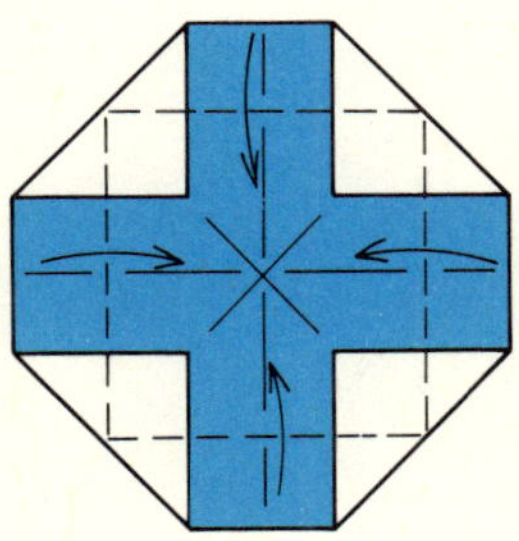

6

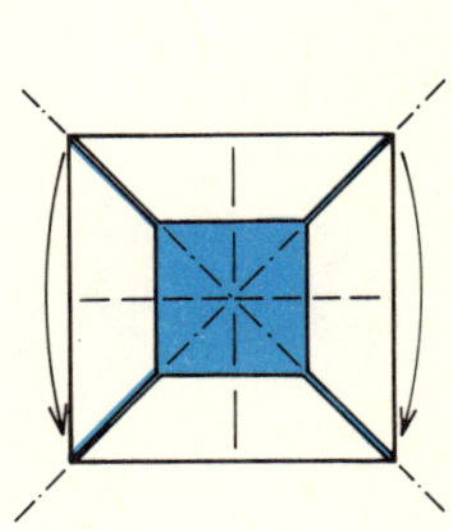

7

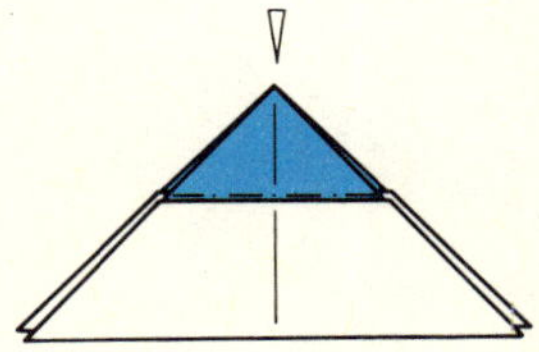

8

9 Die beiden mit x bezeichneten Stellen liegen auf den schrägen Seiten gegenüber. Jede Seite bei x festhalten und um die versteckte Mitte des Papiers schwenken. Flachpressen.

10 Die punktierte Linie zeigt die innere Kante. Die vorderen und hinteren Klappen preßfalten.

11 Die beiden Seitenklappen preßfalten und nach oben bringen.

12 Die beiden Seitenklappen nach unten gegenknicken nach innen.

13 Jetzt haben wir eine vierfache Symmetrie. Die acht Seitenklappen gegenknicken nach innen.

14 Die vier oberen Klappen gegenknicken nach innen, jede zweilagig.

15 Zwei Klappen nach rechts bringen. Automatisch streckt sich eine versteckte dreieckige Klappe.

16 Schritt 15 auf den drei anderen Seiten wiederholen. Dann bis Schritt 6 öffnen.

17 An den vorhandenen Brüchen entlang das Modell zusammenklappen, aber nicht flachpressen.

18 Die vier Gegenknicke nach innen von Schritt 14 wiederholen. Das Modell ganz flachpressen.

19 Die helle Klappe nach unten bringen.

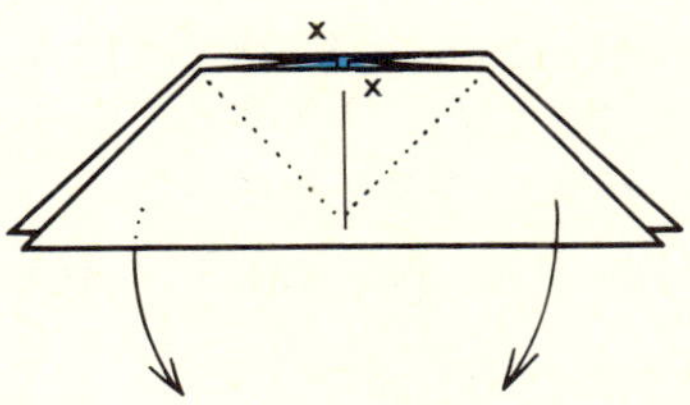

9

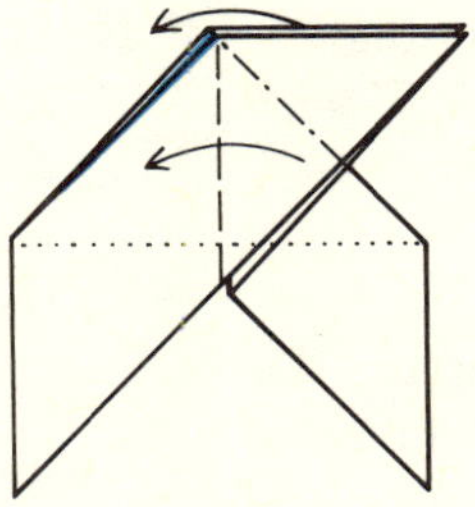

10

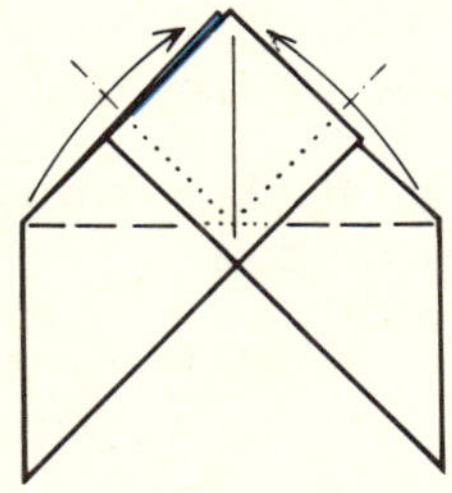

11

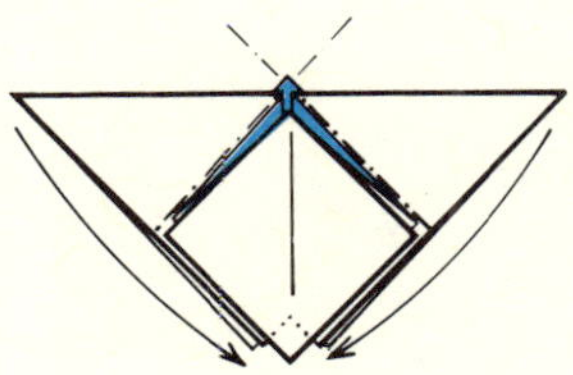

12

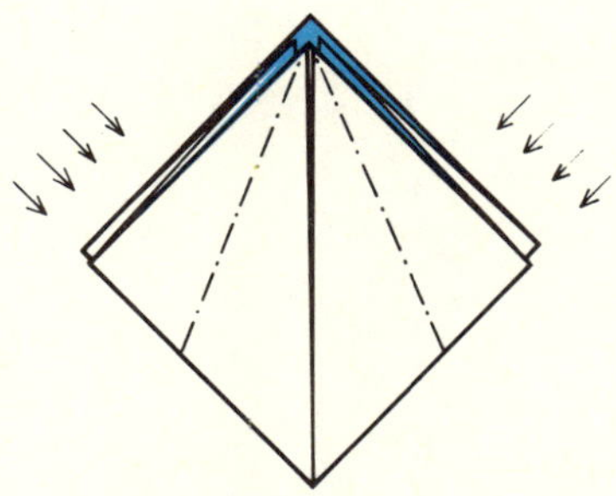

13

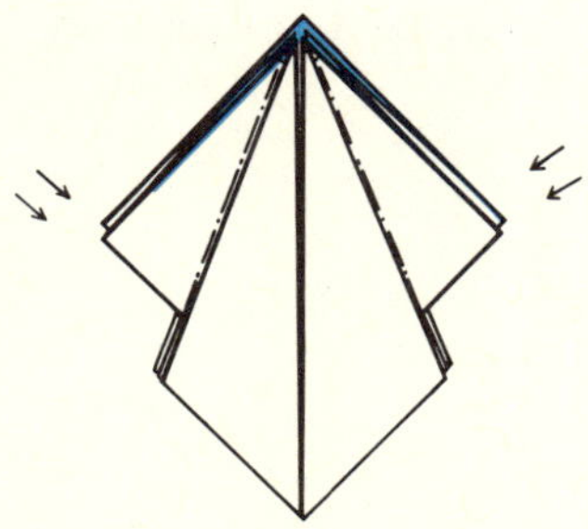

14

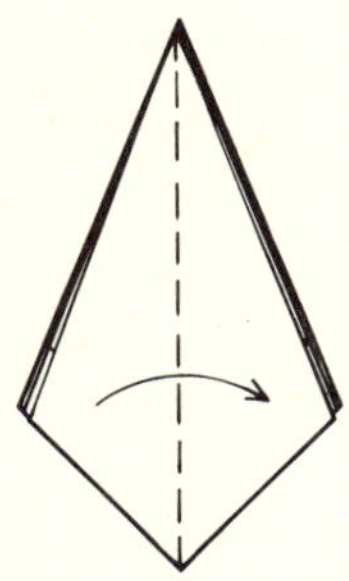

15

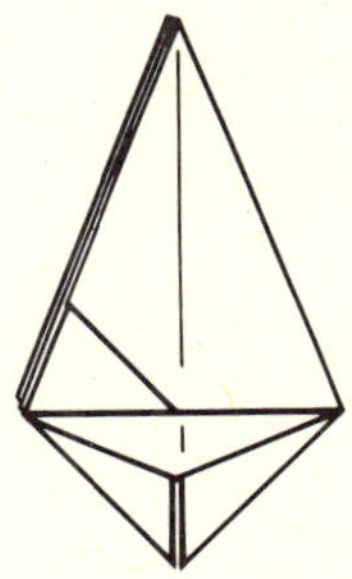

16

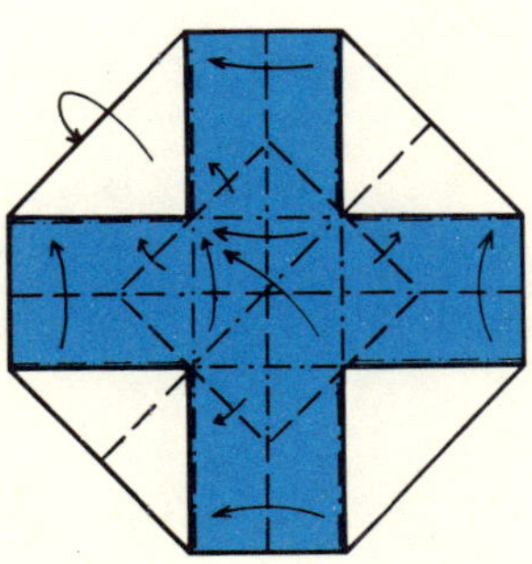

17

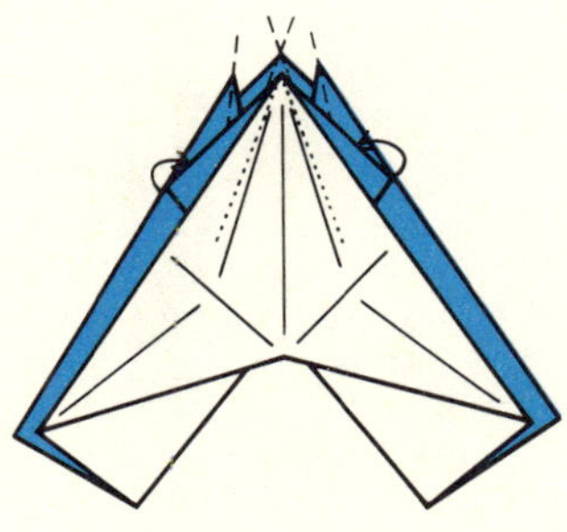

18

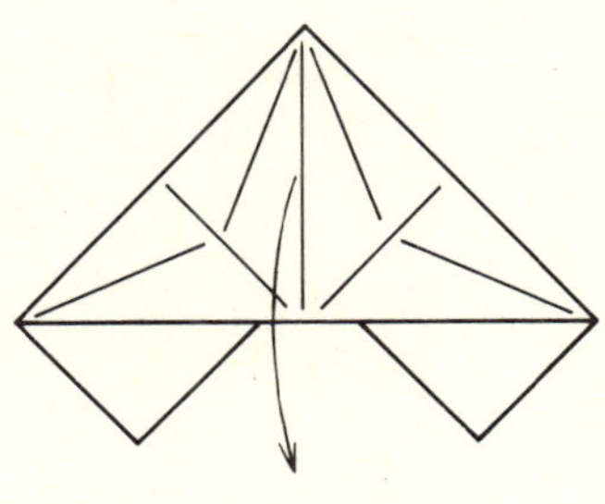

19

20 An den vorhandenen Brüchen entlang die Vorderklappe nach links bringen.

21 Schritt 20 an den drei anderen Klappen wiederholen.

22 An den vorhandenen Brüchen entlang die beiden Seitenklappen symmetrisch zusammenklappen.

23 Mit der gleichen Bewegung eine Lage der rechten Klappe nach links bringen und sie entlang des vorhandenen Bruchs flachkneifen. Die Preßfalte sollte von selbst an die richtige Stelle fallen. Die punktierte Linie zeigt einen versteckten Bruch an.

24 Die Spitze der vorderen Klappe gegenknicken nach innen. Diesen Vorgang und Schritt 23 an den beiden anderen sichtbaren Klappen wiederholen. Nur den Schritt 23 auf der Rückseite wiederholen. Das Modell wenden.

25 Das untere Dreieck preßfalten. Das lose Papier aus dem oberen Dreieck herausziehen. Das obere und untere Dreieck sind identisch, aber zeigen in entgegengesetzte Richtungen.

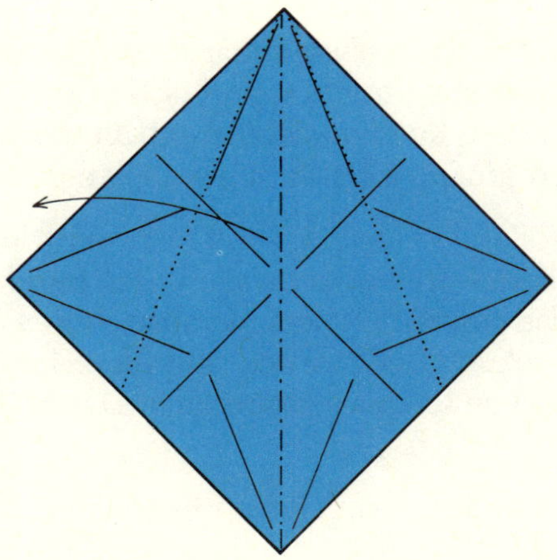

20

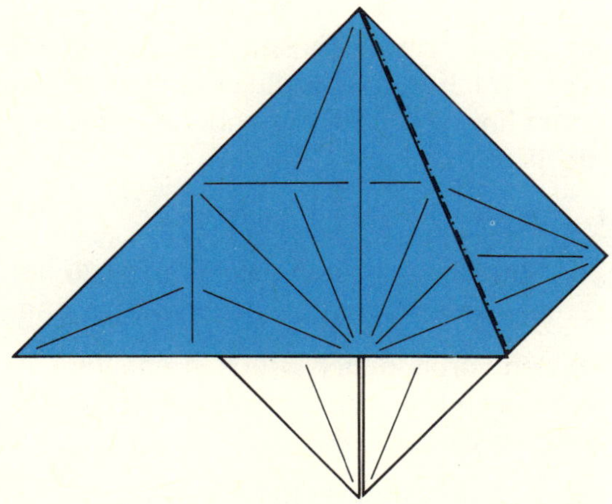

21

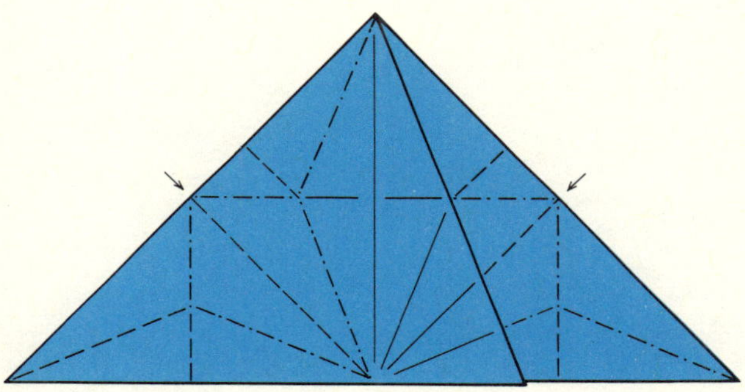

22

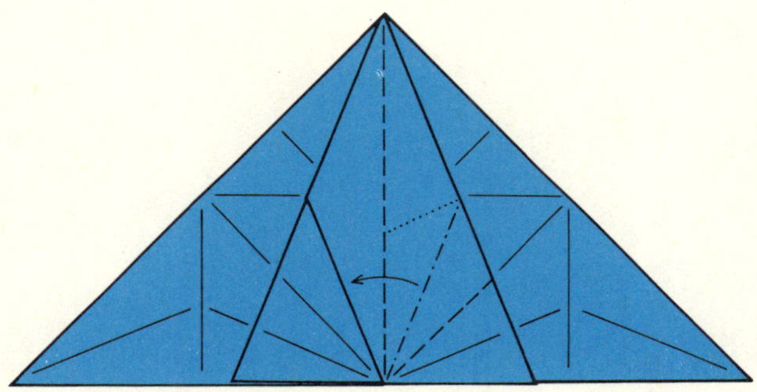

23

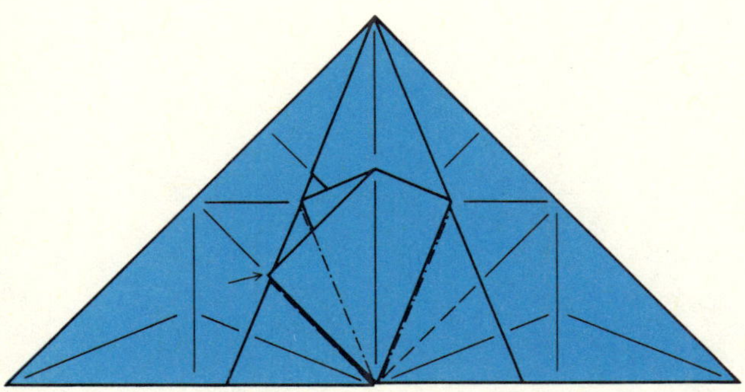

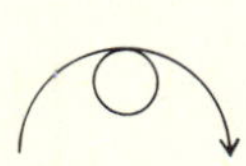

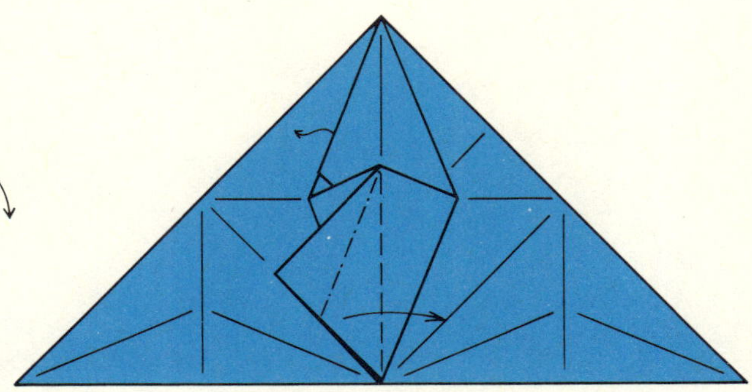

24

25

26 bis Schritt 31: Einzelheiten des unteren Dreiecks. So talfalten, daß die geschnittene Kante unten links auf den vorhandenen Bruch unten rechts trifft.

27 Entlang der Mittellinie talfalten.

28 Zur Mittellinie talfalten. Die Schritte 26 bis 28 rechts wiederholen und bis Schritt 26 öffnen.

29 An den vorhandenen Brüchen entlang die Mitte nach oben bringen. Dabei verengen sich automatisch die Seiten.

30 Die Schritte 25 bis 29 bei dieser kleineren Klappe wiederholen.

31 Das helle Stück zur Mittellinie talfalten und das winzige dunkle Dreieck mit der Pinzette nach innen stecken. Schritt 25 bis 31 beim gleichen oberen Dreieck wiederholen.

32 Eine Lage vom großen Dreieck links heben und umkrempeln, um eine Tasche für die halbe obere Konstruktion zu schaffen. Beim rechten großen Dreieck wiederholen.

33 Die großen Dreiecke knitterfalten, um Flügel zu bilden. Den vorhandenen Bruch bergfalten und das Papier herumschwenken, bis es auf die Kreuzung der beiden anderen vorhandenen Brüche trifft, wie abgebildet. Das Modell liegt nicht flach.

34 Die Hinterflügel mit kleinen Falten verengen. Die Talfalten treffen am vorhandenen Bruch auf die Kante jedes Flügels.

35 Die Knitterfalten bis Schritt 33 öffnen und das Modell zur Hälfte talfalten. Jetzt liegt es flach.

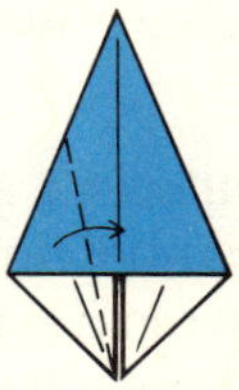

26

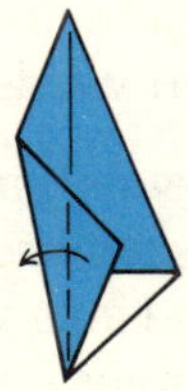

27

28

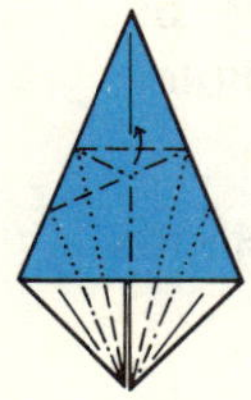

29

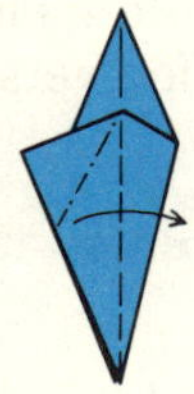

30

31

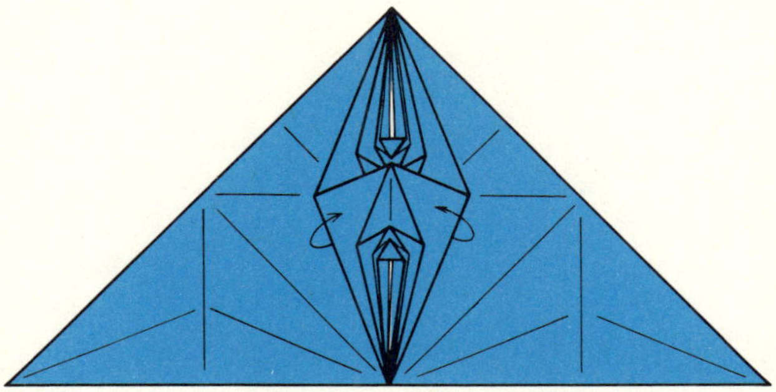

32

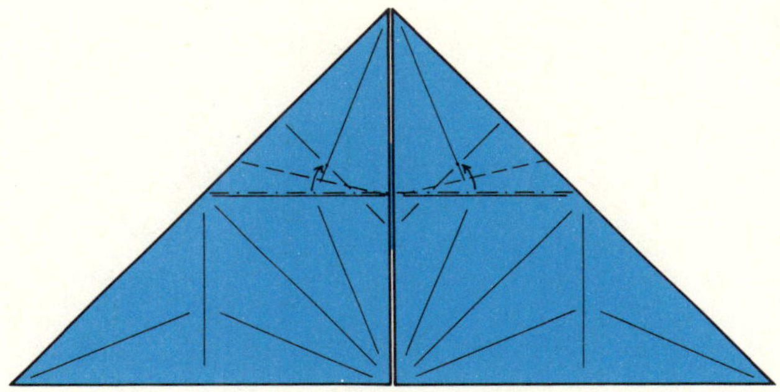

33

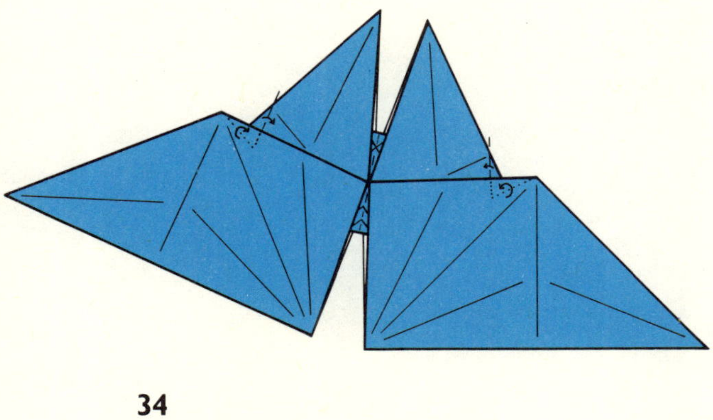

34

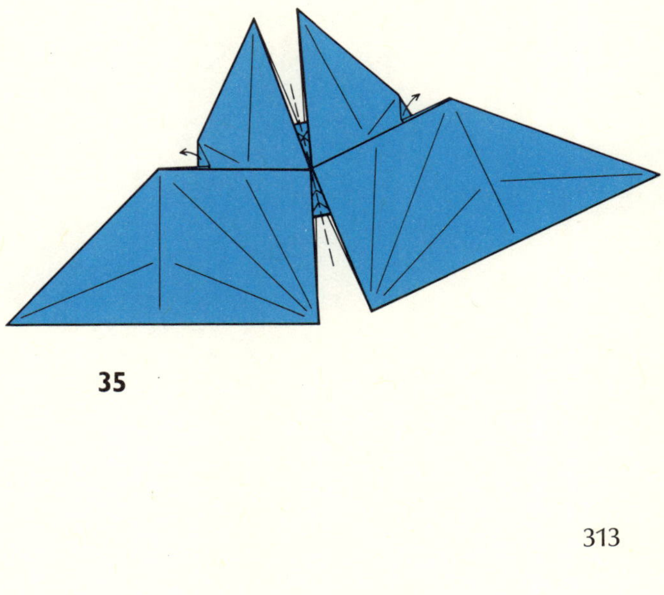

35

36 Fünf Klappen nach oben falten. Nur die zählen, die den Punkt x berühren. Hinten wiederholen.

37 Die obere Hälfte der drachenförmigen Klappe ist dreilagig, die untere einlagig. Die lange Dreiecksklappe offen versenken. Hinten wiederholen.

38 Eine Klappe nach unten talfalten. Hinten wiederholen.

39 Eine Hasenohrfalte bilden. Das wird das mittlere Bein. Hinten wiederholen.

40 Das mittlere Bein bei x zusammenkneifen und vorsichtig vom restlichen Modell wegziehen. Das aufgeblasene dreieckige Stück geschlossen versenken. Hinten wiederholen.

41 Das lose Papier zwischen den mittleren Lagen ganz links herausziehen. Das mittlere Bein zur Hälfte bergfalten. Links vom mittleren Bein wölbt sich das Papier ein bißchen vor. Die vordere Wölbung bergfalten und die hintere talfalten. Über dem mittleren Bein gibt es eine lose querliegende Klappe, das wird das Vorderbein. Die Klappe symmetrisch hasenohrfalten und nach unten bringen. Alle Falten hinten wiederholen.

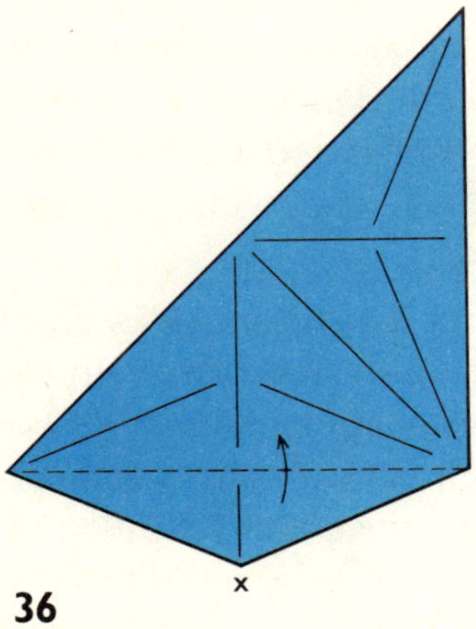
36

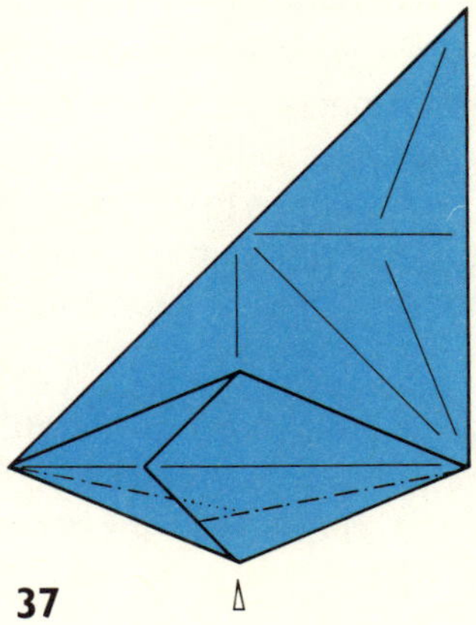
37

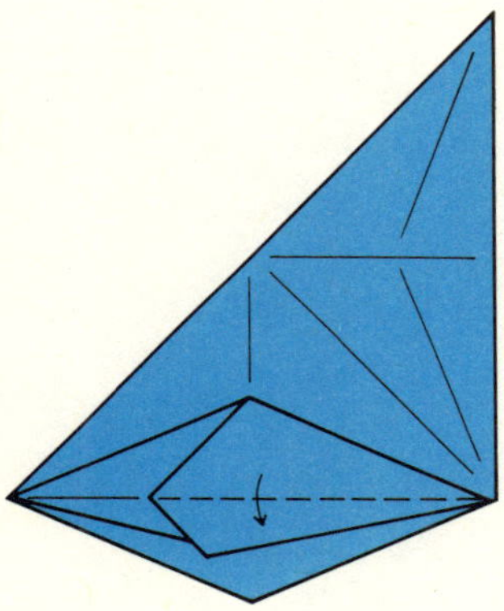
38

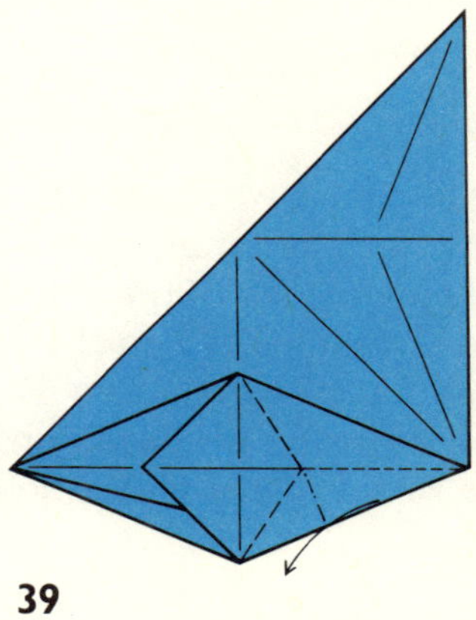
39

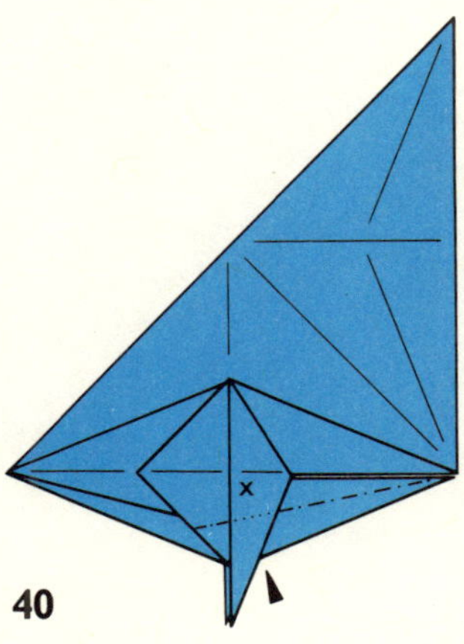
40

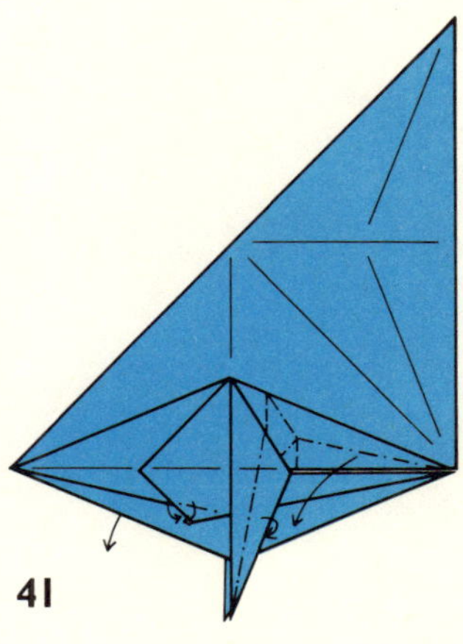
41

42 Ganz links ist das beim vorangegangenen Schritt herausgezogene lose Papier. Dies so weit wie möglich nach rechts talfalten und öffnen. (Während des Faltens liegt das Modell nicht flach.) Eine weitere lose Klappe nach rechts talfalten, um das mittlere und vordere Bein zu verdecken. Beide Falten hinten wiederholen.

43 Die Klappe ganz links hasenohrfalten. Das wird das Hinterbein. Hinten wiederholen. Das lose Papier aus der rechten Seite des Modells herausziehen.

44 Die linke Hälfte über die rechte Hälfte bringen, um das Hinterbein zu verengen. Hinten wiederholen. Das lose Papier unter dem Modell gegenknicken nach innen.

45 bis Schritt 47: Einzelheiten vom Schwanz und Hinterbein. Die beiden Seiten vorsichtig auseinanderziehen und das überschüssige Papier geschlossen versenken.

46 Zur Hälfte talfalten. Hinten wiederholen.

47 Die Klappe ganz links wird der Leib. Die Spitze gegenknicken nach innen und die Seiten mit Bergfalten verengen. Die dünnen senkrechten Klappen sind überflüssiges Papier. Mit einer Bergfalte nach hinten wegstecken. Das Hinterbein zusammenkneifen und nach unten bringen. Alle Falten hinten wiederholen.

48 Unter dem Körper hängen zwei dünne Lagen Papier. Mit der Pinzette knitterfalten und nach oben in den Körper stecken. Die lose Klappe, die Mittel- und Vorderbeine verdeckt, mit einer Bergfalte verengen. Alle Falten hinten wiederholen.

49 Mit einer zweiten Bergfalte diese lose Klappe verengen. Hinten wiederholen. Vorder- und Mittelbeine knitterfalten. So symmetrisch wie möglich alle sechs Beine nach innen und nach außen gegenknicken. Vom großen Dreieck eine Lage abheben und umkrempeln, um eine Tasche für die halbe Körper-Konstruktion zu schaffen wie in Schritt 32. Hinten wiederholen. Das lose Papier unter dem Modell ausbreiten. Die folgenden Zeichnungen sind von unten.

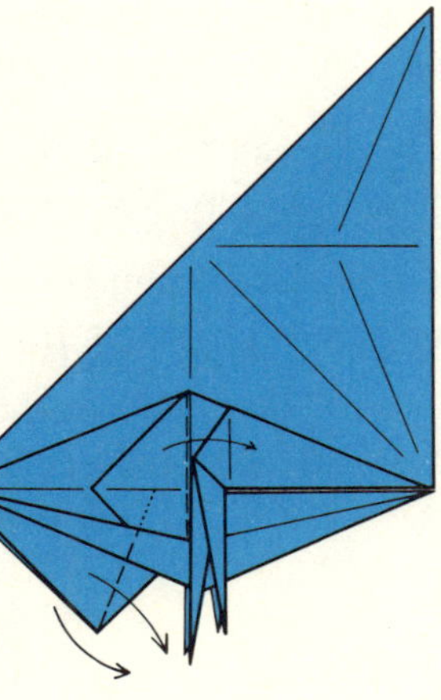
42

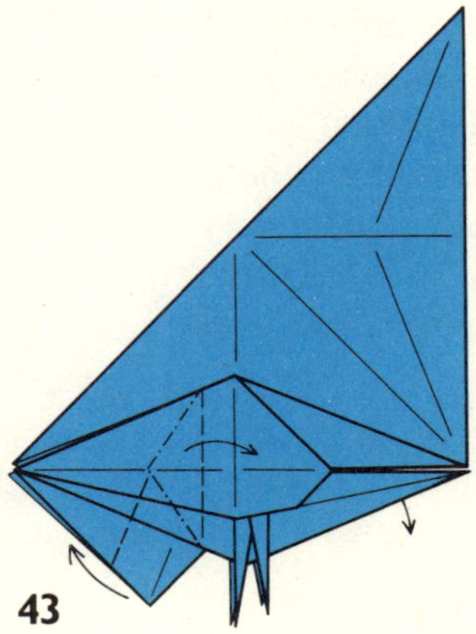
43

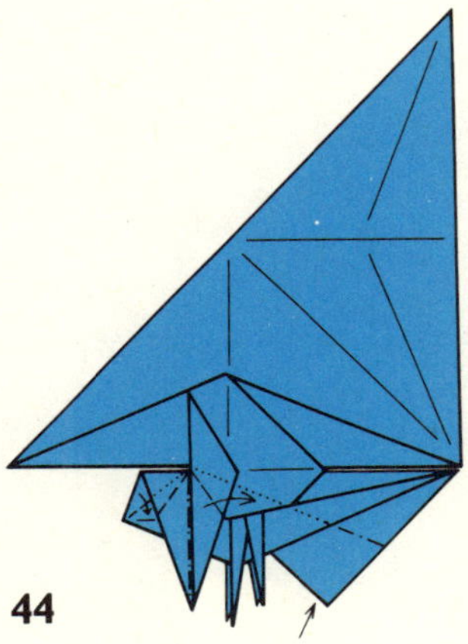
44

47

46

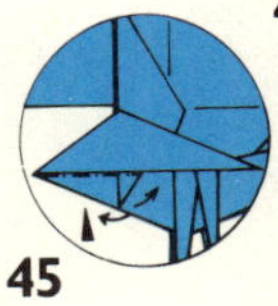
45

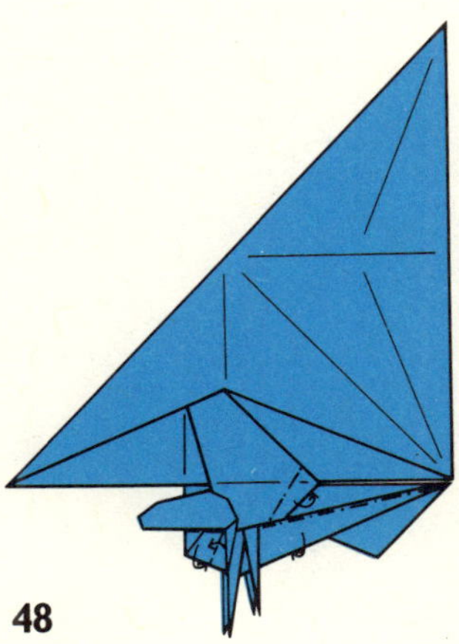
48

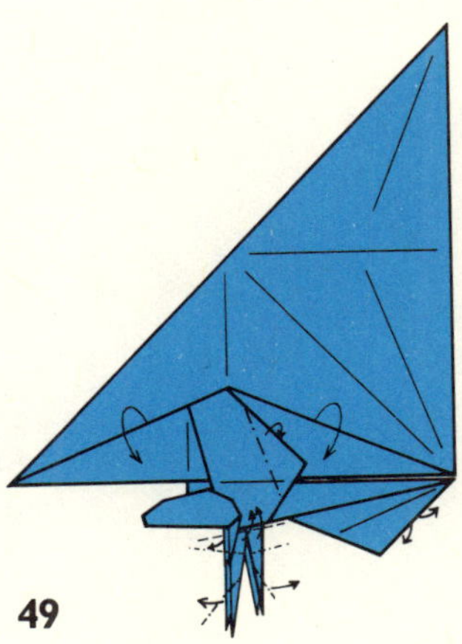
49

50 bis Schritt 68: Einzelheiten des Kopfes. Diese Schritte sind schwierig, und wenn das Papier zu dick ist, müssen Sie sich vielleicht mit einer Annäherung zufriedengeben. Blütenblattfalten.

51 Ein Hasenohr falten.

52 Das lose Papier herausziehen.

53 Das lose Papier nach unten talfalten.

54 Die obere Hälfte der Konstruktion um den vorhandenen Bruch herumschwenken.

55 Zum vorhandenen Querbruch talfalten und öffnen.

56 Das ist eine sehr dicke Knitterfalte. Der Kopf wölbt sich gegen den Körper.

57 An den vorhandenen Brüchen entlang das lose Papier zur Mitte talfalten.

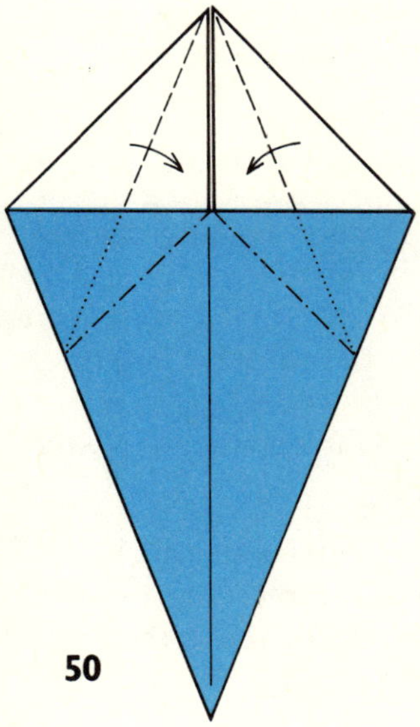
50

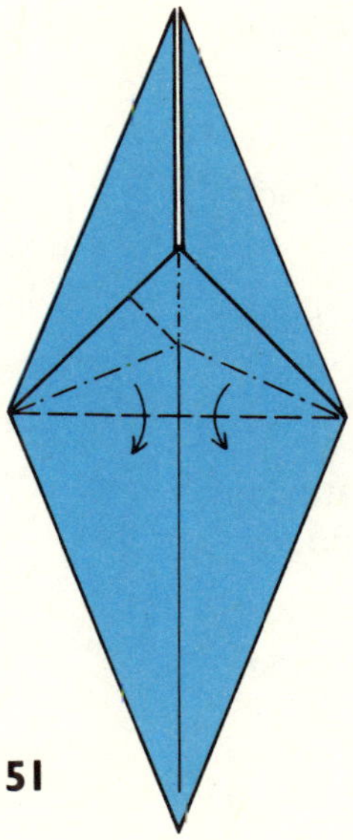
51

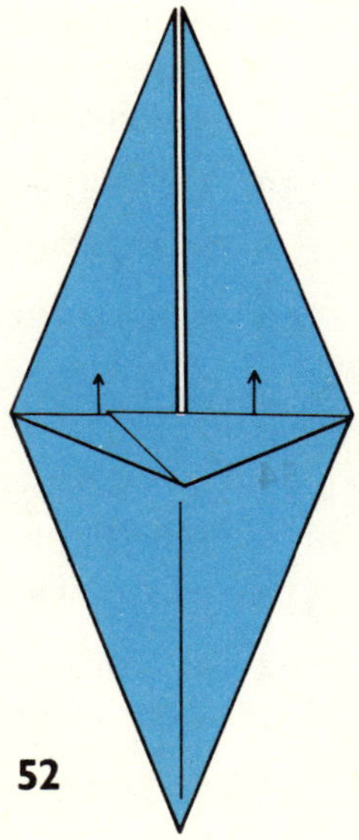
52

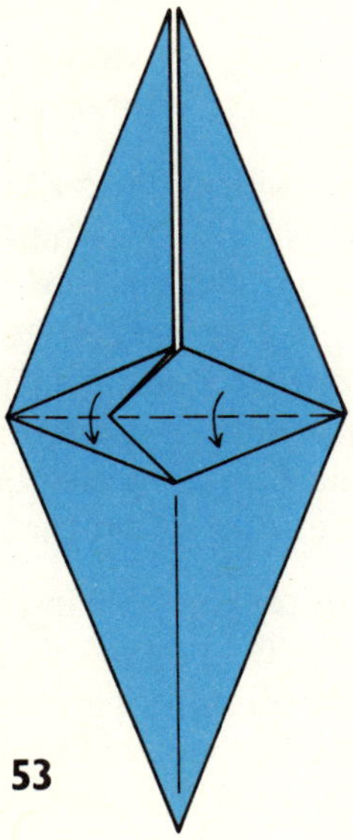
53

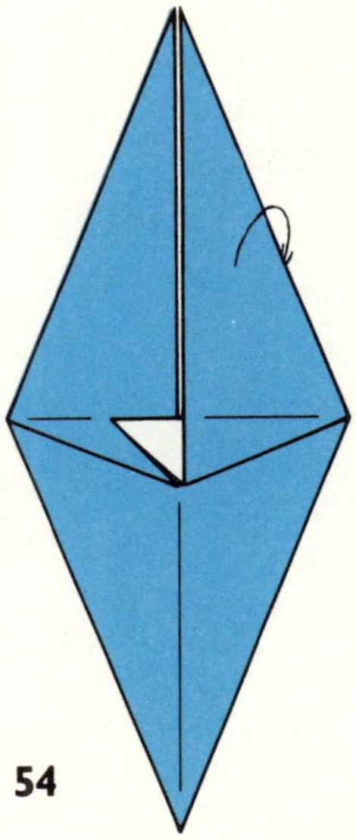
54

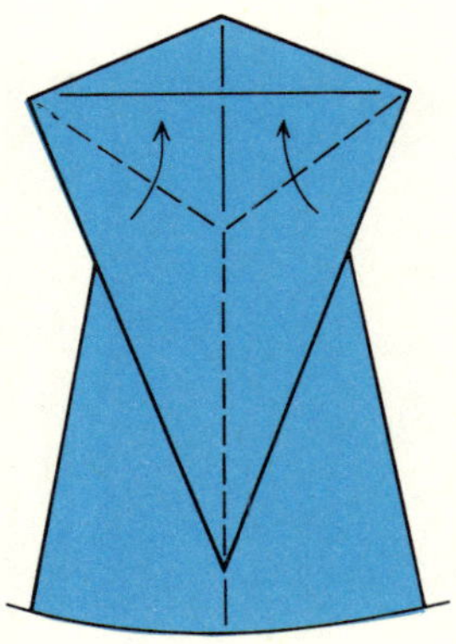
55

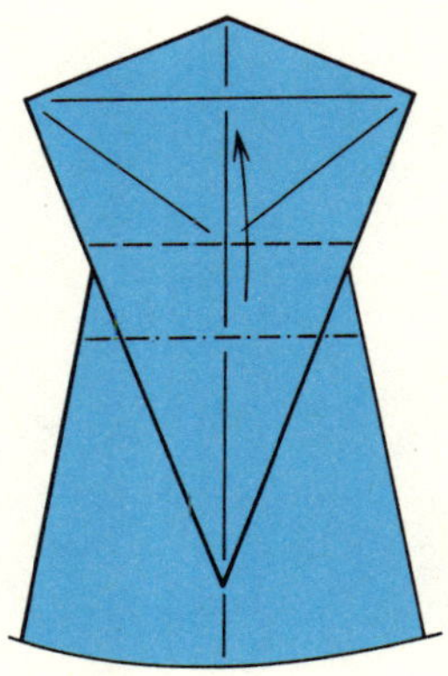
56

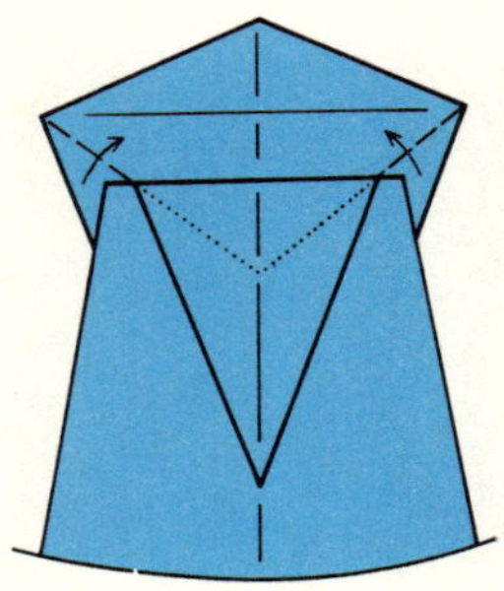
57

58 Das Modell leicht öffnen und das sichtbare Papier in die danebenliegenden Taschen geschlossen versenken.

59 Das Modell schließen. Die folgenden Zeichnungen sind von der Seite.

60 Die Querklappe wird ein Fühler. Den Fühler gegenknicken nach innen. Hinten wiederholen.

61 Die Vorderseite des Fühlers blütenblattfalten und das überschüssige Papier nach innen stecken. Hinten wiederholen.

62 Die Vorderseite des Fühlers nach rechts talfalten. Hinten wiederholen.

63 Die Spitze so weit wie möglich nach oben talfalten. In der Mitte zwischen Spitze und Talfalte bergfalten. Die Rückseite des Fühlers mit einer Bergfalte verengen. Das lose Papier in den Kopf stecken. Hinten wiederholen.

64 Eine fünfseitige geschlossene Senkfalte bilden. Für diesen Schritt braucht man eine Pinzette. Hinten wiederholen.

65 Die Senkfalte ausbreiten. Mit Glück springt sie zu einer fünfseitigen Pyramide nach oben. Hinten wiederholen.

66 Das wird das hervorstehende Facettenauge des Schmetterlings. Den Fühler nach hinten talfalten. Hinten wiederholen.

67 Beide Fühler zusammenkneifen und nach vorn bringen. Die Klappe rechts von den Fühlern wird der Rest des Kopfes. An der Spitze zusammenkneifen und im Uhrzeigersinn so weit wie möglich drehen.

68 Die Spitze des Kopfes gegenknicken nach innen. Den Kopf oben und hinten mit Bergfalten verengen. Hinten wiederholen. Die Fühler runden.

69 bis Schritt 78: Einzelheiten der Flügel. Die Brüche der Flügel aus Schritt 35 nur auf den dünnen Außenlagen nochmals formen, nicht auf den dicken inneren. Man muß die dicken inneren Lagen wie in den punktierten Linien knitterfalten. Hinten wiederholen.

70 Am Schnittpunkt der vorderen und hinteren Flügel ist von der Knitterfalte überschüssiges Papier geblieben. In die Tasche dahinter stecken. Die Spitze des Vorderflügels gegenknicken nach innen. Die unteren Ecken rechts aufeinander bergfalten. Die untere Kante trifft auf die Kreuzung der beiden vorhandenen Brüche. Alle Falten hinten wiederholen.

71 Die Spitze des Vorderflügels asymmetrisch nach rechts gegenknicken nach innen. Am Scheitelpunkt des hinteren Flügels gibt es eine kleine versteckte Klappe. Diese am vorhandenen Bruch entlang ins Blickfeld bringen. Alle Falten hinten wiederholen.

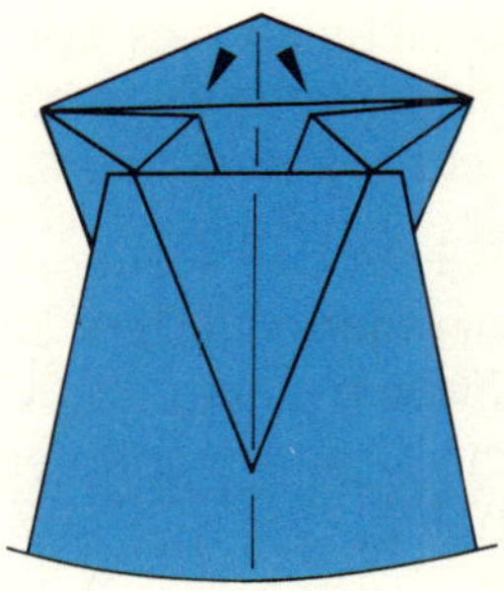
58

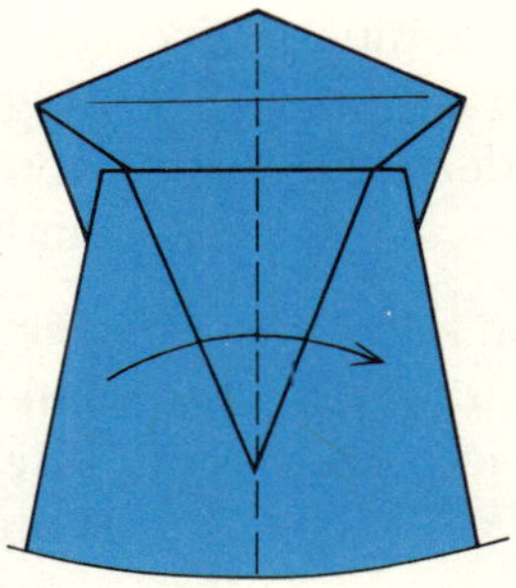
59

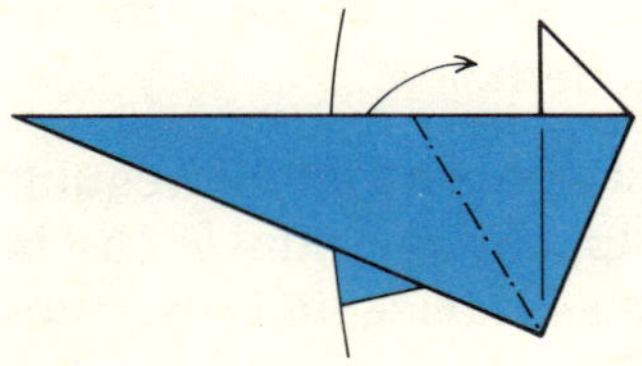
60

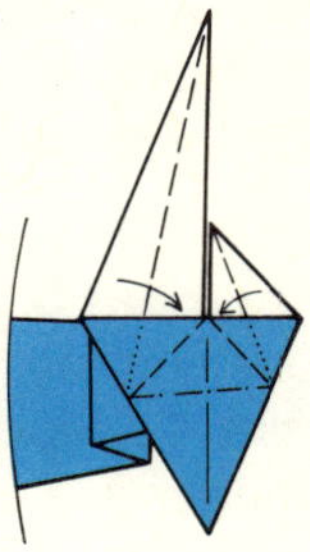
61

62

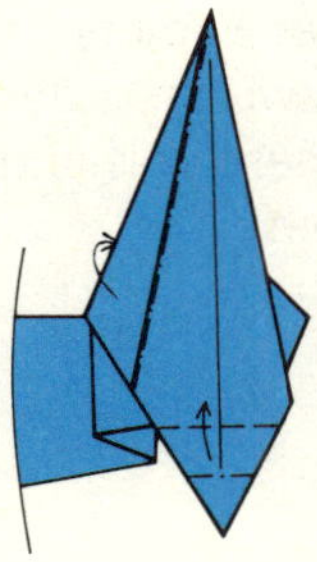
63

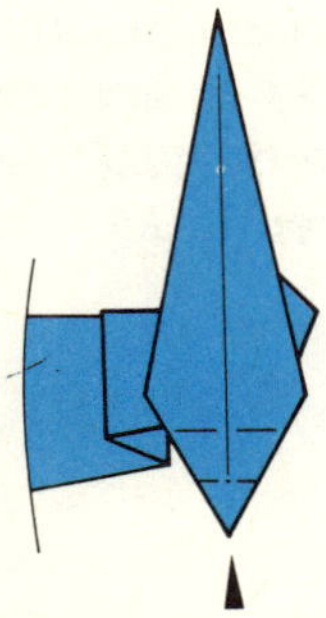
64

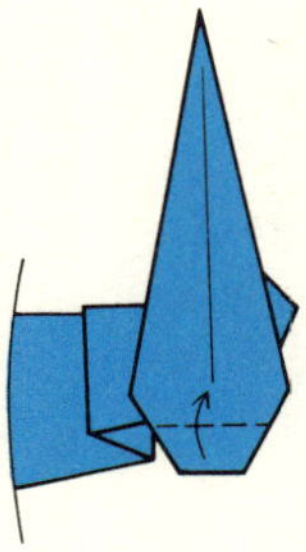
65

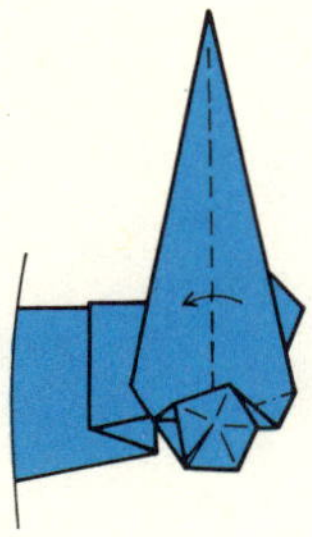
66

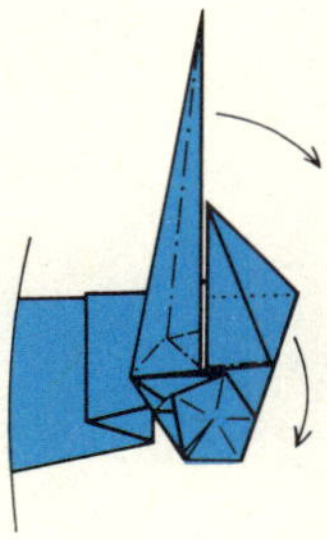
67

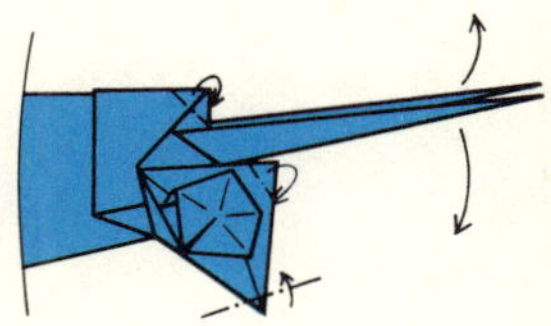
68

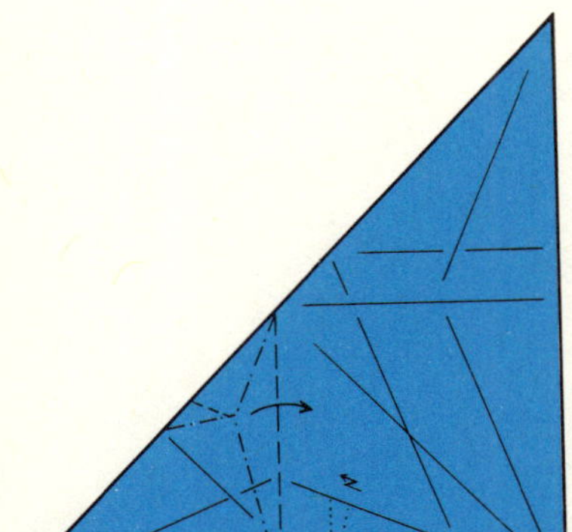
69

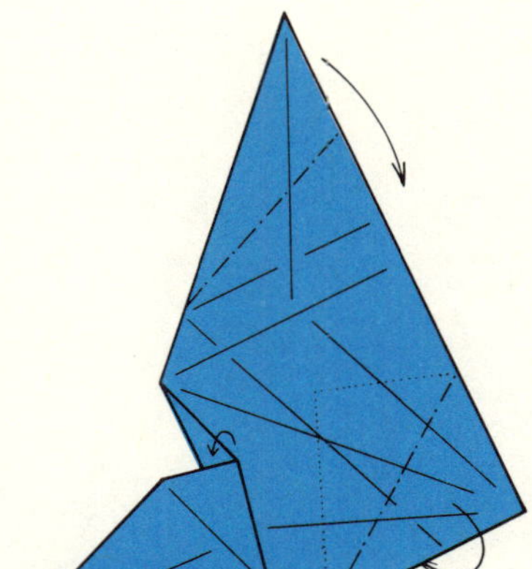
70

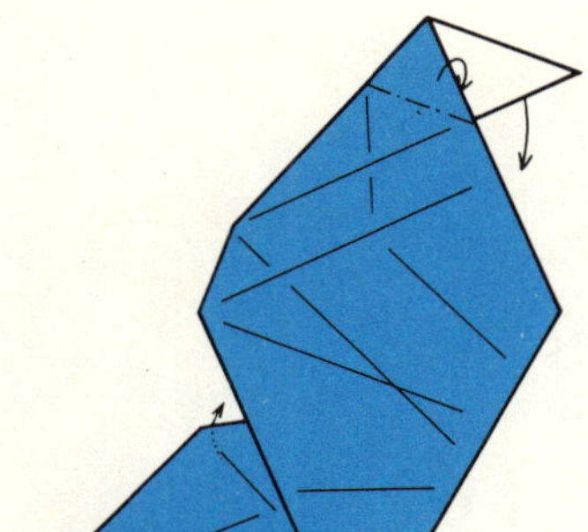
71

72 und 73 sind Innenansichten eines Vorderflügels. Die winzige helle Klappe nach oben und nach links talfalten. Am anderen Vorderflügel wiederholen.

73 Mit der gleichen Bewegung die kleine helle Klappe in die dunkle Tasche stecken und den Flügel schließen. Dieser Vorgang schließt die Flügelspitze. Hinten wiederholen.

74 Die Spitze des hinteren Flügels hasenohrfalten. Am vorhandenen Bruch entlang die kleine Klappe am Scheitel des hinteren Flügels geschlossen versenken. Den Vorderflügel mit Bergfalten verengen. Diese Falten liegen parallel zur geschnittenen Kante des Papiers und treffen auf den Schnittpunkt zwischen der unteren gefalteten Kante und einem vorhandenen Bruch. Hinten wiederholen.

75 bis Schritt 77: Innenansichten eines Vorderflügels. Die Klappen links und rechts am vorhandenen Bruch entlang bergfalten. Am anderen Vorderflügel wiederholen.

76 Die rechte Klappe zur Hälfte talfalten. Die linke Klappe zur Hälfte bergfalten und das lose Papier dahinterstecken. Am anderen Vorderflügel wiederholen.

77 Mit der gleichen Bewegung die rechte Klappe in die Tasche stecken, die von der linken gebildet wird, und den Flügel schließen. Am anderen Flügel wiederholen.

78 Die Spitze des Vorderflügels geschlossen versenken. Die Spitze des hinteren Flügels zusammenkneifen und nach oben biegen. Hinten wiederholen.

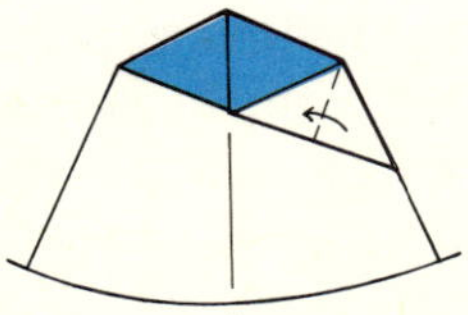

72

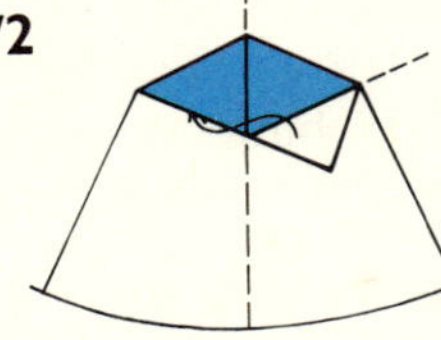

73

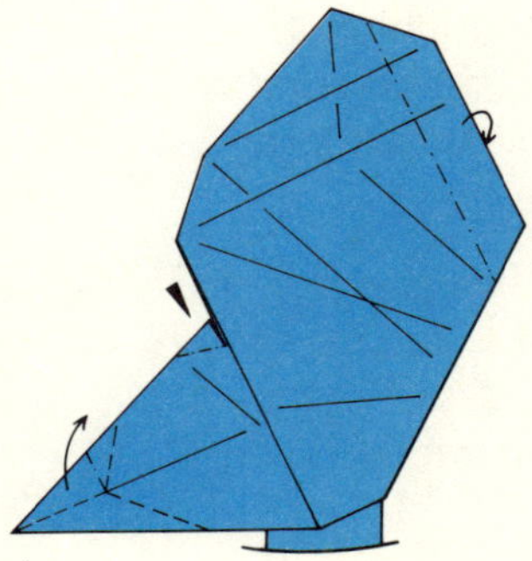

74

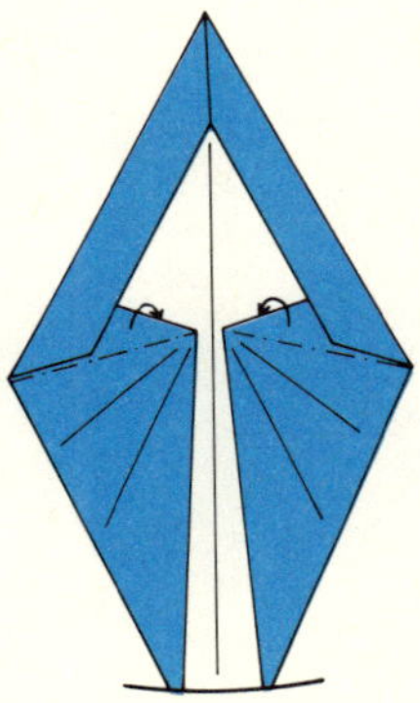

75

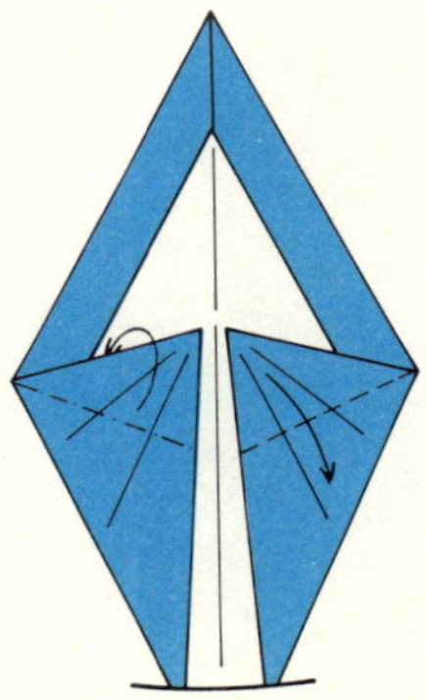

76

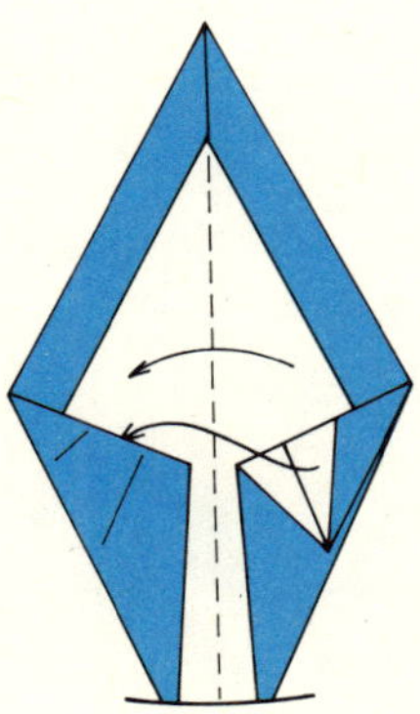

77

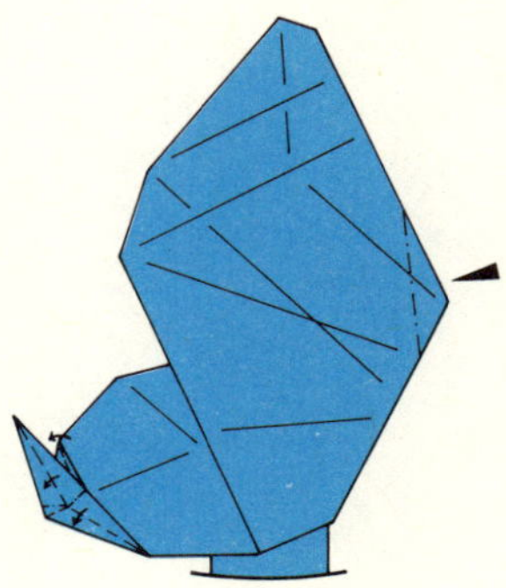

78

Der fertige **Schmetterling,** der davonfliegt.

(1982 – 84)

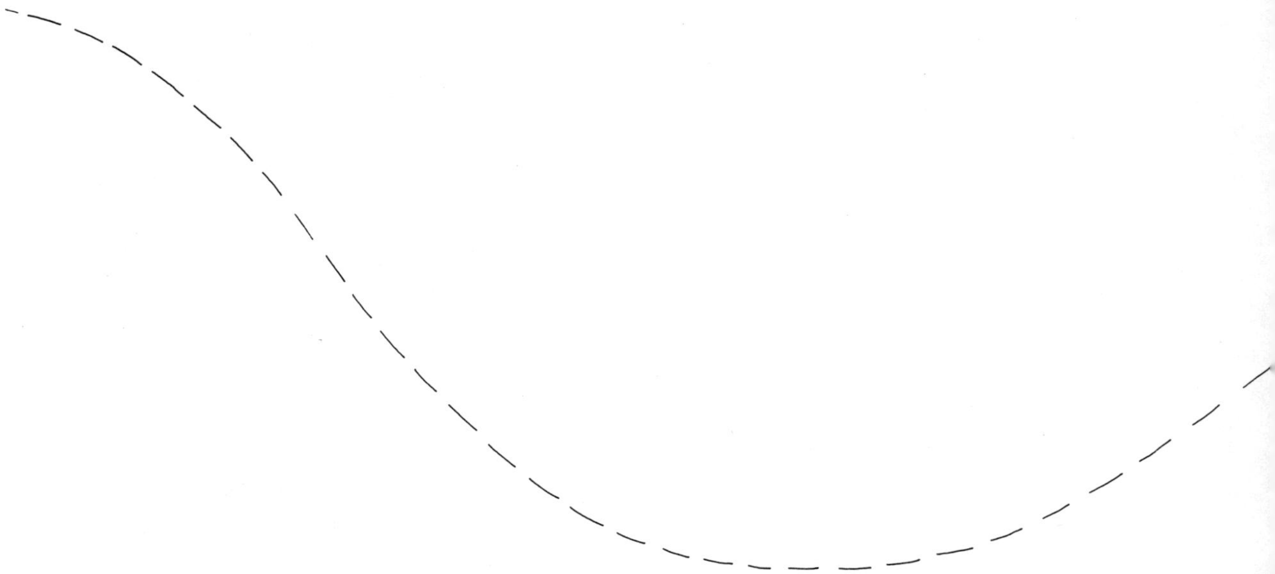

Anhang

Anmerkungen und Quellen

Zu einigen Themen in diesem Buch gibt es unzählige Veröffentlichungen. Andere wurden meines Wissens nach noch nicht behandelt. Es folgt eine Auswahl der auf Deutsch erschienenen wichtigen Titel und Anmerkungen, nach den Kapiteln geordnet.

Überschreitung der Grenze

[1] Eschers Zitat stammt aus zwei Quellen. Die erste (bis ...):
Bruno Ernst, *Der Zauberspiegel des M.C. Escher,* München 1978 (Moos), S. 37; die zweite:
J.L. Locher (Hrsg.), *Leben und Werk M.C. Escher,* Eltville 1984 (RVG), S. 162

[2] Locher, S. 9

[3] Locher, S. 157

Geschichte des Faltens: Eine Zusammenfassung

Eine Auswahl zu Informationen über japanisches und maurisches Papierfalten:
Steffen Gnam, *Papierfalten,* München 1988 (Hugendubel)
Robert Harbin, *Origami*: Die Kunst des Papierfaltens, Niederhausen 1988 (Falken Bücherei)
J.M. Sakoda, *Origami*, München 1983 (Hugendubel)
Irmgard Kneißler, *Das Origami-Buch*, Ravensburg 1965 (Otto Maier)
Michael Schuyt und Joost Elffers, *Origami*. Japanisches Papierfalten: Kunst und Spiel, Köln 1979 (Dumont)

Zu Informationen über Papierfalten im Westen:
Jerry Mander, George Dippel, Howard Gossage, *Papierflieger:* Modelle zum Selberfalten, München 1982 (Hugendubel)

Von der Natur lernen

[1] in: R. Buckminster Fuller, *Synergetics,* New York, Macmillan 1982, S. 823 (bis jetzt nicht auf Deutsch erschienen)

Einige nützliche Bücher über Form und Muster in der Natur:
Stefan Hildebrandt und Anthony Tromba, *Panoptikum:* Mathematische Grundmuster des Vollkommenen (Spektrum der Wissenschaft Bibliothek 12), Heidelberg 1987
Thomas MacMahon und John Tyler Bonner, *Form und Leben:* Konstruktionen vom Reißbrett der Natur (Spektrum d. Wiss. Bibl. 5), Heidelberg 1985
Peter S. Stevens, *Formen in der Natur,* München 1988[2] (Oldenbourg)
Hermann Weyl, *Symmetrie,* Basel 1981[2] (Birkhäuser)

X und X'

Die Bibel der fraktalen Geometrie ist
Benoit B. Mandelbrot, *Die fraktale Geometrie der Natur,* Basel 1989[3] (Birkhäuser)

Eine andere Quelle zum Thema Chaostheorie und fraktale Geometrie:
James Gleick, *Chaos – die Ordnung des Universums:* Vorstoß in Grenzbereiche der modernen Physik, München 1984 (Droemer-Knaur)

Musikunterricht

Das Thema Reduktionismus und Holismus spielt eine Schlüsselrolle in den folgenden drei Büchern, die mich sehr beeinflußt haben:
Douglas Hofstadter, *Gödel, Escher, Bach – ein endloses geflochtenes Band,* Stuttgart 1989[12] (Klett-Cotta)
Ders., *Metamagicum:* Fragen nach der Essenz von Geist und Struktur, Stuttgart 1988 (Klett-Cotta)
Ders. und Daniel C. Dennett, *Einsicht ins Ich:* Fantasien und Reflexionen über Selbst und Seele, Stuttgart 1988[3] (Klett-Cotta)

Zu Wilhelm Fucks Untersuchung von musikalischen Intervallen:
Manfred Eigen und Ruthild Winkler, *Das Spiel:* Naturgesetze steuern den Zufall, München 1987[2] (Piper)

[1] Hermann v. Helmholtz, *Die Lehre von den Tonempfindungen als physiologische Grundlage für die Theorie der Musik,* (Nachdruck der Ausgabe von 1863) Braunschweig 1913[6] (Vieweg), S. 589 u. S. 591

Zusätzliche Quellen zu Computer und Erfindung:
Jacques Monod, *Zufall und Notwendigkeit:* Philosophische Fragen der modernen Biologie, München 1975 (dtv)
John v. Neumann, *Die Rechenmaschine und das Gehirn,* München 1986[5] (Oldenbourg)
Erwin Schrödinger, *Was ist Leben?* Die lebende Zelle mit den Augen des Physikers betrachtet, München 1989 (Piper)

Erfindungspsychologie

[1] Jacques Hadamard, *The Psychology of Invention in the Mathematical Field,* New York 1954 (Dover)
Dieser Titel ist nicht auf Deutsch erschienen; die Zitate, Beiträge und Anekdoten von W. James, F. Galton, J.E. Teeple, H. Poincaré, L.E. Dickson, P. Valéry, C. Lévi-Strauss, T.A. Ribot, A. Einstein stammen aus Hadamards Buch und sind aus dem Englischen für vorliegendes Buch übersetzt worden.

Beethovens Schaffensmethode wird beschrieben in:
Leonard Bernstein, *Freude an der Musik,* Stuttgart 1961 (Goverts), S. 76 bis 86

[2] Hermann Weyls Zitat entnommen aus:
H.-O. Peitgen und P.H. Richter. *The Beauty of Fractals,* Berlin 1986 (Springer), S. 4 und ist für vorliegendes Buch übersetzt worden.

[3] Leonardo da Vincis Zitat ist aus:
Locher, *Leben und Werk M.C. Escher,* Eltville 1984 (RVG), S. 160

Beispiele für Mehrfachentdeckungen in der Wissenschaft wurden entnommen aus:
Robert K. Merton, *Entwicklung und Wandel von Forschungsinteressen:* Aufsätze zur Wissenschaftssoziologie, Frankfurt/M. 1985 (Suhrkamp)

Der Fall des entwendeten Schweins

[1] Gert Eilenbergers Zitat ist aus:
Peitgen und Richter, S. 179, und wurde für vorliegendes Buch ins Deutsche übertragen.

Zusätzliche Quellen über Kreativität:
David Bohm und F. David Peat, *Das neue Weltbild:* Naturwissenschaft, Ordnung und Kreativität, München 1990 (Goldmann)
E.H. Gombrich, *Kunst und Illusion:* Zur Psychologie der bildlichen Darstellung, Stuttgart 1986 (Belser)
Thomas S. Kuhn, *Die Struktur wissenschaftlicher Revolutionen,* Frankfurt/M. 1973 (Suhrkamp)
Imre Lakatos, *Beweise und Widerlegungen:* Die Logik mathematischer Entdeckungen, J. Worrall und E. Zahar (Hrsg.), Wiesbaden 1979 (Vieweg)
Karl R. Popper, *Logik der Forschung*, Tübingen 1989[9] (Mohr)

Das Universum der Form

Außergewöhnliche Luftaufnahmen, die die Muster natürlicher und menschlicher Wohnanlagen aufzeigen, in:
Georg Gerster, *Der Mensch auf seiner Erde:* Eine Befragung in Flugbildern, Basel 1988[7] (Birkhäuser)

Bildnachweis

Vorne jeweils Seitenangaben
mfg = Mit freundlicher Genehmigung

10, 12 © 1988 M.C. Escher c/o Cordon Art-Baarn-Holland
15 © 1989 Scott Kim
27 mfg Samuel Randlett
28 © 1988 Xu Yunshu
29 – 33 mfg der Freunde des *Origami Center of America*
34 links: mfg der *Bibliothèque Nationale*
34 rechts: Adaption der Zeichnungen von Wasma Chorbachi
35 oben: © 1969 J.M. Sakoda. Abdruck mit Erlaubnis von Simon & Schuster, Inc.
35 unten: sechs Figuren: Aus *La Creacion en Papiroflexia* von Vicente Palacios im Verlag Miguel A. Salvatella, abgedruckt mfg des Verlags
36 oben: mfg *Biblioteca Ambrosiana*
36 unten: aus *Paper Magic* von Harry Houdini; © 1922 E.P. Dutton, 1950 Carrie Gladys Weiss, Abgedruckt mfg von E.P. Dutton, einer Abteilung von NAL Penguin, Inc.
37 unten rechts: mfg der *Hispanic Society of America*
49 mfg Akira Yoshizawa
54 unten links: Abbildung 142 aus: *On Growth and Form* von D'Arcy Thompson, gekürzte Ausgabe hrsg. von J.T. Bonner; © 1961 Cambridge University Press; Wiederabdruck mit Erlaubnis der Cambridge University Press
54 oben Mitte, rechts: mfg v. Frei Otto
54 unten rechts: © Hans Pfletschinger/Peter Arnold, Inc.
55 oben und unten links: © Manfred Kage/Peter Arnold, Inc.
55 oben rechts: Foto Duane Mizer, Dow Metal Products, mfg Cyril Stanley Smith
55 unten rechts: Foto Robert Ishi
56 oben links: Mit Erlaubnis der *Aero Service Division Western Atlas International, Inc.*
56 unten links: Foto Richard D. Campbell
56 oben rechts: mfg der Treuhänder des *Science Museum,* London
56 unten rechts: mfg Helmut Tributsch
58 oben: Abbildungen 14a und 15b aus: *On Growth and Form* von D'Arcy Thompson, gekürzte Ausgabe hrsg. von J.T. Bonner; ©1961 Cambridge University Press; Wiederabdruck mit Erlaubnis der Cambridge University Press
59 links: mfg des Orientalischen Instituts der Universität Chicago
59 rechts: © Manfred Kage/Peter Arnold, Inc.
60, 61 Abbildungen aus: Benoit B. Mandelbrot, *Die fraktale Geometrie der Natur*, Basel 1989[3] (Birkhäuser); © 1982 Benoit B. Mandelbrot
61 rechts: Schneeflocken-Muster hergestellt von Dr. Fereydoon Family an der Emory Universität mit Computersimulationsmethode
62, 63 mfg Allan R. Wilks
64, 66, 67 James P. Crutchfield
70, 71 Richard F. Voss/IBM Research
74 oben links: Schloß Windsor, Königliche Bibliothek, © 1988 Ihre Majestät die Königin Elisabeth II.
74 Mitte und unten links: Alle Rechte vorbehalten, *Metropolitan Museum of Art*
74 rechts: © 1985 Douglas M. McKenna
76 © 1988 M.C. Escher c/o Cordon Art-Baarn-Holland
78 oben Mitte: Abbildung 87 aus *The Penguin Dictionary of Architecture* von John Fleming, Hugh Honour und Nikolaus Pevsner (Penguin Books 1966, 1972, 1980); © John Fleming, Hugh Honour, Nachlaß Nikolaus Pevsner 1966, 1972, 1980. Wiedergabe mit Genehmigung von Penguin Books, Ltd.
78 unten: Foto Wim Swaan
79 oben: mfg *Conway Library, Courtauld Institute of Art*
79 unten: Fotos Bruno Balestrini mfg Electra Editrice, Mailand
90 © 1989 Scott Kim
100, 104, 108, 112, 118, 126, 132, 138, 142, 146, 152, 156, 164, 172, 186, 196, 208, 224, 234, 246, 260, 276, 292, 306: © Fotos von Quesada/Burke, New York

Verzeichnis der Fachausdrücke

Talfalte 16
Bergfalte 17
Gegenknick nach innen 17
Gegenknick nach außen 17
Drachen-Grundform 18
Faltmuster 18
Modul 20
Fisch-Grundform 20
Vorfalte 21
Blütenblattfalte 22
Vogel-Grundform 22
Preßfalte 23
Frosch-Grundform 23
Vier Grundformen 25
Blintzfalte 89
Doppelblintzfalte 89
Dreifachblintzfalte 89
Offene doppelte Senkfalte 90
Pfropfen 91
Hybrides Modul 91
Knitterfalte 98
Harmonikafalte 98
Hasenohrfalte 98
Offene Senkfalte 99
Geschlossene Senkfalte 99
Gestreckte Vogel-Grundform 112